Uni-Taschenbücher 1493

UTB
FÜR WISSEN
SCHAFT

Eine Arbeitsgemeinschaft der Verlage

Wilhelm Fink Verlag München
Gustav Fischer Verlag Stuttgart
Francke Verlag Tübingen
Paul Haupt Verlag Bern und Stuttgart
Dr. Alfred Hüthig Verlag Heidelberg
Leske Verlag + Budrich GmbH Opladen
J. C. B. Mohr (Paul Siebeck) Tübingen
R. v. Decker & C. F. Müller Verlagsgesellschaft m. b. H. Heidelberg
Quelle & Meyer Heidelberg · Wiesbaden
Ernst Reinhardt Verlag München und Basel
F. K. Schattauer Verlag Stuttgart · New York
Ferdinand Schöningh Verlag Paderborn · München · Wien · Zürich
Eugen Ulmer Verlag Stuttgart
Vandenhoeck & Ruprecht in Göttingen und Zürich

Max Weber

Gesammelte Aufsätze zur Sozial- und Wirtschaftsgeschichte

herausgegeben von Marianne Weber

J. C. B. Mohr (Paul Siebeck) Tübingen

Diese Ausgabe ist ein photomechanischer Nachdruck der Erstauflage von 1924.

Cip-Titelaufnahme der Deutschen Bibliothek:

Weber, Max:
Gesammelte Aufsätze: 7 Taschenbuchbd. / Max Weber. –
Tübingen: Mohr.
(UTB für Wissenschaft: Uni-Taschenbücher; 1495)
ISBN 3-16-845373-0
NE: Weber, Max: [Sammlung]; UTB für Wissenschaft / Uni-Taschenbücher

Weber, Max: Gesammelte Aufsätze zur Sozial- und Wirtschaftsgeschichte. –
2. Aufl. – 1988

Weber, Max:
Gesammelte Aufsätze zur Sozial- und Wirtschaftsgeschichte / Max Weber.
Hrsg. von Marianne Weber. – 2. Aufl. – Tübingen: Mohr, 1988
(Gesammelte Aufsätze / Max Weber)
(UTB für Wissenschaft: Uni-Taschenbücher; 1493)
ISBN 3-16-845370-6
NE: Weber, Max: [Sammlung]; UTB für Wissenschaft / Uni-Taschenbücher

Printed in Germany
Einbandgestaltung: Alfred Krugmann, Stuttgart
Druck: Presse-Druck, Augsburg

Vorwort.

Die Abhandlungen dieses Bandes sind nicht nach der Zeitfolge ihres Erscheinens angeordnet, sondern gemäß der historischen Relation ihrer Stoffgebiete. Deshalb steht das zeitlich am spätesten entstandene und zugleich umfassendste Werk über »Agrarverhältnisse des Altertums« (vgl. dazu die Anmerkung auf S. 1) voran. Sie war das Resultat angespannter Arbeit von etwa 4 Monaten im Interesse des Handwörterbuchs der Staatswissenschaften. Die andere große Abhandlung »Zur Geschichte der Handelsgesellschaften im Mittelalter« ist das Erstlingswerk des Verfassers: seine zwei Jahrzehnte zuvor erschienene Schrift zur Promotion in der juristischen Fakultät. Weber hat ihre, an der Hand umfassender Quellenforschung gewonnenen, begrifflichen und historischen Ergebnisse noch in sein soziologisches Hauptwerk übernommen. Hinter den kleineren agrargeschichtlichen Schriften stehen die für das umfangreiche Jugendwerk über »Die Lage der Landarbeiter im ostelbischen Deutschland« unternommenen Forschungen, hinter dem Vortrag über die sozialen Gründe des Untergangs der antiken Kultur: die römische Agrargeschichte vom Jahre 1891. Agrargeschichtliche und agrarpolitische Probleme beschäftigten Weber während seiner ganzen ersten Produktionsphase.

Heidelberg, Februar 1924.

Dr. Marianne Weber.

Inhalt.

Agrarverhältnisse im Altertum[1]).

Inhalt: I. Einleitung. Zur ökonomischen Theorie der antiken Staatenwelt. II. Die Agrargeschichte der Hauptgebiete der alten Kultur. 1. Mesopotamien. 2. Aegypten. 3. Altisrael. 4. Griechenland. 5. Der Hellenismus. 6. Rom. 7. Grundlagen der Entwicklung in der Kaiserzeit.

I. Einleitung.
Zur ökonomischen Theorie der antiken Staatenwelt.

Den Siedelungen des europäischen Okzidents ist im Gegensatz zu denjenigen der ostasiatischen Kulturvölker gemeinsam, daß — wenn man eine kurze und daher nicht ganz genaue Formel anwenden will —, bei jenen der Uebergang zur endgültigen Seßhaftigkeit ein Uebergang von einem starken Vorwalten der Vieh-, spezieller noch: der Milchviehzucht, gegenüber dem Bodenanbau zum Ueberwiegen der Bedeutung des Bodenanbaues über die mit ihm kombinierte Viehhaltung, — bei diesen dagegen von extensiver und deshalb nomadisierender Ackernutzung zum gartenmäßigen Ackerbau ohne Milchviehhaltung ist. Der Gegensatz ist ein relativer und gilt vielleicht für prähistorische Zeiten nicht. Aber so wie er geschichtlich bestanden hat, ist seine Tragweite groß genug. Er hat die Konsequenz, daß die Bodenappropriation bei den europäischen Völkern stets mit der Ausscheidung und ausschließlichen Zuweisung von Weiderevieren auf dem von einer Gemeinschaft okkupierten Gebiet an kleinere Gemeinschaften verknüpft ist, bei den Asiaten dagegen dieser Ausgangspunkt und damit die darauf beruhenden Erscheinungen primitiver »Flurgemeinschaft«, z. B. der okzidentale Begriff von Mark und Allmende, fehlen oder doch einen anderen ökonomischen Sinn haben. Die Flurgemeinschafts-

[1]) Diese Abhandlung wurde für das »Handwörterbuch der Staatswissenschaften« (3. Auflage 1909) geschrieben. Die Wahl des Titels war durch die Einteilung jenes Sammelwerkes bestimmt. Der Inhalt umfaßt weit mehr: nämlich eine Sozial- und Wirtschaftsgeschichte des Altertums.

elemente in den ostasiatischen Dorfverfassungen zeigen daher, soweit sie nicht überhaupt modernen Ursprungs, z. B. aus der Steuerverfassung hervorgegangen sind, ein von den europäischen stark abweichendes Gepräge. Und auch der »Individualismus« des Herdenbesitzes mit seinen Folgen fehlt den ostasiatischen Völkern. Bei den Okzidentalen dagegen (hauptsächlich, aber nicht nur, in Europa) können wir auf gewisse Ausgangspunkte der Entwicklung fast überall zurückgreifen. Normalerweise ist hier — so viel wir urteilen können — der endgültig seßhafte Ackerbau mit der Verengung des Nahrungsspielraums entstanden durch zunehmende Verschiebung des Schwerpunkts der Ernährung vom Ertrage der Milchviehhaltung auf den Ertrag der Felder. Dies gilt nicht nur für das nordwesteuropäische, sondern im wesentlichen auch für das südeuropäische und vorderasiatische Gebiet. Aber allerdings wird in Vorderasien (Mesopotamien) und ebenso bei dem einzigen großen afrikanischen Kulturvolk, den Aegyptern, jener Entwicklungsgang schon in vorhistorischer Zeit sehr stark alteriert durch die einschneidende Bedeutung der Stromufer- und Bewässerungskultur, welche wenigstens denkbarerweise sich direkt aus ursprünglichem, vor der Zähmung der Haustiere liegendem, reinem Bodenanbau zu ihrem späteren gartenmäßigen Charakter entwickelt haben könnte, jedenfalls aber auch in historischer Zeit der ganzen Wirtschaft ein sehr spezifisches Gepräge gab.

Dagegen zeigen die hellenischen und — trotz der in den alten Quellen gerade dort stark hervortretenden Bedeutung des Viehes als Arbeits- (nicht Milch-)Viehes — auch das römische Gemeinwesen in ihrer agrarischen Unterlage wesentlich mehr Verwandtschaft mit unsern mittelalterlichen Zuständen. Die entscheidenden Unterschiede gegenüber den letzteren haben sich im Altertum herausgebildet auf derjenigen Entwicklungsstufe, auf welcher, bei vollzogener fester Siedelung, die Masse der Bevölkerung durch die Notwendigkeit intensiverer Arbeit an den Boden gefesselt und für militärische Zwecke ökonomisch nicht mehr disponibel war, so daß im Wege der Arbeitsteilung eine Berufskriegerschaft sich herausdifferenzierte und nun die wehrlose Masse für ihre Sustentation auszubeuten suchte. Die Entwicklung der militärischen Technik zu einer nur berufsmäßig zu betreibenden, weil ständige Ausbildung und Uebung voraussetzenden Kunst ging damit teils als Begleiterscheinung, teils als die wirkende Ursache parallel. Im europäischen frühen Mittelalter führte ein solcher Prozeß bekanntlich zur Entstehung des »Feudalismus«. In der Form, wie dies dort und damals geschah, hat das Altertum ihn nur in Ansätzen gekannt: die Kombination von Vasallität und Benefizium und die Ausgestaltung des romanisch-germanischen Lehnrechts hat in historischer Zeit im Altertum keine volle Analogie. Allein es erscheint nicht nötig und nicht richtig, den Begriff des »Feudalismus« auf diese spezielle Ausprägung zu beschränken. Sowohl die ostasiatischen wie die altamerikanischen Kulturvölker kannten Einrichtungen, die wir ihrer Funktion nach als ganz zweifellos »feudalen« Charakters betrachten, und es ist nicht einzusehen, warum nicht alle jene sozialen Institutionen, welchen die Herausdifferenzierung einer für den Krieg oder den Königsdienst lebenden Herrenschicht und ihre Sustentation durch privilegierten Landbesitz, Renten oder Fronden der abhängigen waffenlosen Bevölkerung zugrunde liegt, in den Begriff einbezogen werden sollten, die Amtslehen in Aegypten und Babylon ebensogut wie die spartanische Verfassung. Der Unterschied liegt in der verschiedenen Art, wie die Kriegerklasse gegliedert und ökonomisch gesichert ist. Unter den verschiedenen Möglichkeiten ist die Dislokation des Herrenstandes als Grundherren über das Land hin diejenige »individualistische« Form des Feudalismus, welche uns im okzidentalen Mittelalter (und in Ansätzen schon im Ausgang des Altertums) scharf analysierbar entgegentritt. Das mittelländische, und zwar speziell das hellenische, Altertum hat dagegen in der Frühzeit seiner Kulturentwicklung den »Stadtfeudalismus« in befestigten Orten zusammengesiedelter Berufskrieger gekannt. Nicht daß der »Stadtfeudalismus« die ausschließliche Form des Feudalismus im Altertum gewesen wäre, — aber er hat die späteren Zentren der »klassischen« politischen Kultur in den Anfängen ihrer spezifischen politischen Entwicklung direkt beherrscht. Er bedeutete daher für sie doch noch etwas mehr als etwa die zwangsweise Einsiedlung des Landadels in manche Städte des italienischen Mittelalters.

Der Import einer fremden und überlegenen militärischen Technik vollzog sich im Altertum in Südeuropa auf dem Seewege und unter gleichzeitiger Verflechtung der zuerst ergriffenen Küstenorte in einen immerhin, wenigstens seiner geographischen Ausdehnung nach, umfassenden Verkehr. Die feudale herrschende Klasse war zuerst regelmäßig zugleich diejenige, welche von jenem Verkehr Gewinn zog. Es führte deshalb die spezifisch antike feudale Entwicklung zur Bildung feudaler Stadtstaaten. Zentraleuropa wurde dagegen im frühen Mittelalter auf dem Landwege von einer der Sache nach gleichartigen militär-technischen Entwicklung ergriffen. Als es zum Feudalismus reif wurde, fehlte ihm ein so stark wie im Altertum entwickelter Verkehr, es baute sich hier der Feudalismus weit stärker auf ländlicher Unterlage auf und erzeugte die Grundherrschaft. Das Band, welches die herrschende militärische Schicht zusammenhielt, war deshalb hier das wesentlich persönliche der Lehnstreue, im Altertum das sehr viel festere des Stadtbürgerrechts.

Das Verhältnis jenes antiken Stadtfeudalismus zur Verkehrswirtschaft erinnert nun an das Emporwachsen des freien Gewerbes in unseren mittelalterlichen Städten, den Niedergang der Geschlechterherrschaft, den latenten Kampf zwischen »Stadtwirtschaft« und »Grundherrschaft« und die Zersetzung des feudalen Staates durch die Geldwirtschaft im späten Mittelalter und der Neuzeit. Aber diese Analogien mit mittelalterlichen und modernen Erscheinungen, scheinbar auf Schritt und Tritt vorhanden, sind zum nicht geringen Teile höchst unverläßlich und oft direkt schädlich für die unbefangene Erkenntnis. Denn jene Aehnlichkeiten können leicht trügerische sein und sind es tatsächlich nicht selten. Die antike Kultur hat spezifische Eigentümlichkeiten, welche sie von der mittelalterlichen wie von der neuzeitlichen scharf unterscheiden. Sie ist ihrem ökonomischen Schwerpunkt nach, bis an den Beginn der Kaiserzeit, im Okzident Küstenkultur, im Orient und Aegypten Stromuferkultur, mit einem geographisch extensiven und hohen Gewinn abwerfenden, interlokalen und internationalen Handel, der aber in der relativen Bedeutung der umgesetzten Güterquanta, von einigen bedeutsamen Intermezzi abgesehen, hinter dem späten Mittelalter zurück bleibt. Zweifellos: die Objekte des Handels sind sehr mannigfaltig und umfassen auch die unedlen Metalle und zahlreichere Rohstoffe, als man a priori voraussetzen würde. Aber einerseits ist der Landhandel mit dem spätmittelalterlichen nur an einzelnen Punkten und auch dort nur in einzelnen Perioden vergleichbar, und die Mehrzahl der Massenbedarfsartikel spielen auch im Seehandel nur in gewissen Höhepunkten politischer oder ökonomischer Machtentfaltung, vor allem in Fällen der Stapelmonopolisierung, eine wirklich beherrschende Rolle: in Athen, später in Rhodos, Aegypten und Rom. Die Summe des Jahresverkehrs, welche Beloch aus der Pacht der Peiraieuszölle in den Jahren 401/0 berechnet (Zoll $^1/_{50}$ Pacht 30 bzw. 36 Talente, also Umsatz von ca. 2000 Talenten = gegen 13 Mill. Fr.) würde allerdings für den Peiraieus allein, und dazu so bald nach dem peloponnesischen Kriege — auch bei Nichtberücksichtigung des Unterschiedes der Kaufkraft des Geldes — immerhin etwa $^1/_{10}$ des Außenhandels des heutigen Königreichs Griechenland (ca. 130 bis 140 Mill.) ergeben, was gewiß respektabel ist und geglaubt werden müßte, falls es endgültig dabei zu bleiben hätte, daß diese Zölle damals nur 2% betrugen, und daß nur sie, nicht etwaige andere Gebühren mitverpachtet wurden. Hier ist aber schlechthin alles streitig. Noch respektabler würde die Summe von 1 Mill. (rhodischer) Drachmen (= ca. 140 attischen Talenten) sich ausnehmen, auf welche, nach der Behauptung der Rhodier (NB!) sich die Zolleinnahme ihrer (allerdings in fast allen hellenistischen Reichen exzessiv privilegierten) Insel vor der Begründung des Freihafens von Delos belaufen haben sollte (nachher: nur 150 000 Drachmen!) — wenn sie nicht ungeachtet ihres »offiziellen« Charakters ziemlich zweifelwürdig wäre. Daß vollends die 5%ige Seeverkehrsabgabe von den bundesgenössischen Städten allein, — ohne Athen und die größten Inseln —, welche die Athener im 5. Jahrh. als Ersatz gewisser Bundesgenossenabgaben beschlossen, auch nur nach ihrem subjektiven Kalkül 1000 Talente hätte bringen können, wie Beloch rechnet, erscheint mir ausgeschlossen. Die Thukydidesstelle ist doch in ihrer Ueberknappheit keine zureichende Grundlage für das richtige Verständnis der Maßregel, und jene Zahl ist mit den 30—36 Talenten Peiraieusabgabenpacht unvereinbar. Und ein durch 5%ige Preiserhöhung der Seeimportwaren ablösbarer Tribut wäre ja ein Kinderspiel gewesen. Die 55 Mill. Sesterzen (16 Mill. Frcs.) der ägyptischen Jahreseinfuhr zur See aus Indien unter Vespasian sind, da scheinbar die Lesung sicher ist, ein immerhin sehr bedeutender Posten, wahrscheinlich aber auch der bedeutendste, der im freien Privathandel, ohne Staatskontrolle und Staatssubvention, in der antiken Welt umgesetzt wurde. Man muß bei allen antiken Zahlen überdies immer bedenken, daß nicht nur Sachgüter, sondern auch Menschen (Sklaven) ein, seiner Transportfähigkeit wegen, in Zeiten der Handelsblüte sehr stark ins Gewicht fallendes und, in Friedenszeiten, bei guter Qualität oft hoch im Preise stehendes Handelsobjekt darstellten. Abhängigkeit von fremder Getreidezufuhr ist, wo sie im Altertum als dauernde Erscheinung besteht, stets ein Tatbestand, der die öffentliche Gewalt in Bewegung setzt und institutionelle und politische Konsequenzen der weittragendsten Art nach sich zieht, weil der Privathandel nicht als zulänglich gilt, die Versorgung zu sichern (Leiturgien wie in Athen, Staatsankauf aus hypothekarisch gesicherten Geldern und Verteilung an die Bürger wie in Samos, — usw. bis zu den großartigen Maßregeln Roms). Nun kennt bekanntlich nicht nur das Mittelalter, sondern auch der Merkantilismus und heute noch Rußland eine Getreidehandelspolitik mit verwandten Zielen. Aber mit der politischen Bedeutung etwa des babylonischen und ägyptischen Magazinsystems oder gar des römischen Annonarsystems kann sich die Magazinpolitik der absoluten Staaten, selbst diejenige Rußlands (wo sie am entwickeltsten ist), nur sehr von fern vergleichen. Zudem sind (selbst in Rußland) Ziele und Mittel andere. Die Eigenart der antiken Getreidepolitik gegenüber der modernen ist wesentlich begründet durch den, gegenüber dem heutigen Proletariat gänzlich anderen Charakter des antiken sogenannten »Proletariats«. Denn dieses war ein Konsumenten-Proletariat, ein Haufen deklassierter Kleinbürger, nicht aber, wie heute, eine Arbeiterklasse, welche die Produktion auf ihren Schultern trägt. Das moderne Proletariat, als Klasse, fehlte. — Denn die antike Kultur ruhte, teils infolge der geringen Unterhaltskosten des Menschen auf den Schauplätzen ihrer Blüte, teils aber aus historisch-politischen Gründen, entweder geradezu dem Schwerpunkt nach auf Sklaverei — so in Rom in spätrepublikanischer Zeit —, oder sie war wenigstens, wo privatrechtlich »freie« Arbeit vorwog: im Hellenismus und in der Kaiserzeit, doch in einem solchen Grade von Sklavenarbeit durchsetzt, wie es im europäischen Mittelalter nicht vorkam. Gewiß zeigen die Ostraka und Papyri der Ptolemäerzeit und des Kaiserreichs, ebenso wie z. B. der Talmud, auch außerhalb des gelernten Handwerks die Bedeutung freier Arbeit im hellenistischen Orient, und auch in den Inschriften tritt sie sehr klar hervor.

Der spezifisch kapitalistische Begriff des »Arbeitgebers« (ἐϱγοδότος) scheint entwickelt. Aber, charakteristisch genug, wo es sich um die Beschaffung von sicheren Arbeitskräften in größerer Zahl für feste Fristen handelt, z. B. etwa bei der ptolemäischen Monopolölpresse, muß sofort mit indirekten oder direkten Beschränkungen der Freizügigkeit eingegriffen werden. Und es trat die Sklaverei gerade in den Zeiten und an den Orten der »klassischen« Hochblüte der »freien« Gemeinwesen besonders stark in den Vordergrund. Daß zweifellos die Quantität der Sklaven ebenso wie ihre soziale Bedeutung für erhebliche Teile und Zeiträume der Antike (speziell für den Hellenismus, namentlich Aegypten, aber auch für den früheren Orient und für Griechenland) ziemlich stark überschätzt worden sind, wie jetzt feststeht (s. u.), ändert an der prinzipiellen Bedeutung des Unterschiedes doch nicht allzu viel. — Jedenfalls aber ist nach alledem die Frage unumgänglich, ob nicht in der ökonomischen Konstitution der Antike überhaupt Züge erscheinen, welche die Benutzung der Kategorien, mit welchen wir in der Wirtschaftsgeschichte des Mittelalters und vollends der Neuzeit arbeiten, ausschließen. Um diese Frage ist in dem letzten Jahrhundert lebhaft, teilweise leidenschaftlich, gestritten worden.

Ausgangspunkt der Diskussion war die Theorie von Rodbertus, wonach die Antike in ihrer Gesamtheit der von ihm konstruierten Periode der »Oiken«-Wirtschaft, d. h. der Eigenproduktion des durch unfreie Arbeit erweiterten Hauses, angehört habe, die antike Arbeitsteilung wesentlich nur Arbeitsspezialisierung innerhalb des großen Sklavenhaushaltes gewesen sei, der Verkehr nur eine Gelegenheits- und Zufallserscheinung, bestimmt, die gelegentlichen Ueberschüsse der, dem Prinzip nach, wirtschaftlich selbstgenügsamen Großhaushaltungen zu verwerten (»Autarkie des Oikos«). Auch Karl Bücher hat diese Rodbertussche Kategorie des »Oikos« als den dem Altertum charakteristischen Typus der Wirtschaftsorganisation aufgefaßt, jedoch, nach seiner authentischen Deklaration dieser Ansicht — wie ich sie glaube interpretieren zu dürfen — im Sinne einer »idealtypischen« Konstruktion einer Wirtschaftsverfassung, die im Altertum in spezifisch starker Annäherung an die »begriffliche« Reinheit mit ihren spezifischen Konsequenzen auftrat, ohne daß jedoch das ganze Altertum, räumlich oder zeitlich, von ihr beherrscht wurde und (so darf wohl unbedenklich hinzugefügt werden) ohne daß diese »Herrschaft« in den Zeiten, wo sie bestand, mehr bedeutet hätte als eine, allerdings sehr starke, in ihren Konsequenzen höchst wirksame, Einschränkung der Verkehrserscheinungen in ihrer Bedeutung für die Bedarfsdeckung und eine entsprechende ökonomische und soziale Deklassierung der Schichten, welche deren Träger hätten sein können. Immerhin lag es in der Sache, daß Büchers Behandlung des Altertums als einer Exemplifikation des Typus: »Oikenwirtschaft« — denn dies mußte alsdann der Sinn seiner Erörterungen sein — ihn veranlaßte, gerade die für diesen paradigmatischen Zweck in Betracht kommenden Bestandteile der antiken Wirtschaftsgeschichte in einem Grade zu betonen, der bei den Historikern den Anschein erweckte, es solle der antiken Wirtschaft schlechthin der Charakter der »Oikenwirtschaft«, daneben allenfalls, in den Städten, der Charakter der »Stadtwirtschaft« (im »idealtypischen« Sinn dieses Wortes) zugesprochen werden. Der gegen Büchers so (nach seiner Erklärung: unrichtig) gedeutete Ansicht sich wendende Widerspruch Ed. Meyers ging nun aber soweit, die Verwendung besonderer ökonomischer Kategorien für das Altertum überhaupt zu verwerfen, und den Versuch zu machen, wenigstens für die klassische Zeit der Blüte Athens mit ganz modernen Begriffen, wie namentlich dem der »Fabrik« und der »Fabrikarbeiter«, zu operiern [1]), überhaupt aber nachzuweisen, daß wir uns die Zustände des damaligen Wirtschaftslebens »gar nicht modern genug« vorstellen könnten, auch in bezug auf die Bedeutung des Handels und der Banken. Nun ist, um nur dies zu bemerken, die Existenz selbst der freien »Hausindustrie« in dem Sinne des Begriffes, wie sie schon im 13. nachchristlichen Jahrhundert bestand, d. h. mit den kontraktlichen Formen des »Verlagssystems« (also nicht als nur faktische Ausbeutung des Produzenten durch den marktkundigen Kaufmann, wie sie natürlich auch das Altertum kannte), bisher nicht nachgewiesen. Erst recht fehlt aber bisher jeder Nachweis der Existenz von »Fabriken« auch nur im rein betriebstechnischen Sinne des Wortes (der z. B. russische Leibeigenenfabriken, die

[1]) Das Merkwürdige an diesen angeblichen antiken »Fabriken« ist, daß sie dergestalt »unterschlagen« (Aphobos) oder »verpraßt« (Timerokos) werden konnten, daß sie (im physischen Sinne) spurlos verschwanden ohne daß von ihnen etwas übrig blieb! Das wenigstens brächte eine moderne Fabrik doch wohl nicht fertig.

auf Fronarbeit ruhten, ebenso Staatswerkstätten, die für den Eigenbedarf arbeiten, einschließt). Von gewerblichen Betrieben, welche ihrer Größe, Dauer und technischen Qualität nach (Konzentration des Arbeitsprozesses in Werkstätten mit Arbeitszerlegung und -vereinigung und mit »stehendem Kapital«) diesen Namen verdienten, wissen die Quellen als von einer irgendwie verbreiteten Erscheinung nichts. Sie finden sich als Normalform nicht einmal in der Produktion der Pharaonen, der Monopolproduktion der Ptolemäer und des Spätkaiserreichs, welche am ersten daran erinnern könnten (s. u.). Der hellenische ἐργαστήριον ist wesentlich die Gesindestube eines begüterten Mannes — meist eines Kaufmannes, speziell eines Importeurs von kostbaren Rohstoffen (Elfenbein z. B.) —, in welcher dieser eine beliebige Zahl zusammengekaufte oder zu antichretischem Pfandrecht genutzte gelernte Sklaven unter einem Aufseher (ἡγεμὼν τοῦ ἐργαστηρίου denjenigen Teil jener Rohstoffe, den er nicht an freie Handwerker verkauft (Demosth. XXVII 823, 19), verarbeiten läßt (s. u. bei Athen). Man kann dies ἐργαστήριον beliebig teilen (durch Verkauf eines Teils der Sklaven), wie einen Klumpen Blei, — weil es eben eine undifferenzierte Anhäufung von versklavten Arbeitern, keine differenzierte Organisation der Arbeit darstellt. Und die hier und da vorkommenden »Nebengewerbe« für den Absatz in den großen Landwirtschaftsbetrieben sind, ebenso wie die Verarbeitungswerkstätten der Monopolverwaltungen im Orient und in der Kaiserzeit, und wie die zweifellos damals wie auch im Mittelalter zuweilen größere Dimensionen annehmenden Textil-»Betriebe« der fürstlichen Hausfrauen, nur Anhängsel der Plantage, der Steuerverwaltung oder des »Oikos«, aber keine »Fabriken«. Wo wirklich Ansätze zu etwas einer »Fabrik« im technischen Sinne Aehnlichem etwa sich nachweisen lassen sollten — was selbstverständlich so gut im Altertum wie in der Leibeigenschaftsperiode Rußlands möglich bleibt —, würden sie aus den gleichen Gründen wie jene russischen »Fabriken« (s. u.) sicherlich nur »die Regel bestätigen«. Denn jedenfalls war dies keine Dauererscheinung des privaten Erwerbslebens. — Es ist ferner ein Betrieb von Bankgeschäften, der nach Umfang und Art auch nur das Maß dessen, was etwa im 13. Jahrh. im Mittelalter existierte, übertroffen hätte, quantitativ [nicht: qualitativ] für die Staatspächter ganz weniger politischer Machtzentren (im wesentlichen Rom, daneben Athen und einige andere) erweislich oder wahrscheinlich. Die Geschäftsformen des Handels — Seedarlehen, Commenda (der Diskontinuität des »frühkapitalistischen« Handels charakteristisch), Bankzahlungs- und Banküberweisungsgeschäfte — sind aber der Rechtsform nach frühmittelalterlich; der schon im frühen Mittelalter bekannte Wechsel ist erst in seinen Anfangsstadien vorhanden, der Zinsfuß nach Höhe, Zinsfrist, gesetzlicher Reglementierung ebenfalls in der Regel von frühmittelalterlichem Charakter; das Fehlen aller, schon im Mittelalter bekannten Formen eines Staatskredites, welche diesen zur regulären Kapitalrentenquelle hätte werden lassen, die charakteristischen Surrogate dafür, weiter auch die kolossalen »Horte« der orientalischen, noch der persischen Könige, ebenso wie die Tempelschätze der Hellenen in der Art ihrer Bedeutung und ihres Gebrauchs, — dies alles zeigt, wie wenig die vorhandenen Edelmetallvorräte als »Kapital« Verwendung fanden. Es wäre nichts gefährlicher, als sich die Verhältnisse der Antike »modern« vorzustellen: wer dies tut, der unterschätzt, wie dies oft genug geschieht, die Differenziertheit der Gebilde, welche auch bei uns schon das Mittelalter — aber eben in seiner Art — auf dem Gebiet des Kapitalrechts hervorgebracht hatte, und welche dennoch an dem Abstand seiner Wirtschaftsverfassung von der unsrigen nichts ändern. Und auch die staatlichen und halbstaatlichen Geldgeschäfte etwa der Ptolemäerbank mit ihrem riesigen Barschatz oder selbst der römischen Publikanen finden in den entsprechenden Erscheinungen mittelalterlicher Stadtstaaten (z. B. Genua) ihre frappante Parallele, werden jedoch von den letzteren schon im 13. Jahrh. in der verkehrswirtschaftlichen Technik übertroffen. Und es ist ferner auch nachdrücklich zu betonen, daß der »Oikos« im Rodbertusschen Sinn tatsächlich in der Wirtschaft des Altertums seine höchst bedeutungsvolle Rolle gespielt hat. Nur ist er einerseits — dies hatte ich s. Z. nachzuweisen gesucht — für das im Licht der Geschichte liegende hellenisch-römische Altertum erst spätes Entwicklungsprodukt (der Kaiserzeit) und zwar im Sinn der Ueberleitung zur feudalen Wirtschaft und Gesellschaft des frühen Mittelalters. Andererseits steht er (im Orient und teilweise auch in Hellas) an den Anfängen der für uns zugänglichen Geschichte, und zwar als Oikos der Könige, Fürsten und Priester, teils neben, teils

— wo Fronpflicht der Untertanen besteht — über der kleinen Hauswirtschaft der letzteren. Auch hier freilich war er zweifellos keineswegs etwas, in Rodbertus' Sinn, direkt aus der erweiterten Eigenwirtschaft der alten Hausgemeinschaften Erwachsenes. Sondern er ist teils staatssozialistischen Charakters: so vielleicht vorwiegend in Aegypten als Folge der gemeinwirtschaftlichen Wasserregulierung, teils ist er (so im Orient und Althellas) mitbedingt durch die Handelsgewinnste, welche der älteste Träger regelmäßiger Tauschbeziehungen: der Häuptling und Fürst, durch Geschenkaustausch, faktisches Monopol im Zwischenhandel, endlich auch durch Eigenhandel (und was davon nicht zu trennen: Seeraub) macht und die, in Gestalt seines Schatzes, seine Herrenstellung und die Ausdehnung seiner Wirtschaft stützen. Gleichwohl muß natürlich dem Schwerpunkt nach die Bedarfsdeckung in dieser frühantiken »Oikenwirtschaft« der Fürsten und des politischen Herrenstandes überall eine naturalwirtschaftliche gewesen sein. Zwangsabgaben, Fronden, Sklavenraub gaben den Fürsten Mittel zum Eintausch der fremden Ware, die Edelmetalle des Schatzes dienten nicht kontinuierlicher geldwirtschaftlicher Bedarfsdeckung (auch beim Perserkönig nicht), sondern persönlicher Belohnung und gelegenheitspolitischen Machtzwecken. Ebenso beherrschte die Naturalwirtschaft aber auch zunehmend die Grundherrschaften und die »oikenwirtschaftlich« betriebene Staatswirtschaft der antiken Spätzeit (seit dem 3. Jahrh.). — Dagegen ist das gleiche bei den großen Sklavenvermögen der klassischen Zeiten des Altertums durchaus nicht in dem Maße der Fall gewesen, wie Rodbertus glaubte, und wohl nicht einmal in dem Grade, wie auch ich meinerseits es früher anzunehmen geneigt war: in diesem Punkte muß (m. E.) Ed. Meyer und einigen seiner Schüler (Gummerus) recht gegeben werden. Und ebenso muß m. E. eingeräumt werden, daß das an sich berechtigte Bestreben, die spezifischen Eigenarten der Wirtschaft des Altertums, zu denen zweifellos auch die Sklavenarbeit gehörte, herauszuarbeiten, mehrfach (auch z. B. bei mir) zu einer zu niedrigen Einschätzung der quantitativen Bedeutung der freien Arbeit geführt hat, wie namentlich die Arbeiten von Wilcken für das (allerdings gerade darin eine etwas exzentrische Stellung einnehmende) Aegypten gezeigt haben. Das Altertum kennt neben dem unfreien und halbfreien den freien Bauern — als Eigentümer, Geldpächter,

Teilpächter; es kennt neben dem Hausfleiß und der unfreien gewerblichen Arbeit den freien Handwerker — als »Preiswerker«, Lohnwerker (dies weit häufiger) und (ebenfalls sehr häufig) als gewerblichen Nebenproduzenten —, den Handwerksbetrieb als Familien- oder Alleinbetrieb (weit überwiegend) oder als Meisterbetrieb mit einem oder einigen Sklaven und freien oder (meist) unfreien Lehrlingen. Es kennt ferner das Artjel-artige Zusammenarbeiten von Kleinhandwerkern (*σύνεϱγοι*). Es kennt das Zusammendingen von gelernten Handwerkern durch Unternehmer (*ἐϱγολαβών*) für konkrete Zwecke (fast nur: staatliche Arbeiter). Aber es hat z. B. gar kein Wort für unseren Begriff: »Geselle« (der ja dem Kampf gegen die »Meister« — ebenfalls ein dem Altertum fremder Begriff — entsprang). Denn es kennt überhaupt, trotz eines nicht geringen Reichtums des Vereinslebens, das Handwerk nicht auf einer solchen Stufe der autonomen Organisation, und nicht mit der kunstreichen Gliederung und Arbeitsverfassung (Gesellentum!), wie schon die Höhe des Mittelalters sie besaß. Zünftige oder zunftartige Organisation, wo sie besteht, ist vielmehr fast immer dem Schwerpunkt nach zwangsweise staatliche Leiturgieorganisation. Die soziale Position des Handwerkers ist, mit ephemeren und nur teilweisen (auch mehr scheinbaren) Unterbrechungen in der hellenischen Demokratie, gedrückt und die Machtstellung der Gewerbetreibenden hat offenbar nirgends ausgereicht, eine rechtliche Konzentration des Gewerbes in den Städten wie im Mittelalter zu erzwingen. (Ueber die Gründe s. u. bei Athen.) Endlich kennt das Altertum den freien ungelernten Lohnarbeiter, der sich allmählich aus dem auf Zeit in die Sklaverei Verkauften (Kind, Schuldner) oder sich selbst temporär Verkaufenden herausentwickelt hat. Es kennt ihn als Erntearbeiter und bei öffentlichen Erd- oder Bauarbeiten oder anderen staatlichen Unternehmungen in größerer Masse, sonst im allgemeinen als verstreute und meist unstete Gelegenheitserscheinung. — Die Frage ist nun: kennt das Altertum (in einem kulturhistorisch relevanten Maß) kapitalistische Wirtschaft? — Zunächst: im allgemeinen ist die ursprüngliche Grundlage des Nahrungsspielraums der antiken Stadt (der orientalischen wie der mittelländischen Polis der Frühzeit) in einem so hohen Maße der Rentenbezug der stadtsässigen Fürsten und vornehmen Geschlechter aus Grundbesitz und eventuell Abgaben der Untertanen, wie dies heute nur noch in spezifischen Residenzstädten der Fall ist, oder — ein näherliegendes Beispiel — in dem Moskau der russischen Leibeigenschaftsperiode der Fall war. Die Bedeutung dieser Erwerbsquellen und damit die spezifisch politische Bedingtheit der ökonomischen »Blüte« der Städte, die sich in den schroffen Peripetien derselben äußert, ist auch weiterhin durch das ganze Altertum hin eine sehr große geblieben. Die antiken Städte waren stets in weit höherem Maße als die mittelalterlichen Konsum-, in weit geringerem dagegen Produktionszentren. Der Verlauf der antiken Städteentwicklung hat trotz zahlreicher ausgeprägt »stadtwirtschaftlicher« Erscheinungen (s. u.) nirgends zu einer »Stadtwirtschaft« von so stark dem begrifflichen »Idealtypus« angenähertem Gepräge geführt, wie in zahlreichen Städten des Mittelalters: eine Folge des Küstenkulturcharakters der Antike. Wenn nun im Altertum 1. die Entstehung von städtischen Exportgewerben in gewissen Artikeln von hoher Intensität und Qualität der Arbeit, 2. dauernde Abhängigkeit von fernher kommenden Getreidezufuhren, 3. Kaufsklaverei, 4. starkes Vorwalten spezifischer Handelsinteressen in der Politik sich zeigt, so fragt es sich: sind diese stoßweise auf- und abschwellenden »chrematistischen« Epochen solche mit »kapitalistischer« Struktur?

Es kommt auf die Abgrenzung des Begriffs »kapitalistisch« an, — die naturgemäß sehr verschieden erfolgen kann. Nur das eine wird man jedenfalls festhalten dürfen, daß unter »Kapital« stets privatwirtschaftliches »Erwerbskapital« verstanden werden muß, wenn überhaupt die Terminologie irgendwelchen klassifikatorischen Wert behalten soll: Güter also, welche der Erzielung von »Gewinn« im Güterverkehr dienen. Jedenfalls ist also »verkehrswirtschaftliche« Basis des Betriebs zu fordern. Einerseits also: daß die Produkte (mindestens zum Teil) Verkehrsobjekte werden. Andererseits aber auch: daß die Produktionsmittel Verkehrsobjekte waren. Nicht unter den Begriff fällt mithin auf agrarischem Gebiet jede grundherrliche Verwertung der personenrechtlich Beherrschten als eines bloßen Renten-, Abgaben- und Gebührenfonds wie im früheren Mittelalter, wo die Bauern durch Besitz-, Erbschafts-, Verkehrs- und Personalabgaben in natura und in Geld genützt wurden: — da hier weder der besessene Boden noch die beherrschten Menschen »Kapital« sind, weil die

Herrschaft über beide (im Prinzip) nicht auf Erwerb im freien Verkehr, sondern auf traditioneller Bindung, meist beider Teile, aneinander beruht. Auch das Altertum kennt diese Form der Grundherrschaft. Es kennt andererseits die verkehrswirtschaftliche Parzellenverpachtung des Grundbesitzes: dann ist der Grundbesitz Rentenfonds, und »kapitalistischer« Betrieb fehlt. Die Ausnutzung der Beherrschten als Arbeitskraft im eigenen Betrieb des Herrn kommt im Altertum sowohl als Fronhofsbetrieb mit Kolonen (Pharaonenreich, Domänen der Kaiserzeit) wie als Großbetrieb mit Kaufsklavenarbeit, wie in Kombinationen beider vor. Der erstere Fall (Fronhof) macht klassifikatorische Schwierigkeiten, weil hier die verschiedensten Abstufungen von formell »freiem« Bodenverkehr und »freier« Pacht der Kolonen (also verkehrswirtschaftlicher Basis) bis zu gänzlicher traditioneller sozialer Gebundenheit der arbeitspflichtigen Kolonen an den Herrn und des Herrn an sie möglich sind. Immerhin ist das letztere durchaus die Regel, wo immer Kolonenbetrieb besteht. Die Kolonen sind dann zwar für ihre Person nicht »Kapital«, sie sind dem selbständigen freien Verkehr entzogen, aber ihre Dienste können, zusammen mit dem Boden, Verkehrsobjekt sein und sind es (Orient und Spätkaiserzeit) auch. Der Betrieb ist in diesen Fällen ein Mittelding; er ist »kapitalistisch«, sofern für den Markt produziert wird und der Boden Verkehrsgegenstand ist, — nicht kapitalistisch, sofern die Arbeitskräfte als Produktionsmittel sowohl dem Kauf wie der Miete im freien Verkehr entzogen sind. In der Regel ist das Bestehen des Fronhofsbetriebs aber eine Uebergangserscheinung, sei es vom »Oikos« zum Kapitalismus, sei es umgekehrt: zur Naturalwirtschaft. Denn immer ist es ja ein Symptom von (relativer) Kapitalschwäche, speziell Betriebskapitalschwäche, welche ihren Ausdruck in der Abwälzung des Betriebsmittelbedarfs auf die abhängigen Wirtschaften und der Ersparnis 1. von Inventarkapital, 2. entweder von Sklavenkaufkapital oder von Lohnfonds durch die Ausnutzung der Zwangsarbeit, findet, die ihren Grund (regelmäßig) in (relativ) unentwickelter Intensität des Güterverkehrs hat. Der Kaufsklavenbetrieb (d. h. der Betrieb unter Verhältnissen, in denen die Sklaven normale Verkehrsobjekte sind, gleichviel ob sie in concreto durch Kauf erworben wurden) auf eigenem oder gepachtetem Boden ist, ökonomisch angesehen, natürlich »kapitalistischer« Betrieb: Boden und Sklaven sind Gegenstand freien Verkehrs und zweifellos »Kapital«, die Arbeitskraft wird, anders als im Betrieb mit »freier Arbeit«, gekauft und nicht gemietet, oder, wenn (ausnahmsweise) gemietet, dann nicht von ihrem Träger (dem Arbeiter), sondern von dessen Herrn. Der Kapital bedarf für das gleiche Quantum Arbeitskraft ist cet. par. also ein wesentlich größerer als bei Verwendung »freier« Arbeit, — ebenso wie der Bodenkäufer cet. par. mehr Kapital aufzuwenden hat als der Bodenpächter. Der kapitalistische Großbetrieb mit »freier« Arbeit endlich, welcher bei gleichem Grade der Kapitalakkumulation die weitaus größere Kapitalintensität des Betriebs an sachlichen Produktionsmitteln ermöglicht, ist dem Altertum normalerweise auf dem Gebiet der Privatwirtschaft nicht als Dauererscheinung bekannt, weder außerhalb noch innerhalb der Landwirtschaft. Gewiß findet sich der »Squire«-Betrieb im Orient und in Hellas, aber gerade in Zeiten und Gebieten, wo traditionelle Regeln herrschen (hellenische Binnengebiete, Talmud, gewisse hellenistische Gebiete), nicht in den Gebieten fortschreitender ökonomischer Entwicklung. Große Dauerbetriebe mit durchweg nur kontraktlich verpflichteter, also formell »freier« Arbeit, finden sich außerhalb der später noch zu erörternden Staatsunternehmungen, soviel bekannt, jedenfalls nicht in einem praktisch, ökonomisch oder sozial ins Gewicht fallenden Maße an den »klassischen« Stätten antiker Kultur: anders (teilweise) im Spätorient.

Man ist nun heute gewohnt, den Begriff des »kapitalistischen Betriebs« gerade an dieser Betriebsform zu orientieren, weil sie es ist, welche die eigenartigen sozialen Probleme des modernen »Kapitalismus« gebiert. Und man hat daher von diesem Standpunkt aus für das Altertum die Existenz und beherrschende Bedeutung »kapitalistischer Wirtschaft« in Abrede stellen wollen.

Wenn man indessen den Begriff der »kapitalistischen Wirtschaft« nicht unmotivierterweise auf eine bestimmte Kapitalverwertungsart: die Ausnutzung fremder Arbeit durch Vertrag mit dem »freien« Arbeiter, beschränkt — also soziale Merkmale hineinträgt —, sondern ihn, als rein ökonomischen Inhalts, überall da gelten läßt, wo Besitzobjekte, die Gegenstand des Verkehrs sind, von Privaten zum Zweck verkehrswirtschaftlichen Erwerbes benutzt werden, — dann steht nichts fester als ein recht weitgehend »kapitalistisches« Gepräge ganzer — und gerade der »größten« — Epochen der antiken Geschichte. Nur muß man sich auch hier vor Uebertreibungen hüten: — darüber später, — und ferner zeigen die Bestandteile des Kapitalbesitzes sowohl wie die Art seiner Verwertung charakteristische, für den Gang der antiken Wirtschaftsgeschichte bestimmend wichtige, Eigenheiten. Unter den Bestandteilen des Kapitalbesitzes fehlen natürlich alle jene Produktionsmittel, welche durch die technische Entwicklung der letzten beiden Jahrhunderte geschaffen sind und das heutige »stehende Kapital« ausmachen; auf der anderen Seite tritt ein wichtiger Bestandteil hinzu: Schuld- und Kaufsklaven. Unter den Arten der Kapitalverwertung tritt die Anlage im Gewerbe überhaupt, speziell aber in gewerblichen »Großbetrieben« zurück; dagegen besitzt im Altertum eine heute nach Art und Maß der Bedeutung ganz in den Hintergrund getretene Kapitalsverwertungsart eine geradezu dominierende Tragweite: die Staatspacht. Die klassischen antiken Richtungen der Kapitalanlage sind: 1. Uebernahme von oder Beteiligung an Steuerpachten und öffentlichen Arbeiten, 2. Bergwerke, 3. Seehandel (mit eigenem Schiffsbesitz oder Beteiligung daran, speziell durch Seedarlehen), 4. Plantagenbetrieb, 5. Bank- und bankartige Geschäfte, 6. Bodenpfand, 7. Ueberlandhandel (nur sporadisch als kontinuierlicher Großbetrieb — im Okzident wohl nur in den ersten beiden Jahrhunderten der Kaiserzeit nach dem Norden und Nordosten zu —, meist als Commendaanlage im Karawanenverkehr), 8. Vermietung von (ev. ausgebildeten) Sklaven oder ihre Ausstattung als selbständige Handwerker oder Händler gegen »Obrok«, wie die Russen sagen würden, endlich 9. kapitalistische Ausnutzung von gelernten gewerblichen Sklaven, die zu Eigentum oder pfandweise besessen wurden, mit oder ohne »Werkstätten« (Beispiele unten bei Athen). Die Häufigkeit der Verwendung von Sklavenarbeit im eigenen privaten gewerblichen Betrieb ist nicht zu bezweifeln. Selbstmitarbeitende Handwerker mit einigen Sklaven werden vorgekommen sein. Kapitalistische Nutzung kommt in der oben erwähnten, weiterhin noch zu erörternden Form des ἐργαστήριον vor. Für die »klassische« Zeit ist die Ausnutzung der eigenen Sklaven in Form der »unfreien Hausindustrie« (Hingabe der Rohstoffe und Arbeitsgerätschaften seitens des Herrn, Ablieferung der im Familienhaushalt des Sklaven daraus gefertigten Produkte), welche im Orient zweifellos, in Altägypten vorherrschend ist, nicht sicher nachzuweisen, obwohl gewiß vorhanden. Wenn dagegen die exportierten attischen Vasen in größerer Zahl (Maximum bisher ca. 80) den gleichen Namen aufweisen, so ist dies natürlich ein »Künstler« (nicht aber: ein »Fabrikant« oder »Verleger«), dessen Namen dann ev. eine Familie von Töpfern, in der das technische Können, als Geheimnis, erblich sich fortpflanzt, als Eponymos beibehält. Die Existenz von Handwerkerdörfern (δῆμοι) in Attika ist für diesen familienhaften Handwerksbetrieb hier, wie sonst, charakteristisch (s. u.).

Für die quantitative wie qualitative Bedeutung kapitalistischer Erwerbswirtschaft im Altertum waren nun jeweils eine Reihe von Einzelmomenten maßgebend, die in sehr verschiedener Kombination miteinander aufgetreten sind.

1. Die Bedeutung der Edelmetallvorräte muß für das Tempo kapitalistischer Entwicklung zweifellos hoch angeschlagen werden. Allein heute besteht vielfach die Neigung, ihre Bedeutung für die Struktur der Wirtschaft selbst zu überschätzen. Die Wirtschaft Babylons, bei fehlenden Minen und offenbar — die Beschränkung des Edelmetalls auf die Wertmesserfunktion zeigt es ebenso wie die Korrespondenzen der Könige mit den Pharaonen — sehr geringem Metallvorrat, ist schon in ältester Zeit tauschwirtschaftlich so entwickelt wie die irgendeines anderen orientalischen Landes, entwickelter als die des goldbesitzenden Aegypten; die — wenn die neueren Berechnungen auch nur annähernd stimmen — kolossalen Edelmetallvorräte des ptolemäischen Aegypten andererseits haben, trotz voll durchgeführter Geldwirtschaft, den »Kapitalismus« als Strukturprinzip der Wirtschaft nicht zu irgendwelcher besonders bemerkenswerten Höhe, insbesondere nicht zu einer Entwicklung wie im gleichzeitigen Rom, gedeihen lassen; die wunderliche Ansicht endlich, daß das Hereinbrechen der Naturalwirtschaft in spätrömischer Zeit Folge der beginnenden Unergiebigkeit der Bergwerke gewesen sei, stellt den Sachverhalt vermutlich genau auf den Kopf: wo damals eine Unergiebigkeit der Minen sich überhaupt eingestellt hat, dürfte sie ihrerseits Folge der, aus ganz anderen Gründen, im Bergbau an Stelle des in klassischer Zeit gerade hier heimischen kapitalistischen Sklavenbetriebes getretenen Kleinpächterwirtschaft gewesen sein.

Die mächtige Rolle, welche die Verfügung über große Edelmetallvorräte und ganz besonders die plötzliche Erschließung solcher kulturhistorisch gespielt haben, soll damit nicht im geringsten geleugnet werden: das alte Fronkönigtum (s. u.) ruht auf dem »Hort« des Königs; ohne die Bergwerke von Laurion gab es keine attische Flotte (?); die Verwandlung von hellenischen Tempelschätzen in Umlaufsmittel könnte manche Preisänderungen im 5./4. Jahrh. mit bewirkt (?) und diejenige der Schätze des Perserkönigs die hellenistische Städteentwicklung erleichtert haben; und die Wirkung des kolossalen kriegerischen Edelmetallimports in Rom im 2. Jahrh. v. Chr. ist bekannt. Aber die Bedingungen dafür, daß jene Edelmetallvorräte damals in der Art ihrer Nutzbarmachung so, wie geschehen, und nicht anders (z. B. thesaurierend, wie im Orient), verwendet wurden, mußten vorher vorhanden sein: — »schöpferisch« in dem Sinne der Erzeugung qualitativ neuer Wirtschaftsformen haben auch im Altertum Edelmetallquanta als solche nicht gewirkt.

2. Die ökonomische Eigenart des kapitalistisch verwendeten Sklavenbesitzes liegt, verglichen mit dem System der »freien« Arbeit, zunächst in der gewaltigen Steigerung des zur Beschaffung der lebendigen Arbeitskraft aufzuwendenden und durch Ankauf in ihr festzulegenden Kapitals; — bei Nichtbeschäftigung des Sklaven im Fall flauen Geschäftes bringt dieses Kapital nicht nur — wie die Maschine — keine Zinsen, sondern es »frißt« überdies (im wörtlichen Sinne) kontinuierliche Zuschüsse. Daraus allein schon folgt: Verlangsamung 1. des Kapitalumschlags, 2. des Kapitalbildungsprozesses überhaupt. Sodann: in dem damit zusammenhängenden, großen Risiko, welches gerade diese Form von Kapital trägt. Dies Risiko liegt nicht nur in dem Umstand begründet, daß die bei kapitalistischer Ausnutzung sehr hohe und dabei überdies ganz unberechenbare Mortalität der Sklaven ökonomisch ein Kapitalsverlust ihres Besitzers ist, auch nicht nur darin, daß jede politische Schlappe die Sklavenkapitalien gänzlich vernichten konnte, sondern außerdem und namentlich in den kolossalen Schwankungen der Sklavenpreise (Lucullus verkaufte Beutesklaven zu 4 Drachmen in einer Zeit, wo man bei mäßig versorgtem Markt im Frieden Hunderte von Drachmen erlegen mußte, um einen brauchbaren Arbeiter zu kaufen), welche die stete Gefahr der Entwertung des angelegten Kapitals mit sich brachte.

Die Basis eines sicheren Kosten k a l k ü l s , die unumgängliche Voraussetzung differenzierter »Großbetriebe«, fehlte. Dazu tritt ein ferneres Moment: die patriarchale Sklaverei, wie sie im Orient überwog, gab dem Sklaven entweder die Stellung eines Hausgenossen des Herrn oder sie konzedierte ihm den Besitz einer eigenen Familie. Im letzteren Fall war auf eine Herauswirtschaftung des möglichen Maximums von Profit von vornherein verzichtet. Der Sklave leistete dann entweder Abgaben: dann war er Rentenfonds, nicht Arbeitskraft, oder, wo er — eventuell mit seiner Familie — als Arbeitskraft diente, war er Fronarbeiter oder unfreier Heimarbeiter mit allen Schranken der Einträglichkeit eines solchen. Eine wirklich »kapitalistische« Behandlung des Sklaven nach Art eines sachlichen Produktionsmittels fand dagegen ihre Schranke in der Abhängigkeit von stetiger Versorgung des Sklavenmarktes, und das heißt: von erfolgreichen Kriegen. Denn eine volle kapitalistische Ausnutzung seiner Arbeitskraft war nur bei nicht nur rechtlicher, sondern auch faktischer Familien l o s i g k e i t der Sklaven möglich: bei einem Kasernensystem, welches aber dann die Ergänzung der Sklavenklasse aus der eigenen Mitte unmöglich machte. Anderenfalls wären Kosten und Unterhalt der Weiber und der Aufzucht der Kinder dem Anlagekapital als toter Ballast mit zur Last gefallen. Dies ließ sich zwar bezüglich der Weiber unter Umständen — aber bei der Eigenart der antiken Bedarfsdeckung und der Bedeutung der Hausspinnerei und -weberei keineswegs regelmäßig — durch textilgewerbliche Ausnutzung vermeiden. Bezüglich der Kinder kann eine Stelle Appians (b. c. 1, 7) dahin verstanden werden, daß wenigstens in gewissen Perioden des römischen Altertums spekulative Sklavenaufzucht m a s s e n h a f t vorgekommen sei, also, wie in den nordamerikanischen Südstaaten, eine Arbeitsteilung zwischen Produktion und Verwertung wenigstens für einen Teil des Sklavenkapitals stattgefunden habe. Diese Deutung bleibt jedoch etwas fraglich. Die schroff schwankende Preisbildung des Sklavenmarkts mußte den Aufzuchtsgewinn unsicher machen. Für die Hauptverschleißgebiete der Sklavenarbeit: Plantagenbau, Seefahrt, Bergbau, Steuereintreibungsgeschäft, war ferner weibliche Arbeitskraft ungeeignet. Und in der E r w e r b s wirtschaft war es denn auch die Regel, daß man sich in der Hauptsache auf den Verbrauch männlicher Sklaven (zu Catos Zeit der einzigen als Gutsarbeiter, ebenso der einzigen im attischen ἐργαστήριον nachweisbaren) beschränkte, wenn man dies tun konnte, d. h.: wenn der chronische Kriegszustand die stetige Versorgung des Marktes übernahm. Die weiblichen Sklaven dienten der Prostitution oder der Hausarbeit. Fand eine kontinuierliche Versorgung längere Zeit nicht statt, so konnte der Nachwuchs nur durch Zerfall der Sklavenkasernen und Herstellung des Familienlebens des Sklaven, d. h. Abwälzung des Interesses an der Reproduktion des Sklavenkapitals auf den Sklaven selbst, damit aber wiederum: Verzicht auf die schrankenlose Ausnutzung seiner Arbeitskraft, garantiert werden. Ein solcher Verzicht mußte aber, gegenüber dem System der gefesselt unter der Peitsche arbeitenden Plantagensklaven, überall da eine reine Einbuße an Profit bedeuten, wo nicht gleichzeitig eine Form gefunden wurde, ökonomisches Eigeninteresse des Sklaven für den Herrn nutzbar zu machen. Denn neben der Labilität des Sklavenkapitals und dem unkalkulierbaren Risiko, mit dem es belastet war, wirkte im Fall der direkten Verwertung des Sklaven als Arbeitskraft im Großbetrieb natürlich vor allem das fehlende Eigeninteresse des Sklaven jedem technischen Fortschritt und jeder Intensivierung und Qualitätssteigerung entgegen. Die für die Arbeitsleistung entscheidenden »ethischen« Qualitäten der Sklaven sind bei ihrer Benutzung im Großbetrieb die denkbar schlechtesten. Dem Verschleiß des Sklavenkapitals selbst trat dabei der Verschleiß sowohl des Arbeitsvieh- als des Werkzeugkapitals und der Stillstand der Werkzeugtechnik (z. B. der Pflüge) zur Seite. Ueber ersteren Punkt wird ausdrücklich geklagt: die Verwendung der Sklavenarbeit zur Getreideproduktion im großen wurde dadurch — wegen der Arbeitsintensität der antiken Getreideanbautechnik — unmöglich, aber überhaupt waren die Sklaven nur auf gutem Boden und bei niedrigem Preisstand des Sklavenmarktes im Großbetrieb mit wirklich beträchtlichem Gewinn verwertbar und wirkte ihre Verwendung regelmäßig in der Richtung der Extensität. Und —was noch wichtiger war — diese Eigenart der Sklavenarbeit hinderte auf gewerblichem Gebiet nicht nur die Verfeinerung der Werkzeugtechnik, sondern überhaupt jene Kombination von präzis ineinandergreifenden differenzierten Arbeitskräften, welche gerade das Wesen der spezifisch modernen Betriebsformen ausmacht, für welche ja doch nicht die bloße Arbeiterzahl charakteristisch ist. Gelernte gewerbliche Arbeit in

Gestalt eines arbeitsteiligen Kaufsklavenbetriebes im großen zu verwerten, konnte aus dem gleichen Grunde zweifellos als eine normale Erscheinung — denn in Einzelfällen, aber dann stets in geringem Umfang, kommt sie (s. später) vor — im Altertum so wenig in Frage kommen, wie es sonst irgendwo geschehen ist. Selbst das wesentlich eine Anhäufung von Einzelarbeitern darstellende ἐργαστήριον fand wesentlich an den ökonomisch stark begünstigten Plätzen, wie Athen, Rhodos, Alexandreia usw., seine Stätte, und auch da stets als Annex kaufmännischer Betriebe oder eines Rentenvermögens. Denn wenn Ueberschüsse gewerblicher Fronleistungen oder unfreier Heimarbeit oder der Erzeugnisse von großen Hauswirtschaften fürstlicher oder halbfürstlicher »Oiken« auch nicht selten auf dem Markt erscheinen, so muß man sich natürlich sehr hüten, dies mit der Existenz von Sklaven»fabriken« auf der Basis der Kaufsklaverei zu verwechseln. Selbst halbkapitalistische Gebilde, wie sie die Verwendung von Zwangsarbeit zur Schaffung von gewerblichen »Nebenbetrieben« seitens ganz großer Sklavenbesitzer oder des Monarchen darstellen, und welche ihren Typus in der Neuzeit in vielen russischen »Fabriken« des 18. und des ersten Drittels des 19. Jahrh. finden, können nur auf (faktisch) monopolitischer Basis bestehen und haben bestimmte Voraussetzungen. Diese Voraussetzungen: billige Nahrung, Monopolpreise der Produkte, außer ihnen aber noch: billiger Sklavenpreis, und folglich sehr hohe, das Todesrisiko deckende Exploitationsrate (selbst bei Demosthenes und Aischines 30 bis 100%) mußten auch vorhanden sein, wenn die Verwendung von gewerblichen Kaufsklaven im ἐργαστήριον des Herrn dauernd möglich sein sollte: Auch dann blieben aber diese »Betriebe« meist auf höchstens einige Dutzende von Arbeitern beschränkt. Es fehlte das »stehende Kapital«, welches zur »Fabrik« gehört. Beliehen wurden die Sklaven, nicht die »Werkstatt«. Die Sklaven sind die Werkstatt, ihre Verpflegung durch den Herrn, nicht ihre Verwendung im konzentrierten »Betriebe« ist das Entscheidende. Die »Werkstatt« ihrerseits war Teil des »Oikos«, und alle jene so folgenschweren Rechtsentwicklungen, welche — viele Jahrhunderte vor Entstehung unserer »Fabriken« — die Trennung von Familienhaushalt und »Werkstatt«, von Privat- und Geschäftsvermögen schon im 13./14. Jahrh. begleiteten, blieben daher dem Altertum gänzlich unbekannt. (Es fehlen deshalb auch — mit wenigen charakteristischen Ausnahmen, speziell in der Staatspacht, — alle jene, das Perennieren des Betriebes, durch die wechselnden Schicksale der Vermögenszusammensetzung hindurch, sichernden »Unternehmungsformen«: Aktiengesellschaft u. dgl.) Die großbetriebliche Massenverwendung von Sklaven in Bergwerken, Steinbrüchen und bei öffentlichen Arbeiten ist fast gänzlich Verwertung ungelernter Arbeit. Die »unfreie Heimarbeit« trägt, als Spezies des Robottsystems, die ökonomischen Schwächen desselben an sich und es scheint fraglich, wie weit sie Zwecke der Marktproduktion diente. Pharaonen und Tempel verwendeten sie wohl wesentlich für Zwecke des Tempel-, Hof- und Staatsbedarfs, besonders natürlich, wenn das Rohmaterial vom Pharao (bzw. Tempel) importiert oder bergbaulich gewonnen war; daneben mag Marktverwertung des Produktes vorgekommen sein. Jedenfalls bedeutet auch sie, wo sie vorkam, eben Arbeit im eigenen kleinen (Familien-) Betrieb des Sklaven. Qualifizierte Sklavenarbeit im Großbetriebe ist etwas dauernd (auch außerhalb der wenigen großen Handelszentren) Normales nur in leitenden Stellungen, als Vorarbeiter oder Inspektor im Bergwerk oder in der Plantage, im Kontor, speziell bei der Kassen- und Rechnungsführung (der Möglichkeit der Tortur wegen) usw. Dieser Sklavenaristokratie pflegte aber dann, im eigensten Interesse des Herrn, die eigene (Quasi-) Familie (contubernium) und eigenes (Quasi-) Vermögen (peculium) konzediert zu werden; unter Umständen wurde ihnen selbst (so bei Plinius) die Respektierung ihrer Testamente gewährt und überdies fast immer die Chance des Loskaufs gegeben. Damit bildet diese Art der Sklavennutzung schon den Uebergang zu der Verwertung des gelernten, d. h. entweder schon vor seiner Versklavung (durch Krieg oder Bankerott) gelernt gewesenen, oder aber auf Kosten des Herrn in die Lehre gegebenen, Sklaven lediglich als Rentenfonds. Diese konnte entweder durch Vermietung als »Lohnwerker« geschehen, was massenhaft, oft unter Abwälzung des Risikos des Todes auf den Mieter, vorkam. Noch vorteilhafter, weil sie das Eigeninteresse des Sklaven in Bewegung setzte, war aber die Ausstattung mit einem peculium zwecks Etablierung als Handwerker oder Krämer auf seine eigene Rechnung. Der Herr bezog seine ἀποφορὰ und konnte sie innerhalb des Spielraums, den die Gefahr der Erschlaffung des Eigeninteresses des Sklaven gewährte, steigern, und er konnte überdies den Kapitalwert des Sklaven durch diesen selbst amortisieren lassen, indem er ihm die Chance, seinen aufgespeicherten Erwerb zum Loskauf zu verwenden, gab, beim Loskauf sich überdies bestimmte Abgaben und Dienstleistungen vorbehielt und — wozu besonders das römische Recht die verschiedensten Rechtsformen zur Verfügung stellte — an der Hinterlassenschaft des Freigelassenen sich den gesetzlich oder kontraktlich oder testamentarisch festgesetzten Anteil (in manchen Fällen die ganze Erbschaft) aneignete. Das Risiko des Kapitalverlustes durch Tod verminderte sich ja bei selbständiger Etablierung des Sklaven stark, wenn dieser eine Familie gründete und seine Kinder selbst gewerblich anlernte. Eine Haftung für die Geschäfte des Sklaven legte das Sklavenrecht dem Herrn regelmäßig nur in Höhe des peculium auf, während er dem Sklaven gegenüber natürlich formell auch zu dessen gänzlicher Einziehung befugt blieb. (Von dieser Befugnis allzuoft Gebrauch zu machen dürfte wenigstens der große Sklavenbesitzer im Altertum — ebenso wie in Rußland vor der Bauernbefreiung — durch die Notwendigkeit, das Eigeninteresse des Sklaven wach zu halten, und auch durch die — in Rußland seinerzeit zu so hoher Blüte gelangte — Kunst des Verhehlens des Besitzes seitens der Sklaven sich behindert gefunden haben.) Die zu allen Zeiten des Altertums sehr reichlichen, oft das Einschreiten des Gesetzgebers hervorrufenden Freilassungen, die doch natürlich keinesfalls auch nur überwiegend auf Kosten der Eitelkeit und des politischen Klientelbedürfnisses zu setzen sind, zeigen, wie gut jenes Eigeninteresse des Sklaven funktionierte. Diese so überaus viel sicherere Art, vom Sklavenbesitz Vorteil zu ziehen, schob aber dessen Ausnutzung offenbar vom Geleise der kapitalistischen Verwertung als Produktionsmittel zur Erzielung von »Gewinn« auf das Geleise des Bezugs von »Rente« und Loskaufgeld. Der »Kampf zwischen freier und unfreier Arbeit« spielte sich alsdann dem Schwerpunkt nach in der Sphäre des Kleinbetriebes in Gewerbe und Handel, nicht aber als ein Kampf zwischen Sklavengroßbetrieb und freiem Kleinhandwerk ab. Die mächtigen ökonomischen und politischen Risiken, welche alle direkt als Produktionsmittel verwerteten Sklavenvermögen belastet hätten, fielen dann fort. Dieser Zustand ist im Altertum weit verbreitet.

Neben den ganz besitzlosen freien Bauern, Kleinpächtern, Krämern und Lohnwerkern stand 1. eine Schicht von freien Kleinbesitzern als Händler, gewerbliche Kleinproduzenten (Preiswerkern), die neben sich, auf dem Acker oder in der Werkstatt, einen oder einige, vielleicht im Kriege erbeutete oder aus Ersparnissen gekaufte Sklaven als »Gesellen« haben mochten, und stand ferner 2. die Schicht der unfreien gelernten Handwerker und Krämer, der leibeigenen Bauern oder unfreien Kleinpächter. Nur als Tributherr stand dann, wie ev. über dem Bauern und freien Krämer oder Handwerker sein Gläubiger und über dem freien Kolonen sein Verpächter, so über dem selbst wirtschaftenden Unfreien sein Leibherr. Diese Art der Ausnutzung des Sklaven als »Rentenfonds« setzte nun selbstredend, um dem Herrn Gewinn zu bringen, eine weitgehende lokale geldwirtschaftliche Arbeitsteilung voraus; war diese jedoch gegeben, dann mußte sie aus den angegebenen Gründen die Tendenz haben, sich gegenüber der Nutzung des Sklaven als Produktionsmittel nicht nur zu behaupten, sondern normalerweise auch auszudehnen, namentlich überall da, wo der Herr (wie bei den Vollbürgern, gegenüber den Metoiken; dem Amtsadel, gegenüber dem »Ritterstand«) stark politisch in Anspruch genommen war und also nicht selbst wirtschaften konnte, und zumal, wenn überdies der Sklavenpreis anhaltend hoch stand. — Was die Konkurrenz freier und unfreier Arbeit gegeneinander anlangt, so war bei dichter Besiedelung, hohen Bodenpreisen und der daraus sich ergebenden Nötigung zu intensiver Kultur, bei freiem Verkehr, und in Ermangelung von Hörigkeitsverhältnissen, die Verwertung ländlichen Grundbesitzes in Form der Parzellenpacht im Altertum wie in der Gegenwart ökonomisch zweifellos am meisten begünstigt. Der Kleinbetrieb ist in der Landwirtschaft des Altertums ja überhaupt die Regel, und nur die Plantagenkulturen — wozu im Altertum Oel- und Weinbau gehörten — trugen normalerweise den Sklavengroßbetrieb. Der Getreidebau erforderte, zumal bei der Technik des Altertums, zu starkes Eigeninteresse des Arbeiters, um (normalerweise) dem Sklavenbetrieb zugänglich zu sein. Nur wo Billigkeit der Sklaven und hoher Preis der Plantagenprodukte zusammenwirken, war in der Landwirtschaft der Sklavenbetrieb im Großen begünstigt. Im Gewerbe und Kleinhandel konnte die Prämie, welche die Loskaufschance auf das Eigeninteresse des Sklaven setzte, immerhin wirksam sein und seine Konkurrenz überall da stärken, wo die Möglichkeit, Rücklagen zu machen, überhaupt gegeben war. Es war kein Zufall, daß die Freigelassenen, welche als Sklaven zu arbeiten und zu sparen gelernt hatten, ökonomisch prosperierten: — zum Teil freilich auch einfach die Konsequenz ihres Ausschlusses von politischer Betätigung. Wenn die Inschriften der Kaiserzeit es wahrscheinlich machen, daß die Sklavenarbeit 1. auch im Gewerbe im Orient schwächer als im Okzident vertreten war, 2. die Sklaven häufiger in den gröberen Arbeiten auftreten, — so folgt *ersteres* zum Teil aus der weiterhin zu erörternden historisch überkommenen Kultur des Orients, zum anderen Teil zeigt es, wie die aus politischen Gründen folgende stärkere Versorgung des *römischen* Sklavenmarktes ihre Wirkung übte; das *letztere* aber ist die Folge davon, daß natürlich die Herren das Risiko und die Kosten, die Sklaven eine lange Lehrzeit durchmachen zu lassen, nicht allzuoft übernahmen. Man darf deshalb die Wirkung der Konkurrenz der Sklavenarbeit nicht ausschließlich, nicht einmal immer vornehmlich, in einer direkten *Verdrängung* freier Arbeit sehen. Allerdings ging, neben der Beförderung der ohnehin (s. u.) dem Altertum naheliegenden sozialen Diskreditierung der Arbeit durch die Konkurrenz landfremder Kaufsklaven, auch eine solche Verdrängungstendenz überall *da* her, wo nicht (wie im späteren Orient) die Kriegslast auf die Schultern von Berufskriegern, Söldnern oder fremden Herrenvölkern abgewälzt war: Anhaltende schwere Kriege von wechselndem Erfolge, welche die freie Bevölkerung jahraus, jahrein im Felde hielten und ökonomisch ruinierten, mußten — wie dies Appian berichtet — der Sklavenarbeit in ihrer Gesamtheit gegenüber der freien Arbeit, und zwar *allen* Formen der Sklavennutzung, zugute kommen. Kriegerische Expansion und große Siege werden dagegen regelmäßig die Expansion des Sklavenbesitzes, die Billigkeit der Sklaven und damit den Anreiz zu *kapitalistischer* Verwertung derselben im Eigenbetrieb (Plantage, Seefahrt, Bergwerk, *ἐργαστήριον* usw.) gefördert haben. Für die kapitalistische Sklavennutzung in der *Landwirtschaft* speziell mußte aber ferner vor allem auch das Vorhandensein billigen und dabei ergiebigen *Bodens* ausschlaggebend sein, wie sie *zeitweilig* im Gefolge kriegerischer oder revolutionärer Konfiskationen und, *chronisch*, da und solange gegeben war, als dünne Besiedelung großer Strecken fruchtbaren Bodens mit schneller Entwicklung städtischer kaufkräftiger Verbrauchszentren Hand in Hand ging — wie dies in einem weder vorher noch nachher wiederholten Maße in Rom nach der Einigung Italiens und nach den ersten siegreichen überseeischen Kriegen der Fall war. — Schon die letzten und manche früheren Bemerkungen deuteten an, wie stark

3. die politischen Schicksale und Eigenarten der einzelnen Länder auf das Maß der relativen Entwicklung freier und unfreier Arbeit, auf das Maß »kapitalistischer« Verwertung der letzteren und auf deren Richtung Einfluß haben mußten. Die von L. M. Hartmann scharf in ihrer Bedeutung betonte militärische Belastung der freien Bevölkerung war als Prämie auf Sklavenarbeit da am stärksten, wo ein die sich selbst equipierenden Bauern und Kleinbürger mitumfassendes Aufgebot einer freien Bürgerschaft chronische Kriege großen Stils zu führen hatte, wie in der Blütezeit der hellenischen Demokratie und im republikanischen Rom. Umgekehrt lagen die Verhältnisse, wenn das Heer, mindestens zum Teil, sei es feudales, sei es autokratisches Berufs- oder Fronheer, oder aber Soldheer war, wie in Aegypten, vielen hellenistischen Staaten, der spätgriechischen Polis, dem spätkaiserlichen Weltreiche. Allein die Verschiedenheit der Arbeitsverfassungen der letzteren Staatengruppen untereinander zeigt, daß jedenfalls die Militärverfassung allein, als solche, weder für das Maß der Entwicklung der Sklaverei entscheidend war, noch, folglich, den antiken »Kapitalismus« in Maß und Richtung seiner Entfaltung endgültig bestimmte. Dagegen wirkten hier in hohem Grade die allgemeinen politischen Grundlagen des antiken Lebens und besonders die, letztlich von der politischen Verfassung her bestimmte, Art der Staatsverwaltung, speziell der Finanzverwaltung. — Die öffentlichen »Finanzen« in ihrer allmählichen Herausentwicklung aus dem »Oikos« des Stadtfürsten mit seinem thesaurierten Edelmetall-»Hort« sind der älteste und bleiben der größte aller »Wirtschaftsbetriebe«. Sie ersetzen teils die private Kapitalakkumulation, teils sind sie ihre Schrittmacher, teils endlich erdrücken sie sie. 1. Sie »ersetzen« sie: So am vollständigsten der bureaukratisch geleitete Robottapparat der Pharaonen, welcher (ursprünglich) den »Unternehmer« nicht kennt. Aber auch die Finanzierung der großen öffentlichen, an Privat-

unternehmer vergebenen Bauten der Hellenenstädte, wie sie aus den Bauinschriften sich ergibt, zeigt, vor allem in der regelmäßigen Vorauszahlung des Betriebskapitals an ihn aus der Staatskasse, daß eine private Kapitalakkumulation, welche ausgereicht hätte, um derartig große Beträge aus der Tasche des Kapitalisten selbst vorzuschießen, fehlte, daß die kraft politischer oder sakraler Autorität erhobenen Abgaben hier in die Bresche treten mußten. Hier hatte die Intervention eines privaten Unternehmers im wesentlichen nur den Sinn: Der Stadtstaat, welcher, im Gegensatz gegen die Pharaonenverwaltung, der erforderlichen Baubureaukräfte und (seit der Beseitigung der Bürgerfronden) auch der Zwangsarbeitskräfte entbehrte (mit Ausnahme der für solche Arbeiten nicht ausreichenden und meist anderweit — in den Kanzleien und Registraturen, in den Kassen, in der Münze, gelegentlich beim Wegebau — beschäftigten Staatssklaven), vergab die Organisation jener Bureau- und Arbeitskräfte gegen eine Unternehmerprämie an Private. Was ferner die Steuerverpachtung anlangt, so muß man sich gegenwärtig halten, daß auch sie in sehr vielen Fällen gerade diejenige Funktion des Privatkapitals nicht involviert, welche wir als ihm charakteristisch anzusehen gewohnt sind: die Bevorschussung. Die Steuerpächter zahlen oft ihre Haftsumme erst ein, nachdem sie alle, noch öfter, nachdem sie die entsprechenden Raten der Steuern erhoben haben; ja, wo der Staat Exekutivbeamte besitzt — z. B. in den ptolemäischen Revenue Laws —, erhebt der Pächter sie nicht einmal selbst, sondern der Staat erhebt sie, und die Pächter haften lediglich, nachdem die Naturalabgaben zu Geld gemacht sind, als Garanten für das etwaige Defizit, wie sie am Surplus profitieren. Hier ist der Zweck der »Verpachtung« offenbar nur: die Gewinnung einer festen Bar-Grundlage für das Staatsbudget durch Festlegung des Minimaleinkommens in Geld. Ist dies nun auch erst Produkt der hellenistischen Entwicklung des Steuerpachtwesens und haben die Steuerpächter oft die Pflicht wenigstens teilweiser Vorleistung übernommen, so zeigt doch jener Zustand, daß die oft hohen Pachtsummen nicht einfach auf eine entsprechend hohe private Kapitalakkumulation schließen lassen dürfen. Dagegen ist das Staatspachtsystem, vor allem auf dem Gebiete der Steuerpacht, natürlich ein wichtiges — sicher auch in Hellas eines der allerwichtigsten — Mittel der privaten Kapitalbildung. —

2. Zum bloßen »Schrittmacher« der privaten Kapitalbildung kann die Finanzwirtschaft aber erst da werden, wo ein Stadtstaat, der, als solcher, des eigenen bureaukratischen Mechanismus entbehrte, also den Staatspächter brauchte, als Herrscher über Domänen und über den Boden und die Tribute riesiger eroberter und unterworfener Gebiete verfügte. Dies war im Altertum in Rom in der republikanischen Zeit der Fall. Hier entwickelte sich daher, zweifellos von Anfang an im wesentlichen aus der Staatspächterschaft, eine mächtige Klasse privater Kapitalisten, welche in der Zeit des 2. punischen Krieges — der Zeitpunkt ist charakteristisch genug — den Staat nach Art moderner Banken als Geldgeber stützen, dafür aber auch schon während des Krieges ihm seine Politik vorschreiben konnte, deren Profitgier dann ein Reformer wie Gracchus, um sie zu gewinnen, Provinzen und Gerichte ausliefern mußte und deren Kampf mit dem Amtsadel, den er als Geldgeber ökonomisch »in der Tasche« hatte, das letzte Jahrhundert der Republik ausfüllt. Die Akme des antiken Kapitalismus war die Folge dieser Konstellation und der eigenartigen innerpolitischen Struktur des römischen Staates. — 3. »Erdrückend« endlich konnte das Finanzwesen antiker Staaten auf verschiedenen Wegen die Entwicklung privater Kapitalien beeinflussen: Zunächst trug die allgemeine politische Basis der antiken Staaten ganz allgemein zur Verstärkung der schon an sich, infolge der Art seiner Zusammensetzung, wie wir sahen, großen Labilität des Kapitalbestandes und der Kapitalneubildung bei. Die Steuerverfassung (Leiturgien der Besitzenden), die ganz rücksichtslos souveräne Verfügung der griechischen Polis, speziell der Demokratie, über das Privatvermögen ihrer Bürger (noch in der hellenistischen Spätzeit z. B. zu Kreditzwecken in einer Art, wie sie das Mittelalter nie gekannt hat: Verpfändung auch alles privaten Grundbesitzes durch die Stadt kommt vor), ferner die Konfiskationsgefahr bei jeder politischen Erschütterung und Parteiumwälzung in allen antiken Gemeinwesen, vollends die nicht seltenen gänzlich willkürlichen Vermögenseinziehungen in den Monarchien (der Boden von »halb Afrika« unter Nero) wirkten alle in der gleichen Richtung. Allein weit entscheidender als diese immerhin mehr akuten Katastrophen, welche einzelne Kapitalien oder den jeweiligen Kapitalbestand eines Gemeinwesens betrafen, war das Maß des Spielraums, den

die Verwaltungspraxis dauernd den Profitmöglichkeiten des privaten Kapitals überhaupt und damit der Kapitalbildung gewährte. Dieser Spielraum hat sehr erheblich gewechselt. Er mußte in den antiken Monarchien grundsätzlich enger bemessen sein als in Republiken. Der antike Monarch und sein Staat sind stets Grundherren allergrößten Stils, teils in den Formen des Privatrechts, teils in der Form arbiträrer Herrschaft über unterworfene zinspflichtige Fremdvölkerschaften ohne garantiertes Bodenbesitzrecht. Das gleiche kann nun auch für die antike Polis zutreffen und traf, namentlich, in kolossalem Umfang auf die römische Republik zu. Während aber für die Polis ein solcher Besitz naturgemäß in erster Linie rein ökonomisches Ausbeutungsobjekt der wechselnden Gefolgschaften politischer Stellenjäger, und, natürlich, vor allem der Geldgeber der letzteren, war, und während daher in den Stadtstaaten, speziell Rom, gerade dieser öffentliche Bodenbesitz meist zu den Brutstätten privater kapitalistischer Ausnutzung (Abgabenpachtwucher, Bodenpachtwucher, Sklavenbetrieb, — je nach den Umständen), wurde, — mußte ein Monarch darin anders verfahren. Einerseits betrachtete er die Hintersassen seines Domaniums wesentlich mehr unter politischen Gesichtspunkten: als Stützen seiner dynastischen Machtstellung. Andererseits mußte er, im eigensten Interesse, sichere Renten weit höher einschätzen, als es die von kurzfristig gewählten Beamten geleitete Verwaltung republikanischer Gemeinwesen tat, denen und deren Gefolgsleuten der rasche Augenblicksgewinn im Vordergrund stand. Und es mußte, vor allem, seine Finanzpolitik eine mehr staatswirtschaftliche, politisch orientierte, auf dauernde Ausnutzung, also vorsichtige Schonung, der Leistungsfähigkeit seiner Untertanen gerichtete, sein, gegenüber der an kapitalistischen Privatinteressen orientierten Ausbeutungspolitik der Stadtstaaten. Daher ist nicht nur die Kleinpacht auf den monarchischen Staatsdomänen regelmäßig ganz vorwiegend, Großpacht und Sklavengroßbetrieb dagegen die Ausnahme: — wenn die römischen Kaiser für ihr Familiengut aus pekuniären Gründen die Großpacht vorzogen, so folgten sie doch bezüglich des staatlichen Domaniums der Regel. Sondern die Hauptsache ist, daß die »Krone« der Kapitalverwertungsformen: die Steuerpacht, in republikanischen Staaten stets auf dem Sprunge steht, nach Art des mittelalterlichen Genua, den Staat zu einer Entreprise der Staatsgläubigerschaft und Staatspächterschaft zu machen. In den monarchischen Staaten dagegen ist sie stets unter Kontrolle gehalten, oft gänzlich oder nahezu gänzlich verstaatlicht, immer aber eingeengt in ihren Gewinnchancen, und also: ihrer Zeugungskraft für die Bildung von Privatkapitalien beraubt, meist aber direkt in die Bahn einer Kombination von bureaukratischer mit (relativ) kleinbetrieblich finanzierter Monopolverwaltung gedrängt. Dieser Prozeß der Kontrolle, Monopolisierung und Bureaukratisierung, oft direkt der Ausschaltung des privaten Kapitals, schritt in allen großen antiken Monarchien unaufhaltsam fort. Er erfaßte allmählich neben den Steuern und Domänen die Bergwerke, die politisch wichtigen Teile des Handels und der Schiffahrt (namentlich die Getreideversorgung), weiterhin die für den Bedarf des Hofs, der Armee, der Bauten und öffentlichen Arbeiten wichtigen Lieferungen, die Banken (in Form sowohl staatlicher wie kommunaler Monopolbanken, letztere z. B. in den hellenistischen Monarchien und Kommunen für allen Geldwechsel). Während also die Polis nur den, seiner inneren Konstitution nach, labilen Charakter der Privatkapitalien (weniger durch die fast immer vergeblich gebliebene Bekämpfung der Vermögensdifferenzierung im Interesse der Bürgergleichheit, als durch die im Wesen des antiken Parteikampfes und der antiken Kriegführung liegenden stets sich wiederholenden politisch-ökonomischen Katastrophen aller Art) aufs höchste steigerte, dabei aber doch das stete Neuaufflammen der Kapitalbildung und des kapitalistischen Verwertungsstrebens bestehen ließ, — hungerte diese bureaukratische »Ordnung« der monarchischen Staatswirtschaft gerade die größten Privatkapitalien langsam aus, indem sie die wichtigsten Quellen des Profites verstopfte. Und wo dann, im Gebiete geschlossener Monarchien, einerseits die dem Altertum wie dem Mittelalter urwüchsige Ausbeutung des Landes durch die Stadt, und andererseits die expansiven Boden- und Menschenraubkriege ins Stocken gerieten, da mangelte auch die für die Expansion der kapitalistisch nutzbaren Sklavenarbeit unentbehrliche Ueberschwemmung der Sklavenmärkte mit billiger Menschenware und das kapitalistisch exploitierbare Neuland. Mit dem durch alles dies herbeigeführten Stagnieren und Abschwellen des Kapitalbildungsprozesses ging dann regelmäßig die (neuerdings namentlich von Rostowzew sehr zutreffend gekennzeichnete) Tendenz der Sicherung der staatlichen Bedürfnisse durch stete Differenzierung und Erweiterung des Kreises der für die öffentlichen Leistungen mit ihrem Besitz oder ihrer persönlichen Qualifikation Bürgenden und dadurch an ihre soziale Funktion und ihren Besitz verwaltungsrechtlich Gebundenen Hand in Hand, um schließlich jene Universalherrschaft der Leiturgien und munera, die Vernichtung alles dessen, was man in den »klassischen« Zeiten des Altertums »Freiheit« genannt hatte, herbeizuführen, die für die sog. »Verfallszeiten« antiker Staaten charakteristisch ist. Die, für die Masse der Untertanen, so wohltätige Ordnung der Monarchie war eben der Tod der kapitalistischen Entwicklung und alles dessen, was auf ihr ruhte. Die Sklaverei als Trägerin kapitalistischen Erwerbes tritt dann weit zurück, die Neubildung privater mobiler Kapitalvermögen erlischt, da der Stimulus der Verwertungschancen unter das, bei der Konstitution des antiken Kapitals, unerläßliche Minimum sinkt, reglementierte und verwaltungsrechtlich gebundene, aber der privatrechtlichen Form nach »freie«, Arbeit tritt in den Vordergrund der ökonomischen Struktur. Wo überdies die Monarchie theokratischen Charakter annimmt, da kann sich auch der in solchen Fällen nie ausbleibende religiöse und staatsgesetzliche »Schutz der Schwachen« — wie es im Orient der Fall war — zu einer ziemlich festen Schranke kapitalistischer Menschenverwertung entwickeln. — Die Wirkungen auf dem Gebiet der Agrargeschichte sind bei diesem Entwicklungsprozeß stets: das Abschwellen der relativen Bedeutung der Kaufsklavenplantage, die Kleinpacht, speziell Teilpacht, als herrschende Form der Bodenbesitzver ertung, die fürstliche und die halbprivate, auf Konzession des Fürsten ruhende Rentengrundherrschaft als sozial und ökonomisch vorwaltende Besitzkategorie. —

Alles in allem findet also die Entfaltung des Kapitalismus im Altertum ihre vornehmsten Hemmnisse: 1. an der politischen Eigenart der antiken Gemeinwesen, wie soeben ausgeführt, 2. an der früher erörterten ökonomischen Eigenart der Antike, nämlich, um es zu rekapitulieren: an den Schranken der Marktproduktion infolge der verkehrstechnisch gegebenen Grenzen der (ökonomischen) Transportfähigkeit der Güter von und in das Binnenland, — an der, in der Sache liegenden, ökonomisch bedingten Labilität des Kapitalbestandes und der Kapitalbildung, — an der technischen Schranke der Ausnutzbarkeit von Sklavenarbeit im Großbetrieb, — endlich auch an den Schranken der »Rechenhaftigkeit«, welche in erster Linie gegeben sind durch die Unmöglichkeit strengen Kalkuls bei Verwendung von Sklavenarbeit. (Die an sich technisch keineswegs unentwickelte private Buchführung des Altertums ist teils Bankbuchführung, teils landwirtschaftliche Bestandesaufnahme und erweiterte Haushaltsrechnung: nur die erstere ist kaufmännischen Charakters; alles andere private Buchwesen ist, — soweit wir darüber etwas wissen —, verglichen mit dem späteren Mittelalter noch recht undifferenziert, wenn man den Maßstab kapitalistischer Rentabilitätskontrolle anlegt.) Die Sklaven-»Großbetriebe« des Altertums sind nicht durch sachliche Nötigung: die arbeitszerlegende und arbeitsvereinigende Produktionsweise, zusammengehalten, sondern rein persönlich: durch die zufällige Anhäufung von Menschenbesitz im Vermögen eines Einzelnen: dies ist der richtige Sinn der »Oiken«-Theorie. Daher bleibt aller »Großbetrieb« etwas so spezifisch Labiles. Der »Zöllner«, Kleinhandwerker, Kleinkrämer sind im Orient und im Hellenismus das letzte Wort der Geldwirtschaft, und gerade mit der zunehmenden Stabilität von Politik und Oekonomik des Okzidents und dem gleichzeitigen Rückgang der Kapitalbildung behaupten sie auch hier schließlich das Feld. Immer wieder kollabiert, gerade in den Perioden »gesättigter« Ordnung — die eben mit ökonomischer Stabilität identisch ist — der Flug des Kapitalismus. Der antike kapitalistische Unternehmer — wohl zu unterscheiden vom Kapitalrentner — ist in seiner sozialen Position, mit nur teilweiser Ausnahme gewisser Perioden der babylonischen, hellenistischen, der spätrepublikanischen und der frühkaiserlichen römischen Entwicklung, fast immer ziemlich prekär gestellt: Metöken und Freigelassene stellen in den klassischen Zeiten das Hauptkontingent. Der Gewerbetreibende ist auch (und gerade) im demokratischen Gemeinwesen oft amtsunfähig. Der politische Vollbürger ist dagegen, dem Ideal nach, »Nichtinteressent«, d. h. aber: Rentner oder doch dem Typus des Rentners nahestehend und in den »freien« Gemeinwesen immer vor allem (sozusagen) »übungspflichtiger Heeresreservist«. Der »Antichrematismus« der Staatstheorie des Altertums ist, dem Schwerpunkt nach wenigstens, nicht, jedenfalls entfernt nicht in dem Sinn und Maß wie der der mittelalterlichen Kirche, ethisch — durch die Antipathie gegen den unpersönlichen und deshalb der ethischen Normierung nicht zugänglichen Charakter rein »geschäftlicher« Beziehungen — bedingt, sondern in erster Linie politisch: 1. durch (s. Z. zu erörternde) Erwägungen der »Staatsraison«, daneben 2. durch die Ideale der Bürgergleichheit und der »Autarkie« der Polis und 3. sozial: als Bestandteil des Antibanausentums der herrschenden Rentnerklassen. Andererseits fehlte jede ethische Verklärung der Erwerbsarbeit, zu der sich nur im Kynismus und in dem hellenistisch-orientalischen Kleinbürgertum leise Ansätze finden. Die Stütze, welche die Rationalisierung und Oekonomisierung des Lebens an der wesentlich religiös motivierten »Berufsethik« der beginnenden Neuzeit fand, mangelte dem antiken »Wirtschaftsmenschen«. Er bleibt im Empfinden seines Milieus und in seinem eigenen ein »Krämer« und »Banause«. Daß der Schiffsbesitz, die Befrachtung von eigenen Schiffen mit eigenen Tauschobjekten und deren Absatz durch einen Bediensteten (wie sie die Könige, Tempel, Adligen der Seeufergebiete in der Frühzeit üben) und dann auch die sich daraus abzweigende ἐμπορία, d. h. die ursprünglich wohl sicher in commenda, dann auch ganz für eigene Rechnung erfolgende Befrachtung fremder Schiffe mit zusammengekauften oder kommissionsweise übernommenen Waren in den Seehandelsgebieten — übrigens stets mit Vorbehalten — für respektabel galt, da sie wesentlich diskontinuierliche Disposition über Kapitalbesitz war, nicht aber den Charakter des kontinuierlichen »Betriebes« an sich trug, ist natürlich keine Gegeninstanz. —

Die Staatswesen des Altertums, und gerade die »freien« Stadtstaaten, sind durchzogen von einer Fülle ständischer Differenzierungen der Bevölkerung und politisch bedingter Differenzierungen des Vermögens- (speziell des Boden- und des Erb-) Rechts, welche Quellen von Einnahmen aller Art, vor allem von Rentenbezügen, werden konnten und wurden. Zumal in den Demokratien — man denke an Athens Bürgerrechtspolitik — dominierte der kleinbürgerliche Renten- und »Nahrungs«standpunkt über alle anderen Interessen. Er wirkte, aus politischen Gründen, auch in den Monarchien, soweit nicht die dort allmächtigen fiskalischen Interessen ihn kreuzten. —

Die antike Agrargeschichte nun ist in ihrem Verlauf in die Peripetien der antiken Stadtgeschichte so eng verflochten, daß sie von ihnen isoliert kaum behandelt werden könnte. Namentlich sind uns nur ganz ausnahmsweise deutliche Nachrichten über die Verhältnisse derjenigen quantitativ ungeheuer überwiegenden Gebiete enthalten, welche nicht städtisch organisiert waren, und natürlich erst recht wenige über die in den städtischen Territorien der Stadt vorangehenden Zustände, vor allem fast keine solchen aus dem Munde der betreffenden Völker selbst. Die älteste jüdische Tradition, welche vor der städtischen Organisation der Nation redigiert sein muß, ist doch in einem Milieu entstanden, welches bereits eine Jahrhunderte alte Stadtkultur und Fremdherrschaft von Kulturvölkern erlebt hatte, und es bleibt ferner unfeststellbar, wie weit die nachweislich »ältesten« Partien später retouchiert sind. Für den Okzident, wo wir die Völker in weit primitiveren Stadien antreffen als die Aegypter und Babylonier, steht es dennoch kaum anders. Was z. B. eigentlich der »Gau« urwüchsig gewesen ist, welches die Sozialverfassung des »Dorfs« war, ehe die (später zu erwähnende) militärische Differenzierung begann, — dies ist aus den wenigen Notizen über die Verhältnisse dieser Institutionen in historischer Zeit, auch da, wo (wie etwa in Arkadien, Samnium, Persis) damals die Stadtverfassung fehlte, natürlich schon deshalb nicht zu erschließen, weil man nicht weiß, wie stark diese Zustände schon Produkt des Einflusses der unmittelbar benachbarten städtischen Gebiete sind. Vollends ist die Frage, in welche Zeit Institutionen wie z. B. die Phratrien, Phylen, Kurien, Tribus, endlich auch die »Geschlechter«, zurückreichen, offenbar nicht endgültig und zwingend zu erledigen: Denn dazu wäre eine eindeutige Antwort darauf nötig: ob speziell die (allgemein als besonders alt angesprochene »Phratrie« anderweit ethnographisch bekannten Typen sich einfügt oder nicht. Im letzteren Fall ist trotz aller gegenteiligen Erörterungen doch das Wahrscheinlichere, daß sie Produkt einer sekundären, militärisch bedingten, Entwicklung ist. — Von den Anschauungen, welche über den historischen Ausgangspunkt der antiken Sozialgeschichte ziemlich allseitig geglaubt worden sind, erscheint jedenfalls eine heute durchweg — vielleicht mit Ausnahme mancher an die Wüste grenzenden orientalischen Gemeinwesen — nicht mehr haltbar: der Glaube an das ursprüngliche »Nomaden«leben der okzidentalen Völker, d. h. an eine rein viehzüchtende ackerbaulose Vorzeit bei ihnen. Die Rolle, welche das Vieh überall als Hauptbestandteil des beweglichen Besitzes, deshalb wichtigstes Tribut- und Tauschobjekt, und der Viehbesitz als Hauptgrundlage sozialer Differenzierung und (neben Metallschmuck und kostspieligen Waffen) Hauptbestandteil des Häuptlingsvermögens, Viehwartung als spezifisch männliche (daher auch eines Adligen nicht unwürdige) Arbeit, erweislich gespielt hat, darf zu jener Annahme nicht verleiten. Auch die plausible Hypothese, daß wenigstens die Herrengeschlechter aus Einfällen von reinen Hirtenstämmen und Unterwerfung der seßhaften Ackerbauer durch jene entstanden seien, ist — wo sie nicht im Einzelfall wahrscheinlich zu machen ist — nicht generell annehmbar, da der antike Adelsstaat gerade an den Küstenplätzen besonders früh und stark entwickelt ist, und andere Quellen der Vormachtstellung der Könige und Adligen bekannt sind. Wie aber der Ackerbau, der in alle prähistorisch erschließbaren Zeiten der uns beschäftigenden Völker zurückreicht, in deren bäuerlicher »Urzeit« sozial organisiert war, davon ist nichts Zuverlässiges zu erfahren. Was wesentlich deutlicher erkennbar bleibt, sind gewisse Organisationsstadien, die sich, bis zu einem gewissen Maße, bei allen denjenigen »antiken« Völkern, von der Seine bis zum Euphrat, welche überhaupt städtische Entwicklung gekannt haben, wiederholt zu haben scheinen.

1. Zunächst ein Zustand, in welchem, als ferne Vorläufer der späteren Stadt, nur Schutzwälle gegen feindlichen Ueberfall existieren, Hausgemeinschaft und Dorf die ökonomische, Blutrache-, Kult- und Wehrverbände die polizeiliche, sakrale und politische Garantie der Existenz des Einzelnen tragen, — ohne daß jedoch über Struktur, die Koinzidenz oder umgekehrt die Funktionsteilung dieser Verbände untereinander für die Vorzeit der Antike etwas ganz Sicheres auszumachen wäre. Die als »frei« geltenden Volksgenossen sind alle am Grundbesitz beteiligt, und nehmen, bei mäßigem Sklavenbesitz, an den Feldarbeiten teil. Die Stellung des politischen Häuptlings und seine — meist transitorischen — Funktionen können nicht wohl andere gewesen sein als z. B. bei den Germanen auch. Er ist nur vorhanden, wo kriegerische Bedrohung möglich ist. Er hat als »Richter«, wie bei den meisten »Naturvölkern«, nur gütliche Mittel zur Verfügung

und er kann ferner nie ungefährdet die Tradition verletzen, über welche die ältesten Männer seine berufenen Berater sind. Es hängt von der politischen Lage ab, ob überhaupt gemeinsame politische Angelegenheiten bestehen. Die Bedeutung des Zusammenhangs des »Geschlechts« durch »Blut« (statt durch die ursprünglich allein entscheidende Nahrungsgemeinschaft) entwickelt sich bei den Häuptlingssippen zuerst stärker, indem die Erinnerung an kriegerische Leistungen oder wertvolle Schiedssprüche sie als von den Göttern bevorzugt legitimiert. Oekonomisch erhalten sie freiwillige Geschenke. Vorzug im Beuteanteil und, eventuell, ein speziell ausgewiesenes Landlos.

2. Sodann ein anderer Zustand, in welchem eine nähere Vorstufe der Stadt: die Burg, auftritt, und als deren Inhaber ein »König«, der, durch Boden-, Sklaven- Vieh- und Edelmetallbesitz ausgezeichnet, eine persönliche Gefolgschaft zunächst direkt an seiner Tafel speist, weiterhin, mit Land, Sklaven, Vieh und Schätzen beschenkt oder belehnt, an ihrer Spitze Kriegs- und Beutezüge unternimmt, dem übrigen »Volk« gegenüber aber eine sehr verschiedenartige, zwischen bloßem Anspruch auf gelegentliche Geschenke und ganz willkürlicher Belastung mit Robot, Tribut und Zwangsaufgeboten (als Troß oder Fußtruppe) zum Kriege schwankende, Stellung einnimmt, je nachdem er friedlich lebt oder sich erobernd ein »Reich« von »Untertanen« schafft. Die Lage des platten Landes in diesem Stadium ist uns äußerst dunkel. Die Entstehung des Burgenkönigtums pflegt an 1. fruchtbarem Boden (Grundrentenfähigkeit), 2. Handelsgewinn gebunden zu sein. Regel ist, daß die Gefolgschaft des Königs als etwas Neues, deshalb Fremdes in die bäuerliche Volksgemeinschaft hineintritt. Königs- und Lehenrecht scheidet sich überall vom »Volksrecht«. Die Gefolgsleute galten oft überhaupt nicht als Volksgenossen, selbst da wo sie dies waren. Wie bei vielen »Naturvölkern«, so gilt z. B. für die Gefolgschaft Davids (»Krethi und Plethi«) und des legendaren Gründers von Rom die Tradition, daß ihre Gefolgschaft aus »banditi« bestanden habe, und es ist möglich, daß noch in der mesopotamischen Stellung der königlichen Lehenträger (s. u.) sich Spuren davon erhalten haben. Sobald der König erobernd auftritt, entspricht diese Indifferenz gegenüber der Nationalität seiner persönlichen Kriegs-

genossen naturgemäß oft auch den Tatsachen: die Leibgarde wird, der Sache nach, Soldtruppe. Das Entstehen größerer Herrschaften ist dabei durch Differenzierung des Reichtums der Burgherren möglich: die »Könige« mit dem größten »Hort« machen andere Burgherren zu ihren Vasallen: der Anfang fast aller antiken »Staaten«. —

3. Eine fernere Annäherung an den »klassischen« Zustand der Mittelmeerländer in der Antike stellt die »Polis« in den Fällen dar, wo sie zugleich dem Typus des »Adelsstaates« entspricht. Eine für den Waffenberuf trainierte, durch den Umfang ihres Grund- und Schuldknechte- (oder Hörigen-)Besitzes ökonomisch zur Selbstausrüstung (in der kostspieligen Form der »Panhoplie«) befähigte und für das ritterliche Leben des Adels disponible Schicht von »Geschlechtern« beherrscht eine »Akropolis« und von ihr aus das Land. Auch sie kann sich nur entwickeln, wo 1. die Bodenqualität die Grundrentebildung gestattet: in den Flußebenen, — 2. Geldgewinn möglich ist: nahe der Küste. Der Lehenadel des alten Burgkönigs emanzipiert sich von seiner Herrschaft, und — das ist das Charakteristische gegenüber der analogen feudal-grundherrlichen Entwicklung im kontinentalen frühen Mittelalter (während dagegen die Entwicklung im frühmittelalterlichen Italien gewisse Aehnlichkeiten bietet) — konstituiert sich als eine sich selbst verwaltende, militärisch gegliederte städtische Gemeinde, vom König als primus inter pares oder (fast immer im weiteren Verlauf) von Wahlbeamten, aber, — das ist das Entscheidende — ohne Bureaukratie, geleitet. Wer nicht ritterlich zu leben, an den militärischen Institutionen der Stadt nicht teilzunehmen vermag, gehört nicht in den Verband der »Geschlechter« hinein. Der Glaube an den Wert des »Blutes«, der Abstammung, ist jetzt generalisiert. Die typische (nicht: die einzige) Arbeitskraft dieser Sozialverfassung ist der Schuldsklave. Der »Adel« ist zunächst eine Gläubigerschicht und wird zu einer Grundrentnerschicht. Der Bauer ist zunächst Schuldner und wird dadurch »erbuntertänig«. Das platte Land ist daher, neben den nicht zu den »Geschlechtern« gehörigen Bauern, regelmäßig von einer breiten Schicht von Schuldversklavten besetzt. Zuweilen sind diese auch rechtlich als »Stand« von den Freien gesondert. Indes meist genügt das Schuld- und Prozeßrecht der Frühzeit, in Verbindung mit der Beherr-

schung der Gerichte durch die Herrenklasse, und das daraus erwachsende Institut der Klientel, um den gleichen Effekt zu erzielen.

4. Allein von dem Zustand des primitiven Heerkönigtums (oben Nr. 2 am Schluß) ist eine Entwicklung nach anderer Richtung hin möglich: der König kann, ökonomisch an Macht steigend, Herr seiner Gefolgschaft und der militärischen Machtmittel werden, dergestalt, daß das Heer geradezu eine Art von Leibeigenenheer wird, und kann nun — die Hauptsache — einen ganz in seiner Hand befindlichen, hierarchisch gegliederten Beamtenstand schaffen, durch den er die »Untertanen« regiert. Die »Stadt« wird dann seine und seiner Hofbeamten Residenz, entweder ganz ohne Autonomie (so namentlich im »städtelosen« Aegypten) oder mit wesentlich sakraler Autonomie (Assur) oder mit nur unpolitischer, vom König kontrollierter Lokalverwaltung und bestimmten Privilegien (so die urkundlich bezeugten Immunitätsprivilegien Babylons). Die Lage des platten Landes in den älteren Stadien dieses autoritativen Stadtkönigtums ist meist ziemlich dunkel. Abgabe- und Robotpflichten der Untertanen können bis zum fast vollständigen Staatssozialismus (Aegypten) führen, oder es kann ein ziemlich großes Maß freier Bewegung im Privatverkehr bestehen bleiben, je nach der Struktur der Bedarfsdeckung des königlichen Haushalts: durch Fronden einerseits, durch »Steuern« andererseits, je nachdem also das Königtum mehr Fronkönigtum oder mehr Tributkönigtum ist. Ersteres geht meist aus letzterem hervor und bildet sich seinerseits zu der gleich zu besprechenden Form (Steuer- und Leiturgiestaat) weiter: ein »Rationalisierungs«-Prozeß.

Schon in den beiden zuletzt genannten (selbstredend in den mannigfachsten Abstufungen von »Reinheit« vertretenen) Typen kann der Einfluß der Verkehrswirtschaft sich geltend machen. Ganz regelmäßig beruht die Entwicklung des zweiten Typus überhaupt darauf, daß der Häuptling — etwa so wie die »Könige« von Kamerun vor der deutschen Okkupation (teilweise auch nachher) — den Außenhandel monopolisiert oder doch sich irgendwie tributpflichtig macht und so den »Hort« aufspeichert, diese unentbehrliche Grundlage aller primitiven, — der Nibelungen- ebenso wie der mykenischen, jüdischen (s. das Unterbinden der Hortbildung durch die Theokratie im Deuteronomium), persischen, indischen — »Könige«.

Daran schließt sich die ökonomische Unterwerfung der Bauern: Die Josephlegende, Genesis 47, 15—26, stellt den Vorgang: — Getreidedarlehen zum Konsum und zur Saat in Notjahren gegen Hingabe von Vieh, Boden und Person in die Schuldknechtschaft und Rückempfang zu Kolonenrecht gegen Ernteanteil — in typischer Form dar. Ob dann weiter eine Entwicklung zu dem Zustande ad 3 (»Adelspolis«) oder ad 4 (Bureaukratisches Stadtkönigtum) sich einstellt, ist offenbar (s. u.) von verwickelten teils geographischen, teils rein historischen Bedingungen abhängig. Naturgemäß steht aber innerhalb beider Typen im allgemeinen das Maß direkter Inanspruchnahme der Arbeitskräfte der Untertanenschaft, sei es in »grundherrlicher«, sei es in »staatlicher« Form, für die Bedarfsdeckung, sei es der herrschenden Geschlechter, sei es des königlichen Oikos, in umgekehrter Korrelation zu der Entwicklung des privaten Binnentausch-Verkehrs. Soweit aber Abgaben die Grundlage der Herrschaft bilden, stehen beide dem Bodenverkehr an sich neutral gegenüber. Erbanwartschaftsrechte und — im Adelsstaat: grundherrliche, — im Königsstaat: militärisch bedingte — Bindungen des Bodenverkehrs sind natürlich überall vorhanden. Aber der bureaukratische König (Nr. 4) kann nach Ausbildung seines ihm persönlich »gehörigen« Heeres und des Beamten- und Abgabensystems die Freiheit des Bodenverkehrs leicht ertragen. Die adeligen Geschlechter wünschen sie für den Bauernbesitz, da ihre Position auf dem Bodenwucher mit beruht. Aber der adelige Besitz ist (faktisch oder rechtlich) durch Bildung der Adelssippe (gens) gebunden. Der Despot hat dagegen — wie noch Napoleon zeigte — ein politisches Interesse daran, daß ohne eine von ihm ausgehende spezielle Verbriefung sich keine auf Bodenbesitz gegründeten patrimonialen Herrschaftsrechte bilden können. Der »Tyrann« schränkt daher oft die Bodenakkumulation, wo sie droht, ein (Hellas), läßt dagegen die Parzellierung, wo sie sich vollzieht (Orient), gewähren.

Aus dem 4. Typus: dem bureaukratischen Stadt- oder Stromufer-Königtum, welchem das Heer und die Beamten als Leibeigene »gehören«, und die »Untertanen« Robot und Tribut schulden, entwickelt sich mit zunehmender Rationalisierung der staatlichen Bedarfsdeckung:

5. der autoritäre Leiturgiestaat, der planmäßig die Deckung der Staatsbedürfnisse durch ein kunstvolles System

von öffentlichen Lasten erstrebt und die »Untertanen« als reine Objekte behandelt. Ihrem formalen Wesen nach sind jene Lasten 1. direkte Robot für den Hof- und Staatsbedarf, — 2. auf dieser Robot und auf Zwangsrechten verschiedener Art aufgebaute Monopole, — 3. Abgaben, und zwar oft ganz überwiegend Geldabgaben oder geldwerte Vermögensleistungen, die aber durch ein System von Zwangsbürgschaften für den richtigen Eingang jenen charakteristischen funktionsgebundenen Zug bedingen, der den orientalischen Despotien so oft eignet. Die »Verkehrsfreiheit« lehnt dieser Staat, soweit sie seine fiskalischen Zwecke nicht stört, nicht ab, — im Gegenteil, er begünstigt sie direkt, wo immer er durch Besteuerung an ihr fiskalisch profitieren kann. — Es pflegt dieser »aufgeklärte« Despotismus der orientalischen Antike sich ohne Bruch, nur durch seine rationalere Organisation unterschieden, aus den primitiveren Formen des bureaukratischen Stadtkönigtums zu entwickeln. Dagegen verbinden die untereinander allerverschiedensten Uebergangsstufen den 3. Zustand (»Adelspolis«) mit:

6. dem Typus der »Hoplitenpolis« in den antiken Mittelmeerländern. Die Herrschaft der »Geschlechter« über die Stadt, der Stadt über das platte Land ist (formal) gebrochen. Die Wehrpflicht ist (relativ) demokratisiert durch die Herrschaft des Hoplitenheeres, sie und damit das politische Vollbürgerrecht ruht auf dem Grundbesitz schlechthin, das Heer ist ein sich selbst equipierendes Bürgerheer. — Ihre Fortentwicklung ist:

7. die demokratische Bürgerpolis: Die Wehrpflicht und damit das Vollbürgerrecht ist vom Grundbesitz emanzipiert und es besteht die Tendenz (welche freilich selbst in den Zeiten der radikalsten attischen Demokratie z. B. in der Amtsqualifikation niemals wirklich voll durchgeführt ist) zur Zulassung aller (in den Seestädten) zum Flottendienst (der so gut wie keine Kosten der Selbstequipierung voraussetzt) Qualifizierten und das heißt: aller Bürger schlechthin, zu den Staatsämtern, unter zunehmender Ignorierung der Unterschiede des Besitzausmaßes.

In der Hoplitenpolis (Nr. 6) bildet die freie spannfähige Bauern- oder richtiger vielleicht: Ackerbürgerschaft den Kern des Heeres. Der Verkehr, speziell der Bodenverkehr, ist in ihr nicht ungebunden. Die sog. »Gesetzgebungen«, welche für die Konstituierung der Hoplitenpolis typisch sind, suchen prinzipiell ein allgemein zugängliches, festes Recht zu schaffen und, um den Klassenkampf zwischen Gläubigern (Adel) und Schuldnern (Bauern) zu schlichten, die Klassenbildung zu stabilisieren. Der Boden ist daher nicht nur durch Sippenrechte, sondern durch das militärische Interesse: ein Maximum wehrfähiger Hopliten zu tragen, gebunden (eine Art »Bauernschutz« seitens der Polis), die Ausdehnung des Großbesitzes direkt oder indirekt (Boden- oder Sklavenbesitzschranken, Beseitigung des alten Schuldrechts) gehemmt. — Dabei zeitigt das Streben, die Differenzierung der Bürgerschaft zu hemmen, mannigfache »stadtwirtschaftliche« Bestimmungen. Aber: das Interesse der Geldbesitzer und der anschwellenden städtischen Klassen treibt vorwärts, und spätestens mit dem Uebergang zur demokratischen Bürgerpolis wird der Boden der ganz oder doch fast ganz freien Disposition unter Lebenden und von Todes wegen unterstellt. Dieser Zustand als Unterlage der agrarischen Verhältnisse liegt für uns im vollen Licht der geschichtlichen Quellen. Was ihm vorhergeht, ragt in den verschiedensten Resten, von so extremen Fällen wie Sparta bis zu den spärlichen Resten leiturgisch (z. B. mit Wegebaulasten usw.) belasteter Aecker in der spätrömischen Republik, in die für uns im vollen Sinn des Wortes »historischen« Agrarzustände hinein. In der »klassischen« Polis hat die Gesetzgebung bewußt die Institute des »Mittelalters« ekrasiert: Es kann kein Zufall sein, daß das private Agrarrecht der historischen Zeit im Orient (s. oben) und Okzident nicht nur keinerlei fideikommissarische Bindung des Bodens, sondern auch keine privatrechtliche Form der Belastung von Boden mit Fron- oder Rentenlasten kannte, überhaupt keine anderen Grundbelastungen außer 1. der Pfandhaft, 2. den absolut unentbehrlichen Wasser- und Wegeservituten, — während doch die Möglichkeit der Belastung des Bodens mit Fron- und Erbpachtslasten überall der öffentlichen Gewalt möglich blieb, — daß ferner neben allen gemeinwirtschaftlichen Besitzformen (Allmende), auch alle Arten herrschaftlicher Bodenleihe — außer der nackten beiderseits kündbaren Geld- oder Teilpacht — und alle rechtlichen Schranken der Bodenparzellierung im Erbgang sowohl wie außerhalb desselben auf dem Gebiet des privaten Agrarrechts beseitigt sind. — Nun greift die kapitalistische Entwicklung ein: An Stelle der verschwindenden Schuld- tritt die Kaufsklaverei. Die Entwicklung der Bodenbesitz- und Betriebsverhältnisse unter ihrem Einfluß und zugleich unter dem Einfluß der politischen Peripetien des Stadtstaates bildet das Thema der Agrargeschichte der »klassischen« Zeiten. Sie hat im wesentlichen überall von dem Sinken der in der »Hoplitenpolis« hochgekommenen freien grundbesitzenden, spannfähigen Bauernschaft und dem Vordringen von Sklaven- oder von Parzellenpächterbetrieben, parallel mit dem Vordringen entweder des Soldheeres oder (in Rom) des cäsaristischen Proletarierheeres, zu berichten. —

Steht der freie kündbare Pächter und der Sklave am Ende der »klassischen« Epochen — ersterer von vorwiegender Bedeutung im Osten, letzterer als Landarbeiter im Okzident vorwiegend, — beide übrigens, ohne je die Alleinherrschaft gegenüber dem fast überall, oft in recht kompakten Massen und in der Ueberzahl, sich erhaltenden selbstwirtschaftenden Eigentümer zu gewinnen, — so tritt nun in den Zeiträumen nach der endgültigen Ablösung des Stadtstaates durch die universelle Militärmonarchie eine Erscheinung langsam immer mehr in den Vordergrund, welche anscheinend etwas gänzlich Neues ist: die ländliche Grundherrschaft. An die Scholle — zugunsten, aber (wohlgemerkt) in gewissem Sinn damit auch zulasten — des Herrn gebundene Kolonen mit (mehr oder minder) traditionell gebundenen Pflichten und Ansprüchen; die Grundherren als Ortsobrigkeit; die Staatslasten, speziell Steuern und Rekrutengestellung als Lasten dieser Grundherrschaften; Immunitäten verschiedenen Umfangs zu ihren Gunsten, — das sind Erscheinungen, welche die »Bürgerpolis« (Nr. 6, 7) natürlich nicht kennt, vielmehr normalerweise bewußt ausschließt. Das Entstehen des Gebildes erscheint daher als absolute Neuschöpfung. In Wahrheit hat es zu bestehen sicherlich nie aufgehört. Nur sein Herrschaftsgebiet war zusammengeschmolzen und seine universelle Bedeutung hatte sich seit den Zeiten des Burgenkönigtums für lange außerordentlich vermindert. In den breiten städtelosen kontinentalen Binnengebieten hatte es zweifellos immer Grundherrschaften in mehr oder minder ausgeprägter Entwicklung gegeben, und sobald die orientalischen Stadtkönigtümer und Leiturgiemonarchien sich zu »Weltreichen« erweiterten — zuerst im Assyrerreich —, bildeten sie naturgemäß ein Konglomerat von städtisch und von grundherrlich — als Domänen oder Lehen — organisierten Gebieten. So namentlich auch das Perserreich.

Ebenso, mindestens (schwerlich immer: nur) für das Domänenland, wo der Herrscher die privatrechtlichen Befugnisse des Besitzers mit seinen Verwaltungszwangsrechten ungeschieden vereinte, die hellenistischen Monarchien, welche allerdings im ganzen ihrer Struktur nach (außer in Aegypten) die Polis als Organisationsgrundlage entschieden begünstigten und propagierten. Das römische Weltreich als Abschluß der Antike bedeutete schließlich auch im Okzident eine Verschiebung der Kultur und des (militärisch zunehmend relevanten) Bevölkerungsschwerpunktes von den Küsten in das Binnenland, und damit eine weitgehende Verschiebung in den ganzen gesellschaftlichen Grundlagen und in den Organisationsproblemen des Staatswesens. Mit diesen Verschiebungen und mit ihren ökonomischen Konsequenzen für die kaiserliche Politik hing dann die Entwicklung derjenigen sozialen Institutionen zusammen, welche den Uebergang zu unserer mittelalterlichen Gesellschaft bedeuten. Die zentralen agrargeschichtlichen Phänomene dieser Epoche und der spätantiken Grundherrschaft überhaupt werden daher in einem gesonderten Artikel (»Kolonat«) behandelt werden. —

Daß die vorstehenden »Typen« des »Bauerngemeinwesens«, der »Adelspolis«, des »bureaukratischen Stadtkönigtums«, der »Hopliten«- und »Bürgerpolis«, der »Leiturgiemonarchie«, selten reinlich geschieden neben- oder nacheinander existierten, braucht kaum bemerkt zu werden. Diese »idealtypischen« Begriffe dienen hier nur dazu, den einzelnen Staat danach orientierend zu klassifizieren: ob er sich, im ganzen oder in bestimmten einzelnen Beziehungen, zu einem gegebenen Zeitpunkt dem einen oder dem anderen jener begrifflichen Typen mehr oder minder annähert. Denn die realen Staatswesen spotten naturgemäß in den historisch wichtigsten Bestandteilen ihrer Eigenart meist jeder so einfachen Klassifikation. Vor allem ein historisch wichtiger Typus ist dabei gar nicht zu seinem Recht gekommen: die militärisch, als Hoplitenverband, konstituierte Samtgemeinde von Bauernschaften, wie sie im Altertum mehrfach, allerdings m. E. immer sekundär: unter teilweiser Uebernahme städtischer Institutionen, auftritt (Altisrael, Aitoler, Samniten). —

Immerhin kann die vorstehende Klassifikation außer dem terminologischen wohl auch den Nutzen haben, uns gegenwärtig zu halten, wie grundverschieden die Entwicklungsstadien sind, in denen uns der Zufall des Beginns historischer Quellen die einzelnen antiken Nationen antreffen läßt. Die mesopotamischen und das ägyptische Staatswesen haben zahlreiche Jahrtausende städtischer oder (Aegypten) stadtartiger Entwicklung schon hinter sich, als die ältesten für uns erreichbaren Quellen zu fließen beginnen. Sie sind bereits »Leiturgiekönigtümer«. Die Römer haben in der Zeit sicher beglaubigter Ueberlieferung das Stadium der »Bürgerpolis« der Sache nach schon überschritten. Für die Hellenen lassen sich manche ziemlich sichere Schlüsse noch für das Stadium der »Adelspolis«, ja selbst des »Burgenkönigtums« machen. Die unsicheren Nachrichten über die Kelten (die hier nicht mit abgehandelt werden) zeigen diese in allen drei ersten »Stadien«. Dabei sind aber, ferner, die Entwicklungsvorgänge von Sparta, der attischen Demokratie in der Hegemoniezeit, und Roms durchaus »einzigartige« in den historisch relevantesten Punkten, und es schließen sich überhaupt oft Einzelzüge aus verschiedenen jener begrifflich geschiedenen »Stadien« zu einem spezifisch gearteten konkreten Ganzen zusammen.

Schließlich und vor allem kreuzt der offene oder latente Kampf weltlich-politischer mit theokratischen Gewalten, die ganze Struktur des sozialen Lebens beeinflussend, jene nach rein militärischen Konstituenzien geschiedenen »Typen«. Wohl überall besteht ursprünglich eine Kombination von fürstlicher und priesterlicher Funktion. Allein eine Funktionsspezialisierung war mit ausgebildeterer Priestermacht und theologischer Entwicklung unvermeidlich. Die Machtstellung der Priesterschaft beruhte, neben dem materiellen Schwergewicht ihres Besitzes an Stiftungsgut und Einnahmen und der Beherrschung der Massen durch die Angst vor den Folgen von Sakrilegien, auch darauf, daß alle ursprüngliche »Wissenschaft« in ihrer Hand lag. Daraus folgte zweierlei: 1. allgemein: ihre Kenntnis des Rechts, welche, solange dasselbe nicht kodifiziert war, den im Besitz der Priestertümer befindlichen Geschlechtern überall eine unerschütterliche Machtstellung gab, — 2. speziell in den bureaukratisch regierten Königsstaaten: daß alle Bildung, welche Vorbedingung der Verwendung in den königlichen Aemtern war, fast nur durch die Unterweisung der Priester zugänglich wurde. Ueberall hat die orientalische Priesterschaft sich den Unterricht anzueignen gesucht: so ist sie als die Bildungsstätte in Aegypten im »neuen Reich« an die Stelle der profanen »Lehre« beim weltlichen Beamten getreten. — Kämpfe der Tempelpriesterschaften mit dem Militäradel und der Königsgewalt in den bureaukratischen Königsstaaten, und Kämpfe der nichtadligen Bürger gegen das Rechtsmonopol der adligen Priester in den Geschlechterstaaten durchziehen daher — in den verschiedensten Frontstellungen — die Frühzeit der Antike und beeinflussen auch die materielle Kulturentwicklung: Säkularisationen und Restaurationen (durch Usurpatoren, welche die Legitimität erstreben) wechseln ab. Auf die wichtigen Unterschiede orientalischer und okzidentaler Kultur in dieser Hinsicht wird weiter unten einzugehen sein. —

Es kann hier weder der Versuch einer Klassifikation noch einer Geschichte aller bekannten Agrarverfassungen gemacht, sondern nur eine Skizze des über die Agrargeschichte der historisch wichtigsten Staaten Bekannten versucht werden. Denn das im letzten Jahrzehnt publizierte Material spottet nach Umfang und Anforderungen an die Beherrschung des kulturhistorischen Gesamtmaterials der Kräfte eines jeden nicht spezialistisch (und das heißt: philologisch-archäologisch) geschulten Bearbeiters.

II. Die Agrargeschichte der Hauptgebiete der alten Kultur.

1. Mesopotamien.

Was den asiatischen Orient anlangt, so liegt das Material, welches die erstaunlichen Leistungen der Keilschriftforschung zutage fördern, bis jetzt, auch nach der Auffindung des »Codex Hammurabi«, nicht in einer solchen Verfassung vor, daß derjenige, welcher auf das Studium der übersetzt vorhandenen Texte und im übrigen auf das Schöpfen aus zweiter Hand angewiesen ist, von definitiven Resultaten für die Analyse des Wirtschaftslebens wird sprechen dürfen. Gerade die für die juristische und sozialgeschichtliche Betrachtung wichtigsten Texte sind in der Deutung oft unsicher. Und bei Verwendung der alttestamentlichen Schriften bleibt die Frage, wo die nachexilische »Staatsroman«-Produktion aufhört, die tatsächlichen Zustände zu färben, gerade für manche charakteristischen Institutionen trotz der Arbeiten von Wellhausen, E. Meyer,

Guthe, Jeremias, Winckler, jüngstens: A. Merx noch höchst dunkel. Auch die nachfolgenden notgedrungen kurzen Bemerkungen können daher nur mit allem Vorbehalt gemacht werden.

In den mesopotamischen Kulturstaaten ist neben der Aufzucht der sämtlichen Haustiere die Landwirtschaft sehr früh — besonders in Babylonien — in starkem Maß zur intensiven Gartenkultur entwickelt. Neben dem Getreide erscheinen namentlich die Dattelpalmengärten als regelmäßige Bestandteile aller erheblichen Vermögen und Sesam als ein Hauptbedarfsgegenstand; daneben finden sich in den Urkunden alle denkbaren Gemüse und Hülsenfrüchte, Rüben, Rettich, Gurken, Koloquinten, Zwiebeln, Knoblauch, — dieser ist in ungeheuren Quanten (Hunderttausende von Maßeinheiten) Gegenstand von Lieferungsgeschäften, — Dill, Lattich, Mangold, Koriander, Safran, Ysop, Thymus, Brombeeren usw., die namentlich in den königlichen Gärten gezogen wurden. Dagegen fehlt der Wald: Bauholz erobert der König von Assyrien im Libanon, von seinen Jagden in den Wäldern der nördlichen Berghänge berichten die Inschriften promiscue mit Kriegstaten. Die Viehzucht (Schafe und Rindvieh) spielt in Hammurabis Kodex eine erhebliche Rolle, offenbar ist aber der weitaus größte Viehbesitzer der König selbst. — Grundlage der Bodenbebauung ist die Bewässerung: mit jeder Neusiedelung ist die Anlage eines Kanals verbunden, der Boden in spezifischem Sinne Arbeitsprodukt; die Stelle der relativ individualistischen Rodung im Urwald vertritt hier der notwendig in irgendeiner Form gemeinwirtschaftliche Kanalbau. Im letzten Grunde hierin ist das ökonomische Motiv der, ähnlich wie in Aegypten (s. u.), auch hier übermächtigen Stellung des Königtums zu sehen. Schon Inschriften aus dem ältesten (»sumerisch-akkadischen«) Kulturzentrum wimmeln von Kanal- und Bewässerungsfragen, und im assyrischen Nordland ist es später nicht anders. Alle möglichen Deich- und Kanalfronden auf der einen Seite, zahlreiche königliche Aufseher auf der anderen lenkten das alte Stadtkönigtum alsbald in die Bahn bureaukratischer Verwaltung. Im Kriege erobern die Könige von Babel und Assur, — namentlich diejenigen des letzteren, eines expansiven Raubstaates, — vor allem regelmäßig Eins: Untertanen, welche alsdann einen neuen Kanal für eine neue Stadt zu graben haben und in dieser, mit zeitweiligen Fronden- und Abgabeprivilegien, angesiedelt werden, um demnächst die Einnahme- und Machtquellen des Königs zu vermehren. Die Assyrerkönige der Eroberungszeit heben hervor, daß die Unterworfenen »Tribut und Steuern zahlen gleich den Assyrern«, — welche also auch ihrerseits als Besitzobjekt des Königs gelten. Das ist nicht das Ursprüngliche und auch später nicht voll durchgeführt. Die Stadt Babel beruft sich in einem Schreiben an den Assyrerkönig auf Privilegien, die ihr von dessen Vorfahren erteilt worden seien (Immunitäten bestimmter Art, vor allem ein sehr günstiges Fremdenrecht im Interesse des Handels). Auch andere Städte haben garantierte

Privilegien. Es kommt vor, daß die »Aeltesten«, etwa von Babel und Sippar, zur Beratung über einen Tempelbau zusammenberufen werden, wie auch der Assyrerkönig die »Edelen und Bürger« der Assyrer nach Erbauung seines neuen Palastes darin bewirtet. Aber den Grundcharakter alteriert das nicht mehr.

Die Wirtschaft des Königs ist ein die Privatwirtschaften überragender Oikos. Er wird gespeist 1. aus den Domänen des Königs und seinem umfangreichen Leibeigenen- und Hörigenbesitz — der Sumererkönig hat, ebenso wie offenbar alle späteren Könige, eigene Hirten —, 2. aus den a) Fronden und b) Naturalabgaben der Untertanen. Wie sich in den einzelnen Zeiträumen die Bedarfsdeckung auf Domänen (bzw. Eigenbesitz an Vieh) und Tribute verteilt hat, ist unsicher. Für die Feldfrüchte überwiegen wohl — im Gegensatz vielleicht (wenigstens in der Frühzeit) zum Vieh — die letzteren. Ebenso ist das Verhältnis von Sklavenbesitz des Königs und Untertanenrobot unsicher, — aber wohl auch ziemlich flüssig. Das liegt in der Sache begründet: Ganz wie die Pharaonen haben schon die sumerisch-akkadischen Stadtkönige mit Regulierung der Robot, Fürsorge für Speise und Trank der requirierten Arbeiter und für die ihnen zu gewährenden Naturalgratifikationen unausgesetzt zu schaffen. Der König hat die allerverschiedensten Speicher (Wagenhaus, Getreidehaus, Rinderhaus, Gewürzhaus, Schatzhaus usw.) und Werkstätten. Der sumerische König läßt Gold importieren und verarbeitet es zu einem Prunkköcher in eigener Werkstatt, Steine werden gebrochen und in eigener Werkstatt Statuen daraus hergestellt, vor allem alles für die Bauzwecke des Königs in eigener Regie bereitet, dazu Holz von weither importiert. Es sind offenbar um die Königsburg herum mit Grundstücken angesiedelte und zur Robot verpflichtete Handwerker, die ihm dabei als Arbeitskräfte zur Verfügung stehen. Die Assyrerkönige benutzen später für ihren kolossalen Baubedarf nebeneinander die Kriegsgefangenen und ihre einheimischen robotpflichtigen Handwerker, letztere für die feineren Arbeiten. Sanherib rühmt sich technischer Neuerungen in der Bronzeplastik und macht sich über seine Vorfahren lustig, die »in ihrem Unverstand . . . . alle Handwerker stöhnen ließen«. Eine sichere Grenze zwischen Königssklaven und robotpflichtigen politischen Untertanen bestand also offenbar nicht. — 3. Der Sumererkönig hebt »Bootsleute und ihren Kapitän« aus und dediziert sie dem Tempel: Eigenhandel selbst zu treiben scheint der König also damals nicht geneigt gewesen zu sein. Daß er es aber ursprünglich tat, erscheint zweifellos, und daß in Form eines stetigen »Geschenk«-Austausches mit fremden Fürsten dieser Eigenhandel noch 1000 Jahre später bestand, ist bekannt. Sicherlich ist gerade die Monopolisierung des Zwischenhandels an den Strommündungen die älteste Grundlage der Machtstellung der Stadtkönige des Südlandes, welches deshalb der älteste Träger königlicher »Oiken« war, wie die Deltagegend in Aegypten. — 4. Namentlich in Assyrien flossen dem Tresor des Königs Mittel zu aus der Beute der, auf der Höhe der Macht alljährlich, unternommenen Raubkriege.

Als eines der wichtigsten staatlichen Machtmittel, speziell als Reservefonds zu Anleihezwecken, haben hier, wie im ganzen orientalischen und auch im hellenischen Altertum, die Tempelschätze gedient. Die Speisung dieser Schätze, die Fixierung der Kasualien und (speziell: Ehe-)Gebühren und die Verfolgung von Winkelpriestern (»Zauberern«) und Ketzern zugunsten des Monopols des anerkannten Gottes ist eine Angelegenheit schon der sumerisch-akkadischen Stadtkönige. Der König schuf freilich so, durch die Entstehung von großen Edelmetall- und Naturalienvorräten, auch Grundbesitz, in den Händen der Tempelpriesterschaft eine ökonomische Macht, welche ihm eventuell gefährlich werden konnte und welche tatsächlich weiterhin mit den weltlichen Lehensträgern und Beamten fast überall in einen wechselvollen Interessenkampf um die Beherrschung des Thrones und die Ausbeutung dieser Herrschaft getreten ist. Die Priestergeschlechter verhalten sich sozial, wo sie die Macht haben, nicht anders als die Stadtgeschlechter in Althellas. Das alte lokale Stadtkönigtum der Zeit vor Hammurabi hat fortwährend einerseits gegen Gebührenüberforderung, Verschuldung und Besitzberaubung der »Armen« durch die Priester zu kämpfen. Andererseits muß es die Beamten 1. an Ausbeutung der Fronpflicht der Untertanen im eigenen Interesse, 2. an Verkürzung der bei Ableistung der Robot zu gewährenden Kost, 3. an Preisdruck beim Abkauf ihrer Produkte oder direkten Zwang zum billigen Verkauf (speziell von Vieh) an die »Großen« hindern, — letzteres durch Feststellung von Preistarifen. Wenn ein Sumererkönig von sich sagt, er habe die »Freiheit eingesetzt« und »die ehemals bestehende Leibeigenschaft« beseitigt, so ist damit wohl nur gemeint: 1. die Herabsetzung oder der Erlaß gewisser öffentlicher Fronden (»in dem Gebiet von X war fortan kein Aufseher mehr«), 2. wohl auch die Beseitigung privater Aneignung des Rechts auf solche, vor allem aber immer wieder 3. der Schutz der »Armen« durch Sicherung konstanter Rechtssprechung, und des bäuerlichen und kleinbürgerlichen Erwerbes und Besitzes gegen willkürliche Eingriffe, — in welchem speziellen Sinn letzteres, bleibt zweifelhaft (s. u.). Namentlich das Drückende des Verlangens der »Großen« (d. h. der Beamten und der großen Besitzer, weltlicher oder, unter Umständen, Priester-Geschlechter), daß der dem Staat oder dem weltlichen oder geistlichen Adel verschuldete (dies heißt: »leibeigene«) Kleinbesitzer bares Geld zahlen solle, wird erwähnt. Die ökonomische Situation ist also wohl ziemlich ähnlich wie in Hellas in der Zeit vor den »Gesetzgebungen«: — die übermächtige Stellung der Priesterschaft und die bureaukratische Staatsorganisation bilden den entscheidenden Unterschied. Der König sucht — wie der griechische »Tyrann« (wenigstens in Althellas) — sich die Sympathie der Bauern und Kleinbürger zu sichern. Aber: bei allem Kampf mit den Beamten bedarf der König des bureukratischen Apparates, und trotz des Kampfes mit den Priestern ist ihm die Legitimität unentbehrlich, welche nur entweder durch Apotheose (Aegypten) oder göttliche Bestätigung zu erlangen ist. Reine Militärkönige auf Eroberungsgebiet (Assyrien) suchten sich der Priesterkontrolle wohl erfolgreich zu entziehen. Alte »Kulturstaaten« duldeten das schwerer. In Babylon, wo die Theokratie weit ausgeprägter war als in dem assyrischen Militärstaat, gilt der König als göttlicher Lehnsmann (alljährliche Neuinvestitur!).

Zu den Abgaben der Untertanen gehören von jeher, soweit wir sehen können, mehrere wohl kaum sicher zu unterscheidende Getreideabgaben, später nach rechtlichen und Qualitäts-Bodenklassen abgestuft, ebenso jedenfalls Naturalabgaben von allen übrigen Produkten, von anscheinend sehr bedeutender Höhe: — die Pachtverträge pflegen über ihre Zahlung Bestimmungen zu enthalten. (Bruchstücke von Katasterkarten sind erhalten.) Ferner eine anscheinend auch von Freien, jedenfalls von Frauen [vielleicht ursprünglich: von allen nicht Wehrfähigen] erhobene Kopfsteuer. Daneben finden sich später einzelne Verkehrsabgaben, so von Sklaven- und Grundstücksverkäufen. Wo eine Kontraktbruchsbuße an den Staat vereinbart wird, scheint dies in der älteren Zeit noch die Leistung von Fronden an den König gewesen zu sein: Strafarbeit als Rest des Fronkönigtums. Zu den Leiturgien, die auf dem Boden ruhten, gehörte auch die Gestellung von Kriegern (in der Perserzeit durch Stellvertretung erfüllt). Wie aber im übrigen, namentlich in dem spezifischen Militärstaat Assyrien, ökonomisch die (auch wenn alle möglichen — übrigens keineswegs an sich zu vermutenden — Uebertreibungen der Inschriften abgezogen werden) sehr bedeutende, disziplinierte, zu Pionierarbeiten und gewaltigen Marschleistungen befähigte Heeresmacht beschafft und sustentiert wurde, ist noch nicht ganz deutlich. Die grundsätzliche Wehrpflicht aller Untertanen — mit Ausnahme des Tempelpersonals, des königlichen Hofhalts, der Hirten und, wie es scheint, der königlichen Kolonen, — ergibt sich aus Hammurabis Briefen. Allein dieses Aufgebot war sicherlich nur als Landsturm in den äußersten Fällen zur Verteidigung praktikabel. Die Wagenkampf-Technik, auf welcher die militärische Expansion der Euphratstaaten beruht, erforderte sicherlich den Berufskrieger, und auch die Reiterei und das bei größeren Kriegen immerhin wohl nach mehreren Zehntausenden zählende Fußvolk — Salmanassar II. will in Syrien einem Heer von rund 70 000 Mann (bei rund 4000 Wagen), dessen Bestandteile er aufzählt, gegenübergestanden haben — sind bei den Generationen hindurch jährlich geführten Kämpfen natürlich nicht mehr durch Aushebung selbstwirtschaftender Bauern nach Art des (recht bald fiktiv gewordenen) germanischen Heerbanns beschafft worden. Ein militärisch geübtes und dabei nationales Heer wäre der Königsmacht gefährlich gewesen, und die gartenartige Kultur machte seine Schaffung ökonomisch unmöglich: eine sich selbst equipierende Hoplitenschaft fehlt diesem von Anfang an theokratisch-bureaukratischen Städtestaat. Die später üblich werdende Werbung gehört der Frühzeit schwerlich an. Sondern: die Wagen, Speere und Rüstungen stellt der König aus seinen Zeughäusern. Die Pferde wird er demgemäß vielleicht ebenfalls aus seinen Herden oder durch Requisition beschafft haben. Was die Menschen anlangt, so finden wir für die Zeit Hammurabis die »Soldaten« des Königs als Inhaber von Dienstlehen, auf denen der Berufskriegsdienst als Leiturgie ruht. Die Lehensinhaber bilden dabei offenbar keine den übrigen Untertanen gegenüber ständisch bevorzugte Schicht. Daß ihnen ein Mal eingebrannt worden sei (Daiches), kann allerdings vielleicht auf terminologischer Identifikation mit privaten Schuldknechten beruhen. Doch ist die Identität der Bezeichnung in jedem Falle auffallend. Sollte die betreffende Urkunde tatsächlich auf einen königlichen Heerespflichtigen (der einem Großen zur Verfügung gestellt war) zu beziehen sein, so wäre sie zugleich ein Beleg dafür, daß die — fränkisch gesprochen — »in truste« oder »in hoste« des Königs Befindlichen aus ihren Familienrechten (Erbrecht) damit ebenso ausscheiden, wie ein Stammfremder oder Versklavter. (Die Familie gibt dem Eingezogenen nur Beisitz, kein Erbrecht, als er, entlassen, zurückkommt). Die Kriegerlehen werden von Hammurabi in einem Satz mit den, ebenfalls mit Land belehnten, Fischern des Königs genannt. Das »Lehen« ist eben, wie überall im Orient — bis zu den Kleruchen der Lagiden — plebejisch klein, da die Equipierung sicher sehr einfach, überdies wahrscheinlich gänzlich Sache des Königs ist. — Sie müssen bei Todesstrafe den Dienst persönlich leisten und ihre Bedrückung und widerrechtliche Besitzentsetzung wird an den Statthaltern schwer geahndet. Sie werden auch zu Schanzarbeiten — zum Bau einer Stadt z. B. — aufgeboten. (Die bei Einverleibung fremden Gebiets dorthin im Austausch »verpflanzte« Bevölkerung setzte sich wahrscheinlich auch aus solchen Lehensmannen zusammen.) Mit dem Hof überträgt ihnen der König Vieh zur Nutzung. Alles natürlich unter Ausschluß der Veräußerung, aber der Regel nach erblich (falls der Sohn tauglich ist) und mit Witwen- und Waisenversorgung. Bei dreijähriger Nichtleistung der Dienstpflicht fällt es an den, der es unter Erfüllung der Obliegenheiten übernimmt. Obwohl der Lehnsmann hiernach dem König persönlich auf Grund speziellen Entgeltes dient, gilt er doch auch als Funktionär der Gesamtheit: wer einen gefangenen Soldaten ausgelöst hat, darf sich, wenn das Vermögen desselben nicht reicht, an den Tempelschatz seiner Stadt wegen Erstattung des Lösegeldes halten; subsidiär haftet auch der königliche Schatz. — Neben diesen mit Land beliehenen Soldaten stehen die nicht »vollfreien«, daher im Wehrgeld den Freien nicht gleichgestellten, aber in ihrem Sklavenbesitz — offenbar im Interesse ihrer »Abkömmlichkeit« — besonders geschützten »Ministerialen« (wie Peiser übersetzt) des Königs, welche offenbar am Hofe zu seiner ständigen Verfügung leben. In Assyrien finden sich »Reiter und Eunuchen« des Königs als Besatzungstruppen in eroberten Städten, — also wohl königliche Gefolgsleute neben Leibeigenen, — und Gefangene verleibt der König zu Tausenden einfach seinem Heere ein. Andererseits werden bei Neubesiedelung von Städten in diesen eine bestimmte Anzahl von Truppen »ausgehoben«, — was nur die Auferlegung der Gestellung durch die Ansiedler oder aber die Ausweisung einer entsprechenden Anzahl von Soldatenlehen bedeuten kann. — Das Heerwesen wandelt sich bald in der Richtung zum Soldheere. Das Dienstlehenheer war ersichtlich nur Reservetruppe; denn die assyrischen Soldaten waren schon in Sargons Zeit verheiratete Leute, deren Versorgung in Zeiten des Friedens dem König, der in Kriegszeiten sein Heer verstärkt hatte, Sorge machte, weil sie (s. o.) durch die Aushebung aus ihren Familienbeziehungen ausschieden und nun versorgt sein mußten. Noch in den Zeiten des Artaxerxes wird bei den Steuern z. B. »Bogenland« von »Zehntland« unterschieden. Es war die Entwicklung also wohl die: die Gestellung von Wehrpflichtigen — ursprünglich (s. o.) eine strikt persönlich geschuldete Lehnspflicht — war später als Leiturgie an den Besitz bestimmter Grundstücke geknüpft, schließlich aber von diesen durch Abgaben, aus denen der König nunmehr fremde Söldner zahlte, abgelöst worden. Wie früh und wie vollständig dies geschehen war, können wir zunächst wohl nicht wissen. — Jedenfalls ist das Heer der letzten Assyrerkönige ein gänzlich unnationales und ist auch das babylonische Bogenschützenkorps der Perserzeit aus den königlichen Magazinen gekleidet und gespeist worden, also keine »nationale« Truppe im ökonomischen Sinn. —

Die Bewegungsfreiheit des privaten Verkehrs wird durch den königlichen, wesentlich naturalwirtschaftlichen, Oikos in der Frühzeit wohl ähnlich eingeschnürt gewesen sein wie in Aegypten (s. u.). Aber dies lag in der Periode, aus welcher keilinschriftliche Privaturkunden vorliegen, ziemlich weit zurück. Schon vor und gleich nach der Zeit Hammurabis ist die Verkehrsentwicklung eine relativ außerordentlich (und ersichtlich zunehmend) freie. Die theokratische Monarchie reguliert zwar den inneren Verkehr, speziell auch die Arbeitslöhne, durch Tarife, wie wir sie in Hammurabis Gesetz finden. Aber praktisch ist der Güterverkehr im Prinzip frei. Er ist begreiflicherweise in Babylon, welches in weit stärkerem Maße aus dem Zwischenhandel emporgewachsen war, reicher gestaltet als in dem Militärstaat Assur. Der Versuch einer Scheidung beider und ebenso einer Scheidung von einzelnen Perioden einer Entwicklung, welche von der »ersten« Dynastie Babylons bis zum Aufgehen in den Islam uns ein in den meisten wesentlichen Zügen wohl sich selbst höchst ähnlich bleibendes, im Grunde nur in dem Grade des Durchdringens (und gelegentlichen Wieder-Abebbens) der Verkehrswirtschaft (denn der Ausdruck »Geldwirtschaft« paßt nur bedingt) schwankendes Bild bietet, kann hier des Raumes sowohl als des vorerst dazu noch ungenügenden Quellenmaterials wegen nicht unternommen werden. —

Ziemlich dunkel und hier nicht zu erörtern ist die Frage der Gliederung der Bevölkerung in älterer Zeit: wieweit gentilizisch nach hellenisch-römischer Art und wieweit beruflich nach ägyptischer Art? Beides findet sich auch im Okzident häufig in Kombination (s. u.), und demgemäß kommen auch hier beide Arten von »Tribus« vor. Von »Kasten« im eigentlichen Sinne kann dabei in Babylon natürlich noch weniger als in Aegypten die Rede sein. Vielmehr sind sehr wahrscheinlich hier ebenso wie im älteren Aegypten die ursprünglichen Leiturgien der Gewerbe Grundlage einer Gliederung gewesen, welche den (vielleicht solidarisch haftenden) Berufsgenossen möglicherweise auch gewisse Rechte an den Besitz der Mitbelasteten gab. Wenigstens kommen anscheinend Retraktrechte einer Webergenossenschaft bei Landverkäufen vor. Doch scheint dies alles noch unsicher.

Das Recht am Lande galt in der Zeit voller Entwicklung des alten Fronkönigtums offenbar allgemein, nicht nur beim Soldatenlande, als Entgelt der damit verknüpften öffentlichen Pflichten: die Leistung der Gespannfronden von einem Grundstück wird im altbabylonischen Recht als Eigentumsbeweis erwähnt. Die »Amtslehen« sind offenbar nur deshalb in ihrer Gebundenheit länger verblieben, weil bei ihnen die persönliche Qualifikation des Besitzers für den König besonders wichtig war. Von einer öffentlichen oder priesterlichen Konzession und Bestätigung des sonstigen Bodenbesitzes in Uebertragungsfällen (wie zeitweise in Aegypten) ist aber urkundlich nichts mehr zu finden, außer etwa, daß die Erbteilung sehr oft durch Priester vollzogen wird. Nachbarrechte von »Markgenossen« sind nicht sicher erkennbar. Die Haftung der Gemeinden besteht zwar in der Form der Friedensbürgschaft bei Verbrechen. Ob aber Samthaft für Steuern und Fronden (wie im »Alten Reich«) bestand, ist nicht sicher. Ob die Andeutungen von einer Aenderung der Rechtslage der Untertanen, welche in den Inschriften mancher sumerischer Könige (s. o.) vorkommen, als eine Emanzipation auch des Bodenbesitzes und -Erwerbes (genannt werden nur Fischteiche und Vieh) der Bauern von grundherrlichen Fesseln angesehen werden dürfen, ist recht fraglich. Daß die Gesetzgebung der theokratischen Monarchien als Ganzes den Effekt der Sicherung des privaten Verkehrs gehabt hat, ist selbstverständlich. Aber wenn Fesseln des Bodens bestanden, waren sie wohl wesentlich leiturgisch gewesen. Dagegen schränkten in historischer Zeit — außer für die Amtslehen — öffentliche Interessen den Bodenverkehr nicht generell ein. Die freie Veräußerlichkeit des erworbenen Bodenbesitzes setzt der Codex Hammurabi ausdrücklich voraus. Dagegen blieb, wie die Urkunden erkennen lassen, der ererbte Bodenbesitz zugunsten der Hausgemeinschaft und der Gentilen derart gebunden, daß die (offenbar ursprünglich nicht mögliche) Veräußerung jenen Berechtigten und dem Veräußerer selbst ein Retraktsrecht gegen Erstattung des von dem Erwerber des Grundstücks geleisteten Preises nebst Zinsen gab. Dies letztere ist augenscheinlich der gewohnheitsrechtliche Niederschlag einer typischen, auf Beseitigung dieser Retraktsgefahr abzielenden Vertragsabrede, neben welche Verfluchungen des Retrahenten und Konventionalmulten in den Urkunden zu treten pflegen. Faktisch ist so schließlich aller private Boden frei veräußerlich und frei teilbar geworden. Die Naturalteilung im Erbgang ist — neben zeitweiser Erbengemeinschaft — in den erhaltenen Urkunden die Regel. Flurgemeinschaftserscheinungen sind begreiflicherweise nicht zu konstatieren mit Ausnahme des allgemeinen Stoppel- und Brachweiderechts, über dessen Modalitäten der Codex Hammurabi Bestimmung trifft. Im übrigen sind die Grundstücke individuell abgegrenzt, regelmäßig (offenbar) eingehegt, und die Veräußerung des Landes erfolgt mit genauer Angabe der Grenzen nach Lage, Wegen, Nachbargrundstücken. Die Größe wird dabei teils und regelmäßig nach Flächenmaß, gelegentlich, wie es scheint, nach Aussaat angegeben. (Es kommt auch Kauf nach »modus agri« in dem Sinne vor, daß Abweichungen der wirklichen Größe von dem vorausgesetzten Gehalt nachträglich zu vergüten sind.) Die für Tempelbauzwecke in Assyrien inschriftlich bezeugte Expropriation ist vielleicht (aber nicht notwendig) rechtlicher Ausfluß eines prätendierten königlichen Bodenregals, wenigstens rühmt sich der König, daß er die aus dem Besitz Gesetzten entschädigt habe. Daß das durch Kanalanlagen neu gewonnene Land vom König — in Assyrien mit Angabe der Art, wie es zu bebauen ist (z. B. zum Gärtenanpflanzen) — vergeben wurde, legte ja die Annahme eines königlichen Obereigentums an allem Land an sich nahe (welches vielleicht in Babylon die Form eines göttlichen Bodeneigentums angenommen hatte). Das Land, welches an die von auswärts her verpflanzten Fremdvölker vergeben wurde, war offenbar teils neu zu kanalisierendes Land, teils waren es wohl auch Dienstlehen, deren bisherige Inhaber im Austausch nach auswärts übersiedelt wurden. Verlehnungen von Land und Leibeigenen an verdiente Beamte, königliche Landschenkungen, steuerfreie Wiederverleihung des väterlichen Besitzes an einen Beamten kommen, ebenso wie von jeher in Babylon, auch in Assyrien vor, — regelmäßig aber ist der Beamte des Königs sicher ebenso wie der Tempelbeamte auf Naturaldeputate aus den Magazinen und Abgaben angewiesen. Bestanden die Anfänge einer allgemeinen grundherrlich-feudalen Entwicklung des Staatswesens, so sind sie nicht zur Reife gekommen: der Staat wurde dem Schwerpunkt nach Beamtenstaat mit, vor allem, theokratischem Einschlag. Aber es finden sich allerdings die Elemente grundherrschaftlicher Entwicklung. Freilich: rein private Grundhörigkeit ist direkt nicht unzweideutig erweislich. Aber in Hammurabis Briefen wird eine Bevölkerungskategorie als militärdienstfrei erwähnt, welche, wohl richtig, als (königliche) schollenpflichtige Kolonen gedeutet wird. Ob die »Gärtner« oder »Bauern«, welche die Urkunden auf privaten Gütern sitzend erwähnen, etwas anderes als verehelichte Sklaven sind, ob sie etwa als »rechtlich« schollenfeste, insbesondere auch gegen den Willen ihres Herrn (im Staatsinteresse also) schollenfeste Halbfreie anzusehen sind, ist unsicher. Die Tempelbauern werden bei Verpachtungen von Tempelland ganz wie die Viehbestände einfach mitverpachtet. Ferner zeigt eine Inschrift aus der Regierung Assarhaddons die königliche Bestätigung einer privaten Grundherrschaft, welche nach Angabe der Grenzbestimmungen zweifellos ganze Dörfer umfaßt haben muß. Und in den Eroberungsstaaten ist schon in der Zeit des Stadtkönigtums die lehensweise Vergebung von ganzen Städten neben Terrains, später — wie schon erwähnt — Vergebungen von Land und Leuten an verdiente Beamte, und ebenso zweifellos die Konstituierung auch grundherrlicher »Immunitäten« kraft erblichen, gelegentlich erneuerten Privilegs seitens des Reichskönigs vorgekommen. Der Staat hat sowohl stets einen stark feudalen Einschlag neben seinem theokratisch-bureaukratischen Grundcharakter behalten, gleichviel ob sich dies bereits in entwickeltem »Kolonat« äußerte. —

Die Grundlagen des Familienlebens sind die der Antike ursprünglich gemeinsamen: die Hausgemeinschaft ist Wirtschaftsgemeinschaft der patriarchalen Familie, und zwar, trotz des naturgemäß häufigen Vorkommens von Erbengemeinschaften, offenbar normalerweise bereits der Kleinfamilie. Die Frau wird von dem Haupt ihrer Familie vergeben, in älterer Zeit einfach verkauft. Ueber die ursprünglich arbiträre Gewalt (Strafgewalt und Verstoßungsrecht) des Mannes treffen die Kontrakte meist Bestimmungen (Reugelder im Fall der Verstoßung usw.); die Nebenfrau, insbesondere das Dazuheiraten der Schwester, findet sich neben der aus dem A. T. bekannten Stellung der »Magd«. Die Herkunft der »legitimen« Ehe aus: kontraktlicher Sicherung der mit einer Ausstattung in die Ehe gegebenen Frau und des Erbrechts ihrer Kinder gegen die ursprünglich schrankenlose Willkür des Mannes, ist auch aus dem Codex Hammurabi noch klar ersichtlich. Die so in den besitzenden Schichten zuerst geschaffene Stellung der »legitimen« Frau generalisierte die Gesetzgebung allmählich als die allein sittliche. Die sumerischen Könige (Gudea) verbieten den gemeinsamen Erwerb einer Frau durch mehrere Männer und verfolgen mit furchtbarer Härte den Ehebruch (scil.: der Frau). Weit entgegenkommender gegen die Frau ist schon Hammurabis Gesetz (Scheidungsrecht der Frau, Bußen bei Verstoßung). Ihre Ausstattung besteht in älterer Zeit regelmäßig in Hausgerät, Schmuck, Kleidern und einigen Sklaven (wie noch der Talmud zeigt, nicht nur zu ihrer persönlichen Bedienung, sondern auch: um ihr die Pflicht zur Bedienung des Mannes abzunehmen), ebenso finden sich später, mit der Abnahme der militärischen Bedeutung des Bodenbesitzes, Grundstücke; und im neubabylonischen Recht ist die Mitgiftehe ohne Kaufpreis, aber mit Witwenversorgung, die Regel. Ob der älteste Sohn, wie es nach einigen Spuren scheint, ursprünglich nach dem Tode des Vaters eine Vorzugsstellung und eine Vorzugsquote bei der Teilung erhielt, muß dahingestellt bleiben. Wie in Italien im Mittelalter beginnt mit Entwicklung der Verkehrswirtschaft und Erweiterung des Spielraums des privaten Gütererwerbs das ursprünglich streng patriarchale Hausvermögen als Assoziationskapital der Familienglieder betrachtet zu werden. Unbeschadet der patria potestas gilt doch auch der filius familias in gewissem Sinne als Anteilshaber. Es wird z. B. bei der Adoption, die ein Kauf des Adoptierten von seinen Eltern ist, das Anrecht desselben an das Adoptivvatervermögen kontraktlich, insbesondere für den Verstoßungsfall, festgestellt. Die Adoption selbst, d. h. der Kauf zu Sohnesrecht im Gegensatz zum Sklavenkauf, funktionierte ursprünglich als die primitive Form, in welcher die Hausgemeinschaft sich durch fremde Arbeitskräfte ergänzte. Adoption von Sklaven, Heirat mit Sklavinnen usw. ergeben eine gewisse Flüssigkeit zwischen Freiheit und Unfreiheit in der Hausgemeinschaft, — womit die Gleichbehandlung der filii familias mit den factores und discipuli in den mittelalterlichen Handlungshäusern zu vergleichen ist. Aus den Altenteilsverträgen — Gutsübergabe retento usufructu — entwickeln sich allmählich testamentarische Dispositionen inter liberos. —

Die Sklaven sind in altbabylonischer Zeit nicht sehr zahlreich: — Mitgiften von 1—3 Sklaven überwiegen. Offenbar aber schwoll mit Zunahme des Verkehrs ihre Zahl stetig bis in die Perserzeit, wo der Sklave vom Herrn sehr regelmäßig in geldwirtschaftlicher Form als Rentenquelle (so wie die Obrok-Leute in Rußland und, in ganz anderer Art, die »Leibeigenen« in West- und Süddeutschland bis ins 18. Jahrhundert) ausgenützt wird, und wo wir demgemäß das Sklavenpekulium und die Teilnahme des Sklaven an allen Geschäften, auch das Sich-Freikaufen desselben, sogar Beweisverträge zwischen Sklaven desselben Herrn finden. Die Haussklaven sind auch später — außer beim König und den Tempeln — nicht zahlreich: 4 Sklaven zur Bedienung geben, scheint es, schon einen anständigen bürgerlichen Haushalt. Aber auch die Feld- und Gewerbesklaven dürfen offenbar nicht als eine Unterschicht von allzu großer Breite angesehen werden.

Die königlichen Domänen, auch die an Beamte verliehenen, ebenso die großen babylonischen Tempelgüter und wohl auch der, zumal in Babylon — sicher mehr als in Assyrien — in den Händen des Handelspatriziats allmählich angesammelte Grundbesitz wurden, soweit sie nicht parzellenweise verpachtet waren, mit Kaufsklaven und daneben ursprünglich mit den Fronden von verehelichten Unfreien, »Gärtner« oder »Bauern« genannt, bewirtschaftet; — ob Veranlassung besteht, die Rechtsstellung dieser letzteren als die von »Kolonen« von derjenigen der Sklaven zu unterscheiden, bleibt, wie erwähnt, fraglich. Sklavenfamilien sind oft Kaufgegenstand. Die Schuldsklaverei ist in Babylon konsequent entwickelt und die Promptheit ihrer Realisierung (private Haftnahme!) ist die Grundlage der mächtigen Entwicklung des Kredits: Frau und Kinder folgen in die Schuldknechtschaft, werden jedoch nach Hammurabis

Kodex nach 3 Jahren frei. Garantierte ein vermögender Verwandter, so entließ man den Schuldsklaven mit beschränkter Freizügigkeit, um ihm Verdienstgelegenheit zum Abtragen der Schuld zu geben, aus der Haft. Wie weit die Schuldsklaven in der uns urkundlich zugänglichen Zeit noch eine quantitativ ins Gewicht fallende Kategorie schollenfester Abhängiger darstellten, wissen wir nicht. — Die primitive Form der zeitweiligen Beschaffung von Arbeitskräften ist die Miete von Sklaven oder Haussöhnen gegen Unterhalt, Kleidung und Zins (in Naturalien, später in Geld). So werden besonders die Erntearbeiter beschafft. Daraus hat sich, als Vorläufer des freien Arbeitsvertrages, das Mieten eines freien Mannes »von ihm selbst« entwickelt. Nicht nur in dieser Formel tritt die ursprüngliche Behandlung des zeitweiligen Arbeitsverhältnisses als befristeter Versklavung (= dem römischen in mancipio esse) hervor, sondern auch darin, daß der sich selbst Vermietende ursprünglich eines Patrons — der offenbar als der eventuelle assertor in libertatem gedacht ist — bedurfte. Natürlich kann diese befristete Selbstversklavung sehr wohl auch Schuldversklavung sein und ist es in historischer Zeit wahrscheinlich. Denn schon in Hammurabis Zeit ist die freie Arbeit in der Landwirtschaft sehr verbreitet. — Der Eindruck, den man aus Hammurabis Gesetz und den älteren Urkunden gewinnt, ist der, daß neben Kleinbetrieben, die auf Obst- und Gemüsebau abgestellt sind und vom Eigentümer bewirtschaftet werden, auch größere Betriebe stehen, deren Inhaber stadtsässig sind und teils mit unfreien, vielfach aber auch mit freien Wirtschaftsinspektoren (deren Treue das Gesetz strafrechtlich sichert) und mit freien, oft auf ein Jahr gemieteten Arbeitern ihren Besitz verwerten. Deren Lohn reglementiert das Gesetz, offenbar sowohl im Interesse des Herrn wie — dem theokratischen Prinzip des »Schutzes der Schwachen« (Frauen, Schuldknechte, Sklaven) entsprechend — der Arbeiter. Der Viehbesitz ist erheblich. Die Viehleihe ist tarifiert und geregelt, ebenso die Pflichten des (wohl als der Gemeinde gemeinsam gedachten) Hirten gegenüber den Grundbesitzern. Die Pfändung von Arbeitsvieh ist im Codex Hammurabi untersagt. — Alles in allem lassen die Quellen auf eine Besitzverteilung und Betriebsweise schließen, welche sich von den Verhältnissen der römischen Landwirtschaft etwa in der Zeit Catos wesentlich 1. durch das, auch bei Hammurabi merkbare, Hervortreten der Bewässerungsinteressen, 2. durch die vielseitigere Entwicklung des Gemüsebaues, und vor allem 3. durch die geringe Entwicklung der organisierten Sklavenarbeit unterscheiden. Das letztere hängt sicherlich damit zusammen, daß eine solche Ueberschwemmung des Sklavenmarktes einerseits, und eine solche Masse von Land andererseits, wie sie die römischen Kriege der privaten Ausbeutung zur Verfügung stellten, im Orient fehlten. Die Sklavenpreise sind nicht hoch, aber die Zahl der Sklaven ersichtlich nicht groß. Das Land und die Menschen, welche im Kriege erbeutet wurden, konfiszierte der König. Er verteilt zwar, wie der Pharao, einen Teil des erbeuteten Viehes und der Gefangenen, und auch wohl erobertes Land, an die Heeresmannschaft: das letztere aber regelmäßig entweder in Form der Garnisonierung in Feindesland, während die neu eroberten Untertanen dafür nach Mesopotamien verpflanzt wurden, oder aber so, daß die Landempfänger die Verpflichtung des Kanal- und Gartenbaues auferlegt erhielten, also doch vor allem als Steuerquelle des *Königs* galten. Ebenso wurden die Gefangenen und ihre Habe in *erster* Linie als eine solche behandelt, — sehr im Gegensatz gegen die römische Republik, deren Kriegsbeute an Land und Menschen fast gänzlich zu Ausbeutungsobjekten von *privaten* Gefällpächtern, Domänenpächtern und Käufern von Sklaven (speziell für den Plantagenbetrieb) wurden. Der begrenzte, von Bewässerung abhängige Bodenvorrat Mesopotamiens selbst war keine geeignete Basis für die Eigenart (s. o.) der Sklavengroßbetriebe. Die Nutzung des Bodenbesitzes seitens des nicht selbst wirtschaftenden babylonischen Patriziats entwickelte sich daher zunehmend nach der Seite der *Kleinpacht*: der Pacht mit festem Zins (unter Ausschluß von Remissionsansprüchen) und der Teilpacht. Dabei geht in *beiden* Fällen die ausdrückliche gesetzliche Auffassung dahin, daß der Pächter die *Pflicht* der sorgsamen Bestellung des Landes übernehme. Die Pachtdauer war nach Ausweis der Urkunden eine meist ziemlich kurze: 1—3 Jahre: — der Kleinpächter, speziell der Teilpächter, ist der Sache nach zweifellos häufig auch damals nur eine am Ertrage interessierte, kündbare, aber meist durch Verschuldung faktisch an den Betrieb geheftete *Arbeits*maschine des Bodenbesitzers, wie die spätrömischen coloni und die Parzellenpächter der Mittelmeerländer bis in die Gegenwart hinein. Wie seine Gesamtsituation sich im Laufe der Zeit verschoben hat, bedürfte gesonderter Untersuchung. Ziemlich klar tritt nur das allmähliche Vordringen der Geldpacht — aber nicht bis zum Ueberwiegen — in den Quellen hervor. Ebenso zeigen manche Bestimmungen der Kontrakte deutlich, daß der Verpächter in Mesopotamien regelmäßig als *städtischer* Kapitalist zu denken ist, der zusammengekauften Boden entweder neu anpflanzen lassen oder schon in Kultur befindlichen als Rentenfonds verwerten will. —

Das Entleihen von Mitteln (namentlich Silber) zur Zahlung der Miete für den Bedarf an Erntearbeitskräften ergibt, zusammen mit dem Entleihen von Getreide, Datteln usw. als Saatgut — bei beiden mit Versprechen der Rückerstattung nach der Ernte — die ältesten Fälle des *Produktiv*kredits, der schon in altbabylonischer Zeit neben das meist ebenfalls bei der Ernte fällige Getreideanlehen zum Zwecke der Eigen*konsumtion* tritt. Die *Saatgut*entlehnung speziell dürfte die älteste Form von Produktivkredit, und doch wohl noch älter als die Viehleihe (Hainisch) sein.

Die Entwicklung der *Verkehrs*erscheinungen überhaupt ist im ganzen asiatischen Orient wesentlich fortgeschrittener als wenigstens in der *eigenen* Kulturentwicklung Aegyptens (s. u.), — eine Folge des *städtischen* Charakters der babylonischen

Kultur und der Lage Babylons als Zwischenhandelsplatzes, in dem die Formen der Verkehrswirtschaft zu besonders freier Entfaltung gelangen mußten. Babylon und sein Recht sind geradezu Träger der Entwicklung zum »Kapitalismus« im ganzen Orient geworden und dies, obwohl die Edelmetallvorräte des Landes sicher fast durchweg importiert waren. Das Königtum und namentlich die Tempel haben sich bei diesem Zustand, sobald die Abgaben die Robott überwogen, offenbar ökonomisch sehr wohl befunden und daher die verkehrswirtschaftliche Entwicklung nicht gehemmt. Daß die babylonische Theokratie als solche sich prinzipiell der Anerkennung der Sonderstellung des Geldes im Verkehrsrecht ungünstig gezeigt habe — wie (vielleicht!) die Priesterschaft in Aegypten (s. u.) —, trifft schwerlich zu. Was sich von derartigem findet, geht nicht über Analogien okzidentaler Staaten hinaus. Allerdings suchen schon die Sumererkönige (s. o.) die spezifische Härte der Geldforderung zugunsten der Untertanen zu mildern. Aber eine Seisachthie ist nicht erwiesen und nicht wahrscheinlich. Die Milderung der Strenge des Schuldrechts im Codex Hammurabi durch Zulassung von Zahlungen in quo potuerit vollends entspricht ähnlichen Vereinbarungen in Privatkontrakten und überhaupt der Funktion, welche das »Geld« als solches im Verkehr der altorientalischen Welt einnahm. Der phönizische Handel kannte ja während der ganzen Zeit seiner eigentlichen Blüte (auch in Karthago bis ins 4. Jahrh.) die Münze im modernen Rechtssinn nicht. In Babylon finden wir eine anfangs nicht nur der Münzen, sondern auch des regelmäßigen effektiven Geldgebrauchs im Binnenverkehr entbehrende, trotzdem aber hoch entwickelte Naturaltausch-Technik. Das Geld, im altbabylonischen Reich noch Silber in Gebrauchsgutsform (Ringe) und nach Gewicht, funktioniert zwar auch als Preisgut, aber hauptsächlich als Wertmesser der in natura gegeneinander getauschten Güter, als effektives Tauschmittel dagegen im inneren Verkehr (wie in Aegypten) meist nur für die in natura nicht auszugleichenden Wertunterschiede. Erst spät nimmt es eine Art von Münzform an, — zuerst, wie es scheint, mittels Privatbeglaubigung des Gewichts durch renommierte Firmen: es kommen »Fünftelsekelstücke mit dem Stempel des X« urkundlich vor —, und beginnt erst damit allmählich die effektive Preisgutfunktion zu monopolisieren. Im altbabylonischen Reich werden noch oft Datteln gegen Korn, Häuser gegen Felder getauscht, hier und da mit Ausgleichung des Preisüberschusses durch Silber. Daneben treten dann höchst komplexe Tauschakte auf, bei denen nur die Abschätzung der beiderseitigen Waren in Silber den Tausch ermöglicht: so ein Tausch von Land gegen 816 Sekel Silber, von denen 100 durch einen Wagen, 300 durch 6 Pferdezeuge, 130 durch einen Esel, 50 durch ein Eselgerät, 30 durch ein Rind, der Rest in kleinen Posten durch Oel, Kleider usw. belegt werden. Für diesen Verkehr nun waren gerade wegen seines Charakters als Naturalienverkehr, bankartige Unternehmungen früh als Vermittelungs- und Ausgleichstellen unentbehrlich. Der »Geldmann« ist eine dem Codex Hammurabi geläufige Kategorie. Wir finden die Verwertung der Naturalieneinkünfte durch Berufshändler, welche Korn-, Datteln- usw. Konti neben den Silberkonti führen. Ferner einen höchst eigenartigen Verkehr mit Anweisungen auf diese Naturalienguthaben, selbst mit einer Art von Lagerscheinen au porteur, welcher der näheren Analyse bedarf und wert ist: wahrscheinlich entlehnte er seine Formen ursprünglich der Verwaltung der königlichen Magazin- und der Tempeleinkünfte. — Die T e m p e l sind in Babylon Korn- und Geldverleiher größten Maßstabes, — ursprünglich wohl neben den königlichen Magazinen, den Angehörigen des königlichen Hauses (die urkundlich als solche vorkommen) und manchen »Großen« des Staates die einzigen, die daraus eine kontinuierliche Einnahmequelle machen. Da mit jeder Kolonieanlage das »Aufschütten« der Korntribute der betreffenden Gegend in einem (meist einem Tempel angegliederten) Magazin verbunden ist, überwog überall ihre Stellung die der Privaten. Aber auch die später neben ihnen stehenden privaten »Bank«-Geschäfte gelangten zu offenbar beträchtlichem Umfang. — Fast alle Hauptgeschäftsformen der Geldwirtschaft sind — wennschon zumeist noch archaistisch — vorgebildet. Jene oben erwähnten Naturaldarlehen — in Korn, Datteln, Ziegelsteinen usw. — stehen neben Darlehen in Sekeln (wobei vermutlich oft diese Sekel nur den Vertragswert der gegebenen Naturalien darstellten) mit Zinsen, die beim Korndarlehen in Höhe von $1/3$ des Schuldbetrags vorkommen, beim Gelddarlehen häufig den recht niedrigen Satz von $1/5$ betragen. Es findet sich das Pfand, bei Sklaven und im Grundstücksverkehr als Antichrese (z. B. zinsloses Gelddarlehen gegen mietlose Hausbenutzung) und auch als Bodenhypothek, zunächst noch ohne klare rechtliche Entwicklung von Nachhypotheken; später zeigt der gelegentliche ausdrückliche Vorbehalt des Rechts des Gläubigers vor anderen Befriedigung zu suchen, oder die Feststellung, daß ein verpfändetes Grundstück schon anderweit belastet sei, daß dies Hypothekenrecht ungefähr dem hellenischen entspricht (so jedenfalls in der Perserzeit). Es taucht ferner die diskontinuierliche kapitalistische Unternehmung und zwar insbesondere in ihrer auch unser frühes Mittelalter beherrschenden charakteristischen primitiven Form — der K o m m e n d a — auf. Ihre W u r z e l n gehen auseinander. Ein Teil entstammt v i e l l e i c h t der Landwirtschaft (obwohl es wahrscheinlicher ist, daß die Sozietätsverhältnisse, z. B. in der Meliorationspacht, umgekehrt dem Handel nachgebildet sind). Es finden sich neben den schon erwähnten P a r z e l l e n verpachtungen an Rückenbesitzer gegen Anteil (meist $1/3$) oder festem Natural- oder Geldzins: 1. die Großverpachtung von fundi instructi seitens der Tempel, 2. neben der langfristigen Anpflanzungspacht (der Vorläuferin der hellenistischen Emphyteuse) die Neubruchskommenda: Der Kommendanehmer baut — so scheint das Verhältnis — auf dem Land seine Hütte, lebt von den Früchten, gibt in den ersten Jahren »Vorgewinn«

von dem, was über seinen Bedarf hinaus geerntet wird und teilt später den Ertrag mit dem Kommendanten in natura, z. B. nach dem Codex Hammurabi das zur Aufschonung übernommene Land nach 5 Jahren. Schon im altbabylonischen Recht findet sich als Parallelerscheinung die Waren- und Geldkommenda als Form der Kapitalanlage im auswärtigen Handel, mit noch vielfach in der Deutung unsicheren, im Prinzip aber den mittelalterlichen islamitischen und genuesischen gleichartigen Bestimmungen (nur meist ½-Anteil des Kommendatars am Gewinn statt der typischen genueser quarta proficui). Später begegnet auch die Kramladenkommenda als Form der kapitalistischen Binnenunternehmung. — Wie weit sich in Alt-Mesopotamien in der Zeit vor dem Eindringen des Hellenismus Steuerpacht entwickelt hat, bedürfte der genauen Untersuchung. Mir ist ihr Vorkommen bisher nicht sicher bekannt geworden. Noch unter Artaxerxes findet sich in größtem Maßstabe die vorschußweise Leistung von Naturalabgaben der Grundbesitzer durch eine Firma, welche dagegen durch Hypothek von den Steuerschuldnern gesichert wird. Insbesondere scheint diese Intervention des Kapitals da zu erfolgen, wo Getreide- (bzw. Mehl-) Lieferungen dem König geschuldet werden, der Schuldner aber das pflichtige Land z. B. als Dattelplantage angelegt hat. Der Gläubiger kauft das Mehl und liefert es dem König, erhält dafür vom Schuldner Datteln und verkauft diese. — Es findet sich ferner (nachweislich in persischer Zeit) Mietswucher im großen, wobei der Vermieter oft vielleicht nur antichretischer Pfandgläubiger war. —

Im Gewerbe steht neben dem im Codex Hammurabi der Lohntarifierung unterworfenen »Lohnwerker« der Bücherschen Terminologie: — Weber, Schneider, Schmiede, auch Goldschmiede z. B. erhalten vom Kunden den Rohstoff zugewogen — der »Preiswerker«: — Buntweber z. B. scheinen dahin zu gehören, bei Tischlern u. a. ist dies an sich höchst wahrscheinlich, — und später die Ausnutzung von Sklaven in Form der gewerblichen Absatzproduktion, aber regelmäßig nicht im Sklavengroßbetriebe, sondern als unfreie Kommenda eines Pekuliums seitens des Herrn an den Sklaven. Insbesondere findet sich auch, als einzige Form der »unternehmungsweisen« Organisation industrieller Arbeit, die »unfreie Heimarbeit«, speziell bei den Tempelsklaven, welche den Rohstoff und oft auch die Geräte zugeteilt erhalten und das Produkt abliefern. Der königlichen Robotthandwerker der ältesten Zeit wurde bereits oben gedacht. Auch in Urkunden aus späterer (auch persischer) Zeit finden sich der König und die Prinzen im Besitz gelernter Handwerker als Sklaven (bei denen z. B. Privatleute andere Sklaven in die Lehre geben). Wie im einzelnen das »freie« Gewerbe und die Arbeit für Private und den »Markt« sich im Verhältnis zu den Leiturgien entwickelt hat, ist aus den Quellen nicht zu entnehmen; die Uebergänge waren naturgemäß flüssig und von dem Leiturgienbedarf des Königs, der

Zahl der Handwerker, dem Vorhandensein von kriegsgefangenen gelernten Handwerkern abhängig. Jedenfalls sind unfreie Handwerker als Lehrherren fremder Sklaven in den Urkunden häufig. Die Ausnutzung der Handwerkssklaven als Rentenfonds (mandaku = »Obrok«) war namentlich in der späteren Zeit die Regel. Die Sklavenpreise sind auch in der Spätzeit, wenn der Sklave nicht gelernt ist (was, je nach dem Handwerk, oft Jahre, beim Weber 5 Jahre, dauerte) mäßig, die Sklavinnen stehen dann höher im Preis.

Neben den primitiven Erscheinungsformen der Pachtrente, des Unternehmer- und Leihkapitalzinses, findet sich, — als eine Art Remplaçant moderner Kapitalanlagen in zinsbaren öffentlichen Anleihen — die, als Gegenstand des Tauschverkehrs, der Pfand- und Mitgiftbestellung schon im altbabylonischen Reich auftretende, Beamten- (spez. Tempelbeamten-) Pfründe. In Babylon entwickelt sich in diesen Pfründen ein regelmäßiger Verkehr. Die Pfründen haben die Gestalt von Naturaliendeputaten, welche die Stelle teils ursprünglicher Rechte der Beamten auf Freitisch, d. h. auf Teilnahme an den gemeinsamen Mahlzeiten der Priesterschaft und auf »freie Station« aus den Einnahmen der Tempel, teils wohl auch von ursprünglichen Belehnungen der Beamten mit Land eingenommen hatten, und welche sich nun weiter zu erblichen und schließlich auch veräußerlichen Naturalrentenrechten entwickelten. Wir finden in den Urkunden sehr häufig Ländereien erwähnt, welche zugunsten der Tempel mit Naturalleistungen verschiedener Art an bestimmten Monatstagen — z. B. dem 30. jeden Monats — belastet sind, sei es infolge von Stiftungen, sei es weil sie ursprünglich Tempelland und vom Tempel unter derartigen Auflagen verliehen waren. Aus den hieraus und aus den sonstigen Naturalieneinnahmen des Tempels fließenden Bezügen werden die in Fleisch-, Brot-, Bier-, Kleidungs- usw. Lieferungen bestehenden Naturaliendeputate der Pfründner bestritten, welche von diesen tageweise — z. B. das Bezugsrecht jedes 15. und 30. Monatstages — veräußert und Gegenstand des Verkehrs werden.

Von der Tragweite der skizzierten, immerhin schon ziemlich komplexen, Verkehrserscheinungen für die Struktur der Wirtschaft haben wir eine gesicherte und klare Anschauung vorerst nicht. Trotzdem dieser Verkehr technisch hochentwickelt ist, steht offenbar die Preisbildung, auch soweit sie nicht, wie in Babylon zu Hammurabis Zeit, obrigkeitlich direkt reglementiert war, unter dem überragenden Einfluß der königlichen und Tempelmagazine. In Assyrien wird, abgesehen von der unter Assurbanipal erwähnten Veräußerung des Beuteviehes zu festen Preisen an die Assyrer, unter Sargon der Korn- und Sesamvorrat der königlichen Magazine teuerungspolitisch zur Regulierung der Preishöhe beider Produkte benutzt; teuerungspolitische Konsumbeschränkung scheint auch die »Begrenzung der Mahlzeiten« durch den gleichen König zu sein, soweit sie nicht dem Bestreben, neben dem Könige keine anderen sozial hervortretenden Klassen zu dulden, entsprang. Aehnlich wie die königlichen Magazine werden die Tempelvorräte oft funktioniert haben, und zweifellos diente auch der typische Tempelzinsfuß faktisch — ob planvoll, bleibe dahingestellt — der Regulierung und Fixierung des privaten Zinsfußes. Wenn wir also im altbabylonischen Recht, wo das Kommissionsgeschäft im Karawanenhandel als Vieh- und Sklaven-Einkaufskommission schon vollständig entwickelt ist, Kaufaufträge »zum Preise, der sein wird«, finden, so ist dies schwerlich ein Konkurrenz-Marktpreis, wahrscheinlich vielmehr der Verkaufspreis der königlichen oder Tempelmagazine. —

Von den bald gegen 200 000 Keilschrifttexten ist der übersetzte Bruchteil so gering, die Uebersetzungen so sehr verstreut und manche gerade bei wichtigen Urkunden so bestritten, daß wenigstens ich nicht wagen kann, den Versuch einer eigentlichen Entwicklungsgeschichte auf das mir zugänglich gewesene Material aufzubauen. —

2. Aegypten.

a) Altes Reich.

Wenn Babylonien von Anfang an, mehrere Jahrtausende vor dem Auftauchen »chartalen« Geldes, als Trägerin »kapitalistischer« Wirtschaftsformen, strengen Schuldrechts mit den härtesten Formen der Personalexekution und — später — ausgebildeter Geldwirtschaft erscheint, so gilt dagegen Aegypten mindestens für die ältere Zeit als ein spezifisch naturalwirtschaftliches Wirtschaftsgebiet. Es ist nicht leicht zu sagen, in welchem Sinne dies für die inneren Wirtschaftsverhältnisse — denn Außenhandel hat der Pharao wahrscheinlich getrieben, soweit und weit früher als geschichtliche Kunde überhaupt zurückreicht: seine Stellung beruht ökonomisch unter anderem auch darauf — zutrifft. »Geld« fehlt offenbar der ältesten Zeit. Dagegen besteht schon im 4. Jahrtausend Verkehr, auch Bodenverkehr, und es scheint fast sicher, daß vererbliches und, unter Umständen, auch veräußerliches Bodeneigentum schon (oder vielmehr: gerade) vor der Einigung des Reichs existierte und daß die alles überwuchernde Bedeutung des »Oikos« des Pharao und der Tempel erst Entwicklungsprodukt ist. Die urkundlichen Zeugnisse sprechen naturgemäß in den Zeiten des alten und mittleren, und erst recht des neuen Reichs vorwiegend von den Verhältnissen der königlichen und der Tempelwirtschaft. Daß man sich von dem Umfang des Tempelbesitzes danach vielfach übertriebene Vorstellungen gemacht hat, scheint jetzt zweifellos. Ob aber die Abwesenheit alles privaten, d. h. nicht entweder Lehn oder Kolonenland bildenden, Grundeigentums in den Zeiten der ältesten historischen Dynastien, an die man sich zu glauben gewöhnt hatte, je eine Realität war, ist jetzt mehr als zweifelhaft geworden. Leider sind viele Quellen in der

Deutung recht umstritten. Die Lesungen der Urkunden, speziell der demotischen, ist vielfach noch höchst unsicher. Speziell dem verdienten E. Revillout, auf dessen wichtige, aber unerträglich schwatzhafte Darstellungen man immerhin oft angewiesen ist, sind schwerste Irrtümer (Verwechslung von Eheschließungs- mit Verstoßungsurkunden u. dgl.) nachgewiesen.

Die Monumente beginnen jetzt Aufschluß zu geben über eine Epoche (die sog. »thinitische«), welche der Verlegung der Residenz nach Memphis voranging und den Staat (um etwa 4000) noch in der Entwicklung von Burgen- und Fronkönigtum zu jenem ungeheuren königlichen »Oilos« zeigt, der in der älteren Zeit des »Neuen Reichs« seine Höhe erreichte.

Die sozialen Institutionen empfingen im sog. »alten Reich« ihr spezifisches Gepräge durch drei Momente: 1. das Fehlen ernstlicher kriegerischer Bedrohung und Expansionsmöglichkeit; 2. die durch die Eigenart der Existenzbedingungen gegebene Notwendigkeit eines früh ziemlich ausgebildeten bureaukratischen Verwaltungsapparats und sehr umfassender Heranziehung der Bevölkerung zu Frondiensten im Interesse der Wasserbauten. Der einzelne ist in erster Linie Staatsfröner, und wenn die Pharaonen sich rühmen, daß sie Ordnung geschaffen und »jede Stadt ihr Gebiet kennen gelehrt« haben, so bezieht sich dies, wie aus dem Zusammenhang hervorgeht, auf die Bewässerungsverhältnisse und die daraus folgenden Ansprüche und Fronden; 3. das offenbar hiermit zusammenhängende Fehlen der Familiennamen oder anderer die »Geschlechter« als solche zusammenhaltender (Familien - individualistischer) Institutionen, wie es durch die gemeinwirtschaftliche Einschnürung und die Uebermacht der höfischen Rangverhältnisse gegeben ist. Die Familien der »Großen« sind zwar grundherrliche Familien, zugleich aber und vor allem sind sie Dienstadel, und dieser Dienstadel rekrutierte sich mit zunehmender Machtstellung der Pharaonen auch zunehmend durch Avancement von unten her. — Die (relative) Dezentralisation des Verwaltungsapparates im alten Reich entspricht der geringfügigen Entwicklung eigentlich militärischer Institutionen: es bestehen neben der Garde des Pharao und Polizeitruppen der Tempel normalerweise nur Gaumilizen, die der Gauvorstand zum eventuellen Aufgebot gegen die damals ohnmächtigen Beduinenschwärme verwendet.

Be- und Entwässerungsanlagen, Kanäle, Wasserhebevorrichtungen sind die grundlegenden Institutionen eines Wirtschaftsbetriebes, der vollständig an die Bewegungen und Regulierungen des Nilwasserstandes festgeklammert ist und deshalb von Anfang an — d. h. seit dem Beginn der Wasserregulierung — in starkem Maße gemeinwirtschaftlich beeinflußt gewesen sein muß. Die uralte Gaueinteilung des Landes hat sicherlich mit ökonomischen Institutionen im Interesse der Bewässerung und Produktion ebenso zusammengehangen, wie die in der späteren Zeit erwähnten öffentlichen Kornhäuser in den Gauhauptstädten sicher, ebenso wie die assyrischen Institute gleicher Art, sowohl fiskalische wie teuerungspolitische Zwecke verfolgten. Der Nomarch hatte daher, neben der Fürsorge für die Bewässerungsanlagen, vor allem die Umlegung der Fronden, dann die Sorge für den Ertrag des königlichen Grundbesitzes in der Hand. Daß dieser Königsbesitz von jeher sehr ausgedehnt war, ist nicht fraglich. Später mag ein Bodenregal des Königs theoretisch bestanden haben, aus unten zu erwähnenden Gründen. Von da bis zu dem Gedanken einer staatssozialistischen Gestaltung der gesamten Produktion als Grundform altägyptischer Wirtschaft ist aber noch ein weiter Weg. — Wir wissen natürlich von den ältesten Sozialverhältnissen fast nichts. Sehr primitive Ackerinstrumente — Hakenpflug von Ochsen gezogen, Hacken und Hämmer statt der Eggen, Schafe und Schweine zum Eintreten der Saat, die Sichel zum Schneiden, Esel oder Rindvieh zum Austreten — dienten zum Anbau von Gerste, Weizen, Hirse. Daneben wurden Wein, Gemüse und Dattelpalmen, erst in ganz später Zeit und selten auch Oelbäume gezogen und aus den Nilsümpfen Lotos-(Nelumbium-)Kerne zum Essen und Papyrus für die verschiedensten technischen Zwecke, vom Schiffsbau bis zum Schreibmaterial, gewonnen. Die Einfachheit der Pharaonenkost (wesentlich: Gemüse) erwähnt Diodor; die Masse der Bevölkerung lebte von Brot und Sesamöl. (Wenn behauptet wird, die Aegypter hätten mit Rizinusöl gebacken, so mutet das ihren Eingeweiden doch zu viel zu!) Das Pferd ist vor dem neuen Reich nicht nachweislich und offenbar von Syrien aus importiert, das Kamel erst in hellenistischer Zeit sicher nachweisbar (vorher in einer Kamee), der Esel wurde als Transporttier gehalten, Rinder, Schafe, Ziegen und verschiedene Antilopen, von Geflügel besonders Gänse gezüchtet und mit Brotteig gemästet. Die später dichter besiedelten Deltamarschen dienten in der Frühzeit den Herden des Binnenlandes in periodischem Auftrieb im großen als Fettweide. Marsch- und Sumpfländer kleinen Umfangs müssen von jeher auch nilaufwärts zu den einzelnen Gauen gehört haben, da die Viehhaltung nicht unbeträchtlich war. (In der Lagidenzeit ließ der König überall Landparzellen für die Beweidung von der Bestellung ausschließen.) Das Schwein war offenbar von jeher bekannt, bildlich erscheint es in Herden erst im neuen Reich. Nutzholz ist äußerst spärlich, spielt aber auch weder beim Nilschlammziegelbau, noch, ursprünglich, beim Schiffsbau eine entscheidende Rolle. — Die Ackerbestellung erforderte von jeher relativ kurze Zeit. Düngung war entbehrlich, Brache unnötig, Fruchtwechsel beliebig. Demgemäß war die Arbeitsintensität des Landbaues in der Pharaonenzeit nur mäßig stark: auf je 6 Aruren (1⅔ ha) Ackerland rechnete man, scheint es, in einer Urkunde aus der Zeit der 18. Dynastie eine Sklavenfamilie (in einer Urkunde aus der Scheschonkidenzeit allerdings auf 0,7 Aruren: bei Gartenland kamen für Fronden nach Revillouts Rechnung 5 Männer auf 4 Aruren). Dagegen rechnen die Kahun Papyri (12. Dyn.) 10 Aruren (2,75 ha) auf den Mann. Die große arbeitsfreie

Zeit, welche — gleichviel was man von diesen und den späteren, naturgemäß ziemlich stark differierenden Angaben hält — jedenfalls in der ägyptischen Landwirtschaft bestand, gab die Möglichkeit, einerseits für die Leistung der kolossalen Baufronden dem Pharao zur Verfügung zu stehen, andererseits auch zu einer sehr umfassenden gewerblichen Nebenbeschäftigung, sei es für den Markt, sei es als Leiturgie für die Magazine. Man darf vielleicht auch dieser, durch die Naturbedingungen der Landwirtschaft gegebenen, Situation es mit zuschreiben, daß eine Trennung von Gewerbe und Landwirtschaft in der Form der Städtebildung in Aegypten sich so sehr viel weniger als anderwärts vollzog. Im übrigen hat dies seinen Grund (damals wie heute) eben in der geographischen Konfiguration des Landes: der Fluß als eine einzige ungeheure Verkehrsstraße mit einem schmalen kontinuierlichen Streifen besiedelten Landes auf jeder Seite. Und weiterhin spielte auch die soziale Struktur des Landes (einheitliches Robot- und Leiturgie-System, s. u.) und die politisch-militärische Verfassung (Friedlichkeit der »älteren« Reiche bis zum Hyksos-Einfall, auf Söldnern und Leiturgien eines bäuerlichen Kriegerstandes ruhende Militärverfassung des »neuen«) dabei eine entscheidende Rolle. Daß das Land »keine Städte« gehabt habe, ist dabei natürlich nur in dem Sinne richtig, daß seine Festungen und größeren Ansiedelungen jene Attribute, welche den antiken Städten, selbst denen Mesopotamiens, gemeinsam sind, soweit gefehlt haben, daß die Gesamtheit des Landes in altägyptischer wie in ptolemäischer Zeit einheitlich nach Landdistrikten verwaltet wurde und daß Privilegien einer Stadtbürgerschaft und selbst beschränkt autonome städtische Verwaltungskörperschaften (außer in den 3 Hellenenstädten) fehlten. — Ob die Sprache je ein nationales Wort für Sklaven besaß, scheint nicht sicher. In den Inschriften werden selbst die Worte, welche am häufigsten auf Kriegsgefangene, flüchtige Sklaven, Kaufsklaven angewendet wurden (boku, honu), auch für die höchsten weltlichen oder priesterlichen Funktionäre gebraucht (was die Priester anlangt, so ist zur Erklärung wohl daran zu erinnern, daß schon im mittleren Reich die Organisation der »Stundenpriester« bestand, welche, den 4 Priester-Phylen zugeteilt, schichtweise abwechselnd den Kultus versahen, — ganz entsprechend den später zu erwähnenden »Schichten« der pharaonischen Fronarbeiter). Eine ungeheure Fülle von Ausdrücken stehen für ganz denselben, zweifellos unfreien, Status zu Gebote, ohne daß es bisher den sorgsamen Untersuchungen z. B. J. Baillets geglückt wäre, sie, sei es etymologisch oder nach dem Metier oder nach dem Stande, dem sie entstammen, einigermaßen sicher zu klassifizieren, mit Ausnahme ganz weniger, weiterhin zu erwähnender, aber stets nur inexakt durchgeführter Unterscheidungen. Es ist das Wesen des Leiturgiestaates, als welcher Aegypten, vollständig im »neuen«, dem Keim nach schon im »alten« Reich, uns entgegentritt, welches sich darin äußert: jeder einzelne ist gebunden an die Funktion, die er innerhalb des sozialen Organismus vorsieht, daher ist im Prinzip jeder unfrei. Schon in den ältesten historischen Zeiten ist diese Entwicklung so weit verbreitet, daß es zwar jeweils privilegierte Schichten, aber keine rechtlich freien Volksgenossen im Sinn der hellenischen πόλις oder κώμη gibt, und im Prinzip jeder Sklave, wenigstens wenn es ihm gelang, in die Karriere des »Schreibers« zu gelangen, den »Marschallstab im Tornister« hatte. Natürlich kommen Kaufsklaven zahlreich vor. Aber die Sklavenpreise sind, verglichen mit den Bodenpreisen, wie es scheint, seit dem neuen Reich gestiegen; ein Sklave kostete in einer Urkunde unter den Scheschonkiden (libysche Dynastie) fast soviel wie das Quantum Land, welches er bebaute. Unter Darius kostete er in einer Urkunde das 12fache, während der Preis des Landes niedriger ist als in den älteren Urkunden. Aegypten hat zwar vorübergehend große Raubkriege geführt und Sklaventribute kommen in der Zeit der Thutmosis- und Amenophis-Dynastie vor. Aber sie sind für den Hausbedarf des Königs persönlich bestimmt. Die überlieferten Zahlen von Gefangenen — soweit sie glaubhaft sind — sind nicht hoch. Schon diese Sklavenmarkt- und jene erwähnten Sklaven-Preis-Verhältnisse — wenn sie typisch gewesen sein sollten — mußten private Ausnutzung von landwirtschaftlicher Sklavenarbeit im Großbetrieb zunehmend erschweren. Später machte das gewaltige Steigen der Bodenpreise eine solche vollends unrentabel. Alle Unfreien haben normalerweise eigene Familie, nur bei den Kriegsgefangenen wird diese gefehlt haben. — Die Funktion der Sklaverei versehen im »Alten Reich« die Klientel und der Kolonat.

Man nimmt im allgemeinen an, daß das Pharaonentum in Ober- wie in Unterägypten durch Unterwerfung der einzelnen »Gaukönige« und ihre Verwandlung in belehnte »Nomarchen« (nach Art der »patesi« des Zweistromlandes) entstanden sei. »Burgherr« als Beamtentitel findet sich noch in späterer Zeit. Die einstige Selbständigkeit der Gaufürsten spricht sich auch in der im alten Reich — wie sich zeigt — bestehenden Monopolisierung mancher Priestertümer durch gewisse »adelige« Familien aus. Die Gefolgschaft der Tafelgenossen wird auch hier der Keim des Lehensadels gewesen sein: Das später ganz promiscue für »Sklave« verwendete Wort: »chamsu« bedeutete ursprünglich wohl den freien Ministerialen (daher es auch im Minne-»Dienst« verwendet wird). Das Gefolgschaftsverhältnis hat aber in Aegypten, dank der absoluten Abhängigkeit aller von der bureaukratischen Vorsorge für die Nilregulierung, auf alle Sphären des sozialen Daseins übergegriffen. Schon die Art der Rechtspflege mußte allmählich den Satz zur Geltung bringen: »Nul homme sans maître«. Der »Mann ohne (Schutz-) Herrn« gilt als hilflos. Die gesamte Einwohnerschaft des Landes ist in eine Klientel- (»amach«-) Hierarchie eingegliedert. Die Herrschaft des Pharao ist schon in der ältesten Zeit ein »Fronstaat«: — er führt auch die Geißel als Attribut. Und zwar scheint es (und das wäre auch dem allgemeinen Entwicklungsschema entsprechend), daß die Bindung der Bauern an die Robot und damit an die Scholle und das Maß ihrer Fronbelastung in dem Flußmündungsgebiete, in Unterägypten, anfangs schärfer war als in Oberägypten, dort also, wo die ältesten Stätten des Handels lagen, ihren Ursprung nahm. Wenn (angeblich) ein »Kolon« des Pharao in der Zeit vor König Snefru oder doch vor den Pyramidenbauten mit eigenem Siegel auftritt, so könnte man daraus schließen, daß das Maß der Knechtung der königlichen Bauern damals noch geringer war und erst mit der großen Bautenperiode begann (doch ist die Flüssigkeit der Ausdrücke — s. o. — zu bedenken). Ursprünglich ist die Robotpflicht offenbar auch beruflich wenig differenziert. Die Könige des alten Reichs bieten Soldaten, Schiffsleute und andere Untertanen, die 12. Dynastie auch Krieger und Priester, zu Transportleistungen auf (Mentuhotep 3000 für den Transport eines Sargdeckels). Späterhin findet sich auch ein Aufgebot nur der Bauarbeiter des gesamten Landes.

Die Bauern des unteren Nilgebietes scheinen alle als Arbeiter des Pharao zu gelten, welche unter Kontrolle seiner Beamten das ihnen überwiesene Landstück bebauen, über dessen Produkt dann nach Instruktion des Pharao verfügt wird. »Taxator der Kolonen« ist schon im 4. Jahrtausend ein Beamtentitel. Die »retu« (»Leute«, ptolemäisch: *λαοί*) werden mit den Gütern verschenkt. Dagegen wird angenommen, daß in Oberägypten damals feudale Verhältnisse fortbestanden und »freie« Bauern, das heißt wohl lediglich: solche, welche vorwiegend Abgaben zu leisten hatten, vorgeherrscht haben. Auch für die Handwerker gilt ein ähnliches Nebeneinander: es finden sich (angeblich) auch später »freie« Dorf- und Stadthandwerker neben solchen, die der Pharao als ihm fronpflichtig in den Stadtvierteln, die um seine Paläste liegen, angesiedelt hat. Aber rechtlich garantiert war diese Scheidung wohl kaum. Die große faktische Beweglichkeit der ägyptischen Lohnarbeiter (die z. B. in russischen Erscheinungen der Leibeigenschaftszeit ihre Parallele findet) darf nicht als Ausfluß ihrer Rechtslage gelten. »Arbeiter« ist eine der üblichen Bezeichnungen für alles nicht zum Amts- oder Tempeladel gehörige »Volk«: die Robotpflicht war sicherlich subsidiär eine ganz universelle. Der einzelne ist von jeher Objekt der Herrschaft des Pharao, er und sein Besitz sind vor allem »Katasternummer«. Die Gemeinden haften durch Vermittlung ihres Vorstehers solidarisch für die Leistungen, die der König ihnen zuweist. Dies ist offenbar der ursprüngliche Zustand. Daher kannte schon das »alte Reich« (dies zeigt u. a. ein Berliner hieratischer Papyrus für die 11. Dynastie) den später so wichtig gewordenen Begriff der „*ἰδία*": Jedermann muß ein »Domizil« nachweisen können, d. h. aber: eine Gemeinde, der er »zugeschrieben« ist und wo er gegebenenfalls zu den Staatsfronden requiriert wird, — sonst verfällt seine Habe, insbesondere auch seine Familie, dem Pharao, der natürlich auch über ihn selbst nach Belieben disponiert. Später war die Robot so (nach Revillouts Behauptung generell) reglementiert, daß z. B. je eine Person 2000—2500 Quadratellen Gemüseland zu bestellen hat: solches Gartenland war offenbar besonders oft in eigener Regie des Königs. Die Untertanen a b g a b e n bestanden in Getreide, Vieh, Stoffen und anderen Hausfleißprodukten.

Erblicher »privater« Grundbesitz — d. h. solcher Grundbesitz, der nicht nur, wie Kolonenstellen, faktisch, sondern irgendwie g a r a n t i e r t erblich war — scheint v o r w i e g e n d auf königliches Lehen zurückzugehen. Auf den Gütern der königlichen Lehenskonzessionäre sind Umfang, Ursprung und Garantie der Erblichkeit des Besitzenden auf Stelen eingegraben. Die urkundlich überlieferten königlichen Neukonzessionen sind zumeist Häuser und Gärten (in einem Fall bis zu 200 Aruren in 12 Parzellen umfassend), mit Sklaven und eventuell Kolonen. Oft sind sie wohl »Amtspertinenzen« von Priestern und Nomarchen. Stets werden sie sorgsam inventarisiert und taxiert. Gerade die ä l t e s t e (»thinitische«) Periode ergibt aber in den Inschriften der Grabkammern (so in der Inschrift des Mten, ca. 4000 v. Chr.) das Bestehen e r b l i c h e r und t e i l barer Grundbesitzungen. N e b e n königlichen Konzessionen, und zwar insbesondere von G r a b grundstücken (die in Aegypten von jeher eine gewaltige Rolle spielten und, sozusagen, einem commercium für sich unterlagen), als L e h e n (»ger« = beneficarius) finden sich p r i v a t e Gutsübertragungsverträge vom Vater auf den Sohn, königliche S c h e n k u n g e n von Land und Leuten und endlich Uebereignungen von z. B. 200 Aruren und einer Pfründe in Gestalt einer täglichen Rente von 100 Broten titulo o n e r o s o: als Entgelt eines Beamten für bestimmt geleistete Dienste. Ob deren Veräußerung im P r i v a t verkehr damals möglich war, ist wohl noch nicht sicher zu sagen, erscheint aber eher w a h r s c h e i n l i c h als unwahrscheinlich (von »Kauf« konnte natürlich, da es kein »Geld« gab, nicht eigentlich die Rede sein). Das Inventar (amit-per, ampa) beim Gutsüberlassungsvertrage bildet das Surrogat testamentarischer Dispositionen; es kommt später als technischer Ausdruck bei Uebertragungen 1. vom Vater auf den Sohn, — 2. vom Mann auf die Frau, — 3. vom Bruder auf den Bruder — vor. Die prinzipielle Veräußerlichkeit des Grundbesitzes scheint e contrario namentlich auch durch die für das 4. Jahrtausend bereits inschriftlich bezeugten religiösen Stiftungen zu folgen, bei denen a u s d r ü c k l i c h die N i c h t veräußerlichkeit des (für »Seelenmessen« — sit v. v.! — zugunsten des Verstorbenen) gestifteten Landes festgesetzt wird: die betreffenden Priester sollen, als »honu-ka«, den Besitz n u r ihren K i n d e r n hinterlassen dürfen, also dauernd und erblich an ihre Funktion gebunden sein. Der Name »ewige Kinder« (»Kinder« = Gewaltunterworfene freien Standes, wie die liberi in potestate des römischen Vaters) kommt für solche an die Leiturgie Gebundenen vor. In den Stiftungen wird dies rechtstechnisch — da der moderne juristische Begriff der Stiftung natürlich fehlte — in Form einer donatio sub modo (der Heredität nämlich) erzielt, wie

Moret und Boulard hübsch nachgewiesen haben. Für den Gesamtcharakter der Sozialverfassung ergeben jene Inschriften zunächst das Bestehen von Priestergütern schon für jene älteste Zeit, ferner die Existenz der später (s. u.) so bedeutsamen Amts*pfründe* neben dem Amts*lehen*; die *Exemtion* der Priestergüter von der *Jurisdiktion* der Notabeln (großen Lehnsträger) wird in den religiösen Stiftungen ausbedungen (die daher natürlich nur von einem *Angehörigen* der Notabelnklasse ausgehen konnten). Damit wird indirekt die Existenz dieser Herrenstellung der »Großen« für das 4. Jahrtausend erwiesen, zugleich die Art des Beginns der Priestermacht verdeutlicht. Unter der 11. Dynastie appellieren allerdings selbst flüchtige Landarbeiter von ihren Herren an den Pharao selbst, und ebenso findet sich im »Neuen Reich« später die Kriminal-Jurisdiktion selbst über flüchtige Sklaven königlicher Prinzen wieder in den Händen von *staatlichen* Richtern. Allein schon im alten Reich hat das Königtum seine Stellung mit den *Nomarchen* zu teilen gehabt, die in Oberägypten innerhalb der von ihnen verwalteten Bezirke eine der Sache nach dynastische Stellung behielten oder an sich rissen. Bereits unter der 9. Dynastie scheint die Erblichkeit auch anderer Aemter die Regel gebildet zu haben. Manche Funktionen sind noch viel früher Gegenstand von »ampa«-Dispositionen. — Bei dem äußerst weiten Umfang des »Amtsbegriffs« mußte dies ganz generell der Stellung des ältesten Sohnes, der die Aemter allein erbte, im Familienrechte zugute kommen. Im übrigen bietet das älteste Familienrecht nichts Abnormes. Für eine Geltung des »Mutterrechts«, also des Fehlens des Erbrechts im Mannesstamm, in Aegypten ist nicht der geringste Beweis zu erbringen. Schon die ältesten Grabinschriften ergeben doppelseitiges Erbrecht. Die nicht seltene Erwähnung *nur* der Mutter in den Inschriften hängt sicher einerseits mit Erbtochterqualität derselben (in der Aemtervererbung) zusammen, ferner aber mit der Reaktion der Frauenfamilie gegen die Wirkungen der Polygamie, welche die Nötigung zu kontraktlicher Sicherung der Stellung der Braut als »Hauptfrau«, »große Frau«, und ihrer Kinder als der allein oder doch in garantiertem Umfang erbberechtigten mit sich brachte, endlich auch wohl mit Ebenbürtigkeitsfragen. »Sohn *des* X, gemacht (sic!) von *der* Y« ist das korrekte Patronymikon. Die spätere günstige *Rechts*stellung der Frau (die *faktische* Position hat historisch sehr geschwankt und ist offenbar nach Klassen sehr verschieden gewesen: »ich bin ein Weib« ist eine politische *Unterwerfungs*formel) — ist wohl Folge der konsequenten Weiterentwicklung jener Praktiken in Verbindung mit der Entmilitarisierung der ägyptischen Nation. Wo privates Erbrecht überhaupt besteht, steht die Frau dem Mann gleich und ist, soweit die Quellen reichen, geschäftsfähig bis zur Ptolemäerzeit geblieben. Schon im 4. Jahrtausend setzt ihr der Mann Vermögen aus zur Verteilung an ihre Kinder nach ihrem Belieben und erhält (in der Inschrift des Mten) der Sohn Land durch »amitper« von der Mutter. Die häufige

Geschwisterehe dient offenbar — »oben« wie »unten« — der Vermeidung der Vermögenszersplitterung (im Pharaonenhaus wohl auch der Erhaltung der Blutsreinheit). Die Namen der Grundbesitzkomplexe in den Gräbern der Familien des alten Reichs (Unterägypten), durch die Generationen hindurch verfolgt, ergeben anschaulich, welches Maß von Bodenbesitzanhäufung durch geschickte Heiratspolitik mit genügender Inzucht erzielt werden konnte (Proc. Bibl. Arch. XVII S. 244). Es findet sich da massenhafter (und offenbar verstreuter) Güterbesitz zusammengeballt, der hauptsächlich durch Vererbung (auch in weiblicher Linie) und durch Gutsübergabe an den Sohn die Hand wechselt, aber auch aus anderen nicht ersichtlichen Quellen — damals wohl wesentlich: Lehen oder Schenkung des Königs — sich vermehrt. Bewirtschaftet wird er schon in ältester Zeit durch Kolonen, von denen Deputationen der einzelnen Güter in den Gräbern des Gutsherrn abgebildet sind. Die Wirtschaft scheint Fronhofs-Wirtschaft (neben unfreier Kolonenpacht) zu sein.

Im einzelnen scheint noch fast alles recht unsicher. Offensichtlich ist nur, daß die Domänen und Kolonen des Königs, seine Schatz-, Korn-, Viehhäuser und Rüstkammern in sämtlichen Gauen das ökonomische Skelett des Staates ausmachen. Aber daneben steigert sich sichtbar der feudale Einschlag.

b) Mittleres Reich.

Die königlichen Gauverwalter (Nomarchen) sind mit Domänen und Naturaldeputaten aus den königlichen Magazinen, welche von den Allodialeinkünften und -Grundbesitzungen des Beamten auch rechtlich klar geschieden waren, beliehen. Sie sind — nach der Periode partikularistischer Anarchie, welche der Wiedereinigung des Landes von Theben aus (dem alten Hauptsitz der privaten Grundherrschaften) vorangeht — im »mittleren Reich« (12., 13. Dynastie um die Wende des 3. und 2. Jahrtausends) in ganz normaler Weise zu einem faktisch erblichen Feudaladel entwickelt. Ebenso haben die Tempel sich Land- und Menschenkomplexe zugeeignet. Große, bureaukratisch nach staatlichem Muster mit Schreibern usw. verwaltete Grundherrschaften, aus zahlreichen Dörfern mit tributpflichtigen Bauern und militärisch disziplinierten und in unfreie Berufe — es finden sich Guts-Zimmerleute, -Tischler, -Töpfer, -Schmiede — geschiedenen Arbeitern, daneben gewaltige, nach Tausenden von Köpfen zählende Herden bilden, nebst Tantiemen und Deputaten aus den Tempel- und königlichen Gütern, die sie zu verwalten haben, die Besitzungen des sozial allmächtigen Nomarchenadels. Aus den Gutsspeichern — grundherrlichen oder königlichen Magazinen — wird das Saatgut an die Bauern ausgegeben, an die Speicher die Ernte bzw. die Ernteanteile abgeliefert. Jedenfalls existiert schon damals das System der »uput«, der Aufnahme des personalen Haushaltsbestandes zum Zwecke der Feststellung der Anzahl fronpflichtiger Köpfe (»capitatio plebeja« in der Sprache der Kaiserzeit). Es scheint, daß es sich im Prinzip über das ganze Land erstreckt hat. Ob eine ganz einheitliche Regelung der Fronden bestand, ist nicht sicher zu sagen. Das »ahuit«, das Fronlos, ist in den einzelnen Dörfern nach Anweisung königlicher Meier von dem Pflichtigen zu bearbeiten. Die Schreiber sind dabei fronfrei. Am Hoflager und bei den großen Magazinen finden sich ummauerte Arbeitsstätten, die gelegentlich wohl auch Arbeiterkasernements sind. Die Fronpflichtigen sind in Abteilungen von 5 und 10 Leuten geteilt, und die Fronpflicht scheint schichtweise abgewechselt, eine normale Schicht 2 Monate, abzüglich der Feiertage, gedauert zu haben. Wenn andererseits öffentliches Land in Marsch- und Geestland geteilt und dem Arbeiter 10 Aruren ($8\frac{1}{2}$ auf Gest- und $1\frac{1}{2}$ Marschboden) zugeteilt wurden, so ist doch wohl anzunehmen, daß es sich um Kolonenlehen von Fronpflichtigen handelt. Die großen Grundherren haben im wesentlichen wohl ähnlich gewirtschaftet wie der Pharao. Eigene Wirtschaft auf dem besten Lande und Ausgabe des schlechteren Landes an leibeigene Bauern gegen Arbeit oder feste Abgaben werden wohl nebeneinander gestanden haben und sind anscheinend nicht immer klar zu scheiden; die Bauern sind offenbar einfach aus Staatsfrönern (teilweise) grundherrliche Fröner geworden; ob eine Scheidung in leibeigene und persönlich freie, aber schollenfeste, Bauern immer möglich und von praktischer Bedeutung ist, scheint nicht zu entscheiden. Immerhin scheint die vielleicht einzige, annähernd (aber durchaus nicht genau) durchführbare Scheidung zwischen den mindestens 24 Namen, welche (s. o.) ein persönliches Unterwerfungsverhältnis generell, ohne Berufsspezialisierung, ausdrücken, nur darnach vorgenommen werden zu können, ob die Klienten von einem Herrn persönlich abhängen, in seinem (reellen oder ideellen) Haushalt verwendet werden (schemsu, boku, sodmu, keri-dot, amu, ketu) oder aber glebae adscripti sind (nach Baillet: honu, meratiu, nesitiu, satiu, sidiu, samdotu, uhuitiu). Einem Bauern wird gelegentlich gedroht, ihn, bei fortgesetzter Renitenz, in die unterste Schicht: die awaitiu (einfache ländliche Fronarbeiter) zu »versetzen«. Auch im Verhältnis zum Staat läßt sich das Verhältnis wohl so fassen: Jedermann, der Boden besitzt oder ein Gewerbe betreibt, schuldet davon seine Abgaben: der Bauer die Grundabgaben, der Handwerker Lizenz- und Betriebsabgaben in Form von Produkten seines Gewerbes. Wer seine Abgabe nicht leisten kann, der wird mit seiner Familie Schuldsklave des Pharao und frondet nunmehr nach den Anweisungen der Behörden. Aber trotz dieser Scheidung bleibt es dabei: Es sind alle Abgabepflichtigen nicht minder unselbständig als die Arbeiter, werden kontrolliert und geprügelt wie diese, und unterliegen der sozialen Mißachtung. Den Gefolgsleuten des Königs, die jetzt als Berufssoldaten auftreten, mögen vielleicht Gefolgsleute der Vasallen entsprochen haben. Für die Tempel steht anscheinend fest, daß ihr Land, und vor allem:

die Gebühren und Kasualien eintragenden Einzelfunktionen, als Pfründe, erblich an die einzelnen Priester, das Land wohl auch — freiwillig oder unfreiwillig — an andere Grundherren vergeben war, die dann ihrerseits die Herren der Tempelkolonen wurden. —

c) Neues Reich.

Keine Einführung von eigentlich prinzipiell neuen Institutionen, wohl aber eine einseitig gerichtete Fortentwicklung der alten finden wir, als nach der langen Dunkelheit der Beduinenherrschaft Aegypten wieder in den Vordergrund der Geschichte tritt. Es ist jetzt ein konsequent organisierter einheitlicher Fronstaat geworden, in dem neben dem Pharao fast nur die Tempel als Grundherren fortbestehen, und der sich, wahrscheinlich ganz allmählich, in den bureaukratischen Leiturgiestaat der Ptolemäerzeit umbildet.

Das mit dem Kampf der 18. Dynastie gegen die Fremdherrschaft der »Hirtenkönige« um die Mitte des 2. Jahrtausends v. Chr. einsetzende »neue Reich« stand, solange es ein nationaler Staat war, d. h. bis zur Zeit nach den Ramessiden, zu dem »mittleren« in einem ähnlichen Verhältnis, wie das Rußland der moskowitischen Großfürsten nach der Befreiung von der Tatarenherrschaft zu dem vormongolischen ständisch gegliederten Staatswesen mit dem Mittelpunkt Kiew: die feudalen Gebilde, der Lehnsadel und alle oder doch die meisten seiner Grundherrschaften sind verschwunden. Der größere Teil des Bodens ist in der Hand des Königs. Ein anderer, stets aber doch nur eine Minderheit des Gesamtgebietes umfassender, Bruchteil hat sich durch Schenkungen in den Händen der Tempelpriesterschaften angesammelt. Andrerseits tritt mit der großen militärischen Expansion massenhafter Kriegsgefangenenimport ein, von denen »des Krieges Magazine voll sind«. Auch jetzt belehnt der König verdiente Beamte mit Land — von meist mäßigem Umfang — und mit einigen Sklaven. Ein Teil des königlichen Landes wird als fiskalische Domäne betrachtet und für den königlichen Haushalt bewirtschaftet. Auch das gesamte übrige (nicht den Tempeln appropriierte) Land soll, so wurde früher im Anschluß an den Genesisbericht und an die griechische Tradition geglaubt, als vom König an die Bauern gegen Ertragsanteil überlassen gelten. Heute ist bekannt, daß die ägyptische Grundsteuer nicht nach dem Quotensystem, sondern als Fixum erhoben wurde: nur Kolonen zahlen Teilpachten. — Spätestens unter den Ramessiden trat dann die berühmte Zuteilung von Land an das, vermutlich nach dem Vorbild der asiatischen königlichen Dienstlehen, in Form einer am Boden haftenden Leiturgie organisierte Heer ein.

Die Grundbesitzungen der Tempel und der Krieger sind solche zu dauerndem eigenen, nur an die Funktion gebundenen, dafür von den allgemeinen Lasten der sonstigen Bevölkerung befreiten, Recht. Die Herrscher des alten Reichs nahmen sich heraus, in Tempelbezirken Lehen an verdiente Beamte anzuweisen, — ein

Vorgang, der nunmehr wohl sicherlich zunehmend unmöglich wurde (mir ist das Material darüber allerdings nicht genauer bekannt), jedenfalls haben später (s. u.) Säkularisationsversuche offenbar zu schweren Konflikten geführt). Die verliehenen Landparzellen der *μάχιμοι* sind von mäßigem Umfang — etwa 3½ ha zu Herodots Zeit —, die leichte Bewaffnung stellte an die Equipierung keine Anforderungen, die Mitglieder dieser »Kriegerkaste« beteiligten sich ebenso wie die hellenistische Lehensarmee der Kleruchen am bürgerlichen Erwerb, durften ihr Land verpachten und waren in sehr verschiedener Lage. — Nebeneinander stehen jetzt: 1. königliche Garden und geworbene Söldner, 2. sodann die angesiedelten »ma« (*μάχιμοι*), 3. eventuell ad hoc einberufene und bewaffnete Kolonen des Pharao, die angesiedelten Krieger nach Jahrgängen in seniores und juniores geschieden, sodann 4. Tempelmilizen, gebildet aus den Tempelkolonen, endlich 5. die Gaumiliz (der Landsturm). Das Heer ist also wesentlich ein Hörigenheer. Den königlichen Matrosen war, da sie Fremde waren, ein Mal eingebrannt, wie (vielleicht, s. o.) den assyrischen angesiedelten Soldaten. — Die ganze Verwaltung, die königliche sowohl wie die der Tempel, wird bureaukratisch durch, meist leibeigene, Schreiber geführt, nicht mehr durch den früheren erblichen Nomarchenadel. Die Priesterschaft steigt an Zahl, Bedeutung und Geschlossenheit. Im alten Reich war sie als ein selbständiger Beruf nur in Ansätzen vorhanden; im mittleren Reich ist sie schon vorwiegend erblich rekrutiert; im neuen Reich ist sie in Phylen gegliedert, der Stand als Kleriker (nicht: das konkrete Amt) geht auf die Söhne, wenn sie tauglich sind, über. Wenn auch die Phylen anscheinend niemals geschlossen waren, sondern sich auch durch Aufnahme von außen rekrutierten (auch Connubium mit anderen Schichten bestand: also fehlt jedes Merkmal der »Kaste«), so hat sich das Priestertum doch nunmehr zu einem eigenen, die Erziehung des Nachwuchses der Beamtenschaft leitenden, mit ihr oft verwandtschaftlich und durch Funktionskumulation eng verbundenen Stand von immensem Einfluß entwickelt, der jeden Versuch der Pharaonen, sich von seiner Macht zu emanzipieren, zu vereiteln weiß, weil das Gegengewicht selbständiger weltlicher Feudalgeschlechter jetzt so gut wie ganz fehlt. Großartige. Massen von Menschen, und entsprechendes Land und Vieh (die Zahlen gehen in die Hunderttausende) umfassende Tempelbesitzungen finden sich unter Ramses III. Regierung, daneben Abgaben (von Webereiprodukten usw.). Das »weiße Haus« des Tempels ist dessen Zentralverwaltungsstelle, er hat seine Kontrolleure für die Beaufsichtigung der Feldarbeit seiner Kolonen. Der »erste Prophet« eines großen Tempels rühmt sich seiner »Fürsorge für die Nachkommenschaft der Leibeigenen«. Schon im Altertum galt der Reichtum namentlich des Ammonstempels in Theben als unerhört in der ganzen Welt, sicher mit Recht, wennschon, wie Erman nachgewiesen hat, der Umfang speziell des Landbesitzes von den Hellenen überschätzt worden ist. Oft ging ¾—⅘ der Kriegsbeute an die

Götter. Das Tempelland ist (zweifellos nur ebenso wie das königliche und wie alles übrige Land) vermessen: nach Marsch- oder Geestland, Pflug-, Garten- und Hackland gesondert. Sie haben nach dem König die meisten Handwerker — als schollenfeste Hintersassen — in ihrem Besitz und treiben Außenhandel auf eigenen Schiffen. (Die inschriftlich erwähnten nur zeitweise im Dienst des Tempels befindlichen Leute sind wohl Volontärs, keine gemieteten Arbeitskräfte. Allerdings scheinen in Naturalien entgoltene freie Lohnarbeiter, auch im Dienste des Pharaos, vorzukommen, — wennschon von den beiden Gurob Papyri, die Griffith kommentiert, der Sinn zweifelhaft, bei dem einen die Uebersetzung sicher falsch ist: ein Ochse neben anderen Objekten als Entgelt für zusammen 24 Tage Hausmädchendienst ist doch unmöglich.) — Ob schon im alten Aegypten die im Ptolemäerreich üblichen großen jährlichen Synoden der zum eigentlichen Klerus gehörigen Oberpriesterschaft bestanden, ist urkundlich anscheinend nicht nachweislich. Vielleicht ist ihre Entwicklung (wie die des jüdischen Sanhedrin) einerseits Produkt der Fremdherrschaft, die sich auf Theokratie zu stützen suchte, andererseits gegebenenfalls auch Organ der Reaktion gegen jene. In pharaonischer Zeit ist formal der Pharao Lehensherr der Priester, und auch später hat er (so in ptolemäischer Zeit) das Exequatur zu geben.

Der königliche Oikos mit seinen zahlreichen Beamten deckt seinen (d. h. den Hofhalts- und Staats-) Bedarf im Prinzip naturalwirtschaftlich. Jede der Domänen-, Tempel-, Magazin- und Bauverwaltungen hat ihren Stab von militärisch organisierten Fronarbeitern, denen die Rationen aus den königlichen Vorräten zugewiesen, — oder auch, wie die Arbeitseinstellungen wegen Hunger und nicht gelieferter Ration zeigen, unterschlagen werden. Die von Spiegelberg edierten Rechnungen der Magazine des Hofes in Memphis registrieren die Ausgabe des Mehls an die Bäcker, — offenbar in unfreie Heimarbeit, denn sie stellen dann die entsprechenden Ablieferungen der Bäcker (erheblich über 100 000 Kommißbrote in 3 Monaten, von einer Sorte pro Tag 480 Stück) unter Berücksichtigung des Backverlustes fest. Ebenso wird gebucht die Ausgabe von Schiffsbauholz, von Leder (an die Söldnerführer), von Kleidern an Negersklaven, von Negersklaven an die »Großen« zur Bedienung. Der Pharao läßt in eigenen Scheunen dreschen, was er aus den Naturalzehnten gewinnt oder von den in Robot bestellten Feldern erntet; die Arbeiter werden mit Brot aus den Magazinen genährt: hier also Eigenbetrieb. Im Fall von Mißernten erhalten aber ebenso wie die Arbeiter auch die Bauern — wie heute in Rußland und wie in Mesopotamien — aus den Magazinen Korn geliefert, ebenso Saatgut. Und ob die bei Bauten verwendeten Arbeiter des Pharao als Sklaven galten, oder ob sie oder ein Teil von ihnen kraft allgemeiner staatlicher Fronpflicht herangezogen wurden, wäre kaum immer feststellbar. Weiber und Kinder haben die »Arbeiter«, eine ziemlich breite Bevölkerungsschicht, wie andere, sind auch der Schrift nicht selten kundig. Sie dürften sich wohl von den Bauern nur durch das Fehlen dauernd zugewiesenen abgabepflichtigen Landes oder durch geringeren Umfang desselben unterschieden haben. Sicherlich sind die königlichen »Werkstätten« in erster Linie Lagerhäuser, an welche im Hausfleiß oder in »unfreier Heimarbeit« hergestellte Produkte der den Bauern auferlegten gewerblichen (durch die früher erwähnte Eigenart der ägyptischen Landwirtschaft erleichterten) Nebenarbeit abgeliefert wurden. Wie es dagegen in der Zeit der nationalen Dynastien mit der Rechtslage der Handwerker und Bauern aussah, ist begreiflicherweise durchaus nicht sicher festzustellen. Die späteren Zustände unter den letzten Dynastien vor der Perserzeit können hier nichts entscheiden, da inzwischen die assyrische Herrschaft über das Land hingegangen war und schon vorher die Kämpfe zwischen dem Ketzer Amenophis IV. und der Ammonspriesterschaft schwere Erschütterungen der Tradition gebracht haben mögen. — Der Bedarf der königlichen Haushaltung (im weiteren Sinne des Wortes) wird durch Robot und durch Abgaben der Gesamtbevölkerung beschafft. Wenn wir gelegentlich von angeblichen Neuordnungen des Landbesitzes hören, so handelt es sich zweifellos um Neuordnung des Lastenwesens. Wiederholt ordnet der König an, daß ein Beamter für eine Fronleistung die Arbeitsteilung »je nach dem Handwerk eines jeden« vornehmen solle oder daß er die »Ordnung« der ganzen Bevölkerung eines Distriktes und ihre »Einteilung in die Volksklassen« zu übernehmen habe, d. h. aber: die Fortschreibung des Lastenkatasters. Für große Bauten und Steinbruchsarbeiten werden wie in alter Zeit mächtige Robotexpeditionen gebildet: 9268 Köpfe einmal unter Ramses IV., davon 5000 Krieger, 2000 Kolonen des Pharao. Dabei wird »altes« und »junges Volk« geschieden: — wie beim militärischen, so auch beim Robotaufgebot. Und ebenso wie das Heer mit Fremden durchsetzt wird, so auch die Kolonenschaft: der König läßt — schon Amenhotep — ganz ebenso wie die Assyrerkönige, Gefangene »unter seine Untertanen einreihen«. Die Einreihung unter die Teilnehmer an den Goldgräberexpeditionen nach dem oberen Nil, mit ihrem kolossalen Menschenverschleiß, galt als Strafe. —

Die Durchführung der Katastrierung hatte es ermöglicht, an Stelle der Inanspruchnahme der Dorfgemeinden die direkte der Einzelfamilien für die mit dem Bodenbesitz verknüpften Abgaben und Leiturgien durchzuführen: die Stellung des »hir's«, wenn er wirklich, wie Revillout will, ein Familien»ältester« (ältester Sohn, Bruder usw. und nicht etwa ein Grundherr) sein sollte, im Erbrecht der damaligen Zeit — er hat bei Teilungen maßgebend mitzuwirken — würde sich dann neben der Einwirkung der Aemtererblichkeit (s. oben) auch aus den mitspielenden fiskalischen Interessen erklären lassen (doch ist dies noch sehr dunkel). Wie es mit der Veräußerlichkeit des Bodens (außerhalb der Familie) im Beginn des neuen Reichs, nach Verschwinden der alten Grundherrn, stand, scheint zweifelhaft. Zwar kommen in einer (vor dem neuen Reich entstandenen) oft zitierten »Bauernerzählung« Bauern vor, die ihre Häuser verkaufen wollen. Aber bäuerlicher Ackerbesitz und der Betrieb eines gelernten Handwerks gelten jedenfalls grundsätzlich auch hier als Korrelat der Leiturgie bzw. der Abgaben. Die »Erblichkeit« des Landes war dementsprechend, dem Pharao gegenüber, eine bedingte. Das entspricht der Stellung, in welcher sich die gesamte, nicht entweder als Priester, Krieger, Lehensträger, Beamte, Schreiber privilegierte oder, als landlose Leibeigene, direkt im Dienst des Pharao oder der privilegierten Klassen verwendete Bevölkerung befand. Man hat lange an »Kasten« in Aegypten geglaubt (dank namentlich Herodot). Die »Erblichkeit« der Berufe ist aber nur die erwähnte faktische Vererbung der Leiturgien und Abgabepflichten der, im russischen Sinne des Wortes, »bäuerlichen« Bevölkerung, soweit jene Pflichten an den Boden oder das Gewerbe geknüpft sind. Sie bedeutet, soweit nicht religiöse »Unreinheit« mit einem Beruf verknüpft ist, keine Kastenbildung, weder im Sinn des Ausschlusses des Connubium, noch im Sinn der zünftigen Abgeschlossenheit der Berufe. Auch die Krieger»kaste« besteht dergestalt aus Bauern, welchen die Leiturgie aufliegt, für das Aufgebot bereit zu stehen, und die zweifellos, wie die Kosaken, regelmäßig üben müssen. Und durchweg scheint der Berufszutritt im Prinzip frei geblieben zu sein. Was dagegen von Erwerbsrechten in Aegypten erblich geworden ist, ist durchweg nicht etwa ein zünftiges »Recht auf Arbeit«, sondern sind bestimmte Arten von Rentenbezügen: Landrenten, Pfründenrenten, Kasualien- und Gebührenrenten. Die Erblichkeit der politischen Aemter ist im neuen Reich dem rein bureaukratischen »Avancement« gegenüber gänzlich zurückgetreten, ebenso gehen unter den Ramessiden (s. o.) die Priesterschaften zur Schreiberverwaltung über. Trotzdem betrachtete innerhalb dieser bureaukratischen Mechanismen der Einzelne seinen »Posten«, z. B. den eines »Großen« einer der oben erwähnten Arbeitergruppen (Archetyp des ἡγεμὼν τοῦ ἐργαστηρίου) natürlich als »Versorgung«, wie heute jeder Beamte: die Statthalter rühmen sich zuweilen u. a. auch: »Niemandem seine Arbeitergruppe genommen zu haben.« Aber rechtlich galt natürlich im Prinzip freie Absetzbarkeit. Dagegen blieben andere, z. B. manche mit dem religiös wichtigen Begräbnisdienst verknüpfte Funktionen (so der »Leichenbegießer«beruf), weil an die Verfügung über die Begräbnisplätze gebunden, wirklich voll appropriiert und wurden von jeher auch rechtlich als Erbobjekte und Gegenstand von Dispositionen inter heredes behandelt, deren jede jedoch des Konsenses des an den Leistungen der betreffenden Stelle interessierten Grundherrn (Staat oder, meist, Tempel) bedarf. Bei dem gewaltigen Umfang des königlichen und des Tempelbesitzes betreffen die Urkunden nun regelmäßig Besitz von Leuten, die auf dem Land des Pharao oder auf Tempelland (nefer hotep) als Belehnte oder Kolonen sitzen. Daher erfolgen in ihnen die Dispositionen, speziell Erbdispositionen, aber auch Vergebungen von Land an einzelne, z. B. an Priester, mit Konsens eines dieser beiden großen Grundherrn, ganz im Gegensatz zu den Landübereignungskontrakten der ältesten (thinitischen) Epoche (dagegen in Uebereinstimmung mit der Lehensmutung der politischen Beamten, speziell der Nomarchen, im alten Reich). Ob dagegen auch andere Bodenübereignungsakte besonderer Konzession bedurften, ist positiv nicht sicher erweislich, aber allerdings — namentlich für die Teit der Theokratie (Ende der Ramessidenzeit) und für Veräußerung außerhalb der Familie — möglich. Auch über den Vieh- (und wohl auch den etwaigen Sklaven-) Besitz der Kolonen scheint nur mit Konsens des Grundherrn haben verfügt werden dürfen. Die Kolonen selbst sind natürlich schollenpflichtig, werden aber, wie es scheint, von den Staatsgerichten abgeurteilt. Daß das Recht am Lande in Wahrheit überwiegend Pflicht (zu den mit Landbesitz verknüpften Leistungen) war, erklärt am ungezwungensten auch die viel später noch wahrnehmbaren Reste der Familienverfassung: die schon erwähnte (angebliche) Stellung des (oder der) Aeltesten als Repräsentant der Familie dem Staat (oder Tempel oder Grundherrn) gegenüber. Ebenso die damit zusammenhängende Auffassung des Besitzes als Familienbesitz, die gelegentliche, aber (nach den Haushaltslisten) nicht vorherrschende Kommunionwirtschaft und die damit zusammenhängenden Erbeinspruchs- und Retraktrechte, welche man dann teils — bei den privilegierten Ständen, die das Recht haben, den Gott zu repräsentieren und deshalb zu fluchen: — durch Fluchformeln, teils: durch Einholung der göttlichen Bestätigung bei Erbteilungen in ihrer Wirkung aufzuheben trachtete, teils endlich durch Zuziehung der Kinder bei den Kontrakten berücksichtigte. Ebenso wohl auch die, offenbar auf der Anlehnung an jene Familiengemeinschaften beruhende, Erscheinung, daß als Bodenpächter (auch bei Kleinpachtungen) so oft Genossenschaften (ein Repräsentant und seine Gesellschafter) auftreten. Endlich vielleicht auch die Vermeidung der Erwähnung der Preishöhe bei Grundstücksübertragung noch in spätester Zeit: Revillout kann recht wohl insoweit recht haben, daß auch darin die prinzipielle Ansicht sich auswirkt, daß das Recht am Boden, weil an der Pflicht klebend, kein Tauschgut sei, sondern nur im Wege des intrafamilialen Ausgleichs den jeweiligen Nutznießer wechseln könne. Es scheint aber, daß auch sakrale Gründe der Anerkennung der Sonderstellung des Geldes als Tauschmittel entgegengestanden haben: die Zeit des alten Reiches hatte das Geld nicht gekannt, und die Stereotypisierung der religiös zulässigen Kontraktschemata mag, indem sie nur Tausch von Land gegen Land oder einfache Uebertragung (»Schenkung«) zuließ, daran angeknüpft haben. Festen Boden erhalten wir erst unter die Füße in der Zeit des Amasis, also als der nationale Charakter des mittleren Reiches schon durch Fremdherrschaft alteriert war.

Nach der Ramessidenzeit bewegte sich die Entwicklung, wie es scheint, in Gegensätzen, die durch die jeweilige Herrschaft von abwechselnd asiatischen und äthiopischen Einflüssen bedingt waren. Der fremdländische Einfluß beruht auf der mit der Schaffung des ständigen Soldheeres endgültig besiegelten Beseitigung der nationalen, ohnehin von jeher unentwickelten Wehrhaftigkeit, und auf der steigenden Bedeutung der überwiegend stammfremden Berufskriegerschaft, welche die Herrschaft des Pharao stützte. Der Import der asiatischen Kriegstechnik — des Pferdes und Kriegswagens — in der Hyksoszeit und dann die Eroberungskriege hatten zur Entstehung des Berufskriegertums geführt. Die abwechselnde Fremdherrschaft führte dann dazu, daß je länger je mehr, wenigstens der Sache nach, stamm*fremde* Söldner und die oft ebenfalls stammfremden Leibeigenen des Königs sich mit der Priesterschaft in die Beherrschung des seit der assyrischen Eroberung nie wieder dauernd zur Freiheit gelangten Landes teilten. Usurpation der Herrschaft durch den Ammonspriester, dann assyrische und äthiopische Dynastien, dazwischen die Usurpation des Bokchoris, dann griechische Einflüsse unter Amasis, weiterhin, nach der persischen Eroberung, Kämpfe äthiopischer, persischer und von den Griechen gestützter einheimischer Dynastien, die oft zu langdauernder Trennung von Ober- und Unterägypten führten, haben stabile politische Zustände erst in der Zeit der Lagiden wieder aufkommen lassen. Derjenige Typus, den das Land unter ihrem Regime darstellt, ist in bezug auf das Maß der *Verkehrsfreiheit* sicher erst allmählich erreicht worden. Die griechische Tradition schreibt namentlich dem Bokchoris grundlegende Neuerungen nach Art der hellenischen »Aisymneten« zu: die Zulassung des Reinigungseides, die Beseitigung der Schuldsklaverei, und vor allem: die freie Veräußerlichkeit des Bodens. Mag die Art, wie Revillout dies zu verifizieren sucht, teilweise reichlich phantastisch sein, so scheint doch sicher, daß das Umsichgreifen der Verkehrswirtschaft zunächst das Werk asiatischer Einflüsse und weiterhin der antitheokratischen unterägyptischen Tyrannis war, denen die Theokratie des Ammonspriestertums, gestützt auf die den Thron usurpierenden Aethiopier und die teilweise nach Aethiopien emigrierte Kriegerkaste widerstrebte. Mit der Zeit des Bokchoris ungefähr *beginnen* die demotischen Kontrakte überhaupt und die Bodenüberweisungskontrakte im speziellen. Es scheint also in der Tat eine Veränderung des Verkehrs-, speziell des Bodenrechtes, wohl auch eine Säkularisierung, stattgefunden zu haben, — wozu ja die Verbrennung des Bokchoris als Sakrilegen durch die siegreichen Parteigänger des Ammonspriesters (der das göttliche Boden-Obereigentum repräsentiert) stimmt. —

Wie dem sei, die *privaten Verkehrs*erscheinungen steigern sich nun durchweg. —

Das bis zu den Ramessiden sich stetig steigernde Ueberragen der Oikenwirtschaft des Pharao schränkte im altnationalen Aegypten den Raum der auf *verkehrs*wirtschaftlicher Arbeitsteilung beruhenden ökonomischen Erscheinungen naturgemäß stark ein. Nicht daß sie je gefehlt hätten, — sie haben relativ im ältesten Reich sogar vielleicht für die Bedarfsdeckung mehr bedeutet als in den Zeiten der vollen Theokratie und Bureaukratie. Aber der Handel nach außen, sowohl nach dem »Gottesland« und »Punt« — Arabien und der Somaliküste — wie nach Syrien lag rechtlich und mindestens dem Schwerpunkt nach auch faktisch in der Hand des Pharao selbst, später aber namentlich der Tempel, welche im Besitze eigener Flotten waren. Er hat lange die Form des Geschenkaustausches zwischen den Staatshäuptern bewahrt, wie die Korrespondenz mit dem König von Babylon in den Funden von Tell-el-Amarna anschaulich macht. Einheimische Kaufleute kennen die ägyptischen Quellen der ältesten Zeiten anscheinend nicht. Alsdann tauchen sie als Tempelhörige auf (ihre Bezeichnung ist von »entleeren« — scil.: des Schiffes — abgeleitet). Im neuen Reich sind sie meist Ausländer (Semiten). Immerhin muß, während Kupfer und Gold im Lande selbst gewonnen wurden, nicht nur das anfangs sehr seltene und daher bis zur Einbeziehung Aegyptens in den internationalen Verkehr (neues Reich) höher als Gold bewertete Silber, sondern auch Zinn und Eisen — letzteres tritt vor dem »N. R.« hinter Bronze ganz zurück — von Anfang an importiert worden sein. Die Zeit des neuen Reiches weist Import von Schiffen, Wagen, Waffen, Gefäßen, Weihrauch, Vieh, Fischen usw. aus Syrien und Babylon auf, welchen als Exportartikel namentlich Gold, aber bald auch Linnen, gegenübergestanden haben werden. Unter den Ramessiden scheinen private Reedereibetriebe vorzukommen. — Ebenso hat sich, neben den anfänglich der Zahl und der Bedeutung der Leistung nach stark vorwiegenden Arbeitern des Pharao wohl auch die Zahl der (schwerlich je ganz verschwundenen) »freien« Handwerker wieder zunehmend ausgebreitet. Im alten Reich werden Kundenhandwerker literarisch erwähnt, und zwar neben »Lohnwerkern« im Sinne der Bücherschen Terminologie anscheinend auch »Preiswerker«. Inwieweit die Träger des so hochentwickelten altägyptischen Kunsthandwerkes leibeigene Arbeiter des Königs und der Tempel und inwieweit sie in »unfreier Hausindustrie« arbeitende Kolonen oder »freie« Handwerker mit Leiturgiepflichten waren, wird sich nicht leicht ausmachen lassen. Die einzelnen Handwerker eines Bezirks hatten, wie die Dörfer ihren dem Fiskus verantwortlichen Schulzen, so ihrerseits ihren (wie es scheint, gewählten) Obermeister. Er war offenbar ursprünglich für die Gestellung zu den Roboten des Pharao bzw. Nomarchen verantwortlich. Später ist die Lage der Handwerker offenbar eine unter sich keineswegs gleiche. Die »Lohnwerker« zog man nach Bedarf zur Robot heran und lieferte ihnen das Rohmaterial (s. o.). Aber daneben scheinen Handwerker vorzukommen, welche ihre Rohstoffe sich selbst beschafften, und dafür Abgaben in Form von Produkten ihres Handwerks leisteten, die in den mannigfachsten Varietäten sich aufgezählt finden. Soweit das Rohmaterial Importgut oder das

Produkt Exportgut war, ist immerhin direkte Leitung der Produktion durch Pharao, Adel, Tempel das an sich Wahrscheinliche. Jedenfalls ist und bleibt die Behandlung der Handwerker in den Monumenten eine verächtliche. Die Weberei, namentlich die Leinweberei, eines der hervorragendsten Gewerbe, gilt anscheinend als typisch unfreier Beruf und ist wohl direkt in die Hände der Sklaven im Oikos zuerst des Pharao und des Nomarchenadels, dann namentlich der Tempel, gelangt: — es handelte sich eben, da die Masse der Bevölkerung, ursprünglich auch der König, nur den Lederschurz als Kleidung trug, um ein teils dem Luxusbedarf des Hofes und der Beamtenschaft, teils dem wahrscheinlich monopolisierten Export dienendes Produkt. Die Entwicklung und Differenzierung der Bedürfnisse, insbesondere der Kleidungsbedürfnisse, ist ganz offenbar Folge der im »neuen Reich« immer enger werdenden Beziehungen zu Vorderasien, speziell Babylon.

Der private Binnen-Tauschverkehr ist dem Schwerpunkte nach Nahrungsmittel- und Krammarktverkehr: Fische, Gemüse, Sandalen, einfache Schmucksachen sind bildlich beglaubigte regelmäßige Marktartikel. Der Verkehr ist Natural-Tauschverkehr. Erst im neuen Reiche fungieren gebogene Kupferdrähte bestimmten Gewichts (uten, deben) als Wertmesser, in dem die gegeneinander ausgetauschten Waren abgeschätzt und gelegentlich der etwa überschießende Wertbetrag der einen Ware über die dagegen eingetauschte abgeleistet wird. Die Marken in den Händen von Arbeitern des alten Reiches sind natürlich »tesserae«, Anweisungen auf herrschaftliche Speicher. Im Außen handel fungierten Edelmetallringe, wie dies in Babylon auch vorkommt. Das »deben« ist also in erster Linie Wertmaß, und fungiert regelmäßig als ideelles (nicht effektives) Tauschmittel (ähnlich wie ursprünglich der Silber-Shekel in Babylon). Im übrigen scheint die Stellung des Gewichtsuten zu der Werteinheit »uten« noch keineswegs geklärt (vgl. z. B. Bibl. égypt. X S. 164). Dem Naturaltausch von Waren korrespondierte seit alter Zeit (als primitiver Vorfahr der Fondsbörse) der Naturalrentenverkehr: sowohl zu Stiftungszwecken werden Grundstücke an Tempel, z. B. gegen jährliche Lieferung von Dochten für Toten-Gedenkfeiern usw. gegeben, als sich die Umwechslung der Naturaldeputate von Beamten und anderen Berechtigten in andere Naturalrenten findet: eine bestimmte Anzahl Tagesrationen, die aus einem Magazin zu empfangen sind — $^1/_{360}$ des Jahresdeputats — wird z. B. gegen jährliche Lieferung von bestimmten Brot- und Bierquanten u. dgl. vertauscht. Wir lernten ganz Aehnliches in Babylon kennen.

Die Zeit nach dem Untergang der nationalen Dynastien brachte nun offensichtlich, während zu gleicher Zeit die gesamte geistige und künstlerische Kultur theokratisch und traditionalistisch gebunden und stereotypisiert wurde, das stets weitere Vordringen der »Geldwirtschaft«. Obwohl noch für die Hebräer der nachexilischen Zeit Aegypten das große »Diensthaus« ist, müssen doch allmählich die

Roboten zugunsten der Steuern mindestens faktisch immer mehr zurückgetreten sein, — womit wahrscheinlich alles weitere zusammenhängt. Die Zahl der reinen Sklaven in den Händen der Tempel und der Beamten und ihre Verwendung zur Feldarbeit scheint zuzunehmen. Ebenso scheinen die privaten Gutswirtschaften mit Benutzung der Arbeit mit Land beliehener Kolonen zur Bestellung je eines bestimmten Teils des Gutsackers, häufiger zu werden: also die in der Kaiserzeit vorkommende Kombination mit dem System der »partes agrariae« (s. darüber den Art. »Kolonat«). Aus der revolutionär bewegten Zeit des Bokchoris (s. oben) scheint zuerst wieder ein rein privater — d. h. der Bestätigung durch göttliches Orakel oder durch den König entbehrender — Landübereignungskontrakt vorzuliegen: es handelt sich jedoch um ein intrafamiliares Rechtsgeschäft. Unter Psammetich scheint dann durch die Priesterschaft die Uebereignung von (ehemaligem?) Tempelland auch außerhalb der Familie gegen eine Handänderungsgebühr von $^1/_{10}$ generell zugelassen gewesen zu sein. Diese Inhaber von Tempelland haben sich also wohl in eine Art von Erbpächtern verwandelt. Die zeitweise wieder auftauchende spezielle Zustimmung des Gottes zur Uebereignung schwindet seit Amasis, der ebenfalls als »Gesetzgeber« galt, definitiv. Die alte Besitzerhierarchie des Tempellandes: Gott—Tempelvasall oder Lehnpriester—Kolon hatte sich also in die andere: Gott—Erbpächter—Kolon verwandelt. Unter Amasis findet sich der erste schriftliche Pachtkontrakt: er ist ein Afterpachtkontrakt; es treten dann auch — wenn die Urkunden richtig gelesen sind — private Dritteilspachten und angeblich auch antichretische Pachten auf. Der Kolon tritt als einseitig verpflichtet (Prekarist) auf. Uebereignung von Immobilien gegen Geld findet sich nun ebenfalls. Jedoch wird nicht in die Urkunde über die Abtretung des Grundstückes die Preishöhe aufgenommen, über diese vielmehr eine besondere Urkunde aufgesetzt. Barkauf herrscht. Was speziell die Pacht anlangt, so fällt — immer die Richtigkeit der Lesungen (Revillout!) vorausgesetzt — die Häufigkeit der Kollektivpacht (2—15 Personen) in die Augen. In manchen Fällen scheint diese nicht ein Pacht-»Artjel« zu einer »Bedarfspacht« im russischen Sinne, sondern Pacht spekulativen Charakters, also Großpacht, gewesen zu sein. Aber dann wurde das Land natürlich in Parzellen weiter verpachtet, und die Masse der Pächter sind immer Kleinpächter geblieben. Da keine Fruchtwechselperiode berücksichtigt werden mußte, war der Kontrakt, wenn nicht immer, so jedenfalls häufig Jahreskontrakt. Der Pächter zahlte alle Abgaben und ließ das Saatgut zurück. Der Ernteanteil, den die Tempelpächter zu zahlen hatten, scheint oft ein Dritteil betragen zu haben.

Diese Verhältnisse sind jedoch offenbar mit Sicherheit vorläufig — bei der unzulänglichen Zahl zuverlässig gelesener Urkunden — für diesen Zeitraum nicht feststellbar, ebenso nicht die Bedeutung und Verteilung des privaten Grundbesitzes neben den de facto längst appropriierten Lehen und Schenkungen in den Händen der

Großen. Die Dritteilung des *ganzen* Landes unter König, Priester, Krieger, wie sie die griechischen Schriftsteller behaupten, ist günstigenfalls eine Uebertreibung der Zustände (Ed. Meyer scheint sie für real zu halten). Daß fast die Hälfte des Landes den Kriegern (μάχιμοι) gehört habe, wie nach Herodots Angaben rechnerisch angenommen werden müßte, ist ganz unglaubwürdig; der Besitz der Tempel hatte selbst unter Ramses III. nicht mehr als $\frac{1}{8}$, höchstens $\frac{1}{5}$, des Landes betragen und war starkem Wechsel, gelegentlich auch Säkularisationen (Amasis), unterworfen und in späterer Zeit erweislich *nicht* mehr so bedeutend wie unter den Ramessiden. Die bedeutende Ausdehnung des an die »Großen« verlehnten Landes ist auch für die Spätzeit nicht zu bezweifeln. Der König blieb aber der größte Grundherr. Die faktische Lage der Bauern, welche die Masse der Bevölkerung bildeten, war — soweit sie nicht »Krieger« oder sonst privilegiert waren — schwerlich besser als die Lage der Fellachen in späteren Zeiten. Den antiken Schriftstellern ist der ägyptische Bauer stets ein Proletarier, der dem bureaukratischen Staat als einer ihm fremden Macht, ganz ebenso wie der russische Bauer seiner Bureaukratie, gegenübersteht, gegen geringe Pacht Land zur notdürftigen Lebensfristung übernimmt und auf die erhaltenen Peitschenhiebe wegen Steuerdefraudation stolz ist. Das raffinierte, allumfassende Robot- und Steuersystem, welches den Griechen als »Kastenordnung« erschien, kann ihm in der Tat nicht wohl eine andere Beziehung zum Staatsmechanismus ermöglicht haben, gleichviel ob er als »Pächter« oder als »Eigentümer« galt. Denn wie eine ägyptische »Steuererhebung« sich gestaltete, wissen wir: die Beamten landen unverhofft, es beginnt, unter Jammern der Weiber, eine allgemeine Flucht und Jagd; die erhaschten Steuerpflichtigen werden durch Bastonnade und andere Torturmittel zu einer »professio« genötigt, welche den Beamten (die ja für ihr katastermäßiges Abgabenquantum einstehen müssen) genügt. So tritt der »Staat« dem Orientalen (ähnlich dem russischen Bauern) gegenüber. Der tiefe Antipolitismus der orientalischen Völker, dem gegenüber das *paulinische* Christentum schon eine starke Akkommodation bedeutet, hat hier seine Wurzel.

Ob der ptolemäische Doppelsprachgebrauch: »eigenes« (ἰδιωτική) und »selbsterworbenes« (ἰδιόκτητος) Land auf eine Beschränkung der — während der ganzen Zeit bis zu den Ptolemäern fortbestehenden — Retraktrechte auf Erbgut zurückgehen, ist wohl nicht auszumachen. Jedenfalls setzen schon die Erlasse der ersten Ptolemäer privates Kaufland voraus, und es ist nicht der geringste Grund, zu glauben, daß dies etwas Neues gewesen sei. Für das Vorkommen des — bei der alten Teilbarkeit der königlichen Schenkungen schon an sich nicht auszuschließenden —. *Klein*eigentums in spätpharaonischer Zeit sprechen die Erbinventarien, welche so oft »Gärten« als Erbbestandteile aufzählen. — Die Familiengebundenheit des Bodens und der Fortbestand der Polygamie machte es natürlich höchst wichtig für die Ehefrau, ihre eigene Stellung und die ihrer

Kinder kontraktlich zu fixieren, zumal da auf sexuellem Gebiet, nach Ausweis der Urkunden, in dieser Spätzeit volle Vertragsfreiheit und Scheidungsfreiheit bestand. Gütergemeinschaftskontrakte, Wittumskontrakte, Festsetzung bestimmter Renten, insbesondere, wie später im Islam, festen Wirtschaftsgeldes für die Frau finden sich neben der besonders wirksamen kontraktlichen Uebertragung des ganzen Vermögens des Mannes auf die Kinder, speziell auf den ältesten Sohn der Frau, die etwa wie das englische entail-System wirken mußte. Das Bestehen des »Probejahres« in der Ehe in Aegypten ist Fabel. Der »agraphos gamos« der Ptolemäerzeit ist offenbar ursprünglich ein Geschlechtsverhältnis ohne »Ehe kontrakt« d. h. ohne Erwerb der Manus über die Frau durch den Mann durch Zahlung des Preises, bei der aber der Mann — wie bei der römischen »freien Ehe« — die Gewalt über die Kinder erhält. — Im übrigen finden sich fast alle wichtigen Kontrakte des babylonischen Rechts, z. B. auch der Selbstverkauf in die Adoption. — Sklaven finden sich neben Vieh, Häusern, Gärten in den Erbschaften, sie sind, außer beim König, Priestern und Beamten auch im späten Aegypten nie zahlreich gewesen. Ein deutliches Gesamtbild der spätpharaonischen Agrarverfassung haben wir vorerst trotz aller Einzelheiten nicht. —

Aegypten hat zwei Institutionen zuerst und in nachher nicht wieder erreichter Vollkommenheit verwirklicht: 1. das Leiturgieprinzip: Bindung des Besitzes an die staatliche Funktion, des Besitzers an Funktion und Besitz, — und 2. die bureaukratische Verwaltung. Beide Prinzipien haben, in der Spätzeit der Antike, von hier aus die Welt erobert, und mit ihnen, als ihr unverlierbarer Schatten, der »Apolitismus« der beherrschten Völker, der durchaus nicht nur in der Vernichtung der Nationalitäten seine Wurzel hat. Ferner aber scheint es möglich, daß wichtige betriebstechnische Institutionen der antiken Arbeitsorganisation, nämlich: 1. die Wirtschaft mit disziplinierten und kasernierten, unfreien Arbeitern (*ἐργαστήριον*), 2. die unfreie Heimarbeit, 3. der Kolonen-Fronhof und ihre verschiedenen Kombinationen miteinander von Aegypten aus ihren Ausgang genommen haben, während andererseits die privaten Unternehmungs- und Kapitalverwertungsformen wesentlich in Babylon ihre Heimat zu haben scheinen.

3. Israel.

Einigermaßen sichere Auskunft über die vorexilischen Verhältnisse Israels geben nur die Wortlaute derjenigen »Gesetzgebungen«, welche unzweifelhaft in ältere Zeit hinaufreichen und der angeblichen Göttlichkeit ihrer Herkunft wegen ein relativ hohes Maß von Garantie für Treue der Ueberlieferung bieten. Ein kurzer Blick auf die von ihnen illustrierten Zustände rechtfertigt sich dadurch, daß nur hier aus dem eigenen Munde eines Volkes Kunde aus einer Zeit vor der Stadtsässigkeit der politischen und priesterlichen Gewalten geboten zu werden scheint. Freilich: die Annahme, man habe es im ältesten »Gesetz« (Exodus 19 ff.) mit irgendwie »ursprünglichen« Zuständen zu tun, mit dem Recht eines primitiven Bauernvolkes, noch frei von allem städtischen und geldwirtschaftlichen Einschlag, ist ganz unhaltbar, wie unter den neueren Darstellungen namentlich A. Merx, bei aller Betonung der großen Kulturunterschiede zwischen der Periode dieses »Gesetzes« und der des Deuteronomiums, anerkennt. Trotz der — wie überall — großen Bedeutung des Viehes, als der wichtigsten Quelle der Differenzierung des Reichtums, scheint eines sicher: ein eigentliches Nomadenvolk oder ein »Beduinenstamm« sind die historischen Israeliten, auch ihre herrschenden Schichten, niemals gewesen[1]): das Kamel nicht nur, sondern auch das Pferd fehlen, der Ochse ist, wie im ältesten Rom, vor allem Arbeitstier. Leder ist (wie in Aegypten) das älteste Kleidungsmaterial. Getreide als Hauptnahrung, daneben Gemüse und Wein finden sich von Anfang an, ebenso wohl auch Oel; tägliche Fleischmahlzeiten kennt natürlich nur der König, andere Leute schlachten nur an den Festtagen (und dann in Form des Opfers) aber z. B. von einer besonderen Bedeutung des Käses (wie in Althellas) finden wir nichts. Unter dem Viehbesitz, der hier, wie überall, Kennzeichen des reichen Mannes und namentlich in den Händen der Könige groß ist, spielen die Schafe aus Gründen der Landeseigenart mit dem Vordringen der Wollkleidung eine große Rolle. Die Bodenbebauung (Hakenpflug, Düngung wie es scheint wenig entwickelt) und Brotbereitung (Handmühle, Backtopf) blieben ziemlich primitiv. — Jedenfalls dürfen, nach dem Gesagten, die Hebräer trotz der größeren Rücksicht, welche das alte Gesetz gegenüber dem Deuteronomium auf die Verhältnisse des Viehbesitzes nimmt, schwerlich als ein in jener Zeit auch nur vornehmlich viehzüchtendes Volk angesehen werden (Genesis 47, 3 pointiert den Gegensatz gegen die Aegypter). Aber allerdings sind die Hebräer der vorköniglichen Zeit ein aus dem »jenseitigen«, d. h. ostjordanischen Lande über den Fluß und dann weiter über das Bergland vorgedrungenes, und nun weiter nach der Küste zu abwechselnd vordrängendes und seinerseits bedrängtes »Bergvolk«, welches »Milch und Honig«, die Produkte der Bergabhänge, schätzt. Es ist ihnen, als ein »Aisymnet« (im hellenischen Sinn): »Moses«, ihnen das »Gesetz« gibt, erst teilweise gelungen, die größeren kanaanäischen Städte in den Flußtälern zu erobern. Ihre Macht liegt dem Schwerpunkt nach in den vom Stamme Joseph okkupierten Bergtälern, von wo aus sie — wie Aitoler und Samniten — in die Ebenen vorbrechen und sie allmählich in ihre Gewalt bringen, dabei abwechselnd in die Botmäßigkeit der

---

[1]) Vom spezifischen Beduinenrecht findet sich m. W. nichts in den Quellen. Die religiöse Weihe des Sinai beweist an sich nur, daß der alte Höhenkult Jahwes zeitweise dazu veranlaßt hatte, seinen Sitz auf diesen höchsten Berg zu verlegen.

philistäischen oder anderer Stadtkönige gelangend und sie abschüttelnd, überdies von den von Osten her sie bedrängenden Wüstenstämmen bedrückt und ihnen oft tributpflichtig. Ganz abgesehen aber von der Frage der Realität ihres Aufenthaltes in Aegypten, als Fronbauern eines der pharaonischen »Diensthäuser« (Exod. 20, 1: eine recht gute Kenntnis der ägyptischen Verhältnisse — selbst der Titel Josephs ist historisch — seitens der Verfasser dieser Partien steht völlig fest, beweist aber bei der Nähe des Landes natürlich an sich nichts), — ist der Einfluß der lange vor ihrem Auftreten bestehenden syrischen Stadtkultur unverkennbar. Das »Gesetz« setzt nicht nur ein ansässiges, ackerbautreibendes Volk voraus, sondern es fehlt auch jede Spur von Kollektivbesitz. Auch der Grund und Boden ist voll appropriiert, wenn schon, wenigstens normalerweise, nur intrafamiliares Verkehrsobjekt. Das Bestehen der Blutrache, die in Athen nach einer nicht sicheren, aber wenigstens auch nicht unmöglichen, Annahme erst Drakon beseitigt haben soll, ist gewiß kein Beweis für »primitive« Zustände. Ebenso nicht die Festsetzung der Bußen in Vieh, die in Griechenland und Rom tief in die historische Zeit hineinragt und weniger der absoluten Seltenheit, als dem Schwanken des jeweiligen Vorrats von Edelmetallen entspricht: die Pflicht, unbedingt auf Verlangen in Geld zahlen zu müssen, ist, wie bei den Sumerern und in Babylon unter Hammurabi, so in Athen unter Solon und zu jeder Zeit überhaupt, das, was dem Bauern gefährlich und verhaßt ist. Das »Gesetz« zeigt in charakteristischer Weise jenes Streben nach einer Verbindung von Festigung der guten alten patriarchalen Sitte mit den Interessen von bäuerlichen Schuldnern, welches auch allen »Gesetzgebern« des Okzidents, heißen sie Zaleukos, Charondas, Pittakos oder Solon, gemeinsam ist. Der Dekalog verordnet (an nicht rein religiösen Pflichten) die Elternpietät, Achtung vor fremder Ehe, Verwerflichkeit des Totschlags und Diebstahls, Sicherung des Rechtsganges und der bona fides im Alltagsverkehr (das Nicht-»Machinieren«, — wie Merx es ausdrückt, — gegen den Besitz anderer), endlich — das Originellste und Folgenschwerste —: Innehaltung der Sabbatruhe und ihre Gewährung an Arbeiter, Sklaven, Vieh. An rein »sozialpolitische« Quellen dieser letzteren, weitaus am lautesten von der schon damals gewaltigen Macht religiöser Rücksichten zeugenden, Vorschrift zu denken, wäre natürlich unangängig, obwohl das Gebot unzweifelhaft auch — aber eben nicht: nur — den Schuldsklaven zugute kam. Aber die Einzelausführungen dieser, epigrammatisch im Dekalog vorausgeschickten, Gedanken im »Gesetz« zeigen, daß der Schutz der Gemeinfreien gegen die Folgen der Besitz- und Machtdifferenzierung jedenfalls ein sehr stark hervortretendes Leitmotiv der Gesetzgebung ist. Dahin gehören vor allem 1. die zeitliche Begrenzung der Schuldsklaverei des Israeliten, 2. sein Schutz gegen gewalttätige Versklavung, 3. eine gewisse Sicherung der Ehe von Freien mit Sklaven (d. h. wesentlich: Schuldsklaven, wie der Text ergibt), 4. ebenso: der zur Frau gekauften

Israelitin gegen Gleichbehandlung mit gewöhnlichen Kaufsklavinnen, 5. Schutz der (Schuld-)Sklaven gegen schwere, vor allem tödliche, Körperverletzung durch den Herrn, 6. der Schutz gegen Schaden durch Vieh: — da der Viehbesitz Hauptbestandteil des aristokratischen Besitzes ist, liegt hier das antike Pendant unserer »Wildschaden«-Kontroversen vor (daß gegen das Vieh die Rache geübt wird wie gegen den Menschen, ist vielen alten Rechten gemeinsam und steckt als Rest in der altrömischen Schadenersatzpflicht, wenn das Vieh »contra naturam sui generis« Schaden zufügt: der moderne Mensch würde das gerade Umgekehrte erwarten und das jüdische Gesetz ist im Grunde »moderner«). 7. »Bauernschutz« ist auch die Pfändungsschranke (Freiheit der Kleidung des Schuldners) und 8. die späterhin zum »Zinsverbot« sich auswachsende Mahnung, die Strenge des geschäftlichen Schuldrechts nicht gegen Volksgenossen walten zu lassen. 9. Die Regelung des Mord- und Blutrechts und der Grundsätze des Kriminal-, das heißt: des Vergeltungsrechts überhaupt — wobei aber anscheinend noch keine dauernd geregelte Existenz einer zur Judikatur bestimmten Instanz vorausgesetzt ist — gehört natürlich hier ebenfalls, wie in allen antiken, »Gesetzgebungen«, unter die Kategorie: Schutz der Gemeinfreien gegen die infolge der differenzierenden Verkehrswirtschaft steigende Uebermacht der reichen Ratsadelssippen. — Die Bestimmungen, welche die Beugung des Rechts sowohl zugunsten der Reichen als auch (ausdrücklich) zugunsten der Armen verbieten, entsprachen einem Zustand, bei dem ein Gesetzgeber den Gegensatz der Klassen durch vermittelndes Eingreifen beseitigen will, wie bei den meisten »Gesetzgebern« des Altertums. Deutlich aber zeigt die nachdrückliche Mahnung: die Metöken nicht zu bedrücken, die Wirkungen des nahe bei und zum Teil quer durch das Siedelungsgebiet der Israeliten gehenden Handelsverkehrs. Selbstverständlich ist auch das Edelmetallgeld dem Gesetze sehr wohl bekannt, wie aus ihm selbst hervorgeht. Daß es in den Bestimmungen eine geringe Rolle spielt, liegt in erster Linie in der Verkehrstechnik und der daraus folgenden rechtlichen Behandlung des Geldes im alten Orient überhaupt begründet; daneben könnte ja recht wohl gerade in der Erhaltung der naturalwirtschaftlichen Tradition der Bauernschaft die »sozialpolitische« Seite der Gesetzgebung liegen. Ob das Gebot: den Acker im siebenten Jahre unbestellt zu lassen, in irgendeiner Form je einem ernstlich gemeinten Gesetz angehört hat, erscheint sachlich naturgemäß problematisch. Dieses »Sabbatjahr« präsentiert sich in der ältesten Fassung (Exod. 23, 10. 11) auch als eine Vorschrift zugunsten der »Armen«, — d. h. hier: der Landlosen —, welche in diesem Jahr die Früchte des Ackers sollten genießen dürfen. Allein jeder Versuch, die Vorschrift in der uns heute vorliegenden Formulierung ihres utopistischen Charakters zu entkleiden und, sei es landwirtschaftstechnisch, sei es sozialpolitisch (etwa als ursprünglich an den Pfandbesitzer gerichtet zugunsten des — wie so oft in Babylon und offenbar auch in Athen — auf dem Pfandstück als Kolon sitzenden Schuldners, oder allgemein als Pachtremission u. dgl.) rationell zu erklären, scheint aussichtslos, da das sakral motivierte Verbot des »Besäens« allen Deutungen der letzteren Art im Wege steht. Handelt es sich nicht um Einschiebsel später theologischer Konsequenzmacherei, so ist mit dieser Bestimmung kulturhistorisch für uns schlechthin nichts anzufangen, während umgekehrt das, doch wohl einer weit später redigierten Partie des Pentateuch angehörige, sog. »Jubeljahr« als in erster Linie Befristung des antichretischen Pfandbesitzes (der überall eine der alten Formen faktischer — notgedrungener — Veräußerung des Bodens darstellt) durch Bestimmung einer Maximalzeit, nach welcher die Schuld als aus den Einkünften des Bodens getilgt gilt, ökonomisch sehr viel eher erklärlich wäre, aber notorisch »graue Theorie« blieb. — Sieht man von diesem wissenschaftlich »unverdaulichen« Bestandteil ab, so tragen alle übrigen Bestimmungen, wie man sieht, in ihrem Grundprinzip einen ganz ähnlichen Charakter, wie viele der zur Ausgleichung der Ständekämpfe im Okzident gegebenen Gesetzgebungen. Man könnte, wenn man sie rein an sich betrachtete, glauben, sie seien ebenso wie diese zum Ausgleich der Folgen der Schuldverknechtung der Bauern durch städtische »Geschlechter« erlassen, — und mit der nötigen Dosis Phantasie ließe sich dann der kanaanäische städtische Adel (der z. B. in Sichem so lange erhalten blieb) als Patriziat, die Israeliten als die aufständige, von Kaplänen organisierte Plebs deuten, die im »Gesetz« ihre magna charta erzwingt. Indes davon kann nicht ernstlich die Rede sein. Eher ließe sich annehmen, daß das »Gesetz« — neben seinem rein religiösen Zweck — eine Entwicklung zur Knechtung der Bauern durch Geschlechter, wie sie in den vor Augen liegenden Städten der Küste eingetreten war, verhindern, die alte Gemeinfreiheit erhalten wollte. Diese Annahme wäre jedenfalls weniger phantastisch, als manche andere neuerdings vorgetragene Hypothese, aber freilich auch nicht sicher. Daß bei den Kämpfen in der sog. Richterzeit die Israeliten Fußkämpfer waren, ihre Gegner Reiter und wagenkämpfende Stadtkönige, geht aus dem ältesten literarischen Dokumente: dem Deboraliede (Jud. 5), evident hervor. Ebenso daß sie ihren Sieg als einen Triumph der Gemeinfreien über die »Großen« betrachteten (welche von ihrer Unterwerfung für sich Korntribute und »bunte gestickte Kleider« erhofft hatten), etwa wie die Schweizer ihre Kämpfe gegen die Ritterschaft. Wie lange nun diese Gemeinfreiheit eine »bäuerliche« genannt werden durfte, ist quellenmäßig recht fraglich. Das Deboralied kennt auch auf israelitischer Seite eine (in den Kampf gegen Sisera nicht ausgezogene und deshalb im Liede verfluchte) Stadt und ihre »Bürger«. Wie freilich diese und andere israelitische »Städte« der damaligen Zeit beschaffen waren, ist nicht ersichtlich. In der Tradition über die Richterzeit finden sich Geschlechter, welche zahlreiche (30) »Dörfer« »besitzen«, ferner stadtsässiger kanaanitischer, aber mit Israeliten verschwägerter Adel (in Sichem), und die ganze Richterzeit überhaupt ist eine Kette von abwechselnden Usurpationen einiger an Zahl und Besitz, auch Sklavenbesitz, starker adeliger Sippen, welche ihre Kolonen ausrüsten und an ihrer Spitze die Führung in den fortgesetzten Fehden gegen die Philisterstädte und die Wüstenstämme übernahmen, — ein Zustand, der freilich, nach anderen Analogien, vor einem »Synoikismos« zu liegen pflegt, aber doch schon starke Differenzierung aufweist.

Der Freiheitskampf gegen die Philister schuf dann das Königtum. Sauls Aufgebot ist zunächst ein nationales. Aber das Volkskönigtum wandelte sich rasch. Den Philistern gegenüber, deren Helden »Kriegsleute von Jugend auf« (Goliath, 1. Sam. 17, 37) sind, wird in der Legende noch bei Davids Zweikampf der Heldenmut ungeübter Bauern, mit denen Jahwe ist, gerühmt, — schwerlich ohne Tendenz. Denn die weiteren Angaben zeigen, daß die Entwicklung fester Kadres mit königlichen Offizieren und einem Stamm waffengeübter, dauernd unterhaltener »Knechte« des Königs, unvermeidlich war. Die schematische Zwölfstämmegliederung diente dem Zweck der Umlegung der Naturallasten für Königtum und Heer nach Monatsschichten; mochte sie möglichst an alte Gauverbände anknüpfen, so war sie selbst doch künstliche Phylen-Einteilung gleichen Sinnes, wie die der hellenischen Kriegerstaaten es ist. Schon unter David und erst recht unter Salomo begann das Königtum die Züge des orientalischen Fronstaates anzunehmen: Eine befestigte Hauptstadt, Aufspeicherung eines »Hortes«, einer stammfremden Leibgarde neben dem Heerbann, Bauten, zu denen die Werkmeister importiert, das Material aber durch Aufgebot zu Fronden herbeigeschafft wird. Die Stadtherrschaft und der Kampf mit Kriegswagen dringen nun auch in Israel ein, wie die biblischen sowohl wie die assyrischen Angaben (über Ahab) zeigen. Immerhin bleibt doch das nationale Heer in seiner Bedeutung bestehen: die Nachrichten aus der Königszeit zeigen, daß es auf Selbstausrüstung und auf dazu ausreichendem Grundbesitz ruht. Die Angaben über den Tribut Menahems und seine Umlegung auf die »Reichen« (= adsidui im römischen Sinne) zeigt eine bedeutende Zahl (60 000?) wehrfähiger und -pflichtiger Haushalte. Ahab stellte nach assyrischen Quellen 2000 Wagen und 10 000 Mann ins Feld. Ob die (1. Sam. 8) von Samuel den Israeliten angedrohte Belehnung der königlichen Kriegsmannen mit Land auf Kosten der Israeliten wenigstens für die Wagenkämpfer des Königs stattgefunden hat oder nur ein von den ägyptischen und den Verhältnissen der Stadtstaaten entnommenes Schreckbild gegen die Königsmacht ist, — letzteres scheint wahrscheinlicher, — ist nicht zu entscheiden. Jedenfalls ergibt die Geschichte der Folgezeit, daß die Konsequenz der militärischen Organisation auch hier die Herrschaft der ökonomisch zur Selbstausrüstung und Waffenübung fähigen »Geschlechter« war, wie sie die nun auftauchende Sorge um Blutsreinheit und Abstammung, das entstehende Interesse für die Heroengeschichte, die Erzväterlegenden und vor allem (s. u.) das Deuteronomium in zahlreichen

Bestimmungen erkennen lassen. Wer nicht zu den waffenfähigen Geschlechtern zählt, deren Bestand katastriert ist, also mindestens alle Grundbesitzlosen, gelten rechtlich als Metöken. Auch die im »Reiche Israel« immer wiederkehrende Verfügung des Heeres über die Königskrone entspricht dieser Lage. Sie war auch Grund des »Zerfalls« des alten Gesamtstaates: die beginnende Konzentrierung der Königsmacht und des Kultus in der »Polis« Jerusalem schuf den im ganzen Orient wohlbekannten, mit fast jeder Staatsbildung sich entwickelnden Gegensatz zwischen den alten Militär- und den Priestergeschlechtern der neuen Zentralstadt: Erstere sind natürliche Interessenten der alten Lokalkulte auf ihren heimatlichen Höhen und zugleich der Unterwerfung des Königtums unter das Heer. Letztere bieten dem Königtum die »Legitimität« und damit unter anderem den Anspruch auf autoritäre Verfügung über die Arbeitskraft der »Untertanen«, um es ihrerseits zu beherrschen, und streben nach Ausrottung der Lokalkulte. Die Gegensätze führten schon unmittelbar nach Salomo, der — de facto ägyptischer Vasall wie sein Sohn — offenbar zuerst die Untertanenrobot rücksichtslos nach ägyptischer Art ausgenutzt hatte, zum Bruch. Nach dem »Abfall« der alten israelitischen Kernstämme (welche die Entwicklung zum Fronstaat ablehnten) konzentrierte sich der nunmehr »jüdische« Staat als eigentliches Stadtkönigtum endgültig in Jerusalem, zeitweise von Aegypten abhängig, später Assyrien tributär, offenbar dabei zunehmend den Charakter des bureaukratischen Stadtstaates annehmend. Die sinkende internationale Macht des Königtums und die unter der Angst vor den barbarischen Raubkriegen der mesopotamischen Staaten wachsenden Macht der religiösen Stimmungen ermöglichten es dann der städtischen Priesterschaft in Jerusalem, unter König Josia im Jahre 622 die Herrschaft im Staat zu gewinnen und das »Gesetz Mose«, d. h. das Deuteronomium, zu oktroyieren. Der König wird in »Juda« ein »legitimer« Herrscher, d. h. er muß als Davidide gelten. Dafür aber wird ihm der Besitz eines »Hortes« und berittenen Gefolges verboten, auch seine Legitimität an die Befragung des Losorakels durch die jerusalemitische P r i e s t e r s c h a f t geknüpft. Das Monopol des dortigen Tempels als Kultstätte wird festgelegt, die Landpriesterschaft »zur Ruhe gesetzt« und allmählich zur Dienerschaft der Stadtpriestergeschlechter deklassiert. Zugleich mit dieser gewaltigen politischen Machtverschiebung wurden nun die staatlichen und sozialen Verhältnisse neu geordnet. Diese Neuordnung zeigt, daß gegenüber der Zeit des alten Gesetzes eine weitgehende Aenderung der Zustände eingetreten war. Sie setzt, da die Zehnten — wegen der weiten Entfernung zur Tempelstadt — in Geld ablösbar sein mußten, weitgehende Geldwirtschaft voraus, und die Deklassierung der Lokalpriester zugunsten des Zentraltempels führte zur Schaffung weltlicher Richter in den Landorten: das Interesse der Tempelpriesterschaft kam also dem Interesse der Bauern entgegen und lief auch hierin dem der lokalen ländlichen Geschlechter entgegen:

eine im Orient sicher oft typische Situation. Das gab — wie wahrscheinlich überall im Orient — den Anstoß zur Entstehung von Anfängen einer rechtsprechenden Bureaukratie: Bureaukratisierung und Theokratisierung gehen Hand in Hand, hier, wie (augenscheinlich) schon in den seinerzeit erwähnten Verwaltungsordnungen der Sumererkönige. Die »armenpolitische« Anlegung von lokalen Getreidemagazinen, in welche jede dritte Jahresrate des Zehnten deponiert werden soll, entspricht gleichfalls dem Typus des orientalischen theokratisch-bureaukratischen Stadtkönigtums. Andererseits aber bricht überall die Abneigung gegen das »ägyptische Diensthaus«, d. h. gegen ein Königtum, welches, wie Salomo, seine Macht nach Art der Pharaonen durch eigenen Handelsbetrieb, Burgen- und Magazinbau (»Kornhäuser, Städte der Wagen und Städte der Reiter« 1. Kön. 9, 19) mittels Robot und Steuern der Untertanen stützt, hervor. (Wer die Realität der alten Tradition vom ägyptischen Aufenthalt Israels bezweifelt, der mag annehmen, daß — schon im alten Gesetz — »Aegypten« nur den Typus abgibt für den populären Protest gegen den Druck des orientalischen Leiturgiekönigtums überhaupt, wie er ganz in diesem Gedankenzusammenhang z. B. Samuel — 1. Samuel. Kap. 8 und 12 — in den Mund gelegt wird, — ein Druck, aus welchem die Priester, ehemals durch den Aisymneten Mose, und jetzt wieder, das Volk errettet zu haben beanspruchen: — hier soll natürlich diese Aufstellung nicht vertreten werden.) — Das Deuteronomium sucht, wie schon das alte Gesetz und wie die theokratischen Gesetzgebungen überhaupt, die Garantien gegen den Gewaltmißbrauch der Besitzenden zu steigern: die Pfändungsbeschränkungen des alten Gesetzes werden (Deut. 24, 10) zu einem absoluten Verbot, das Haus des Schuldners zur Pfandnahme zu betreten, es wird die Pfändung der Hausmühlen verboten und die alte Haftung der Söhne für den Vater und umgekehrt in Kriminalsachen beseitigt, der Menschenraub (jetzt auch der von Frauen und Kindern) mit dem Tode bedroht, die Auszahlung des Lohnes am selben Tage geboten, die Schuldeintreibung im Sabbatjahr suspendiert (so deutet Merx die Stelle Deut. 15, 3 wohl mit Recht), die Befreiung aller durch Selbstverkauf in Knechtschaft Geratenen im siebenten Jahr eingeschärft, endlich und vor allem das Zinsnehmen auf den Verkehr mit Stammfremden beschränkt: die praktische Bedeutung könnte allenfalls eine zeitweise Beschränkung des aktiven Zinsdarlehengeschäftes auf die Metöken (und vielleicht, nach babylonischem Muster, den Tempel) gewesen sein (gerade weil Deut. 15, 6 als erwünschte Folge hervorhebt, daß der Jude Fremden borgen, von ihnen aber nicht borgen werde, ist dies wahrscheinlich). — Die familienrechtlichen Bestimmungen des Deuteronomiums zeigen die Wandlung, in welcher die Gliederung der Familie und auch die Gesichtspunkte, unter denen man sie betrachtete, begriffen waren. Die Kindespietätspflicht wird — nur unter Ausschluß eigenmächtiger Tötung — schroff betont. Aber der alte Patriarchalismus wird stark durchbrochen: In der Zeit des Gesetzes gehörte die mit dem Brautpreis (mohar) erworbene Frau — im Gegensatz zu der nicht bezahlten, daher (wie in allen alten Rechten) bei ihrer Sippe verbliebenen — einfach zum erkauften Mobiliarbesitztum des Mannes, die Tochter zu den Handelsobjekten des Vaters. Nur die Ehefrau war, als Israelitin, gegen die Behandlung als Verkehrsobjekt wie eine Kaufsklavin, und der Sohn gegen dauernde Versklavung durch Verkauf geschützt. Dagegen nahmen Bastarde und selbst »Hurenkinder«, wenn der Vater sie anerkannte, am Erbe teil und konnte der Vater sein Gut willkürlich unter die Kinder verteilen. Dies hat sich jetzt vielfach geändert. Zwar die Bestellung einer Mitgift als Regel ist (wie der babylonische Name für dos zeigt) erst nachexilisch, ebenso die Ausbildung fester Grundsätze für die Wittumsehe (Ketuba = Verschreibung seitens des Mannes). Und die Ausschließung der Töchter vom Erbe und ihre Beschränkung auf Ausstattungsansprüche hat ebenfalls noch lange — hier ebenso wie anderwärts solange wie die Wehrhaftigkeit des Volks — gedauert. Aber immerhin: die patriarchale Willkür des Vaters ist geschwunden. Er muß dem Erstgeborenen sein (doppeltes) Erbteil lassen. Er kann keinen »Mamser« (Bastard oder Sohn aus unerlaubter Mischehe) zum Erben machen. Die im ganzen Orient ursprüngliche Vererbung des väterlichen Harems auf den Sohn wird verboten, die Form der — materiell nach wie vor für den Mann willkürlichen — Scheidung geregelt. Die Fortschritte der Stellung der Frau, welche in diesen (und manchen anderen) Bestimmungen sich anbahnen, sind zweifellos hier wie überall durch die Macht der Frauensippe, welche die Tochter nicht mehr als bloßes Handelsobjekt behandelt, sondern sie als Witwe und ihre Kinder als Erben gegen die Willkür des Mannes gesichert sehen will, herbeigeführt. Sie hängen mit den Anschauungen der stadtsässigen (vgl. die Beschränkung der Strafbarkeit des Verlöbnisbruches auf städtisches Gebiet Deut. 22, 23) »Geschlechter«: ihrem steigenden Drängen auf Blutsreinheit, die Sicherung der Stellung der Kinder daneben auch mit militärischen Interessen zusammen. Die Polygamie blieb natürlich — wenn auch quantitativ begrenzt — bestehen, und der das physische Blutsband als solches nicht achtende Standpunkt aller ältesten Rechte dauert in der Zurechnung der Kinder der Mitgiftsklavin zu deren Herrin in den Patriarchenerzählungen fort. Aber — wie die Ismael-Legende zeigt — verlangt die Stimmung der maßgebenden Kreise Ausschluß des »Sohnes der Magd« aus dem Erbe in Israel. Dem Interesse an dem Fortbestande des im Heereskataster stehenden ökonomisch wehrfähigen Geschlechtes dient hier wie anderwärts das Erbtochterrecht und daneben die Leviratsehe: das Recht und die Pflicht des nächsten Geschlechtsgenossen, dem kinderlos Verstorbenen »Samen« aus dessen Witwe zu »erwecken«. —

Der Grundbesitz ist naturgemäß durch Retraktrechte (später: Vorkaufsrechte) der Agnaten gebunden, im übrigen ist er in historischer Zeit veräußerlich und verpfändbar; es entspricht dem allgemeinen Entwicklungsschema und dem militärischen Charakter des Volkes, daß die Veräußerung des ererbten Gutes als schimpflich oder sündlich galt (vgl. die Geschichte von Ahab und Naboth 1. Kön. 21). Die Auslösungs p f l i c h t des Agnaten für Stammgüter ist wohl nachexilisch entstanden. — Die stärkere Städteentwicklung in der Königszeit hat jedenfalls eine gewisse Entwicklung des Handwerks gefördert: Exod. 31, 1 f. wird als mit der Besorgung der feineren Tempelschmuckarbeiten eine ad hoc berufene Künstlerfamilie, offenbar erblich, betraut gedacht, und zum salomonischen Tempelbau beruft der König phönikische Bauhandwerker; — bei der Zerstörung Jerusalems gelten dagegen die militärisch wichtigen Schmiede und Zimmerleute als »Kriegsmänner«, d. h. als leiturgiepflichtig (wie die »fabri« in Rom) und werden mit fortgeführt. Die sonst sich findenden Handwerker (Bäcker in den Städten, Walker, Töpfer) sind an Zahl offenbar recht gering; erst nach dem Exil entwickelt sich das Gewerbe kräftiger. Ziemlich stark ist vermutlich die Entwicklung großen Grundbesitzes infolge der auch hier unvermeidlich immer wiederkehrenden Verschuldung der Bauern gegenüber den stadtsässigen Geschlechtern in der Königszeit gewesen, gegen welche die Propheten (Jes. 5, 8; Micha 2, 1 f.) in der bekannten Weise eifern. Der Grundsatz des talmudischen Rechts, daß Land und kanaanäische Sklaven p r i m ä r e s Objekt der Haftung für Chartalschulden sind (umgekehrt lasten später jüdische H a n d e l s-schulden bekanntlich nur auf dem M o b i l i a r vermögen) ist wohl ein Nachklang aus Verhältnissen, wo (wie in Althellas) das Einlösungspfand als Verschuldungsform herrschte: Da nun die Schuldversklavung durch die Sabbatjahrbefristung für den Gläubiger entwertet war, wurde die Exequierbarkeit, vermutlich zunächst e x c o n t r a c t e, primär gegen den B o d e n gerichtet, und daraus mag sich die talmudische Legalhypothek entwickelt haben (s. u.).

Wie der Großbesitz bewirtschaftet wurde, ist nicht exakt feststellbar. V i e l l e i c h t war der »kanaanäische Sklave« des Telmud ein Helot oder Klient, der an die Scholle gebunden war. Die alte Tradition kennt ebenso wie die Gesetzgebungen gedungene Lohnarbeiter neben Sklaven. Bei letzteren wird die typische historische Stufenfolge der unfreien Arbeitskräfte: 1. Verkaufte oder vermietete Kinder, 2. Schuldknechte, 3. Kriegsgefangene und Kaufsklaven, 4. Kleinpächter (die Stufe der Kleinpacht ist aber wohl erst in hellenistischer Zeit erreicht worden) auch hier die Tendenz gehabt haben, sich zu realisieren. Doch kann der eigene Bedarf und deshalb auch die Zahl der Sklaven nie sehr groß gewesen sein: wir hören, daß die Phönikier den Heeren folgen, um die Gefangenen, für den Export natürlich, zu kaufen. Auch blieb die Sklaverei nicht nur gesetzlich, sondern wohl auch faktisch, stets die milde orientalische Erbsklaverei. Die größere Treue der Sklavenkinder gegenüber den Kaufsklaven gilt als Erfahrungssatz; die Sklaven haben oft, wohl der Regel nach, Familie; die Gesetzgebungen sehen den Fall vor, daß Sklaven die ihnen angebotene Freilassung im Sabbatjahr ausdrücklich ablehnen, was, nebenbei, die Wahrscheinlichkeit einer geringen Nachfrage nach freien Tagelöhnern und auch eine wenig günstige Lage dieser ergibt. Für eine »Agrargeschichte« der vorexilischen Zeit ist kein Material vorhanden, da Besitz- und Betriebsverhältnisse uns unbekannt sind. Die Propheten, in erster Linie religiös, in zweiter an der auswärtigen Politik, als der Tatenbühne ihres Universalgottes, und nur von diesen Gesichtspunkten aus gelegentlich auch »sozialpolitisch« interessiert, geben das typische Bild der antiken Polisentwicklung unter dem Einfluß der Geldwirtschaft, gegen deren differenzierenden Einfluß die Ohnmacht der Gesetzesbestimmungen (über Sabbatjahr, Zinsverbot usw.) genugsam bezeugt ist. Die »Reformpläne« Hesekiels sind ein reines Idealbild aus der Exilszeit. Die Wegführung der Träger der Wehrkraft, d. h. der stadtsässigen Geschlechter, ließ nur Bauern und Weingärtner zurück und die sog. »Wiederherstellung« unter Esra und Nehemia war eine Neukonstituierung eines theokratischen Stadtstaates auf der Basis eines Synoikismos (s. u. beim »Hellenismus«).

4. Hellas.

a) Vorklassische Zeit.

Der Ackerbau der Hellenen, soweit er sich nicht zu Spezialkulturen entwickelt hatte, war Anbau von Spelz, Gerste, Weizen in Feldgraswirtschaft (daher die geradzahligen Pachtperioden) von verschiedener Intensität. Dreifelderwirtschaft scheint gelegentlich vorzukommen. Fruchtwechsel fehlt. Nur die Einsaat von Hülsenfrüchten in die Brache kommt vor. Die Düngung ist Homer bekannt (Gründüngung gehört erst der Spätzeit an), im übrigen aber ist die Technik des Ackerbaues in ziemlich primitivem Stadium stabilisiert worden und dann nicht fortentwickelt. Ein (lange Zeit ganz hölzerner) Hakenpflug, Ochsen als Spannvieh, Einstreuen der Saat in die Furche, Behacken und Jäten des Getreidefeldes, die Sichel und allenfalls die Dreschtafel als Ernteinstrumente, bedingten eine starke Arbeitsintensität und machten es, da jungfräulicher Boden nicht mehr zur Verfügung stand, dem Getreidebau, selbst bei den hohen Getreidepreisen der späteren Zeit, schwer, das Schwergewicht von der naturalwirtschaftlichen auf die Marktproduktion zu verschieben. Die Viehhaltung beginnt, wie es scheint, erst in der Zeit der bauernfreundlichen (s. u.) Tyrannis durch die Feldbestellung in stärkerem Maße eingeschränkt zu werden. Wir finden im Zeitalter der Epen eine Ernährung, bei der Käse, Milch und — wohlgemerkt: beim Adel — Fleisch stark im Vordergrund stehen; Wolle und Felle als volkstümliches Bekleidungsmaterial; als Hauptbestandteil königlicher und adeliger Reichtümer — neben dem Edelmetall und den daraus und aus Bronze gefertigten Gerätschaften, — den Herdenbesitz: Ziegen, Schafe, Schweine, Rinder [zu Arbeitszwecken, da Milch und Käse wesentlich von Schafen und Ziegen geliefert wird], während das Pferd nur zu militärischen, daneben zu Personentransport- und Sportzwecken in großen Ebenen — Euböa und Thessalien — massenhaft gehalten wird; Hirten als die vornehmsten Diener des Königs. Erheblich ist vielfach, schon in früher Zeit, die Bedeutung der Bewässerung auch hier. Aber: sie erfordert keine Bureaukratie, und überhaupt sind natürlich die ewigen Stänkereien, die z. B. zwischen Tegea und Mantinea wegen gegenseitiger Verstopfung der Kataopthren hin- und hergehen, mit den Katastrophen, welche Störungen am Nil und Euphrat hervorbrachten, in keiner Weise vergleichbar.

Als die Normalform der Hausgemeinschaft besteht in historischer Zeit überall die patriarchale Kleinfamilie mit einer der semitischen wesentlich gleichartigen Behandlung der Frau und Kinder (Frauenkauf, Ausstattung, Verstoßungsrecht des Mannes, ursprünglich freie, später durch die Rechte der Legitimität und den in den »Geschlechtern« — s. u. — lebendig gewordenen Gedanken des Blutbandes eingeschränkte Verfügung des Vaters über die Kinder durch Aussetzung, Tötung und Verwendung zu Erwerbszwecken durch Verkauf und Vermietung; in der Entstehungszeit des Rechts von Gortyn erscheint alles schon wesentlich modernisiert). Adel und Könige — beides ist ursprünglich fast identisch (s. u.) — leben dagegen, wie überall in großen Hausgemeinschaften auf der Grundlage des agnatischen Geschlechtes (*γένος*) im Interesse erblicher Zusammenhaltung des Besitzes. Die homerischen Epen kennen demgemäß Erbteilung neben Erbengemeinschaft (den *ὁμοσίπυοι* des Charondas, den *ὁμογάλακτες* der attischen Rechtssprache: — die Schilderung des Hauses des Priamos ist ja bekannt). Die rechtliche Struktur der großen patrizischen Hausgemeinschaften bildet in den Städten später in geschichtlicher Entwicklung sich ähnlich um, wie z. B. diejenige der großen Hausgemeinschaften in den italienischen Städten des Mittelalters: der ursprünglich volle Familienkommunismus macht mit Eindringen der Geldwirtschaft einer Auffassung des Verhältnisses als Erwerbsassoziation Platz; gesonderte Berechnung der Mitgiften und Adventizgüter aus dem Sondererwerb des Einzelnen, Eigentum der Frauen an den Illaten — wie im Orient (und im Gegensatz zu Rom) — setzt sich allmählich durch (so z. B. im Recht von Gortyn). Wie im italienisch-sizilianischen Recht des Mittelalters wird hie und da fraglich, ob nicht der Sohn schon bei Lebzeiten des Vaters seinen Anteil fordern könne (das Recht von Gortyn schließt nur den Zwang gegen den Vater zur Abschichtung ausdrücklich aus). Das Vermögen erscheint eben zunehmend als Produkt der Erwerbstätigkeit der Familienglieder, und damit zersetzt sich die Grundlage des alten Hauspatriarchalismus.

Garanten der Sicherheit des Einzelnen durch Blutrachepflicht und deshalb auch Subsidiär-Erben bei Aussterben der Hausgemeinschaft sind im späteren Recht die »ἀγχίστεις «, ein verschieden umgrenzter Kreis näherer Verwandten (meist bis zu den Geschwisterkindern), der sich wohl schon bei Homer findet. Dies dürfte alten Zuständen entstammen und entspricht durchaus den Analogien aus der Praxis des Blutrechts anderer Völker (die ihrerseits mit deren »Theorie« durchaus nicht immer stimmt). Der Mangel einer zahlreichen und ökonomisch kräftigen »Sippe« dieser Art bedingt die Notwendigkeit für alle Grundbesitzlosen, sich in die Klientel eines Adligen zu begeben. Anteil am Boden und an der Gemeinfreiheit sind zunächst identisch; erst Knappheit des Bodens und Besitzdifferenzierung schafft die adlige Klientel. — Daß die »Phratrien« — später lokale Unterabteilungen der Phylen mit administrativen und Kultfunktionen —, ursprünglich ebenfalls rechtsgarantierende (Blutrache-) Funktion besaßen, scheint (nach den Residuen in historischer Zeit) sicher. Ob sie aber wirklich die »älteste« — d. h. eine in der rein bäuerlichen Periode des Hellenentums allgemein herrschende — soziale Gemeinschaft darstellen, muß, so scheinbare Gründe auch dafür vorgebracht werden, doch nach wie vor unsicher erscheinen. Die Analogien von in historischer Zeit nicht städtisch organisierten Gebieten dürfen nur vorsichtig verwendet werden. (Man erinnere sich, welche radikalen Gegensätze schon innerhalb des für uns »ältesten« Germanentums zwischen den Völkern auf dem Kriegspfade — Ariovists Sueven z. B. — und anderen bestanden.) Immerhin sind die »Phratrien« zweifellos sehr alt. Nur darf man nicht etwa annehmen, ihre in historischer Zeit erwähnten gelegentlichen gemeinsamen Gelage seien »Reste« ursprünglich voller Wirtschaftsgemeinschaft einer Nomadenhorde. Im Gegenteil könnten gerade sie (wie bei den germanischen »Schutzgilden«) eher ein Symptom für die künstliche Bildung des Verbandes sein; die Gemeinsamkeit der Nahrung (»Hausgemeinschaft«, im ökonomischen Sinn), nicht das »Blut«, ist die älteste Quelle gegenseitiger Pflichten (deutlich z. B. auch bei den Arabern erkennbar); sie mußte daher gerade von (ursprünglich) gewillkürten Verbänden wenigstens symbolisch geübt werden. Sie gehören einer Entwicklungsstufe an, wo sich die Grundbesitzer als Kriegergemeinschaft organisiert haben, ihr Boden als »mit dem Speer erworben« gilt; dem entspricht auch ihre spätere Funktion: über die »Wehrhaftmachung« (germanisch geredet) der Kinder und damit ihre Erbfähigkeit zu wachen. Ueber die Wandlungen, welche ihre Gliederung durchgemacht hat, insbesondere bezüglich ihres Verhältnisses zu den adligen Sippen und, was weit wichtiger wäre, zur alten »κώμη«, lehren weder das attische Gesetz, welches ihnen Aufnahme der adligen und der nichtadligen Verbände auferlegte, noch die Demotionidenakten (4. Jahrh.) noch endlich die von Kastriotis edierte und von Körte interpretierte Phratrienliste (4. Jahrh.) etwas Genügendes, da damals die Phratrien längst künstlich von oben her reglementierte Verbände waren. (Entscheidend wäre Feststellung der älteren Beziehungen zu κώμη und δῆμος). Auch die Phratrien dürften Differenzierungsprodukt sein aus einer Zeit starker politischer Verschiebungen, wo der zur Verfügung stehende Boden steten militärischen Schutzes bedurfte, so daß physische und ökonomische Wehrhaftigkeit von allein ausschlaggebender Bedeutung wurden: vielleicht entstammen sie speziell der Praxis gemeinfreier Bauern auf erobertem oder bedrohtem Landgebiet, der Zeit der sog. »dorischen Wanderung«.

Allen Poleis gemeinsam ist die Phyleneinteilung — später eine rein administrativ-militärische Gliederung des Staates, wobei die Phylen oft als Phratrienverbände erscheinen. Sie gehört einer noch jüngeren, eben der Polisstufe an, und ist normalerweise Begleiterscheinung des »Synoikismos«. Sie dient ursprünglich wesentlich dem administrativ-militärischen Zweck: eine Schichtenablösung und Umlegung der Lasten des, nunmehr als »Staat« zusammengeschlossenen, Kriegerstandes zu ermöglichen, ist also durchaus sekundär. Szanto's Formulierung, daß die drei dorischen Phylen auf dem örtlichen Zusammenhang der Grundstücke beruhten, könnte einen agrarpolitischen (Bodenteilungs-) Zweck verstehen lassen, der sich nicht nachweisen läßt. Es kommt natürlich vor, daß ein Heer von Eroberern, welches sich beim Auszug nach Phylen gegliedert hatte, nun auch erobertes Land nach Phylen verteilt und diesen die Weiterrepartition überläßt (so wohl: Rhodos); ebenso kommt vor, daß bei einem Synoikismos mehrerer annähernd gleich großer Gaue zu einer »Polis« die nunmehr gebildeten Phylen einfach jener Ortsherkunft entsprechend abgeteilt werden. Aber keines von beiden muß der Fall sein. Die dorischen Polisbildungen sind so spezifische Militärstaaten, daß sie überall die gleichen drei Phylen durchgeführt haben. Anderwärts herrscht bunte Mannigfaltigkeit. Immer aber bedeutet Phyleneinteilung im technischen Sinne des Wortes: daß eine Völkerschaft sich als eine im chronischen Kriegszustand (s. u.) befindliche Polis konstituiert hat. (Der Name φυλή mag vielfach älter sein, aber der technische Name für die »Stämme« nicht städtisch gegliederter Gemeinschaften war, wie die Terminologie der Amphiktyonen in Delphoi zeigt): »ἔθνος«.)

Von dem politischen und Sozialleben der »freien« Gemeinde in der Frühzeit wissen wir Näheres nicht. Nach den Analogien anderer Völker darf angenommen werden, daß die Stellung des »Herrschers« (ἄναξ) in einer durch Viehbesitz ausgezeichneten Familie, welche durch Erfolge im Kampf und durch gerechte Urteile in Streitfällen sich als den Göttern nahestehend legitimiert hat, erblich wird. Größerer Beuteanteil, Gelegenheitsgeschenke, Geschenke der Parteien bei Schiedssprüchen bilden die Einkünfte des Fürsten. Da die Tradition alleinige Quelle der »Rechts«-Erkenntnis ist, ist für ihn der Beistand eines Rats von »Aeltesten« unentbehrlich, der naturgemäß ebenfalls bald von besitzenden und im Kampf hervorgetretenen Geschlechtern gestellt wird. Seine eigene Autorität wechselt je nach Bedarf, und dieser richtet sich vor allem nach dem Maß äußerer kriegerischer Bedrohung. — Diese den Göttern nahestehenden, daher vor allem für die Kulthandlungen unentbehrlichen, lokalen Fürsten- und Ratsgeschlechter sind auch hier der Kern der Adelsbildung. In ihren Kreisen entsteht, hier wie überall, die Idee von der Bedeutung des Blutbandes als solchen, von einer durch das Blut der Ahnen übertragenen Qualifikation: — das durch dieses Blut verbundene Geschlecht (γένος) ist die erweiterte Sippe des adeligen Mannes, die ökonomisch sich, wie schon erwähnt, in dem Zusammenhalt des Besitzes im οἶκος (ein Ausdruck, der oft mit γένος synonym gebraucht wird) äußert: — beides Institutionen, die ihn vom gemeinen Mann scheiden. (Die Meinung, daß von Anfang an alle Volksgenossen den Geschlechtern — als Aktiv- und Passivmitglieder — zugezählt worden seien, ist heute wohl überwiegend als Uebertragung späterer, zu Verwaltungszwecken künstlich geschaffener, Zustände anerkannt.) Ob die Geschlechter schon ursprünglich bestimmte Beziehungen zu den Phratrien hatten, wenn ja, ob sie dann innerhalb derselben mit oder ohne Kampf mit anderen, nicht ritterlichen, Phratriengenossen bestimmte Vorrechte, und welche, errungen haben, darüber scheint eine generelle Ansicht heute noch nicht erreicht, vielleicht nicht erreichbar, — und jedenfalls darf darüber nur der archäologisch geschulte Fachmann sich ein Urteil erlauben.

Die Siedelung ist ursprünglich eine dorfweise; die Orte sind unbefestigt; Mauerringe auf den Höhen bieten eventuell Schutz für Menschen und Vieh. Die Auffassung des Bodenbesitzes als Unterlage und Zubehör des, auf Zugehörigkeit zur Kriegergemeinschaft beruhenden, Genossenrechts äußert sich in der späteren Zeit, außer in der Mitwirkung der Phratrie bei der Anerkennung als suus heres (s. o.), noch in der Gestaltung der Eigentumsklage des klassischen Rechts. So wenig wie der frührömische Eigentumsprozeß kennt das klassische griechische Recht die einseitige petitorische Klage auf Grundeigentum und Erbschaften. Ueber diese ebenso wie über die publizistischen Rechte und Pflichten des Einzelnen — soweit diese möglicher Gegenstand eines Prozesses waren (Leiturgien, Namenrechte, Zugehörigkeit zur Phratrie) — wurde vielmehr im Wege des auf Kontravindikation beruhenden Diadikasien-Prozesses präjudiziell nach relativ besserem Recht entschieden (und aus ganz dem gleichen Grunde bei allen). Die einseitige Exmissionsklage (*δίκη ἐξούλης*, dem römischen Interdikt juristisch ungleichartig, aber in der Funktion nahe verwandt) steht nur bestimmten zur Eigenmacht befugten Berechtigten zu, deren Recht durch Urteil, staatliche Assignation, anerkannte Suität (s. o.) und Pfandbesitzerqualität (vgl. das römische precarium) evident und liquide gestellt war, und ist ebenfalls keine absolute, sondern eine Klage aus relativ besserem Rechte. (Meines Erachtens sehr zutreffend findet G. Leist den Grund des Fehlens der absoluten Eigentumsklage im griechischen Recht in dem Fehlen der römischen Usucapion.)

So wenig wie die alte römische darf man sich die ursprüngliche griechische Flurverfassung der germanischen Hufenverfassung ähnlich denken. Ob bei der Feldbestellung je flurgemeinschaftliche Elemente mitspielten, ist uns durchaus unbekannt. Die Appropriation des Bodens kann allerdings ursprünglich keine unbedingt definitive gewesen sein. Denn daß die politische Gemeinde der homerischen Zeiten über die jeweilige Ackerzuweisung an die Einzelnen ziemlich autokratisch verfügte, lehren manche Nachrichten, — so allein schon die mehrfach erwähnte Ausscheidung von »Königsland« (*τέμενος*) aus der Feldflur bei Erhebung eines Geschlechts zur Königswürde. Die attischen Dorfgemeinden (*δῆμοι*) haben noch im 4. Jahrhundert sehr bedeutende, damals durch Pachtung genutzte Ländereien inne, die sie sicherlich von jeher besessen haben. Im 4. Jahrhundert wurden sie — ursprünglich jedenfalls Allmendweiden — vielfach als Felder und Gärten angebaut. Dagegen die für Feldgemeinschaften mit Flurzwang nach Art der deutschen Dörfer angeführten angeblichen Zeugnisse (Ridgeway) sind in keiner Weise beweiskräftig. Die Wahrscheinlichkeit ist, nach orientalischen Analogien, nach der Art des Pflügens bei den Südeuropäern überhaupt, und bei dem — soviel bekannt — fast völligen Fehlen der Servituten entschieden dagegen. Der Ausdruck *κλῆρος* mag auf »Verlosung« der Feldanteile bei Neusiedelungen zurückgehen, — eine periodische Neuumteilung erweist er keinesfalls. Bei Homer tritt er in der Doppelbedeutung: 1. Land, welches der Fürst seinen Hausgenossen zuweist (Eumaios) und 2. Landanteil des Kriegers als solchen, auf. — Die Bedeutung der ewigen Weide tritt bei Homer hervor. Da eigener Flachsanbau erst für Thukydides' Zeit, Hanf erst zu Plinius' Zeit in Kleinasien sicher bezeugt ist, war die Schafhaltung für den Bekleidungsbedarf unentbehrlich — daher die Berichte von Verboten des Schlachtens von Schafen vor der ersten Schur und vor dem ersten Wurf —, und es müssen schon deshalb große Weideflächen auch für die historische Zeit vorausgesetzt werden, wie denn die inschriftlich bezeugten Gemeindeweiden von sehr beträchtlichem Umfang sind. Ebenso ist die Bewaldung trotz der Entwicklung des Berg- und Schiffbaues noch zu Theophrasts Zeit (Ende des 4. Jahrh.) sehr erheblich gewesen. —

Die erste große Bewegung der sozialen Verhältnisse in Hellas in der Richtung der Polisbildung wurde, allem Anschein nach, durch das Eindringen orientalischer Kulturelemente von der See her und die Verflechtung der Küstenlandschaften in den überseeischen Verkehr herbeigeführt. Da, wie überall, so auch in den hellenischen Staaten, die Rechtsstellung des Einzelnen sich nach seiner Teilnahme am Heere richtete, mußte eine scharfe Differenzierung innerhalb der Bevölkerung entstehen, veranlaßt: 1. durch das Eindringen der das ganze antike Verkehrsgebiet von den Indern bis zu den Galliern erobernden Wagenkampf-Technik mit mehr oder minder starker Panzerung, welche den besitzenden und athletisch geschulten Krieger fordert, — 2. durch die Monopolisierung des Tauschverkehrs seitens der nunmehr zur Herrschaft gelangenden Burgkönige der Küste. Die Burgbauten von Mykene und Tiryns u. a. sind die Sitze wagenkämpfender »Könige« mit ihren an Zahlen oft bedeutenden, nach den Raumverhältnissen aber zuweilen auch nur nach einigen Dutzenden zählenden, »Gefährten«, die an ihrer Tafel speisen, eventuell von ihnen mit Land, Sklaven, Vieh ausgestattet wurden, — wie wir dies ganz gleichmäßig bei dem militärischen Hofadel der Assyrer und Perser, den ἑταιροι der Makedonenkönige, den soldurii der Gallier und den »Degen« und Antrustionen der Germanenkönige wiederfinden. Die Burg ist umgeben von Ansiedelungen von Handwerkern und Krämern. Obwohl die homerischen Epen die bäuerliche Landbevölkerung nur als eine Schicht von *θῆτες* und *οἰκῆες* kennen, darf doch keineswegs für ganz Hellas eine allgemeine grundherrliche Knechtung vorausgesetzt werden. Vielmehr ist die Bauernschaft zunächst lediglich durch die militärische Uebermacht der Burgenbesitzer und ihrer Gefolgschaften um den politischen Einfluß gebracht und von der Teilnahme an der höfischen Kultur ausgeschlossen. Das »Volk« muß allerdings — wie die Odyssee (Phäaken) zeigt — »Umlagen« der Herrn erdulden und ist auch dann, wenn es mit zum Kriege aufgeboten wird und formell das Akklamationsrecht zu den Beschlüssen der Herren besitzt, bei jeder eigenen Meinungsäußerung (Thersites) höhnischer Willkür ausgesetzt. Es ist militärisch kaum mehr als ein Troß, und infolge dieser seiner Ohnmacht oft faktisch, zuweilen vielleicht rechtlich, an der eigenen Vertretung seiner Rechte gehindert und dann zur Eingehung von Klientelverhältnissen gezwungen. Normalerweise auf die Besitz- und deshalb Wehrlosen beschränkt, konnten sie auch für einen verarmten Gemeinfreien, wenn nicht rechtlich notwendig, doch immer rätlich werden. Aber oft muß der Druck noch wesentlich schwerer gewesen sein. Die immerhin erstaunliche Mächtigkeit der Burgenbauten jedenfalls kann nur durch gewaltige Anspannung der Fronarbeit einer von den Burgen aus militärisch völlig beherrschten ländlichen Bevölkerung erklärt werden. — Oekonomisch ruhte diese Uebermacht ursprünglich sicherlich auch hier auf der Teilnahme der Herrscher als solcher am überseeischen Verkehr: Die Bildung burgensässiger Fronherrscher schritt offenbar von der Küste aus ins Binnenland hinein fort. Der Verkehr war zunächst wohl ein monopolisierter Passivhandel mit den die Küste besuchenden Orientalen, wurde allmählich aber zum Eigenhandel und führte im Verfolg desselben zu überseeischen Kriegsfahrten und schließlich dauernden Okkupationen nach Art der Normannen, und zu kolonialer Expansion. Der Export »mykenischer« Schmiede- und Töpferarbeiten z. B. lag wohl zweifellos, wie anfänglich auch im Orient, in der Hand des Königs selbst, dessen um die Burg herum angesiedelte Fröner die Waren für ihn herstellten, — wie denn später eine oft zitierte kyrenäische Vase den dortigen König beim Abwägen von Silphion wohl nicht in der Funktion als Kontrolleur des Handels, sondern als Eigenhändler zeigt [1]). Dieser Tausch-

[1]) Auch in der Spätzeit ist dies Produkt dort monopolisiert.

verkehr füllt die Schatzkammern und Gräber der dünnen Herrscherschicht mit Gold, bringt ihnen das linnene orientalische Gewand, den Chiton, und differenziert ihre Genossen in ihren Bedürfnissen und ihrer Lebenshaltung gegenüber der waffenungeübten Masse des platten Landes. Die »staatlichen« Verhältnisse sind dementsprechend. Es finden sich — im »mykenischen Reich« — ziemlich umfassende Staatenbildungen, allerdings wohl stets nur in der Form einer Anhäufung feudaler Burgenherrschaften in der Hand eines Oberkönigs: Agamemnon bietet Achilleus die Belehnung mit der Herrschaft über eine Anzahl von »Städten« an unter Hinweis auf den günstigen Viehstand ihrer Umwohner (als der wichtigsten Tributquelle). In Klientel genommene Besitzlose und Landfremde bilden den »feudalen«, schuldversklavte Gemeinfreie den »kapitalistischen« Bestandteil der vom Burgadel persönlich abhängigen Menschenkategorien, wozu als Kriegsbeute und, zunehmend, durch Kauf erworbene Sklaven treten. Die Klienten werden in älterer Zeit und dauernd bei dem burgsässigen Landadel, die Schuld- und Kaufsklaven in späterer Zeit und an den Küstenplätzen überwogen haben [1]).

Die Kolonisation dieser Frühzeit hat gleichfalls einen durch die Verbindung des Feudalismus mit dem Handel gegebenen Charakter: sie ist »Ackerbaukolonisation« nur insofern, als eben eine beherrschte Bauernschaft als Unterlage der zu gründenden πόλις offenbar notwendig ist, — die »Geschlechter« aber, welche diese in der Hand haben, wollen ebenso wie die Fürsten des Mutterlandes auch am Verkehr gewinnen. Dagegen ist es nicht sehr wahrscheinlich, daß die Kolonisation der kleinasiatischen Küste als ganz »allmähliche« Faktoreikolonisation (wie die phönikische) sich vollzogen habe, wie E. Meyer s. Z. annahm. Von Grundzinsleistung (wie bei Karthago) an die Eingeborenen ist nichts bekannt, umgekehrt herrscht der erobernde Adel zum Teil offenbar sogar von Einzelburgen aus, wie im Mutterlande. Am ehesten könnte man noch mancher der (späteren) korinthischen Kolonien, speziell Epidamnos (gegr. 627), wo die Oligarchie den Handel mit dem Binnenland durch einen πωλήτης auf gemeinsame Rechnung betrieb, diesen »Faktorei«-Charakter beimessen, der schwerlich generell zutrifft.

---

1) Klar geschieden ist selbst der Kaufsklave vom »Klienten« in Hellas nicht: Eumaios ist von Odysseus gekauft, erhofft von ihm Zuweisung eines κλῆρος (»precarium«) und hat seinerseits selbst einen Diener.

Allerdings aber hängt die Kolonisation zweifellos zusammen mit dem Uebergange von Passivhandel zum Aktivhandel, zum eigenen Schiffsbesitz, zur Aufsuchung der fremden Märkte durch hellenische Seefahrer, und gehört damit in den großen Umgestaltungsprozeß, der die Eigenart der hellenischen Kultur begründete. Die entscheidende Wendung der hellenischen Sozialgeschichte ist die Entwicklung des kriegerischen Städtepartikularismus und damit des charakteristischen Typus der »Polis«, im Gegensatz zu dem Verlauf im Orient, wo das Königtum auf der Basis der Stadtherrschaft die bureaukratische Territorial- und schließlich »Welt«-Monarchie entwickelte. Entscheidend für die abweichende orientalische Entwicklung waren (s. oben) zweifellos namentlich die Bewässerungsbedürfnisse, der enge Zusammenhang der ganzen städtischen Existenz mit den Kanalbauten, den Flußregulierungen und der kontinuierlichen Wasserkontrolle, welche die Existenz einer einheitlich geleiteten Bureaukratie forderten. Außerdem aber die aus der Unverrückbarkeit der einmal geschaffenen Existenzbedingungen und der strengen Bindung des Einzelnen an die Gemeinwirtschaft sich ergebende Herrschaft der religiösen Tradition über das Leben und die politische Macht der Priesterherrschaft. Endlich die stets wiederkehrende Knechtung der Flußkulturländer durch bald arabische, bald iranische Fremdherrscher, welche zur dauernden Entwaffnung und Entnationalisierung führten. So wuchs hier aus den Tisch- und Waffengenossen des Stadtkönigs die rein königliche, bureaukratisch equipierte, verproviantierte und deshalb auch geleitete Armee, aus der immer universeller werdenden Königsklientel die königliche Bureaukratie heraus, und weiter aus dem Kampfe dieser bureaukratischen Schöpfungen die erste »Weltmacht«: die Assyrerherrschaft. Umgekehrt schrumpfen in Hellas die Gefolgschaften der Burgkönige: — erst in den Tischgenossen der erobernden Makedonenherrscher leben sie als politischer Faktor wieder auf. Damit sinkt die ganze Position der Herrscher, und es beginnt eine Entwicklung, welche in ihrem Endergebnis, im Beginn der »klassischen« Zeit, die Wehrpflicht und mit ihr die politische Macht in die Hände der selbständigen, sich selbst equipierenden Ackerbürger gleiten und damit zugleich jene rein weltliche Kultur erstehen läßt, die das Hellenentum charakterisiert und die auch der kapitalistischen Entwicklung ihr vom Orient verschiedenes

Gepräge verleiht. Die Anfänge dieser Wandlungen und meist auch ihr Verlauf sind in Dunkel gehüllt, auch sind ihr Hergang und Resultat in den einzelnen Partikularstaaten äußerst verschiedene. Wenn man die homerischen Könige des rossefrohen Lakedaimon mit ihren Schatzkammern, die für diebische Gastfreunde ebenso verführerisch sind wie ihre Weiber, mit dem spartiatischen Hoplitenstaat und seinem völligen Fehlen jeder Reiterei vergleicht, dem der Besitz von Edelmetall als das spezifisch Verwerfliche gilt: das Fehlen der befestigten Stadtburg, den jährlichen Schwur der vom Heer gewählten Ephoren, das Königtum nicht anzutasten, wenn die Könige ihrerseits schwören, nicht in die überkommenen Institutionen des Heeres einzugreifen —, dann kann man nicht daran zweifeln, 1. daß es sich hier um einen Zustand handelt, der irgendwann durch Kompromiß der Könige mit dem Heer absichtsvoll geschaffen wurde, und 2. daß diese Umwandlung zusammenhing teils mit dem Aufstieg des disziplinierten (statt des Einzel-) Kampfes mit (eisernen!) Nahewaffen (statt bronzener Wurfspeere und Pfeile), zum andern Teil mit dem Sinken der politischen Bedeutung des königlichen »Hortes«. Im Orient bleibt bei allen Herrschern, auch in der Perserzeit, die Fürsorge für den »Hort« und sein Schicksal ganz ebenso im Vordergrund wie etwa bei den Nibelungenkönigen. An dem thesaurierten Edelmetall, welches der Belohnung der Dienste der Gefolgschaft und der Anwerbung von Söldnern im Notfall dient, ist immer ein erheblicher Teil ihrer Machtstellung verankert. Die »Horte« der hellenischen Burgenkönige nun waren Produkte der Beziehungen zu den orientalischen Großstaaten. Es wird wohl mit Recht angenommen, daß der Zerfall dieser Großstaaten gegen das Ende des zweiten Jahrtausend die Ursache des Sinkens auch der mykenischen Kultur gewesen sei, obwohl freilich vielleicht die abweichenden geographischen Bedingungen ohnehin den Sieg des Partikularismus in Hellas auf die Dauer stark genug begünstigt hätten. Jedenfalls ist das absolute Sinken der ökonomischen Machtstellung des Königtums in dem Schwinden des orientalischen Prunkes deutlich sichtbar. Damit allein schon war die Möglichkeit einer Entwicklung der Klientel des Königs zu einer königlichen »Bureaukratie« unterbunden und die Ansätze der Großstaatentwicklung gebrochen. Noch erheblicher mußte aber relativ dies Sinken der alten Königsgeschlechter ins Gewicht fallen, da sich zweifellos inzwischen soziale Schichten entwickelt hatten, welche in ihrer ökonomischen Lage dem Königtum Konkurrenz machten. Das Reisläufertum, welches namentlich für das pharaonische Heer sich aus dem ganzen Mittelmeer bis Sardinien rekrutierte, hat vielleicht zuerst in Hellas eine bemittelte und kriegerisch trainierte Schicht geschaffen, die sozial unabhängig vom Königtum war und bei den Wikingerzügen und kolonialen Okkupationen keine geringe Rolle gespielt haben dürfte. Aber auch die Kampfgenossen des Königs mußten sich, ganz ebenso wie im Merovingerreich, um so schneller zu einer mit Land ausgestatteten, vom König faktisch emanzipierten, weil sich selbst ausrüstenden Kriegerschaft entwickeln, je geringer die Bedeutung des königlichen »Hortes« wurde. Als die Beutelust der Helden der hellenischen Burgkönige den Schiffsverkehr zu überseeischen Aventiuren zu benutzen begann, wuchsen sie, von deren Gutwilligkeit der König ja abhängig war: — der »Zorn« eines einzelnen in der Beute benachteiligten Helden konnte die ganze Expedition aufs Trockene setzen —, ihm über den Kopf. Der auf Aventiure gehende Burgenkönig wird reiner Heerkönig, weil nicht er allein — wie im Orient — die ökonomischen Unterlagen des Heeres, seiner Equipierung und Verpflegung, und damit seines Kommandos, in der Hand hält. Das stets wechselnde Machtverhältnis zwischen einem Heerkönig und seinem Heer aber — die zwischen Autorität, Willkür, Abhängigkeit und Kompromiß schwankende Stellung Agamemnons, Alexanders und der ersten Diadochen, Chlodwigs und der ersten Merovinger zu ihren Heeren sind in diesem Punkte Abwandlungen gleichartiger Typen — verschiebt sich in der hellenischen Welt zu ungunsten der Könige, sobald sich nicht mehr alles ökonomisch um den »Hort« und Tisch des Königs gruppiert, und das hieß: sobald Aktivhandel und kriegerische Seefahrten an die Stelle des Passivhandels mit dem Orient traten. Die persönliche Gefolgschaft des Königs, die im mykenischen Staat nicht gefehlt haben kann, tritt schon bei Homer — wo sie, jedenfalls anscheinend, durchweg aus Volksgenossen besteht — stark zurück und ist von einer »Gelegenheitsgefolgschaft« nach Art der von Tacitus erwähnten Aventiurenzüge der Germanenfürsten nicht zu scheiden. Neben dem König stehen jetzt außer seinen auf eigenen Burgen sitzenden Lehensmannen andere, ebenso wie er mit eigenen Schlössern und Grundbesitzungen neben ihm in derselben

»Stadt« ansässige, »Geschlechter«, die auf eigene Kosten mit ihm in den Krieg ziehen, deshalb aber auch mit ihm beraten, die Beute teilen, als mitbeteiligt an der politischen Beherrschung des »Volkes« gelten. Die Bedeutung des alten Ratsadels steigert sich, während er im Orient schwindet und Beamten und Priestern Platz macht. Der »Stadt«begriff ist bei Homer, der verschiedenen Entstehungszeit der Gesänge entsprechend, flüssig, steht zwischen der alten Burg und der späteren synoikisierten »Polis« in der Mitte. Daß ihnen die »Adeligen« im allgemeinen als landsässig gegolten hätten, den Stadtbewohnern entgegengesetzt würden, folgt aus den von E. Meyer dafür angeführten Stellen (die z. T. von »Land« im Sinn von »Heimat«, nicht von »plattem Land« sprechen) m. E. nicht. Der Zustand ist vielmehr der: manche von den Gauhäuptlingen der Bauernzeit und andere reich gewordene Familien sind grund- und klientelbesitzender Adel geworden. Mit einem primus inter pares (dem dazu zusammengeschrumpften mykenischen Fronherrscher) als »König«, aber im übrigen koordiniert nebeneinander, sind sie in der »Stadt« ansässig, welche der ausschließliche Sitz der »Politik« ist. Sie pflegen nur zu Wirtschaftszwecken das Land, ihre Hirten, landbeliehenen Sklaven und Klienten zu besuchen. Wer, wie König Laërtes, dauernd sich auf das Land (als Altenteil) zurückzieht, verzichtet eben damit auf jeden Anspruch auf Herrscherwürde. Alle diese adligen »Geschlechter« haben aus Beuteanteilen und (zweifellos) Beteiligung am Handelsgewinnst Schätze aufgespeichert, sie haben mit Hilfe dieses Besitzes Boden akkumuliert — darüber später — und können eigene Klienten als Troß oder Fußkämpfer aufbieten. Der König ist jetzt nicht mehr als sie. Wenn schon in den vorwiegend am Seehandel beteiligten Küstenorten die königliche Macht im Sinken war, dann erst recht in denjenigen, welche mehr den Charakter von Binnenorten behalten hatten und wo die Entwicklung königlicher »Horte« und Gefolgschaften demgemäß sicherlich von Anfang an geringer war. Die sog. »dorische Wanderung«, ein Vordringen binnenländischer Stämme, trug sicherlich dazu bei, diesen Prozeß zu beschleunigen. Denn was sie im übrigen auch, der Sache nach, gewesen sein möge, jedenfalls schuf sie politische Gemeinschaften — namentlich: Sparta —, in welchen der Kriegerstand außerhalb des »Dienstes« nur noch einen Ehrenvorzug der, im Kriege zur Führung berufenen, Königsgeschlechter duldete, — und zwar nicht nur in der eigenen Polis, sondern nach Kräften auch bei den Nachbarn, wo, im Interesse der Sicherheit der eigenen Verfassung, überall zugunsten des kriegerischen Herrenstandes gegen die Versuche der Etablierung von »Monarchien« orientalischen Charakters interveniert wurde.

Der so entstehende »Staat des griechischen Mittelalters«, wie ihn E. Meyer nennt, hat sozial ein höchst verschiedenartiges Gepräge, auch wenn man Sparta als sui generis beiseite läßt. Gemeinhellenisch ist die Erscheinung jener ritterlichen Gesellschaft, welche den kriegerischen Sport und die nationalen Turniere organisiert, den Boden für den Helden- und später den Minnesang bildet, welche nach mittelalterlicher Art den »Comment« der ritterlichen Fehden zu regeln unternimmt (angebliche Versuche, ein Verbot von Fernwaffen zu vereinbaren: charakteristisch genug für die zugrunde liegende kriegstechnische Entwicklung!) und nach Art des mittelalterlichen: »Messieurs les Anglais, tirez les premiers« Courtoisie in der Schlacht übt. Nach Art der »Guelfen« und »Ghibellinen« (z. B. im »lelantischen Kriege«) spaltet sie sich international in zwei Lager, liegt aber auch innerhalb der einzelnen Gemeinde in steten Geschlechterfehden, — bis auch hier schließlich, wie im Mittelalter, einzelne Geschlechter auf den Gedanken verfallen, sich — als »Aisymneten« oder »Tyrannen« (beides ist nicht scharf zu scheiden) — durch einen Bund mit dem »Volk« zur Signoria aufzuschwingen. Die Möglichkeit eines solchen Bundes mit dem »Volk« setzte nun aber, hier wie in Italien, naturgemäß ein bündnisfähiges »Volk« voraus. In Hellas entstand dies durch eine Entwicklung, welche an folgenden Hauptmomenten orientiert scheint: 1. eiserne Nahwaffen statt der bronzenen Wurfspeere und Pfeile der mykenischen Zeit, — damit 2. steigende Bedeutung der Disziplin (schon Homer bekannt) und des geschlossenen Kampfes, speziell des Fußkampfes in geschlossener Hoplitenphalanx (ein bekannter Ausspruch des Brasidas schrieb die Disziplin den Hellenen im Gegensatz zur Kampfart der Barbaren zu), — infolgedessen 3. bei denjenigen Staaten, welche entweder politisch expansiv sind oder werden (Sparta: Eroberung Messeniens, — Athen: Eroberung von Salamis), Verschiebung der militärisch-politischen Macht auf die Träger dieses Hoplitenheeres, — 4. endlich, damit parallel gehend, Entwicklung des »bürgerlichen Erwerbes«, der die Schicht der ökonomisch panhopliefähigen Existenzen verbreiterte.

Die »Burg« der Frühzeit ist umgeben von den Ansiedelungen der Händler und Gewerbetreibenden. Die homerische Zeit kennt bereits Maurer, Zimmerleute, Schreiner, Wagner, Goldschmiede, Erzarbeiter, Hornarbeiter, Lederarbeiter, Töpfer. Alle diese kommen freilich nur in den jüngeren Teilen der Epen vor. Daß aber die Handwerker in Hellas jemals alle unfreie Arbeiter des Burgadels gewesen seien, ist für Griechenland ebenso unwahrscheinlich, wie die gleiche Ansicht für das frühe Mittelalter, welche früher geglaubt, heute dagegen aufgegeben ist. Und es ist auch nicht wahrscheinlich zu machen, daß sie — nach Art ostasiatischer Dorfhandwerker — in noch früherer Zeit Angestellte des Dorfes oder, nach der Polisentwicklung, Sklaven der Polis gewesen seien. In Epidamnos, wo der Handel von der Oligarchie gemeinwirtschaftlich organisiert war, wird auch die eventuelle Verbreitung ähnlich erfolgt sein, und derartiges mag öfter existiert haben. Als Regel ist es unerweislich. Fronden auch der Handwerker hat sicherlich der mykenische Staat, ganz ebenso wie seine orientalischen Muster, gekannt: wie der Pharao und der mesopotamische Stadtkönig, so wird auch der (genügend bemittelte) althellenische Stadtfürst auch Handwerker gegen Uebernahme von Roboten um die Burg herum angesetzt haben. Das (zu vermutende) königliche Oikenhandwerkertum der mykenischen Zeit ist aber, — soweit es bestand —, mit dem Sinken der Grundlagen der mykenischen Kultur verfallen (wie schon die Wandlung der Technik zeigt). Es mögen auch noch später gewerbelose Städte in Form des Imports geschulter Sklaven als Staatssklaven eine Art von »Merkantilismus« getrieben haben. Aber das weitaus wahrscheinlichste ist, daß die Erscheinungen, welche zuweilen auf ursprüngliche Staatsanstellung oder -sklaverei aller »δημιουργοί« gedeutet werden, der militärischen Organisation der Polis angehören. Daß, wie die »fabri« in Rom, so die Handwerker in Staatsbedarfsartikeln organisiert und mit Leiturgien belastet wurden, ist wohl auch für die ältere hellenistische Zeit als häufig anzunehmen. (Der Ausdruck: »δημιουργός« greift von jeher viel weiter als unser »Handwerk«, er umfaßt allen Erwerb aus Dienst für eine unbestimmte Vielheit, auch den der Aerzte, Sänger, Wahrsager usw.) —

Diese plebejischen Ansiedelungen um die Burg herum sind unbefestigt: Egbatana im Orient war es ebenso, wie Athen es noch bis in die historische Zeit blieb. In Sparta ist die königliche Burg gänzlich »gebrochen«, die Polis ein offenes Heerlager geworden. Allein die Regel ist, daß die Polis eine Festung behält oder zur Festung wird, wie die orientalischen Städte, aber nun zu einer Festung, über welche die zu einem Bunde zusammengeschlossenen Heeresgenossen, und nicht der König, verfügen. Dieser Vorgang des »Synoikismos« bedeutet also die Konstituierung der Kriegerklasse als Herrin des Stadtstaates. Daß er tatsächlich in den meisten Fällen eine effektive Zusammensiedelung bedeutet hat, daran ist, auch abgesehen von den ausdrücklich überlieferten Beispielen späterer Zeit, nicht zu zweifeln. Die Einzelburgen werden gebrochen (oder doch als politische Herrensitze aufgegeben), die Geschlechter »eingemeindet«, sowie etwa der Landadel in manchen italischen Städten des Mittelalters. In der Antike bedeutet aber der Synoikismos vor allem: Schaffung des in Phylen und deren Unterteile gegliederten (s. o.) Heeres, um dem chronischen Kriegszustand gewachsen zu sein, der nach dem hellenischen Völkerrecht (welches den »ewigen« Frieden zwischen nicht verbündeten Städten nicht kennt und, mit Hinweis auf die religiöse Gefährlichkeit von Eidschwüren für die Ewigkeit, ablehnt) seit dieser Zeit als Normalzustand gilt. Der Synoikismos bedeutet nicht notwendig das absolute Aufgeben jeder Landsässigkeit, wohl aber die Ansässigkeit auch und in erster Linie in der Stadt, als dem politischen Zentrum. Sicher sehr früh sind auch die später regelmäßigen Stapel- und andere Handelsregulierungen damit kombiniert. Denn neben dem politischen wird die Stadt ökonomisches Zentrum: Markt. Von der Pharaonen- bis zur römischen Kaiserzeit ist die Konstituierung eines »Marktes« Souveränitätsrecht. Und wir im Mittelalter, so ist auch im Altertum nicht nur die Stadt, wohl aber jede Stadt ein Markt. Wir lernten die entwickelte Tauschtechnik des Orients bei fehlender Münzprägung kennen. Erwiesenermaßen sind die Hellenen Jahrhunderte vor den ersten staatlichen Münzprägunggen ebenso ein Aktivhandel treibendes Volk geworden wie die Phöniker. Dennoch ist es schwerlich ohne Bedeutung gewesen, daß sie alsdann die ersten waren, sich jene Erfindung voll zunutze zu machen. Denn immerhin dürfte ihre Ueberlegenheit gegenüber den Phönikiern im Handel wohl zweifellos durch die mehrere Jahrhunderte frühere Verwendung der Münze wesentlich gesteigert worden sein. (Karthagos Münzprägung beginnt erst im Interesse seiner militärischen Neuorganisation: — Soldheer —, welche die Aera seiner großen Eroberungen einleitet; der alten vorderasiatischen münzlosen Tauschtechnik entsprach die alte phönikische Faktoreikolonisation.) Aber die geldwirtschaftliche Entwicklung im Innern mit ihren Konsequenzen ist auch in Hellas älter als die Münzerfindung (7. Jahrh.), wurde durch sie nur verstärkt. Längst war neben den extensiven internationalen Verkehr der intensive lokale Markt getreten. Der »δημιουργός«, d. h. auf gewerblichem Gebiet (s. oben): der »für das Volk«, d. h. für jeden, der sein Kunde werden will, nicht nur (als »αὐτοῦργος«) im Hausfleiß für den Eigenbedarf oder in Robot für seinen Fronherrn, arbeitende Berufshandwerker, der »Lohnwerker« der Bücherschen Terminologie, vervielfacht und spezialisiert sich. Die wachsende Schicht der als Aktivhändler am überseeischen Verkehr Beteiligten verbreitet die im Orient seit langem gepflegten und von dort übernommenen kapitalistischen Formen des Verkehrs; im Binnenverkehr dringt mit der Münze die geldwirtschaftliche Bedarfsdeckung stetig vor. Und mit alledem ist die Voraussetzung steigender lokaler landwirtschaftlicher — bäuerlicher — Absatzproduktion gegeben: die einzelnen Komponenten der »Stadtwirtschaft« sind also vorhanden. Allerdings nur in den Anfängen und mit feudalen Zügen vermischt. Als Wehrgemeinde herrscht die Polis — d. h. der in ihr »zusammengesiedelte« Kriegsadel — zunächst ganz ebenso über das Land wie vordem die Burgenkönige. Allein die Entwicklung der Absatzchancen der Landwirtschaft einerseits, die Aenderung der militärischen Technik andererseits erweiterte den Kreis derjenigen Grundbesitzer, welche ökonomisch zur Teilnahme am gepanzerten Kriegsdienst fähig waren; und die stete Bedrohung von außen zwang dazu, die Wehrkraft aller zur Selbstequipierung und Kriegsübung ökonomisch fähigen Schichten auch heranzuziehen. Der Charakter der Stadt bleibt dabei ein sehr verschiedener, je nach dem Maß der Demokratisierung des Militarismus. Wo der Waffendienst vornehmlich Reiterdienst blieb, ist es natürlich auch eine relativ dünne Schicht großer Grundherren, welche im Binnenland — so in Thessalien — die Bevölkerung in strenger Hörigkeit halten; und auch in Attika beherrschten sie die Stadt, solange die Reiterei militärisch etwas bedeutete. Aber auch wo die Entwicklung der Militärtechnik, wie im historischen Hellas durchweg, den Schwerpunkt auf die diszipliniert zu Fuß schwerbewaffnet in Reih und Glied streitenden einexerzierten Hopliten rückt: — in der Zeit der Perserkriege ist die Reiterei gänzlich verschwunden —, ist die Zahl der Vollbürgergeschlechter sehr oft klein, wenige Hunderte oder »die Tausende« — d. h. die tausend Reichsten — umfassend. Die Zahl der Ratsbürgerstellen ist mehrfach kontingentiert und ergänzt sich evtl. durch Kooptation, die Söhne rücken in diesem Fall — wie die Meistersöhne in einer Zunft — ein, die älteren vor den jüngeren. Und da der Waffendienst zunftartig auf der Selbstequipierung der dazu ökonomisch fähigen ansässigen Bürger ruht, so projiziert sich dies naturgemäß auf den Bodenbesitz der Zunftgenossen als der Unterlage jener ökonomischen Qualifikation, gerade mit der Ausbreitung der Wehrgemeinde. Hesiodos' Vater kam aus Kyme nach Boiotien, erwarb sein kleines Vermögen zur See und siedelte sich dann am Helikon als Bauer mit Grundbesitz an: ein Zustand der privatrechtlichen, speziell bodenrechtlichen Freizügigkeit, den man mit der späteren zünftigen Bürgerrechts- und Bodenpolitik der Demokratie vergleichen muß, um die Zunahme der Bindung von Besitz und Person zu erkennen. Und ebenso schwindet der alte vagierende ritterliche Ministeriale der homerischen Zeit zunehmend zugunsten des lokal geschlossenen Polisadels.

Wir finden die in jener Epoche entstandene Gebundenheit desjenigen Bodens, welcher den Besitz der die politische Macht usurpierenden Kriegerzunft ausmacht — der *πρῶτοι* oder *παλαιοὶ κλῆροι, ἀρχαία μοῖρα* des Aristoteles — in den mannigfachsten Spuren noch in historischer Zeit. Zunächst besteht das Vorzugsrecht der Söhne vor den Töchtern im Land- und zuweilen auch im Herdenbesitz, beschwert nur mit der Pflicht der Ausstattung. Nach dem Recht von Gortyn erhalten die Söhne die Stadtgrundstücke als Träger der politischen Rechte vorweg. In Ermangelung von Söhnen bestand überall auf die Hand der Erbtochter (*ἐπίκληρος*) ein nach Art der Erbfolgeordnungen fest geregelter sukzessiver Anspruch bestimmter agnatischer Verwandten, der teilweise selbst eine schon bestehende Ehe derselben brach, und dem ursprünglich (wie beim jüdischen Levirat) sicherlich die entsprechende Pflicht, — später zuweilen (z. B. in Athen) durch eine evtl. Ausstattungsverpflichtung ersetzt, — korrespondierte. Die Vergebung der Erbtochter und damit des κλῆρος war eine militärisch wichtige, also öffentliche, Angelegenheit, mangels berechtigter Verwandter Sache des Magistrats (in Sparta des Königs). Der κλῆρος war, im Interesse der Erhaltung standesgemäßer Kriegerlose, jedenfalls in den dorischen spezifischen Militärstaaten, aber auch außerhalb derselben sehr häufig, weder teilbar noch veräußerlich — so z. B. in der im 7. Jahrh. gegründeten Kolonie Leukas noch bis in späte Zeit — oder doch in beiden Beziehungen beschränkt. Dies militaristische Grundbesitzrecht steht durchaus im Gegensatz zu dem gemeinhellenischen Bodenrecht. Denn in der homerischen und hesiodeischen Zeit ist gleiche Teilung in natura die Regel. Ein Vorzug des Aeltesten war nicht bekannt. [Dunkle Erinnerungen an älteste Zustände: — hauspriesterlich bedingte patriarchale Stellung des Aeltesten — könnten darin liegen, daß Iris den Poseidon, der sich gegen Zeus auf eben jenen gemeinhellenischen Grundsatz beruft, darauf verweist, daß die Erinnyen auf Seite des älteren Bruders stehen]. Jedenfalls mußte die Gebundenheit des κλῆρος praktisch wie eine gesetzliche Anerbenfolge wirken und den Zusammenhalt großer Hausgemeinschaften fördern, andererseits soll sie wenigstens in Sparta Kinderbeschränkung und selbst Vielmännerei (d. h. gemeinsamen Besitz eines Weibes — schwerlich ein »Rest ältester Zustände«, wie E. Meyer glaubt) im Gefolge gehabt haben. Das Testament besteht in Athen erst seit Solon, in Sparta erst seit dem peloponnesischen Kriege und diente ursprünglich wohl wesentlich dem Zwecke der Adoption um der Erhaltung des wehrhaften Geschlechts und des Grabkultus willen. — Ob jene Gebundenheit der Kriegerlose jemals überall als rechtliche Bindung bestanden hat, muß dahingestellt bleiben: die Standessitte, deren Nachwirkungen wir in der späteren ethischen Mißbilligung des Verkaufs ererbter Güter sehen, konnte genügen. Immerhin wird beschränkte Veräußerlichkeit des κλῆρος z. B. für Elis und Theben (Philolaos), Gleichheit der Lose für Argos (Pheidon) erwähnt.

Die ökonomische Unterlage der Kriegerzunft konnte im einzelnen sehr verschiedenartig aussehen. Sie ist am konsequentesten unter rein militärischen Interessen durchgeführt, wo sie naturalwirtschaftlich gestaltet ist, wie in manchen dorischen Militärstaaten, speziell auf den liparischen Inseln, auf Kreta und vor allem:

in Sparta. Die beherrschte Bevölkerung wird hier als in Staats-Sklaverei bzw. -Hörigkeit befindlich behandelt, aus ihren Naturalbeiträgen wird der Unterhalt der Krieger bestritten, teils in gleich zu erwähnender Art gemeinwirtschaftlich, teils so, daß der Einzelne auf den Ertrag bestimmter, von Sklaven bewirtschafteter Landflächen angewiesen ist, die ihm in verschiedenem Maße, später zunehmend erblich, appropriiert sind. Neuzuweisungen von Losen und anderweite Verteilung derselben galten auch in historischer Zeit als praktikabel und scheinen vorzukommen. Sie sind natürlich keine Ackerumteilungen, sondern gewissermaßen Rentenfondsumteilungen. Militärische Gesichtspunkte, besonders eine militaristische Bevölkerungspolitik, entscheiden über alle Einzelheiten: bei Erblosigkeit besteht teilweise Adoptions-, auch direkt Ehezwang oder das Recht und die Pflicht, sich von Dritten »Nachkommen erwecken« zu lassen, wie in Israel. Die Organisation des Bürgerheeres gipfelt bei voller Durchführung in dem kasinoartigen gemeinsamen Mittagstisch der Krieger, den »Syssitien« oder »Hetairien«, und der kadettenartigen gemeinsamen Erziehung der Kinder von Staats wegen zu Kriegern. Hier sind also die Wehrverbände (Phratrien) militaristisch zu vollen Lebensgemeinschaften gesteigert, auf Kosten der Familiengemeinschaft. Dem entspricht auch hier die Beteiligung der Heeresabteilungen an der Entscheidung über das Schicksal der neugeborenen oder der in das wehrhafte Alter kommenden Kinder, die durchaus nichts »Ursprüngliches« ist (»ursprünglich« ist die Willkür des Vaters). Sparta hat jene naturalwirtschaftliche Unterlage des Stadtmilitarismus und seine Kriegerzunft mit ihrer kameradschaftlichen Gleichheit der privilegierten Genossen, welche von Jugend an ausschließlich dem Drill für den Hoplitenkampf sich zu widmen hatten, in bewußtem Kampf behauptet. Dieser Zunftgeist schuf aber dem Staat seine Schranken. Gegen die bis in die späteste Zeit gelegentlich immer wieder auftauchenden Bestrebungen des Königtums, durch Demokratisierung des Wehrrechts die politische Stoßkraft des Staats zu steigern, richtet sich die Schaffung des Ephorats. Gegen den geldwirtschaftlichen Zersetzungsprozeß kämpfte man durch künstliche Konservierung der Naturalwirtschaft und des Bedürfnisstandes der Kriegerbevölkerung: deshalb Ausschluß des Geldverkehrs, Immobilisierung der Spartiatenlose und Erhaltung der Kasinogemeinschaft. Dies hinderte die Vermehrung der Zahl der Kriegerlose, nicht aber ihre Verminderung durch Zusammenerben (in den Händen der Frauen) und Verarmung, auch nicht die geheime Beteiligung an auswärtigem Geldgewinn, während sie dagegen jede große politische Aktion des Staatswesens hemmte und zu der bekannten ängstlichen Schonung des Spartiatenbestandes führte. Schließlich war sie doch nicht zu halten, als die Herrscherstellung nach dem peloponnesischen Krieg mit ihrer Notwendigkeit, zur geldwirtschaftlichen Deckung der Staatsbedürfnisse überzugehen, die Geldwirtschaft in das Innere des geschlossenen Kriegerstaats trug, Geldvermögen schuf, den Bedürfnisstand der herrschenden Kaste revolutionierte, und damit in kürzester Zeit die ökonomischen Unterlagen des ganzen Systems vernichtete. Die demokratische Restauration des Kleomenes mit ihrer Neuumteilung brach (222) bei Sellasia zusammen.

Der hellenischen Tradition ist nun dieser naturalwirtschaftlich fundamentierte Militarismus Spartas in seiner den Zeitgenossen bekannten Form Produkt einer ganz einzigartigen Gesetzgebung. Das ist so natürlich unzutreffend. Sparta ist nur eine extreme Fortbildung der alten Stadtherrschaft in ihre äußersten Konsequenzen. Das in der Tat »Einzigartige« liegt nur darin, daß der feudale Unterbau hier nicht einer durch Geschlecht, sondern lediglich durch Erziehung ausgelesenen Klasse diente, und daß das so geschaffene Virtuosentum des Hoplitenkampfs, infolge der Eigenart des letzteren, auch seinem Lebenszuschnitt nach das gerade Gegenteil irgendeines »Adels« war. —

Die Zugehörigkeit zur Vollbürgerkaste setzte aber, wie die Zugehörigkeit zum Ritterstand im Mittelalter, überall die fortgesetzte berufsmäßige Waffenübung (welche demgemäß überall Gegenstand staatlicher Vorsorge war) und diese das Zusammenwohnen in der Stadt wenigstens für den Kern des Heeres — mochten dies Ritter oder Hopliten sein — voraus: die »Unüberwindlichkeit« der Spartiaten und ebenso des »heiligen Lochos« im späteren Theben war Produkt ihres kontinuierlichen »Training«. Wer also in den strikt militaristischen Gemeinden den städtischen Wohnsitz und damit die Waffenübung aufgibt, »ἄγροικος«, »περίοικος« wird, ist politisch deklassiert; Teilnahme am Gymnasion und politisches Vollbürgerrecht gehen parallel. Daß wir nun aber berechtigt seien, das in Sparta und Kreta in historischer Zeit vorfindliche System des naturalwirtschaftlichen Militarismus als auch nur in seinen Grundzügen allgemein vorhanden gewesenes Durchgangsstadium anzusehen, ist auf der andern Seite gänzlich unwahrscheinlich, da eine so weitgehende Demokratisierung des griechischen Stadtfeudalismus, daß die Mitglieder der herrschenden Kriegerklasse nur aus dem Ertrage eines Besitzes von je etwa 8—12 Hektar, den Heloten für sie bewirtschafteten, hätten existieren können, sonst nicht gefunden wird, und da ferner die Strenge in der Durchführung der charakteristischen militärischen Institutionen in Sparta selbst in historischer Zeit nicht etwa ab-, sondern offenbar zunimmt, weil mit Zunahme des Gebietes und relativer Abnahme der Bürgerzahl die militärische Machtstellung immer gefährdeter wurde. Institutionen wie die athenische Staatstafel im Prytaneion — der Ersatz für die alte königliche Tafel — beweisen natürlich nicht, daß die spartanischen Syssitien in ihrer spezifisch militärischen Bedeutung (oder auch nur etwas irgendwie Aehnliches) dort je bestanden haben. Wir finden bei Hesiod keine Spur einer feudalen Einschnürung des freien Bauern, der mit wenig Knechten und Erntetaglöhnern selbst arbeitet. Nur die Mißbräuche der Rechtspflege, die Unvermeidlichkeit zeitweiser oder dauernder Begebung in die

Klientel der Reichen, um vor Gericht auftreten zu können, und das Schuldrecht bilden überall den Gegenstand der Klage. Dieser letztere Punkt ist der entscheidende. Im Gegensatz zum spartanischen und kretischen und anderen auf Eroberung ruhenden Feudalstaaten ist die Verknechtung der Landbevölkerungen, wo sie sonst vorkommt, regelmäßig: Schuldverknechtung, neben der die in der Frühzeit überall selbstverständliche Klientel der Besitzlosen (so der πελάται in Athen) zunehmend zurücktritt.

Der Besitz der politischen Macht durch stadtsässige Kriegerschaften mußte an sich ebensowenig zur Entstehung einer ausgedehnten ländlichen Helotenklasse führen, wie die Herrschaft des orientalischen Militärmonarchen die Robotorganisation, wie sie in Aegypten bestand, überall zur Folge haben mußte. Eine »Hörigkeit« ganzer Landbevölkerungen findet sich, außerhalb der Dorerstaaten im Peloponnes: Sparta, Argos, Sikyon, und auf Kreta, sicher beglaubigt in historischer Zeit nur in Thessalien, Lokris, Byzanz und den beiden Herakleia. Sie scheint auch an manchen andern Stellen vorgekommen zu sein, aber ohne daß über die rechtliche Regelung ihrer Lage Sicheres auszumachen wäre. In Sikyon und Argos ist ihre Wurzel offenbar wie in Sparta Eroberung oder: Umbildung der Klientel bei Monopolisierung der Waffenübung durch die Stadtbürgerschaft (die Hörigen ziehen als Leichtbewaffnete mit); hier und in den auf Eroberung ruhenden Kolonisationsstaaten: Kreta, Byzanz und den beiden Herakleia (wo sie nicht wehrpflichtig sind) gelten die Hörigen offenbar als abgabenpflichtige Staatshörige, deren Stellung der Staat teilweise (so in Herakleia am Pontos) bei der Unterwerfung vertragsmäßig garantiert (sie stehen zwischen den Heloten und den, wie diese, wehr- und tributpflichtigen, aber persönlich freien Periöken Spartas in der Mitte). In Thessalien scheint eher eine eigentliche persönliche Grundhörigkeit in milder Form bestanden zu haben. Die thessalischen und kretischen Hörigen haben ersichtlich ausdrücklich garantierte Familien- und Eigentumsfähigkeit. Daß diese auf Ausbeutung politischer Unterwerfungsverhältnisse beruhende Staatshörigkeit ganzer Landbevölkerungen kein allgemeines Durchgangsstadium der hellenischen Entwicklung war, darf als höchst wahrscheinlich gelten. Der Stadtfeudalismus hat zu derartigen Konsequenzen nur lokal, und, zum mindesten überwiegend, nur auf Eroberungsgebiet, geführt. Daß andererseits die Abhängigkeit von Teilen der Bevölkerung ein allgemeineres Ausdehnungsgebiet gehabt hat, als die spärlichen Quellen erkennen lassen, ist durchaus wahrscheinlich. Wohl überall bestand ja die Klientel als Tributquelle für den Adel. Dagegen beschaffte sich der Stadtadel im »mittelalterlichen« Hellas sein Menschenmaterial für die Wirtschaft sicherlich in ähnlicher Art, wie im Orient, im älteren Rom, überhaupt in den älteren Stadtstaaten vor dem Eindringen der massenhaften Kaufsklaverei. Neben den gedungenen Schnittern zur Ernte, die in früher wie später Zeit vorkommen, bilden teils im Jahreslohn gedungene

Arbeiter, teils, und speziell beim Adel stark zunehmend, Schuldknechte das Hauptkontingent der ständigen Arbeiter, wo in eigener Regie gewirtschaftet wurde. Die Schuldknechte sind, als deklassierte Freie, von den persönlichen Klienten und den politischen Unterworfenen — »Hörigen« — zu scheiden, wie das kretische Recht zeigt. (Ueber die rechtsgeschichtlichen Kontroversen betr. ihrer s. u. bei Athen.) Sie treten in typischer Weise hier, wie überall auf, sobald das Regiment der stadtsässigen »Geschlechter« einsetzt und solange die Kaufsklaverei noch nicht Massenerscheinung ist. Von der Verwendung von Kaufsklaven speziell zur Feldarbeit hört man denn auch im hellenischen Altertum relativ wenig. Ihre Verwendung in größeren Betrieben ist damals offenbar nichts Typisches gewesen. Und die Häufigkeit eigentlicher »Großbetriebe« ist, zumal für diese Zeit, überhaupt als eine irgendwie typische Erscheinung unwahrscheinlich. Die bildliche Darstellung der Ernte, mit dem dabeistehenden Herrn, der den Stab in der Hand trägt, zeigen nur die Existenz von »Squire«-Betrieben, bei denen der Herr nicht selbst mitarbeitet, auch für Griechenland. Wenn die Pythia einmal die Korinther wegen ihrer großen Sklavenzahl *χοινικομέτραι* nennt, so fragt es sich, ob damit Großbetriebe gemeint sind (s. später bei Athen). Jedenfalls steht im Vordergrunde gerade im hellenischen Mittelalter die unfreie oder halbfreie Pacht, entweder geradezu von Schuldknechten oder doch von Einlösungspfandschuldnern. Die Verschuldung zwischen den beiden Schichten des Grundbesitzes: der Bauernschaft gegenüber den größeren Grund-, Vieh- und Geldbesitzern ist ja im ganzen frühen Altertum typisch und unterscheidet die damaligen »sozialen« Konflikte so sehr von den unsrigen: man müßte sich unsere Junker als Gläubiger, die Bauern als ihre Schuldner, und die Junker als stadtsässig denken können, um sich ganz in sie zu versetzen. Die Hypothekensteine auf den Gütern der Bauern und die Schuldknechte auf den Gütern der Großen gehen einander parallel. Ebenso findet sich ja noch später in Babylon, daß einzelne Kapitalisten über erstaunliche Zahlen von städtischen Grundstücken verfügen, von denen wahrscheinlich ist, daß sie sie nicht zu Eigentum, sondern in antichretischem Pfand besaßen und an ihre Schuldner vermieteten. Die Sechstelmänner (*ἑκτημόριοι*) Altattikas werden in ähnlicher Lage gewesen sein. Ihre Sechstelabgabe ist kein wesentlich niedrigerer Satz als die Drittelpacht der ägyptischen Kolonen, wo der Boden so unvergleichlich fruchtbarer war. (Ueber diese Frage s. unten bei Athen.) Die Geschlechter der hellenischen Städte, zumal der Seestädte, sind immer am Schiffsbesitz, oft — wie Solon — direkt am Handel beteiligt gewesen. Sie waren, als Hauptgetreidebesitzer, die Darlehnsgeber der Bauern in allen Notjahren. Dazu trat nun die Geldmacht. — Die, absolut betrachtet, ja geringe Bedeutung des Handels der Frühzeit, darf nicht zu einer Unterschätzung der relativen Tragweite der Handelsgewinnste in einem noch in Naturalwirtschaft verharrenden Milieu führen.

Die Stadtsässigkeit des Adels (»ἀστοὶ« heißen die attischen Eupatriden) ist auch ökonomisch seine Stärke.

Die Zunahme der Geld- und Grundvermögen einerseits, der Verschuldung der Bauern andererseits in den am Seehandel beteiligten Städten führt nun die Krisis des »Geschlechterstaates« herauf. Das »Volk« der homerischen Zeit, soweit es zum Fußdienst mit aufgeboten wurde, wird von den wagenkämpfenden Geschlechtern ebenso beherrscht und in Schach gehalten, wie die Cherusker nach Segestes' Behauptung von ihren »principes«. Aber mit zunehmender Bedeutung des Hoplitenheeres war dies nicht überall mehr möglich. Vor allem aber bedrohte die Schuldverknechtung der Bauern jetzt Wehrhaftigkeit und Machtstellung des Staates. Und die mit der Geldwirtschaft einsetzende Differenzierung des Erwerbes schuf Parvenüs, besitzlose Freie, ruinierte Adelsgeschlechter, trug so die leidenschaftlichsten Gegensätze in die Polis hinein. Ueberall war — den Regeln der Grundrentenbildung entsprechend — der reichste Boden, vor allem der Talboden im Gegensatz gegen die Bergabhänge, durch Verschuldung und Aufkauf in den Besitz des Adels gelangt. Nur er trug neben dem Bearbeiter noch eine Rentnerexistenz. Er wird daher aus den Ueberschüssen der adligen Wirtschaft erworben, gerade wie bei uns das Fideikommiß den guten Boden bevorzugt. Darum ist die Adelspolis nicht nur in die Gebirgslande so viel schwerer eingedrungen, sondern auch sonst sind die Ebenen (die »hohle Lakedaimon«, die messenische, elische, thessalische, böotische, attische Ebene) Sitz des Adels, die ἄγροικοι sitzen an den Berghängen. So schied sich die Bauerndemokratie und die Adelsherrschaft (besonders deutlich in Athen) auch territorial. Andererseits sitzen in den Hafenorten der Küste mit der Entwicklung von Exportgewerben — so der Töpferei in Athen — und Seeschiffahrt eine steigende Zahl von Existenzen, welche, außerhalb des Kreises der auf eigenem Lande Angesessenen und landwirtschaftlich Interessierten stehend, jedem, der ihre ökonomischen Interessen fördert, politisch zur Verfügung stehen. Diese Gruppen und die deklassierten, schuldverknechteten Freien bilden die Elemente, auf welche, teils im Bündnis miteinander, teils auf eine von ihnen, sich ein Staatsstreich gegen das Adelsregiment stützen konnte. Andererseits ersteht neben den alten grundsässigen Geschlechtern eine Schicht von nicht dem Adel angehörigen, aus dem Kleinbürgertum aufgestiegenen Reichtum. Daß es in der alten Zeit vor dem Einsetzen der kapitalistischen Entwicklung möglich war, als δημιουργός Reichtum zu erwerben, muß vielleicht auch aus dem bekannten Parteikompromiß in Athen i. J. 581 geschlossen werden, welches auch zwei »Demiurgen« zu Archonten berief, die demnach Pentakosiomedimnen sein, also ein festes Einkommen von mindestens 500 Drachmen (damals ein hohes, zu Demosthenes' Zeit ein Armeneinkommen) haben mußten. Man muß sich erinnern, daß unter den älteren Demiurgen jene Kunsthandwerkerfamilien mit ererbtem Gewerbegeheimnis sich befanden, welche ursprünglich (so im Mythos) eine hohe Seltenheitsschätzung genossen und sicherlich auch, nach Art des Adels, in großen Familienkommunionen zusammenlebten und Besitz aufspeicherten. Erst der Kapitalismus und die Sklavenarbeit, verbunden mit dem Zerfall der alten großen Hausgemeinschaften, haben diese Grundlage zerstört (s. u.). (Zu beachten ist allerdings, daß um 581 zur politischen Partei der »Demiurgen« sicherlich auch die nicht dem Adel oder der Landbesitzerschaft angehörige Kaufleute gezählt haben werden [1].) — Die Herrschaft der Stadt über das Land war nicht mehr zu halten, wo die besitzende Klasse selbst sich in schroffe Gegensätze zu spalten begann. Naturgemäß ist die Art, wie sich der Umschwung vollzog, und das Maß, in dem er vollzogen wurde, sehr verschieden. In den ersten großen Reformen wiegt jedoch in Althellas ganz entschieden das Bestreben vor, vor allem, im politischen Interesse der Wehrhaftigkeit des Staates, mit den verschuldeten Bauern zu einem Kompromiß zu kommen, — wie in den orientalischen »Gesetzgebungen« auch. Der Bauernradikalismus infolge der politischen Entrechtung, sozialen Deklassierung und ökonomischen Gefährdung der hoplitenfähigen Grundbesitzer war die politisch schwerste Gefahr für den Adel. Die drakonischen und verwandten Gesetzgebungen ebenso wie die Tyrannis ziehen die Konsequenz, indem sie die Polis ihres Charakters als halbfeudaler Zwingburg des Landes und den Adel seiner politischen Vorrechte entkleiden: die Grundbesitzer, soweit sie ökonomisch waffenfähig sind (*ὅπλα παρεχόμενοι* bei Drakon), werden Bürger, die öffentlichen Lasten der Bürger nach dem Ertrag des Grundbesitzes (so in Athen) abgestuft. Der Stadtstaat im bisherigen Sinne fällt, der Grundbesitz als solcher entscheidet über die politischen Rechte: die Stadt wird also, offiziell, dem Lande unterworfen. Wie später die 12 Tafeln in Rom, so tragen die »Gesetzgebungen« in Hellas ein agrarisches Gepräge im Sinne einer Emanzipation des nicht adeligen Grundbesitzes.

Die Motive und meist auch die Mittel waren analog denjenigen, welche schon in den Inschriften der Sumererkönige und in dem ältesten israelitischen Gesetz zutage traten. Die ökonomisch waffenfähige Bauern- und Kleinbürgerschaft, welche militärisch jetzt nicht mehr zu entbehren war, verlangte (wie die Kleinbürger und Bauern des Orients) Beseitigung der Reste der privaten Selbsthilfe (des »Fehderechts«, könnte man sagen), der rein mit Traditionen und Präjudizien arbeitenden Rechtsprechung und der Gerichtsklientel, durch Kodifikation und bürgerliche Rechtspflege. Sie verlangte Beseitigung der persönlichen Schuldverknechtung, speziell aber des Druckes der Geldschulden und ihrer Wirkung: der Besitzdeklassierung der kleinen Besitzer, durch Beseitigung der Schuldsklaverei, Zins-

[1] Demosthenes sen. hieß lebenslang »der Messerschmied«, obwohl er vielleicht vom Messerschmieden nicht mehr verstand als ein Besitzer von Bochumer Aktien von der Hüttentechnik, und seine Familie eine seit Generationen wohlhabende Kaufmannsfamilie war. Er besaß (unter anderen) ein Ergasterion mit Messerschmieden (Sklaven). S. u.

schranken, Kommassationsschranken. — Die radikalen Vertreter der Deklassierten verlangten: Neuverteilung des Landes und Schulderlaß: da die große Masse des Landes durch Verpfändung in die Hände des Adels gelangt war, war die erstere im Grunde nur eine schärfere Form der letzteren [1]). Die »Aisymneten« suchten Kompromisse zu schaffen. Neben der Fixierung der Bußsätze, Beseitigung oder Milderung der Schuldhaft geht das Bestreben einher, die Angriffe auf den bestehenden Besitz zu paralysieren und die Quellen der Differenzierung zu verstopfen. Am weitgehendsten ist in Solons revolutionärer Maßregel der Seisachthie — Erlaß aller auf dem Boden und der Person ruhenden Pfandschulden — den Bauern entgegengekommen worden. Verbunden mit dem Freikauf der nach auswärts veräußerten attischen Schuldknechte entsprach sie dem politischen Sinn des Vorgangs: Erhaltung des Hoplitenheeres, auf dem von nun an die militärische Macht des Staates allein ruht. — Natürlich ist diese Tendenz keine ungebrochene, überall gleichmäßig wirkende. Die Tyrannis vor allem ist natürlich, so fest sie sich zunächst auf die »entrechteten« Klassen stützt, doch in erster Linie politische Usurpation und arbeitet als solche mit mannigfachen Mitteln. Unverkennbar ist in Althellas ein theokratischer Einschlag; wie die Orakel später auf seiten der Perser stehen, so finden sich — ganz wie im Orient — zwar nicht die alten aristokratischen Priestergeschlechter, wohl aber allerhand Propheten mit den »Tyrannen« zusammen. Die sizilische Tyrannis wiederum hat in ihrer späteren Zeit, einen von der althellenischen stark abweichenden Charakter. Sie geht damals Hand in Hand mit der vielfach sicher zugewanderten Geldaristokratie. Aber auch die politischen Mittel der älteren Tyrannengenerationen in Sizilien: Eingemeindung ganzer Stadtgemeinden und sogar landfremder Söldner in die eigene Polis, sind orientalischen Charakters, waren auf Kolonialboden, nicht in Althellas, möglich. — Allein durchweg zeigen die sachlichen Neuerungen, und zwar diejenigen der »Gesetzgeber« ebenso wie der »Tyrannen«, ein doppeltes Gesicht. Einerseits vertreten beide die »Stadtwirtschaft« und ihre Interessen gegen die Monopolisierung der politischen Macht seitens der alten »Geschlechter«, der ökonomischen Macht seitens der (alten und neuen) Geld- und Menschenbesitzer. Das Bündnis mit den Bauern, auf dem der Grundsatz, daß »ganz Attika eine Stadt« sei, beruhte, bringt dies politisch zum Ausdruck. Die Rechtssicherheit und die Unabhängigkeit des Rechts von der Traditionen- und Präjudizienjustiz der patrimonial-sakralen Gerichte des Adels wird, neben der Kodifikation, auch — so von Peisistratos — durch Sicherung einer rein amtlichen Rechtspflege in den Dörfern geboten (Peisistratos reiste selbst auf die Dörfer zur Rechtsprechung, später finden sich wenigstens für Bagatellsachen reisende *δικασταὶ κατὰ δήμους*): ebenfalls eine Analogie zur deutero-

[1]) Nur ein nicht belasteter Besitz: »*οὐσία ἐλευθέρα*«, galt in Athen als qualifizierend zu der betreffenden Besitzerklasse der Bürgerschaft.

nomischen Gesetzgebung. Wir finden auch unter den wirtschaftspolitischen Maßnahmen der Tyrannen Periandros, Theagenes, Kleisthenes, Peisistratos, ebenso wie in den Gesetzgebungen des Zaleukos und Solon, eine ganze Anzahl solcher, welche dieser Tendenz angehören. Die strenge Kontrolle des »Luxus«, welche oft bis zu sehr eingreifenden Luxusverboten geht, richtet sich teils vom ständischen, teils vom kleinbürgerlichen Standpunkte gegen die Differenzierung der Lebenshaltung als Bedrohung der bürgerlichen Gleichheit. Das Verbot des Sklavenerwerbs durch Periandros und in anderen Staaten — in Phokis und Lokris bis in die klassische Zeit bestehend — und die versuchten Einschränkungen der Bodenakkumulation durch Solon suchten ökonomisch die Besitzverschiebung an der Wurzel zu treffen. Aber: die Beseitigung der Schuldhaft und die Austilgung der ständischen Differenzen zwischen den bodenbesitzenden Bürgern (politische »Bauernbefreiung«) einerseits, das Verbot der Zuwanderung der Bauern in die Stadt andererseits, sind Korrelate. Mehrfach ist der Versuch gemacht worden, die Bauernschaft durch staatliche Bindung des Bodens zu sichern: so in dem Verbot des Verkaufes an die Stadt (πρὸς τὸ ἄστυ) d. h. damals: an den Adel. Das häufige Verbot des Auf- und Vorkaufs, des Zwischenhandels (Zaleukos) und der Getreideausfuhr gehört in die gleiche Kategorie, wie die entsprechenden Maßnahmen der mittelalterlichen Stadtpolitik, nicht minder die Bestrafung des Müßiggangs und der Bettelei. Man erstrebt durch diese typisch wiederkehrenden — und vermutlich eine Reihe in den gleichen Zusammenhang gehöriger — Maßregeln eine Stabilisierung der kleinbürgerlichen »Nahrungen«. — Schließlich aber bedeuteten, wenigstens in den großen Seestädten, die Maßregeln der Gesetzgeber ebenso wie die Politik der Tyrannen im Erfolg doch wesentlich die Koordination des neuen, auf Handel und Geldbesitz in erster Linie, beruhenden, spezifisch städtischen Reichtums mit den alten Geschlechtern. Die solonische Gesetzgebung hat wahrscheinlich (wennschon Br. Keils Argumente vielleicht nicht absolut zwingend sind) bereits die Zulassung zu den Klassen auf Geldschätzung des Einkommens gegründet, also den Boden der bäuerlichen Hoplitenpolis bereits verlassen. Und die merkantilistische Begünstigung der gewerbetreibenden Metoiken, welchen — im Gegensatz zu der Politik der späteren Demokratie — durch die Erleichterung des Zutritts zum Bürgerrecht zugleich der Bodenerwerb in Attika ermöglicht und damit die Erhaltung ihres Vermögens für Athen begünstigt wird, kennzeichnen die Rücksichtnahme auf das Bündnis der Geld (und deshalb: Menschen) besitzenden Klassen. Die Zulassung der Oelausfuhr bei Verbot der Ausfuhr anderer Bodenprodukte entspricht dem antiken agrarischen (Plantagen-)Merkantilismus. Die Bauernfreundlichkeit ist also nur Mittel zum politischen Zweck: — der gleiche Zug tritt in Periandros Gebot für die Bauern, sich der städtischen Tracht zu enthalten — um ihnen den Stadtaufenthalt zu verleiden — und in den erwähnten Bauernzuwanderungsverboten hervor. — Die verschuldete, depossedierte und in die Stadt gedrängte Landbevölkerung wurde zugleich, wie in Rom, nach außen abzulenken gesucht: Die attischen Kleruchien auf Salamis mit ihrem Rückenbesitzzwang und Verpachtungsverbot — solche Auflagen sind auch bei politisch motivierten Kolonien später noch vorgekommen, die letztere aber nicht ausnahmslos — hatten neben dem unmittelbar militärischen wohl auch diesen bevölkerungsentlastenden Zweck; sicherlich hatten ihn die Koloniegründungen der Tyrannen, welchen als »Arbeitslosenbeschäftigung« im Innern Staatsbauten entsprechen. — Stabilisierung der Nahrungen zur Vermeidung des Entstehens sozial deklassierter Bürgerschichten, daher Reglementierung des Verkehrs ohne zu starke Schädigung der Erwerbschancen ist die typische Parole dieser Epoche. —

Der Ständekampf hat daher keineswegs nur zu so relativ »klaren« Typen, wie etwa: Thessalien, Sparta, Athen, sondern naturgemäß zu den allerverschiedensten Kompromissen und Kombinationen geführt, von deren Inhalt die sozialen Gemeinschaften des platten Landes stark beeinflußt wurden. Leider ist wenig ganz Sicheres feststellbar. Ziel der »demokratischen« Bewegung war vor allem: Zertrümmerung des festen, auf der Bindung des Bodens in der (erweitert gedachten) Hauskommunion beruhenden, Zusammenhangs der »Geschlechter« und Brechung ihres übermächtigen Einflusses in den lokalen und personalen Verbänden: Dorf und Phratrie. Das »Dorf« (*κώμη*, später: *δῆμος*) hat als Wirtschaftsgemeinschaft natürlich immer fortbestanden. Aber der Geschlechterstaat ignoriert es politisch und die Geschlechter mit ihrem Besitz standen zweifellos (wie unsere Rittergutsbesitzer) de facto außerhalb der Dorfverbände, schufen oft eigene *κῶμαι*, mit ihren Klienten, Schuldsklaven oder Pächtern. Ihr Grundbesitz bestand andererseits aber, da er sehr häufig aus Pfandbesitz entstanden war, wohl auch zum bedeutenden Bruchteil aus Streubesitz. Programm der Bauern daher: »Eingemeindung« der Güter in die Dörfer, Erschwerung des Streubesitzes in mehreren Dörfern. — Die Phratrie als unterster Heeresverband: Wehrgemeinde, beherrscht im Militärstaat von jeher die Zulassung zum Bürgerrecht und Landbesitz, und sie steht ihrerseits ganz unter der Herrschaft der Geschlechter, obwohl sie (darin hat Wilbrandt sicher Recht) nicht nur sie umfaßte, sondern alle Wehrhaften. Programm der Bauern daher: Demokratisierung der Phratrie, oder: Beseitigung jener ihrer Rechte. Die Konzessionen an die Hoplitenschaft gingen nun sehr verschieden weit. In Elis z. B. hat bis zum Synoikismos von 471 (s. u.) eine »Polis« gar nicht bestanden. Der Adel der fruchtbaren »hohlen Elis« war ein exklusiver pferdezüchtender Ratsadel, der wie in alter Zeit auf seinen Burgen verstreut saß und sich nur um das olympische Heiligtum und die ökonomisch vorteilhafte Leitung der Festspiele zusammenschloß. Erheblicher Handel fehlte zu allen Zeiten. Infolgedessen lange Zeit: große Verträglichkeit der Stände. Gemeinsam mit dem Hoplitenheer unterwarf der Adel die Pisatis:

wie die römischen Patrizier der plebs, so konzedierte er den δῆμοι je einen Anteil am eroberten Lande: die Pisaten blieben Tributpflichtige des elischen Staates. Das von Aristoteles erwähnte, gegen den Bauernauskauf gerichtete, Verschuldungsverbot gehörte wohl schon dieser Kompromißzeit an. Die Demoi oder Komai (Dörfer) blieben die Konstituenzien der Gemeinschaft. Sie, nicht Staat oder Phratrie, sind es hier, welche das Bodenrecht verleihen. Andererseits ließen sich, bis 471, die Hopliten offenbar ohne Protest von den Herren kommandieren, wie in alter Zeit. Hier hatte eben kein Synoikismos stattgefunden (Folge der Schwäche des Handels) und dies war der Grund, weshalb die typischen Erscheinungen der Adelspolis: 1. Verschuldung der Bauern, 2. Grundbesitzanhäufung, 3. Verschwinden der δῆμοι im Verwaltungsrecht, 4. Neuadel lange Zeit nicht (oder nur wenig) entstanden. (Ueber den Synoikismos von 471 s. unten.) Anders dagegen in den beiden einander benachbarten Handelsstädten Megara und Athen. — In Athen [1]) und Megara war ebenso wie in anderen Seestädten, neben der Verschuldung der Bauern, ein organisatorisch wichtiges Problem: das Schicksal der mit der Entwicklung des Handels massenhaft entstehenden reichen Neugeschlechter. In Megara sind diese Parvenüs, deren Anspruchsfülle den Zorn des Theognis erregt, ganz ebenso wie in früherer Zeit der »alte« Adel, durch den Handel (Export) von Wollwaren, die aus der Wolle, welche die Herden des Adels gaben (wohl im ἐργαστήριον des Adligen) verfertigt waren, reich geworden. In Athen wird der Export von Oel und Töpferwaren ihnen emporgeholfen haben. An beiden Orten machen sie zeitweise, um Gleichberechtigung zu erlangen, gegen den Adel gemeinsame Sache mit dem Demos des platten Landes (in Megara richten sich hiergegen die Warnungen des Theognis, und vermutlich ging er aus diesem Grunde zur Oligarchie über). Eigentlich »revolutionär« aber sind überall die verschuldeten Bauern. Auch in Megara ist auf dem Wege der politischen Revolution der Bauern eine beschränkte (und charakteristische) Seisachthie: die Rückzahlung der an die Gläubiger geleisteten Zinsen, durchgesetzt worden. Ob dabei die »Degradation« der Edlen zu Gemeinen auch in Megara in ihrer zwangsweisen Aufnahme in die »Demen« bestanden hat, wissen wir nicht; im übrigen aber verhinderte die Vernichtung des megarischen Handels durch die Athener die Weiterentwicklung zur eigentlichen Demokratie.

Auch in Athen ist diese Entwicklung nur stoßweise vollzogen worden, zuerst auf der Basis der Bildung von Neugeschlechtern.

---

[1]) Ein näheres Eingehen auf athenische Verfassungsfragen verbietet sich hier natürlich. Die scharfen Meinungsunterschiede zwischen so hervorragenden Gelehrten wie v. Wilamowitz und E. Meyer, der häufige Wechsel der Ansichten desselben Forschers, die Arbeiten von Br. Keil, Fr. Cauer, Wilbrandt, zeigen das Eine jedenfalls: daß hier selbst der philologisch geschulte Fachmann, trotz der neuen Aristoteles-Funde, oft im Dunkeln geht, — um wieviel mehr wir anderen.

Ob die Frage nach ihrer Teilnahme an dem gentilizischen Kult des *Ζεῦς ἑρκαῖος* und *Ἀπόλλων πατρῷος*, die an die antretenden Archonten gerichtet wurde (Angabe des Ortes war dabei gefordert: es entspricht dies Qualifikationserfordernis etwa dem »Hantgemal« unseres Mittelalters) nach der kleisthenischen Reform mehr bedeutete als das Erfordernis für den amerikanischen Präsidenten, geborener Amerikaner zu sein, steht dahin. Die erbliche Zuschreibung aller Adligen und aller Neubürger je zu einem bestimmten Demos durch Kleisthenes wird auch der Beseitigung der Bedeutung gerade dieser Frage gedient haben: er »macht alle Athener adlig«, heißt es daher von ihm: jeder hatte eben jetzt seine »Heimatsgemeinde«. Für die Zeit vor Kleisthenes beweist jene Frage aber, daß die Umgestaltung der Verfassung seit der Zeit, daß die Ratsgeschlechter, die aus ihren Burgen (Dekeleia z. B. war eine solche Geschlechterburg) synoikisiert waren, aus ihrer Mitte die Archonten wählten, bis zu dieser Umgestaltung des Kleisthenes sich im Rahmen der Gentilverfassung bewegte. Die sog. »solonischen« Klassen sind wohl sicher älter als Solon: sie dienten der Abstufung der Bürgerfron-, Abgabe- und Wehrlasten wie in der Frühzeit Roms. Wenn Drakon alle ökonomisch Waffenfähigen, Solon auch die unterhalb des Zeugitenzensus Stehenden, zum aktiven Bürgerrecht zuließ, und dabei die Amtsqualifikation lediglich an jenen Klassenzensus knüpfte, so müssen die außerhalb des alten Stadtadels (*ἀστοί*) der Eupatriden stehenden Bürger, um z. B. Archonten werden zu können, jedenfalls künstlich als Neugeschlechter (gentes minores) organisiert worden sein, — wie dies das bald nach Solon folgende, allerdings halbrevolutionäre Kompromiß-Archontat von zwei Demiurgen (angesichts jenes Erfordernisses der Teilhaberschaft am Kult des Zeus Herkaios), unbedingt voraussetzt. Geschlechtszugehörigkeit aber bedeutete unter allen Umständen vor Kleisthenes auch die Bodensässigkeit als Amtsqualifikation, denn ohne Bodenbesitz ist ein »Geschlecht« nicht denkbar. Aber im Gegensatz zu Elis finden wir noch nicht die »Demoi« als unterste Einheit. Die vom Adel beherrschte Phratrie, nicht wie in Elis, der Demos, behält damit in Athen die praktisch so wichtige Führung der Bürgerliste. Noch fehlt das »Dorf«: die »Naukrarien« bedeuten keine eigentlichen Gemeindeeinheiten, sondern Lastenrepartition auf lokaler Basis. Die Exportpolitik zugunsten des Oelbaus und der Töpferei und die Währungsreform zugunsten des Handels zeigen ja, mit dem Getreideausfuhrverbot zusammen, deutlich genug, daß Solons Reform keineswegs etwa primär: Bauernpolitik war.

Die Uebermacht des alten Adels in den Phratrien blieb also nach Solon ungebrochen. Daher begann die Verschuldung, der Kampf des rentelosen gegen den rentegebenden Boden (wie man es ausdrücken könnte) in Gestalt des Gegensatzes des Pedia (Adel und neue Grundrentner) gegen die Bauern, der Küstenbevölkerung gegen die binnenländischen Agrarier, von neuem. Die peisistrateische Politik warf die alten Geschlechter zu Boden und stützte sich auf die Bauern. Ihre Maßregeln gegen den Adel (außer: Konfiskationen) sind im einzelnen nicht bekannt (Cauer baut hier auf etwas unsicherem Boden). Die kleisthenische Politik endlich suchte umfassende Eingemeindung von vermögenden Neubürgern (Metoiken, auch Freigelassenen) im Interesse der politischen Machtstellung mit Vernichtung der gentilizischen Gliederung des Staates zu verbinden. Die Eingemeindung des Adels in die Dörfer einerseits, Einfluß auch der Nichtadligen in den Phratrien andererseits sollen erzwungen werden. Zu diesem Zweck wird eine ganz neue, die Geschlechtsverbände absichtlich zerschneidende, rein lokale Einteilung des Staates vorgenommen. Jedermann, auch der Städter, erhält seinen lokalen »Demos«, dem er staatsrechtlich dauernd und erblich angehört. Die Begründung des Staates auf diese »Demoi«, in Verbindung mit der Berufung an die Volksgerichtsbarkeit und dem Ostrakismus, nannte man damals »Demokratie«. Sie war noch nicht identisch mit »Volkssouveränität« in irgendeinem Sinn. Zwar der Areiopag, der sich selbst ergänzende Ausschuß der Geschlechter, der ursprünglich (nach Aristoteles) die Beamten ernannte, später umgekehrt sich aus ihnen ergänzte, war aus seiner alten, die Beamten, speziell die Rechnungsführung, kontrollierenden Stellung teilweise schon vor Kleisthenes herausgedrängt: die Schaffung der gewählten Bule der Prytanen gehört schon der Zeit der Adelsherrschaft an. Eine Entwicklung der Stellung des Areiopags nach Art des römischen Senates, dem er entsprach, war schon damit erschwert. Aber der Areiopag bestand doch als Kassationsinstanz gegen gesetzwidrige (insbesondere: gegen das göttliche Recht verstoßende) Beschlüsse der Ekklesia fort, und erst der Gesetzgebung des Ephialtes und Perikles fiel er zum Opfer. Dieser Zustand entsprach dem endgültigen Begriff der radikalen »Demokratie«. Die »attische Demokratie« entspricht insofern der Souveränität des englischen Parlaments weniger als derjenigen der amerikanischen Union, als eine Rechtsänderung in Athen an bestimmte Formalien geknüpft ist, und jeder Bürger gegen einen rechtswidrigen Volksschluß Kassationsklage (beim Volksgericht!) erheben kann. Aber die Souveränität der attischen Ekklesia steht dennoch wesentlich über derjenigen der Komitien im römischen Staatsrecht, nach welchem nicht nur Verletzung des göttlichen Rechts einen Volksschluß nichtig macht, sondern auch die Aufstellung einer nicht als generelle Regel gültigen Norm, einer Verfügung also, die nur Einzelne betrifft, rechtswidrig ist (der Zwölftafelsatz ist offenbar gegen die Rezeption des hellenischen Ostrakismus gerichtet). Die »Souveränität« der hellenischen Polis äußert sich auch in der Art ihrer Disposition über das Vermögen ihrer Bürger. Gegen die Anschauungen v. Wilamowitz's, der darin ein Symptom für die »Jugend« des Privateigentums in Hellas findet, ist zu betonen, daß die Verfügung der Polis z. B. über den Grundbesitz der Bürger zwar auch der homerischen Zeit (s. o.) selbstverständlich ist, daß sie aber in historischer Zeit nicht ab-, sondern vielleicht eher zunimmt, bis in die hellenistische Zeit hinein (vgl. die Schuldurkunde von Arkesine, s. unten »Hellenismus«). Letztlich begründet ist sie in dem militärischen Charakter der Polis, die ein Heerlager, und der Volksversammlung, die das versammelte Heer ist. Das hat natürlich mit irgendwelchem Nachklingen kommunistischer Urzustände so wenig zu tun wie etwa die preußische Polenvorlage. — Die »Demokratie« im Sinne der attischen Demenordnung hat von Athen aus (und unter dessen politischem Einfluß) die Mehrzahl aller Seestädte jonischer und einige dorischer Zunge (Rhodos) erobert. —

Verquickt mit den ständischen Unterschieden von »Adel« und »Gemeinen« durchziehen die Besitzgegensätze zwischen »Oligarchie« und »Demos« nun die ganze »klassische« hellenische Geschichte: Wechsel in der innern Politik schließt solchen in der äußern in sich und umgekehrt. Natürlich handelt es sich nicht um Gegensätze zwischen einem »Arbeiterproletariat« in unserm Sinne und irgendwelchen »arbeitgebenden« Großindustriellen. Sondern es sind Gegensätze der Vermögensgröße (gleichviel welche Struktur ökonomisch das Vermögen zeigt) und der Schuldverhältnisse einerseits, der Lebensführung (»ritterlich« oder nicht, im Sinne des Altertums natürlich) andererseits. Was diesen letzten Punkt speziell anlangt, so war das Vermögen der alten Geschlechter Grundrentenbesitz, akkumuliert (wie wiederholt ausgeführt) — mit Hilfe des Handels. (Natürlich ist das a potiori zu verstehen: nicht jedes Geschlecht trieb Handel oder beteiligte sich daran. Aelteste Quelle der Zurechnung zum Adel ist wohl zweifellos die Gaufürstenwürde. Aber diejenigen, welche wohlhabend wurden, sind es überall auf diesem Wege: durch eigenen Schiffsbesitz oder Beteiligung, Kommenda usw., geworden [1].) Aber naturgemäß suchten die alten Geschlechter das Eindringen der Neugeschlechter in ihre Kreise trotzdem auch durch Diskreditierung des Gelderwerbs zu hemmen. Die spätere Zeit sieht selbst in den Seestädten nur die ἐμπορία und die mit ihr zusammenhängenden Geschäfte des Seegroßhandels als respektabel an. Die Auffassung der eigentlichen Landadelsgesellschaft vollends verwarf offiziell jeden eigentlichen »Erwerb«, unbedingt natürlich die persönliche Beteiligung an Kauf und Verkauf zu Gewinnzwecken oder gar die persönliche Arbeit. In Sparta ist — eine Konsequenz der Militärorganisation — nicht nur der Handwerker und Händler (Kleinhändler wie Großhändler) von den Aemtern und dem Vollbürgerrecht ausgeschlossen: er ist Perioke, sondern es ist dem Spartiaten direkt verboten, durch seine Arbeit sich standeswidrig Erwerb zu verschaffen, — wie unseren Offizieren. Andererseits aber ist hier — im striktesten Gegensatz namentlich gegen

---

[1] Für den ökonomischen Prozeß im kleinen ist im großen der sog. »lelantische Krieg« ein Archetypus: Geführt wurde er von den Patriziaten der großen Handelsstädte und zur See. Objekt und Siegespreis ist aber die fruchtbare, rentegebende, lelantische Ebene.

die athenische Demokratie — die Aufnahme unecht geborener, auch Helotenkinder, in den Bürger-, auch den Vollbürgerstand, keine Unmöglichkeit, da, ganz entsprechend dem rein militärischen Charakter des Staates, die kriegerische Erziehung die Grundlage der ständischen Absonderung der »Spartiaten« ist, nicht etwa das Blut. In Theben, wo der Wagenkampf sich lange behauptete, der Schuldner als solcher (weil er entweder mit seinem Leibe haftete oder seinen Besitz auf Einlösung verkauft hatte) wie in ältester Zeit als sozial deklassiert galt, mußte man sich 10 Jahre lang der *ἀγορά* ferngehalten haben, um zu einem Amt wählbar zu sein. In Athen wurden zwar umgekehrt alle Aemter (mit der zweifelhaften Ausnahme des Protostrategen) durchs Los besetzt und der Demos durch Leiturgie auf Kosten der Besitzenden entlastet: — aber der Unterschied des gentleman-Rentners gegenüber dem, der von seiner Arbeit lebt, besteht trotz der »Demokratie« in der öffentlichen Schätzung und kommt z. B. in Demosthenes Rede für den Kranz, obwohl es sich um ein Plaidoyer vor den Repräsentanten des Demos handelt, deutlich zum Ausdruck. — Es war für die Entwicklung der charakteristischen Züge des Hellenentums — auch der hellenischen Kunst — von entscheidender Bedeutung, daß der kriegerische Rentnerstand der Hoplitenpolis kein Stand von Grandseigneurs war, sondern nach Besitz und Sitte gerade in der Zeit seiner selbstbewußten Entfaltung einfach und »bürgerlich« zu leben genötigt war. Die nationalen Wettspiele, die Gymnasien mit ihrer von Sparta aus vordringenden, so folgenschweren Sanktionierung der Nacktheit, — derartiges wäre an den Höfen etruskischer oder römischer oder orientalischer »Großen« niemals entstanden, hätte ihrer »Würde« nicht entsprochen (die etruskischen Athleten z. B. sind, nach Ansicht der Fachmänner, schon nach ihrer Physiognomie Berufsathleten, welche, wie die spätrömischen, gegen Geld vor den Herren, als Zuschauenden, auftraten).

Die Entwicklung, zuerst zum Partikularismus der Adels-Polis, dann zum Hoplitenstaat und — in den reichsten Städten — weiter zur radikalen Demokratie entschied in Hellas (wie in Rom) auch über den spezifisch »weltlichen« Charakter der Kulturentwicklung im Gegensatz zu der Theokratie des Ostens. Dieser Unterschied beruht jedenfalls nicht in erster Linie auf Differenzen der ökonomischen Machtstellung der Tempel. Denn auch in Hellas waren sie zuweilen Grundherren großen Maßstabes, im größten Umfang Delphoi nach dem »heiligen Kriege«, der dem Tempel das Gebiet von Kirrha und Krisa gebracht hatte, welches seitdem an Kolonen vergeben wurde. Ebenso erfüllten die Tempelschätze in Griechenland ähnliche Funktionen wie im Orient. Die Tempel besaßen *ἐργαστήρια* wie in Aegypten und gaben Darlehen. Sie waren andererseits Depositenkassen (erklärt sich der Freikauf des Sklaven durch den Tempelgott vielleicht auch daraus, daß die Götter die Sklavensparkasse waren, da hier das, Zugriffen des Herren von Rechts wegen ja überall ausgesetzte, peculium des Sklaven sicher war? — natürlich spielt die

Garantie der Freiheit durch den Gott primär mit). Sie waren vor allem, in der klassischen Zeit (anders als später im Hellenismus), die einzigen wirklichen Staatsgläubiger, und Depotstelle der Staatskriegsschätze: sowohl der Schatz der Athena wie diejenigen von Delphoi und Olympia (deren Bedeutung für die Peloponnesier Perikles bei Thukydides abschätzt) haben jene Rolle gespielt (Olympia noch in sehr später Zeit). Die geringere Theokratisierung beruht auch nicht auf ethnisch gegebenen Unterschieden im Grade der Zugänglichkeit für Superstition: darin geben die Hellenen, und vollends die Römer, wenigstens dem älteren Orient (vor der allgemeinen politischen Nivellierung und Theokratisierung) nichts nach, und die Rücksichtnahme darauf war politisch stets unbedingt notwendig. Sondern die gänzlich verschiedene Rolle, die das Religiöse im Okzident spielte, hängt mit dem Fehlen eines festgliedrig und einheitlich organisierten Priesterstandes und allen seinen Konsequenzen (Fehlen jeder spezifischen Priestervorbildung, und, erst recht natürlich, der religiösen Unterweisung der Laien, Fehlen einer allgemeinen spezifisch priesterlichen asketischen oder rituell geregelten Lebensreglementierung bis auf — relativ! — geringe Ansätze, und daher erst recht: Fehlen sektenhafter »Reinheits«-Askese für die Laien nach Art der jüdischen Lebensreglementierung) zusammen. Die Priesterstellen sind vielfach allerdings auch in historischer Zeit noch in den Geschlechtern erblich (Dionysospriester in Delphoi — dagegen nicht: die Apollonpriester) und für die älteste Zeit scheint die Existenz von Priesteradel sicher. Allein die Regel ist das schon lange vor, und vollends nach dem Siege der »Hoplitenpolis« nicht: neben der (seltenen) Volkswahl ist das Prinzip der Losbesetzung (aus qualifizierten Kandidaten) und besonders der Verkauf der Stellen das häufigste. Kumulation des Priesteramtes mit anderen Beschäftigungen ist meist zulässig. Die Besetzung erfolgt lebenslänglich, später aber oft auch nur für 1 Jahr. Sie ist oft fast eine rein geschäftliche Transaktion (Schwierigkeit der Besetzung, wenn die Oelplantagen des Tempels abgebrannt sind!). Es fehlt jede Einheitlichkeit des Standes als solchen, jeder Ansatz zur »Kirchen«-bildung und jedes priesterliche Standesgefühl. Die heftige Konkurrenz der Partikulargottheiten allein erklärt (wie das Mittelalter zeigt) dies nicht. Sondern es ist Folge der politischen Unterwerfung der Priesterschaft unter die Militärmacht der rein politisch-weltlich interessierten Adelgeschlechter und später der Bürger der Polis. Delphoi wird nicht von einem delphischen Priestergeschlecht beherrscht, sondern von einer Polis. Anlaß des »heiligen Krieges« ist allerdings der Versuch dieser den Tempel beherrschenden Polis, ihn durch Zölle auf die Wallfahrer zu fruktifizieren. Seitdem ist er unter der sehr fühlbaren Kontrolle einer Amphiktyonie, mehrerer (ursprünglich) ländlicher Gemeinwesen (ἔθνη), bei zunehmendem Einfluß der allmählich sich einmischenden Polis. An theokratischen Strömungen hat es auch später in Hellas offenkundig nicht gefehlt, so wenig wie an mystisch-ekstatischen. Noch die Perserkriege kann man — wie E. Meyer es geistvoll getan hat — als einen Entscheidungskampf zwischen jenen Strömungen (an welche die Perser hier wie anderwärts sicher angeknüpft hätten) und der »Weltlichkeit« der hellenischen Kultur ansehen. Alle Tyrannen und Tyrannis-Kandidaten stehen mit Tempeln oder Propheten in Verbindung (speziell bekanntlich die Alkmäoniden mit Delphoi). Aber: die Macht der Priesterschaft reichte nicht aus, den Usurpatoren die Weihe der Legitimität, wie im Orient, zu geben, und daran scheiterte die Tyrannis. Es ist diese Machtlosigkeit ein Erbe der (mit den Göttern im Epos so respektlos umspringenden) homerischen Epoche: die Militärgeschlechter des Heerkönigtums, die im Orient schließlich überall den Verbündeten: königlicher Bureaukratie und Theokratie, unterlagen, behielten hier über Könige und Priester die Oberhand. Und der Sieg der nunmehr, wo die Priestermacht in den Dienst des Adels gezwungen war, durchweg gegen sie, vor allem gegen jede religiös-traditionalistische Rechtsfindung interessierten bürgerlich-bäuerlichen Hoplitenschaften besiegelte die Niederlage aller theokratischen Strömungen (während umgekehrt im Orient die Theokratie gerade die Masse der »kleinen Leute« auf ihrer Seite hatte, weil sie in ihr immerhin einen Rückhalt gegen die äußersten Konsequenzen der Willkür der Könige und des großen privaten Besitzes erblickten).

Rechtsgeschichtlich sind die Tempelbesitzungen wahrscheinlich dadurch von Bedeutung gewesen, daß — wie es scheint — das Institut der Erbpacht in seiner antiken Form (der späteren »Emphyteuse«) von ihnen seinen Ausgang genommen hat. Die städtischen und dörflichen Ländereien werden in älterer Zeit kaum Anlaß zur Vererbpachtung gegeben haben: sie dienten der Zuweisung von κλῆροι an den Nachwuchs oder der gemeinsamen Nutzung. Beide Zwecke kamen für die Tempel nicht in Betracht. Nur in Elis scheint ein Teil der unterworfenen Pisatis in Erbpacht vergeben gewesen zu sein. Wie schon für das pharaonische Aegypten die Möglichkeit (aber freilich keinerlei Sicherheit) besteht, daß die Tempelbauern teilweise Erbpächter gewesen sind (s. o.), so ist es sicherlich nicht zufällig, daß in Hellas, wo die Erbpacht zuerst (in einer Inschrift von Olympia) im 5. Jahrh. nachweislich ist, die Tempel in so starkem Maße als Erbverpächter beteiligt sind. Neben ihnen stehen in der klassischen Zeit die Allmenden der Gemeinden. Dagegen fehlen private Besitzer als Erbverpächter (der einzige angebliche Fall ist nicht nur unsicher, sondern ganz unwahrscheinlich). Das Institut wird in zwiefachem ökonomischen Sinn verwendet (wie Mitteis zuerst klar erkannt hat): 1. als Verleihung von Oedland mit einer dem Maße nach genau bestimmten Pflicht der Bebauung (namentlich: Bepflanzung mit Oelbäumen oder Weinstöcken) zu Lasten des Erbpächters: hier ist die Erbpacht lediglich die Erstreckung der im Orient und in Hellas (s. u.) oft vorkommenden langfristigen bis auf ewige Dauer, mit dem Vorbehalt, daß Nichterfüllung der Baupflicht zur Entziehung berechtigt, sonst ein Heimfall nur bei erblosem Tode erfolgen solle. (Wir sahen, in wieviel primitiverer Weise das altbabylonische Recht die Meliorationsvergebung behandelte.) 2. kommt die Erbpacht als »Rentenkauf« (so nennt diesen Fall Mitteis nach germanischer Analogie mit Recht) vor, bei Kulturland, welches vom Tempel (oder für ihn) gekauft und dem Verkäufer gegen Zins zurückgegeben wird. Für den Tempel ist dies eine sichere Kapitalanlage, für den, der ihm das Grundstück zu Rente aufträgt, bedeutet es den Gewinn von Betriebskapital und außerdem der Rechtssicherheit, welche die Qualität des Landes als Tempelland bot. Die Frage der Veräußerlichkeit hing vom Kontraktsinhalt ab, zuweilen ist sie untersagt. Daß sie in einem (sehr späten) Kontrakt aus Thisbe nur an Gemeindebürger gestattet ist, entspricht alten hellenischen Grundsätzen.

b) »Klassische« Epoche (speziell: Athen).

Die Erbpacht — welche, wie schon hervorgehoben, auch in Hellas nur seitens juristischer und zwar »öffentlicher«, nicht seitens physischer Personen als Verleiher vorkam, im Privatverkehr wohl auch hier (wie in Rom) gar nicht möglich war — ist in Attika in der klassischen Zeit und wohl in allen Gebieten der gleichen radikaldemokratischen Struktur — die einzige Erscheinung eines gebundenen Bodenbesitzes in der klassischen Zeit. Die Entwicklung zur »Bürgerpolis« ist in ihrem Endpunkt generell identisch mit Entwicklung zur vollen Verkehrsfreiheit des Bodens. Nicht nur in Athen und den mit ihm verbündeten Orten (Möglichkeit des Bodenankaufs und der Bodenbeleihung in den Bundesgenossenstädten ist ja ein Hauptvorteil des Bundes für die Athener), sondern auch anderwärts, außerhalb Spartas und der spezifisch grundherrlichen Staaten vom Typus Thessaliens, ist er seiner Beschränkung durch gentile Retraktrechte in klassischer Zeit überall entkleidet. Aber auch die Schranken, welche der Hoplitenstaat in der Zeit seiner Entstehung, im Interesse der Erhaltung der ökonomischen Grundlage der Wehrfähigkeit, geschaffen hatte: gänzliches Verbot des Verkaufs des κλῆρος oder doch Verbot der Bodenakkumulation, Beschränkung der Teilung und Verschuldung usw., hielten auf die Dauer nicht stand (und fielen natürlich gänzlich dahin, wo man später zum Soldheer überging). In dem seit 471 synoikisierten Staat von Elis wurde, als ein Parteikompromiß die exulierten Aristokraten zur Heimkehr veranlassen sollte (350), ad hoc ein Verbot des Verkaufs ihrer Grundstücke erlassen, — der also an sich, und sicherlich schon seit sehr langem, zulässig war. Mit dieser Freiheit des Verkehrs wurde naturgemäß die Möglichkeit der Differenzierung des Bodenbesitzes, der selbst Sparta nicht entging, in der freien Polis erst recht wieder wirksam. Dies um so mehr, als die Sklavereiverbote oder -beschränkungen der alten Hoplitenpolis nirgends aufrechterhalten blieben, und wir demgemäß, fortschreitend bis in die hellenistische Zeit, das Vordringen der Kaufsklaverei als normale Erscheinung in immer weitere Gebiete verfolgen können. So z. B. in Phokis (s. o.) nach dem peloponnesischen Kriege (ein, damals Aufsehen erregender, Import von 1000 Sklaven auf einmal ist bekannt). Ebenso bei den Aitolern in der hellenistischen Zeit, als sie sich als erobernder Herrenstaat militärisch konstituierten, und zweifellos infolge dieser Konstitution, welche sie in die Notwendigkeit versetzte, wirtschaftlich »abkömmlich« zu sein. — Die Frage ist nun, wie wir uns die Wirkung dieser Verkehrsfreiheit in Althellas vorzustellen haben, ob sie insbesondere dem römischen Entwicklungsprozeß zum großen Landbesitz und großen Sklavenbetriebe analog verlaufen ist. Das Quellenmaterial gestattet, selbst für so hell beleuchtete Gebiete wie Attika, nur indirekte Schlüsse. Zunächst muß man sich vergegenwärtigen, daß es, außerhalb der alten Adelsburgen, »Villeggiaturen« auf dem Lande oder überhaupt größere Baulichkeiten, mit Ausnahme der lokalen Kapellen, nicht gab. Nicht nur die Sklaven, Herden, Geräte, sondern auch die Gebäude — d. h. die Bestandteile der Holzhäuser — wurden im Fall eines feindlichen Einfalles in die Stadt gebracht. Ferner brachte die Beteiligung an der Politik die Notwendigkeit des Absentismus mit sich. Also ist, neben einem gewissen Maß von Feldsklavenbesitz, Verwaltung durch Aufseher (*ἐπίτροποι*) unvermeidlich für den Berufspolitiker. Ebenso war für den Hopliten, wenn er auf die volle Höhe der Technik gelangen sollte, entweder Stadtsässigkeit oder doch häufiger Stadtaufenthalt zum Ueben unentbehrlich, sobald die Stadt begann, »große« Politik zu Lande zu treiben. Als Argos dies zu tun beabsichtigte, war das erste: die Spezialausbildung von 1000 »Auserlesenen«, die es mit den Spartiaten aufnehmen sollten. Ebenso in Theben die Schaffung des »heiligen Lochos«. Auf der anderen Seite zeigen die Verhältnisse, welche die attischen Redner voraussetzen, daß der Grundbesitz der »Kapitalisten« in Küstenstädten, die ihn als Gelegenheitsanlage behandelten, jedenfalls vielfach Streubesitz, nicht Großgrundbesitz war. Dieser Kapitalistengrundbesitz der klassischen Zeit wechselte, im Gegensatz zum Besitz des alten Adels, offenbar leicht die Hand (vgl. Timarchos). Gerade dem Bedürfnis, dies zu ermöglichen, kam die Entwicklung zur Verkehrsfreiheit entgegen. Der Grund und Boden in Attika ist im 5. Jahrh. und später völlig frei veräußerlich und verpfändbar und, wenigstens in Ermangelung legitimer Söhne, unbedingt testamentarisch disponibel, sonst nur in Form von Legaten, gegen die es ein gesetzliches Pflichtteilsrecht nicht gab (anders als in Gortyn). Aus einer Lysiasstelle ist mit Unrecht der Fortbestand eines gesetzlichen Unterschiedes zwischen ererbtem und erworbenem Gut gefolgert worden. Es war damals in Athen lediglich Anstandspflicht, das erstere nicht zu veräußern (anders vielleicht noch im 4. Jahrhundert z. B. in Thera). Allerdings war es offenbar üblich, bei etwaiger Nachlaßteilung zu Lebzeiten das Erbland (im Gegensatz zum gekauften) den Söhnen zu geben. (Diese letzte Sitte könnte ihrem Ursprung nach mit dem »Inkyo« der Japaner und taciteischen Notizen über Erbübertragungen bei den Germanen zu vergleichen sein: der nicht mehr wehrhafte Mann hat in der Hoplitenpolis seinen κλῆρος an den Sohn abzugeben und geht aufs Altenteil. Er verliert damit ursprünglich wohl auch seine Stimme in der Heeresversammlung und sitzt dafür im Rat der Aeltesten.) Der Vorzug der Söhne im Erbrecht besteht, dem kriegerischen Charakter der Polis entsprechend, fort. Das Erbrecht ist Parentelerbrecht mit Vorzug des Mannesstammes; ein Subsidiarerbrecht der Sippe existiert nicht, auch keines der Phratrie (Rachepflicht und Erbrecht stehen also außer Beziehung zueinander). Ausgeschlossen vom Bodenbesitz ist jeder Nicht-Vollbürger, seit Perikles also jeder, der nicht beiderseits aus Vollbürgerfamilien (also nicht von Freigelassenen oder Metöken) stammt. Eine ökonomisch bedeutsame Konsequenz ist, daß auch von der Beteiligung an dem so grundlegend wichtigen Hypothekengeschäft (welches ja teils Kauf auf Wiederkauf war, teils die eventuelle Eigentumseinweisung des Gläubigers involvierte) alle Fremden und Metöken ausgeschlossen waren, diese Art der Kapitalanlage also den besitzenden Vollbürgern vorbehalten blieb. Das erste Privileg für Fremde, auf Hypotheken im Inlande auszuleihen, ist für Athen in der Zeit des dekeleischen Krieges nachweisbar, also Produkt der Not, und die Tragweite des Ausschlusses oder der Zulassung fremder Gläubiger geht daraus hervor, daß die Athener in ihrem sogenannten »zweiten Seebund« den Bundesgenossen speziell zusichern mußten, daß kein Athener in einer Bundesgenossenstadt Boden kaufen oder auf Hypothek leihen dürfe. Der Bodenwucher war eben neben der Staatspacht nach wie vor das kapitalistische Geschäft par excellence, und der erste attische Seebund hatte zweifellos eine Art von Hypotheken-Grundherrlichkeit der vermögenden Athener in den Bundesgenossenstädten bedeutet. Dies wird auch durch die Form des Grundkredits illustriert. Die Form des Pfandrechts war entweder die *πρᾶσις ἐπὶ λύσει*: der Verkauf des Grundstücks an den Gläubiger unter Vorbehalt des Wiederkaufs (juristisch dem entsprechenden deutschrechtlichen Institut ähnlicher gestaltet als der römischen »fiducia«), — oder die Hypothek in unserem Sinne. Noch in klassischer Zeit funktionieren beide nebeneinander und existieren außerdem die (wohl nur noch terminologisch von der Hypothek geschiedenen) *ἀποτιμήματα* (Dotal- und Vormünderschafts-Pfandrechte). Erst später gewinnt die eigentliche Hypothek gänzlich die Oberhand. Es wäre wohl möglich, daß ursprünglich nur öffentliche oder quasi-öffentliche Verpflichtungen durch ein Pfandrecht ohne Besitzeinweisung gesichert werden konnten (Ursprung: in der Leiturgiekonstruktion). Noch im 4. Jahrh. zeigen die attischen Hypothekensteine bei Darlehen die *πρᾶσις ἐπὶ λύσει* als das Normale, nicht die Hypothek. Daß die Hypothek aus der persönlichen Schuldverknechtung (nach Ausscheidung der Person des Schuldners durch die Anti-Schuldhaftsgesetze) entstanden sei, möchte Szanto auch aus einer bekannten Inschrift von Halikarnassos (Bull. IV p. 295) folgern, während er die *πρᾶσις ἐπὶ λύσει* (ebenso wie die römische »fiducia«) aus einem einfachen definitiven Verkauf mit kreditiertem Kaufpreis entstehen läßt. Allein angesichts der Rolle, welche die mit Beschränkungen und sub causa erfolgenden Uebertragungen, die befristete Schuldverknechtung, die antichretischen Verträge usw. in anderen und zwar den untereinander verschiedensten und gerade auch den ältesten uns bekannten antiken Rechten spielen, vor allem angesichts der Rolle, welche gerade die Bodenverschuldung in sonst noch ziemlich »primitiven« Zuständen spielt, endlich auch angesichts des Fortbestandes der persönlichen Schuldverknechtung neben der Hypothek in vielen hellenischen Staaten, erscheint die (geistreich ausgeführte) Theorie nicht überzeugend, und dürfte auch keine Nötigung bestehen, sie in der Umgestaltung, die Swoboda in übrigens lehrreichen Ausführungen ihr gegeben hat, zu akzeptieren. Vielmehr ist das Wahrscheinliche, daß auch hier die πρᾶσις ἐκὶ λύσει sehr altes Recht, ebenso alt wie die Verpfändung von Weibern und Kindern des Schuldners ist, daß sie, wie im Mittelalter, das älteste Bodenpfandrecht ist, daß der Schuldner, der üblicherweise (hier wie sonst so oft) das Grundstück als Prekarist oder in Pacht (insbesondere als ἑκτημόριος) behielt, das (einlösliche) Eigentum des Gläubigers durch den ὅρος (Hypothekenstein) anerkannte. Inschriftlich erhalten sind ὅροι freilich (aber begreiflicherweise) erst aus dem 4. Jahrh., allein Solon erwähnt sie ausdrücklich. Die persönliche Versklavung des Schuldners wurde durch Solon verboten und zwar sowohl die Exekutionsversklavung, als das Borgen auf den eigenen Leib. Anderwärts blieb sie zulässig. Die Entwicklung der Hypothek war nur die natürliche Fortsetzung dieses Milderungsprozesses, hier wie anderwärts: die eigenmächtige ἐμβάτευσις des Gläubigers im Fall der Nichtzahlung und die Anwendung der δικη ἐξούλης gegen den Schuldner, der das dem Gläubiger verfallene Grundstück nicht räumt, wären dann Reste der alten Prekaristenstellung des Pfandschuldners. Durch die Entwicklung der Hypothek aus der πρᾶσις ἐπὶ λύσει erklärt sich auch die ursprüngliche Notwendigkeit des Konsenses des Gläubigers bei Veräußerungen. Allmählich entwickelte sich dann auch die Verpfändung der Hyperocha, die ursprünglich natürlich ebenfalls an den Konsens des Vorhypothekars gebunden war, und damit die Nachhypothek. — Der Boden- und Hypothekenverkehr war formell sehr erleichtert. Grundbücher existierten (trotz Aristoteles und Theophrast) wohl nur vereinzelt: in Tenos, wo auch, wie anscheinend in Chios, Hypothekenregister bestanden. Im übrigen genügte meist — so im attischen Recht — der einfache Kontrakt zur Uebereignung. Da in Athen (im Gegensatz zu Aegypten und Spätrom) keine Legalhypotheken existierten und die Steuerlisten und Grundkataster der Demarchen — namentlich seit der Neuordnung der Nausinikos (377) — über die Umsätze des Bodens Auskunft gaben, außerdem öffentliche Affichen vor der Veräußerung mit der Aufforderung an Prätendenten, Einspruch zu erheben, hier (wie öfter) vorgeschrieben war (anderwärts kommt die Pflicht öffentlichen Ausrufens oder eines öffentlichen Opfers vor), so war der Spezialität und Publizität für die Verhältnisse der räumlich beschränkten Polis Genüge getan. Fraglich ist nun: welchen Einfluß diese Verkehrsfreiheit und Verkehrssicherheit, in Verbindung mit der Demen-Verfassung, auf die soziale Gliederung des platten Landes, speziell in Attika, gehabt hat.

Die Freiheit des Bodenverkehrs ist keineswegs erstmalig das Werk von Solon. Neu ist von ihm nachweislich die Freiheit des Testaments. Im übrigen hat er vielleicht ebensoviele Schranken neu geschaffen (Kommassationsverbot) wie beseitigt. Die neuerdings mehrfach (Fustel de Coulanges, Wilbrandt) vertretene Hypothese, daß Solon ein bis dahin bestehendes allgemeines Geschlechter-Eigentum am Grund und Boden Attikas, welches jeden Bodenverkehr und jedes individuelle Privateigentum ausschloß, beseitigt habe, ist in keiner Weise beglaubigt, steht mit der Ueberlieferung über Drakons Hoplitenzensus und den solonischen Klassen — welche ja zweifellos schon vor ihm für Steuer- und Wehrpflicht-Abstufung bestanden und eine individuelle ökonomische Differenzierung als bestehend voraussetzen — und mit allen Analogien im Widerspruch. Die »Geschlechter« sind im Altertum überall weit jünger als das (natürlich normalerweise familienhaft durch Retraktrechte gebundene) Privateigentum an Boden, Produkt der Differenzierung durch den Handels- und Beutegewinnst. Keine sichere Nachricht über derartige Zustände, wie jene Theorie sie voraussetzt, liegt vor. Die Ausführungen von Wilbrandt über die Beschränkungen des Grundbesitzverkehrs projizieren gesetzgeberische Schranken, welche im Interesse der Wehrhaftigkeit getroffen wurden, in die ferne Vergangenheit, und was er über die πρᾶσις ἐπὶ λύσει sagt, übersieht, daß ja der »kaufende« Gläubiger nicht Eigentum, sondern einlösliches Recht erwarb, aber eben ein Recht am Boden, nicht nur an den Einkünften (was nirgends vorkommt). Ebenso kann ich freilich der Ansicht Swobodas nicht beitreten, daß die Klasse der »Hektemorier« ein Stand von »Hörigen« nach Art dei spartanischen Heloten gewesen sei. (Daß sie andererseits nicht »Akkordarbeiter« gewesen sein können, wurde schon bemerkt.) Was Swoboda über ihre Stellung im Erbrecht, ferner ihre glebae adscriptio, ihren Anspruch auf Rechtsvertretung, ihre Fronden usw. ausführt, sind Hypothesen, und zwar, soweit das Entstehen von Groß betrieben in Frage kommt, m. E. ganz unwahrscheinliche, veranlaßt (wie für Rom bei K. J. Neumann) dadurch, daß der Verfasser, durch die Arbeiten unseres Meisters G. F. Knapp fasziniert, einen von diesem glänzend geschilderten modernen Prozeß ins Altertum projizierte. Die »Abschaffung« eines Hörigeninstitutes durch Solon ist nirgends überliefert, was doch wohl sicher der Fall wäre, hätte er es getan. Daß er die Notwendigkeit der Proz e ß klientel beseitigt habe, wird aus der Tradition wohl mit Recht erschlossen (setzt aber das Bestehen plebejischer F r e i h e i t vor ihm natürlich voraus). Die »πελάται«, die besitzlosen und deshalb in Klientel befindlichen Arbeiter, gewinnen nun volle Prozeßstandschaft. (Aber sie sind mit den Hektemoriern n i c h t identisch, wie eine schon bei den antiken Lexikographen vorkommende Ansicht annimmt.) Das, was (m. E.) an Sw.s Ausführungen z u t r e f f e n d bleibt, dürfte auch durch die Hypothese berücksichtigt werden: die Hektemorier waren (s. o.) P f a n d schuldner, deren Grundstück der Gläubiger im Besitz hatte, auf dem er sie als Teilpächter arbeiten ließ. Die generelle Herrschaft des »Sechstels« k ö n n t e dann ein Punkt sein, der auf gesetzlicher Regelung beruht: einer Regelung, die eine Beschränkung der Gläubigerrechte bedeutete. Solon hat die Institution allerdings beseitigt: indem er die ganze S c h u l d gesetzgebung reformierte und die bestehenden Pfandschulden (damit also auch die bestehenden Hektemorier-Verhältnisse) kassierte. Denn allerdings: mit ihm hört das Bestehen des Verhältnisses auf. Auch die einzige Stelle, welche Solon mit dem T e i l b a u verhältnis in Beziehung bringt (Pollux VII, 151), stimmt dazu: das L a n d , die »γῆ ἐπίμορτος «, war es, mit dessen Schicksal (d. h. Entpfändung) Solons Gesetz sich befaßt, nicht: ein S t a n d von ἑκτημόριοι.

Welche Form die schon früher erwähnte solonische Bodena k k u m u l a t i o n s beschränkung hatte, ist nicht überliefert. Ein direktes Verbot war sie nach dem Wortlaut der betreffenden Aristoteles-Stelle (Polit. II, 4, 4) kaum. Das (von ihm als vorkommend erwähnte) allgemeine Verbot des Verkaufs von Land in weiterer Entfernung von der Stadt an Stadtbewohner (d. h.: Adel) wäre in Athen in der Zeit der Parteikämpfe zwischen den Pedianen und Diakriern recht wohl denkbar, aber dann eher dem Peisistratos zuzutrauen. Sehr möglich erscheint dagegen, daß Erwerbsschranken für Land außerhalb des eigenen D e m o s bei der Begründung der attischen Verwaltungsorganisation auf die Demen durch Kleisthenes, wahrscheinlich seit P e i s i s t r a t o s , während dessen Regiment eine P a r z e l l i e r u n g des zu Solons Zeit »δι᾽ ὀλίγων« befindlich gewesenen Landbesitzes sich vollzogen haben muß, bestanden. Denn noch im 4. Jahrhundert erhoben die attischen Demen, welche den Kataster führten, von dem Landbesitz eines jeden, der nicht zum Demos gehörte, eine A b g a b e. Dies »ἐγκτητικὸν« war naturgemäß eine fühlbare Schranke für die Kapitalanlage auch in Land h y p o t h e k e n. Im übrigen zeigt es das Bestehen kräftiger l o k a l e r Gemeindeverbände auf dem platten Land. Während des ganzen 5. und, trotz der furchtbaren Verwüstungen des peloponnesischen Krieges, auch des 4. Jahrhunderts ist denn auch die attische Landgemeinde eine lebendige Einheit, wie die Inschriften zeigen (obschon die Frage ihrer Finanzlage durch die Plotheia-Inschrift nicht geklärt ist, da nicht sicher feststeht, ob die rund 22 000 Drachmen derselben Kapital oder Jahresausgabe sind). Der »Demos« besitzt, verwaltet, verpachtet (der Demos Aixone auf 40 Jahre) eigenes Land (auch Felder, Weinberge, und je nachdem Theater und sicher auch Tabernen aller Art); er ist der Aushebungsbezirk: der Erkrankte darf aus seinem Demos einen Ersatzmann zum Heer stellen; er ist unterster Steuereinhebungsbezirk, bestimmt daher die Persönlichkeit des zur Proeisphora Verpflichteten; er ist endlich an der Bildung der Bule (durch das Los) beteiligt. Die Prytanenurkunden ergeben die Beteiligung je aller Demen der betreffenden Phyle, und zwar scheint es, daß das Prinzip der Proportionalvertretung zugrunde lag. Dabei wirkte allerdings gerade das Prinzip der erblichen Zugehörigkeit zum Demos der Absicht der peisistrateischen wie der kleisthenischen Politik schließlich entgegen. Der Zweck war ja: politische Herrschaft der hoplitenfähigen Mittelbesitzer, Zerbrechung der großen Geschlechtsverbände. Zu diesem Zweck wurde, wie jeder Nobili in den demokratischen Gemeinden Italiens einer Zunft, so hier jeder Adelige einem Dorf zugeschrieben, sein auswärts liegender Grundbesitz einer Sondersteuer unterworfen. Des weiteren wurden (unbekannt, wann?) die Phratrien genötigt, sowohl *ὁμογάλακτες* (Altadel) als *ὀργεῶνες* (die künstlich geschaffenen Quasigentes der Neubürger) in sich aufzunehmen, später auch: *θίασοι*: die freigebildeten Bürgervereine der nicht ansässigen, jeglicher Gentilorganisation entbehrenden Bevölkerung [1]). Und während in der ersten Demotionidenin-

[1]) Fast alles einzelne ist hier bestritten. Daß die früher erwähnte »Phratrienliste« mit 20 (!) Namen, aus dem Anfang des 4. Jahrh., nicht alle Phratoren der betr. Phratrie umfaßt haben kann, ist doch wohl anzunehmen. Andererseits hat man sich zu erinnern, daß zwar — nach den Bürgerrechtsdekreten — jedem Neubürger die Wahl von Demos, Phratrie (für diese später mit Beschränkungen) und Phyle frei gestellt wurde, daß aber die Phyle aus dem Demos, in dessen Hand die Führung der Bürgerliste lag, von selbst folgte, während die förmliche Aufnahme in die Phratrie nur für Leute, die Vermögen, insbesondere Grundbesitz, ab intestato vererben wollten, wichtig und dann offenbar keineswegs schon durch die Aufnahme in den Demos präjudiziert war, wie die Demotionidenakten zeigen. Also ist es sehr möglich, daß viele, selbst die große Mehrzahl der Bürger später keiner Phratrie angehörten.

schrift (Anfang des 4. Jahrh.) in der Phratrie noch der alte »οἶκος« (Eupatridengeschlecht) der Dekeleier als Rest älterer Rechte eine Art Offizialanwaltsstellung bei der wichtigsten Funktion der Phratrie: Einschreibung in die Bürgerlisten, behauptet hat, ist in der zweiten (Mitte des 4. Jahrh.) die erstinstanzliche Entscheidung ganz in die Hand des θιασος gelegt und fehlt das Eingreifen des Adels. Phratrie und Demos sind demokratisiert. Die Demen haben das starke Hoplitenheer Athens in der Zeit seiner größten Machtstellung (480—460) gestellt, und zwar die Bauernschaft in erster Linie. Von etwa 30—33 000 Zeugiten (neben ca. 2000—2400 Pentakosiomedimnen und Rittern), die Athen (neben ca. 20 000 Theten) im Jahre 431 nach E. Meyers Berechnung besaß, mag noch die Mehrzahl auf dem Lande gewohnt haben. Aber nicht mehr das Land war politisch ausschlaggebend. Die Zugehörigkeit zum Demos war jetzt, ähnlich der russischen Zugehörigkeit des Bauern zu seinem Mir, — nur ohne Konsequenzen für die persönliche Freizügigkeit — unverlierbar und unabhängig vom Wohnsitz und Beruf. In seinem Demos wird der Einzelne zur Steuer herangezogen, wo immer er sich auch aufhalte. Die stadtgesessenen Mitglieder der Demen waren aber allein in der Lage, regelmäßig an der Volksversammlung teilzunehmen, in welcher daher unter Umständen der ναυτικὸς ὄχλος seinen aus der Politik der Demokratie bekannten Einfluß üben konnte. Hiergegen spricht es natürlich nicht, daß nachweislich überwiegend Besitzende im Rat, in der Strategie und in der Finanzverwaltung gesessen haben und daß auch die inschriftlich bekannten Antragsteller in der Volksversammlung zum erheblichen Teil Besitzende waren. Der antike Berufspolitiker mußte im allgemeinen ein »besitzender« Mann sein (auch die älteren Führer der Sozialdemokratie sind es ja zum recht erheblichen Teil, obwohl heute Redakteurs- und Sekretärstellen usw. zur Verfügung stehen). Dagegen ist praktisch wichtig und charakteristisch die, wie es scheint, steigende Rolle, welche die Begüterten in der Lokalverwaltung vieler Demen spielten, und natürlich noch wichtiger die damit zusammenhängende Frage nach der Besitzverteilung innerhalb der Demen. Trotz jenes starken Einflusses scheint diese noch im 4. Jahrhundert nicht plutokratisch gewesen zu sein. Im 5. Jahrhundert soll etwa ¼ der attischen Bürger des Bodenbesitzes entbehrt haben, die Mehrheit aller auf dem Lande ansässig gewesen sein. Authentisches ist darüber nicht bekannt. Aus den vorkommenden Bodendotationen ersehen wir, daß Güter von (nach unseren Begriffen) bäuerlichem Umfang als ansehnliches Präsent galten, Besitzungen von mehr als 50 ha (allerdings im Fall von Oelkultur ein recht bedeutendes Ausmaß) wohl kaum vorkamen. 50 ha könnte der ungefähre Umfang eines dem alten Minimum des Pentakosiomedimnen-Zensus entsprechenden Gutes gewesen sein [1]. Ein Adliger wie Alkibiades erbte nur ca. 30 ha. Schon Kimon hatte die 50 Talente Strafe für seinen Vater Miltiades natürlich nicht aus Bodenrenten, sondern aus internationalen Kapitalgewinnsten gezahlt. Führende Staatsmänner des peloponnesischen Krieges, einerlei ob konservativ (Nikias) oder radikal (Kleon), sind keine Grund-, sondern Sklavenbesitzer (aber nicht: »Fabrikanten«, s. u.), ebenso später Demosthenes. Die Erbpachtstellen sind ebenfalls im ganzen nur mittlere Bauernstellen, größer nur da, wo es sich um Neulandvergebung (eigentliche »Emphyteuse«) handelte. Man darf eben die — im Gegensatz zum Orient und zu Rom — große Einfachheit der Lebensführung und gerade der »Kulturträger« des Hellenentums in der Zeit seiner höchsten schöpferischen Entfaltung nie vergessen. Die hellenische Kunst speziell ist absolut nicht auf dem Boden des Raffinements materieller Bedürfnisse entstanden.

Die ganz unbezweifelbare Abnahme der Hoplitenwehrkraft Athens, d. h. die Nichtausfüllung der durch die Kriegsverluste gerissenen gewaltigen Lücken, könnte ihre Gründe im wesentlichen in folgenden Umständen haben: 1. Abnahme der Zahl der ökonomisch zur Panhoplie Fähigen durch Parzellierung, oder umgekehrt durch Kommassation, — 2. Abnahme der Qualifikation der ökonomisch Fähigen durch stärkere ökonomische Bindung an die Wirtschaft mit zunehmender Intensität: — abnehmendes »training«. Diese Gründe könnten zusammengewirkt haben, ohne daß sich, für Athen, mit Sicherheit beweisen ließe, welches Moment überwog. Die von Sundwall beobachtete Bewegung der den einzelnen Kategorien von Demen angehörigen

---

[1] Bei (gedüngter) Feldgraswirtschaft würden zur Erzeugung von 500 Medimnen Gerste (Rohertrag) etwa 22 ha Ackerland nach heutigen Ertragsverhältnissen (preußischer Durchschnitt) erforderlich sein, in Attika im Altertum sicherlich mehr als das Doppelte. Aber: es wurden feste und flüssige Erträge zusammengerechnet und bei Geldberechnung galt der Kurs von 1 Medimnos = 1 Drachme bei der Einschätzung.

Bevölkerung (nach der jeweiligen Prytanenverteilung auf die »Tritthyen«, welche ergibt, daß im 4. Jahrh. die Binnenlanddemen stabil blieben, die Küstendemen zunehmen, die Stadtdemen abnehmen) gibt, interessant wie sie ist, dennoch natürlich ein mehrdeutiges Resultat, soweit Wohnsitz und Beruf, vor allem aber die Frage nach der Dichtigkeit der Landbevölkerung in Frage kommt. Die erblich aus den Städten und ihrer direkten Umgebung stammenden Familien sterben ja überall schneller ab; die Zunahme der Küstendemen, der eigentlichen Träger des Radikalismus, ist vielleicht Folge hoher Ehefrequenz infolge der Verdienstchancen im Seeverkehr: sie ist aber jedenfalls schwerlich Zunahme von Bauern; die Stabilität der Volkszahl der Binnenlanddemen beweist nicht, daß deren Angehörige Bauern geblieben waren oder auch nur auf dem Lande wohnten. Daß die Schwächung gerade der städtischen Demen durch besonders starke Heranziehung gerade ihrer Mitglieder zu den Kleruchien bedingt gewesen sei, ist doch wenig wahrscheinlich. Eher könnte hier die Verengerung des Nahrungsspielraums der freien Arbeit durch die Sklaverei (s. gleich) in Betracht kommen. Sicher ist nur, daß damals in zahlreichen Landdemen begüterte Geschlechter faktisch erblich das Heft in der Hand hatten, ferner daß das Leben in den Demen seit dem Ende des 4. Jahrh. zu ersterben begann. Verkauf der Demenämter einerseits, Monopolisierung derselben durch die Besitzenden andererseits gehen schon im 4. Jahrh. nebeneinander, und überzeugend kommt die abnehmende politische und soziale Bedeutung des ländlichen Mittelstandes in dem Aufhören der Demeninschriften im 3. Jahrh. zum Ausdruck. Dies ist nun wohl die Folge der Vermögensverschiebungen der hellenistischen Zeit (s. u.). Dagegen läßt sich für die klassische Zeit weder sagen, welchen Umfang die Sklavenarbeit auf dem Lande angenommen hatte, noch, welche Bedeutung der Pacht zukam. Was zunächst die letztere anlangt, so ist, im Gegensatz gegen den Orient (aus Gründen des üblichen Urkundenmaterials), nur eine (verstümmelte) rein private Pachturkunde aus Athen überliefert, sonst nur Pachtverträge mit öffentlichen Körperschaften. Sicher ist nur das entschiedene Ueberwiegen der festen Pacht, nicht nur in Athen, sondern im Gebiet von Althellas überhaupt, gegenüber der, wie es scheint, dort lange Zeit ganz in den Hintergrund getretenen Teilpacht, und die

Häufigkeit von Geldpachten (speziell natürlich in Attika) gegenüber Natural- oder gemischten Pachten. Ferner, entsprechend dem hohen Zinsfuß des Altertums, eine für unsere Begriffe ziemlich mäßige Kapitalisationsrate bei Grundstücken (die Pacht eines rein ländlichen Grundstückes in Thria beträgt 8% des Schätzungswertes, in anderen Fällen ist das Verhältnis von Pacht- und Kaufwert nicht feststellbar, weil andere als landwirtschaftliche Objekte inbegriffen sind. Die stets sehr viel niedrigere Rate der Erbpachten: 4% und etwas mehr, ist natürlich nicht vergleichbar). Die Lage des Pächters erscheint, verglichen mit dem orientalischen und dem römischen, relativ günstig, — was allerdings die Folge davon sein dürfte, daß wir wesentlich Verpachtungen öffentlichen Landes als Beispiele kennen. Die Pachtfristen sind, wo sie genannt werden, im Gegensatz zum Orient, relativ lang: 5, oft 10 Jahre. Doch kommen auch Pachten ohne Befristung, also entweder lebenslänglich oder umgekehrt, »at will« vor. Daß der Pächter als anbaupflichtig gilt, daß seine Bodenbestellung nicht nur — wie natürlich — reglementiert, sondern unter Umständen auch regelmäßig beaufsichtigt wird, versteht sich bei öffentlichen Pachten von selbst; wieweit das letztere bei Privatpachten stattfand, steht dahin. — Zweifelhaft ist endlich, wie schon bemerkt, in welchem Maße Sklavenarbeit auf dem Lande verwertet wurde.

Es muß hier wohl oder übel die Frage nach der Art und Bedeutung der Sklavenarbeit in der »klassischen« Zeit (5./4. Jahrh.) überhaupt berührt werden. Gegenüber den ungeheuren Uebertreibungen der früheren Schätzungen ist, namentlich unter E. Meyers Einfluß, eine starke Reaktion eingetreten, und auch, soweit Althellas in Betracht kommt, quantitativ sicher im wesentlichen mit Recht. Sie ist jedoch qualitativ, in bezug auf die industrielle Sklavenarbeit, noch nicht konsequent genug (insofern der Begriff der Sklaven-»Fabrik« festgehalten wird), andererseits aber auch zu weitgehend, indem, jetzt namentlich im Anschluß an Francottes Buch, die Rückwirkung der Sklaverei auf die Lage der freien Arbeit zuweilen bedeutend unterschätzt wird. Dem oben schon darüber Gesagten sei daher noch einiges hinzugefügt: — Der sichtlich anschwellende Sklavenbesitz hat auch in Althellas nicht in solchem Maße, wie ich es früher annahm, durch Selbstherstellung des Bedarfs die geldwirtschaftliche Bedarfsdeckung des »Oikos« und damit die Kaufkraft des Markts geschwächt. Aber gefehlt hat diese Wirkung keineswegs, und sie war von erheblicher Bedeutung: 1. Es wird von Perikles erzählt, daß er (aus politischen Gründen) sich tunlichst »aushäusig«, also durch Kauf bzw. Beschäftigung freier

Handwerker, versorgte: ein deutlicher Hinweis auf die verdiensteinschränkende Wirkung der seigneurialen H a u s sklaverei, welche, je größer der Sklavenbesitz eines Haushalts war, eine desto größere Anzahl spezialisierter Funktionäre i m Hause züchtete und, in wenigstens annähernd entsprechendem Maße, freies »Lohnwerk« ausschaltete. 2. Kleidung und, in der Stadt, Speise des Sklaven wird im Altertum allerdings in erheblichem Umfang gekauft (wie s. Z. in den Südstaaten von Nordamerika). Allein die Konkurrenz der Sklaven, welche ihrerseits naturgemäß in der Lebenshaltung auf das Allernotwendigste beschränkt blieben, mußte auf die Lebenshaltung und Kaufkraft der besitzlosen Arbeiter überhaupt und damit auf die Entwicklung des G ü t e r m a r k t e s wirken. Wie p r e k ä r die Nachfrage nach Industrieprodukten bei dem Bedürfnisstand der M a s s e n im Altertum sein mußte, läßt sich wohl u. a. aus der Notiz schließen, daß die Athener bundesgenössischen Städten infolge einer Mißernte im Pontosgebiet den T r i b u t stunden mußten: so sehr hing alles an den jeweiligen Preisen allein des B r o t e s. Die große Bauinschrift des Erechtheion ergibt für die gemieteten freien Arbeiter und für die Sklaven den g l e i c h e n Satz von 1 Drachme pro Tag, im 4. Jahrh. kommen sogar Lohnsätze (für g e l e r n t e Arbeiter allerdings) bis zu 2 Drachmen pro Tag vor, während in Eleusis (4. Jahrh.) die von dem Tempel an seine e i g e n e n Sklaven für Nahrung berechneten Gelder nur 3 Obolen betrugen, in Delphoi 338 dem Unternehmer ebenfalls 3 Obolen *σιτήριον* berechnet werden, endlich für Delos, noch später, die Selbst k o s t e n der Nahrung nur 2 Obolen betragen. Allein es ist zu bedenken, daß es in Athen die D e m o k r a t i e ist, welche im 5. Jahrh. jene anständigen Löhne bei öffentlichen Arbeiten zahlen läßt, — Löhne, die dem Besitzer der Sklaven, der sie für den Bau hergab, freilich einen erheblichen Gewinn abwerfen konnten, sei es, daß er *ἀποφορά* von ihnen bezog, sei es daß er sie gegen Lohn vermietete, — für die freien Arbeiter aber, falls sie F a m i l i e n gehabt hätten, trotz allem vielleicht nur eben ausgereicht hätten. Auch beweisen jene Zahlen schon an sich durchaus n i c h t (nähere Ausführung ist hier unmöglich), daß die Konkurrenz der Sklavenarbeit — soweit sie stattfand — n i c h t drückend gewesen sei, wie Francotte glaubt. Die Beschränkung der Löhne (n i c h t ländlicher!) f r e i e r Arbeiter auf die bloße Gewährung des einfachen physischen Unterhalts (in anderen Fällen: der Nahrung) in Naturalien, wie sie, nach ägyptisch orientalischer Art, auch in Griechenland (so 282 — also in einer Zeit wesentlich entwickelterer Geldwirtschaft — in Delos) vorkommt, illustriert die Tendenz zur Beschränkung der Lohnsätze auf das »Existenzminimum«, soweit nicht Elitearbeit, starker akuter Arbeitsbedarf (speziell Qualitätsarbeitsbedarf, wie z. B. wohl bei jenen gelernten Arbeitern, die 2 Drachmen erhalten fast zur g l e i c h e n Zeit, wo ungelernte nur in natura sustentiert wurden) oder p o l i t i s c h e G r ü n d e einwirkten. Die s o z i a l e Deklassierung der freien Arbeit durch das Zusammenarbeiten der Sklaven mit den Freien — beim Erechtheion sind promiscue Bürger, Metöken und Sklaven Mitglieder und Leiter der Akkordgruppen — konnte keinesfalls ausbleiben. Und die Entgegnung des Aristarchos in den Memorabilien auf die Bemerkung des Sokrates über den Wohlstand athenischer Bürger: daß sie von diesem ihrem Geldverdienst Barbaren kauften und arbeiten ließen, bleibt in ihrer Bedeutung voll bestehen. — Sowohl die Haussklaven wie die Arbeitssklaven schränkten also den Erwerbsspielraum für die freie Arbeit ein. Daß, angesichts der engen Bürgerrechtspolitik und der in der ganzen alten Welt wiederkehrenden Bestrebungen zur Monopolisierung von »Unternehmer«-Profitchancen zugunsten der Bürgerschaft, in der ganzen klassischen Zeit von keinem Versuch etwas bekannt ist, eine Beschränkung der Vergebung öffentlicher Arbeiten an einheimische Handwerker zu erzwingen, — während die Zeit der Tyrannis und der Gesetzgeber (s. o.) Sklavenbeschränkungen kannte —, diese Tatsache allein schon zeigt die Ohnmacht, in welcher sich damals bereits die auf ihrer Hände Arbeit angewiesenen Freien, und doch wohl zweifellos infolge der Expansion der Sklaverei, befanden. Außerdem freilich zeigt sie auch die Unmöglichkeit einer solchen Beschränkung infolge des Fehlens einer hinlänglich zahlreichen freien »Arbeiterschaft« im heutigen Sinn. Die großen Staatsaufträge mit ihrem akuten Arbeitsbedarf fanden zweifellos überhaupt nicht die nötige Anzahl von Arbeitskräften innerhalb der freien Handwerker und Arbeiter, und (zum Teil infolge der Bürgerrechtspolitik!) erst recht nicht der Bürgerschaft allein vor, um eine derartige Beschränkung, deren Popularität — vollends wenn man sich den attischen Demos als ein Volk von in erster Linie Handwerkern vorstellt, wie es noch immer so oft geschieht — doch sehr nahe lag, auch nur in Betracht ziehen zu können. — Gewiß drangen die Sklaven, da die Herren naturgemäß die langen Lehrzeiten scheuten, vornehmlich in die gröberen Gebiete der Arbeit ein und es gab Beschäftigungen — wie z. B. das Mahlen —, zu denen sich Freie im ganzen Altertum überhaupt nur in Zeiten äußerster Not verdangen. Aber andererseits emanzipierte sich das freie Handwerk erst spät und nur teilweise von seinem Charakter als Familienarbeit und erlangte nie eine der mittelalterlichen entsprechende Struktur. Daß das Wort »σύνεργος« (oder ähnliche) gelegentlich eine unserem »Gesellen« ähnliche Stellung bezeichnen kann, ist nicht unbedingt zu bestreiten. Ob der Apostel Paulus im Lohn seines Handwerksgenossen Aquila stand, bei dem er arbeitete (Act. Ap. 18, 2), ist aber unsicher, und von den Leuten, die der Goldschmied Demetrius außer den Genossen seines eigenen Handwerks noch gegen die götzenfeindlichen Christen mobil macht (eod. 19, 25) ist es ebenfalls wahrscheinlicher, daß selbständige Handwerker anderer Branchen, die auch an der Herstellung von Kultgegenständen interessiert waren, gemeint sind. Immerhin ist das Vorkommen gelernter, aber mittelloser, Handwerker im Dienst anderer, welche die Werkzeuge und Rohstoffe stellen, für die hellenistische Zeit sehr möglich. Aber in der klassischen Zeit ist es, alles in allem, das Wahrscheinlichste, daß, wo wir einen als »ἡγεμών« (oder ähnlich) bezeichneten oder so behandelten Handwerker in Gemeinschaft mit anderen an der Arbeit finden, es sich in der Regel um ad hoc geschaffene Assoziationen handelt, jedenfalls in all den (weit überwiegenden) Fällen, wo die Werkzeuge nicht erhebliche Wertobjekte (also: »Kapital«) waren. Zweifel bleiben oft. Die Genossen z. B., welche beim Kannellieren mit den Vorarbeitern am Erechtheion gruppenweise zusammenarbeiten und gruppenweise bezahlt worden, sind teils Sklaven des Vorarbeiters, teils (anscheinend) andere Sklaven (von ihm gemietet? oder auf eigene Rechnung arbeitend?), teils endlich freie Metöken und Bürger. Da einer der Vorarbeiter selbst Sklave und einer seiner Mitarbeiter frei ist, kann von einem »Gesellen«-Verhältnis keine Rede sein. Die Arbeitergruppen sind offenbar von der Bauleitung eingeteilt, unter Berücksichtigung der Fähigkeiten, wie die verschieden hohen Erträgnisse der einzelnen Gruppen zu beweisen scheinen (Francotte), und vermutlich unter höherer Bezahlung des Vorarbeiters. Vor allem aber findet sich das Verhältnis des Vorarbeiters und der Mitarbeiter auch innerhalb der unfreien Ergasterien, also in der Form einer Art von unfreier Produktivgenossenschaft: so in dem des Timarchos, wo der ἡγεμών dem Herrn eine höhere ἀποφορά zahlt, als die anderen, also offenbar einfach ein besonders hochgelernter unfreier Arbeiter — denkbarerweise: ein Freigelassener — seiner Branche ist, welcher der Werkstatt vorsteht, Dritten gegenüber als Vorarbeiter auftritt und dadurch Extragewinn macht. Jedenfalls bedürften diese Ansätze zu einer inneren Gliederung des Gewerbes noch der Untersuchung, — soviel aber steht fest, daß im Vergleich zur mittelalterlichen Gliederung das antike freie Gewerbe »amorph« war. Ueber die ἐργαστήρια ist das für uns Wesentliche schon früher gesagt [1]). Hier sei nur hinzugefügt: Der Herr konnte seine Arbeitssklaven nützen a) indem er sie vermietete, — b) indem er sie selbst beschäftigte, sie sustentierte und, soweit es sich um »Preiswerk« handelte, für Rohstoffe, Werkzeuge und Vertrieb selbst sorgte, — c) indem er sie selbst beschäftigte, aber ihnen für ihren Unterhalt eine Pauschalsumme gab (αὐτόσιτοι), — d) indem er ihnen die Verwertung ihrer Arbeitskraft (als »Lohnwerker«) selbst überließ und sich von ihnen eine feste Rente (ἀποφορά) geben ließ, — e) wenn es sich um »Preiswerk« handelte, indem er ihnen die Besorgung von Lokal, Rohstoffen und Werkzeug aus ihrem peculium überließ und sich ἀποφορά zahlen ließ, — f) endlich durch Mischung des ἀποφορά-Verhältnisses mit Lieferung des Lokals,

[1]) Ausdrücklich sei aber (zur Ergänzung der absichtlich pointierten Formulierung der »Einleitung«) festgestellt: es gab natürlich auch ἐργαστήρια im Sinne fester (steinerner) Werkstattanlagen, wie eine solche z. B. vereinzelt in einem Kontrakt als Erbpachtobjekt auftritt: es sind hergerichtete »Arbeitsstände«, — wie etwa unsere »Marktstände« in den Markthallen, — aber natürlich ebensowenig »Fabriken«, wie diese etwa »Kontore« sind.

Rohstoffes, Werkzeug durch den Herrn, ein Verhältnis, wie es in dem Fall des Timarchos (nicht aber, wie Francotte annimmt, in dem des Demosthenes) bestanden zu haben scheint. Selbstverständlich ist jede Form der Nutzung, welche das Eigen interesse des Sklaven mobil macht, für die Entwicklung der Produktivkraft der Sklavenarbeit — welche bei den großen Bauten offenbar um nichts hinter der freier Arbeiter zurückbleibt — die weitaus günstigere, also: normalerweise auch für den Herrn rentablere. Denn wenn schon die Rentabilitätsrechnung sich komplizierter stellt, als Francotte sie aufzumachen versucht hat, so zeigen doch die unzähligen Freilassungsinschriften an den Tempeln, daß die Herren mit ziemlich schnellem Verschleiß ihrer Sklavenkapitalien rechneten. — Die Entstehung industrieller Sklavenarbeit für den Markt überhaupt, speziell aber der Besitz eines *ἐργαστήριον* in eigener Regie, ist offenbar von den kaufmännischen Importeuren der Rohstoffe (bzw. eines von ihnen, bei Demosthenes: Elfenbein zum Einlegen in Messergriffe und Holzarbeiten) ganz ebenso ausgegangen, wie umgekehrt im Mittelalter die Haus industrie von den kaufmännischen Ex porteuren der fertigen Produkte. Bei Demosthenes erklärt sich daher auch vom importierten Roh stoff — Elfenbein — her die scheinbar seltsame Kombination eines Messerschmiede- und eines Tischlerei-*ἐργαστήριον*. Die Rohstoffe verarbeitete Demosthenes senior ursprünglich vielleicht gar nicht, später nur zum Teil selbst, er verkaufte davon vielmehr jederzeit »*τῷ βουλομένῳ*«; den Vorrat aber, den er hinterließ, schätzt der Sohn auf ca. 11 250 M. Wert. Dies bei einem Wert des Gesamtvermögens von 62 000 M., wovon etwa 13 200 M. — und zwar meist bei Banken und auf Seerisiko — ausgeliehen waren und die Arbeitssklaven etwa 17 550 M. ausgemacht haben sollen, während, außer dem auf ca. 2250 M. geschätzten Hause, Landbesitz nicht, dagegen Bargeld, verarbeitetes Edelmetall und andere Wertobjekte, also: thesauriertes, nicht als »Kapital«, fungierendes bewegliches Vermögen im Werte von 18 000 M. (mehr als die beiden »Fabriken« zusammen genommen) vorhanden waren [1]. Der spezifisch kaufmännische Ursprung des Vermögens springt in die Augen. Ein *ἐργαστήριον* ist Gelegenheitserwerb: die Sklaven sind als Pfand (*πρᾶσις ἐπὶ λύσει*), wahrscheinlich eines Elfenbeinkunden, der nicht zahlte, in Demosthenes' Hand gelangt, beide aber sind ganz offenbar lediglich Veranstaltungen zur Verwertung von Kaufmanns gut. Zuweilen ist die Kombination der »Berufe« auch ganz zufällig (so, bei Timarchos, der gleichzeitige Besitz von Gerbern, Stickern usw.), rein durch die jeweilige Möglichkeit eines Gelegenheitskaufes als Kapitalanlage bedingt. Und es ist nicht fraglich, daß die Zahl der Kauf sklaven in historischer Zeit die

[1]) Ich nehme die Schäfersche Berechnung; es sind die absoluten Zahlen strittig, aber auf das einzelne kommt hier nichts an, sondern auf die ungefähren Relationen.

οἰκογενεῖς übertraf, — aus den in der Einleitung oben angeführten Gründen. Alle jene Verhältnisse hat z. B. Francotte gar nicht untersucht, dessen — sehr verdienstliches — Buch, obwohl es in bezug auf die ökonomische Struktur der Antike eigentlich nur weiter ausführt, was schon Bücher u. a. gesagt hatten, anscheinend das erste ist, welches den Historikern Eindruck macht. Gerade diese Dinge aber bedürften, trotz einiger sehr guter Einzelvorarbeiten, noch sehr der systematischen Analyse. Denn es hängt mit dieser Eigenart der Entwicklung des gewerblichen Kapitalismus im Altertum auch zusammen, daß er — man kann nahezu sagen — keinerlei Fortschritt in der Technik und Oekonomik des Arbeitsprozesses gegenüber dem Kleinhandwerk involvierte. Selbstredend gab es — wie zur Ergänzung der früher gemachten Bemerkungen zu sagen ist — seit ältester Zeit Arbeitszerlegung und -vereinigung, deutlicher: das arbeitsteilige Zusammenwirken mehrerer bei einem Produktionsvorgang innerhalb der Betriebe: zahlreiche ägyptische und pompejanische Wandbilder und die antiken Vasen wären des Zeuge, wollte man es irgend bezweifeln. Die Zahl der kombinierten, unter sich differenzierten Funktionen in einer und derselben Werkstatt ist dabei nicht groß, und, was wichtiger ist: sie ist in der Zeit kapitalistischer Invasion der Gewerbe nicht in Zunahme begriffen. Die wenigen auf »Fortschritt« zum »Großbetrieb«, das heißt: zur Differenzierung innerhalb des Betriebes und zur rationalen Arbeitsersparnis hin zugeschnittenen technischen Neuerungen des Altertums sind solche für den Landbau und die landwirtschaftlichen Nebengewerbe des Okzidents, wo das Kapital (zuerst bei den Karthagern) die Plantage schuf. Für das private Gewerbe (also außerhalb der Kriegstechnik und der teils militärisch-politisch interessierten, teils staatlich dirigierten Bautechnik) ist derartiges nicht feststellbar. Bei den ungeheuren Schwankungen der Marktlage und der Unterhaltskosten der Sklaven und bei der Labilität der Vermögen mußte und wollte der Sklavenbesitzer eben jederzeit in der Lage sein, seinen Sklavenbestand zu teilen oder anderweit zu verwerten: er war eben Rentner, nicht: Unternehmer. Vor allem aber hinderte der »Bedürfnisstand«, der auf der politisch und durch die Sklaverei bedingten Art der Vermögensverteilung ruht, im Altertum die Organisation schon von »Hausindustrien«, geschweige denn: »Fabriken«.

Daß das Kapital, wie heute, die Wissenschaft in seinen Dienst nimmt, um Großbetriebe mit »innerer Arbeitsteilung« und technisch aus dieser herauswachsenden Arbeitswerkzeugen zu schaffen, ist weder für die Vergangenheit noch für die Zukunft dauernd gültig: Es ist rein historisch bedingt und keineswegs aus der Eigenart des Kapitals als solchen deduzierbar, — welches einfach Gewinn sucht, wo und wie es ihn am bequemsten bekommen kann. Und der bequemste Weg dazu war im Altertum nicht der Weg der Schöpfung neuer Methoden der Arbeitszerlegung zwecks

Schaffung großer d i s z i p l i n i e r t e r und a r b e i t s t e i l i g e r Betriebseinheiten: weder qualifizierte sich die Sklavenarbeit technisch und »ethisch« dazu, noch war, bei der Art der Vermögensverteilung und der Entwicklung des Bedürfnisstandes der Antike, der e x p a n s i v e Markt für industrielle M a s s e n güter zu schaffen. Ob die Zunahme des Austausches g e w e r b l i c h e r Erzeugnisse im Verlauf der kapitalistischen Entwicklung des Altertums irgendwie Schritt gehalten hat mit der unzweifelhaften Zunahme des Austausches landwirtschaftlich (für den p r i v a t e n , staatlich n i c h t kontrollierten Verkehr: garten-) und bergbaulicher Produkte, ist bekanntlich äußerst zweifelhaft. Sicher aber ist, daß der Fortschritt der »kapitalistischen« Entwicklung die ökonomische und soziale Lage des Gewerbes, als Ganzen, n i c h t gehoben, sondern lediglich seine alten Grundlagen zersetzt hat. Der Demiurgos in der Polis der Frühzeit mochte dem adeligen Herrn als völlig unebenbürtig gelten, er war doch, namentlich soweit er Waffen oder Schiffe herstellte, militärisch unentbehrlich und, soweit er Kunsthandwerker war, auch sozial leidlich geschätzt: Der Schmied z. B. spielt bei Hesiod seine Rolle im Dorf; noch Solon nennt sein Gewerbe unter den Mitteln, ökonomisch hochzukommen. Aber die Zeit, wo die Hausgemeinschaft des Demiurgen an der ererbten Geheimkunst so reich wurde, daß er nach den Aemtern der Höchstbesteuerten streben konnte, ist mit der Entwicklung zur Kleinfamilie infolge der Geldwirtschaft vorüber. Das anlagesuchende Kapital schafft u n f r e i e gelernte Handwerker, wie es b e s i t z l o s e Kolonen schafft. Der Kapitalbesitzer, nicht der Demiurg, ist jetzt der respektable Mann. Im kapitalistischen Zeitalter steht der gelernte Gewerbesklave, — eine bloße Gelegenheitsanlage für den Kapitalisten, — in jeder Hinsicht, außer der des formalen Rechts, n e b e n dem freien Kleinhandwerker, geht aber dabei durch Kauf, Pfand, Leihe von Hand zu Hand, wird bald hier bald da zu einer größeren Werkstatteinheit zusammengeballt. Das formale private und öffentliche Recht der Demokratie konnte den freien »βάναυσος« — Handwerker und Krämer — gegen die Konsequenzen dieses Eindrucks nicht schützen, ebensowenig ein guter Verdienst, solange er nicht in die kapitalistischen Kreise aufzusteigen vermochte, — und das war, bei Konkurrenz der Sklavenarbeit, damals nur recht ausnahmsweise der Fall. — Die Besitzenden ihrerseits zogen ihren Verdienst entweder aus G r u n d renten (ländlichen oder städtischen: das Verbot des Grunderwerbs durch Fremde, auch — vorbehaltlich persönlichen Privilegs — Metöken und Freigelassene, machte ja das »Hausagrariertum« zu einem Monopol der Vollbürgerschaft) oder aus G e l d- oder endlich aus S k l a v e n renten. S o w o h l die Entwicklung der G r u n d renten aber als diejenige der G e l d- und S k l a v e n-renten hingen, soweit sie ö k o n o m i s c h bedingt waren, letztlich am H a n d e l. Die bloße Fruchtbarkeit des Bodens allein hat n i r g e n d s Grundherren entstehen lassen. Wo nicht politische Vergewaltigung die Gaufürsten in Grundherren umwandelte (oder die

Bürger zu Grundherren machte: Sparta), war dies im Altertum durchweg die Verwertung des Gewinns aus dem Handel (s. o.), und zwar in Hellas speziell aus dem *See*handel. Die Entwicklung des *privaten Sklaven*besitzes hängt in der klassischen Zeit ebenso am *Außen*handel, wie einst in der Frühzeit die Entwicklung der *königlichen* Fron-Oiken. Die rechtlich privilegierte Stellung der Ex- und Importeure, insbesondere die Aufrechterhaltung der Schuldhaft für ihre, und zwar außer für Forderungen des Staates, im wesentlichen *nur* ihre Forderungen, und die schleunige Sondergerichtsbarkeit in Handelssachen zeigt genugsam die beherrschende Stellung, die sie einnahmen. Diese beherrschende Bedeutung des Seehandels für die Vermögens*bildung* ist — wie wiederholt betont sei — *keine* Instanz *gegen* das, was von seiner quantitativen *Beschränktheit* gesagt wurde. Man muß an die Kleinheit der »Kulturzonen« und den *Küsten*charakter der Kultur, weiter aber auch daran denken, daß diese Geldvermögen und jener kapitalistische Verkehr in der »klassischen« Zeit sozusagen »Lichtungen« in einem traditionalistischen Dickicht waren. Denn fast ganz unvermittelt steht der Kapitalismus mit seinen Verkehrsformen neben den Residuen ferner Vergangenheit. Nicht nur in der nächsten geographischen Nachbarschaft, sondern *innerhalb* der Stadt selbst. Die ἔρανοι z. B. — durch Subskriptionslisten zusammengebrachte zinslose Darlehen an Mitbürger, die in *Not* sind, — spielen noch durch die ganze hellenistische Zeit hindurch und bis ans Ende des Altertums (wie das römische »mutuum«) ihre *äußerst* wichtige Rolle (auch christliche Anschauungen knüpfen daran vielleicht an), ganz wie in der Zeit der Herrschaft der primitiven »Nachbarhilfe« der Bauern. Daß die ἔρανοι *ursprünglich* keine Gegenseitigkeits*gesellschaften* waren, ist erwiesen. Die »Gegenseitigkeit« (die das Wort »mutuum« doch klar ausdrückt) liegt nicht in einer *rechtlichen* Assoziation, sondern in der urwüchsigen Bauern- und Kleinbürger-*Ethik*, welche »unter Brüdern« *un*entgeltliches Leihen fordert *mit dem Vorbehalt*: »wie du mir, so ich dir« und umgekehrt [1]). Niemals ist im Altertum in diesen Unterschichten vergessen worden, daß, gegenüber dieser ältesten »ökonomischen Moral«, der *Zins* ebenso *Fremden*- und *Herren*-Recht war wie (im Orient) das »Diensthaus des Pharao«: die Bureaukratie. Der *russische Bauer* steht darin noch heute am reinsten auf antikem Boden.

Ob nun eine ausgedehnte »kapitalistische Invasion« des *platten Landes* in Attika und in anderen althellenischen Staaten (außer Sparta, wo die Besitzanhäufung zweifellos ist) in der klassischen Zeit stattgefunden hat, sei es im 5. oder — wie dies speziell behauptet worden ist — im 4. Jahrh., wird sich mit Sicherheit

---

[1]) Diese »Ethik« findet sich so schon in den alten βουζύγειοι ἀραί in Attika formuliert.

nicht entscheiden lassen, ist aber jetzt allgemein, und wohl mit Recht, als nicht allzu wahrscheinlich angesehen. Anders wohl in hellenistischer Zeit. Diese Spätperiode hat private Riesenvermögen entstehen sehen, deren Inhaber zuweilen ganze Städte durch die drückendsten Bedingungen bei der Darlehnsgewährung in einer Art von Schuldknechtschaft hielten (im Kontrast zur klassischen Zeit, wo die Tempel die typischen Staatsgläubiger waren). Und je mehr, noch später, Althellas, speziell Athen, sich zu einer Art von »Pensionopolis« auswuchs, welches die Vorzüge von Weimar und Heidelberg mit der immerhin, gegenüber dem Osten (und später: gegenüber Rom), noch vorhandenen »Freiheit« vereinigte, desto öfter mußte auswärts wohlhabend gewordenen und angesehenen Leuten, die sich dorthin »zurückgezogen« hatten, die Anlage in Grund und Boden (ev. nach Erwerb des Bürgerrechts) wünschenswert erscheinen, deren so viel größere Sicherheit schon in der spätklassischen Zeit in der niedrigeren Zinsrate (etwa 8%) zum Ausdruck kam. Nach Verlust der zeitweise politisch erzwungenen, dann, noch länger, faktischen Stapel- und Zwischenhandelsmonopolisierung im Freihafen des Peiraieus an Rhodos waren für Athen die Chancen der Kapitalanlage im Seehandel und bei den Banken und, ihnen nach, in anderen Arten eigentlich »kapitalistischen« Erwerbes zusammengeschrumpft; die Metoiken, auf deren Finanzkraft Athens Blüte sehr stark mit ruhte, nahmen schon nach dem endgültigen Verlust der Seeherrschaft (Bundesgenossenkrieg) rapide ab. Der Handel bot keine Chancen mehr: der Boden blieb als Anlageobjekt übrig. Dazu trat die gewaltige Auswanderung in die hellenistischen Kolonialgebiete. Es ist daher kein Wunder, wenn die im 4. Jahrh. so beredten attischen Demen vom 3. an zu verstummen beginnen: Niedergang der lokalen Absatzchancen der Landwirtschaft und — wahrscheinlich — Bodenaufsaugung mit Ersatz der Bauern durch Pächter sind wohl der Grund dafür. Dagegen für das 5. und 4. Jahrh. ist eine Entwicklung in der Richtung der Bodenakkumulation nicht sehr wahrscheinlich. Von privaten Kolonen hören wir nichts. Ueberdies war damals die Exploitationsrate für Sklavenarbeit im Gewerbe ziemlich günstig, stand der Sklavenpreis andererseits unter (vermutlich) vielen Schwankungen nicht besonders niedrig. (Allerdings kostete zu Demosthenes Zeit ein Pferd zuweilen das Doppelte eines Sklaven: — verglichen mit den Südstaaten der amerikanischen Union, ein sehr niedriger Sklavenpreis. Aber für das Altertum ist es, da die Kosten der Lehre und das Risiko dazu kamen, nur ein mittlerer Preis. Uebrigens ist ein einfacher Schluß aus der Preishöhe der Sklaven eines Zeitpunktes stets sehr mißlich, da z. B. Niedrigkeit des Preises sowohl Folge geringen Sklavenbedarfs als Ursache starken Sklavenverschleißes sein kann.) Da so kolossale Sklavenzufuhren, wie sie die Kämpfe der Sizilianer, Karthager und dann der Römer brachten, überhaupt aus den Kriegen in Althellas nur ausnahmsweise resultierten, so ist jedenfalls auch eine besonders starke Zunahme der Landwirtschaftssklaven nicht sehr wahrscheinlich. Von den 20 000 Sklaven, die während des dekeleischen Krieges entliefen, heißt es ausdrücklich, daß ein großer Teil Handwerker gewesen sei (wozu noch die Haussklaven treten) und vollends nach dem peloponnesischen Kriege war die Zeit reichlicher Sklavenzufuhren wenigstens für Athen zunächst wohl vorbei. Daß der Sklavenverlust des dekeleischen Krieges nicht vornehmlich als ein solcher der Landwirtschaft angesehen wurde, darf wohl aus den Aeußerungen Xenophons in seinem bekannten Finanzvorschlag geschlossen werden. Aus seiner »Oekonomie« — die freilich wohl nicht spezifisch attische Zustände, sondern einen idealen Typus von hellenischer Gutswirtschaft schildert (sein eigenes Landgut lag im Peloponnes) — geht andererseits hervor, daß selbstredend auch auf dem Lande die Sklaven normale Arbeitskräfte waren. Xenophon (der von der Technik des Ackerbaues allerdings kaum mehr verstand, als ein preußischer Offizier a. D., der ein Rittergut übernimmt) spricht von gar keinen anderen Arbeitern, und daß auch Feldsklaven ge- und vermietet wurden, ist zweifellos. Der (unfreie oder vielleicht auch freigelassene) *ἐπίτροπος* soll nach Xenophon von Gewinnstreben beseelt sein, wird also offenbar vom Herrn am Gewinn interessiert. Die Sklaven soll man durch gutes Essen und Getränk und bessere Kleidung für die Tüchtigsten zu interessieren suchen (woraus, ebenso wie aus dem Ausdruck *οἰκέται*, hervorgeht, daß sie als familienlos und ganz in der Menage des Herrn befindlich anzusehen sind). Vor allem solle man sich auch selbst um den Gang der Wirtschaft kümmern. Daß dies letztere im ganzen nur etwa ebenso wie zu Catos Zeit geschah, d. h. nur in Form gelegentlicher Rechnungskontrolle, geht aus anderen Bemerkungen Xenophons selbst hervor. Alles klingt überhaupt ähnlich wie bei Cato, nur daß die Verhältnisse offenbar weit kleinere und einfachere sind als auf den römischen Gütern selbst zu Catos Zeit. Daß die Römer manche technische Ausdrücke der Großsklavenwirtschaft (so die Bezeichnung: »instrumentum vocale« = »ὄργανον ἔμψυχον«) von den Hellenen entlehnt haben, beweist für die klassische Zeit nichts: das Sizilien der hellenistischen Zeit dürfte die Quelle dafür sein. In klassischer Zeit war nur Chios (Großhandel, Sitz der größten griechischen Vermögen, Oel- und Weinkultur) ein Land mit massenhafter Kaufsklavenverwendung und (schon seit dem 7. Jahrhundert!) Sklavenaufständen, wie Rom. Eine starke Expansion ländlicher Sklavengroßbetriebe ist für Attika also nicht wahrscheinlich. Sklaven arbeiteten in Attika, wie die Komödie ergibt, auch als Arbeiter der Bauern mit diesen auf dem Felde nach alter patriarchalischer Art: — das war ja schon militärisch schwer vermeidlich —[1]) um große Zahlen hat es sich dabei erst recht nicht gehandelt. Die Landwirtschaft war überhaupt damals kein vom Kapital begehrtes Anlageobjekt. Man beschuldigte sie oft genug (Xenoph. Oik., Einleitung) ruinös zu sein. Wie oft der spekulative Ankauf von Land zu Meliorationszwecken und zum nachherigen Wiederverkauf praktisch vorkam, bleibt dahingestellt: es kennzeichnet die damalige »kaufmännische« Auffassung, daß ein Reaktionär wie Xenophon diese Art von Bodenspekulation empfiehlt. Auf die Rentabilität des Bodenbaues mußten in Attika s. Z. die Ausfuhrverbote für alle landwirtschaftlichen Produkte außer Oel ziemlich stark gedrückt haben. Vielleicht drehte sich der Interessenkampf im 6. Jahrh. auch um diese Begünstigung der »πεδία«. Das auswärtige Importgetreide, welches der Stapelzwang und das Vorkaufsrecht der Bürger im 5. Jahrh. in den Peiraieus brachten, wird einen relativen Druck auf die Getreideproduktion immerhin geübt haben. Die Viehpreise waren in Hellas in der Zeit von Solon bis zu den Perserkriegen wohl auf das 10—20fache, Getreide anscheinend nur auf das 3fache gestiegen (Vieh war über See nicht transportabel). Gegen das 6. Jahrh. stieg dann Getreide bis Ende des 5. Jahrh. — zuerst infolge Volkszunahme, dann auch infolge der Unsicherheit der Kriegszeiten — auf das 4fache, — wovon aber der attische Getreidebau nur in der Zeit zwischen

[1]) Infolge der langen auswärtigen Feldzüge. Die Heere der Peloponnesier dagegen rückten zur Ernte wieder heim.

Sphakteria und dem Beginn des dekeleischen Krieges profitieren konnte. Von Vieh wirtschaft aber ist speziell in Attika immer nur Kleinviehzucht (und, seitens des Adels, Pferdezucht) von Erheblichkeit gewesen. Nach dem dekeleischen Kriege war der Ruin des Hoplitenstandes ein so gründlicher, daß eine wirkliche Erholung davon nie wieder eingetreten ist. Daß die *δικασταὶ κατὰ δήμους* (s. o.) jetzt wieder stadt sässige Richter geworden sind, zeigt die Abnahme der sozialen und politischen Schwerkraft der Bauern: das Sold heer ist an Bedeutung gestiegen. —

Was wir über den Anbau wissen, ist nur, daß nach Demosthenes Attika 355 aus dem Reiche Leukons im Pontosgebiet allein etwa 400 000 Medimnen importierte, dagegen nach den eleusinischen Abgaberechnungen 315/8 seinerseits etwa 400 000 Medimnen produzierte, davon rund $^1/_{10}$ Weizen, das andere Gerste. Es würde dies, wenn man E. Meyers Berechnung akzeptiert (und positive Bedenken gegen die zugrunde gelegten Zahlen liegen nicht vor, so hypothetisch sie sind), ca. 14 250 ha jährlicher Saatfläche ergeben: bei Brache Jahr um Jahr wären also 12% des attischen Bodens mit Getreide bestellt gewesen. Die Bodengestaltung allein würde einen so geringen Bruchteil vielleicht doch nicht erklären. Aber nach den delischen Listen scheint im 4. Jahrh. der Preis zeitweise ins Stagnieren geraten und dann erst weiterhin wieder stetiger bis Anfang des 3. Jahrh. gestiegen zu sein. Es war daher in der klassischen Zeit für Attika wohl nur der Oelbau zur Kapital verwertung geeignet. Ueber seine ökonomische Organisation sind wir nicht urkundlich informiert: eigene Regie mit Sklaven nach römischer Art oder — wahrscheinlicher — Pachtsystem nach moderner italischer Art waren beide möglich; daß Xenophon, der nur Sklavenarbeit kennt, speziell eingehend von Baumpflanzungen spricht, macht ersteres für seine Zeit wahrscheinlicher. —

Alles in allem also hat man sich in der klassischen Zeit Griechenland in der Nähe der großen Verkehrszentren als ein ziemlich stark parzelliertes Land, mit in den Ebenen erheblichem Gartenbau und an den Berghängen Kleinbauern, die Flußtälern des Peloponnesos als Träger kleiner Grundherren, Elis als »Squirearchie« zu denken, während Thessalien das Gebiet der Latifundien, der Hörigkeit und Rossezucht, Böotien ein Land kräftiger Großbauernwirtschaft war, und der Nordwesten auf dem Lande noch im Zustande der Naturalwirtschaft verharrte. Für die erste Hälfte des 4. Jahrh., und ebenso schon für das ausgehende 5., muß man sich gegenwärtig halten, daß sie Zeiten konstanter, nur durch Spartas kurze Gewaltherrschaft niedergehaltener Revolutionen und Restaurationen von Parteigruppen waren, welche in Form unaufhörlicher Konfiskationen eine früher nicht erhörte Unsicherheit der Bodenbesitzverhältnisse mit sich brachten. Streng stadtsässige Kleruchien unter Verwandlung des Landvolks in Kolonen (Mytilene), Landneuaufteilungen unter Abschlachtung der gesamten Aristokratie und blutige Restaurationen finden sich nebeneinander. Die alten Parteinamen der »Demokratie« und »Oligarchie« hatten dabei nicht immer den Sinn, den sie im 5. Jahrh. vor dem Kampf zwischen Athen und Sparta besaßen. Die thebanische »Demokratie« war eine ländliche Hoplitendemokratie, welche nach Erlangung der politischen Einigung Böotiens den Frieden suchte, ganz ebenso wie die attischen Bauern und ihre »oligarchischen« Führer, während die radikale Demokratie Athens eine vom Kriege lebende städtische Schicht repräsentierte: — der Krieg bringt dem besitzlosen Stadtvolk hohen Matrosenlohn, im Falle des Sieges neue Tribute, aus denen öffentliche Arbeiten gezahlt werden, Zunahme der Mieten für den städtischen Hausbesitzer und Expansion der Kapitalverwertungsmöglichkeiten im eroberten Ueberseegebiet. Die kurze spartanische »Demokratie« (vor Sellasia) stellte eine kriegerische Landrentnerdemokratie dar. Die grundherrliche Oligarchie Thessaliens und die kaufmännische von Chios waren in ihrer ökonomischen Struktur die äußersten Gegensätze. Ebenso die kaufmännischen Oligarchien Korinths und Kerkyras und die feudale Spartas, die trotzdem gegen die Demokratie zusammenhielten. Etwas verschoben hatte sich auch das für alle Parteikonstellationen des Altertums so wichtige Gläubiger-Schuldner-Verhältnis in seiner sozialen Lagerung. Immer sind die Schuldner »Agrarier« (wie bei uns). Aber die Gläubiger sind in der Frühzeit: grundbesitzender, stadtsässiger und kriegerischer Adel, in der Spätzeit: Händler und Rentner, und unter den Schuldnern treten später gerade die Großbesitzer stärker hervor. Der Gegensatz ist flüssig, aber immerhin fühlbar. Schuldenrepudationen und Versuche zu solchen werden jetzt vornehmlich ein Junker-Ideal, nicht mehr eine politisch-ökonomische Forderung der wehrhaften Bauernschaft.

Während der ganzen klassischen und ebenso in der hellenistischen Zeit setzte die Polisorganisation, mit ihrem Synoikismos der Behörden und — möglichst — auch der bemittelten Grundbesitzer in die Stadt, Gliederung in Phylen, Organisation in Bule und Ekklesia als Volksvertretungen usw., ihren Siegeslauf durch Althellas fort. In ganz Mittelgriechenland außer Aitolien siegte sie und verdrängte oft die althistorischen Stammesnamen (während, wo sich das feste Schema der Polisorganisation einmal festgesetzt hatte, es durch die radikalste Vernichtung nicht auszurotten war: Exulantengeschlechter, die jahrhundertelang in der Fremde gelebt hatten, vermochten sich bei gegebener Gelegenheit zur Rückkehr alsbald wieder in die Kaders ihrer Phylen und Phratrien einzugliedern). Meist sind dabei die neugeschaffenen Poleis Staatswesen etwa nach Art des kleisthenischen Athen, zuweilen reine Grundbesitzersynoikismen. Der Synoikismos von Rhodos im Jahre 408 (militärisch, durch die Furcht vor Athen, motiviert), bedeutete die Vereinigung und (teilweise) Zusammensiedelung der drei dorischen Heeresphylen, welche hier bei der ersten Besiedelung der Insel sich lokal gesonderte Bezirke zuweisen und je eine eigene Polis gegründet hatten, in einem einzigen dorischen Phylenstaat. Die Entstehung der Kleinstädte in den mittelgriechischen Bergtälern ist wohl meist jenes Zusammensiedeln der Bauern als Ackerbürger in die Festung gewesen, wie es, in seinen Nachwirkungen, noch heute die Physiognomie z. B. Siziliens, dessen Inneres einen außerhalb der »Stadt« dauernd lebenden Menschen gar nicht kennt, bestimmt. Wo auf diese Art, — durch effektive Zusammensiedelung — größere Gebiete als Polis organisiert wurden, mußte die Folge auf die Dauer immer Absentismus und Kolonenwirtschaft sein. Und die effektive Zusammensiedelung galt eben, wenigstens in der klassischen Zeit, als die einzige Methode, eine militärische Erziehung nach dem Prinzip des Hoplitentums durchzuführen. Militärische und ökonomische Gesichtspunkte stießen dabei oft scharf zusammen und nötigten zuweilen zu Kompromissen, namentlich in den bergigen Gebieten des Peloponnes (wo die gleichen Schwierigkeiten wie, offenbar, seinerzeit in Athen im Gebiet der Diakrier entstanden). Indessen: die militärischen Gesichtspunkte entschieden meist. Die arkadischen Synoikismen (Mantineia, Megalopolis) waren, ebenso wie der Synoikismos von Elis (471), und der von Kos, Schöpfungen von »demokratischen« Hoplitenpoleis. Nur in Elis blieben die Squires meist auf dem (reichen und gut bebauten) Lande wohnen, während in Arkadien, wegen der Gefahr von Sparta her, Zwangsdomizil für die Synoikisierten bestand. In Kos wie in Elis befanden die Demen (wie in Athen die allmählich demokratisierten Phratrien) über Wehr- und Grundbesitzfähigkeit. Zweck des Synoikismos war in allen Fällen: militärische Organisation. In Elis war die Folge: Wiedererwachen der Eroberungspolitik. Die militärische Schätzung der Eleier scheint aber charakteristischerweise — trotz ihrer zeitweisen politischen Erfolge — immer ziemlich niedrig gewesen zu sein: wohl eine Folge des Fehlens der straffen Polisorganisation. Das Land blieb eben auch jetzt stets ein agrarisches Gebiet, Großhandel fehlte. — Dagegen waren die Arkader als die Haupt-Reisläufer von Hellas militärisch von jeher sehr tüchtig.

War in Elis und ebenso in Arkadien die Hoplitenorganisation teils faktisch, teils nur rechtlich, noch in die althellenische Form des Synoikismos gekleidet, so f e h l t e dies bei der spätesten althellenischen, auf einem V o l k s heer ruhenden Großmacht: den A i t o l e r n , gänzlich. Sie wohnten in Komen und blieben in Komen wohnen: — Thermon war ein befestigter Ort, wo der ungeheure Raub zusammengehäuft war, die Jahrmärkte stattfanden, die Bundesbehörden und Landesversammlungen des Heerbanns tagten, aber keine Polis, — auch als sie die militärische Organisation und Hoplitenschulung, die ihnen in der klassischen Zeit völlig fehlt, — damals waren sie leichtbewaffnete Bauern — schufen. Der Adel fehlte, weil die Differenzierung durch H a n d e l gefehlt hatte. Diese militärische Organisation, welche, in der makedonischen Zeit, alsbald zur Eroberungspolitik führte, gliederte die Nachbargebiete teils durch Aufnahme in den Heerbannverband ein, teils behandelt sie dieselben, wie die Eleier ihre Eroberungen und wie die Schweizer den Thurgau, als tributpflichtige Unterworfene und legte Besatzungen in die Städte. Doch scheint dies überwiegend nur Uebergangszustand. Die Aufnahme in den Bund war in der Zeit seiner größten Machtstellung offenbar ziemlich leicht zu erlangen, sehr im Gegensatz zu dem Verhalten der demokratischen Bürgerzünfte der Poleis, speziell Athens. Hier ist also die Hoplitentechnik und der Hoplitenstaat, der ja überall eine Art capitis deminutio der alten Geschlechtspoleis, eine Beherrschung der Städte durch das Land, sein wollte, o h n e Synoikismos durchgeführt, weil der Geschlechteradel und deshalb die Geschlechterpolis f e h l t e n. Man hat geflissentlich das Entstehen der Polis mit ihren differenzierenden Konsequenzen zu v e r m e i d e n gesucht und auf dieser Basis ein kulturloses, aber machtvolles Staatswesen geschaffen. Aber mit dem Eindringen der Geldwirtschaft im Gefolge der Eroberungen ist die Differenzierung dennoch gekommen. Schon zu Perseus Zeit wird von dem schroffen Kontrast zwischen Besitzenden und Verschuldeten in Aitolien ganz ebenso gesprochen (Livius 32, 38), wie ein halbes Jahrtausend zuvor in Athen. T h e s s a l i e n ist das zweite große Gebiet, welches von der Polisorganisation nur an den Rändern erfaßt wurde. Hier blieb der Burgenadel in seiner Machtstellung bis in späte Zeiten unerschüttert. — Das gewaltigste Glied in der Kette der nationalhellenischen Staatenbildungen endlich — M a k e d o n i e n — ist bis in die Zeit des Philippos ein Burgenkönigtum fast von dem Typus der homerischen Zeit: die Hetairoi des Königs spielen dort dieselbe Rolle wie hier. Die »Städte«, auch Residenzen, wie Pella, sind schwerlich etwas anderes gewesen als Persepolis auch war. Die Einführung der Hoplitentechnik (vgl. die angebliche Rede Alexanders in Opis an die Veteranen), die »Seßhaftmachung«, d. h.: die feste militärische Organisation des Hoplitenheeres auf der Basis des Grundbesitzes, massenhafte Polisgründungen mit rücksichtsloser Verpflanzung und Zusammensiedelung der Kolonisten bereiteten die Expansion vor. Die Eroberung schuf hier auch jene alte Beziehung zwischen Heerkönig und Heer wieder, welche (s. o.) das Entstehen des alten Geschlechterstaates an Stelle des Königtums vorbereitete: das Heer ist, wie unter Chlodovech, ebenso souverän wie der König. Vor ihm nimmt die Familie des Königs — so die Königin Olympias — Recht und sucht der König Recht im Fall des Hochverrats eines Generals. Nur sind die Dimensionen viel gewaltiger geworden und stellte der Erfolg der Eroberung den König und seine Nachfolger faktisch auf die Basis des orientalischen Monarchen. Aber daß die hellenische Polis Basis der politischen Organisation sein müsse und allein sein könne, hielten die siegreichen Makedonen auch im Orient fest und führten so die letzte große Expansion dieser hellenischen Grundinstitution herbei.

5. Der Hellenismus.

Im Orient hatte die Perserherrschaft wesentliche Aenderungen der sozialen und ökonomischen Struktur wohl nicht gebracht. Die Unverändertheit der Tribute, welche Dareios den Satrapien auferlegt hatte, während der ganzen Dauer des Reichs, ist dafür nicht minder charakteristisch als der Fortbestand der freien ländlichen Wehrgemeinde, nach Schweizer Art, im Stammsitz des herrschenden Volkes und die Erhaltung der alten agrarischen Wirtschaftsverfassung (soziale Degradation des Schuldners als solchen — weil er Tributknecht ist —, selbst wirtschaftende Bauern als Träger der Heerbannpflicht, keine Grundherrlichkeit, wie es scheint, sondern nur durch Besitz und höfisch-ritterliche Erziehung ausgezeichnete und dadurch zu den königlichen Aemtern und, durch ihre Geschlechtshäupter, zur Teilnahme am Rat des Königs qualifizierte »Geschlechter«, vom König bestellte Richter statt der Rechtspflege der Gaufürsten, — wie im Deuteronomium, — aber kein Ansatz zur Rechtskodifikation) neben der despotisch-theokratischen Beherrschung der Untertanen. Die Tribute sind teils Geld-, teils Naturalientribute. Die Geldtribute (höchster: in Babylonien: 1000 Silbertalente; Gesamtbetrag: 7600 Silbertalente = 53½ Millionen M., wozu aber die am Ort selbst verbrauchten Leistungen traten), geben nicht etwa einen Maßstab der Entwicklung der Geldwirtschaft: das halbwüste Gebiet der 14. Satrapie (auf dem iranischen Plateau) liefert fast soviel wie Aegypten (wie E. Meyer sicher mit Recht annimmt, müssen Bergwerke u. dgl. im Spiel sein). Die Naturaltribute bestehen teils in Einquartierungs- und anderen Leistungen für die lokale Garnison, teils in der Pflicht der Städte — wie im Mittelalter — den Herrscher oder seinen Repräsentanten bei ihrem Aufenthalt zu sustentieren, teils in festen Tributen; letztere sind vielfach, nach Art eines ungeheuren »Oikos«, den Verwendungszwecken entsprechend, eingeteilt und lokal repartiert: bestimmte Städte oder Dörfer liefern den Wein, andere den Weizen für die Tafel des Königs oder für bestimmte Haushalts- oder Toilettenbedürfnisse der Königin, ebenso sind — das Wichtigste — die Präbenden der königlichen Gefolgschaft (der Perser, die »an der Tafel des Königs speisen«), der Beamten und des königlichen stehenden Heeres überhaupt umgelegt. Daneben kommen (speziell in Mesopotamien, wo dies dem System der alten Herrscher entsprach, aber natürlich nicht nur hier) Belehnungen mit Land für das Reserveaufgebot vor, und für die höheren Chargen Belehnungen mit Grundherrschaften und Immunitäten verschiedenen Inhaltes: Patrimonialgericht und seigneurialer Heerbanngewalt und -pflicht. Diese Feudalrechte sind sehr verschiedenen Umfangs und, vor allem, rechtlichen Charakters, vom rein privaten immunen Lehensgut bis zu großen, eine patrimoniale Exemtion genießenden Standesherrschaften und schließlich bis zum tributären, aber sonst politisch autonomen Lehensfürsten, — Institutionen, welche die Fortsetzung der, in Spuren, schon im babylonischen Reiche zu findenden, und die Vorfahren der später, hypothetisch, in der hellenistischen und sicher in der römischen Zeit vorhandenen, Privatherrschaften sind. Nur daß später die Verleihung eigentlich politischer, über das Maß patrimonialer Immunitäten hinausgehender obrigkeitlicher Rechte zunehmend seltener ist als (anscheinend!) in der Perserzeit. Naturgemäß erstreckt sich sowohl die politische wie die patrimoniale Standesherrschaft vorwiegend auf die Binnenlandsgebiete ohne alle städtische Organisation (aber nicht ausschließend: es kommt Verleihung sowohl der politischen wie der grundherrlichen Gewalt auch über Städte vor); die nur privaten, mit Kolonen besetzten Grundherrschaften finden sich dagegen wohl auch in den Gebieten mit städtischer Kultur. Die Rechtsstellung der Erbuntertanen ist nicht näher bekannt. — Ueber die Agrarverhältnisse der alten Kulturländer: Mesopotamien, Aegypten, Syrien, in der Perserzeit beginnen erst jetzt die Ausgrabungen und die demotischen Papyri langsam Material zu liefern. Die großen Zahlen von Dattellieferungen privater Grundbesitzer in babylonischen Urkunden lassen darauf schließen, daß sich hier erhebliche Plantagen (und zwar, da die Grundstücke Mehl als Tribut zu liefern haben, neu auf bisherigem Ackerland) entwickelt hatten. Langfristige (in einem Fall 60jährige) Verpachtungen von Gütern (offenbar Lehen- oder Schenkungsgütern) persischer Großer zeigen, daß die strengen Vorschriften über deren Präsenzleistung bei Hofe den Absentismus der Grundherren erzwangen. Neben den privaten Grundherrschaften und zwar, da diese stets auf königliche Konzession zurückgehen, als deren Quelle, stehen die königlichen Domänen: Forst-, Garten-, Weide- und Ackerdomänen, durch Uebernahme der Besitzungen der vorpersischen Herrscher und Konfiskation entstanden, königliche Herden, königlicher und prinzlicher Besitz von Sklaven, darunter auch gelernten

Handwerkssklaven, die sicher gelegentlich auch für private Kunden arbeiten und bei denen private Besitzer Sklaven in die Lehre geben. Die Domänen wurden, wie die karolingischen, durch Administratoren verwaltet. Domänengroßpacht scheint gefehlt zu haben, ebenso die staatliche Steuerpacht: charakteristisch genug interveniert in babylonischen Urkunden das Kapital bei der Steuerzahlung in der Weise, daß es dem Steuerpflichtigen die Leistung der Naturalabgabe abnimmt, z. B. das dem König zu leistende Mehl einkauft und andererseits die Datteln, die das Grundstück ertrug, zur Verwertung übernimmt, und auf diese Art die Beschränkung in der Bestellung der Grundstücke, welche das Naturalabgabensystem mit sich brachte, beseitigt. — Die Perserzeit bezeichnet anscheinend eine Periode starker wirtschaftlicher Stagnation der betroffenen Gebiete. Das babylonische Kanalsystem verfiel gegen Ende ihrer Herrschaft sichtlich und weder von den Hellenen- noch von den Phönikerstädten hören wir, daß sie unter ihrer Herrschaft, trotz der Befriedung dieses großen zusammenhängenden Staatsgebietes, prosperiert hätten. Es fehlten eben jene spezifisch antiken Stimuli des »Kapitalismus«, die immer mit politischer Expansion verknüpft waren. Und ein gewaltiges Hemmnis war der Druck des Naturalabgaben- und Requisitionssystems der lokalen Statthalter (von dem z. B. Nehemia spricht) und die völlige Willkür, der auch die Städte in dieser Hinsicht preisgegeben waren, während doch die spezifisch hellenischen Profitchancen dabei fehlten.

Von den Einzelgebieten ist wenig zu sagen. Für das Aegypten der Perserzeit ist das Urkundenmaterial zurzeit noch viel zu unsicher in der Lesung und Uebersetzung, um wirtschaftsgeschichtliche Schlüsse zu gestatten. Insbesondere steht Revillout's Annahme, daß die Revolutionen der »nationalen« Dynasten in der Perserzeit zu Neukodifikationen und z. B. zu einer Wiederherstellung des (schwerlich je vorher beseitigten) Familienretraktrechts geführt hätten, vorerst noch als Hypothese in der Luft, solange die »demotische Chronik«, auf die er sich stützt, nach Sinn und Tragweite nicht genau untersucht ist. Allerdings scheinen die Perserkönige gelegentlich Kirchengut säkularisiert zu haben, aber an der allgemeinen Stellung der Priester haben sie nichts geändert und das nationale Recht sicherlich nicht alteriert. Weder dort noch in Babylonien scheint der allgemeine Typus der Sozialverfassung und Rechtsordnung prinzipiell verändert. Der stationäre Charakter der persischen Staatswirtschaft muß entsprechend auch auf den Außenverkehr gewirkt haben: die ökonomische Entwicklung des großen 1½ Jahrhunderte lang fast ganz befriedeten Gebietes blieb offenbar stehen (keinerlei Handel auf dem persischen Golf, geringe Entfaltung auch der zum Reich gehörigen phönikischen und — seit dem peloponnesischen Kriege — hellenischen Seestädte). —

Wie in manchen anderen Gebieten, so suchte sich politisch die persische Herrschaft auch in Jerusalem auf die Theokratie zu stützen. Es gelang jüdischen Günstlingen der Perserkönige, von diesen die Erlaubnis 1. zur Rückkehr nach Jerusalem, 2. zum Neuaufbau des Tempels und der Mauern der Stadt unter Monopolisierung der Kultstätte für den Stadttempel, und — was geschichtlich das Folgenschwerste wurde — 3. zur Oktroyierung des im Exil, wo die alte Form des Jahwekults unmöglich war, zu allbeherrschender Bedeutung gelangten Reinheitsrituals und der im sog. »Priesterkodex« vorgesehenen, die Rechte der jerusalemiter Priesterschaft begründenden, Vorschriften zu erlangen. Das Priestertum war vor dem Exil ursprünglich ein außerhalb der Geschlechtsverbände stehender Beruf, der bald erblich wurde und von bestimmten Abgaben lebte. Jetzt wurde es mit Zehntrechten ausgestattet und zugleich gentil und als besondere Phyle (»Stamm« Levi, daher auch die Zusammenlegung zweier anderer Phylen als Josephs-Phyle in der Tradition) organisiert. Auf gentiler Basis — etwa in der Art wie Athen nach Drakon und vor Solon, und wie das frührömische Staatswesen — wurde auch die ganze Volksgemeinschaft neugestaltet. Die israelitischen »Geschlechter«, mit teils lokaler, teils personaler Eponymität, oft mehrere Tausend Seelen umfassend, sind auch jetzt — aber nunmehr künstlich zu politischen Zwecken neu geschaffene — Verbände der ökonomisch wehrfähigen Grundbesitzer, neben denen (wie überall) »Zünfte«, d. h. die den Geschlechtern in der Funktion entsprechenden Verbände gewisser Handwerker standen. Die »Geschlechter« wurden, unter teilweiser Neuaufteilung des seit dem Exil stark entvölkerten Landes mit der Schnur, eingeteilt, dann unter Nehemia durch einen förmlichen Synoikismos eine Zusammensiedelung von (angeblich) $1/_{10}$ der Genossen aus allen Geschlechtern, als deren Repräsentanten, mit Zwangsdomizil in der Polis verfügt. Der Grundsatz, daß, wer seinen Grundbesitz verliert, nicht zur Gemeinde gehört, blieb bestehen, aber die »Metöken«, zu denen die Grundbesitzlosen gehören, werden vom Gesetz und der Literatur geflissentlich zuvorkommend behandelt, sofern sie den jüdischen Glauben annehmen. Die Theokratie war nun endgültig etabliert. Neben den Laiengeschlechtern stehen die Stadtpriestergeschlechter, denen die »Leviten« als Tempeldiener untergeordnet sind. (Die Zahl der Gesamtpriesterschaft — $1/_7$ der Bevölkerung — ist ungemein hoch.) Da als Distinktiv der Volksgemeinschaft jetzt die Innehaltung des rituellen Gesetzes (Beschneidung, Sabbat, Reinheitsgebote) galt, waren die Priestergeschlechter, auch ehe der Hohepriester förmlich Staatshaupt wurde, die Leiter der jüdischen Gemeinschaft, deren ökonomischer Schwerpunkt zweifellos in Babylon — wo wir sie in zahlreichen Urkunden finden — geblieben war. Die politische Konstitution des Staats diente nur dem Zweck: den sakralen Mittelpunkt zu erhalten. Wie in den hellenischen Städten, wurde anfangs auch hier die gemeinsame Tafel der Geschlechtshäupter beim Statthalter als Symbol der staatlichen Einheit eingeführt. Einerseits wurde das früher geübte connubium mit den »Landbewohnern«, d. h. allen nicht durch Annahme des Gesetzes in die religiös fundamentierte

Polis Eingetretenen, gleichviel ob israelitischer Herkunft, beseitigt; andererseits begann das Judentum damals seine gegen die Abstammung indifferente Propaganda unter den Metöken und in fremden Ländern. — Ueber die agrarische Entwicklung des zunächst ziemlich kümmerlich vegetierenden Gemeinwesens können wir nur indirekt und aus der Spätzeit, durch das talmudische Recht und die Evangelien, etwas erfahren. Aber es ist nicht viel und wenig Eigenartiges. (Einige Bemerkungen siehe weiter unten.)

Der »Nationalkrieg« des makedonischen Heerkönigtums, welches die Weltherrschaft des Hellenentums begründete, führte in ökonomischer Beziehung im Orient die erheblichsten Aenderungen herbei. Zunächst die außerordentliche Expansion der, in inneren Angelegenheiten autonomen, hellenischen Polis als Organisationsform auch in das Binnenland bis an die Grenze von Turkestan, während bis dahin sehr wenige hellenische Städte mehr als eine Tagereise von der Küste entfernt gelegen waren. In Verbindung damit steht das Vordringen der Geldwirtschaft. So vor allem im öffentlichen Haushalt: während der Aufenthalt des Perserkönigs in einer Stadt für diese (wegen der Sustentationspflicht) eine ökonomische Last war, verdiente die hellenistische Polis am Hofhalt, wenn er in ihr weilte, wie, als Hauptcharakteristikum der Aenderung, überliefert ist. Die Staatspacht begann sich jetzt nach Osten hin auszubreiten. Wir sahen, daß noch unter Artaxerxes das private Kapital beim Schuldner intervenierte, und Beloch hat sicher recht, wenn er Aristot. Oik. 33 dahin deutet, daß die Nomarchen das ägyptische Tributgetreide selbst zu versilbern hatten, um die Geldsteuer abführen zu können und deshalb Freigabe der Getreideausfuhr verlangten, weil sie sonst die Steuer nicht aufbringen konnten. Jetzt beginnt — am planvollsten in Aegypten — der Staat die Naturalabgaben an Pächter zu vergeben, die ihm ein Geldfixum als Verkaufsertrag garantieren, um so sein Budget in Geld balancieren zu können. Die riesigen »Horte« der Perserkönige wurden als Donative vom souveränen Heer und seinen Führern und von den »Gefolgschaften« der Mazedonenfürsten zerstreut und kamen so in Umlauf. Das Seleukidenreich, die eigentlichste Fortsetzung des Perserreichs, hat anscheinend nie mehr einen erheblichen Königshort besessen, dagegen überstieg anscheinend seine Geldeinnahme aus den Tributen die des gesamten Perserreichs (außer Indien). Aegypten hatte einen Staatsschatz von sehr großem, aber freilich in der Höhe absolut unglaubwürdig überliefertem Umfang (von manchen Historikern ist eine phantastische Zahl geglaubt worden) und dazu trat die königliche Bank, welche, wie in den meisten hellenistischen Poleis, das Wechselmonopol hatte und, mit ihren Filialen, allgemeine Zahlstelle war. Auch die Münzprägung der Städte begann überall, während z. B. Babylon noch unter der Perserherrschaft gar nicht geprägt hatte, die goldenen »Dareiken« der »Reichswährung« wohl wesentlich dem Zwecke der Thesaurierung und Gratifikation dienten und nur einige Küstenstädte hellenisch prägten, im ganzen aber das Geldwesen auf dem rechtlichen Niveau etwa des chinesischen Systems (kleines Zeichengeld neben im Kurse schwankendem, »pensatorisch« verwendetem Edelmetall) blieb.

Fortschritt und Einfluß der Geldwirtschaft zeigt sich am deutlichsten in den dank Wilcken jetzt besonders gut bekannten Zuständen Aegyptens. Die Differenz der Tribute an die Perser gegenüber den Einkünften der Ptolemäer (700 Talente, 120 000 Artaben Getreide Tribut angeblich unter Dareios — was nach der Ueberlieferung stabil blieb —, 14 800 Talente und 1,2 Mill. Getreide angeblich unter Ptolemaios Philadelphos, 6000 Talente glaubwürdig im 1. Jahrh., nach starkem Verfall) darf natürlich (auch von der Edelmetallentwertung abgesehen) nicht einfach als entsprechende Steigerung der staatlichen Erträge angesehen werden: Alle Quellen ergeben, daß die Belastung zugunsten der Satrapen und örtlichen Truppen die weitaus schwerere gewesen war, an den persischen Hof nur ein Bruchteil des Gesamteinkommens abging und natürlich ein besonders kleiner von den Naturalabgaben. Aber: der Geldwert der gesamten ptolemäischen Naturaleinkünfte betrug nur etwa $^1/_{40}$ ihres Gesamteinkommens: so stark schritt die Geldwirtschaft vorwärts. Und — worauf Wilcken zuerst hinwies — während in der Heeresverpflegung im 3. vorchristl. Jahrh. das Geld zu den Naturalien im Wert sich noch wie 1 : 2 verhielt, verschob sich dies Verhältnis im 2. Jahrh. auf 3½ : 1, in der Flotte aber am Ende des 2. Jahrh. auf 20 : 1. Die alten, von den chaldäischen mehr formal als sachlich unterschiedenen, Kategorien des naturalwirtschaftlichen Geschäftslebens: Naturaldarlehen, Naturallöhne usw. sind in der ganzen Ptolmäerzeit noch (besonders — aber nicht nur — in den demotischen Papyri) vorhanden. Die Naturalpacht im Privatverkehr wiegt in den erhaltenen Urkunden bis in die Kaiserzeit vor. Aber unaufhaltsam schreitet vom 3. vorchristl. bis zur Mitte des 2. nachchristl. Jahrh. die Geldwirtschaft vor. Die erhaltenen Fragmente von Wirtschaftsbüchern zeigen einerseits im 3. Jahrh., andererseits zu Vespasians Zeit, volle Geldwirtschaft des Haushalts. Einkauf gegen Geld auf dem Markt, Verkauf der Erzeugnisse gegen Geld, Geldtagelöhne, Geldzinsgeschäfte Privater herrschten und vor allem: Geld steuern und Steuer einschätzung in Geld. Von den Grundabgaben blieben, außer den, einem Staatsmonopol unterliegenden Gewächsen, (Sesam, Kroton usw.) nur die Getreide abgaben fast ganz Naturalsteuern; alle anderen Gewächse waren fast rein mit Geld besteuert. Ebenso die Gewerbesteuern, die an Stelle der alten pharaonischen Fronden und Naturalabgaben von Gewerbeprodukten traten. Ueberall tritt die Tendenz zur »adaeratio« — wie die Kaiserzeit den Vorgang der Zugeldsetzung einer Pflicht technisch nannte — zutage. Das unerhört und bis zum äußersten Raffinement entwickelte Finanzsystem der Ptolemäerzeit, in welchem von der Prostituierten bis zum Kanaladjazenten schlechthin jedermann — außer den Hellenen, den Priestern (bis zu einer Maximalzahl für jeden Tempel) und den κάτοικοι (s. u.) — nach seinem Beruf, außerdem jeder Verkehrsakt nach seinem Objekt differenzierte Steuern zu tragen hatte, — dies System ruht auf der ganz konsequenten Fortentwicklung der Fronkataster und Bodenvermessungen und -bonitierungen des ramessidischen Staatslastensystems, zu welchem es nur in der Art der Belastung: im Prinzip Fronden dort — im Prinzip (über die Praxis s. u.) Geldsteuern hier, eine Art von Gegenpol bildet. Die staatliche Bedarfsdeckung also war in hellenistischer Zeit zunehmend geld wirtschaftlich und konnte dies sein, weil die Wirtschaftsstruktur, auf der sie ruhte, in starkem Maße geldwirtschaftlich war oder wurde.

Aber: die Verwaltung der neu entstehenden Monarchien war rein bureaukratisch und wurde zunehmend bureaukratischer, und gleichzeitig vollzog sich, gerade infolge der Geldwirtschaft, im Staatshaushalt, ein immer stärkeres Hervortreten des Leiturgie prinzips: der Sicherung der Staatseinkünfte durch immer umfassendere Auferlegung von Vermögensgarantien für den Eingang der Staatsabgaben auf die Bemittelten, und der Fesselung der zu Leistungen an den

Staat Verpflichteten an ihre Funktion. Aegypten ist dafür das klassische Land, aber auch anderwärts zeigen sich überall die Ansätze dazu. Die Bedeutung der Staats s k l a v e n stieg auch in den autonomen Poleis, z. B. in Athen. Und die attische Verwaltungsordnung enthielt in Proeisphora und Symmorien, und auch in der Stellung der Demen (s. o.), ohnehin schon den Keim der ein halbes Jahrtausend später, in der konstantinischen Zeit, üblichen Art der Steuerhaftung und der Behandlung des »populus plebejus« in den Munizipien. Endlich — eine Folge der Eroberung und, speziell, der Expansion in das B i n n e n land — wird von den orientalischen Staaten zweifellos vielfach die g r u n d h e r r s c h a f t l i c h e neben der Polis-Organisation übernommen, wo nicht formell, da der Sache nach. Schon daß in Aegypten unter den Ptolemäern ein Fall von E r b verpachtung p r i v a t e n Grundbesitzes (auf 99 Jahre) vorkommt, wie dies in persischer Zeit in Mesopotamien sich findet, während in Althellas dafür (bis jetzt wenigstens) so wenig ein Beispiel bekannt ist wie für Rom, kennzeichnet die stärkere Betonung f e u d a l e r Elemente in der Sozialverfassung. Trotz aller Politik nationaler Versöhnung sind eben die Masse der Orientalen dem Hellenenheer gegenüber U n t e r w o r f e n e, und das kam in den sozialen Institutionen zum Ausdruck. Allerdings geht (außerhalb Aegyptens) der hellenistische Staat zunächst energisch auf städtische Organisation des Landes aus. Nur die Städte sind Träger des Hellenentums, — die Bewohner des platten Landes bleiben »ἔθνη«, — und die wünschenswerte Hellenisierung erfolgte also regelmäßig: einerseits durch Ansiedelung von Hellenen, teils Zuzüglern aus Althellas, teils aber und namentlich Veteranenfamilien, andererseits durch Konstituierung dieser Kolonisten und der hellenisierten alten Geschlechter (Tempelgeschlechter und Militäradel) als einer »Polis«. Die Inschriften scheinen zu zeigen, daß im Prinzip jeder, dessen Grundbesitz irgendwelche Leistungen an den Staat trug oder auch nur dem Rechtsprinzip nach tragen k o n n t e — also alle P r i v a t leute — diesen Grundbesitz, auch wenn sie ihn aus der Hand des (für seine Besitztümer exterritorialen) Königs erworben hatten, einer Polis »zuschreiben« lassen mußten. Die hellenistischen Herrscher und Kolonisten haben die grundherrliche, namentlich aber die t h e o k r a t i s c h e, Organisation vielfach offenbar ganz bewußt beschnitten, im Gegensatz gegen das ebenso bewußte freundliche

Verhalten der Perser zur Theokratie. Das zeigt sich in der geschickten Art, wie in Aegypten die — schon vor der nationalistischen Empörung der Thebais, welche eine direkt ägyptophile Epoche einleitete — offiziell so bigotte Dynastie der Ptolemäer die Apotheose der Arsinoë (265 v. Chr.) dazu benutzte, um, offenbar gegen Entschädigung durch ein großes Kapitalgeschenk, der Priesterschaft die Einziehung der *ἀπόμοιρα* von allen Gartenkulturen ($^1/_6$ des Ertrages) ab- und auf den Staat zu übernehmen, unter Zuweisung des Ertrages an die neue Göttin. Es zeigt sich im Synoikismos des pisidischen Antiochien und sonst, deutlich z. B. in Stratonikeia in Karien. Hier wurde eine alte ländliche Tempel-Amphiktyonie durch Städtegründungen geradezu zerschnitten und den Städten nach dem Maß der ihnen attribuierten Komen deren Stimmen im Rat des alten um den Tempel sich gruppierenden Gaues zugeteilt. Aus später Zeit hat man sich z. B. der Polisgründungen der Herodäer als Gegengewicht gegen die eine theokratische Geschlechterpolis: Jerusalem, zu erinnern; so namentlich Tiberias, wo nach Josephus die Neusiedler mit Aeckern, Häusern und Privilegien ausgestattet, ihnen aber das Zwangsdomizil auferlegt wurde, und Sebaste. Diese Hellenenstädte waren eben militärisch (Sebaste stellte in einem Judenkrieg 3000 Mann), da sie ja, mitten im fremden Volkstum, ganz vom Bestande des hellenistischen Staatswesens abhingen, die festesten Stützen der Diadochen- und Epigonenherrscher. Außerdem aber garantierte die hellenische Polis die Hebung der Steuerkraft: die hellenistischen Monarchen sind »Merkantilisten« wie die Territorialherren des 17./18. Jahrh. bei uns. — Der Synoikismus bedeutete auch jetzt der Regel nach die effektive Zusammensiedelung zur Stadt, namentlich für die am Geschäftsleben (und, wohlgemerkt, am geschäftlich ausbeutbaren Stadtverwaltungsleben) beteiligten Schichten. So hat s. Z. schon Kuhn darauf aufmerksam gemacht, daß nach dem Synoikismus von Kassandreia der Wein der bisherigen, als *κώμη* dieser Polis fortbestehenden, Stadt Mende nicht mehr über den Hafen dieses Ortes, sondern über Kassandreia verschifft wurde: Stapelzwang gehört auch zur hellenistischen Polis.

Allein: schon die teilweise kolossalen Gebiete der Städte zeigen, daß sie in ihrer sozialen Konstitution sehr verschieden von einer klassisch-hellenischen Polis geartet sein mußten und oft in Wahrheit nur einen rechtlich synoikisierten Komplex von großen Grundherrschaften darstellten. Ferner aber: der gewaltige Domänenbesitz der Könige blieb, im Prinzip, ganz exterritorial, und daneben existierten sicherlich zahlreiche, auf persönlicher Konzession bestehende Grundherrschaften, welchen die Zuschreibung zu einer Polis nicht oktroyiert wurde, speziell in den Gebieten, wo die Polisorganisation nicht allgemein durchgeführt worden war. Eine förmliche, durch Rechtsregeln festgestellte, Schollenfestigkeit von auf privaten Grundherrschaften sitzenden Kolonen ist allerdings für das Seleukidenreich und für den ganzen älteren Hellenismus nicht nachweisbar und auch nicht wahrscheinlich, nicht nur soweit hellenische Pächter in Betracht kommen (außerhalb der Polisgebiete wohl selten), sondern generell wohl auch für die nicht hellenische Bevölkerung. Anders, wo das Verwaltungsrecht in Frage kam, wo es sich also um Pflichten gegen den Staat, und das heißt: um Pflichten gegen den Monarchen handelt. In seinen staatlichen Beziehungen ist, wie der altägyptische Untertan an sein gesetzliches Domizil, und natürlich: (ohne Konsequenzen für die Freizügigkeit) der Athener an seinen Demos, so der hellenistische Untertan an seine Heimatgemeinde (ptolemäisch: *ἰδία* — zweifellos nur die Uebernahme des früher erörterten ägyptischen Instituts —) gebunden: Hier steuert er, hierhin kann er, wenn sein Aufenthaltsort, an dem er, als *ἐπίξενος*, weilt, sich seiner entledigen will, abgeschoben werden, hierhin endlich kann ihn der Staat, wenn es sich um die Ableistung persönlicher Leiturgien handelt, ev. zurückholen. Denn eine garantierte Freizügigkeit existiert im Altertum nur soweit, als sie durch ausdrückliche Verträge oder Privilegien begründet ist. Im übrigen war, dem Rechtsprinzip nach, dem Staat gegenüber der Einzelne in ähnlicher Weise an seine Gemeinde gebunden, wie heute der russische Bauer es ist. Es findet sich denn auch die physische Zurückführung von Untertanen in die Heimatgemeinden zur Uebernahme öffentlicher Lasten nicht nur später in der bekannten Lukasstelle, sondern ebenso schon zu allen Zeiten in den hellenistischen Staaten. Der hellenistische Staat kannte insbesondere, wenn auch weniger als der altorientalische, Fronleistungen öffentlich-rechtlicher Provenienz, und wo deren Ableistung durch Abwanderung gefährdet schien, griff er zweifellos zur Zwangsrückführung. Auf den exterritorialen Domänen des Königs nun, und ebenso auf den königlich konzessionierten exterritorialen Grundherrschaften (wo solche vorkamen) waren die auf Tradition oder genereller Domänenpachtordnung beruhenden privatrechtlichen Verpflichtungen der Kolonen wohl schwerlich gegen Vermengung mit jenen verwaltungsrechtlichen Pflichten geschützt, und vollends war dies nicht der Fall in Aegypten, wo die verschiedensten Robotpflichten der Untertanen eine Ueberkommenschaft der Pharaonenzeit waren, die, z. B. in Gestalt der fünftägigen Kanalfronden, in den hellenistisch-ptolemäischen Quellen fortexistierten. Allerdings: das Vordringen der Verkehrswirtschaft hatte überall (auch in Aegypten, s. o.) die Tendenz gezeitigt, jene Fronden gegen Abgaben in natura oder Geldzahlung ablösbar zu machen. Aber wo staatliche Finanzinteressen in Frage kamen, trug schon der zweite Ptolemäer nicht die geringsten Bedenken, die Freizügigkeit selbst von (offenbar) formell rein kontraktlich engagierten Arbeitern der Staatsölpressen zu beschränken. Derartige Maßregeln ruhten eben nicht auf generellen Rechtsregeln, sondern auf königlichem Verwaltungsbann. Ganz ebenso verfuhr man zweifellos im Bedarfsfall mit den königlichen Domänenkolonen. Die Urkunde des Verkaufs eines kleinasiatischen Domänendorfes seitens Antiochos II. an seine Gemahlin Laodike (256 v. Chr., von Rostowzew zuerst gewürdigt) setzt zwar die faktische Freizügigkeit der Dorfinsassen voraus, rechtlich aber bleiben sie — das dürfte gegen P. M. Meyer festzuhalten sein — an das Dorf gebunden und konnten natürlich, wenn nötig, zurückgeholt werden. Ganz ebenso werden aber private exterritoriale Konzessionäre, wenn ihnen etwa Ortsobrigkeitsrechte gelassen wurden, zu ihren Hintersassen gestanden haben. Das Privatrecht des Orients von Snefru und Hammurabi bis zum Talmud betrachtet die Kleinpacht stets mit den Augen des Herrn und sieht daher im Kleinpächter stets einen Mann, der um des Herrn willen da ist, der nicht nur und nicht einmal in erster Linie Nutzungsrechte hat, sondern vor allem auch Bebauungspflichten übernimmt (vor allem, aber nicht nur: der Teilpächter); und diese Pflichten dem König oder Patrimonialherrn gegenüber von den öffentlich-rechtlichen Fronden scharf zu sondern wird man sich kaum immer bemüht haben. Schon die Sonderung der robotpflichtigen Domänenkolonen des Pharao und seiner bäuerlichen »Untertanen«, die er zu staatlichen Fronden heranzog, war ja (s. o.) ziemlich problematischer Natur. Dies ist für die Eingeborenen, die »ἔθνη«, in der hellenistischen Zeit vielleicht etwas, schwerlich aber prinzipiell, anders geworden. Die offizielle Terminologie der Ptolemäer, in den sog. »Revenue laws« und sonst, unterscheidet die »λαοὶ« der Domänen (mit dem gleichen Ausdruck werden jene kleinasiatischen Kolonen bezeichnet, und er entspricht wohl sicher den »retu«, »miritiu« oder ähnlichen Ausdrücken der Pharaonenzeit) von den übrigen γεωργοὶ des Landes. Die letzteren sind formal »freie« Landwirte, — Eigentümer oder Pächter, auch königliche Pächter (»βασιλικοὶ γ.«), — die ersteren dagegen in den Rev. laws und sonst: ägyptische Kolonen des Königs. Ob jene Terminologie dauernd feststand, bleibt fraglich. Denn diesen königlichen Kolonen scheint, wie in pharaonischer Zeit, die große Masse der eingeborenen besitzlosen (resp. rechtlich als besitzlos behandelten oder den Besitzlosen gleichgestellten) Dorfbevölkerung verwaltungsrechtlich der Sache nach gleichbehandelt worden zu sein. (Dieser Zustand geht ersichtlich auf altägyptische Verhältnisse zurück, s. o.) Die λαοὶ zahlen die Kopfsteuer, sie sind in ihrer ἰδία für Staatszwecke und für die Gemeinde fronpflichtig; nur sind in hellenistischer Zeit diese Fronden meist adäriert und ist damit eine (rechtlich prekäre) faktische Freizügigkeit gegeben. Wenn ihre Dienste in natura in Anspruch genommen werden — in Zeiten scharfer Anspannung der öffentlichen Lasten oder in Krisenzeiten, wo Geld fehlt (so, wie P. M. Meyer zuerst gesehen hat, im 2. Jahrh. v. Chr.) — dann werden sie von anderen Leiturgien (staatliche Zwangspacht) dispensiert, um den Ackerbau nicht zu gefährden. (Inwieweit es vorkam, daß λαοὶ des Königslandes nur kraft Vertrages darauf saßen — auf Privatgütern in der späteren Rechtsprache homologi coloni genannt [1]) — oder einfach traditionelle Lasten zahlten, ist für diese Zeit nicht bekannt; die Lage der »γεωργοῦντες ὁμόλογοι ἄνδρες«, die Wilcken im 2. Jahrh., nach seiner Ansicht auf Staatsgütern, nachweist, ist leider bisher nicht näher zu bestimmen. Im ganzen wird Vertrag bei den hellenischen, die Tradition bei den »ethnischen« Kolonen die ursprüngliche Grundlage gewesen sein).

---

[1]) Bestritten.

Sichtlich nun fügt sich diese Erscheinung als Glied dem staatlichen Apparat ein, welchen der darin am rationalsten organisierte hellenistische Staat, Aegypten, auf der Basis der altägyptischen Sozialverfassung errichtet hat. Ragen, wie sich eben zeigte, neben grundherrlichen Gebilden auch die Grundlagen des alten Fron staates der Ramessidenzeit noch in die Geldwirtschaft des Hellenismus hinein, so ist diese Geldwirtschaft andererseits auch wieder gebrochen durch die Art der Gestaltung des staatlichen Finanzwesens. Der Staat hielt eine gewaltige Armee besoldeter Beamter und ein immerhin beträchtliches stehendes Heer, zunehmend in Geld gelohnt, ebenso kosteten der Hof und (speziell in Aegypten) die Zuschüsse für den Kultus, schließlich und namentlich die große Politik, jetzt vor allem: Geld. Wie heute bei uns, so war auch im Hellenismus gerade die Notwendigkeit geldwirtschaftlicher Bedarfsdeckung des Staates der Hebel zur Umgestaltung der Gesamtwirtschaft in der Richtung einer wieder zunehmenden gemeinwirtschaftlichen Gebundenheit und Verkehrsausschaltung. Im Altertum war der voll entwickelte »Leiturgiestaat« die Form, in der sich dieser Prozeß vollzog. Eine eingehendere Schilderung gehört nicht hierher (über einzelne agrarhistorisch wichtige Punkte vgl. den Art. »Kolonat«)[1]. Es muß genügen, daran zu erinnern, daß in dem Musterstaat des Hellenismus, Aegypten, — das Seleukidenreich blieb weit lockerer organisiert und zerfiel daher relativ schnell — wichtige Produktionszweige gänzlich monopolisiert waren: so, wie schon früher gelegentlich erwähnt, die Oelbereitung (aus Sesam, Kroton, Kürbissen, — die Olive breitete sich erst später, namentlich in der Römerzeit, in Aegypten aus), Salz (mit Aufdrängung eines Minimalkontingents entsprechend der französischen »Gabelle«), Natron, und anscheinend (in Anknüpfung an altägyptische Zustände im Textilgewerbe, s. o.) auch die Herstellung von feinem Leinen. Die Oelfrüchte und (wahrscheinlich) der Flachs waren daher im Anbau streng kontrolliert, die Ernte ging, infolge des Ankaufsmonopols, gänzlich in die Magazine des Königs. Die Preisfeststellungen beim Verkauf des Oels erfolgten, recht willkürlich nach den verschiedensten Gesichtspunkten, nachdem die *κάπηλοι* der einzelnen Städte und Bezirke

[1]) Im Handwörterbuch der Staatswissenschaften von Rostowzew.

die Quantitäten, welche für ihren Bezirk erforderlich waren, deklariert und der Hof seinen Bedarf vorweggenommen hatte. Oel war, neben dem ebenfalls durch die Staatsverwaltung (s. u.) regulierten Weizen, der wichtigste Konsumartikel. Nicht minder war das Bankgeschäft (in erster Linie: Valutengeschäft) monopolisiert und verpachtet. Dieser Monopolismus schritt immer weiter vorwärts und zog immer mehr — speziell: 1. »schwere« (d. h. rohstoffgebundene) und 2. Massenkonsum- — Gewerbe in seine Kreise. In römischer Zeit finden wir z. B. auch verpachtete Ziegeleimonopole, womit also die Mehrzahl gerade der elementaren Bedarfsgegenstände: — Brot, Oel, Baumaterial, Kleidung — teilweise — durch die Hand des Staates gingen.

Dazu trat nun das System der Leiturgien, in einer Form, die eine Kombination altägyptischer mit spezifisch hellenischen Institutionen darstellt. Der Staat sucht für jede öffentliche Leistung ein Vermögen bürgschaftspflichtig zu machen. Um dies zu ermöglichen, werden alle nicht gänzlich ephemeren oder unerheblichen Vermögen so katastriert, daß ihrem Besitzer eine bestimmte Anzahl πόροι — runde Geldsummen, den späteren »capita« der diokletianischen Zeit im Prinzip gleichartig, — zugeschrieben und danach seine Amtsqualifikation und Amtspflicht durch die Behörde festgestellt wird: dies System reicht bis zu den Nachtwächtern der Dörfer (300 Drachmen πόρος) herab. Von diesem Leiturgiesystem wird nun auch die wichtigste Quelle kapitalistischer Vermögensbildung, die Staatspacht, speziell: Steuerpacht, betroffen (dies ist von Rostowzew schön geschildert). Dem freien Schalten des athenischen, vollends des römischen, Steuerpächters, welches aus dem Fehlen der Bureaukratie folgte, steht hier die staatliche Steuererhebung gegenüber. Der Staat braucht den Pächter letztlich nur als Garanten eines festen Minimal-Geldeinkommens zum Zwecke der Budgetierung, und entschädigt ihn für sein Risiko durch Anteile am Surplus oder ein »Opsonion« von 5—10%[1]. Statt daß der Pächter gegen ein Pauschale die Steuereingänge in seine Hand erhält, durchlaufen die Steuerbeträge gar nicht die Kasse der Pächter, sondern gehen direkt in die Magazine bzw. Kassen des Staates; andererseits

[1]) Manche Einzelheiten noch bestritten.

hat der Pächter nicht (oder doch nur teilweise) vorzuschießen. Er braucht also, relativ, sehr wenig »Kapital«, er und seine Sozien und Bürgen mußten vielmehr nur »Vermögen« haben, um als Garanten für den Staat von Wert zu sein. Die Uebernahme dieser Steuerpacht war daher ökonomisch etwas qualitativ anderes als bei den römischen Publikanen, und dem entspricht es, daß sie je länger je mehr als Leiturgie behandelt und in ungünstigen Zeiten als eine schwere Leiturgie empfunden wurde: direkter Zwang zur Uebernahme der Staatspacht kam gegen Ende der Ptolemäerzeit als regelmäßige Erscheinung vor (das Edikt des Ti. Alexander zeigt ihre Unerträglichkeit) und beginnt sich schließlich von der Steuerpacht auch auf die Domänenpachten zu erstrecken, wo ihre Existenz als ganz normale Erscheinung u. a. auch durch ausdrückliche, auf diesen Fall bezügliche Vereinbarungen in Sozietätskontrakten von Pächtern verbürgt ist.

Aus den großen königlichen Domänen fließt ein sehr bedeutender Teil der Staatseinnahmen. In der ersten Zeit, solange die Dynastien noch nicht feststanden, mußten die alten Domänen in sehr bedeutendem Umfang teils zur Geldbeschaffung (Verkauf von Land für 300 Talente von Antiochos I. an die Stadt Pitane) oder zur Schaffung oder Ausstattung von zuverlässigen Parteigängern dienen. Die großen Landschenkungen von Philipp und Alexander bestätigt (laut Inschrift) Kassandros, und große Landschenkungen kamen auch unter den Diadochen, besonders den ersten, vor. Ein General erhielt von Antiochos I. ca. 600 ha Land geschenkt, und sicher war dies keine besonders große Schenkung. Späterhin aber dienten — auch hier am prinzipiellsten in Aegypten — die Ländereien des Königs, neben Tempelschenkungen (s. u.), zwei Zwecken: 1. der dauernden Vergebung an Soldaten, um, sei es eine Ergänzung der Garden durch eine jederzeit bereite Reserve, sei es Aushebungskadres zu schaffen [1]) und dabei Geldausgaben zu sparen; 2. der Rentenerzielung, im wesentlichen durch Verpachtung.

Was die militärische Landversorgung betrifft, deren Verständnis für Aegypten besonders durch P. M. Meyer sehr gefördert, aber wie es scheint, noch nicht endgültig geklärt ist, so kann sie hier nicht allseitig behandelt werden; einige Bemer-

[1]) Noch stark umstritten.

kungen müssen genügen, die agrargeschichtliche Seite kurz zu illustrieren. Im weitesten Sinn könnte man ja alle Ackeranweisungen an Kleruchen in den neuen Poleis der Diadochenreiche als militärischen Charakters ansehen, — denn die Polisgründung ist Festungsgründung. Aber formal ist hier die Heerfolgepflicht Pflicht der Polis gegen den Herrscher, des Bürgers gegen die, im Innern autonome, Polis. Anders bei den eigentlichen Soldatenlosen. Die Landlose von 12½ bzw. 6¼ ha (davon 1½ bzw. 1¼ ha Weinland) in Pergamon sind *κλῆροι* von Kriegern, die Pflicht klebt an dem konkreten Grundstück. Ebenso zweifellos bei der direkten Ansiedelung von Veteranen, die schon seit Alexander offenbar als Repristination der altorientalischen Institutionen (s. o.) vorkommen und einen (faktisch) erblichen Soldatenstand schufen, als Surrogat des makedonischen Heerbanns. Die Anknüpfung an das Vorgefundene ging besonders weit in Aegypten. Es stehen hier (wie in der letzten Kaiserzeit und in der Völkerwanderung in Europa) nebeneinander: 1. Einquartierung (*σταθμοὶ*) der Soldaten und 2. Ansiedelung auf *κλῆροι*. Nur die letztere interessiert uns hier. Auf dem Kleruchenlande stehen wiederum nebeneinander die einheimischen, nur im Notfalle aufgebotenen, *μάχιμοι* mit ihren nach altägyptischer Art kleinen Losen (*ἑπτάρουροι μάχιμοι* in Kerkeosiris: 1,8 ha, daneben ägyptische Reiter mit größeren Losen), auf der anderen Seite die makedonisch-griechischen Kleruchen. (Daß außerdem Kleruchenland an Polizei- und später gelegentlich Zivilfunktionäre vergeben wurde, wie z. B. die Tebtunis papyri zeigen, und ebenso die Frage des Verhältnisses der verschiedenen heerespflichtigen Landempfänger zueinander: des *σύνταγμα* (Linie) zum *ἐπίταγμα*, zu den *ἐπίγονοι*, — privilegierten Nachkommen des alten erobernden Heeres, wie jetzt durch P. M. Meyer und Reinach wohl feststeht — *κονδροῦχοι*, *κάτοικοι*, die noch ziemlich strittig ist, bleibt hier beiseite, wie überhaupt alle, auch wichtige, Einzelheiten. (Auch das nachfolgend Gesagte ist vielfach umstritten). — Soweit die Kleruchen speziell auch die *κάτοικοι* (dies der später übliche Name des Hauptstammes der hellenischen Kleruchen) auf dem Lande sitzen (suburbane Kleinstellen, bis zu 0,83 ha herab in der Deltagegend, kommen vor), scheint ihr Landlos, wo irgend möglich, auf dem in der Verfügung des Königs befindlichen Geestland (*χέρσος*), nicht auf dem ihm gehörigen alten (und das heißt:

überschwemmten) Ackerland (σπόριμος) ausgewiesen worden zu sein, demgemäß auf weit größeren Losen (in Kerkeosiris zwischen 20 und 100 Aruren etwa = 5,6—28 ha, schwankend, sonst kommen auch bis zu 320, selbst 500 Aruren vor). Wenn pachtpflichtiges Marschland an Kleruchen, also pachtfrei, vergeben ist, so erscheint dies in den Katastern als Anormalität und wird als »Abgang« vom Pachtsoll gebucht. Es wird also normalerweise die eigentliche βασιλικὴ γῆ, das pachtpflichtige Domanium des Königs, einerseits vom Privatland (ἰδιόκτητος), andererseits von der »γῆ ἐν ἀφέσει«, welches aus den beiden Kategorien: Tempel- (ἱερὰ γῆ, s. u.) und Kleruchenland, besteht, geschieden. Die letzteren beiden, an Funktionen gebundene Ländereien, waren trotzdem nicht etwa gänzlich frei von allen Abgaben (so wenig wie das Privatland). Die Abgaben der Kleruchen aller Gattungen konnten, da ihr Land oft geradezu bisheriges Oedland war, sogar äußerst drückend werden und sie zum Verzicht auf ihren Besitz veranlassen, obwohl sie der Art und Bezeichnung nach wohl ursprünglich einerseits Rekognitions- und andererseits Gelegenheitsabgaben an den Heerkönig waren. Bei Nichtzahlung wird das Land, wie die Quellen zeigen, sequestriert und ev. einem anderen, der die Lasten übernimmt, vergeben, erst recht zweifellos bei Nichtgestellung zum Heere, — wie schon die Dienstlehen in Hammurabis Zeit. Der Kleruch ist nicht rückenbesitzpflichtig: er kann das Land verpachten. Veräußern kann er es wahrscheinlich, dem Rechte nach, ursprünglich nicht, es sei denn in der Form, daß er mit Konsens der Behörde zugunsten eines anderen resigniert. Im Erbgang geht es auf die Söhne über. Testament scheint im 3. Jahrh. noch nicht vorzukommen. Es findet sich Verteilung von Land zwischen Vater und Sohn (offenbar bloße Arbeits- und Profitverteilung). Parzellierung ist sehr selten, kommt aber (im Erbgang) vor, zweifellos auf Grund von behördlichem Konsens. Ob der Kleruch rechtlich in der Art der Bewirtschaftung von Anfang an ganz frei war, ist wohl nicht festzustellen: faktisch scheint eine Ingerenz der Behörde nicht nachweisbar, ja, nach den Pachtkontrakten, sicher nicht vorhanden gewesen zu sein: — er zahlte ja wesentlich Geldabgaben und leistete im übrigen ev. Heeresdienst. Nur bei gänzlicher Unterlassung der Bestellung oder Sinken derselben unter ein bestimmtes, die Staatsabgaben garantierendes Minimum (Spuren davon in den Tebt. pap.), fiel das Land ev.

wohl — wie bei allen antiken Erbpachten — zurück. Die hellenischen »Katoiken« sind die Aristokratie der Kleruchen. Sie sind ebensowenig, wie andererseits die μάχιμοι, rein ethnisch abgegrenzt, und zwar je länger je weniger, entsprechend der allgemeinen Politik der Ptolemäer. Sondern es erfolgt innerhalb des Kleruchentums eine Art Avancement, nach Verdienst und Leistung, von unten her in die oberste Klasse, indem die Lose sukzessive vergrößert und Neuzuweisungen vorgenommen werden, unter gleichzeitiger »Versetzung« in die Klasse der κάτοικοι, zu der man allerdings zweifellos nur gehören konnte, wenn man hellenisiert war. Die Zahl dieser Katoiken kann, nach dem Umfang ihrer Lose zu schließen, keine allzugroße gewesen sein. (Vgl. auch die vielen Soldtruppen der Ptolemäer.) Das Kleruchenland war naturgemäß ganz ungleichmäßig über das Land verteilt und am stärksten da, wo der König durch Be- und Entwässerung Neuland gewann (ganz nach altorientalischer Art — Mesopotamien —: wie denn Massenverpflanzungen von Besiegten gerade auch durch die Ptolemäer ganz in der alten Art vorgenommen wurden). In dem reinen N e u landgebiet von Kerkeosiris z. B. sind infolgedessen gar keine P r i v a t besitzungen (außer den Hausgrundstücken des Dorfes) und fast kein (5%)Tempelland vorhanden, dagegen beträgt das Kleruchenland von ca. 4700 Aruren (1300 ha) 1564 = fast ein Drittel, während der Rest βασιλικὴ γῆ ist.

Die κάτοικοι gelten wohl schon seit ihrem Auftauchen (2. Jahrh.) jedenfalls aber je länger je mehr, als eine privilegierte Klasse, und diese privilegierte Position projiziert sich im Verlauf der Entwicklung auf ihren κλῆρος, der f a k t i s c h P r i v a t besitz, und zwar privilegierter Privatbesitz wird, sowohl gegenüber der Steuer, wie — zweifellos — der Fronpflichten. Im 3. Jahrh. n a c h Chr. scheinen sie den ungemein niedrigen Satz von 1 Artabe von der Arure zu zahlen. Dafür unterliegen sie der ἐπίκρισις — A u s h e b u n g s-katastrierung, wie doch wohl mit P. M. Meyer zu interpretieren ist, gegen Wessely, der jenes Verfahren primär als eine Feststellung der — ethnisch geschiedenen — S t e u e r pflichten ansieht; jedenfalls ist der Katoikenstand in der Römerzeit — und, wie bemerkt, offenbar schon vorher, — ethnisch i n d i f f e r e n t.

Ueber die ägyptische βασιλικὴ γῆ, das königliche Domanium, soll hier nur weniges bemerkt werden. Das Königsland ist schon seit dem »neuen Reich« katastriert, vermessen und in viereckige Parzellen aufgeteilt. Die Art des Bestellungs s o l l s ist, wie die Urkunden ergeben, für jedes Dorf genau festgestellt und wird kontrolliert. Das Domanium ist, seit der Pharaonenzeit, über das ganze Land hin, wennschon jedenfalls in sehr verschiedenem Maße (sichere Unterlagen für die Beantwortung des: wie? fehlen z. Z. noch) verteilt. Es ist verpachtet, und zwar in ptolemäischer Zeit, ebenso wie in altägyptischer und in teilweisem Gegensatz zur Kaiserzeit, entschieden überwiegend an Kleinpächter. Die Pacht ist nicht Anteilspacht, sondern feste Naturalpacht, abgestuft nach den Bodenqualitäten. Und zwar ist die Abgabe in erster Linie Weizenabgabe. Alle anderen Gewächse werden nur bis zu einem festgesetzten Maximum in natura angenommen, der Rest in Weizen nach festen Sätzen (Gerste: Weizen z. B. = 3 : 5) umgerechnet und so eine gewisse faktische Freiheit der Fruchtfolge möglichst mit dem Interesse des Fiskus, Weizen soviel er wollte zu erhalten, in Einklang gebracht. Die Fruchtfolge des Kronlandes unterschied sich aber natürlich dementsprechend von der sonst, z. B. bei den Kleruchen, üblichen durch das weit stärkere Vorwiegen des Weizens. Während die Kleruchen in starkem Maße für den Eigenbedarf bauten und daher u. a. Hülsenfrüchte bei ihnen eine erhebliche Rolle spielen, diente die Krondomänenproduktion der Verwertung durch Export: Aegypten war die allgemeine »Kornkammer« geworden. Daher umfaßt die Bestellung mit Weizen oft über die Hälfte, mit Getreide im ganzen regelmäßig $^2/_3$ des Landes, das letzte Drittel ist im »ἀνάπαυμα« mit Gräsern oder Linsen usw. angesät. Als Saatgut rechnete man 1 Artabe auf 1 Arure (28 Ar). Die Ertragshöhe steigt in einem Fall auf das 20. Korn (Durchschnitt heute: das 12.) [1]. Zur Sicherung der politisch und ökonomisch so wichtigen Getreideproduktion dienen die aus der Pharaonenzeit überkommenen königlichen Magazine, aus denen ev. (wie heute in Rußland) Saatgut an die Bauern (Domänenpächter und andere, die Naturalsteuer schulden) ausgeliehen wird, und der ganze Apparat ruht in unterster Instanz auf den im Dorfe funktionierenden königlichen »Sitologen«, welche die Bestellung und Ernte beobachten, die ev. Saatgutausgabe vermitteln. Das Getreide wird unter Aufsicht auf den Tennen vor dem Dorf gedroschen und dann an das Magazin abgeführt: den ev. Transport nach Alexandrien besorgen dann, sicher im Monopol, (Zwangs-)Genos-

[1]) Damit zu vergleichen die Pachtsätze (s. u.).

senschaften. Die Pachtsätze erscheinen, soweit man urteilen kann, als mäßige, verglichen mit Privatpachtsätzen (s. u.). Remissionen der Domänenpachtrente dagegen finden offenbar nur bei großen Notständen (Nicht-Ueberschwemmung) statt. — Das Domänenkataster führt für jedes Dorf die Bestandteile der Domänen auf die Rente geben, und diejenigen, bei denen dies dauernd oder zeitweise nicht der Fall ist. Dies kann der Fall sein, weil das Land »ὑπολογον«, d. h. rentelos aus natürlichen oder rein faktischen Gründen (Kulturlosigkeit), oder, weil es ἐν συγκρίσει: Remissionsansprüchen unterworfen, endlich, weil es verliehen ist. Denn von der βασιλικὴ γῆ können — abgesehen von dem schon erwähnten Fall der regelwidrigen Vergebung an Kleruchen — einzelne Bestandteile vom König bestimmten Zwecken gewidmet werden: für Zuschüsse zur Sustentation von Tempeln oder Priestern (ἐν συντάξει scheint der Ausdruck dafür zu sein) oder als Lehen für Höflinge (dies bedeutet offenbar: ἐν δωρεᾷ) — was nicht selten bei ganzen Dörfern gleichzeitig der Fall war. Beides ist wohl sicher aus der pharaonischen Verwaltungstechnik übernommen. Im übrigen herrscht über die Kategorie des Königslandes noch ungeschlichteter Streit, ob z. B. die »γῆ ἄβροχος« kanalisiertes Geestland und die γῆ σπορίμη Ueberschwemmungsland sei — plausibel — oder vielmehr: die letztere Sumpfland, die erstere e n t wässertes Land — r e c h t unwahrscheinlich! — usw. Die »γῆ προσόδου« will Mitteis als E r b pachtland ansprechen, während, im Gegensatz dazu, die γεωργοὶ δημόσιοι, die von anderen (wohl sicher falsch) als Pächter von D o r f besitz gedeutet worden waren, im Gegensatz dazu die gewöhnlichen Zeitpächter sein sollen. Wie dem sei, — jedenfalls ist das Vorkommen der E r b-pacht mit E r b b e s t a n d s g e l d durch eine von ihm interpretierte Urkunde (Z. f. R.G. 22, S. 151 ff.) festgestellt, — was doch wohl auch für die römischen Verhältnisse (s. u.) entsprechende Rückschlüsse zuläßt. Die Erbpacht kommt andererseits auch da vor, wo eine e i g e n mächtige Okkupation von Geestland stattgefunden hat, das nun von der Regierung dem Okkupanten belassen, z u g l e i c h a b e r mit der V e r p f l i c h t u n g zur Melioration und Bebauung belegt wird. —

Die Rentenzuwendungen und definitiven Landschenkungen der Ptolemäer an die T e m p e l, und zwar die ägyptisch-nationalen reichlich ebenso wie die griechischen, waren äußerst bedeutend: — der mächtige Besitz des Tempels von Edfu wuchs mit einem Schlag auf das 1½fache, — und demgemäß war auch der Umfang der ἱερὰ γῆ groß, besonders wohl in Oberägypten, wo von altersher das Zentrum des nationalen Priestertums war. Allerdings: gegenüber dem Besitz der Pharaonenzeit war der Umfang der Tempelbesitzungen verringert: selbst in den 4 südlichsten Nomen von Oberägypten läßt sich nur $^1/_{25}$ der Kulturfläche als ἱερὰ γῆ direkt nachrechnen, Otto schätzt ihn für das 2. Jahrh. v. Chr. auf $^1/_{10}$. Aber der Tempel von Edfu allein besaß dort über 18 300, er und einige andere Tempel zusammen über 21 400 Aruren (6000 ha) meist fruchtbarsten Landes. Wenn sich in demotischen Kontrakten nefer hotep, d. h. (ehemaliges) Tempelland im Privatverkehr findet, so ist daraus nicht auf Säkularisationen der Ptolemäer zu schließen, sondern teils auf gelegentliche freiwillige Veräußerung, teils vielleicht auf ä l t e r e Konfiskationen. Allerdings: die ἀπόμοιρα wurde zugunsten der apotheosierten Arsinoe (gegen Entschädigung, s. o.) expropriiert, und die Apotheose des Herrschers war überhaupt im Orient ein Mittel, auf die Göttergüter Hand legen zu können, ohne — da es sich ja nun um Vorgänge »unter Kollegen« handelte — den immerhin gefährlichen Vorwurf des Sakrilegs auf sich zu laden. Aber: im ganzen hat der Staat nur die V e r w a l t u n g der Kircheneinkünfte direkt an sich gezogen. Die Landessynoden der ägyptischen Priesterschaft blieben bestehen. Sie selbst ist, anscheinend, wenigstens nicht dauernd eine Stütze eines prinzipiell hellenenfeindlichen Nationalismus gewesen, obwohl es natürlich kein Zufall ist, daß auch die letzte nationalistische Erhebung wieder in der Thebais, dem alten Sitz der Theokratie und dem Gebiet ausgedehntesten Tempellandes (s. o.), ihren Mittelpunkt fand. — Die alte Tradition war stereotypisiert, aber wenig aggressiv. Der Eintritt in den Klerikerstand war staatlich kontrolliert. Die Priester waren nur mäßig gebildet, standen darin unter der hellenistischen Gesellschaft. Sie unterschieden sich von griechischen Priestern jetzt, außer durch ihre Organisation als einheitliche K i r c h e , wesentlich durch ein weit stärkeres Maß von »Askese« und — damit zusammenhängend — durch die offenbar größere S e l t e n h e i t (aber nicht: ein gänzliches Fehlen) weltlicher Berufstätigkeit.

Die ägyptisch-hellenistische Kirche hat — neben der jüdischen Synagoge — nicht nur in mancherlei spezifisch kirchlichen Organisations- und Lebensformen, sondern auch in ihrer ökonomischen

Gebarung die christliche Kirche beeinflußt. Denn obwohl die frappanten Aehnlichkeiten der Klosterwirtschaft mit der ägyptischen Tempelwirtschaft gewiß nicht notwendig alle auf Uebernahme beruhen müssen, sondern vielfach einfach der Natur der aus anderen Gründen gleichartigen Situation entsprechen, ist die Klosterwirtschaft der ersten christlichen Zeit in Aegypten der heidnischen so gleichartig, daß hier Uebernahme der Tradition wohl fraglos ist. Die ptolemäische Tempelwirtschaft ist ersichtlich aus einem naturalwirtschaftlichen Oikos, der seine Einkünfte ganz oder doch weit überwiegend für den eigenen (Konsum- und Kult-)Bedarf verwendet, zu einem Komplex geldwirtschaftlicher Betriebe erwachsen: — die Anfänge dafür gehen zweifellos (s. o.) schon in die national-ägyptische Zeit zurück. Der Tempel hat, um seine in Natura eingehenden Rohstoffe konsumreif zu machen, sicher von alters her, Mühlen und vielleicht gelegentlich Bäckereien. Er kauft unter Umständen noch Getreide dazu, um es zu vermahlen (Heliopolis) und so seine Mühle voll zu verwerten oder umgekehrt: er verpachtet die Mühle (Soknopaiu Nesos), weil er keine Verwendung mehr für sie hat (Jahrespacht im Soknopain Nesos 120 Drachmen). Ob im Lohnwerk gemahlen und für Dritte gebacken worden ist, steht nicht fest. Marktproduktion ist zweifellos bei den zahlreichen Bierbrauereien der Tempel vorgekommen. Byssos dagegen, ein altes Marktprodukt der »Oikoi« der Pharaonen und der Tempel, durften die letzteren wegen des (wahrscheinlichen) Staatsmonopols wahrscheinlich nur für den Eigenbedarf produzieren. Für Oel bestimmten dies ausdrücklich, bei Einführung des Monopols, die Revenue Laws. Als gegen Ende der Pharaonen- und in der Römerzeit die Oliven vordrangen, wird die monopolfreie Verarbeitung der eigenen Oliven in den Vordergrund getreten sein. — Der Tempel bedurfte ferner von jeher der verschiedensten Bauhandwerker und Maler. Es scheint nicht sicher, ob die nachweisliche Zahlung der Lizenzsteuer durch den Tempel an den Staat bedeutet, daß der Tempel der Ptolemäerzeit solche Handwerker zur Gewinnerzielung, wie Otto annimmt, verwendet habe: soweit sie freie Leute waren, ist nicht einzusehen, warum sie nicht selbst ihre Leistungen auf dem Markt verwertet haben sollten. Sondern entweder handelte es sich um Tempelkolonen (dann wäre auch die nachweisliche Einziehung der Gewerbelizenzsteuer durch die Tempel erklärlich, — aber es fehlt an Beweisen für die Hörigkeit der Tempelhandwerker). Oder aber, — und dies ist das Wahrscheinliche — es handelt sich um kontraktlich fest und ausschließlich für Tempelbedürfnisse engagierte freie Bau- und andere Handwerker. Dann ist es sehr begreiflich, daß der Tempel die Lizenzsteuer an den Staat verlegt und von den Handwerkern einzieht. Denn in diesen wie in anderen Fällen (darin hat Otto wohl Recht) wird steuertechnisch der Tempel als Betriebsinhaber gegolten haben. Inwieweit die Leistung der Handwerker für die Tempel im Endergebnis einer Absatzproduktion zugute kommt, bleibt aber sehr fraglich. Jedenfalls ist diese meist dem Umfang, immer dem Ursprung nach Annex des »Oikos«. Dauernde »Anlagen« für gewerbliche Zwecke, wie z. B. die gelegentlich vorkommenden Walkereien nutzte der Tempel wohl nicht nur für den Eigenbedarf, sondern auch zur Gewinnerzielung, ebenso, und vor allem, die Oelpressen. Und während sich der Betrieb von Zwischenhandel nicht nachweisen läßt, gibt er, wie alle orientalischen Tempel von jeher taten, — Darlehen (Zinsfuß 6%, doch wohl absichtlich niedrig, wie ja auch die Staatspachten niedrig sind) gegen Naturalienpfand. Der Umfang all dieser Geschäfte ist offenbar derartig (1295 Drachmen, $1/8$ seiner ganzen Geldeinnahme, führt ein kleiner Tempel als Gewerbesteuer an den Staat ab), daß Otto rein betriebstechnisch mit Recht die Tempel die größten »Industriellen« Aegyptens (neben der Monopolproduktion des Königs) nennt. Aber: der Umfang der Marktproduktion ist durchaus fraglich und folglich die Verwendung des Begriffs »Fabrik« (durch Otto) bedenklich, zumal die Art des Kontraktsverhältnisses der beschäftigten Handwerker (»Arbeiter«, sagt Otto) ebenso im Zweifel bleibt wie die Art der ökonomischen Organisation der Betriebe. Landwirtschaftliche Großbetriebe der Tempel fehlen offenbar. Das Tempelland ist (wohl durchweg) verpachtet. Die Ueberschüsse der Naturalpachten über den Eigenkonsum werden verkauft.

Dies Nebeneinanderstehen des gewaltigen königlichen und der priesterlichen »Oikoi«, das Leiturgiesystem, die Behandlung der λαοὶ usw., dies alles ergibt von selbst, daß man auch hier mit der Verwendung moderner Kategorien zurückhaltend sein muß. — Gewiß: der Hellenismus kennt z. B. wahrscheinlich den Kreditbrief: für vornehme Reisende unentbehrlich; — er kennt, wenn nicht die eigentliche Order-, dann die Prokuratoren-Klausel: für öffentliche Schuldverschreibungen; — daß er den Wechsel gekannt habe (wie Caillemer glaubte) ist zwar unwahrscheinlich, aber Ansätze der Entwicklung, welche Byzanz und die Araber vollendeten, müssen vorhanden gewesen sein. Er kennt, wie Gradenwitz gezeigt hat, eine sehr hohe Entwicklung des Bankzahlungsverkehrs. Er kennt endlich die Terminspekulation, speziell in Getreide. Und wir finden in dieser Zeit schroffste Vermögenskontraste und bedeutende, hoch in die Hunderttausende, vereinzelt auch wohl Millionen Mark laufende Privatvermögen, übertroffen nur von den spätrömischen. Aber jeder Blick z. B. in die Urkunden von Genua vom 11. und 12. Jahrh. an, und vollends in die Bücher der Florentiner Kaufleute des 13. und 14. Jahrh. zeigt nicht nur die Ueberlegenheit der Geldverkehrstechnik, sondern auch die größere Sättigung der Wirtschaft mit »Kapital« damals gegenüber der Antike. Wo z. B. die mittelalterliche Entwicklung von der Belastung der besitzenden Klassen in Notlagen der Stadt durch zinslose Zwangsanleihen zur Ausbeutung der Notlage der Stadt seitens der Besitzenden in Form von Emissionen von Anteilen an der zins- resp. dividendetragenden Staatsschuld und weiter zur Staatsanleihe in Form des Rentenkaufs fortschreitet, da steht auf hellenistischer Seite, als Notmittel neben der Vermögenssteuer, die Anleihe unter Verpfändung der Burg (Lampsakos), der Gemeindewiesen (Orchomenos), nur gelegentlich: der Zölle (Knidos), dagegen einmal des gesamten öffentlichen und Privatvermögens und außerdem noch die persönliche Haftung der Schatzmeister (Arkesine) an die einzelnen Gläubiger der Stadt. Nur in Rom zeigt sich ein Ansatz zur Entwicklung von etwas einer »Aktiengesellschaft« wirklich, nicht nur äußerlich, Aehnlichem: überall sonst handelt es sich um Kommanditen mit nur unvollkommen negoziablen Anteilen. Das nicht in Boden- oder Sklavenrente angelegte Kapital ist auch jetzt wesentlich Handelskapital. Der Zwischengroßhandel ist in Aegypten sehr bedeutend. Die Ziffer der Durchfuhr vom Indischen Ozean her (in römischer Zeit) wurde schon in der Einleitung genannt, der 25%-Wertzoll im Leuke Kome sollte den Zwischenhandel von Arabien ablenken. Verzollung eines Warenpostens in Theben im Wert von fast 4 Talenten kommt vor. Die Alexandreier sollen (nach Wilckens Deutung) fast die halbe Steuer des Landes getragen haben. Aber mit der »Großindustrie« steht es im Prinzip nicht anders als in klassisch-hellenischer Zeit, obwohl freilich quantitative Unterschiede von erheblicher Bedeutung sich zweifellos finden. Wenn uns z. B. für Alexandrien von Leuten (die Historiker reden von: »Fabrikanten«) erzählt wird, die aus ihrem Vermögen ganze Regimenter gestellen konnten, so ist das an sich nur ein Beweis für eine Akkumulation von Sklavenbesitz, wie ihn schon Nikias des Nikeratos Sohn (1000 Sklaven) um die Wende des 5. Jahrh. hatte, und daneben vielleicht von Grundbesitz (Anlage des im Handel verdienten Geldes) nicht aber für »Fabriken«. Wie es mit der, wie es scheint, von den Alexandriner Papyrushändlern monopolisierten Papyrusverarbeitung stand, d. h. welchen betriebstechnischen und ökonomischen Charakter die betreffenden Ergastrien hatten, ist noch nicht untersucht. Vermietung von Ergastereien, d. h. also: von hergerichteten Arbeitswerkstätten, eventuell mit den zugehörigen Werkzeugen, kommt urkundlich vor. Wenn z. B. in Soknopaiu Nesos ein ἐλαιουργῖον (Oelpresse) auf 7 Monate: auf die »Kampagne« also, für 100 Drachmen gemietet wird (was öfter, meist unter Ersatz für Abnutzung und Schädigung der Werkzeuge, vorkommt), so muß man sich nur einmal fragen: ob wohl eine Pacht einer modernen »Fabrik« nach Frist und Bedingungen ähnlich wie jene Urkunde aussehen würde, um den Unterschied zu verstehen. In der Ptolemäerzeit war überdies die Mehrzahl dieser Art von »stehenden Kapitalien« noch im Königs- oder Tempelbesitz. (Private ἐλαιουργῖα finden sich nur später, andere private Ergasterien sind auch in der Ptolemäerzeit vorhanden.) Der Besitz von gelernten Arbeitssklaven war wohl nur in den Großstädten (in Aegypten: Alexandrien) in den Händen der Kaufleute bedeutend. Denn für Aegypten im allgemeinen ist für zahlreiche Landstädte und Dörfer jetzt erschöpfend nachgewiesen, daß er gering war (192 n. Chr. in einem Dorfe 7% unter den Fronpflichtigen) und daß er sich in der Hauptsache auf Haussklaven beschränke. Dies war zunächst Folge der historischen Ueberkommenschaft der ägyptischen sozialen Struktur, wie sie seit dem »Mittl. R.« gestaltet und seit dem Erlöschen der Raubkriege der 18. Dynastie, also: seit dem Fehlen der Kriegsgefangenenzufuhr, geblieben war (s. o.). Als Sklavenbesitzer treten urkundlich nicht nur, aber vornehmlich Griechen (und später Römer) auf, — was allerdings wieder damit zusammenhängt, daß offensichtlich alle ökonomisch aufsteigenden »bürgerlichen« Elemente sich, dem sozialen Milieu entsprechend, in Namen und Sprache hellenisierten, die sinkenden umgekehrt sich wohl oft genug dem ägyptischen Milieu in Namen und Gewohnheiten anpaßten (daher auch das erkennbare Schrumpfen des Hellenentums in Aegypten in der Zeit des ökonomischen Niedergangs von der römischen zur byzantinischen Zeit). Vor allem sprach, infolge des Versiegens der Zufuhr, der Sklavenpreis ein ernstes Wort. 500 Drachmen gilt in Friedensverträgen von 304 und 194 in Althellas als Auslösungspreis für weggefangene Sklaven, 2500 Drachmen kostet eine Sklavin (die allerdings stets höher bezahlt wurde) in der Römerzeit. Die Aufzucht und Lehre von Sklaven zur Vermietung hätte ein rentables Geschäft sein müssen (s. die in der Einleitung zitierte Stelle Appians) und kommt auch, ganz wie in Althellas, vor. Aber man erkennt auch die Stärke des Risikos daran, daß z. B. bei einem ägyptischen Kontrakt mit einer Amme über die Aufzucht eines Sklavenkindes im Todesfall des Sklavenkindes das eigene Kind der Amme an die Stelle tritt. (Die Sklavenmütter, — ohnehin seltener als männliche Sklaven —, sind 1. zum Teil Prostituierte, und 2. dürften auch die anderen, da ihnen ihre Kinder jederzeit entrissen werden konnten, oft nur wenig mehr Eigeninteresse an der Aufzucht ihrer Kinder gehabt haben, als hier bei dieser Amme hervortritt. Die Kinder überhaupt sind ja, wo sie nicht als religiös oder militärisch oder ökonomisch wichtiger Besitz gewertet werden oder die Gesetzgebung aus ähnlichen Gründen eingreift, im ganzen Altertum in starkem Maße einfach Handelsobjekte geblieben, trotz der zweifellosen Beweise gelegentlich innigen Familienlebens des Kleinbürgertums). Jedenfalls hat der Sklavenbetrieb, vollends der Sklavengroßbetrieb, in Aegypten keinerlei Rolle gespielt, auch, außerhalb vielleicht (s. u.) der Landwirtschaft, nicht in Form der Ausnützung der Schuldsklaverei, obschon die Personalexekution mit all ihren Folgen im hellenistischen Recht, wie namentlich Mitteis nachweist, fortbestand (gerade auch in Aegypten, wie Urkunden zeigen). Das Handwerk ist freies spezialisiertes Kleinhandwerk. Hier und da mietet der Handwerker einen oder einige Sklaven vom Sklavenbesitzer oder nimmt umgekehrt für ihn solche in die Lehre — ganz wie seit alter Zeit. »Großbetriebe« mit freier Arbeit finden sich in jenen Tempelbetrieben, von denen und deren ökonomischen Natur oben die Rede war; es ist an sich gewiß möglich, daß sie hier und da auch sonst vorkamen. Wenn für die Baumwollproduktion in byzantinischer Zeit in Oberägypten von einem »Betriebe« mit mehreren Hundert »freier«, lediglich in Naturalien gelohnten Arbeitern die Rede ist, so ist die erste Frage, ob es sich nicht bei genauem Besicht um kleine Bauern, die Heimarbeit (oder auch nur: Abgaben) leisten, handelt, wie so sehr oft in solchen Fällen. Wie es ferner mit einer »Freiheit« ungelernter Arbeiter in der Verwertung ihrer Arbeitskraft stand, ist recht unsicher und angesichts der oben erwähnten Verfügung des Philadelphos fragwürdig. Wenn Grenfell in einer Akkordlohnfixierung, weil der Oelpressenpächter eine und der Arbeiter zwei Drachmen erhält, ein auffallend hohes Maß von Sozialpolitik der ptolemäischen Verwaltung sehen will, so ist dazu gewiß kein Grund: ⅓ Anteil auf jeden Arbeiter ergibt für den Unternehmer eine ganz respektable »Exploitationsrate«. Im übrigen suchte die Verwaltung im eigensten Interesse dem Entgelt der Arbeiter eine traditionelle Höhe zu geben, um den schon in Altägypten so häufigen Streiks der Arbeitspflichtigen vorzubeugen, deren stetes und ausschließliches Motto war: »gib uns unser Brot«: das nämlich, was sie als ihr »tägliches Brot« von alters gewohnt waren. Eine Untersuchung der technischen und ökonomischen Art und Weise der Verwendung der »freien« Arbeit wäre recht erwünscht, aber nicht leicht. Jedenfalls: wenn in der Einleitung gesagt wurde, der »kapitalistische« Begriff des »Arbeitgebers« scheine entwickelt, so ist dies jetzt dahin zu interpretieren, daß es, vorläufig, nach Lage der Quellen, eben bei dem Scheine bleibt: *ἐργοδότης* ist nicht der »Unternehmer«, sondern der Kunde, der eine Arbeit »vergibt« und der nur ausnahmsweise, als »Bauherr« z. B. (wie noch heute) in eine »Arbeitgeber«-artige Stellung kommen kann. Der »Unternehmer« dagegen tritt gerade bei den größten Arbeiten (den öffentlichen) mit der Bezeichnung: *ἐργολαβών* (»Arbeitnehmer«) auf. Ebenso wird erst die weitere Ausbeutung des Papyrusmaterials lehren können, inwieweit es in der Landwirtschaft überhaupt private Großbetriebe und unter diesen solche mit vornehmlich oder ganz freien Kontraktsarbeitern in ptolemäischer Zeit gab (über die römische s. den Art. »Kolonat«). Das hellenische Recht hatte die Personalexekution gegen den Darlehensschuldner und insbesondere die Exekutivurkunde importiert, welche den altägyptischen

»sanch«-Urkunden ebenso fremd war wie anderen theokratischen Rechten. Wieviel aber quantitativ aus Varro's Nachricht zu machen ist, daß außer Illyrien und Asien (hier: Folge der Steuerpachtwirtschaft Roms, s. u.) auch gerade Aegypten die Verwendung der »obaerati« (Schuldknechte) als landwirtschaftlicher Arbeiter kenne, wissen wir nicht (von den späteren eigentlichen »coloni«, mit denen sie P. M. Meyer identifiziert, sind sie juristisch zu scheiden). Für die Erntearbeit finden sich freie Akkordarbeiter z. B. in einem Kontrakt, der zugleich den Umfang des Betriebes vermuten läßt: 54 Aruren sind mit Getreide bestellt — wieviel Brache etwa dazukommt, ist nicht ersichtlich —; die Arbeiter erhalten für das Abernten einer Arure (offenbar: inklusive Drusch) $^5/_6$ Artaben (natürlich: gedroschenen) Korns, ferner Wasser und am letzten Tage (»zum Erntefest«, sozusagen) Bier, die Garben muß der Herr (mit seinem Gespann also) selbst sammeln. Der Betrieb mag etwa 25 ha groß gewesen sein. Jedenfalls stand der Umfang größerer ländlicher Betriebe weit hinter demjenigen des größeren Bodenbesitzes zurück, denn die Privatpachturkunden lassen sehr oft erkennen, daß sie Parzellenpachten betreffen. Das häufigere Vorkommen von kommassiertem wirklich großen privaten Bodenbesitz dürfte freilich doch erst der Römerzeit angehören, wo neben kaiserlichen Dotationen und Privatankäufen auch, in der überall bei den römischen Provinzialbeamten üblichen Art, Bodenbesitz, in einem Falle (trotzdem es sich um eine kaiserliche Provinz handelte!) bis zu 7000 Aruren, zusammengescharrt wurde. Der eigentliche Typus des ägyptischen Landwirts ist jedenfalls der Kleineigentümer, namentlich aber der Kleinpächter, geblieben. Die Parzellierung des Bodens ist oft stark: es kommen Uebereignungen von z. B. 4 Parzellen Land, von zwischen ½ und 3½ Aruren, in 2 Dörfern (von denen keines der Geburtsort des Verkäufers ist) liegend und dort von anderen Parzellen abgesplittert, vor. (Pap. Rainer 1428.) Dieser starken Parzellierung des Besitzes und der wesentlich stärkeren der Betriebe entsprach, wie Wessely's Arbeiten erkennen lassen, eine erhebliche Mannigfaltigkeit des Bodenanbaus, trotz des Drucks, den die staatliche Besteuerung in der Richtung auf den Weizenbau hin übte. Ueber den Fruchtwechsel: verbesserte Zwei- und Dreifelderwirtschaft neben reiner Gartenkultur, wurde schon oben einiges gesagt. Der Viehstand scheint auch damals nicht unbeträchtlich gewesen zu sein. Das Kamel war eingebürgert; wegen der Wichtigkeit für öffentliche Robot- und Kriegstransporte (außer dem Esel war es das einzige leistungsfähige Transporttier) wurde dieser Besitz — es finden sich Einzel- und mittlere Besitzer von bis etwa 5 Kamelen urkundlich — sorgsam katastriert. Der Rinderbesitz fehlte wohl den Kleinbauern meist.

Was die soziale Lage des platten Landes betrifft, so steht über die Art des Landbesitzes in den κῶμαι und darüber, ob diese, als solche, etwa auch Ackerland als Allmende besessen haben (wie aus einem von Barry publizierten Papyrus geschlossen wurde) vorerst nichts Sicheres fest; daß sie Lastvieh besaßen (vielleicht zu besitzen in der Nähe der Getreide-Transportwege verpflichtet waren) und vermieteten, ergeben die Urkunden. Im übrigen haben auch bei diesen Unterschichten der Bevölkerung wohl überall die Reminiszenzen der Kommunionwirtschaft (s. o.) eine gewisse Rolle gespielt. Nicht nur bei ihnen: auch die besitzenden kleinbürgerlichen Schichten treten ökonomisch besonders häufig in der Mehrzahl auf: mehrere Leute geben oder (namentlich) nehmen gemeinsam ein Darlehen, besitzen in oft sehr kleinen, bis auf sehr wenige Prozente herabgehenden Bruchteilen gemeinsam Häuser, und zwar der Einzelne $^1/_{10}$, $^1/_{30}$ usw. von mehreren Häusern, so daß Renten-, nicht (oder jedenfalls nicht nur) Bedarfsbesitz vorliegt. Aehnliches findet sich nicht selten (von jeher: s. o.) in der Pacht, vom Steuerpächter bis herab zum Kleinpächter (s. z. B. für Staatsdomänenpacht den Vergesellschaftungsvertrag Pap. Arch. II, 94, Wilcken, A. f. Pag. F. II, S. 131). Diese zahlreichen Kommunionen dienen hier ökonomisch offenbar (natürlich: neben der Zusammenbringung des Kapitals) Versicherungszwecken, wie manche Institutionen des Frühmittelalters auch: sie verteilen das Risiko sowohl durch die gemeinsame Haftung der Schuldner oder Pächter, wie durch Teilung der Interessen der Gläubiger, Verpächter, Besitzer (z. B. der Hausbesitzer bei Bränden). Die Familiengemeinschaft ist ihrerseits dagegen schon seit der Pharaonenzeit dem Schwerpunkt nach Kleinfamilie, obwohl ihr Umfang noch oft über den der heutigen Eltern-Kindergemeinschaft hinausgeht. Die Hellenenherrschaft brachte hier Aenderungen insofern, als sie die hellenische Geschlechtsvormundschaft, ein Institut der militaristischen Polis, das dem Orient fremd war, oktroyierte; sonst blieben ἔγγραφος und ἄγραφος γάμος (s. o. bei Aegypten) nebeneinander bestehen. Als Vollehe (ἔγγραφος γάμος) galt diejenige, bei der eheliches Zusammenleben, eheliche Treue, volles Erbrecht der Kinder (die agraphischen Kinder erbten *hinter* den Vollkindern), wirkliche oder fiktive Mitgift der Frau und Wittum vereinbart waren. Im übrigen bestand bis in die christliche Zeit, wo die kontraktliche Ausbedingung der ehelichen Treue auch des *Mannes* wieder steigend urkundlich vorkommt, sexuelle Vertragsfreiheit: wer sich an ein Mädchen heranmacht, den prügelt ihre Familie, falls sie seiner habhaft wird, bis er Alimente zahlt (so ist es einem Heiligen ergangen!). Die ἀπάτορες sind in keiner Weise sozial oder rechtlich derart benachteiligt, wie dies in der Bürgerpolis, schon aus »Zunft«-Gründen (s. bei Griechenland) der Fall war. Aus den »Adreßbüchern«, die Wessely's mühevolle Arbeit uns von ganzen ägyptischen Stadtvierteln hergestellt hat, sehen wir, daß sie oft ganz leidlich wohlhabende Leute waren, gerade die ökonomisch gesicherte Frau konnte sich ja naturgemäß die »freie« Liebe »leisten«, wie ja auch heute *nur sie* davon »profitieren« könnte. Die nach wie vor häufige Geschwisterehe diente dem Ausschluß von Erbteilungen und kommt in einem Berliner Papyrus schon im Alter von 15 und 13 Jahren der Geschwister vor. Das griechische *Testament* wurde importiert, daneben aber bestand der (aus der Polygamie herrührende) ägyptische Ehe- und Erb*vertrag* fort.

Das *Privat*bodeneigentum war von jeher katastriert. Seit der Römerzeit — nicht, wie es scheint; in der Ptolemäerzeit — ist auch seine Hypothekenbelastung (mit fünfjähriger Revision) intabuliert. Es ist für die Zustände des ptolemäischen wie des alten Aegyptens charakteristisch, daß für beide immer wieder (für die Ptolemäerzeit neuestens von Maspero) die These aufgestellt wird, daß es eigentliches Privateigentum nicht gegeben habe. Allein die zahlreichen Kauf- und Hypothekenurkunden bezeugen das Gegenteil. Allerdings: die große, erst in römischer Zeit gemilderte, Härte des hellenischen Hypothekenrechts (eigenmächtige Besitzergreifung des Gläubigers bei Verfall) machte die Lage der wirklichen Kleineigentümer zu einer äußerst mißlichen. In vielen Gebieten überwogen ferner das Kleruchen-, Tempel- und Königland bis fast zur Ausschließlichkeit, so daß die κώμη, welche in Aegypten die Grundeinheit der Gliederung des Landes blieb, nur aus dem Dorfbrink bestand (s. o.). Und vor allem infolge der Art und Höhe der Steuern ist überdies zweifellos Masperos These sehr begreiflich: das »Eigentum«, welches ja von jeher an die Bedingung der Leistung der Staatspflicht geknüpft ist, unterscheidet sich von den verschiedenen Besitzständen auf der βασιλικὴ γῆ und den Kleruchenländereien wesentlich nur durch das Fehlen staatlicher Ingerenz in den Erbgang und die Veräußerung. Den Staatspächtern gegenüber ist, wenn man von diesen Rechtsunterschieden absieht, rein ökonomisch die Differenz der Lage des kleinen Eigentümers gar nicht so sehr groß: die Belastung war ja in der Art gleich gestaltet (feste Lasten gemäß Bonitierung der Parzellen und (s. gleich) zuweilen nur etwa ⅓ niedriger als eine Pachtrente, so daß im allgemeinen nur privilegiertes Land (speziell Katoikenland) Pachtobjekt werden konnte. Dagegen ist der Privatpächter im allgemeinen höher belastet als der Staatspächter: in der Ptolemäer- und ersten römischen Zeit schwanken in den Urkunden die Teilpachten zwischen ½ und ⅔ der Ernte, die festen Naturalpachten zwischen 3 und 7½ Artaben auf die Arure (das 3- bis 7½fache des üblichen Saatgutes), — später finden sich Beträge von etwas über 1—9 Artaben —: Staatssteuern kommen in Höhe von bis zu 6½ Artaben von der Arure vor. Die Pachtobjekte schwanken dabei zwischen 2 und 36½ Aruren (0,56 und 10 ha). Bei Pachtfristen von zwischen 1 und 4, einmal 5 Jahren war, gegenüber der ägyptischen Einjahrspacht, die Lage der Pächter also wohl etwas gebessert. Neben Teilpacht kommen gemischte Pachten: Geld- neben der Naturalleistung, vor. Die Römerzeit brachte zunehmend die Geldpacht, bis zu dem großen Rückschlage des 3. Jahrh. Die mit diesen Verschiebungen parallel gehende Wandlung der allgemeinen Situation des Pächterstandes läßt sich, in einem gewissen Grade, aus der gewählten Vertragsform erschließen, wie sie Waszynski's wertvolle Arbeit analysiert hat. Die altägyptische Tradition ist: Einjahrspacht, einseitige Verpflichtung des Pächters. In der Ptolemäer- und ersten Römerzeit erscheinen mit den längeren Pachtfristen auch nebeneinander: einseitige Pachtangebote des Pächters, die dann im Falle der Annahme mit oder ohne Vollziehung durch den Verpächter als Kontrakt galten; Austausch privater Chirographen (also: Gleichstellung der Parteien); notarielle Protokolle (ebenso) und »Homologien« (ebenso); daneben läuft die »einseitige Homologie« des Pächters, die schließlich, vom 4. Jahrh. an, die Alleinherrschaft behauptet: der Pächter ist jetzt wieder wesentlich »Arbeitskraft« des Herrn, am deutlichsten in der byzantinischen Teilpacht, die in Wahrheit ein ausschließlich vom Herrn nach Belieben diktierter Natural-Arbeitsakkord wird. Der Niedergang der unteren Schichten der Landbevölkerung von der immerhin leidlichen Situation, die sie in der ersten Ptolemäer- und dann wieder in der ersten Römerzeit einnahm, beginnt schon vor dem Zusammenbruch des 3. Jahrh., in der Zeit Marc Aurels etwa, wie u. a. die von Schubart edierten Berliner griechischen Papyri erweisen. Da die, Jahrtausende überdauernde, Lebenskraft der Fellachen die heute so beliebten »physiologischen« Hypothesen für die Volksabnahme, gelinde gesagt, nicht begünstigt, und da ferner die Pachten bei abnehmender Bevölkerung steigen, ist der ganze Prozeß ersichtlich weder einfach aus »Angebot und Nachfrage«, noch aus vorübergehenden Depressionen, sondern aus Wirkungen der Sozialverfassung des Römerreichs zu erklären.

Bei aller Skizzenhaftigkeit und notgedrungenen Ungenauigkeit im einzelnen zeigt dieser Blick auf den in seiner Verwaltungstechnik und Wirtschaft am meisten »rationalisierten« hellenistischen Staat doch, daß von »Kapitalismus« im modernen Sinne nur in sehr begrenztem Maße die Rede sein kann, und daß die Staatswirtschaft, speziell die Finanzwirtschaft, den Profitspielraum des privaten »Kapitals« auf ihrem Gebiet so stark begrenzte, daß geradezu von einem »Erdrücken« des Kapitalismus gesprochen werden darf. Die Tempelwirtschaften aber sind damals so wenig Träger des »Kapitalismus« — dem sie vielmehr Expansionsgebiet wegnahmen — wie die Klosterwirtschaften des Mittelalters. Geldwirtschaftliche, aber durchaus kleinbürgerliche, kleinbäuerliche, kleinhandwerkerliche Basis, daneben Zwischengroßhandel (aber man bedenke auch dabei die nicht geringe Bedeutung der überall bestehenden Binnenzollschranken) und über dem allen: Staatsleiturgien, Staatsmonopolismus und Staatsreglementierung, im ganzen ein Bild von Zuständen, welche wirtschaftlich und sozial alles andere als »modern« sind, — es sei denn, daß man das türkische Konstantinopel eine »moderne« Stadt nennen wollte. Gerade der Hellenismus ist geeignet, zu exemplifizieren, wie wenig »Geldwirtschaft« mit: »kapitalistischer Wirtschaft« identifiziert werden darf. Karthago, in der Zeit vor aller Münzprägung, ja, selbst Rom in der Zeit des »aes rude«, waren stärker »kapitalistische« Gebilde als die »Volkswirtschaft der Lagiden«.

Von dem großen asiatischen Gebiet des Hellenismus ist ein so klares Bild, wie von Aegypten, keineswegs zu gewinnen. Schon die Quellen über das bürgerliche Recht versagen fast ganz. Daß das sog. syrisch-römische Rechtsbuch keine altorientalischen, sondern hellenistische Rechtsbestandteile mit römischen mischt, hat Mitteis wohl endgültig dargetan. Von dem wenigen, was es für agrarhistorische Zwecke enthält, ist ebenso wie von den grundherrlichen Zuständen in Kleinasien besser in anderem Zusammenhang die Rede. Die Kontinuität der überkommenen babylonischen ökonomischen Zustände, welche durch die Seleukidenherrschaft so wenig wie durch de Perser in ihrer alten Eigenart gestört wurden, ist zuerst durch die Partherherrschaft, welche trotz hellenistischer Einschläge doch spezifische Barbarenherrschaft war, eingeengt, im ganzen aber bis in die Zeit des Islam ohne prinzipielle Aenderung erhalten geblieben.

Das Seleukidenreich entbehrte der territorialen Geschlossenheit und einer straffen Verwaltung ägyptischer Art. Es schloß Wirtschaftsgebiete ganz verschiedenen Charakters in sich und damit den Keim des Zerfalls. Daß der Versuch gewaltsamer Oktroyierung des Hellenismus in Jerusalem scheiterte, beweist an sich nichts Entscheidendes; einen derartigen Versuch haben die Ptolemäer gegenüber der ägyptischen Religion nie unternommen. Aber daß das Priestergeschlecht der »Makkabäer« selbst die weltliche Autonomie zu erzwingen wußte, zeigt die hoffnungslose Auflösung des Reiches. Den Kampf der späteren Makkabäer, deren Staat in eine rein weltliche Tyrannis umzuschlagen begann, mit dem im Sanhedrin, dem Aeltestenrat, gentil organisierten Priesteradel der Sadokiden, und weiter den Kampf zwischen dem Prinzip der Adelstheokratie und der Lebensreglementierung durch die Berufstheologie der »Abgesonderten« (Pharisaioi), welche die Kleinbürger auf ihrer Seite hatten, zu verfolgen, gehört nicht hierher. Das Landvolk, welches, als solches, mit nur einer Ausnahme (Donatisten) nirgends und niemals Träger puritanischer Gedanken gewesen ist, galt den Pharisäern als unrein. — Das talmudische Recht ist (in der Mischna wenigstens) das Recht eines Volkes, welches eben beginnt, ein Handelsvolk zu werden. Den Vertretern der alten Tradition, die in wirkungsvoller Weise die Sicherheit und Würde des Ackerbaues preisen, stehen bereits einzelne sehr charakteristische entgegengesetzte Aeußerungen gegenüber. Seine Bestandteile bedürften zunächst einer sachkundigen Analyse daraufhin, wieweit sie wirklich alter Rabbinentradition aus der Zeit der Theokratie oder hellenistisch-römischem Provinzialmilieu, oder etwa auch Einflüssen von Mesopotamien entstammen, und weiter müßte untersucht werden, wo sie lebendiges Recht und wo rein theologische Scholastik wiedergeben. Daß diese Scholastik bei manchen, namentlich das Familienrecht betreffenden, Institutionen einen erstaunlich konservierenden Charakter haben kann, ist richtig: das aus dem alten Geschlechterstaat stammende Institut der Chaliza (Ablehnung der Leviratsehe) ist bis an die Schwelle der Gegenwart lebendiges Recht geblieben; und die Sitte des Brautschatzes, im altorientalischen Recht mit dem mangelnden Erbrecht der Tochter zusammenhängend, übt noch heute ihre Wirkung im Kampf ums Dasein der Handelsangestellten (ermöglicht den Juden die frühe Selbständigkeit im Falle der Ehe und erklärt so das fehlende Klassen- und Solidaritätsgefühl der jüdischen Kommis und damit einen Teil des Antisemitismus der christlichen). Aber das Agrarrecht ist rein sektenhaften Einflüssen nicht so leicht zugänglich. Die rabbinischen Spekulationen über das Sabbatjahr und über die Armenecke u. dgl. sind reine Uebungen der Logik ohne alle praktische Bedeutung im Leben gewesen. Andere Bestandteile des Talmud dagegen knüpfen sicherlich an geltendes lebendiges Recht der theokratischen Zeit an. Was sich z. B. jedenfalls aus der Mischna erkennen läßt, ist: daß sie neben Haussklaven zwar auch Ackersklaven, vorwiegend aber gedungene Arbeiter auf höchstens mittelgroßen Besitzungen voraussetzt. Zugunsten dieser Arbeiter werden — nach der typischen Art der Theokratie — im Anschluß an die Gesetzesvorschriften detailliertere Arbeiterschutzprinzipien (Schutz gegen Ueberzeitarbeit, Sicherung prompter Lohnzahlung, Regelung der Kostgewährung, Gewährung des Rechts, bei der Ernte von den Früchten mitzugenießen) entwickelt und auch festgestellt, wann die Arbeiter zwar keinen sakral erzwingbaren Anspruch, aber das Recht zu »murren« (d. h.: nach ägyptischer Art zu streiken) haben sollen, — ein Beweis zugleich für die völlige Abhängigkeit der »freien« Arbeiter und, zumal überall auf die alten Traditionen des betreffenden Orts verwiesen wird, für die soziale Ruhe der Zeit, in der diese Regeln entstanden. Ebenso behandelt der Talmud die Pacht, und zwar die Pacht »unter Nachbarn« (im Sinn von: Volksgenossen, die kein Herren- oder Fremdenrecht gegeneinander üben dürfen). Der Pächter (mekhabbel) ist entweder ein Teilpächter (»aris«) auf $1/2$, $1/3$ oder $1/4$ der Ernte oder ein »choker«, Pächter, der ein Natural- oder auch (offenbar seltener) ein Geldfixum leistet. Auch hier ist der Pächter in erster Linie als Pflichtiger betrachtet: er hat das Land zu jäten; er muß es dem Kontrakt gemäß beackern; er darf dabei zwar statt Hülsenfrüchten Getreide säen, nicht aber umgekehrt (erinnert an ägyptische Verhältnisse: auch in Palästina war Weizen die Hauptfrucht und sowohl als Exportartikel wie teuerungspolitisch wichtig). In Verbindung mit der Teilpacht behandelt der Talmud auch die Stellung des Akkordarbeiters, der die Bepflanzung eines Grundstücks mit Bäumen übernommen hat. Es fehlt die auch hier sich als spezifisch griechisches Institut manifestierende Emphyteuse: auch im altbabylonischen Recht war ja (s. o.) die Bepflanzung in anderer Form, der der Kommenda, üblich, offenbar, weil es sich in erster Linie um Palmenpflanzungen auf schon bebautem Lande, nicht, wie bei der Emphyteuse, um Oelbaumpflanzungen auf Neu- oder Oedland handelte (der Islam hat später eine ganze Kasuistik der für Dattelpalmenanpflanzung zulässigen Geschäftsformen geschaffen: die Plantage ist im Altertum einer der Sitze »kapitalistischen Unrechtes«). Der Talmud kennt keinerlei Schranken der Bodenveräußerung und keinen Unterschied im Immobiliar- gegen das Mobiliarerbrecht. Die alten Verkaufsbefristungen des Gesetzes und Jahwes Erinnerung daran, daß das Land sein sei, und man es nicht zum Objekt des Handels machen solle, galten als durch eine Jeremiastelle beseitigt. Nur soll ein noch nicht 20jähriger nicht sein Erbland verkaufen, was überhaupt — ein Nachklang aus dem Geschlechterstaat — als Gott nicht wohlgefällig und dem Menschen selten zum Glück ausschlagend betrachtet wird. Irgendeine Form der fideikommissarischen Bodenbindung existierte in talmudischer Zeit nicht. Die Landübertragung kann entweder durch bare Zahlung des vollen Preises oder durch schriftlichen Kontrakt oder durch Besitzeinweisung vollzogen werden. — Normal ist der Barkauf. Nichtvollzahlung des Preises macht die Uebereignung pro parte quota zum »negotium claudicans« (theokratische Einflüsse zur Unterbindung der Geldschuldenentwicklung, nach ägyptischem Muster), sofern nicht ausdrücklich der Kaufpreis als kreditierte Kaufschuld gestundet wird: dies geschieht durch einen fiktiven Tausch (nach Art des deutschen »Mantelgriffs«) mit Ausstellung der Schuldurkunde. Da Land und Sklaven keinen Marktpreis haben — was für die Bemessung der geringen Entwicklung der Kaufsklaverei charakteristisch ist — so hat auf sie das dem Marktrecht angehörige Wandelungsrecht (ona'ah) wegen laesio enormis (bei Uebervorteilung von ein Sechstel) keine Anwendung. Veräußerung des Bodens auf Zeit ist zulässig (fungierte offenbar als Antichrese). Die Verpfändung in Form der Hypothek (der Name: iphothiki, apoteke beweist den hellenistischen Ursprung des Begriffs) wird im Talmud nur beiläufig berührt, da das Institut der Legalhypothek am Boden und den kanaanäischen Sklaven für alle vor zwei Zeugen schriftlich eingegangenen Siegelkontrakte (schetar chob) sie entbehrlich machte (über den Ursprung der Legalhypothek s. früher, zu vergleichen sind auch die frühmittelalterlichen Genueser Urkunden). Nur Boden und Sklaven haften hypothekarisch (nach der Auskunft der Rabbiner), weil bei anderen Objekten die Tatsache der Verpfändung nicht für Dritte kenntlich zu machen ist (der Sklave kann sagen, daß er verpfändet ist: Grund- und Hypothekenregister existieren übrigens nicht). Das Rabbinerrecht ließ die Legalhypothek gegen Dritte vom Moment der Validierung der Schuld an wirken, was den Bodenverkehr stark hemmen mußte. Folge der Beschränkung der Haftung auf Boden und Ackersklaven ist, daß auch der Erbe mit den Mobilien des Nachlasses nicht haftet. Das Schuldrecht ist überhaupt ungemein milde. Pfandfrei bleibt nämlich dem Schuldner Nahrung für einen Monat,

Kleidung, Betten, Bettzeug für ein Jahr und alles Handwerkzeug. Allerdings: beschworene Schuld kennt keine Pfandschranke: offenbar eine Neuerung der beginnenden Kommerzialisierung.

Derartige Bestimmungen zeigen ebenso wie die Ribbith-(Profit- und Wucher-)Kasuistik den tiefen Einfluß der alten theokratischen Bindungen des Verkehrs, speziell des Schuldrechts. Im übrigen beweist der ganze Charakter des Talmud womöglich noch deutlicher als die Analyse der hellenistischen Sozialverfassung jedenfalls das eine: daß es in der orientalisch-hellenistischen Welt ein »soziales Problem« oder eine »soziale Bewegung« in irgendeinem Sinne, den wir mit dem Wort verbinden könnten, nicht gibt, daß so etwas dort gar keine Stätte hat und haben kann. »Soziale Probleme«, die als solche subjektiv empfunden werden, sind im Altertum: politische Probleme des freien Polisbürgers: die Gefährdung der Bürgergleichheit, die Deklassierung durch Verschuldung und Besitzverlust. Wo der bureaukratische Staat und dann das Weltreich seine Hand über die Bürgerfreiheit gelegt, der Polisbürger in den Kreis der »Untertanen« getreten ist, da schreit wohl der Arbeiter nach seinem traditionellen »täglichen Brot«, wenn es ihm verkürzt wird, der Pächter seufzt unter dem Druck des Herrn, alle zusammen unter dem Druck der Steuern und Steuerpächter, — aber als »soziale Probleme«, die durch eine Neugestaltung der Gesellschaft gelöst werden müßten, werden diese Nöte der Individuen nicht empfunden. Sie rufen nicht ideale Konstruktionen eines Zukunftsstaates (Platon) oder ideale Vergangenheitsbilder (Lykurg) ins Leben, wie einst in der hellenischen Polis, sondern fließen in den allgemeinen Apolitismus über, der seitdem im Orient dem Beherrschten eigen geblieben ist. Vollends in Zeiten wie dem Späthellenismus, zu Beginn der Kaiserzeit, wo die ökonomische Lage des Kleinbauern und Kleinbürgers im ganzen erträglicher und sicherer war als je zuvor, konnte von »sozialen Problemen« so wenig die Rede sein, wie nur je in der Weltgeschichte. Es ist nicht nur schief, sondern geradezu Widersinn, wenn der Versuch gemacht wird, z. B. das Christentum aus »sozialen« Ursachen abzuleiten oder als einen Ausläufer antiker »sozialistischer« Bewegungen hinzustellen, — nur deshalb, weil es, wie jede »Erlösungsreligion«, das Hängen an der »Welt«, und deshalb den Reichtum, der dazu führt, für »gefährlich« hält. Ebenso wie es umgekehrt töricht ist, aus dem: »gebet dem Kaiser, was des Kaisers ist«, — einem Ausdruck des extremsten Indifferentismus gegenüber dem Staatlichen, wie Tröltsch (Arch. f. Sozialwissensch. Bd. XXVI) mit Recht hervorgehoben hat, — ein Gebot positiv-ethischen Verhaltens zum Staat herauszulesen. Die Loslösung von dem Gedanken des national-theokratischen Judenstaates einerseits, und andererseits das Fehlen »sozialer« Probleme (im Sinne des Altertums) für seine Anhänger waren ja gerade diejenigen Grundbedingungen, unter denen das Christentum überhaupt »möglich« wurde. Gerade der Glaube an die Dauer der Römerherrschaft bis an das Ende der Tage und also an die Sinnlosigkeit »sozialreformatorischer« Arbeit, die Abwendung von allen »Klassenkämpfen« waren der Boden, aus dem die christliche, rein ethische und charitative weltfremde »Nächstenliebe« quoll.

6. Rom.

a) Der Stadtstaat.

In die italische und speziell die etruskische Vorzeit einzudringen hat hier keinen Zweck, wäre mir auch nicht möglich. Für die Etrusker werden von den Archäologen alle Resultate Helbigs auf den Kopf gestellt, ohne daß (solange keine ihrer ca. 8000 Inschriften entziffert ist) eine Entscheidung möglich wäre. Die mit sehr scharfsinnigen Gründen begründete, von Furtwängler, Modestoff, Skutsch u. a. vertretene Hypothese ihres Eindringens zur See durch Zuwanderung aus dem östlichen Mittelmeergebiete mutet den Außen stehenden doch immer wieder so an, wie etwa die Ableitung der Normannen aus Sizilien als Heimat, weil sie dort nachweislich ebenso, wie die »Turscha« der Aegypter im Ostmeer, sich festgesetzt hatten und Seeschlachten schlugen (was doch die Hellenen auch bis Korsika hin und noch darüber hinaus getan haben). Daß die spezifisch etruskische Poliskultur in raschem Aufschwung von dem Gebiet um Tarquinii und Caere aus ins Binnenland fortschritt, entspricht dem allgemeinen Schema: es kann, wie überall sonst, Folge des Handels und der doch von keinem Forscher bestrittenen hellenischen Beeinflussung sein. Indessen: die gewichtigsten Gründe liegen hier auf Gebieten, die nur der Fachmann übersehen kann (die Identität der Haruspizin mit babylonischen Erscheinungen und eine alte Tradition der Etrusker selbst sind wohl die schwerwiegendsten Argumente dafür — gewichtiger als die Gräbertechnik —, das Fehlen jeder Spur von verwandten Völkern oder Kulturüberbleibseln von den Etruskern im Osten, während sie im Westen alsbald als Kulturträger aufgetreten sein sollen, dabei aber ihre Schrift den Griechen entlehnt haben, der schwerwiegendste Grund dagegen). Der streng aristokratisch, in Geschlechter und nach Stammbäumen gegliederte, geschlossene theokratische Adelsstaat der Etrusker hat den Römern wohl sicher vieles, nach deren eigener Meinung die Technik der Ackeraufteilung, außerdem vielleicht die Entwicklung der Klientel, anschließend daran die autoritäre Stellung der Magistratur (und des Familienhauptes? — in Etrurien herrscht Metronymie) gebracht in der Zeit, als Rom (dessen Name ebenso wie die der alten Phylennamen: Tities: Ramnes, Luceres, jetzt als etruskisch gedeutet werden) eine von etruskischen Königen beherrschte Stadt war, — wieviel aber, das ist so bestritten wie je. Jedenfalls haben die Etrusker die Entwicklung zur Hoplitenpolis, andererseits die Sabeller die Entwicklung vom Bauern- zum Stadtstaat, nicht mitgemacht, und sind deshalb beide Roms Hoplitendisziplin unterlegen. —

Ueber die Königszeit und die Natur des Königtums Vermutungen anzustellen, ist nicht meine Sache. Ob die »celeres« (von: κέλης, Pferd) die alte Gefolgschaft des Königs waren (die Legende von den »Räubern« entspricht — s. o. — anderen Analogien), ob ferner die Stellung der »fabri« im Zenturienheer (wo sie mit der ersten — nach anderer Ansicht mit der zweiten — Vermögensklasse stimmen) aus militärischen Leiturgien vom König angesiedelter Demiurgengeschlechter herrührte oder erst ein Produkt der Neukonstitution des Staates auf der Basis des Hoplitenheeres war, das ist natürlich schlechthin nicht auszumachen.

Auch die Frühzeit der Agrarentwicklung der »freien« römischen Polis ist in Dunkel gehüllt. Wir können erkennen, daß die Stellung der in dem feudalen Stadtstaat der Frühzeit allein vollberechtigten patrizischen Geschlechter auf ähnlicher ökonomischer Unterlage ruhte wie die Geschlechterherrschaft in den hellenischen Städten: Vieh- und Sklavenbesitz einerseits, Monopolisierung des Zwischenhandels andererseits: Schon die vorservianische, erst recht die »servianische« Mauer (aus dem 4. Jahrh.) umschließen ein Areal, das zum damaligen Landgebiet Roms (vollends, wenn man als solches den »ager Romanus« ansieht) außer allem Verhältnis steht. Nur ist Rom aus dem Stadium des Passivhandels in der Frühzeit nicht in nennenswertem Umfang herausgetreten: in der Hand fremder Kaufleute lag die Zufuhr griechischer, phönikischer, karthagischer Güter und die Ausfuhr der ausgetauschten Sklaven und Rohstoffe. Die Stadt entbehrte, als sie bereits in den umfassenden mittelländischen Seeverkehr verflochten war, lange Zeit, wie der Flotte, so der Edelmetallausmünzung. Der das platte Land beherrschende feudale Stadtstaat — offenbar in den Grundzügen seiner militärisch-politischen Einrichtungen der griechischen Parallelerscheinung ziemlich gleichartig, nur durch die ungeheure Strenge der Durchführung der Disziplin und deshalb der Magistraturgewalt besondert, — ist uns in seiner agrarischen Unterlage ebenso dunkel, wie dies in Hellas meist der Fall ist.

K. J. Neumanns elegant konstruierter Versuch, die gesamte »plebs« der Zeit vor den Zwölftafeln (bzw. 457) als Gutshörige nach Analogie der modernen Erbuntertanen aufzufassen, hat m. E. die historischen Wahrscheinlichkeiten gegen sich. Neumann muß für seine Konstruktion auch ziemlich frei mit der Chronologie umspringen. Das ist nun in der Tat kaum ganz zu vermeiden, wenn man irgendwelche Vermutungen über Roms Frühzeit äußern will. Wer aus der genial-nihilistischen Kritik von Ettore Pais die letzten Konsequenzen ziehen will, also den Beginn der Existenz eines römischen Volkes als eines historischen Kontinuum in die zweite Hälfte des 5. Jahrh. verlegt, die Zwölftafeln für eine Fälschung des 2. Jahrh. hält, den Beginn der historischen Kunde überhaupt nicht über das 3. hinausgehen läßt, für den erledigen sich natürlich alle Probleme der älteren römischen Geschichte. Wenn im Nachfolgenden doch wenigstens der Versuch nicht ganz umgangen wird, unter Konservierung des möglichsten Maximum von Notizen der Tradition einige ihrer Entwicklungszüge zu rekonstruieren, so geschieht dies unter allem Vorbehalt und mit dem Anheimstellen tiefster Skepsis für die Leser. (Ueber Pais' Standpunkt maße ich mir ein Urteil nicht an. Eins nur sei bemerkt: für so zahlreiche Fälle auch Geschlechtslegenden, tendenziöse Projizierung der späteren Agrarkämpfe und sozialen Gegensätze in die Frühzeit usw. nachgewiesen sind, — die bloßen »duplicazioni«: — Wiederkehr der gleichen Gegensätze, — mit denen Pais als Verdachtsgründen oft operiert, beweisen an sich nichts: tatsächlich sind die Agrarkämpfe z. B. von Spät hellas eine Repetition früh hellenischer mit etwas veränderter Front. Das liegt im Wesen der Antike.) Von Pais' Standpunkt aus hätte natürlich jede Diskussion mit Neumann gar keinen Sinn. — Verfährt man aber umgekehrt nach dem Prinzip möglichster Schonung der Tradition — wie N. es tun muß — dann kann seine These nicht akzepziert werden, weil sie mit der Stellung der Plebs, wie sie die richtig verstandene Tradition erkennen läßt, nicht vereinbar ist [1]. Die »Plebejer« sind in der Tradition keine Heloten, sondern — wie mir wenigstens scheint (s. weiter unten) — ganz offensichtlich ἄγροικοι im hellenischen Sinne, — womit die Ausnutzung der von der plebs wohl zu unterscheidenden Schutzhörigen (clientes) als Tributquelle der alten patrizischen Geschlechter als möglich nicht bestritten sein soll (darüber unten). Daß der römische, wie jeder Stadtadelige des Altertums ein »Grundherr« ist, war von jeher bekannt [2]; nur eben nicht — das war

[1]) Damit ist natürlich durchaus nicht gesagt, daß alles, was N. in seiner Hypothese vorträgt, irrig sei. Ob nicht tatsächlich im Jahre 457 v. Chr. wichtige Aenderungen in der Stellung des Hoplitenheeres im Staat sich vollzogen haben, darüber maße ich mir ein Urteil nicht an. Nur an die »Aufhebung der Grundherrschaft« glaube ich nicht. Ob die Tribus rusticae nicht seit ihrer Entstehung auch wichtige rechtliche Wandlungen erlebt haben, steht ebenfalls nicht fest (s. u. zu Dionys. 4, 14).

[2]) Mit dem Vorbehalt, daß dabei der Begriff des »Grundherren« jedenfalls schon etwas stark gedehnt wird: ob der römische Klient »schollenfest« in dem Sinne war, daß auch der Herr ihm die Scholle lassen mußte, ist mehr als zweifelhaft. Der Schuld knecht war es nicht. — Den spartanischen Heloten (und ähnliche »Hörige«) durfte der Herr nicht außer Landes verkaufen. Den römischen Exekutionsschuldner mußte (in der Zeit nach den Zwölftafeln) der Herr außer Landes verkaufen. Den »nexus« (kontraktlichen Schuldknecht) wiederum soll er die Schuld ab arbeiten lassen. Wiederum in anderer Lage waren die vom Vater vermieteten

die neue Behauptung —: Grundherr der Plebejer. Vollends nicht derart, daß diese als gutswirtschaftliche Fronbauern nach Art der preußischen Lassiten das Land des Adels bestellt hätten. Dies letztere behauptet nun N. auch nicht. Aber da die Plebejer Klienten gewesen sein sollen, die Klientel aber durch die Zwölftafeln nicht etwa — wie N. annimmt — beseitigt, sondern bestätigt wird, so müßte man sich die Plebejer und die mit ihnen alsdann identischen Klienten (z. B. die des Atta Clausus, worüber unten) als Heloten oder Fronknechte denken. Allein solche Hörige geben kein sich selbst equipierendes und trainiertes Hoplitenheer, und als Hoplitenheer haben die Plebejer Schritt für Schritt, je unentbehrlicher sie militärisch wurden, ihre Erfolge errungen. Hörige werden keine Schuldknechte (während das Umgekehrte eher vorkommt), — die Schuldverknechtung aber ist das typische Schicksal des mittellosen Plebejers. Daß auch die Heeresordnung, welche die Plebejer mit umfaßte und nach der Tradition älter als die Republik, jedenfalls ebenso alt wie das Konsulat, ist, freie nicht adlige Grundbesitzer und bemittelte Plebejer voraussetzt, hat schon Ed. Meyer hervorgehoben. Die beherrschende Stellung mancher (nicht: aller, sondern, im Gegensatz zu Athen, einer Minderheit: 16) patrizischer Geschlechter innerhalb des platten Landes ist offenbar zum Teil politisch bedingt: sie sind eben (teilweise) ehemalige Gaufürsten und Burgenbesitzer gewesen, die eingemeindet wurden. Das platte Land ist aber hier so wenig wie in der übergroßen Mehrzahl der hellenischen Städte jemals ein lückenloser Komplex geschlossener Grundherrschaften, oder gar Gutsbetriebe, gewesen. Dagegen spricht (von vielem anderen abgesehen) alles, was auch in späterer Zeit von der längst verschollenen Autonomie der ländlichen Gebilde in Resten vorhanden war, und was immerhin genügt, um eine ursprüngliche allgemeine »Hörigkeit« der Plebs unwahrscheinlich zu machen. Wen die Streitigkeiten über das connubium zwischen den Ständen stutzig machen, der bedenke, daß auch Theognis die Ehe mit der Bürgerin für schmählich hält, und daß die Gentilen, nach Entwicklung der gens (s. u.) eben im Interesse der Zusammenhaltung des Besitzes ein Interesse daran hatten, die Erbtöchter sich vorzubehalten. Eine Ranke der Tradition faßt denn auch die Beseitigung des connubium mit der Plebs als erst durch die Dezemvirn geschaffen auf. Und um einzusehen, wie wahrscheinlich auch hier die nachträgliche Entstehung der Eheschranke (aus den erwähnten ökonomischen Rücksichten hier beim Adel, ganz wie aus gleichen Gründen in Athen bei der Demokratie)

---

oder verkauften Kinder (personae in mancipio), in ältester Zeit sicherlich (wie in Babylon) für die Rekrutierung der Arbeitskräfte der größeren Besitzer von nicht geringer Bedeutung. Grund genug, über das, was den Begriff »Grundherr« für den Patriziat rechtlich ausfüllen konnte, keine allzu einfachen Vorstellungen sich zu bilden.

ist, möge man sich erinnern, daß überall im ältesten Recht die Willkür des Vaters über die Legitimität des Kindes, welches ihm von Frau, Kebse, Sklavin geboren wird, entscheidet. So auch im althellenischen Recht. Der Grundsatz der Ebenbürtigkeit ist auch in Rom sicher erst sekundär, wie er es nachweislich in Hellas ist. (Eben das politische Zunftinteresse der Stadtbürgerschaft, welches im Orient nicht existierte, war es ja, welches die Polis in Hellas und Italien zur Trägerin der Monogamie machte). — Vor allem muß aber jedes Hereinziehen des uns durch G. F. Knapp so vertraut gewordenen Hergangs der »Bauernbefreiung« im 19. Jahrh. und der ihr vorhergehenden Zustände in diese Probleme beiseite bleiben. K. J. Neumann ist (ganz ebenso wie Fr. Cauer und Swoboda) durch Knapps mit Recht berühmte Darstellung beeinflußt worden (in ähnlicher Weise habe ich meinerseits Meitzensche Kategorien gelegentlich unrichtig verallgemeinert). Die Verhältnisse eines Gebietes mit schon prähistorischen Bewässerungsanlagen, wie die Campagna es ist (die heutige Bedeutung von »rivalis« stammt ja von Wasserprozessen), mit einem dichten Städtekranz schon in ältester Zeit, schließt jede Analogie mit dem Getreideexportgebiet, auf dem die Gutshöfe des deutschen Ostens entstanden, aus; und die Art der bäuerlichen Hufenverfassung, in welche diese Gutshöfe eingegliedert waren, ist für die Antike gleichfalls unwahrscheinlich, aus landwirtschaftstechnischen wie historischen Gründen. Es mag sehr wohl sein, daß die römische (wie die hellenische und orientalische) Frühzeit Flurgemeinschaft in dem Sinne gekannt hat, daß — wie die hellenische Polis noch in historischer Zeit — so ursprünglich die bäuerliche politische Gemeinschaft sich ein sehr souveränes Verfügungsrecht über die Hufen ihrer Genossen zugeschrieben und gegebenenfalls praktiziert hat. Dies, nach allen Analogien, jedenfalls da, wo sie sich als Wehrverband ansah. Der Nachwuchs mußte ja mit Land versorgt oder sonst über sein Schicksal entschieden sein. Zog er nicht in die Ferne, sich Land zu erobern, so bestimmten im Stadtstaat die Kuriatkomitien auf Antrag des Vaters, welcher Sohn die Hufe übernehmen solle und welcher Teil der »proles« landlos: — »proletarii« — blieb. Wie die Frage vorher im pagus geregelt wurde, können wir unmöglich wissen. Aber Landneuteilungen werden da sicher möglich gewesen und vorgekommen sein. Und es mag ebenfalls sein, daß — wie in den hellenischen Phratrien — die alten Gaufürsten-, späteren Adelsgeschlechter, je nach der Machtlage, in die Flurverhältnisse der Bauern stark hineinreden konnten, ihrerseits dagegen ihren Besitz der Disposition der bäuerlichen Gemeinschaften entzogen (daher dann der von Plinius überlieferte Sprachgebrauch der Zwölftafeln, welche villa — das ist: der Herrenhof — mit hortus und heredium, eingehegtem und unentziehbar erblichem Land, verbanden: N. h. 19, 4, 50). Die Beseitigung jener gelegentlichen Eingriffe der Flurverbände, die Verwandlung allen appropriierten Landes in »hortus«-Land und in Objekt des »dominium«, — das könnte der Sinn der Neuordnung der Rechtsverhältnisse durch die Zwölftafeln sein, soweit sie agrarische Dinge betrifft. Allein: das sind ganz andere Verhältnisse als in den Fronhöfen des Mittelalters und der Neuzeit. — Jedenfalls ist die Fronknechtschaft, wie sie uns als typische Folge der Verschuldung im »nexum« (s. u.) entgegentritt, von der Klientel zu unterscheiden [1]). Die letztere entsteht hier — wie bei den Israeliten und überall — durch Ergebung eines Besitzlosen in den Schutz eines Fürsten oder grundbesitzenden Volksgenossen, wie noch zu erörtern sein wird. Gewiß: für jeden nicht an der Rechtsfindung beteiligten Passivbürger (Bauer) kann — vgl. Hesiods Bemerkungen — die Anrufung des prozessualen Schutzes der »spendenheischenden« Mächtigen nötig werden. Aber dadurch wird er kein Fronknecht (vielmehr könnte die »freie« Klientel der römischen Spätzeit an diese Verhältnisse der Frühzeit anknüpfen: dieser freiwillige Patronat hat zu allen Zeiten bestanden). Der Gegensatz zwischen Klienten und »Plebs« tritt in den Quellen so deutlich hervor, daß z. B. Oberziner, der in der Plebs eine unterworfene nicht italische Urbevölkerung sieht, die Klienten, im Gegensatz dazu, als mit dem Adel eingewanderte Italiker betrachtet. Jene bestechende These Oberziners (für die ja auch von anderen mancherlei an sich scheinbar starke Indizien: fehlendes connubium — darüber s. o. —, die in den Zwölftafeln bezeugte Duplizität des Bestattungsmodus usw. angeführt werden) wäre ihrerseits nun aber gerade am besten bei einer Identifikation von plebs und clientes mit den Zeugnissen der antiken Tradition zu vereinigen: dann also, wenn man einigen (späten) Quellenstellen, welche eine planmäßige (und universelle) Verteilung der Plebejer als Klienten unter die patres — also nach Art der Heloten oder kretischen *οἰκέες* — zu behaupten scheinen, Glauben schenkte. Gerade diese Stellen sind aber offenbare Rekonstruktionen und jedenfalls würde eine solche Behandlung der Bauern als Staatsklienten (nach Art der Heloten) zu ihrer Verflechtung in individuelle Gutswirtschaften nicht passen: die Spartiaten sind Rentner, keine Gutsherren. Und gerade jene Zeugnisse stellen jene Verteilung deutlich als eine Maßregel der Schutzfürsorge für die (offenbar im Gerichtsverfahren) benachteiligten Bürger niederen Rechts hin (überdies wird dabei die Wahl des Patrons von einer der betreffenden Quellenstellen — s. dieselben bei Mommsen, Staatsr. III. 1. Aufl., S. 63 Anm. 4 — ausdrücklich als frei bezeichnet). — Nach Lage der Quellen nicht nur, sondern auch nach sachlichen Wahrscheinlichkeiten bedeutet die Zwölftafel- und die an sie anschließende Gesetzgebung zwar auch einen Erfolg der Bauern gegenüber den Geschlechtern (s. u.), auf agrarischem Gebiet aber nicht eine Auflösung eines »grundherrlich-bäuerlichen Verhältnisses«, sondern vielmehr die Sprengung der alten Gauverbände

[1]) S. vorige Anmerkung.

zugunsten der später typischen Einzelsiedelung in »villae« (über die praktische Bedeutung s. u.).

Das Dorf, später ein der römischen Verwaltung so völlig fremdartiger Begriff, war vor Alters die Grundlage der Siedelung.

Zwar ist die Ursprünglichkeit der dorfweisen Siedelung bestritten und behauptet worden, daß im Gegensatz zu den Germanen (und Hellenen) die italische Siedelung hofweise Siedelung gewesen sei (die bei manchen Archäologen immer noch auftauchende Formel: die Germanen seien Hof-, die Mittelmeervölker dagegen Dorfsiedler, beruht auf völliger Unkenntnis der deutschen Siedelung und Mißverständnis einer rhetorischen Wendung bei Tacitus). Allein keinerlei Beweis oder Wahrscheinlichkeit spricht dafür, hellenische Analogien, die Verhältnisse der anderen Italiker und die prähistorische Siedelung dagegen, daß der Einzelhof, die »villa«, am Anfang der italischen, speziell römischen Entwicklung gestanden habe, wie z. B. auch Schulten glaubt. Die Aufteilung des Landes in »fundi«, die prinzipiell »continuae possessiones« (zusammenliegender Besitz) sind, ist gerade das modern-römische, enthält die Zersprengung der alten Flurzustände zugunsten des Individualismus der Siedelung, wie die Aeußerungen der Feldmesser zeigen. Die »villa« stammt vom feudalen Burgherren, nicht vom Bauer. Schultens wertvolle Untersuchung zeigt gerade, wie mit Stumpf und Stiel die römische »assignatio« die alten Landgemeinden und Dörfer ekrasierte. Ein hellenischer Stadtstaat wie Athen (und andere) konnte die *δῆμοι* als Konstituenzien verwerten. Das lehnt die römische Praxis strikt ab. Die Fluren der Kolonialassignationen ignorieren die »pagi« und schneiden sie eventuell mitten durch: so die Fluren von Placentia und Velleja nach den Alimentartafeln. Durch die polizeiliche Verwendung der Begriffe: »vicus« für Stadtquartier, »pagus« für einen der Umlegung von munera dienenden Unterbezirk des ländlichen Weichbildes der Stadt, ist freilich jede Sicherheit der Tradition verwischt. Daß dem späteren Recht sowohl vicus wie pagus als Rechtspersönlichkeiten, die z. B. Grundstücke besitzen, autonom Beschlüsse über ihre Angelegenheiten fassen und Prozesse führen können, galten, aber nur der »pagus« eine »Gebietskörperschaft« ist, ergeben aber die Quellen. Vicus ist immer eine geschlossene Siedelung, und als solche in der Zeit vor der Stadt entweder der Mittelpunkt des pagus, oder eines von mehreren Dörfern im pagus, wie sie bei allen alten Siedelungen vorkommen: er ist nach Festus: der Marktort. — Daß nun der »pagus« einstmals die Rolle der hellenischen *κώμη* gespielt hat, scheint mir ganz überwiegend wahrscheinlich. Der Antagonismus zwischen »Stadt« im römischen Sinne und »Dorf« schafft alle unsere Quellenschwierigkeiten, wie wiederum gerade die Darstellung Schultens selbst erkennen läßt: — dieser Antagonismus ist durch den Charakter der späteren Flurverfassung (des radikalen Gegenpols der »Komenverfassung«) bedingt (s. u.). Daraus folgt schon, daß der pagus, wie Schulten mit Recht ausführt, keineswegs — wie Mommsen glaubte — an der Evidenthaltung des Eigentums in historischer Zeit beteiligt gewesen sein kann, insbesondere seine Hauptfunktion: die lustratio pagi (ein rein religiöser, apotropäischer Akt) nichts damit zu schaffen hatte. Die Verordnungsgewalt des späteren pagus ist ebenfalls, soviel bekannt, lediglich religiöser Art: die von Plinius überlieferte pagane Verordnung über die Haartour der Frauen ist ausdrücklich superstitiös motiviert. Daß die Beschränkung auf dies Gebiet den Charakter des, durch die Scheu vor Beseitigung einmal vorhandener Kulte konservierten, Rudiments hat, gegenüber einem älteren Zustand, in dem der pagus in der Sozialverfassung mehr bedeutete, ist selbstverständlich, und geht auch aus dem bezeugten Besitz von öffentlichen Wagen und dem ziemlich sicheren ursprünglichen Besitz des Marktrechts durch den Gau zur Genüge hervor.

Die Allmende des Dorfes ist in dem späteren »ager compascuus« noch in kümmerlichen Resten erkennbar: das Weiderecht ist hier ursprünglich ein »jus« (Cicero), ein Einzelrecht des Genossen. Daneben steht der ager publicus, später das eroberte, ursprünglich offenbar — was ohne Anlaß bezweifelt wird — das unvergebene Oedland. Wie in der germanischen Frühzeit, hat offenbar an dieser »gemeinen Mark« jedem Stammesgenossen das Rodungsrecht zugestanden und wurde er im Besitz solchen »ager occupatorius« so lange geschützt, als er ihn unter dem Pfluge hielt. Dies alte »Okkupations«-Recht ist nun, in umgewandelter Form, von dem Hoplitenstaat später auf die eroberten schon kultivierten und fruchttragenden Aecker ausgedehnt, soweit sie nicht zur Aufteilung zu Privatrecht oder zur finanziellen Verwertung durch Verpachtung bestimmt waren. Daß dabei eine geregelte Form der Okkupation vorgesehen war, — wie etwa in den Vereinigten Staaten bei der Oeffnung von Indianergebieten zur Besiedelung, — und daß eine Fruchtquote als Entgelt für den Staat erhoben wurde oder doch werden sollte, — dies alles ändert daran nichts: daß hier doch der Sache nach »Squatter«-Recht auf das gewaltige Eroberungsareal ausgedehnt wurde: das »Okkupieren« ist, auch in der Terminologie, das Entscheidende, nicht die magistratische Regelung seines Hergangs.

Wie es nun vor Alters innerhalb der Siedelungen, in welchen die Bauern von ihrer Hände Arbeit lebten, des näheren aussah, ist nicht zu erkennen. Das individuelle gänzlich frei vererbliche und veräußerliche Grundeigentum im späteren Sinne hat wohl zunächst gefehlt. Es werden doch wohl irgendwelche Familiengebundenheiten des Ackers auch hier existiert haben, beim Besitz des Patriziates selbstredend, hier wie anderwärts, aber wohl, in schwächerer Form, auch bei den Bauern. Sichere Spuren davon finden sich nicht. Die Bezugnahme auf die Vergeudung der bona paterna avitaque in der Entmündigungsformel deutet die allen militaristisch gestimmten Rechten gemeinsame spezifische Mißbilligung des Verkaufs von Erbland an, ist aber kein sicherer Hinweis, auf eine ursprüngliche rechtliche Scheidung beider in bezug auf die Veräußerlichkeit. Vermutlich ist die Entwicklung nicht prinzipiell anders gewesen als in Hellas, und jedenfalls steht der (im Prinzip) erbliche und veräußerliche Bodenbesitz auch hier am Anfang der uns zugänglichen Geschichte. Die Legende von der Zuweisung des heredium von 2 jugera als einzigen erblichen (nicht: veräußerlichen) Besitzes an alle Bürger durch Romulus ist kein Beweis dagegen. Denn daß dies nicht der volle Bauernbesitz der Frühzeit war, ist klar. Unmöglich kann dabei aber andererseits — wie Ed. Meyer wollte — an Taglöhnerland gedacht werden. Vielmehr ist das heredium ein »hortus«, eine »Wurth«, ein zur individuellen Bebauung einzelnen Kleinfamilien erblich appropriiertes, aber in der Veräußerlichung außerhalb der Familie aus staatlichen Gründen beschränktes Gartenlos. Für die Interpretation stehen drei Möglichkeiten offen: Erstens: Bei Stadtgründungen im Wege des Synoikismos oder der magistratischen Stadtstiftung erhielt der stadtsässige Plebejer: also der Handwerker, Kleinhändler usw., der nicht den gentes angehörte und den man doch brauchte und haben wollte, sicherlich damals ebenso wie bei vielen deutschen Städtegründungen des Mittelalters, 1. Gartenland und 2. Viehweiderecht auf der Gemeindeflur, dagegen keine Bauernhufe. Das gleiche wäre dann auch der Fall in den Bürgerkolonien dieser Frühzeit, welche noch keinen agrarpolitischen, sondern den Zweck der Garnisonierung und Ansiedelung von Römern in Küstenorten haben (coloniae maritimae), mittels deren die Küste für Rom im Interesse des Handelsmonopols behauptet werden soll, in denen daher der Kolonist dem Domizilzwang unterliegt (wie in Athen die solonischen Kleruchen auf Salamis). Gerade hier findet sich ja die Zuweisung der »bina jugera« (in einem unverdächtigen Beispiel: Anxur) und ist der Kolonist als solcher selbstredend weideberechtigt. (Daß ihm außerdem noch andere Bezüge zugewiesen worden seien, wie ich früher annahm, erscheint mir jetzt angesichts der orientalisch-hellenistischen Verhältnisse nicht mehr wahrscheinlich, und den Gedanken an einen Anteil an irgendwelchen Flurgemeinschaften nach Art der germanischen Siedelung muß man m. E. für Rom ganz ebenso völlig aufgeben wie für das ganze Altertum). Die bina jugera wären dann also das Los aller derjenigen freien Plebejer, die man in den neu zu schaffenden Stadtverband aufnahm. — Zweite Möglichkeit (mit der ersten kombinierbar): sie sind das Los des Fußvolkes, oder richtiger: die Rechnungseinheit desselben: am Ende des 2. punischen Krieges wurden den Veteranen der spanischen und afrikanischen Feldzüge so viel mal 2 jugera zugesprochen, als sie Jahre gedient hatten (ungerade Zahlen der Landanweisung kommen allerdings in der »Analistik« vor, aber schon der Name« »centuria« für 100 × 2 jugera zeigt, daß die Normaleinheit der Doppelmorgen war). Dritte Möglichkeit: Daß der zur Behauptung des Koloniegebietes angesiedelte Vollbürger in alter Zeit ganz anders ausgestattet wurde als mit zwei jugera, macht eine Notiz über Antium wahrscheinlich, wonach dort, nach der Unterwerfung, die feindlichen Einwohner zu Teilbauern (Heloten) der Kolonisten geworden seien. Hier wären also die zwei jugera nur das Stadtlos der in der Stadt — wie in Mytilene — konzentrierten Kleruchenschaft gewesen. Der Kleruch, natürlich dann kein Handwerker oder Krämer (Hypothese 1), sondern ein Krieger, sollte stadtsässiger Grundherr, nicht Bauer, sein. — Wie wir uns dann im Gegensatz zu jenen, sei es plebejischen, sei es patrizischen Stadtsiedlern Flurberechtigungen der Bauernfamilien zu denken haben, ist gänzlich dunkel, ebenso: welcherlei feudale Berechtigungen etwa darüber standen. Dies gilt auch für Rom selbst.

Die römische Bürgerschaft ist in historischer Zeit in tribus und curiae geteilt, wie in Griechenland in Phylen und Phratrien. Die Sippe (gens) war (ein lange bestrittener Punkt) auch hier auf den Adel beschränkt. Sie ist auch hier nichts »Primitives«, sondern ein durch Differenzierung: Vieh-, Edelmetall-, Boden-, Schuldsklavenbesitz, und darauf fußend, ritterliche Lebensführung und kriegerisches Training, entstandenes Gebilde. Sicherlich hat die Sippenbildung (d. h. der Zusammenhalt des Besitzes, die Schätzung des Blutsbandes und was weiter daraus folgt) auch hier bei den Familien alter

Gaufürsten zuerst begonnen, die sich zu Burgherren entwickelten, wie in Griechenland. Die Burgadligen zu synoikisieren, ist ja die politische Leistung der ganzen Frühzeit Roms. Eine solche Eingemeindung konnte freiwillig geschehen: — das beühmteste Beispiel ist die Aufnahme der Sippe des Atta Clausus als gens Claudia in den Geschlechterverband unter Zuweisung von Acker für ihn und seine »clientes«, — oder eventuell zwangsweise durch »Brechung« ihrer Burgen. Es ist daher erklärlich, daß die 16 alten Landtribus gentilizische Namen haben. Und natürlich beweist dies auch hier weder: 1. daß das ganze oder auch nur das meiste Land der betreffenden Gebiete jenen Geschlechtern als Grundherrn gehört habe: — die überwiegende Mehrheit der patrizischen Geschlechter wäre ja dann ohne Land gewesen — noch 2. daß die gens eine ursprünglich allen Freien gemeinsame Institution war. — Vielmehr zeigt die römische Ueberlieferung selbst, daß das Land außerhalb der Tore der Stadt lange Zeit in pagi geteilt blieb, wie von alters, bis später (s. u.) jene Einteilung in tribus rusticae erfolgte. Zweifellos war das platte Land in der Periode voller Entfaltung der Geschlechterherrschaft ebenso politisch entrechtet, wie in Hellas in den spezifischen Adelspoleis. Und die adlige gens ist auch in Rom (und hier noch strenger als in manchen hellenischen Staaten) ein ackerbesitzendes, aber stadtsässiges Geschlecht: die Soldaten der großen Heere Roms in der Expansionszeit waren Bauern, ihre Offiziere aber stets Städter. Wie in Hellas die Adelsgeschlechter fast stets andere Schutzheilige haben als das Volk (von E. Meyer zuerst scharf betont), so sind die sacra der gentes private Kulthandlungen; die gens ist dem Prinzip nach ein »präterstaatliches« Gebilde, also auch kein Staats-»Teil«. Dagegen sind die gemeinsamen sacra der curiae sacra publica. Die curiae sind eben öffentlich anerkannte Bürgschaftsabteilungen. Sie werden meist den griechischen Phratrien gleichgesetzt (schon im Altertum). Jedenfalls ist ihr Ursprung, nach dem Eingeständnis der Fachmänner, ebenso dunkel wie bei diesen. Fest steht für die historische Zeit nur: daß die Kurien Testament und Annahme an Sohnes Statt (also: Zulassung zur Wehrgemeinde und damit zum Bodenbesitz) zu kontrollieren hatten und daß sie die Uebertragung des militärischen Amts an die neu gewählten höchsten Magistrate ratifizieren mußten. Wahrscheinlich ist, daß die Kurien bei der Heeresgestaltung ursprünglich die Aushebungsorgane stellten. Somit wäre die Analogie mit den Phratrien doch nur teilweise vorhanden, — zum anderen Teil würden sie den Phylen zu vergleichen sein. Im Gegensatz gegen die hellenischen Phratrien haben sie auch keinen körperschaftlichen Charakter und also keine rechtliche Handlungsfähigkeit: sie sind nur sakrale und administrative Einheiten. Aber auch abgesehen davon dürfte, wer die Phratrien in Hellas für »uralt« hält, nicht diese alten Phratrien, sondern die künstlichen Gebilde späterer Synoikismen den historischen Kurien gleichsetzen, die ihrerseits ja ein spezifisch stadtstaatliches Gebilde sind (Tagung auf dem comitium im Gegensatz zu den Tribus usw.). Sie sind den latinischen Städten gemeinsam (dagegen ist fraglich, ob die coloniae civ. Rom. sie kennen). — Die drei alten Tribus von je 10 curiae mit den gentes als Unterabteilungen sind natürlich eine Schöpfung zum Zwecke der Umlegung der Staatserfordernisse, vielleicht in diesem Schematismus erst des patrizisch-plebejischen Staats, der die Gesamtbürgerschaft in Kurien und (künstlichen) Geschlechtern vereint. Wenn in historischer Zeit den Kurien gesonderte und geschlossene Feldmarken zugeschrieben werden, so ist ebenfalls fraglich, inwieweit diese Lokalisierung Produkt der ursprünglichen Phyleneinteilung oder (wahrscheinlich) einer späteren Neuaufteilung des Gebiets unter die curiae ist, oder überhaupt nur in den neugegründeten latinischen Kolonien (wie bei den kolonialen Phylen in Hellas) bestand.

Das römische Staatswesen unterscheidet sich in seinem Verhalten zu seinen Gliedern von Anfang an in einer Richtung von der hellenischen Polis: in der Behandlung des Familienrechtes. Für die hellenische Polis (z. B. Athen) fällt politische Wehrhaftmachung und privatrechtliche Handlungsfähigkeit des Haussohnes zusammen, — für den römischen Staat hat beides nichts miteinander zu tun. Der Bürger ist als Soldat Objekt der Amtsgewalt, als Sohn Objekt der Hausgewalt, solange sein Vater lebt. Der Staat macht an der Schwelle des Hauses Halt und das Hausrecht (»dominium«), welches Frau, Kinder, Sklaven, Vieh (familia pecuniaque) [1]) mit gleicher absoluter Schrankenlosigkeit umfaßt, ist der Keim des abstrakten Eigentumsbegriffes. Es ist wohl kein Zweifel, daß dieses radikal patriarchale Familien-

[1]) Das Verhältnis von »familia« zu »pecunia« bleibt hier außer Betracht. Vgl. darüber neuestens Mitteis, Röm. Privatrecht S. 81 f.

recht der Organisation der »gens« entstammt, — wie denn die Stellung des »pater« = Geschlechtshaupt im alten Staatswesen, wie es die Tradition schildert, der des pater familias in der Familie parallel geht — und daß es ursprünglich der Zusammenhaltung des Besitzes diente: die G r o ß familie ist hier, in streng herrschaftlicher Organisation, als Normalform der Struktur des Rechts zugrunde gelegt. Wie die Stellung des Geschlechtshauptes im öffentlichen Recht und gegenüber der Klientel (s. u.) vergeben wurde, — durch Erbordnung oder Wahl? — ist bei dem Stande der Quellen müßig zu fragen. Naheliegend scheint nur, daß die Splitterung der Einheit der Großfamilie, welche im historischen Recht mit dem Tode des pater familias eintritt, nicht das ursprüngliche Gentilrecht gewesen sein wird, sondern daß dann ein n e u e s Geschlechtshaupt an die Stelle des alten trat. Die Abweichungen, welche in der Vererbung der P a t r o n a t s-rechte späterhin vom gemeinen Erbrecht bestehen, sind eine unsichere Quelle, obwohl sie wohl irgendwie auf die alten Ordnungen der geschlossenen gens zurückgehen. — Diese strikt autoritäre Organisation der Familienverbände ist nun im römischen Staatswesen die Quelle gewisser f e u d a l e r Bestandteile gewesen, welche während der ganzen Dauer des Staats seine Eigenart weittragend mitbestimmt haben.

Die römische Sozialverfassung hat sowohl in ihrer (uns erreichbaren) Frühzeit wie späterhin ein Element in ungleich stärkerer Ausbildung entwickelt, welches in den hellenischen Stadtstaaten keineswegs gefehlt hat, dort aber schon in der Frühzeit, vollends aber in den Demokratien, weit zurückgetreten war: die feudale K l i e n t e l. Die Anlehnung an das Familienrecht wird deutlich durch die alte Gleichsetzung der Landanweisung an den Klienten mit derjenigen an den filius familias gekennzeichnet: die patriarchale Stellung des Gentilhauptes ist die Quelle des römischen Klientelrechts. Es muß hier, innerhalb des gegebenen Raumes, auf dies Institut etwas näher eingegangen werden, welches zu so manchen Mißverständnissen der älteren Zustände geführt hat. U e b e r a l l in der Antike (und natürlich: n i c h t n u r der Antike) ist ursprünglich der Besitzlose, u n d d a s h e i ß t: der nicht am B o d e n besitz einer konkreten Gemeinschaft Beteiligte, auch rechtlos. In Aegypten reklamiert der König den »Mann ohne Wohnsitz«, der seine Habseligkeiten auf sein Maultier packt und von Gutsbesitzer zu Gutsbesitzer zieht, um seine Arbeitskraft zu verwerten; in Altisrael ist er der Archetypos des »Metöken«; in Hellas stellt er die »ϑῆτες« und »πελάται«. In Rom begibt er sich — in der Zeit des Geschlechterstaates — durch »applicatio« unter die Schutzherrschaft eines zu deren Uebernahme bereiten begüterten »pater« (Geschlechtshaupt) oder auch (wie für die Königszeit überliefert wird) des Königs. Die dadurch und durch »susceptio« des Patrons entstehende Beziehung unterscheidet sich von der Sklaverei einerseits, der Vasallität andererseits, ganz ähnlich wie das altägyptische »amach«-Verhältnis es tut: die gegenseitigen Beziehungen sind geregelt durch einen traditionellen, ziemlich festen Sittenkodex, welcher aber, seines religiösen Charakters wegen, dem bürgerlich-weltlichen »Landrecht« (germanistisch ausgedrückt) des Stadtstaats fremd ist, von ihm gar nicht erfaßt werden kann, dennoch aber, da er von hoher praktischer Bedeutung ist, in seiner Existenz auch nicht einfach ignoriert wird: die Zwölftafeln verfluchen den Patron, der dem Klienten die Treue nicht hält (»si clienti fraudem fecerit«), wie der Sohn verflucht war, der den Vater schlägt: in beiden Fällen gab es eben keinen staatlichen Richter. Noch die Repetundengesetze der Demokratie in der Weltmachtsperiode nahmen darauf Rücksicht, ob zwischen zwei Personen der Tatbestand der Klientel: das »in fide esse«, besteht (und selbst in das Sklavenrecht der Digesten hat sich, in den Zeiten der Zerbröckelung der Sklavenkasernements, der Ausdruck »in fide domini esse« verirrt, freilich hier wohl ohne irgendwelchen direkten Anklang an das alte Klientelverhältnis). Die »fides« beherrscht, ganz wie im Mittelalter, die Beziehung des Herrn zum Klienten, — aber während im Mittelalter (wie in Japan) die fides des Vasallen vornehmlich gepriesen, ethisch gewertet und vom Lehenrecht eingeschärft wird, weil er ein auf sich selber stehender, sich selbst ausrüstender, vom Herrn faktisch in seinem Wohlergehen zunehmend unabhängiger Ritter oder gar Fürst ist, dem die Versuchung stets nahe ist, den Herren sich selbst zu überlassen, — handelt die römische Antike vornehmlich von der »fides« des Herrn. Denn in historischer Zeit ist der Klient, wie der Amts- und Dienstleheninhaber der mesopotamischen Könige oder der *μάχιμος* der Pharaonen und Ptolemäer, und wie der »colonus«, ein kleiner Mann, ein Lehensmann zu Plebejerrecht, sozusagen, der ohne den Herrn nichts und gegen ihn vollends gar nichts ist. Ob die Betonung der beiderseitigen »fides« in einer »lex regia« auf eine ursprünglich vornehmere, dem Vasallentum näher stehende und etwa erst im Hoplitenstaat degenerierte Stellung des »cliens« hinweist, muß natürlich dahingestellt bleiben. Der Klient schuldet dem Herrn Ehrerbietung (ursprünglich: »Gehorsam«), Gefolgschaft im Kriege, ökonomische Beihilfe in außerordentlichen Notfällen, wozu gehören: Ausstattung der Tochter, öffentliche munera, endlich Auslösung aus der Gefangenschaft (ein für das Altertum wichtiger Fall: wie erinnerlich, behandelt ihn Hammurabis Gesetz für die Lehensträger, und in Athen blieb ein Sonderverfahren für Rückforderungen bei Subskriptionen — *ἔρανοι* — zur Gefangenenauslösung aufrecht erhalten). Der Klient seinerseits hat vom Herrn dafür 1. Beistand in ökonomischen Notfällen und 2. Schutz, insbesondere Schutz gegen gerichtliche Verfolgung zu verlangen, den er sich selbst, solange das »Landrecht« ihn als Metöken, also Fremden, behandelte, rechtlich, und später oft genug faktisch, nicht verschaffen konnte. Eine gerichtliche Klage gleichviel welcher Art, zwischen Patron und Klient aus dem Lehenverhältnis, aber auch jede Pönalklage, ist auch noch im historischen Recht durch das zwischen ihnen bestehende Treuverhältnis ausgeschlossen, (ursprünglich natürlich: jede Klage), ebenso darf keiner gegen den andern zum Zeugnis zugelassen werden. Im übrigen äußert sich der Lehensverband zwischen Herrn und Klienten besonders einschneidend darin, daß die Erbschaft des Klienten ursprünglich (wahrscheinlich) ganz dem Herrn oder seiner gens heimfällt, daß — was damit zusammenhängt — die weiblichen Angehörigen des Klienten nicht ohne Konsens aus dem Kreise der Lehensmannschaft der gens herausheiraten (enubere) können.

Die praktische Bedeutung der Klientel für den Herrn konnte nach verschiedenen Richtungen hin liegen: 1. der Klient war durch Beisteuerpflicht, Heimfallrecht und eventuelle Ehekonsensgebühr eine Quelle von Gelegenheitseinkünften. Ihn zu einer regelmäßigen Rentenquelle geschäftlich auszunutzen, galt später als unanständig: ob dem immer so war, ist (zumal die Klientel — s. gleich — ihren ganzen Charakter später geändert hatte) natürlich nicht sicher, das Gegenteil an sich möglich; — 2. ebensowenig ist (aus dem gleichen Grunde) zu entscheiden, ob der Klient ursprünglich auch ökonomische Arbeitskraft in einem Herrenfronhofe zu sein pflegte. Die Analogie der späteren Freigelassenenklientel darf nicht herangezogen werden, denn diesem — ökonomisch fruktifizierten — Institut scheint das Wichtigste an der alten Klientel: die so stark geschätzte Treupflicht des Patrons, gefehlt zu haben. Mit jener Frage hängt die weitere nach der agrarischen Bedeutung der Klientel zusammen. Mit der größten Wahrscheinlichkeit wird das Institut des »precarium« als dem Klientelrecht entstammend angesprochen, besser: als die »landrechtliche« Seite der Landleihe zu Klientelrecht. »Bittweiser« Besitz, d. h. Besitz ohne einen Kontrakt, den das bürgerliche Gericht anerkennt, dabei Besitzschutz des Prekaristen gegen jeden Dritten, während sein Besitz gegen den Herrn als nicht vorhanden gilt, so daß dieser ihn also jederzeit durch Selbsthilfe an die Luft setzen kann, — das ist eine so charakteristische Lösung des Problems der Beziehung zwischen Lehen- und Landrecht (auch in dem eigenen Besitzesschutz des Prekaristen gegen den Dritten, der dem »landrechtlichen« colonus später — s. u. — fehlt), daß hier kaum ein Zweifel obwalten könnte, auch wenn nicht ausdrücklich überliefert wurde, daß die »patres« (Geschlechtshäupter des Stadtadels) ihren Namen daher hätten, daß sie den Besitzlosen (»tenuiores«) Land anzuweisen pflegten (attribuere ist der technisch »lehensrechtliche« Ausdruck). So vollzieht sich dies namentlich in der Claudier-Legende (deren historischer Kern dahingestellt bleibt): Atta Clausus ist gedacht entweder als ein Gaufürst, oder — wahrscheinlicher — als ein Burgherr des Sabinerlandes (sein Wohnsitz, Regillum, ist nicht topographisch feststellbar: er war eben eine Ritterburg, nicht eine Polis), der im 6. Jahre »post reges exactos« mit seiner Gefolgschaft sich freiwillig in Rom »eingemeinden« (synoikisieren) läßt. Als er mit seinen Klienten (deren Zahl ins Lächerliche übertrieben wird, man braucht sich das Land in der Teverone-Gegend nur vorzustellen!) nach Rom übersiedelt, empfängt er eine Grabstelle am Kapitol und ein staatliches Landlos: von diesem letzteren behält er angeblich 25 jugera für sich und gibt je 2 an seine Klienten. Von 2 jugera hat (naturalwirtschaftlich!) noch nie und nirgends eine Familie (auch nur rein physisch) existiert: dies Land würde gerade für die Ernährung eines Mannes ausreichen. Man müßte also, um mit der Nachricht irgend etwas anzufangen, annehmen, daß es sich um Häuslerstellen handelte und die Klientenfamilie daneben Frondienste gegen Unterhalt auf dem Gutshofe zur Bestellung der 25 jugera »Salland«, des gentilen »fundus«, getan hätte. Wer wollte die Unmöglichkeit eines derartigen Verhältnisses behaupten? Und auch wenn man an die ältesten Quellen der germanischen Frondienste: freiwillige, d. h. nur ethisch gebotene, Nachbarhilfe für den Herren in den Zeiten dringender Arbeit (Ernte usw.) denkt, wird man es als höchst wahrscheinlich ansehen, daß von den Klienten »Aushilfsarbeit« erwartet wurde. Freilich: zu beweisen ist hier nichts, am wenigsten natürlich aus jenen späteren Angaben über Umfang und Art der Verteilung jenes ältesten claudischen fundus. Und der Gedanke eines »Gutsbetriebs« mit regelmäßiger Arbeit der Klienten stößt auf die Unwahrscheinlichkeit einer vornehmlich ökonomischen Benutzung des Klienten durch den Herrn. Als Arbeitskräfte der Grundbesitzer sind neben den mancipia (gekauften Kindern und Sklaven) die »nexi« bezeugt: diese aber sind natürlich von den clientes scharf zu scheiden. An sich wahrscheinlicher wäre für letztere, wenn überhaupt eine ständige ökonomische Leistung, dann ein Tributverhältnis. Andeutungen einer die Pflicht zur gegenseitigen Treue zwischen Spartiat und Helot fordernden »lykurgischen« Vorschrift können aus einer Bemerkung Plutarchs herausgelesen werden, auch die Gleichung anderer hellenischen »Hörigen«, z. B.: Ϝοικέες in Kreta, mit den Klienten scheint begreiflicherweise nahe zu liegen [1]). Denn der spartanische wie der kretische Hörige hatte traditionell feststehende Abgaben (der Helot ½ der Ernte) und daneben ev. rein persönliche Dienste zu leisten, nicht aber war er eine wirtschaftlich ausgenützte Arbeitskraft in einem »Gutsbetrieb«. Der attische πελατης, mit dem das Altertum den Klienten ebenfalls verglich (und der seinerseits mit Unrecht mit dem ἑκτημόριος gleichgesetzt wurde, s. o.)

---

[1]) Nur ist stets zu erinnern, daß sozial der römische Staat von jeher von ganz anderer Struktur war als der spartanische: Die adlige »gens« fehlt dem lediglich auf Erziehung (s. o.) ruhenden Spartiatentum.

ist ein besitzloser und deshalb des Rechtsschutzes durch einen Grundbesitzer bedürftiger »Metöke« (im altjüdischen Sinne des Wortes). Wie dem allen nun sei, jedenfalls lag bei den römischen Klienten in wesentlich höherem Maße als bei den hellenischen Hörigen der Nachdruck auf den oben erwähnten anderweiten, nicht direkt ökonomischen Pflichten gegen den Herrn, und speziell: auf der Heeresfolge im Kriege in der Zeit des Ritterkampfes nach homerischer Art: sie stehen dabei zwischen Gefolgschaft und Helotentum in der Mitte. Wenn im karolingischen Heerbann der senior an der Spitze seiner Leute ausrückt, und andererseits der Spartiat, überhaupt der hellenische Vollhoplit, beim Feldzug Heloten oder Sklaven zur Bedienung bedarf, so sind das scharfe Gegensätze, zwischen denen der »Knappe« des mittelalterlichen Ritters etwa die Mitte hält. Diesem »Knappen« scheint der Klient der alten Zeit im Kriege (dem ziemlich unbestimmten Eindruck nach, den man gewinnt) ziemlich nahe gestanden zu haben, näher wohl als dem kameradschaftlich zum Herrn stehenden homerischen Wagenlenker«. Nicht nur zieht der römische und ganz ebenso der etruskische und sabinische Patrizier (ursprünglich) an der Spitze seiner Klienten ins Feld, solange der alte ritterliche Einzelkampf, mit seinen »spolia opima«. als höchstem Ziel des Helden, die Kriegsführung beherrschte, sondern die gens unternimmt ev. auch eine Fehde auf eigene Gefahr, wie die Fabier gegen Veji, und zieht dann mit ihren Klienten aus. Die völlige Unselbständigkeit des Klienten im Vergleich mit den Vasallen hat darin ihren Grund, daß er vom Herrn (wie der Knappe vom Ritter) ausgerüstet wird. Dies Verhältnis hat sich wenigstens bei dem Feldherrn bis in die Gracchenzeit fortgesetzt: Scipio bietet seine Klienten noch im Feldzug gegen Numantia (134) auf (in der Bürgerkriegszeit haben dann bereits die »coloni« eine ähn iche Rolle gespielt).

Als mit dem Siege der »classis«, des Hoplitenheeres, die militärische Bedeutung der Klientel schwand und ihre ökonomische Leistung durch das Kaufsklaventum und die rein kontraktliche Parzellenpacht an Gewicht verlor, gewann die freie Klientel, die es vielleicht von jeher neben dieser »Hörigkeit« gegeben hatte, an politischer Bedeutung. Sie ist kein lehnrechtliches, sondern ein seine Formen der alten Klientel entlehnendes Institut, welches zweifellos der Prozeßbeistandschaft einflußreicher Leute seinen Ursprung verdankt und daher keineswegs auf Patrizier oder Freilasser beschränkt war. Nicht nur, um Tischgenosse eines bemittelten Mannes zu werden, sondern auch wegen des Gewichts seines Beistandes in- und außerhalb der Gerichte, haben sich zu jeder Zeit massenhaft Familien in dies Klientelverhältnis zu den Amtsadelsgeschlechtern (seien dies nun patrizische oder plebejische) begeben und sind, da auch dies Verhältnis sich erblich fortpflanzte, darin verblieben, auch wenn sie zu Wohlstand kamen, bis ein kurulisches Amt, welches als Auflösungsgrund der Klientel galt, diese Beziehung beseitigte, welche im 2. und 1. Jahrh. keinerlei Makel für die »Klienten« an sich trug. Daß dies nicht der Fall war, ist wohl auch Folge des Umstandes, daß mit der Weltmachtstellung des Staates ausländische Adlige, Fürsten und befreundete Gemeinwesen in ein als »Klientel« aufgefaßtes Gerichtsschutzverhältnis zu römischen Adelsfamilien traten. Oekonomisch umgeformt setzt sich andererseits die alte Klientel in der Stellung der freigelassenen Sklaven zum Patron fort, wie am deutlichsten das Senatuskonsult über die Fecenia Hispala zeigt (Gestattung: 1. der Matronentracht, 2. der gentis enuptio, 3. des connubium mit einem Freien ohne Kränkung der Ehre des letzteren). Im Gegensatz zu dem damaligen freien Klientelverhältnis, welches die Standessitte der ökonomischen Fruktifizierung entzog, diente dieses Klientelverhältnis einer solchen bekanntlich im hohen Maße.

Alle die verschiedenen Formen persönlicher Abhängigkeit: freie Klientel Fremder und Einheimischer, Libertinenklientel, endlich: Sklaverei, bilden in der späteren Republik die Basis für jene Stellung des römischen Amtsadels, den in aller Geschichte niemals wieder ein Adel eingenommen hat: nicht der hellenische, wegen der kleineren Dimensionen und der größeren Abhängigkeit von der Bürgerschaft und ihrer Gunst (Lysandros, Alkibiades); aber auch nicht der englische im 18. Jahrh. (dem er, weil durch das kurulische Amt »Peers kreiert« wurden, sonst in der Struktur ähnlich ist). Denn ein so ganz persönlich gefärbtes Patronatsverhältnis einzelner Familien über ganze Staaten, wie etwa die freiwillige Klientel von Sparta und Pergamon in der gens Claudia oder wie die erzwungenen Patronate des siegreichen Feldherrn über die unterworfenen Städte und Völker, kannte, vollends als offizielle Institution, das englische Recht und die englische Standessitte nicht. Das römische Staatswesen blieb dadurch stets ein halbfeudales Gebilde, denn diese Grundlage der Macht der großen Amtsadelsgeschlechter vermochten »demokratische« Beschlüsse der Komitien nicht zu erschüttern. Das Bild von der politischen Bedeutung der Klientel für die Herrenstellung des Amtsadels in der Zeit der großen Klassenkämpfe des 2. und 1. Jahrh. hat nun die Tradition in die Frühzeit Roms und in den Kampf der Patrizier und Plebejer projiziert, und zwar in zwei einander gegenseitig ausschließenden Formen: 1. so, daß alle Plebejer als Klienten des alten Stadtadels erscheinen, »Klient« und »Plebejer« ursprünglich dasselbe sind, — 2. so, daß umgekehrt die Macht der Patrizier gegenüber den Plebejern auf den Stimmen ihrer Klienten in den Komitien beruht. Von diesen Traditionen ist wahrscheinlich keine richtig, aber während an der zweiten wohl irgendein Korn Wahrheit sein könnte, — nur daß man nicht weiß, für welche Zeitepoche, da unbekannt ist, wie und wann die Klienten in die Stimmkörper der Bürgerschaft gekommen sein können — kann die erstere keinesfalls zutreffen. Von allen anderen, schon früher berührten, Schwierigkeiten abgesehen: die gleichen Klienten, welche 495 dem Ap. Claudius aus fremdem Gebiet nach Rom gefolgt (und von ihm mit je 2 jugera Land auf seinem fundus angesiedelt) sein sollen, sollen fast unmittelbar nachher mit den anderen in ähnlicher Lage befindlichen Klienten zusammen die Schöpfung der revolutionären Amtsgewalt der Tribunen erzwungen haben? Die Klienten, deren Erbschaft dem Heimfallsrecht unterlag, sollten dennoch das Vermögen besessen haben, für die »classis« des Hoplitenheeres sich auszurüsten? Von alledem kann keine Rede sein. Wahrscheinlich führt ein Teil der plebejischen gentes der Spätzeit ihre Parallelnamen mit patrizischen gentes vom alten Klientelverhältnisse her. Aber gar nichts spricht dafür, daß für alle die zahlreichen plebejischen gentes römischer Herkunft patrizische Parallelgentes gleichen Namens je existierten. Da eine klientel freie Plebs schon im 5. Jahrh. durch die Ereignisse (wie sie die Tradition widergibt) postuliert ist, so hat man die verzweifeltsten Anstrengungen gemacht, den Wegfall der Klientel über einen Teil der plebs zu erklären. Neben dem »Aussterben« der Patronengentes hat speziell die Königsklientel dazu dienen müssen, die Lücke zu füllen, — als ob man eine wirkliche »Klientel« (militärische Gefolgschaft) eines vertriebenen Königs in der Stadt hätte lassen können. Dennoch kann auch an der »Königsklientel« der alten Plebs ein Korn Wahrheit sein: die Plebs besteht zum Teil unzweideutig aus δημιουργοί, und diese wird in der Frühzeit der Stadt allerdings der König als solcher, mit Leiturgiepflichten, angesiedelt und unter seinen Schutz gestellt haben. Und ebenso ist es sehr wohl möglich, daß der König, im Ringen mit dem Adel, gelegentlich die Bauern gegen diesen ausgespielt hat, wie der griechische »Tyrann«, und ebenso: daß die Institution des Tribunats — eine Art negativer Tyrannis — eine Konzession war, um welche der Stadtadel, nicht allzulange nach dem Sturz des Königtums, den Fortbestand seines Regiments und die Nichtwiederkehr eines »Tyrannen« im Wege des Kompromisses von den Bauern und Kleinbürgern erkaufte. Man hat mehrfach bemerkt, daß der Schutz des Tribunen für den politisch rechtlosen Bürger eine Art von Offizialpatronat darstelle, der ein Surrogat für den Schutz der gens für ihre Gentilen und Klienten bedeutete: darin könnten die Tribunen die Nachfolger der Könige gewesen sein; — aber deren »Patronat« wäre dann eben etwas absolut anderes als eine feudale oder grundherrliche Beherrschung von königlichen »Hörigen« gewesen. Doch dies bleibt alles notgedrungen hypothetisch. Festzuhalten ist nur daran: daß Plebs und Klientel, Plebeität und Grundhörigkeit feudaler Stadtstaat und Grundherrlichkeit ganz und gar nicht zusammenfallen. Im Ständekampf hatten — soviel wird an der Tradition richtig sein — die Patrizier an den Klienten im allgemeinen eine Stütze gegen die Plebs. Grundhörig kann der städtische Plebejer (gerade seine Existenz ist durch die ältesten 4 Tribus, die städtischen, besonders sicher) überhaupt nicht gewesen sein. Auf dem Lande ist Grundhörigkeit der Klienten möglich (aber nicht bewiesen). Grundhörigkeit der pagani ist nach allen späteren Resten ganz unwahrscheinlich und im alten Hoplitenheer (welches älter ist als die Tribunen) unmöglich (den Heloten entsprachen im Heer die Klienten; die Plebs den Periöken). »Feudal« war die Gliederung des alten Stadtstaates sowohl durch die Klientel als durch den Ausschluß der Plebs vom Regiment. Aber: »Feudalismus« ist nicht gleich: »Grundherrlichkeit«. Für den Grundbesitz des Patriziats werden, wie anderwärts, neben gemieteten und als Pfand erhaltenen Bauernsöhnen (»personae in mancipio«) Schuldsklaven, daneben (zunehmend) Kriegsgefangene und Kaufsklaven, vielleicht in der Frühzeit als Aushilfe prekaristische Klienten die Arbeitskräfte gewesen sein.

Die Anziehungskraft, welche Rom für synoikisierende Burgherren, wie Ap. Claudius, hatte, lag in der Frühzeit schwerlich in dem Wunsch nach einem Anteil an seinem, damals ein relativ kleines Gebiet umfassenden, Ackerboden, und der spätere Glanz der gens Claudia beruhte nicht auf jener Landanweisung. Sondern beides hatte seinen gemeinsamen Grund darin, daß Rom ein Zwischenhandelsplatz war, an dem man durch seine Sklaven, durch Darlehnswucher, durch Beteiligung am Handel usw. vermögend werden konnte. Erst die kontinentale Expansion, die mit dem Siege der Plebs Hand in Hand geht, verschob das (s. u.). Jene Angaben über Atta Clausus können nur dazu dienen, klar zu machen, wie klein man sich jene »Grundherrschaften« des alten römischen Patriziats im Altertum vorstellte. Und darin dürfte die alte Tradition Recht haben. Wenn die 16 gentilizisch benannten Tribus rusticae in der Mitte des 5. Jahrh. entstanden sein sollten (s. u.), so umfaßte eine jede von ihnen, nach dem aus der Tradition zu entnehmenden damaligen Umfang des ager Romanus (50—60 000 ha) etwa 3200—3500 ha Boden — was eine ganz annehmbare Zahl wäre. Von dem ganzen höchstens (s. u.) auf 30 000 ha tragfähigen Landes zu schätzenden Bestand des ager Romanus wäre auf jedes der 300 Senatsgeschlechter der alten Tradition etwa ein Besitz von etwas über 100 ha, daneben Weiderechte gekommen, wenn sie im Besitz des gesamten römischen Bodens gewesen wären. Uns erscheint dies für den deutschen Osten als ein nur an der Grenze des Großbesitzes stehendes Ausmaß. Aber man erinnere sich der Landdomänen und Landlose attischer Aristokraten (Pentakosiomedimnos = ca. 50 ha, Alkibiades' Erbland: 30 ha). Es folgt aus jenen Zahlen, wenn man sie probeweise einmal zugrunde legt, also durchaus nicht, daß der Stadtadel den ganzen Boden besessen haben müsse. Denn seine Einkünfte waren — wie die jedes antiken Polisadels — teils spezifisch städtischen Ursprungs (Handel), teils ruhten sie auf Viehbesitz, für den innerhalb der alten pagi wohl gegen die Hälfte des Landes als compascua zur Verfügung gestanden haben kann. Sekundär, als Folge der anschwellenden Geldmacht des Adels, wird auch hier die Tendenz zur Bodenakkumulation und Schuldversklavung der neben ihnen in den pagi vorhandenen freien Bauern entstanden sein. Daß in der Existenz dieser Schuldsklaven ein Element schwerer Gefährdung der inneren Sicherheit erblickt wurde, zeigt die Bestimmung der Zwölftafeln, wonach die im Exekutionswege in die Schuldhaft des Gläubigers abgeführten Schuldner nach Ablauf der Zahlungsfrist entweder getötet oder ins Ausland (trans Tiberim) verkauft werden mußten, während der hellenische Gläubiger sie auch im Inlande als Sklaven behalten durfte. Davon, daß die alten Patrizierbesitzungen (im Sinne der Tradition) größer oder auch nur so groß gewesen wären, wie etwa die mit Sklaven bewirtschafteten Landgüter zu Catos Zeit (ca. 60 ha), kann keine Rede sein. Wir werden vielmehr kaum mehr als etwas über 30 ha Acker als Durchschnitt ansetzen dürfen. Von 30 ha Campagnaboden, mit Dinkel besät, konnten, im Fall guter Bestellung, bei Zugrundelegung der für Soldaten und Sklaven von Polybios bzw. Cato gegebenen Tagesrationen (Weizen, der in Dinkel umgerechnet ist) und bei günstiger Veranschlagung der Ertragsfähigkeit allenfalls 60 erwachsene Menschen oder gegen 20 Klein-Familien ihren Bedarf an Brot naturalwirtschaftlich beziehen. Dazu mußten dann Weiderechte zur Gewinnung von Milch, Käse, Wolle kommen und Holzungsrechte für den Heiz-, Bau- und Werkzeugsbedarf. Quantitativ könnte also eine römische »gens« im Sinne der Tradition etwa so ausgesehen haben, — wie immer sie in bezug auf die Relation der Freien zu den Klienten oder Sklaven auch gegliedert gewesen sein möge. Bei rund 300 solcher gentes wäre dann annähernd ein Drittel des Ackerlandes auf patrizischen Ackerbesitz entfallen; auf dem Rest hätten einige Tausend: je nach dem Durchschnitt, den man zugrunde legt, 3—5000 Kleinbauernfamilien, Platz finden können. Diese Ziffern wären jedoch, wenn man an überwiegend agrarische Unterlagen denkt, absolute Maximalziffern, hinter denen in einer Zeit, als Rom auf seinen »ager« beschränkt gewesen wäre, die aus Eigenproduktion zu ernährende Bürgerschaft sicher weit hätte zurückbleiben müssen. Dann würden wir vielleicht nur rechnen dürfen: 2000 plebejische Bauernfamilien zu 6—8 Köpfen, wovon die Hälfte (allenfalls) hoplitenfähig (»Zeugiten«, nach attischer Diktion), und etwas über 100 patrizische gentile Kommunionen von im Durchschnitt je vielleicht 30 Köpfen, unter sich natürlich auf verschiedenen Stufen des Landausmaßes und der Kopfzahl, die ihrerseits eine Klientel von vielleicht je 8, zusammen 800 Familien zu 4—5 Köpfen gehabt haben könnten, — man erinnere sich, daß auch der attische Höchstzensus: »500 Scheffel«, nur etwa das 8—9fache des Mindestbedarfs einer Familie enthielt — zusammen also im Mittel 22 000 von der ländlichen Eigenproduktion zu ernährende Köpfe, — schwerlich mehr —, da wir sonst zu einem Maße der Ackernutzung des ager Romanus kämen, welches sicher ungeschichtlich ist. (Obwohl die Proportion natürlich höher ist als in Attika mit seinen Bergzügen, könnte doch die Ackerfläche damals nicht mehr als etwa 15 000—18 000 Hektar, von insgesamt 50—60 000, betragen haben, also eine jährliche Anbaufläche für Getreide bei Feldgraswirtschaft von ca. 15%: der Rest wäre Gärten, Weide und Holzung gewesen). Da

Rom niemals, seit es eine Polis überhaupt war, von den Erzeugnissen seines eigenen Landbaues zu leben genötigt oder imstande war, können wir die Zahl der Menschen, die es — Land und Stadt, bei Zugrundelegung der Dimensionen des ager Romanus — zu ernähren vermochte, selbst für die Stagnationsperiode vor dem Beginn der Eroberungen weit mehr als verdoppeln, und es muß dabei die Möglichkeit der Absatzproduktion natürlich auch die mögliche Zahl der Kleinbauerstellen in die Höhe schrauben. Es sind dies, wohlgemerkt, alles rein hypothetische Zahlen, die nur dann irgendwelchen Sinn haben, wenn man eine Konstruktion der Zustände auf dem Boden der Tradition, also deren Umsetzung in Zahlen, überhaupt versucht. Mit wieviel Vorbehalt dieser Versuch gemacht wird, wurde oben gesagt: es ist schlechthin alles unsicher [1]).

Die plebs besteht von Anfang an nicht nur aus Kleinbauern. Sie hat zweifellos mindestens, solange sie als »Problem« existierte, am damaligen Maßstab gemessen: begüterte, und zwar in Stadt und Land begüterte, Leute zu den Ihrigen gezählt und gerade diese werden ihre Führer gestellt haben. Die plebs ist eben die von Aemtern, den Priestertümern, der Rechtsfindung, dem Kommando ausgeschlossene nicht zu dem geschlossenen Gentilverband gehörige Bürgerschaft: Bauern, Handwerker, Händler, reich gewordene und arm gebliebene. Der »Ständekampf« ist sozial, soweit er sich um das Schuldrecht dreht (was nach der Tradition in Rom eher weniger als in Hellas der Fall ist). Im übrigen ist er politisch. Die Plebejer entbehrten der gens ursprünglich gänzlich, denn diese ist hier wie in Hellas Produkt künstlicher Erhaltung der Hauskommunion. Und das eigentliche Kausalverhältnis ist natürlich hier wie überall: nicht weil sie Plebejer waren, hatten sie keine Sippe, sondern weil sie in ältester Zeit nicht in den Kreis der begüterten großen Sippen aufgestiegen waren, wurden sie: »Plebejer«. Die spätere Zeit des Ständeausgleiches hat ihnen vollen Zutritt zur Sippenbildung und damit zu den curiae, zum Patronat und den anderen Gentilinstitutionen verschafft. Die alten Gegensätze: das auf Lehenrecht gestützte gentile Erbrecht der patrizischen Hauskommunion gegen das Familienerbrecht der Plebejer (der Patrizier erbte »gente«, der Plebejer »stirpe«) kamen später noch in dem Prozesse zwischen den patrizischen und plebejischen Claudiern (um den Nachlaß eines Freigelassenen) zur Sprache.

[1]) Schon weil hypothetisch ist, in welchem Sinn der »alte« ager Romanus jemals mit dem von der Stadt direkt beherrschten Landgebiet identisch war.

— Es muß, in früher Zeit, — nach der Ueberlieferung in der Königszeit — ein Nachschub von reich gewordenem Neuadel, die sog. »gentes minores« erfolgt sein, der als patrizisch galt: Zweck war sicherlich eine Verdoppelung des adligen Heeres (die gentes minores stellen die »centuriae posteriores«). Und die Macht der feudalen Struktur des Staats war so groß, daß hier — im Gegensatz zu den attischen ὀργεῶνες der nicht adligen Phratriegenossen, denen das Fehlen des Geschlechtseponyms charakteristisch ist — in Rom bekanntlich jeder freie Bürger sein Gentilnomen haben muß, und damit (später) einer Curia angehört. Dagegen vollzog sich die politische Eingliederung der Masse der plebs in das Vollbürgerrecht auf dem Boden einer anderen als der Kurieneinteilung. Sie selbst ist auch hier Folge der militärischen Entwicklung, — deren Möglichkeit aber natürlich zum erheblichen Teil (wie in Hellas) auch an ökonomischen Voraussetzungen hing. Die frühe Steigerung des Wohlstandes der Stadt infolge des durch den Handelsvertrag mit Karthago monopolisierten Handels tritt in dem für eine Stadt mit so kleinem eigenen Landgebiet ganz ungewöhnlich großen »servianischen« Mauerring zutage. Freilich, diese Mauer entstammt dem 4. Jahrhundert, — aber auch der ältere, die Burg und den Aventin ausschließende Mauerring umfaßt ein sehr bedeutendes Stadtareal. Die »servianische« Mauer vollends umspannt ein Gebiet von der Größe Athens, und was im Anfang des 4. Jahrhunderts, — in welchem Rom gelegentlich direkt eine »hellenische Stadt« genannt wird, — die Stadt kommerziell bedeutete, zeigt die Bekanntschaft der hellenischen Welt mit dem Gallierbrande, und, deutlicher noch, die Beisteuer hellenischer Städte (Massilia) zu ihrer Loskaufskontribution an die Gallier. Ihre exponierte Lage und das Vordringen der Bergvölker (Volsker, Samniten) erzwang die Durchführung des disziplinierten Fußkampfs und begründete so die entscheidende Rolle der Hoplitenphalanx im Kriege. Nirgends so scharf wie in Rom ist diese Neuerung durchgeführt: die kolossale Machtstellung der römischen Magistratur, welche die Hellenen als Spezifikum Roms mit Recht anstaunten, ruht letztlich auf der militärischen Disziplin. Die Legende weiß zu berichten, wie ein erfolgreicher ritterlicher Einzelkampf außerhalb des Gliedes, weil jetzt als disziplinwidrig mit dem Tode bedroht, dem Sohne des siegreichen Konsuls das Leben kostet. Das Schrumpfen der alten militärischen

Bedeutung der Klientel hängt mit dem Schwinden des alten Ritterkampfes zusammen. Das Heer wird zur »classis« (Phalanx). Die Ausnutzung der ökonomischen Wehrfähigkeit aller Bürger wurde Gebot der Selbsterhaltung. Wie in der drakonischen Verfassung scheiden sich die Bürger danach, ob sie zur »classis« gehören oder, weil ökonomisch nicht wehrfähig, »infra classem« stehen. (Wann die uns überlieferte Klasseneinteilung der Gesamtbevölkerung nach athenischer Art der Abstimmungsordnung und ob sie je der Abstufung der Ansprüche an die Selbstequipierung zugrunde gelegt war, steht dahin: Grundbesitzgrößen darf man in dieser, jedenfalls über das 3. Jahrh. nicht hinaufgehenden, Centurienordnung nicht sehen, — darüber weiter unten). Die »classis« der Vollhopliten erzwang dann das entscheidende Zugeständnis der Mitwirkung des Bürgerheeres bei der Wahl der »Vorsteher« (praetores) der beiden Legionen, in welche das Heer ursprünglich (?) gegliedert war, und die Befragungen des Hoplitenheeres bei Aenderungen des geltenden Rechts. Daß die »comitia« des Heeres dabei in ihren militärischen Abteilungen (centuriae) — »korporalschaftsweise« — gegliedert auf Kommando »antraten« (»discedite«) und standen, vor allem, daß sie zu schweigen und mit Ja oder Nein die Vorschläge der leitenden höchsten Offiziere en bloc anzunehmen oder abzulehnen hatten, unterschied sie streng von der Ekklesia der Hellenen. Jener erste Schritt bedeutete zunächst nur eine gewisse Mitwirkung der vermögenden, faktisch sicher der Mehrzahl nach ebenfalls stadtsässigen, Plebejerfamilien an den öffentlichen Angelegenheiten. Der politische Aufstieg der Bauern erfolgte dann im Lauf der gewaltigen binnenländischen militärischen Expansion des Staates von der Mitte des 5. bis zum Anfang des 3. Jahrh. und war, wie überall, sowohl Folge wie Bedingung derselben. Die plebs erreichte als Abschluß, i. J. 287, nach einer secessio auf den Janiculus, daß ihre Beschlüsse als Gesetze den Staat so, wie ein Beschluß der Centurienversammlung banden: das »Bauernheer«, welches die Samniterkriege geführt hatte, gewann — formell — die Herrschaft im Staat und die volle Amtsqualifikation seiner Mitglieder. Die Etappen in diesem Kampf interessieren hier nicht, sondern lediglich seine agrarhistorisch wichtigen Seiten. Die steigende und schließlich beherrschende Bedeutung der plebejischen Tribuskomitien ist das politisch Entscheidende. Gerade die sozialgeschichtlich wichtigsten Gesetze sind Plebiszite, der Initiative der Tribunen entsprungen. (Später hat eine in ihren Einzelheiten noch immer nicht, auch nicht von Mommsen, enträtselte Reform die Tribuseinteilung des Volkes auch zur Grundlage der patrizisch-plebejischen Centurienstimmkörper gemacht, so daß seitdem beide Arten von Komitien sich wohl nur durch das Mitstimmen der Patrizier in den Centurien und durch die ausschließliche Zuständigkeit der Tribunen zum »agere cum plebe« in den plebejischen Tribuskomitien unterscheiden. Die Ziffernbedeutung der Patrizier war nicht nur relativ gering, sondern anscheinend auch absolut abnehmend: die Zahl der altstädtischen Adelsgeschlechter ist zu Ende der Republik auf unter 20 (in viele »stirpes« geteilt) zusammengeschmolzen, gegenüber etwa dreimal höheren Zahlen, welche schon allein die Namen in den Amtslisten und Annalen ergeben (und noch höheren Zahlen der historisch bekannten attischen Geschlechternamen).

Wie dem sei, jedenfalls ruht die Teilnahme an den Tribuskomition auf den »Tribus«. Diese sind, ganz entsprechend den Prinzipien der Bauerndemokratien, lokale Bezirke, zunächst: Grundbesitzerbezirke. Die ältesten 4 »städtischen« Tribus umfaßten den Besitz innerhalb des (alten) Mauerringes, die zunächst weiter anschließenden 16 ländlichen den Landbesitz der alteingemeindeten Bezirke, die durchweg nach denjenigen alten Burgengeschlechtern tituliert wurden, welche einst darin ihren Sitz gehabt hatten. (Daß sie nicht etwa »gentilizischen« Ursprungs, d. h. durch die Auflösung aller Grundherrschaften entstanden sind, ergibt sich nicht nur daraus, daß dann ja nur 5% der — angeblichen — Zahl der gentes »Grundherren« gewesen sein könnten, und manche der bekanntesten patrizischen Geschlechtsnamen fehlen, sondern auch z. B. daraus, daß die patrizischen Claudier später »ihrer«, d. h. der nach ihnen genannten, Tribus gar nicht angehörten. Möglich wäre, daß Dörfer, die bei den Geschlechtsburgen der synoikisierten gentes lagen und ihren Namen trugen, diesen der Tribus geliehen hätten.) Jede weitere Ausdehnung des römischen Privateigentums (s. bald) brachte, zuerst: neue Tribus (bis zu 35 im ganzen), später: Erweiterung der alten: denn jedes Privatgrundstück mußte einer Tribus angehören. Die, ursprünglich, auf Grund ihres Bodenbesitzes wehrpflichtigen und stimmberechtigten Bürger heißen den Zwölftafeln: adsidui (was später einfach = locuples gebraucht wird), die nicht grundsässigen: proletarii (d. h. natürlich nicht: Kindererzeuger, sondern: zur proles — eines Vollbürgers nämlich — gehörend, und nur als proles — jenes Ahnherrn — zur Bürgerschaft gehörig; vgl. in etwas prononzierterer Gedankenverbindung die jüdische Bezeichnung der nicht zu den ansässigen Geschlechtern gehörigen Stadtbevölkerung als »Söhne des verhaßten Weibes« — d. h. der nicht als legitime Frau angesehenen Kebse eines Vollbürgers). Nach Durchführung der Tribusverfassung stehen den wehrpflichtigen »tribules«, die anderen: die statt des Waffendienstes Geldsteuern zahlenden, besitzenden Nichtgrundbesitzer, »aerarii«, gegenüber. Die Gegensatzpaare decken sich nicht ganz. »Proletarius« ist ein Bürger, der zurzeit keinen Hopliten zensus, insbesondere (ev.) keinen Grundbesitz innehat, aber jederzeit solchen erwerben kann. »Aerarius« ist ein Bürger, der, gleichviel welches sein Zensus ist, politisch nicht als Hoplit behandelt wird, — insbesondere (aber nicht nur) weil er zu den vom Grundbesitz ausgeschlossenen Einwohnerklassen (z. B. nach dem Recht der Stadtstaatzeit sicher: der Freigelassenen) gehört. Denn das Ursprüngliche ist, ohne allen Zweifel, daß, wie nur Bürger — aber: proletarii so gut wie assidui — Grundbesitz erwerben können, so auch (wie in den mittelalterlichen Städten ursprünglich durchweg) nur Grund besitzer Tribulen sein konnten. Das bedingte aber nicht unbedingt (wie auch ich früher gelegentlich zu glauben geneigt war), daß für die Zugehörigkeit zur classis, also — ursprünglich — zum Vollbürgerrecht nur der Grundbesitz und sein Umfang allein ausschlaggebend gewesen sei, seit das Hoplitenheer bestand [1]). Der älteste Zensus hat ganz offensichtlich seinen Ausgangspunkt gerade nicht vom Grundbesitz genommen (s. u.). Wie in den hellenischen Handelsstädten drängt dann auch hier die Entwicklung, schon infolge der Notwendigkeit voller Ausnutzung der Wehrkraft, zur Heranziehung der an Zahl und Reichtum zunehmenden Nicht ansässigen zum Wehrdienst (der in Athen im Bedarfsfall ja auch den Metöken zugemutet wurde) und damit zum Vollbürgerrecht: ob ein wohl-

[1]) Auch in den älteren mittelalterlichen Städten ist zwar Grundbesitz meist unbedingtes Erfordernis des vollen Bürgerrechtes, aber für die Bürgerpflichten (an denen im Altertum die Rechte klebten) kam der Umfang des Grundbesitzes allein nicht in Betracht. In einer Handelsstadt wie Rom war dies schwerlich je anders.

habender Kaufmann zur Miete wohnte oder Bodenbesitz hatte, wurde sicher nicht selten etwas Zufälliges und konnte nicht dauernd Kriterium der Wehrpflicht bleiben. In der Art, *wie* die Einbeziehung der *nicht* Grundsässigen vollzogen wurde, und in der Art der lokalen Gliederung der Bürgerschaft überhaupt, weicht aber der Römerstaat entscheidend von dem kleisthenischen (der stets zum Vergleich heranzuziehen ist) ab, und der Unterschied beruht letztlich auf konstruktiven Grundbedingungen des römischen Staatswesens überhaupt.

Die kleisthenische Demeneinteilung bindet den einzelnen erblich an seinen Demos, gleichviel wo er lebt, ob er Grundbesitz hat und welchen Beruf er treibt; in ihm wird er zu den Lasten des Staats herangezogen, in ihm trifft ihn das Los zur Amtsübernahme. Dies ist in Rom bei den späteren Tribus *nicht* der Fall. Scipio klagte nach Gellius, daß schon der Sohn nicht selten in einer anderen Tribus stimme als der Vater, d. h. den väterlichen Besitz veräußert hatte. (So ist die Stelle doch wohl zu interpretieren.) Die örtliche Lage des »fundus«, des *Grund*besitzes, und, bei den Nichtgrundbesitzern der Stadt Rom, der Wohnsitz im Stadtquartier, bei den anderen, ländlichen, Nichtgrundbesitzern dagegen das Gutbefinden des *Zensors*, entschied darüber. Der *ursprüngliche* Zustand, wie ihn (angeblich) Servius für seine vier *Stadttribus* — die aber natürlich nicht den Raum der sog. »servianischen Mauer«, sondern die engere, insbesondere die alte Burg und den Aventin ausschließende, Altstadt einnahmen — geschaffen hatte, war ein anderer: der einzelne Bürger wurde *da* zensiert und hatte *da* sein »politisches Domizil«, wo sein Haus einmal stand. Er konnte aber dies einmal festgelegte Domizil *nicht ändern* (»μεταλαμβάνειν τὴν οἴκησιν«), d. h. nicht: er war in seiner *Freizügigkeit* beschränkt, sondern: er galt rechtlich ein für allemal *für den Staat* als Angehöriger dieser »Tribus«, wie z. B. auch der Kydathenäer oder Paianier ein solcher blieb, wo immer er sich auch jeweils aufhalten mochte. Man *zensierte* damals also die Stadtplebejer »ὥσπερ κωμήτας«, wie Dionysius es recht charakteristisch und korrekt ausdrückt. Es scheint aus dieser Aeußerung hervorzugehen, daß die in den »pagi« wohnende *Land*bevölkerung damals ähnlich behandelt war, so daß die ersten vier Tribus also eine Herübernahme des δῆμος-Prinzips vom Lande in die Stadt bedeutet hätten, — wie bei Kleisthenes. Diese (mögliche!) Ordnung ist aber in der Zeit der territorialen Expansion *nicht* ausgebaut worden. Denn für die *Land*tribus ist Aehnliches *nicht* berichtet. Möglich, aber freilich absolut nicht beweisbar, wäre allerdings, daß das für uns so völlig verschüttete »römische Mittelalter«, — d. h. der Staat des *Kompromisses* zwischen Stadtadel und Hoplitenheer — ebenso wie das griechische auch *Veräußerungs*schranken im Interesse der Erhaltung der Hufenzahl gekannt hätte: der Begriff

»fundus« enthält ja den Gedanken des »Genossenrechts« in sich (»fundus fieri« in der Sprache des italienischen Bundesrechts = Rechtsgenosse werden). Die alte Eigentumsklage mit Kontravindikationen, der hellenischen Diadikasie entsprechend, paßt sich einer solchen Aufstellung ebenfalls am besten an. Der »fundus« würde dann dem älteren Begriff des hellenischen κλῆρος entsprochen haben. Der Kataster kennt bis in späte Zeiten als Einheiten die »fundi«, mit Eponymität nach dem ursprünglichen Besitzer, auch wenn mehrere kommassiert sind. Solche Veräußerungsschranken, wenn sie bestanden, wären dann aber n i c h t etwa Rest alten G e n t i l rechts und alter G e n t i l grundherrschaft des Stadtadels, sondern umgekehrt, gerade wie in Hellas, Schutz der Kriegerhufe als solcher g e g e n Aufkauf durch die ἀστοί, wie die Hellenen es ausgedrückt hätten (s. o.): die Zurückführung der Tribus, mit denen jenes rechtliche Dauerdomizil zusammenhängt, auf die servianische Ordnung bewiese das zur Genüge. Wie dem nun sei, jedenfalls ist später von solchen Schranken keine Rede: der Bürger w e c h s e l t die Tribus, freiwillig, wenn er seinen Grundbesitz oder (mangels solchen) sein Domizil im Stadtquartier wechselt, und unfreiwillig, wenn der Zensor es für gut befindet, einen Bürger entweder wegen Verfehlungen gegen den politischen oder sittlichen Anstand aus der Zahl der tribules ganz zu streichen, also aus dem Heer zu stoßen und unter die aerarii zu setzen, oder einem in mehreren Tribus mit Bodenbesitz begüterten oder des Bodenbesitzes entbehrenden Altbürger oder einem Neubürger (Freigelassenen z. B.) die Tribus nach Ermessen z u w i e s. Die Art, wie diese Zuweisung erfolgen sollte, ist nun gelegentlich Gegenstand heftiger Parteikämpfe gewesen — gleichviel ob die Einzelheiten der Tradition legendär sind — weil von ihr das Gewicht der n i c h t mit ländlichem Grundbesitz Ansässigen, welche, der Mehrzahl nach natürlich in R o m häufiger a n w e s e n d e Geschäftsleute, dabei aber in den außerrömischen Orten domiziliert waren, in den Komitien abhing. Das kleisthenische Prinzip der (nach dem späteren Sprachgebrauch) ἰδία bedingte — sicher sehr gegen die Absicht seines Urhebers — die Herrschaft des in der Stadt und Ekklesie faktisch a n w e s e n d e n ὄχλος in der Volksversammlung und begründete so die Herrschaft des »Demagogen«, z. B. des Perikles. Ganz dasselbe wollte (der Tradition nach) der Zensor Ap. Claudius durch Zuschreibung der Nichtansässigen in a l l e Tribus erreichen, und auch die spätere Zeit hat in der Frage der Behandlung der F r e i g e l a s s e n e n noch ähnliche Streitpunkte gezeitigt. Und ganz charakteristischerweise ist das Problem der Verteilung der Rechte der Minderbürger auf die sämtlichen Tribus zuerst mit dem Entstehen der F l o t t e n frage für Rom (wie überall im Altertum) aufgetaucht, sowohl unter Ap. Claudius für die proletarii, capite censi und manumissi, wie für die letzteren allein später. Daß Rom zu Anfang der punischen Kriege keine Flotte besaß, ist v i e l l e i c h t auch von der i n n e r e n Politik her bedingt. Unter Ap. Claudius scheitert (nach der Tradition) die Entwicklung zur »demokratischen« Polis am Widerstand sowohl des Senats als der bis dahin bevorrechteten grundsässigen Tribulen. Der Protest des seinem Schwerpunkt nach eben doch auf ländlichem Grundbesitz ruhenden Hoplitenheeres: der Geschlechter und der grundsässigen Bauernschaft, im Bunde miteinander, erzwang die dauernde Beschränkung der Nichtansässigen auf die 4 städtischen Tribus, d. h.: ihre Ohnmacht in den Komitien, den Fortbestand der »Hoplitenpolis«. Formell bedeutete dies dasselbe, was die kleisthenische Ordnung erreichen wollte (aber eben nicht vermochte): Herrschaft der Bauern über die Komitien. Faktisch bedeutete es: Fortbestand der Herrschaft der stadtsässigen Landrentner, derjenigen, denen das Ausmaß ihre Besitzes die Anwesenheit in Rom bei den Abstimmungen gestattete, und damit vor allem: der senatorischen Geschlechter [1]). Denn das »sevocare populum«, die Abstimmung im Heerlager draußen, wurde durch ein Gesetz, nachdem sie einmal stattgefunden hatte, verboten. Wer also von den ländlichen Tribulen keine »villa urbana« besaß, war, je ungefüger sich der Umfang der Tribus über Italien hin ausdehnte, in den Komitien einflußlos, und nur bei großen Fragen (gracchische Bewegung) hören wir später noch von einem massenhaften Zusammenströmen des ländlichen Mittelstandes zur Abstimmung. Mit Recht weist Ed. Meyer zur Charakterisierung des bäuerlichen Charakters der alten Plebs darauf hin, daß gleichzeitig mit dem hortensischen Gesetz über die bindende Kraft der Tribusbeschlüsse auch die Bestimmung durchging: daß auch an den Markttagen (wo die Bauern in der Stadt sind) Recht gesprochen werden sollte: das entspricht den attischen *δικασταὶ κατὰ κώμας* (s. o.) dem Zweck (nicht dem Mittel) nach. Für die Komitien aber war der politische Effekt: daß der direkte politische Einfluß der lediglich städtischen Bevölkerung: Handwerker ebenso wie reiner Geldbesitzer, beschnitten wurde. Sonst aber waren die Komitien der ersten großen Expansionszeit Roms in normalen Zeiten beherrscht von Grundrentnern, die nur auf die Möglichkeit, daß die Bauern ihre rechtliche Macht auch einmal faktisch ausüben würden, Rücksicht zu nehmen genötigt waren. Indem den Senatoren die Beteiligung am Handel untersagt wurde (s. u.), wurde dieser Charakter auch für den regierenden Rat zu konservieren gesucht.

Während der (erste) Handelsvertrag mit Karthago (falls er in die ihm zugeschriebene Epoche fällt) zeigt, daß Rom zu Ausgang der Königszeit — wie alle Poleis des frühen Altertums — von kommerziellen Interessen beherrscht war, und während das ökonomische Uebergewicht des alten Stadtadels

---

[1]) Ueberdies schuf sich die Nobilität anscheinend durch möglichste Nichtausdehnung vieler alten Landtribus (Arnensis, Fabia, Horatia, Lemonia, Menenia, Pupinia, Romulia, Voltinia) eine Art von »rotten boroughs«.

sicher hier ebenso wie bei den Etruskern sehr wesentlich dem Handel und der durch ihn ermöglichten Vermögensakkumulation entstammt, wird mit der steigenden Macht des Bauernheeres die binnenländische Expansion: das Interesse des Bodenerwerbs, das treibende Element. Dies so sehr, daß der Staat bei Beginn des ersten punischen Krieges (wie schon erwähnt) überhaupt — mag manches legendär übertrieben sein — keine leistungsfähige Kriegsflotte besaß, daß dagegen andererseits ein Maß von Kolonisationstätigkeit entwickelt wurde, wie es kein anderer Staat, vollends kein Stadtstaat anfänglich so kleinen Umfangs, je in der Geschichte wieder aufzuweisen hat. Dies hängt in erster Linie mit der geographischen Lage Roms — seinem mächtigen Hinterland — im Gegensatz zu den hellenischen Städten, sodann mit der Notwendigkeit, dem ungestümen Andrang der sabellischen Bergvölker entgegenzutreten, zusammen. Es findet seinen Ausdruck sowohl in den oben geschilderten sozialen und politischen Vorgängen, als in der rechtlich-ökonomischen Struktur des Bodenbesitzrechts, wie sie sich entwickelt hat im Lauf jener Expansionsepoche der Hoplitenpolis, an deren Eingang auch hier das Werk eines — griechisch gesprochen — »Aisymneten«-Kollegiums von 10 Männern steht. — Man darf sich dieses Gesetzgebungswerk allerdings nur als eine Etappe auf dem Wege der Umbildung der Sozialverfassung vorstellen, nicht als die einzige Umwandlung. Sachlich war, wie überall, so auch hier, die Schaffung geschriebenen, festen, rational zu interpretierenden Rechts statt der Gebundenheit an die Tradition und ihre priesterlich-adlige Deutung, ferner die strengen Vorschriften zur Beschleunigung des Prozesses wohl besonders wesentlich. Die materiellen Bestimmungen der Gesetze, soweit sie überliefert und sozialgeschichtlich wichtig sind, bilden keineswegs eine geschlossene Einheit, sondern ein Kompromiß, wie so oft. Daß der civis proletarius sich seinen Prozeßbürgen frei, auch außerhalb der Zahl der adsidui wählen kann [1]), daß der Patron verflucht wird, der gegen den Klienten die Treue bricht, daß der Haussohn nach dreimaligem Verkauf durch den Vater frei wird, daß die Ehe ohne manus (entsprechend

---

[1]) Damit fällt (nach solonischem Muster) für den nicht hoplitenfähigen Bürger ein sicher häufiger Grund zur Eingehung von Klientelverhältnissen fort, die Klientel selbst aber, als Institution, blieb bestehen. S. o. Auch diese Stelle beweist gegen die Universalität der Klientel.

dem ägyptischen ἄγραφος γάμος) ausdrücklich anerkannt wird, bedeutete eine Mäßigung des rücksichtslosen Herrenrechts. Andererseits schreibt Cicero (allerdings dabei eine zweifellos legendäre Tradition über die Dezemvirn des zweiten Jahres zitierend) den Zwölftafeln die Einführung des Verbots des connubium mit der plebs zu. Und jedenfalls blieb das alte Schuldrecht in seiner ganzen Härte bestehen, durch das — wie erwähnt — offenbar politisch, im Interesse der Vermeidung von Schuldsklavenaufständen bedingte, Verbot, den Schuldner als Sklaven im Inland zu behalten, eher verschärft. Die Schuldsklaverei nahm, wahrscheinlich infolgedessen, in Rom die Form des »nexum« an, d. h. eines Kontraktes, durch den der Schuldner sich zur Vermeidung der Personalexekution (wie Mitteis nachweist) als »nexus« in die Gewalt des Gläubigers begibt und für ihn frondet. Die Personalexekution selbst wurde erst durch ein besonderes Gesetz für Schuldner, die eidlich ausreichendes Vermögen zu haben schworen, — also nur für die Besitzenden — beseitigt. Dies, ebenso, wie zahlreiche Zinsgesetze, galten als Triumphe der plebs, — ein Zeichen, daß der Plebejer nicht als »Höriger«, sondern als »Schuldner« im Klassenkampf steht, — was natürlich nicht etwa ausschließt, daß die plebs an der Lockerung und Auflösung der Klientel politisch interessiert war. — Die agrarhistorisch wichtigste Seite der Zwölftafelgesetzgebung und der mit ihr zusammenhängenden und an sie anknüpfenden weiteren gesetzgeberischen Akte ist die Durchführung der Verkehrsfreiheit für den Grundbesitz. Die Zwölftafeln haben, nach der Tradition, ausdrücklich die absolute Testierfreiheit und ebenso die bindende Kraft der in der Form der »mancipatio« getroffenen Vertragsabreden und aller dabei durch »nuncupatio« dem Vertragsobjekt zugeschriebenen Qualitäten bestimmt. Wenn — nach der Ueberlieferung — für Grundbesitz das Prinzip des Barkaufs festgehalten wurde, so entspricht das allerdings, als Rückstand aus der Zeit sozialen Rechts angesehen, orientalischen Analogien. Aber der Sinn kann auch anders gedeutet werden: erzwungen wurde dadurch nur die ausdrückliche Konstituierung des kreditierten Preises als persönlicher Schuld neben voller Uebereignung des Landes: — also formale Klarheit der rechtlichen Situation, insbesondere auch bezüglich der Bodenbesitzverhältnisse, und die Beseitigung pfandweiser Belastung des Bodens mit Kaufschulden [1]). Eigentliche Pfandbelastung des Bodens scheint durch den Mechanismus des Zwölftafelrechts überhaupt direkt ausgeschlossen. Daß die griechische »Hypothek« erst spät importiert ist, beweist der Name. Aber auch die »fiducia«, d. h. die Abrede, daß ein formaler Verkauf nach Ableistung einer Schuld rückgängig gemacht werden solle — Einlösungspfand — ist klagbar jedenfalls erst im Lauf der späteren Entwicklung geworden. Ursprünglich ist diese Abrede Sache der »fides«. Sie wird im Sittengericht des Zensors — nachdem dieser die entsprechende Machtstellung usurpiert hatte — zur Sprache gekommen sein. Später gilt, wahrscheinlich eben deshalb, weil ursprünglich das formale Klagerecht fehlte, der Bruch der fiducia als infamierend, wie andere ähnliche Verstöße gegen Treu und Glauben im Verkehr. So entstand das Einlösungspfand wieder. Daß aber für die Zwölftafelzeit das Verhältnis so gelegen habe, daß das Einlösungspfand noch nicht bestanden habe, scheint mir nach allen Analogien in einer Handelstadt ganz unwahrscheinlich: seine (anscheinende) Nichtanerkennung bedeutet hier vielmehr wahrscheinlich (ebenso wie bei der Exekutionssklaverei) Beseitigung: Schuldsklaven und Bodenpfand, beides zusammen die sozialpolitische crux der gesamten antiken Frühzeit, sollten eben verschwinden. Der Boden und der freie Bürger, der ihn besaß, waren jetzt die Grundlagen der Wehrkraft und — in Form des als Zwangsanleihe erhobenen »tributus« — der Finanzkraft des Staatswesens. Der älteste »Zensus« war offenbar eine Katastrierung von Menschen (plebejische Freie, Klienten, Sklaven) und von Zugvieh für die Hand- und Spannfronden der alten Polis gewesen: die »res mancipi«

---

[1]) Oekonomisch könnte bei dieser Kaufschuldscheu natürlich auch das große Schwanken der Preisgutsquantitäten und also des »Geldwertes« mitsprechen; aus den sumerischen Inschriften geht hervor, wie sehr der König bedacht sein muß, daß der verkaufende kleine Mann sofort sein »gutes Geld« erhält. Nach dem Entstehen »chartalen« Geldes liegt, als Gefahr des Kreditkaufs, nahe die Spekulation auf Währungsverschlechterung. (Solche Manipulationen wurden im Altertum — angeblich! — schon Solon vorgeworfen.) Vor dem Entstehen »chartalen« Geldes konnte dies natürlich nicht geschehen; aber damals konnte die Unsicherheit der Zufuhr von Edelmetall (oder Kupfer) im Effekt ähnlich wirken, wenn der Preis in barem Metall festgesetzt war. — Nicht ausgeschlossen erscheint aber auch die Absicht, den Erwerb des Vollbürgerrechts durch Kreditkauf möglichst zu hindern. Analogie: die Bestimmung im Freiburger Rodel § 70, welche dies ausdrücklich verbietet. (S. auch später unter Abschnitt b, bei Besprechung der Wirkungen des Bodenrechtes.)

sind stets nach dieser Zensusfähigkeit umgrenzt geblieben. Der Fronumlage auf die Plebejer hatten insbesondere die vier städtischen Tribus gedient: daher die Fixierung der »ἰδία« (s. o.). Jetzt ist der Boden zwar, wie bemerkt, in einer großen Handelsstadt wie Rom sicher nicht die einzige, wohl aber die wichtigste Grundlage der Schatzung der Bürger: er tritt in den Kreis der »res mancipi«, er ist die Grundlage der Tribuseinteilung. Der Bodenbesitz des Bürgers muß seinem Umfang nach jederzeit evident sein. Er darf ferner nicht durch Lasten und Schranken aller Art differenziert sein, — daher die Hemmung der Pfandbelastung: in Athen sorgte die Formulierung der Vermögensdeklaration dafür, daß verschuldeter Besitz bei der Klassenzuteilung nicht in Betracht kam [1]) — und er muß für jeden Besitzer genau ebenso frei nutzbar sein, wie die städtischen und suburbanen »Gärten«. Daher stellen, nach der übereinstimmenden Ueberlieferung des Altertums, die Zwölftafeln vor allem das Wegerecht und die Wegelasten klar und sichern die unbedingte Zugänglichkeit und (zugleich) deutliche Abgegrenztheit jedes Grundstücks durch die Vorschrift eines 5 Fuß breiten Zwischenwegs (technisch dem hellenistischen *χάλασμα* entsprechend), der keiner Ersitzung unterliegt. Ist schon dies eine Uebertragung von städtischem bzw. Gartenrecht auf das Ackerland, so erst recht die Art der Fluraufteilung, welche im Verlauf dieser Periode, wahrscheinlich durch die Zwölftafeln selbst, dem römischen Privatlande auferlegt wird. Mit ihren Prinzipien: 1. der Durchführung eines öffentlichen Straßennetzes, 2. der Zusammenlegung jedes fundus im geschlossenen Besitz: — Einzelhöfe also, keine Dörfer —, 3. der Evidenthaltung des Besitzes durch Kartierung und der Anknüpfung aller Flurrechte des Besitzers an diese Kartierung, — bedeutete sie die Sprengung der alten Dorf- und Gauverfassung und die Etablierung streng individualistischen Bodenrechts und Bodenbewirtschaftung.

a) Die alte feldmesserische Normalgestalt des voll appropriierten manzipations- und zensusfähigen Privatlandes ist der im Wege einer gleich zu erörternden Technik aufgeteilte und staatlich zugewiesene »ager divisus et assignatus per limites in centuriis«. Sie findet sich auch später, zwar nicht ausschließlich, aber in Italien

---

[1]) Der »οὐσία ἐλευθερία« in Athen (s. o.) entspricht das »proprium non obligatum« z. B. in Konstanz im Mittelalter.

jedenfalls vorwiegend, in den Kolonien vollen Bürgerrechts und auf den Gebieten der großen Veteranenansiedelungen. Die Fluraufmessung, wie sie bei jeder assignatio vorgenommen wurde, schloß sich an etruskische und z. T. vielleicht griechische Vorbilder an. Sie zerlegt die Flur zunächst unter Verwendung einfacher dioptrischer Werkzeuge durch ein Koordinatensystem von »limites« in rechteckige Stücke, normalerweise — aber nicht unbedingt notwendig — Quadrate von je 200 jugera (centuriae — der Name knüpft an das alte plebejische Landlos-Simplum an). Wie bei den griechischen Städten ist bei den römischen Fluren dies Koordinatensystem nach den 4 Himmelsrichtungen orientiert, die NS verlaufenden limites heißen cardines, die WO verlaufenden decimani. Die einzelnen Quadrate werden nach ihrer Lage zu den vom Mittelpunkte des Koordinatensystems aus numerierten limites bezeichnet und an ihren Ecken durch öffentlich gesetzte termini versteint. Jeder 5. limes bleibt als öffentlicher Weg von vorgeschriebener Breite offen, die übrigen limites (»linearii«) sind, wenigstens in späterer Zeit, nicht notwendig öffentliche Wege und können verschwinden. Die limites haben nicht den Zweck, die Grundstücksgrenzen darzustellen, die zugewiesenen Lose können vielmehr durch die verschiedenen centuriae hindurchgehen und tun dies auch. Ueber den Vorgang wird eine Flurkarte (forma) aufgenommen, auf welcher die Flurgrenzen und die centuriae erscheinen. In die einzelnen centuriae werden die Namen der Losempfänger und die Anzahl jugera, welche sie in der betreffenden centuria zugewiesen erhalten haben, eingeschrieben (»assignatio«). Dagegen enthält die Flurkarte nicht die Abgrenzung der einzelnen Lose, — wie die Karte von Arausio ergibt (sie ist freilich, wie Schulten richtig hervorhebt, Kataster-, nicht Flur-Karte, aber ersichtlich der Flurkarte nachgezeichnet), noch in der ersten Kaiserzeit. Die Grenzen der Einzelgrundstücke sind ferner auch nicht öffentlich versteint. Unter öffentlicher Garantie stand daher nur das Ackerausmaß innerhalb der einzelnen Zenturie (modus agri). Demgemäß ist auch die mancipatio eine Uebertragungsform, welche bei Grund und Boden Eigentum ohne Besitztradition übergehen läßt. Dem entspricht auch ein von den Feldmessern überliefertes Prozeßverfahren (controversia de modo), durch welches jemand die Restitution in den ihm resp. seinen (jedenfalls durch Erbnachweis, Testamente oder Manzipationsurkunden) nachweislichen Rechtsvorfahren laut Flurkarte zuständigen modus verlangt. Gegenstand des Anspruches im Rechtssinn ist dabei nicht eine bestimmt begrenzte Parzelle, sondern eine Ackerquote, — insofern wie beim Reebningsverfahren in den deutschen Fluren. Als komplementäres Verfahren bezeichnen die Feldmesser die controv. de loco, durch welche der Besitzstand hergestellt wird, und zwar wird diese mit den Besitzinterdikten identifiziert. Der spätere Verfall der ersterwähnten Klage wird durch das Ueberhandnehmen der Flächenusukapion erklärt, an welcher die Modusregulierung habe Halt machen müssen. Da nun die Ausgestaltung der Bodenusukapion als Flächenerwerbsart wohl ziemlich jungen Datums ist, so ist für die ältere Zeit als höchstwahrscheinlich anzusehen, daß sich, abgesehen von der Inanspruchnahme der (ursprünglich vielleicht unteilbaren) »fundi« im ganzen« — der vindicatio fundi —, zunächst nur die beiden Rechtsmittel: 1. auf Flurregulierung nach Maßgabe des rechtlich garantierten Ausmaßanspruchs (modus agri) und 2. der Interdiktenschutz des faktischen Besitzstandes (locus) im Umfang der letztjährigen Feldbestellung gegen gewaltsame und diebische Entziehung gegenüberstanden. Das »quiritarische« Eigentum bezöge sich also, die Richtigkeit dieser Hypothese vorausgesetzt, ursprünglich juristisch nicht auf begrenzte Flächen, sondern auf bestimmte Ackerausmaße in der Flur. Begrenzte Flächen wären juristisch Objekt der »possessio« gewesen. Beide bezogen sich auf rechtlich verschieden geartete Objekte: daher die scharfe Scheidung zwischen Eigentums- und Besitzklagen im römischen Recht, die später, als das Eigentum »bonitarisches« Flächeneigentum geworden war, unverständlich erscheint. Das Licht, welches damit auf die ursprünglichen Zustände der römischen Flurverfassung fällt, ist zu spärlich, um weitere Schlüsse zuzulassen. Die Flächenusukapion durchlöcherte das alte Flursystem später. Mit der Massenaufnahme von nicht regulär assigniertem Land in die Kategorie des ager privatus (z. B. im gewaltigsten Maßstabe in dem Agrargesetz von 111 v. Chr.) und vollends mit der Aufnahme ganzer nichtrömischer Gemeinden in den Bürgerverband, ohne Neuaufmessung, als »municipia« nach dem Bundesgenossenkriege, wurde es vollends zur Antiquität. Diese Vorgänge, welche den sozialen und (die municipia) den staatsrechtlichen Charakter des Reichs tiefgreifend umgestalteten, haben wahrscheinlich auch auf privatrechtlichem Gebiet, speziell in der Technik der Eigentumsklage, eingreifende Aenderungen (letztlich auch die Beseitigung der Kontravindikation) herbeigeführt. —

Die ökonomische Eigenart der in der geschilderten Weise aufgemessenen Fluren liegt einerseits in dem öffentlich garantierten Wegenetz, andererseits in der grundsätzlich geschlossenen Zuweisung des Areals an die Ansiedler (continuae possessiones). Dadurch ist die individuelle Freiheit der Bewirtschaftung gesichert. Im übrigen scheiden die Quellen zwischen kolonialer und viritaner Assignation, je nachdem es sich um Gemeindegründung oder um bloße Landaufteilungen an Veteranen oder andere Perzipienten handelte. Bei der letzteren hat man wohl die Lose einfach durch Zerschlagung der Centurien in gleiche Stücke gebildet und den sich meldenden oder kraft Gesetzes zu versorgenden Reflektanten zugeteilt; kolonialen Assignationen dagegen war eine Gleichstellung der Kolonisten unentbehrlich und konnte — wie m. E. gegen Mommsens Zweifel festzustellen ist — nur durch eine, wenn auch sehr einfache, Bodenbonitierung und also ungleiche (vielleicht einfach verschieden viele Male 2 jugera enthaltende) Größe der

Flächen der Anteile, welche dabei stets durch das Los vergeben wurden, erzielt werden. (Bei den hellenischen Kolonien in der Krim scheinen die den »centuriae« äußerlich entsprechenden quadratischen »ἑκατώρυγοι« verschieden groß gestaltet gewesen zu sein: war dies, wie Br. Keil annimmt, von Anfang an der Fall, dann doch wohl aus Gründen verschiedener Bodenqualität). Gleiches war nach dem ausdrücklichen Bericht der Quellen auch der Fall, wenn eine Umlegung des bisherigen Besitzes, also eine Neuassignation einer Flur unter Mitbeteiligung (oder, wenn dies vorkommt, auch: Alleinbeteiligung) der alten Besitzer, stattfand. Alsdann wurde »modus pro modo secundum bonitatem« zugeteilt. Die Umwandlung in eine Kolonie römischen Rechts (Col. civium Romanorum) wäre also, wenn auch später, wo sie titular wurde, nicht mehr notwendig, so doch dem ursprünglichen Gedanken nach, zugleich eine Art von Verkoppelung gewesen. Gewiß bleibt daran manches hypothetisch. Aber wenn (worauf neuerdings wieder Toutain ganz mit Recht hingewiesen hat) nach einem ganz unbegründeterweise verdächtigten Zeugnis, noch unter Hadrian ein Unterschied des Privatrechts in den römischen Bürgerkolonien einerseits, den Munizipien (einschließlich der alten gemeinsamen Kolonien des latinischen Bundes, denen die römische Aufteilung fehlte, und deren Kolonisten, auch die aus Rom stammenden, Latiner, nicht Römer wurden), andererseits bestand (die Munizipien leben »suis legibus«), so kann diese Differenz schlechthin nur im Bodenrecht gefunden werden. Dabei kann es für jetzt ganz dahingestellt bleiben, wie sich der spätere Begriff des »jus Italicum« verhält zu den Unterscheidungen der republikanischen Zeit, in welcher das »censui censendo esse« mit seiner Konsequenz: der Möglichkeit, als Pfand bei Staatspacht zu dienen, so im Vordergrund des Interesses stand, daß es neben dem »optimo jure privatus esto« auch in den Gesetzen ausdrücklich statuiert wurde (dies könnte sehr wohl notwendig gewesen sein wegen der Begründung der zensorischen Katastrierung, und also auch: der Subsignation, auf die dem altrömischen Acker eigene Assignation und Kartierung — doch ist auch dies natürlich nur Hypothese).

Neben der Form, unter denen römischer ager privatus normalerweise aufgemessen wird, stehen agrimensorische Formen, welche ihrem Sinne nach ursprünglich für die Aufmessung von Boden minderen Rechts bestimmt waren: a) der ager publicus p. R., soweit er nicht zur Okkupation offengestellt, sondern planmäßig verpachtet wurde, also Gegenstand der zensorischen Verwaltungstätigkeit war, sollte normalerweise kartiert sein, und war dies auch in vielen Fällen. Ebenso mußten die Assignationen zu Erbpachtrecht oder gegen Frondienste (Wegefronden) und die aufgeteilten steuerpflichtigen Provinzialländereien normalerweise in Flurkarten niedergelegt werden, welche, wenn die Lasten auf der Parzelle als solcher hafteten, über deren Lage und Form Auskunft zu geben hatten.

Für diese Fälle offenbar verwandte man die Aufmessung »per scamna et strigas«, welche keineswegs (nach dem — von meinen Kritikern gern ignorierten — ausdrücklichen Zeugnis der Quellen) nur äußerlich sich durch die oblonge Form der gebildeten Parzellen von der Centuriation unterscheidet (bei welcher diese oblonge Form ebenfalls vorkommt), sondern ihrer sachlichen Bedeutung nach dadurch: daß sie eine Aufmessung »per proximos possessorum rigores« ist [1]). Das heißt: eine solche Aufmessung und Kartierung, wo die Besitzesgrenzen auf der Flurkarte zur Darstellung gelangen. Diese mußte, bei steuerpflichtigem Boden, da, wo der Staat an der Identifizierbarkeit der einzelnen Parzellen ein Interesse hatte, wo also die Last auf der einzelnen abgegrenzten Parzelle lag, notwendig stattfinden. Sie war überall da entbehrlich, wo entweder 1. gar keine Steuer auf dem Boden lag, 2. aber auch, für die spätere Zeit, welche (seit C. Gracchus) abgabepflichtigen Kolonistenbesitz kannte: wo der modus agri als solcher, nicht die Parzelle, das Steuerobjekt bildete: so in Arausio, wo, da der Zins (in der uns erhaltenen centuria) einfach auf ½ Denar vom jugerum bemessen war, es natürlich durchaus genügte, wenn, wie geschehen, in jede Centurie auf der Karte die Zahl der exemten und die der steuerpflichtigen jugera und endlich der Steuersatz für diese letztere eingeschrieben wurde. (Man hat in solchen Fällen, — die ältesten sind die »trientabula« und der »ager quaestorius«, beides Land, welches der zahlungsunfähige oder geldbedürftige Staat an Gläubiger oder Geldgeber, mit Rekognitionszins belastet, als einlösliches Pfand gab, — zunächst nicht die normale Limitation in »centuriae«, sondern eine Aufmessung in Quadraten anderer Größe angewendet, — gewiß ein Beweis von dem Parallelismus rechtlicher und gromatischer Formen. Beim »ager privatus vectigalisque« ist dann die normale Form verwendet worden.) Ganz anders, und zwar den Prinzipien der »scamnatio« entsprechend, mußte verfahren werden, wenn im konkreten Fall die Einzelparzellen als Lastenträger behandelt werden sollten. (Der Unterschied ist derselbe, wie zwischen den beiden aus den Papyri bekannten Formen nicht partiarischer Bodenpacht: Fixum von der Pachtparzelle — Fixum von jeder Arure.) Die Verwendung der beiden Formen der Aufmessung mag in der Spätzeit nicht streng durchgeführt und es mag die Anwendung der einen wie der anderen damals, nachdem ohnehin die alten Flurverhältnisse durch Anerkennung der Okkupationen als ager privatus und schließlich Aufnahme allen italischen Bodens in den Flurverband der Tribus durchlöchert waren, auch durch rein technische Momente mitbestimmt worden sein, — der alte genuine Sinn der Differenz ist mir nach wie vor nicht fraglich.

---

[1]) Mommsens Interpretation (Hermes 27, S. 82) ist (da Balbus p. 68 von der Centuriation spricht) ganz unhaltbar. »Rigor« ist an sich = grade Linie, bei Hygin p. 3 gradlinige Besitzgrenze, was der Limes nicht ist.

b) Die letzte Form der Aufmessung und Kartierung endlich, der »ager per extremitatem mensura comprehensus«, d. h. die Feststellung und Aufzeichnung nur der äußeren Flurgrenzen, gehört erst der späteren Expansionsepoche an und wird verwendet, wo bei der Vermessung nicht privaten Landes ein öffentliches Interesse an der Evidenthaltung der einzelnen Grundstücke nicht besteht, sondern nur der Umfang der Gesamtflur interessiert, so bei Tempelgütern, bei Aufmessung von Land, welches »stipendiären« Gemeinden oder Grundherren gegen Kontribution (»stipendium« — im Gegensatz zu Steuer, tributum) belassen oder zugewiesen wurde. — c) Das Land, welches der römischen feldmesserischen Behandlung ganz entbehrte, ist der »ager arcifinius«, insbesondere also von jeher: das Gebiet der anerkannten Fremdenstädte (ältestes Beispiel: der »ager Gabinus«).

Auch solche Gebiete, welche eine Aufmessung nie durchgemacht hatten, gelangten zu Ende der Republik massenhaft in den Bürgerverband. Es ist daher durchaus kein Wunder, daß in der Zeit der Agrimensoren der alte Parallelismus der agrimensorischen und der rechtlichen Bodenqualität schon in starke Verwirrung geraten ist.

b) Die Expansionszeit Roms.

Mit dem Aufstieg des bürgerlichen Grundbesitzerheeres parallel geht, einander bedingend, die Expansion Roms über Italien, — der für die Existenz der Stadt unvermeidliche Gegenschlag gegen die Bedrohung Latiums durch die sabellischen Bergvölker und die Kelten. Das disziplinierte Hoplitenheer war sowohl den Feudalheeren der Etrusker als den reinen Bauernheeren der Bergvölker und den keltischen Barbaren überlegen. Zu Anfang des 4. Jahrh. ist Südetrurien unterworfen. In der zweiten Hälfte nimmt der latinische Städtebund, umgewandelt in einen Bundesstaat unter Roms Hegemonie (338 v. Chr.), den Kampf mit den sabellischen Gebirgsvölkern auf, im 3. Jahrh. werden die Kelten der Poebene unschädlich gemacht und unterworfen, nachdem der Versuch des Hellenentums, Unteritalien zu behaupten, gescheitert war. Das alles vollzieht sich in Verbindung mit einer kolossalen Kolonisationstätigkeit. Meist mindestens ⅓ des Landes wird dem Feinde abgenommen, zuweilen das ganze Land, und unter Rom und die Bundesstädte verteilt. Ein Teil wird an das Heer (»viritim«) vergeben und damit Tribusland: die Tribus schwellen an Zahl (bis 35) und dann, in ganz ungeheuerlicher Weise, an Größe: von ca. 3000 ha anfangs bis auf den Umfang ganzer Staaten. Ein anderer Teil wird mit Einlösungsvorbehalt (»a. quaestorius«) verkauft, — zweifellos um den Schatz wieder zu füllen und eventuell den »tributus«, der als Zwangsanleihe angesehen wurde, zu erstatten. Der Rest bleibt Domäne. Daneben stehen die systematischen Polisgründungen auf dem eroberten Gebiet. Im Binnenland kolonisiert zuerst der Bund als solcher: die Kolonien wurden Städte latinischen Rechts mit Selbstverwaltung und eigenem Bodenrecht. Der Römer, der in sie als Kolonist mitgeschickt wird, verliert das heimische Bürgerrecht, ist dadurch an die Kolonie gebunden. Dagegen übernimmt Rom, als Handelsplatz des Bundes, die Deckung der Küste. Die hier angelegten Bürgerkolonien sind nur begrenzt autonom. Die späteren römischen Bürgerkolonien sind es (im Prinzip) gar nicht, sie werden von Rom aus verwaltet; ihr Boden ist römischer Boden; die Kolonisten sind römische Bürger, die, als Garnison, vom Aufgebot frei, aber (wohl sicher) an ihr Domizil gebunden sind. Erst im 3. Jahrh., mit dem steigenden Uebergewicht der Hauptstadt, beginnt neben der allmählich einschlafenden lateinischen Kolonisation diese systematische Anlage von Bürgerkolonien auch auf dem Boden des Binnenlands, die dann nach dem 2. punischen Kriege noch eine Nachblüte erlebt, und gleichzeitig erlahmt seit dem zweiten Drittel des 3. Jahrh. die Anlage von Bundeskolonien und wird deren Rechtslage verschlechtert (vermutlich: beschränkte Freizügigkeit). Diese Entwicklung der Stellung der Kolonisten der Bundeskolonien entspricht ebenso wie die Umgestaltung des Bundesrechts (s. o.) der Entwicklung innerhalb des attischen Reiches: steigende Herrscherstellung der Hauptstadt, Herabdrückung der Bundesgenossen, dagegen Angliederung der Kleruchien an die Hauptstadt (speziell seit Perikles). In diesen Landzuweisungen und Kolonien findet jetzt der Nachwuchs der römischen Bauernschaft: die cives proletarii, Landversorgung: dafür kämpft das Hoplitenheer. Auch dies entspricht dem Zweck der attischen Kleruchien (wie für Athen der Volksschluß über die Kolonisierung von Brea, der nur Zeugiten und Theten zuläßt, deutlich zeigt). Der Unterschied ist aber — ganz wie in der Neuzeit zwischen England einerseits, Amerika andererseits — daß, nach der geographischen Situation, Athen nur Streubesitz, Rom ein kompaktes Kontinentalgebiet kolonisieren konnte. Eine riesige Volksvermehrung antwortet auf diese stetige Expansion des Nahrungsspielraums (so, nicht umgekehrt, ist natürlich, wie im gleichen Fall immer, das Kausalverhältnis). Zugleich aber bedeutet diese gewaltige Landvermehrung das unaufhaltsame Vordringen der in der Zwölftafelepoche geschaffenen römischen Siedelungsweise. Die alten »pagi« werden von der römischen Limitation zerrissen. Wo ihre Autonomie bestehen bleibt (für die religiösen Lokalkulte), gelten ihre Verordnungen jetzt als eine Art von »Grundbelastung«; der ager compascuus, die alte Allmende, wird ebenso zur gelegentlichen Pertinenz einzelner fundi; das »Dorf« existiert für das Verwaltungsrecht nicht oder nur als vereinzelter Lückenbüßer; Gemengelage wird, wo sie besteht, bei der Assignation beseitigt. Ueberall bleibt der Einzelhof (villa), einst das Symbol adligen Besitzes, Sieger. Nachdem die Bauern der Samniterberge im Bundesgenossenkriege ihre alte dörfliche Freiheit noch einmal verzweifelt verteidigt hatten, zerfetzte die sullanische Assignation, dann die furchtbare Konfiskation und Landaufteilung an Veteranen der Triumvirn auch hier mit ihrer Limitation die Reste der alten Siedelungen. Die Stadt und das städtische Bodenrecht bleiben überall Sieger. Wenn Kleisthenes den Ständekampf dadurch geschlichtet hat, daß er alle Adligen in die Dörfer hineinzwang, so ging Rom den umgekehrten Weg: es sprengte die Dörfer und machte alle Bauern (der Theorie nach) zu »Gutsbesitzern«, wie es bis dahin nur die Adligen gewesen waren. Wenn man von Kleisthenes, wie erwähnt, gesagt hat, er habe »alle Athener adelig« gemacht, so trifft das sozial und ökonomisch auf seine, vielmehr die Adligen zu Bauern stempelnde, Reform eigentlich kaum, — dagegen sehr wohl auf das in der Expansionsperiode entstandene römische Bodenrecht zu [1]). Dies römische Bodenrecht aber ist, trotz mancher formaler Aehnlichkeiten mit der hellenischen kolonialen Bodenteilung, doch nach Absicht und Wirkung nahezu einzigartig, weil es absichtsvoll zu dem Zweck: Beseitigung aller Schranken in der freien Verwertung des Bodens, und, was wichtiger war, des anschwellenden Sklavenbesitzes, geschaffen war. Schon die radikale Sprengung aller gemeinwirtschaftlichen

---

[1]) Und, wie schon oben erwähnt, nicht nur für das Bodenrecht, sondern z. B. auch für das Gentilrecht. Während gleichnamige patrizische und plebejische Gentes in Rom nebeneinanderstehen, wechselte das älteste attische Stadtadelsgeschlecht seinen Namen, weil durch die kleisthenische Reform ein δῆμος den gleichen Namen führte: ein Protest gegen die Zwangsdemokratisierung, zu dem in Rom, wo die Agrarreform faktisch eine Erstarkung des Adelsrechts, nicht eine Herabdrückung des Adels bedeutete, kein Anlaß vorlag.

Elemente in der Agrarverfassung: Uebertragung des schrankenlosen Herrschaftsverhältnisses des »dominium« auf den Boden, Mobilisierung desselben durch eine überaus bequeme Veräußerungsform (die mancipatio), welche sogar die Uebergabe des Landes entbehrlich macht, Beschränkung der dinglich wirkenden Servituten auf die absolut unentbehrlichen Wege- und Wasserrechte, dazu volle materielle Testierfreiheit, — und dieser so völlig mobilisierte private Bodenbesitz zur Grundlage der Zugehörigkeit zu den Tribus, und, seinem Umfang nach, der politischen und militärischen, durch den Zensus periodisch festgestellten Rechte und Pflichten gemacht, schon dies alles allein zeigt den absolut t e n d e n z i ö s e n Charakter dieser Rechtsentwicklung. Im Gegensatz zu der hellenischen, das D o r f zur Zelle des Staates stempelnden Agrarpolitik der Demokratie, trägt die römische einen — sit v. v.! — »amerikanistischen« Charakter: wie der amerikanische Farmer, der auch das »Dorf« nicht kennt, im E i n z e l h o f zwischen den, um alle geographischen Bedingungen unbekümmert, rechtwinklig über Berg, Tal, Wald und Hügel verlaufenden »section lines« sitzt, so — wenigstens dem Ideal nach — der römische Landwirt auf seiner »villa«. Jene T e n d e n z des Bodenrechts zeigt sich aber noch deutlicher in der schroffen Zweiteilung des römischen Bodens in: e n t w e d e r ager privatus, o d e r ager publicus. Die gemeinwirtschaftlichen Besitzformen sind, wie auch die Struktur des privaten condominium zeigt, bewußt benachteiligt, der ager compascuus (Allmende) auf den Aussterbeetat gesetzt und schließlich in dem inschriftlich erhaltenen Agrargesetz vom Jahre 643 a. u. c. seine Neuentstehung verhindert. Die gleiche Absicht wird noch deutlicher, wenn man mit der schrankenlosen Verfügungsgewalt, welcher das appropriierte Land (ager privatus) ausgeliefert wurde, den Kontrast in der rechtlichen Behandlung des n i c h t appropriierten Bodens vergleicht. Auf diesem beschränkt sich die zivile Rechtspflege auf den Schutz gegen gewaltsame, diebische oder seitens der mit Dienstland Belehnten (vi, clam, precario) erfolgende Störungen des jeweiligen f a k t i s c h e n Besitzstandes (possessio) und ev. auf dessen Feststellung derart, daß die Ernte demjenigen zufällt, der im ruhigen Besitz das Feld bestellt hat (dies ist wohl die ursprüngliche praktische Bedeutung der Jahresfrist bei den Interdikten).

Daß die Besitzinterdikte für die possessiones auf ager publicus zuerst entstanden seien, wird mit gewichtigen Gründen bestritten. Daß sic für den Besitz von ager publicus nicht gegolten hätten, ist schlechthin nicht zu begründen (am wenigsten durch den Hinweis auf die Beteiligung der — im commercium mit Rom stehenden — Italiker an den possessiones. Nur vom »jus Quiritium« und den Legisaktionen ist der Nichtrömer ausgeschlossen). Mir scheint auch die Art, wie die Interdikte in der lex agraria von 111 v. Chr. erwähnt werden, für ihre Geltung auf dem (damals zu Privatland gemachten) ager publicus zu sprechen.

Die Regelung aller übrigen Besitzstandesfragen dort kümmert das alte Zivilrecht nicht, sie ist Sache der Verwaltung; es existieren also auf dem ager publicus, als welcher alles nicht private und nicht formell (wie der »ager Gabinus«, als ältestes Beispiel) an föderierte oder durch Volks- oder Senatsschluß tolerierte Kommunen zugestandene Land gilt, nur von der Behörde verwaltungsrechtlich geregelte oder geduldete faktische Besitzstände. 1. Die verwaltungsrechtlich geregelten Besitzstände sind — solange die Expansion sich innerhalb der Grenzen Italiens hielt — teils Landverleihungen gegen Dienste, insbesondere Wegebaudienste (viasii vicanii), teils Pachten und Erbpachten (ager vectigalis). Erbpacht und Landleihe fehlt dem römischen Recht keineswegs, sondern nur dem (auf den Zwölftafeln ruhenden) römischen Privatrecht. Ihre Konstituierung war eben Souveränitätsrecht des Staates und, da eine »legis actio« auf Erbpachtbesitz nicht denkbar ist, fehlte zunächst der Zivilrechtsschutz: Besitzesinterdikte und Verwaltungsbann mußten ev. eingreifen. Als dann die ursprünglich souveränen Bundesgemeinden zu »Munizipien« wurden, schuf der Prätor für den munizipalen und staatlichen »ager vectigalis« eine Formel. Der Zweck jenes Fehlens der Privaterbpacht kann nur der Ausschluß der Entstehung privater Grundherrlichkeit gewesen sein [1]). 2. Die geduldeten Besitzstände auf dem öffent-

[1]) Wie in Griechenland (s. o.), und im Gegensatz zum Orient. Auch in den mittelalterlichen Städten ist die Beschränkung des, als Unterlage des Bürgerrechts geltenden, Bodenrechts auf bestimmte, die persönliche Abhängigkeit ausschließende, Rechtsformen kein Zufall, sondern hängt mit dem Wesen des Bürgerrechts zusammen. In Konstanz (und sicher oft) ist die Verwandlung von Bürgereigen in tributäres Land an den Konsens der Gemeinde geknüpft, ebenso wie — s. o. — in Freiburg der Kreditkauf von Bürgereigen verboten war. Erst die Einbürgerung des Rentenkaufs ermöglichte innerhalb der Städte eine Form der Grundbelastung, welche den Bürger nicht zum Hintersassen machte.

lichen Lande sind die vielberufenen Okkupationen. Das Okkupationsrecht am ager publicus ist das Recht jedes Römers, und jedes Bürgers einer in die italische Bundeskriegsmatrikel aufgenommenen Gemeinde, öffentliches Land, ursprünglich (s. o.): Oedland, gegen eine Quotenabgabe an den Staat (die, scheint es, durch Konnivenz später nicht erhoben wurde), in Besitz zu nehmen, und bis auf etwaige weitere Verfügung der Staatsverwaltung zu behalten, — später wohl: nachdem die Erlaubnis zur Okkupation öffentlich bekannt gegeben war. Es war dies Recht, welches zuerst die gewaltigen Grundkomplexe schuf, gegen welche später die gracchische Gesetzgebung (s. u.) vorging. Ob das berühmte licinisch-sextische Gesetz eine Realität war, ist, trotz Soltaus Verteidigung, immer zweifelhafter geworden. Ueberwiegend sieht man in ihm heute eine Zurückprojizierung der Gegensätze der Gracchenzeit in das 4. Jahrh. und nimmt an, daß diese (bei Cato angeblich erwähnte) Besitzschranke dem Anfang des 2. Jahrh. angehöre. Daß ein Gesetz, welches die Okkupationen auf 500 jugera als Maximum beschränkte, in der Zeit des ersten Drittels des 4. Jahrh. unmöglich gewesen sei, weil der römische Ackerbesitz damals »nur 2 Quadratmeilen« betragen habe, ist freilich wohl nicht richtig. Selbst bei nur 50—60 000 ha Feldflur wären einzelne Okkupationen einzelner Großbürger von 125 ha an sich nichts absolut Unmögliches, wenn schon freilich ganz unwahrscheinlich. Aber der römische Landbesitz ging im 4. Jahrh. schon weit über den ager Romanus hinaus. Immerhin ist die Tradition sehr verdächtig und die letzten Schwierigkeiten für die Annahme ihrer Fälschung sind jetzt durch Maschke scharfsinnig beseitigt. — Wie dem nun aber sei, das sachlich Entscheidende ist, daß dies in seiner brutalen Einfachheit beispiellose Institut (Vergleichsobjekte sind etwa in der rechtlich und faktisch doch sehr abweichenden Behandlung der »Bifänge« auf königlichem Oed- oder Geestland in Aegypten zu finden: darüber s. unter Hellenismus), eine Uebertragung des alten »Bifanc«-Rechts von Oedland auf das zum allergrößten Teil schon in Kultur befindliche Land, welches dem Staat durch Eroberung zufiel, mit der riesigen Expansion des Staats seine Bedeutung total veränderte. Da an jeder Okkupation natürlich die Vieh- und Sklavenbesitzer mit unvergleichlich anderem Erfolg teilnehmen konnten als noch so viele freie Bauern, war dadurch, nach dem Eindringen der Kaufsklaverei, ein unerhörter agrarischer Kapitalismus geschaffen, gegen welchen die Bauern mit dem Verlangen reagierten, daß das eroberte Land systematisch an alle Bürger verteilt und als ager privatus appropriiert werde. In der Tat ist den meisten erfolgreichen Kriegen, wie schon erwähnt, die Landzuweisung an das siegreiche Heer gefolgt. Dem entsprach die Verwendung der Testierfreiheit in Gestalt der Exheredation der übrigen Kinder zugunsten eines Einzelerben. Sie war von eminent praktischer Bedeutung im Interesse der Erhaltung des Grundbesitzes in der Familie, solange im Wege der Eroberung Land zur Verfügung gestellt wurde. Die Testierfreiheit ebenso wie die übrigen Institute des römischen Bodenrechts stehen so im Zusammenhang mit der eminent agrarisch-expansiven Tendenz, in welche der Staat mit dem Aufstieg des Hoplitenheeres gedrängt wurde. Aber die Vieh- und Sklavenbesitzer waren umgekehrt an Erweiterung des zur Okkupation oder öffentlichen Verpachtung offenstehenden ager publicus interessiert. Während der italischen Eroberungsperiode finden wir in der Tradition ganz regelmäßig, daß die besitzenden Schichten das Verlangen der Massen nach Zuteilung von ager publicus mit dem Vorschlag, Land zum Zweck der Aufteilung neu zu erobern oder eine Kolonie zu deduzieren, beantworten. Die Glaubwürdigkeit dieser Berichte auch in dieser Hinsicht gänzlich abzulehnen, liegt kaum ein Grund vor: die Konstellation der Klasseninteressen konnte ja während der Expansionszeit kaum anders liegen. Ganz ähnlich verlief die Expansion z. B. in Elis: der Adel läßt die Demoi am Raube teilnehmen. Auf die Dauer zogen bei dieser Konkurrenz der Interessen die Bauern freilich zunehmend den Kürzeren. Nur unter dem Druck schwerer äußerer Gefahren entschloß sich der Adel zur Koloniededuktion: so erklären sich die zahlreichen Bürgerkolonien seit der Mitte des zweiten und im Anfang des ersten Jahrhunderts aus der Kelten- und Puniergefahr und der absoluten Notwendigkeit, die durch die Kriege gerissenen Lücken zu füllen. Trotzdem war der Widerstand des Großbesitzes auch in der Epoche der Gallier- und Punierkriege oft sehr hartnäckig: der Kampf der Klassen um das sesonisch-picenische Gebiet konnte nur gegen den ausdrücklichen Widerspruch des Senats von der Plebs (im Jahre 232 durch C. Flaminius) im Sinne der Kolonisation entschieden werden.

Es verbarg sich in jenen Konflikten der Kampf zwischen freier und unfreier Arbeit, der später in der Gracchenzeit zur Revolution führte. In Hellas und im hellenischen Osten blieb die ökonomische Tragweite der Sklaverei für das platte Land ziemlich begrenzt. Die zahlreichen kleinen Verkehrszentren in Althellas hatten kein ausgiebiges, hinlänglich billig zu erwerbendes und dadurch für den Plantagenbetrieb mit Sklaven im großen geeignetes agrarisches »Hinterland«. Im Orient war der Boden dicht besiedelt und teuer, und außerdem zog die mit dem monarchischen und bureaukratischen Regime zusammenhängende Eigenart der hellenistischen Staaten und die gewaltige Bedeutung der domanialen, dort von Kleinpächtern bewirtschafteten Bodenkomplexe, der relativen Bedeutung des Sklaven-Großbetriebes von vornherein enge Schranken. Wir hören, abgesehen von dem spartanischen Feudalstaat und Chios, in Griechenland und im ganzen Orient von Sklavenerhebungen fast nichts und zwar: je später, je weniger, während die Erhebung des Spartacus in Süditalien und Sizilien zu den furchtbarsten sozialen Erschütterungen der alten Welt zählt. In Rom entfesselte eben die zunehmende Entstehung von Geldvermögen, die geographisch bedingte gewaltige Expansionsmöglichkeit in das Binnenland hinein und dann der kapitalistische Charakter der überseeischen Eroberungen in Verbindung mit der weit gewaltigeren Versorgung des Sklavenmarktes die Tendenz zur Menschenanhäufung in unerhörtem Maße. Die ganz großen Sklavenimporte nach Rom und ebenso — worauf Ferrero hinweist — das Hervortreten der Oel- und Weinplantagen als eines für die allgemeine Wirtschaftslage entscheidend mitsprechenden Faktors tritt in den Quellen etwa gleichzeitig mit der gracchischen Bewegung auf, — aber schon Catos Schrift zeigt, daß beide Erscheinungen beträchtlich älter sein müssen. Die »Gutswirtschaft« mit Sklaven in der Art, wie sie uns geschildert wird, setzt die Befriedung voraus, wie sie in Italien nach der Einigung, endgültig nach Hannibals Niederwerfung, eintrat: seitdem hat 600 Jahre lang kein Feind das Land betreten. Damit begann das Sinken der Hoplitenschaften.

Je weiter die Eroberung ausgriff, desto weniger konnte das eroberte Land einer Besiedelung durch freie Bauern zugute kommen. In der Zeit überseeischer Expansion war es damit vollends zu Ende. Vom Jahre 177 bis zu den Kolonisationen der Gracchen ist, über ein halbes Jahrhundertlang, nur e i n e Bürgerkolonie deduziert worden. Die Amts- und Geldaristokratie — äußerlich in bestem Einvernehmen: die Tribunen funktionierten damals bis auf die Gracchen lediglich als Werkzeug des Senats — suchte den faktischen Besitzstand zu s t a b i l i s i e r e n und die Wehrkraft Italiens durch Erhaltung der Leistungsfähigkeit der b u n d e s g e n ö s s i s c h e n Gemeinden zu stützen: Schulten hat mit Recht darauf aufmerksam gemacht, daß in das Jahr 177, mit welchem die alte Bürgerkolonisation zu Ende geht, auch die lex Claudia fällt, welche die Latiner auswies, und daß die noch schärfere lex Junia de peregrinis in die Zeit nach der Niederwerfung des Ti. Gracchus und vor C. Gracchus' Auftreten fällt. Diese Beschränkungen der Freizügigkeit der Bundegenossen, sowohl im Interesse der Fernhaltung demokratischer oder direkt unlegitimierter Elemente aus den Komitien (in denen der römischen B o d e n besitzende Latiner ursprünglich wahrscheinlich das Recht zu stimmen gehabt hatte), als im Interesse der Erhaltung der Hoplitenschaft auf ihrer Scholle und ihrer Steuerkraft für ihre Gemeinden, erfolgten z u n ä c h s t durchaus mit deren Zustimmung, — die lex Claudia direkt auf ihren Antrag. Sie kamen aber zugleich dem konservativen Interesse des Amtsadels entgegen, dessen typischem Vertreter Scipio Aemilianus die Legende statt des üblichen Gebetes um »Vermehrung« das andere: um »Erhaltung« des Staats in den Mund legt. In der Tat war das Adelsinteresse ebenso an der Erhaltung des Status quo im Innern wie nach außen engagiert. Denn es mußte die festgefügte Herrschaft des Amts- und Offiziersadels in Heer und Staat alsbald ins Wanken geraten, wenn Rom außerhalb des geschlossenen italischen Gebietes Annexionen vornahm, dort ein Heer unterhielt, welches unmöglich auf die Dauer ein Bürgeraufgebot von Fall zu Fall bleiben konnte (die ersten Schwierigkeiten, betreffend Ergänzung und Stellung der K o r p o r ä l e, begannen, ganz charakteristisch, mit der Ausdehnung der Aktionssphäre über See). Die Uebersee-Expansion war k a p i t a l i s t i s c h. Nicht der Amtsadel alter Tradition, der sich auf eine vorsichtige Interventionspolitik beschränken wollte, sondern k a p i t a l i s t i s c h e Interessen der Händler, Steuer- und Domänenpächter erzwangen die Vernichtung der alten Handelszentren: Karthago, Korinth, Rhodos, inaugurierten die Politik der überseeischen A n n e x i o n e n, welche dem Verwertungsinteresse des Kapitals, nicht den Siedelungsinteressen freier Bauern, dienten. Diese überseeischen Erwerbungen den Bauern auszuliefern, hatten alsdann weder der Amtsadel noch die Kapitalisten ein Interesse, ganz abgesehen davon, daß eine Aussiedelung über See auch den Bauern selbst nur im Fall äußerster Not verlockend scheinen konnte. Ein Symptom dafür ist, daß mit dem Schwinden der Versorgung des Nachwuchses als Zweck der Eroberung auch die Testierfreiheit zu erblassen beginnt, bis sie in den letzten Jahrzehnten des Freistaates durch die querela inofficioso testamenti faktisch beseitigt wird: sie hatte ihren alten Sinn verloren. Zunehmend neigte sich die Wagschale zugunsten der Sklaven-Großbesitzer. Die Okkupationen auf dem, einen zunehmenden Bruchteil Italiens umfassenden, ager publicus sind offenbar zum Teil auch Groß-W e i d e wirtschaft gewesen, nach Catos d. Ae. Ansicht die rentabelste (weil kostenloseste und von dem Problem der Beschaffung der Arbeitskraft unberührteste) Kapitalanlage. Zum anderen müssen sie von Anfang an l a n d-wirtschaftliche Großbetriebe gewesen sein. Die staatliche Domänen- und Domänegefälle-Verpachtung begünstigte, zumal in den Provinzen, den Großbetrieb gleichfalls, teils absichtlich wegen der größeren Bequemlichkeit der Geschäftsbeziehung zu größeren kapitalkräftigen Pächtern, teils faktisch durch den ungeheuren Druck, den sie gegen die auf dem eroberten Lande prekär (s. u.) gegen Abgabepflicht sitzenden Bauern ausübte, während naturgemäß römische Großpächter diesem Druck gegenüber in günstigerer Lage waren. Die Staatspachten der römischen Republik waren überhaupt w e i t mehr, wie die der freien hellenischen Polis, »kapitalistischen« Charakters. Die Pächtergesellschaften (soc. publicanorum) waren f a k t i s c h unkontrolliert, — im scharfen Gegensatz namentlich gegen den hellenistischen Osten, aber auch gegen die normale griechische Praxis, — weil zu dem Umstand, daß der freie Stadtstaat kein ständiges Finanzbeamtenpersonal hatte und haben konnte, und also die Pächter auch das gesamte Erhebungspersonal selbst stellen mußten, hier die Grenzenlosigkeit des Gebietes hinzukam. Gewaltige Sklaven- und Geldkapitalien, daneben — infolge der Verpflichtung, Grundstückskaution zu stellen — Großbesitz an Boden vollen (»italischen«) Rechts (der dadurch in der ökonomischen Bewertung stark privilegiert wurde), waren Voraussetzung der Beteiligung an diesen größten kapitalistischen Unternehmungen des Altertums. Das Erfordernis der Kautionsleistung mit Grundstücken vollen römischen Bodenrechts, also der Qualifikation durch nationalen Grundbesitz, machte aber diesen Kapitalistenstand zugleich zu einem in weit höherem Grade nationalen Stande, als irgendwo im Osten (wo in der Ptolemäerzeit die Pächter anscheinend überwiegend Fremde waren) oder auch in Hellas (wo namentlich, und begreiflicherweise, die kleineren Orte, schon um bei den Submissionen Konkurrenz zu erzielen, auswärtige Finanzmänner oft ganz absichtlich begünstigten). Das ökonomisch und sozial von jeher aristokratische Gepräge Roms wurde dadurch naturgemäß gewaltig verstärkt. Es entstand, gegenüber dem in den Blütezeiten der hellenischen Demokratie dort immer wieder durchbrechenden zünftlerisch-kleinbürgerlichen »Nahrungs«-Interesse, eine Tradition weit ausgreifender »kapitalistisch«-orientierter Politik, sowohl in der Angliederung der besitzenden Klassen der Bundesgenossen, — die Italiker als solche, nicht die Römer allein, profitierten von dem Okkupationsrecht am ager publicus ebenso wie von der geschäftlichen Expansion der herrschenden Macht, — wie auch in der Disposition über eroberte Ländereien und in der Konstituierung der »Provinzen«. Freilich war dabei diese Politik im einzelnen Gegenstand des heftigsten Interessenkampfes. Neben den alten Klassengegensatz der Bauern gegen die großen vieh- und sklavenbesitzenden Possessoren trat Zwiespalt innerhalb der besitzenden Schichten: Auf der einen Seite die wesentlich politisch interessierten Amtsadelsfamilien, die im Senat ihre Vertretung fanden, und durch Gesetz und Rechtssitte von der direkten Beteiligung, nicht nur — wie fast im ganzen Altertum selbstverständlich — am Gewerbe, sondern auch an der Steuerpacht und auch vom Schiffsbesitz ausgeschlossen waren: Ein Senator durfte nur Schiffe von einer Größe besitzen, die ungefähr für den Transport der Eigenprodukte seines Gutsbetriebes ausgereicht hätte; er war infolgedessen, neben der Bereicherung im Amt, auf Grundrentenbezug, Darlehnswucher — der für ihn zwar verpönt, dennoch aber (s. Cato) durch Freigelassene möglich und üblich war — und indirekte Kapitalbeteiligung an Handel und Schiffahrt beschränkt. Auf der anderen Seite stand der, infolge seiner direkten Beteiligung am kapitalistischen Erwerb von den Aemtern und dem Senat sich ausschließende Kapitalistenstand, welcher in den Centurien der Höchstbesteuerten, speziell der »Ritter«, seine politische Vertretung hatte und durch C. Gracchus (s. u.) endgültig als »Stand« konstituiert wurde. Daß Beamte und Abgabenpächter in den Provinzen sich regelmäßig gegenseitig in die Hände arbeiteten und den Raub teilten, hinderte nicht, — bedingte es vielmehr —: daß die senatorialen Geschlechter das dringendste Interesse daran hatten, die »Bourgeoisie« in politischer Abhängigkeit zu halten und vor allem die Geschworenenliste der Gerichte, welche über Amtsvergehen befanden, dem Senat vorzubehalten. Die stetige Vermehrung der Gewinnchancen infolge der Eroberungen steigerten andererseits die ökonomische Macht der für die Staatskasse als Geldgeber und technisch-kaufmännisch geschulte manager der Staatseinkünfte immer unentbehrlicheren Kapitalbesitzer. Die Geldgeber des Staates bildeten faktisch schon in der Zeit des 2. punischen Krieges eine Macht, welche den Staat finanziell rettete, dafür aber ihm seine Politik vorschrieb. Von der Zeit der Gracchen an, in der auch die direkten Steuern, mindestens in der Provinz Asien, ihrer Ausbeutung anheimfielen, erlebte die Bourgeoisie ihre Blütezeit. Eine in Hellas nur in — allerdings recht kräftigen — Ansätzen bekannte, kolossale Entwicklung der Kaufsklaverei und der Sklavenausbeutung überhaupt war die Begleiterscheinung. —

Den privaten Plantagenbetrieb mit Sklavenherden, welche militärisch diszipliniert und — weil infolge des stetigen Menschenraubes im Kriege billig ergänzbar — rücksichtslosestem Verschleiß ausgesetzt waren, scheint das erste rein kaufmännisch kolonisierende Volk: die Phönikier und speziell Karthager von den ägyptischen Pharaonen-Fronhöfen aus über die Welt, insbesondere in den Okzident verbreitet zu haben. Er hat ja auch in der römischen Provinz Afrika, daneben in Sizilien stets seine klassischen Standorte behalten und ist in Mago's (von Karthago) 28 Büchern über die Landwirtschaft wahrscheinlich zuerst wissenschaftlich dargestellt worden. Von den beiden Mitteln, relativ hochwertige und daher transportfähige Produkte für die Marktverwertung zu gewinnen: Teilpacht und Sklavenbetrieb, empfahl sich dem Kapital in den damals noch relativ dünn besiedelten Gebieten des Okzidents der Sklavenbetrieb mindestens so lange, als Raubbau an Boden und — vor allem — an Arbeitskräften ökonomisch möglich waren. Für Rom wurde der, seit den Zeiten Catos bis zur Kaiserzeit ersichtlich an typischem Umfang stetig zunehmende Sklavenbetrieb die nationale Wirtschaftsform. Die Agrarschriftsteller nehmen Herrschaft der Sklavenarbeit als selbstverständlich an, daneben kommen (wie bei Mago) nur für die Ernte freie l a n d wirtschaftliche Arbeiter in Betracht. Die s i n k e n d e ökonomische und soziale Bedeutung des Ackerbürger- und Bauernstandes, gegenüber der Uebermacht der großen Vermögen, nehmen demselben je länger je mehr seine expansive Tendenz. Die unversorgte Nachkommenschaft sammelt sich in der Hauptstadt an und ist kolonisatorisch nicht mehr zu verwenden, seitdem sie nicht mehr durch das Interesse, durch Ansässigmachung zum politischen Vollbürger zu werden, getragen wurde. Sie muß in zunehmendem Umfang von der staatlichen Getreideverwaltung durch Getreidespenden versorgt werden. Es wird damit zugleich der natürliche Markt für das italienische Getreide beengt u n d für die freie Landarbeiterschaft ein weiterer Anreiz zur Zusammenballung in der Hauptstadt geschaffen. Dazu kam der furchtbare Ruin des Bauernstandes durch Kriegszüge in weit entfernten überseeischen Gebieten und für Interessen, welche nicht die seinen waren. Mit dem sich selbst equipierenden Bürgerheer waren diese Kriege dauernd schon an sich nicht zu führen. Aber auch deshalb war dies je länger je weniger möglich, weil mit zunehmender Intensität des Anbaus, wie überall, so auch hier, der selbstwirtschaftende Bauer zunehmend ökonomisch »unabkömmlich« wurde [1]).

Der entscheidende Kampf der freien Arbeit und Siedelung gegen die unfreie war die gracchische Bewegung, welche auf die alte Forderung der Aufteilung des ager publicus zurückgriff. Die Gracchen persönlich, zum mindesten Tiberius, waren in erster Linie p o l i t i s c h e Reformer, ihr Ziel: die Herstellung der alten Grundlagen der H e e r e s verfassung. Allein sie stellten selbstverständlich die Interessen der Bauernschaft, für sich und

---

[1]) Das sehr Berechtigte an L. M. Hartmanns schon einmal erwähnter Bemerkung: daß die Sklaverei im Altertum ökonomisch (wegen der Heerespflicht) notwendig gewesen sei, ist, hoffe ich, in der Darstellung zu seinem Recht gekommen. Aber natürlich: weder ist das eigentlich Spezifische: die römische L a n d sklaverei im G r o ß betriebe, daraus a l l e i n, deduzierbar, noch überhaupt: daß gerade die S k l a v e r e i, und nicht a n d e r e Formen der Abwälzung der Wirtschaftsführung: Instleute, Teilpächter, Heloten usw. das Mittel der »Anpassung« an jene Situation: die Notwendigkeit der »Abkömmlichkeit« für Politik und Krieg, dargeboten haben. W e l c h e n unter den (m e i s t) sehr v e r s c h i e d e n e n Wegen der »Anpassung« ein historisches Gebilde nimmt, d a r i n beruht (m e i s t) gerade das historisch W i c h t i g e an seiner Eigenart.

ihre Kinder die Gelegenheit zu billigem Bodenerwerb zu gewinnen, in den Dienst ihrer Sache. Boden zu Ansiedelungszwecken konnte im großen nur durch Beschränkung und teilweise Einziehung der Okkupationen beschafft werden. Gegen diese Entziehung von Generationen alter Besitzstände waren aber, — worauf namentlich E. Meyer nachdrücklich hingewiesen hat, — nicht nur die römischen, sondern ganz ebenso die zur Okkupation, im Prinzip, auf gleichen Fuß zugelassenen bundesgenössischen Possessoren interessiert, und die gracchische Bewegung entfesselte daher nicht nur den Klassenkampf in Rom, sondern ebenso den Kampf der römischen Bürgerschaft mit den Bundesgenossen, welche nunmehr schon zu ihrem ökonomischen Schutz und um an den Assignationen beteiligt zu sein, das Bürgerrecht verlangen mußten, während sie bis dahin umgekehrt oft genug gegen den Abfluß ihrer begütersten Bürger nach Rom, zu protestieren gehabt hatten (s. o.). Die Gracchen konnten, selbst im Bunde mit den Bauern, nur von einer Spaltung der übermächtigen Gegnerschaft den Sieg ihrer, ja in erster Linie ideologisch motivierten Bewegung erhoffen. Es gelang ihnen in der Tat, das »commercial interest«: die Schicht des nicht zum Amtsadel gehörenden Geld- und Sklavenbesitzes, die rein ökonomisch interessierte Bourgeoisie: den sog. Ritterstand, zu gewinnen, indem sie den Steuerpächtern durch Ueberlassung der Provinz Asia an das stadtrömische Verpachtungssystem, und ferner durch Auslieferung der Gerichte an sie, zu einer Akme ihrer Macht verhalfen, von der erst Sulla sie endgültig wieder herunterstieß, indem er sie wieder der gerichtlichen Kontrolle der senatorialen Geschlechter unterwarf. Dieses Aufsteigen des antiken Kapitalismus zum Höhepunkt seiner Entfaltung (in den ihm eigenen Formen), wie es mit jener Machtstellung der Kapitalistenklasse erreicht wurde, ging zweifellos auf Kosten der Interessen der Provinzialen, welche der schonungslosesten Ausbeutung preisgegeben wurden. Und es kam trotzdem der gracchischen Bewegung nicht dauernd zugute. Es gelang dem Senat, die ökonomisch gesättigte Ritterschaft zu sich hinüberzuziehen. Der Gedanke, die Bundesgenossen durch das Angebot des Bürgerrechts zu gewinnen, konnte in Rom nicht durchdringen: seit das Bürgerrecht nicht nur die Anwartschaft auf Ackeranweisung gab, sondern überhaupt die Komitien ihre Macht, und damit die Möglichkeit ihrer ökonomischen Fruktifizierung, wieder fühlten, begannen sie in ähnliche Bahnen zu geraten, wie der Demos von Athen vor und unter Perikles. Und schließlich sah sich, gerade infolge des militär- und agrarpolitischen Zweckes der Ackergesetze, C. Gracchus in der Popularität der Massen, der Konkurrenz der Demagogie der großen Besitzer ausgesetzt. Die gracchischen, wie die späteren, Ackerassignationen suchten die neugeschaffenen Stellen der Spekulation und Verschuldung zu entziehen: der Besitzer sollte wirklich Bauer werden. Unterstützungen zur Inventarbeschaffung auf verschiedenen Wegen stehen daher neben den entscheidenden rechtlichen Schranken: Unveräußerlichkeit und, als Zeichen des Staatsobereigentums, Rekognitionszins (die sullanischen und caesarianischen Veteranenassignationen haben Verpfändungs- und Dosbestellungsverbot einerseits, Abgabefreiheit andererseits nebeneinander gestellt). Aber eben jene »sozialpolitisch« motivierten Schranken wurden den Gracchen zum Verderben. Die, um jener politischen Zwecke willen, eingeführte Unveräußerlichkeit der neu assignierten Landlose und der Rekognitionszins wurden gegen C. Gracchus ausgespielt und er »überboten«. Der Sieg des »landed interest« mit der gewaltsamen Niederwerfung der gracchischen Bewegung besiegelte den Sieg der unfreien Arbeit und damit die Beseitigung der alten Grundlagen des Staats. Die Okkupationen wurden durch die inschriftlich erhaltene lex agraria von 111 v. Chr. auch formell zu ager privatus erklärt, also definitiv appropriiert und der italische ager publicus damit beseitigt. Von Marius wurde alsdann in das alte, sich selbst equipierende Bürgerheer das vom Staate equipierte Proletariat der »capite censi« aufgenommen, weil nur so die Heeresreorganisation durchgeführt und die dringende Gefahr der germanischen Invasion beschworen werden konnte. Durch den Bundesgenossenkrieg erzwang sich zwar die Bauern- und Kleinbürgerschaft Italiens die Teilnahme an den Vorteilen des Bürgerrechts. Aber mit der politischen Bedeutung der Bauernschaft war es bei der Beschaffenheit der Komitien, der Staatsverwaltung und der Aufgaben des Weltstaats bereits vorbei. Das Heer wurde seit Marius eine Versorgungsanstalt der Besitzlosen: der Veteran, nicht der Bürger, hat jetzt die Anwartschaft auf Landzuweisung, und es begannen — ebenfalls seit Marius, die Durchschnittsgrößen der Assignationen zu steigen: 30 jugera in der Gracchenzeit, 50 unter den Triumvirn in Italien, noch wesentlich größere Lose in den Provinzen. Andererseits: die, als Reiterdienst abzuleistende, Wehrpflicht der Besitzenden hörte auf effektiv zu sein. Mit beidem war die politische Grundlage des Caesarismus geschaffen. Die großen Sklavenaufstände zeigen die gewaltige Zunahme und zahlenmäßige Bedeutung der unfreien Landarbeiter. Die schweren Besitzerschütterungen, welche die Konfiskationen und Ackeranweisungen zumal der Triumvirn mit sich brachten, haben wesentlich negativ, nicht positiv gewirkt. Die einmal gegebene ökonomische Struktur und die damit gegebene Deklassierung des Bauern war nicht mehr zu erschüttern und die Veteranen hafteten trotz der erwähnten Verkehrsschranken nicht an der Scholle. Das Land war seit der Legalisierung der Okkupationen in Italien zu einem gewaltigen Bruchteil in den Händen großer Besitzer; wie stark die Vermehrung dieses Besitzes durch direkten Auskauf von Bauern war, ist nicht sicher zu bestimmen: die »massae« des erhaltenen Urkundenmaterials geben dafür nur allzu zufällige (und späte) Anhaltspunkte. Man muß sich auch für Rom hüten, das quantitative Schwinden des Bauernstandes sich allzu vollständig vorzustellen. Zu jeder Zeit der Römerherrschaft hat es, vor allem in den Gebieten rentelosen Bodens, zahlreiche »selbständige« Bauern gegeben, wie es heute zahlreiche »selbständige« Handwerker gibt und geben wird. Schultens überaus eingehende Untersuchungen der Verbreitungsgebiete sabellischer Namen zeigen die sehr große Stabilität speziell der Bauern der Berglande, die schwerlich nur oder wesentlich den römischen Freizügigkeitsschranken, zuzuschreiben ist. Der Bauer blieb, quantitativ, in großer Zahl vorhanden. Aber qualitativ — dem sozialen und ökonomischen Gewicht nach — bedeutet er nichts mehr gegenüber den Sklavenbesitzern. In den Augen der Agrarschriftsteller wird er — wohl übertrieben — zum »pauperculus«, welcher »cum sua progenie« das Land bebaut, welches der rationale Betrieb ihm läßt. Caesars Verordnung, daß die Hirten zu einem Drittel freie Leute sein sollten, und des Tiberius Rede im Senat über die Konsequenzen der landwirtschaftlichen Sklaverei zeigen deutlich, wohin die Entwicklung geführt hatte.

Die Betriebstechnik der »Großwirtschaften« der römischen Landwirtschaft ist auf einer ähnlichen Stufe stehen geblieben wie die griechische. Die Düngung ist in catonischer Zeit leidlich intensiv, Stallfütterung besteht, die Ackergeräte aber sind recht primitiv. Der Gebrauch des Streichbretts gehört, wo es vorkommt, erst der Kaiserzeit an; die Sichel wird zur Ernte, das Austreten durch das Vieh als Form des Dreschens benutzt. Von Karthago her bürgerte sich dann der Dreschwagen ein. Der, zumal im Binnenlande, wenig rentable Getreidebau ist in dieser seiner Technik früh stabilisiert. Im wesentlichen nur hochwertige Güter, Oel und Wein, Mastvieh und zumal Tafelluxusprodukte, konnten im Binnenlande mit dauerndem Gewinn für den Absatz produziert werden. Darauf beruht auf den römischen großen Gütern die Art der Betriebsorganisation. Große Weidewirtschaften mit Wanderherden sind in Apulien und in den »calles« der Berglandschaften herrschend, sonst nicht die Regel. Ueberall aber tritt in den kapitalistischen Betrieben das Interesse am Getreidebau zurück[1]). In eigener Regie werden die kapitalintensiven Branchen: Oel- und Weinplantagen und Spezialkulturen mit Sklavenarbeit betrieben, das Getreideland zu Catos Zeit vielleicht in Anteilsakkordarbeit bestellt, noch öfter aber wohl, und jedenfalls zunehmend an coloni (Parzellenpächter) gegen Anteil oder (zunehmend und in den Rechtsquellen fast ausschließlich behandelt) Geldrente vergeben. Die Sklavenplantage erlebte in der Zeit von Cato zu Varro ihre Expansion. Die Sklaven sind, solange der Sklavenmarkt stete Zufuhr gewährt, kaserniert, leben also ehe- und eigentumlos — Sklavinnen finden damals im Betrieb kaum Verwendung — und straff militärisch diszipliniert. Nur der villicus hat regelmäßig contubernium (Sklavenehe) und peculium (Mitweiderecht). Die eigentlichen Plantagensklaven sind (in den Weinbergen) zu Catos Zeit oft gefesselt und erhalten, der harten Zwangsarbeit entsprechend, größere Rationen. Ueberhaupt aber hausen in der spätrepublikanischen Zeit die Sklaven auf den Gütern mit voll entwickelter Ausnutzung der unfreien Arbeit, wie die Sklaven der Pharaonen im »neuen Reich«, in gemeinsamen Schlafräumen, »treten« bei Varro dekurienweise des Morgens »an« und werden von ihren Einpeitschern zur Arbeit geführt. Die bessere Garnitur der Kleidung ist auf »Kammer« gegeben, unter der Obhut der villica, und wird nur an Feiertagen

[1]) Der von Wissowa (Apophoreton, Berlin 1903) herausgegebene »Bauernkalender« beweist, interessant wie er ist, doch nichts Wesentliches für die Art des Betriebs. Daß er die Zeitpunkte für das Vornehmen der einzelnen Maßnahmen des Landwirtes (Saat, Jäten, Ernte usw.) für Gerste, Weizen, Spelt, Bohnen, Wicken, Heu, Obst, Oliven, Nutzholz, Rohr, Wein, Vieh angibt, zeigt doch nicht, wie W. anzunehmen geneigt scheint, daß alle diese Produkte, oder welche von ihnen irgendwo in einem Betriebe kombiniert waren.

oder von Zeit zu Zeit zum »Appell« verabfolgt; Lazarett für Kranke und carcer für Arbeitsunwillige sind vorgesehen. Mit zunehmender Größe der Betriebe und also zunehmendem Sklavenbedarf sucht man möglichst billig zu kaufen; man lobte die Brauchbarkeit der versklavten Verbrecher: »velocior est animus improborum«. Denn obwohl man Prämien auf die Kindererzeugung und Aufzucht setzte, war bei der vollkommenen Promiscuität (das Attachement an eine Sklavin hätte die Neigung z. B. zur Simulation von Krankheit gefördert, wie Varro hervorhebt) eine irgend erhebliche Reproduktion der Sklaven aus sich selbst unmöglich. Die Sklavenkaserne bedarf deshalb stets des Zukaufs und für diesen ist die Billigkeit entscheidend, denn der Sklavenbetrieb ist ein ungeheurer Menschenverschleiß. Die volle Ausnutzung der Sklavenarbeit ist angesichts des schwankenden Arbeitsbedarfs eines der Grundprobleme des römischen Gutsbetriebs. Wie heut stillstehende Maschinen Zinsen »fressen«, so — im wörtlichen Sinne des Ausdrucks und in weit direkterer Weise — das Sklavenkapital (instrumentum vocale) des Gutshofs (Cato, r. r. 39, 2). Die vorerst noch mäßige Größe der Betriebe — Cato rechnet mit wenigen Hundert Morgen — ließ die Entwicklung eines Gutshandwerkertums noch nicht zu, und die Billigkeit der Sklaven ließ einen Anreiz zu deren Schulung als gelernte Arbeiter noch nicht entstehen. Mit Ausnahme weniger Flecht-, Holz- und Reparaturarbeiten wird daher der Bedarf an gewerblichen Erzeugnissen, namentlich allen Metallwaren, aber auch anscheinend an Sklavenkleidung[1]), und ferner an solchen Produkten wie Fische, Salz (beides für die Sklavennahrung), Pech (für die Bottiche) usw. auf den Märkten gedeckt und fast alle Produkte — auch Wolle — als Rohstoffe verkauft. Auch werden außer den Sklaven freie Arbeiter bei der Getreide-, Heu-, Wein-Ernte zum Behacken und — zur Schonung des Sklavenkapitals — auf ungesundem Boden als Tagelöhner beschäftigt. Allein diese freien Arbeiter, welche, zumal in der Erntezeit, zunächst unentbehrlich waren, schrumpften immer mehr an relativer Bedeutung zusammen, weil ihre Haltung neben den massenhaften Sklaven gefährlich schien, und natürlich auch infolge der allgemeinen psychologischen Konsequenzen der Unfreiheit der Arbeit: — die Empfehlung Varros, freie Arbeiter

---

[1]) In Hellas lieferte z. B. Megara die Sklavenkleidung für Athen.

stetig, womöglich jeden Tag zu wechseln, bleibt, da die Bedenken Pernices gegen die Uminterpretation, welche Glaser (und mit ihm Gummerus) mit der betr. Stelle vornimmt, m. E. durchschlagen, bestehen. Als Aushilfsarbeiter kamen die nexi, obaerati, welche ihre Schuldsummen abzuarbeiten hatten, noch in Varros Zeit in Betracht. In ältester Zeit mag man auch Erntearbeiter als Prekaristen angesetzt haben (die Rechtslage derjenigen sog. »freien« Landarbeiter bei uns, welche ein Stück Kartoffelland ohne kontraktliche Garantie erhalten, um sie für die Erntezeit an das Gut zu fesseln — im Gegensatz zu den »Instleuten« und anderen Kontraktarbeitern — entspricht im östlichen Deutschland noch heute der Lage des römischen Prekaristen: Schriften des V. f. Sozialpolitik 50, S. 773 unten)[1]. Aber schon zu Catos Zeit war die Abwälzung der Ernte arbeit auf Unternehmer, welche mit freien Arbeitern umherzogen, oder der noch einfachere Verkauf der stehenden Ernte, offenbar sehr verbreitet. Auch Viehherden wurden dergestalt zur Verwertung des Ertrags vergeben. (Die Eigenart des catonischen Vertragsschemas hängt mit der Kapitalschwäche des Unternehmers zusammen.) Infolge dieser Lösung des Saisonarbeiterproblems war der ideale Gutsbetrieb des 2. Jahrh., wie ihn Cato d. Ae. geschildert hat, sowohl als Produktions- wie als Konsumtionszentrum wie auch in relativ starkem Maß als Arbeitsverbraucher in den Markt verflochten; der Grundsatz: nichts kaufen, was man selbst herstellen kann, galt zwar als Erbweisheit, allein die Struktur der Gutswirtschaft gestattete damals noch seine Durchführung nur in geringem Maße, wie die hübsche Arbeit von Gummerus zutreffend nachgewiesen hat: die Geldwirtschaft nahm zu Catos Zeit zu. Aber mit dem immer weiteren Anwachsen des Großbesitzes und des Betriebsumfangs — beides ist natürlich nicht identisch, geht aber faktisch parallel — treten, schon bei Varro, neben Ziegeleien und Töpfereien für den Absatz, auch Gutshandwerker für den Eigen bedarf, ferner sicherlich die Verwendung der (bei Cato, wie in Hellas, noch ganz fehlenden) Sklavinnen für die Herstellung der Sklavenkleidung[2], die Anschaffung eigener Oelquetschen — bei deren

---

[1]) Max Weber, Die Lage der Landarbeiter im ostelbischen Deutschland (1893).

[2]) Daß die männlichen Weber, die Varro erwähnt, für den Markt arbeiten, scheint auch mir (wie Gummerus) wahrscheinlicher. Sie sind Vermögensanlage aus Wirtschaftsüberschüssen.

Kosten nur kapitalkräftigen Wirten möglich — auf. Andererseits finden sich in der Spätrepublik, als typische Erscheinung, die »coloni«. — Die Guts h a n d w e r k e r finden sich naturgemäß da am meisten, wo der Großbetrieb in städte- und verkehrsärmere Gegenden vordringt, und auch für die damalige Durchschnittsgröße der Güter war, wie Varro ausdrücklich hervorhebt, das Kapitalrisiko, welches der Besitz eigener gelernter Handwerkssklaven mit sich brachte, meist noch zu groß. Je g r ö ß e r das Gut und je mehr es im B i n n e n land liegt, eine desto größere Rolle spielen eigene Handwerker einerseits, coloni andererseits. Die Parzellen p a c h t in der Form des doppelseitigen bonae-fidei-Kontrakts der locatio-conductio ist dem Alter nach nicht sicher bestimmbar: sie tritt, wie in Aegypten, an die Stelle der auch formal rein bittweisen Ueberlassung des Bodens, des alten feudalen precarium. Für die Beurteilung der sozialen Position des Kolonen schon in der republikanischen Zeit zeugt die Tatsache, daß er nicht nur (wie auch der Prekarist) gegenüber dem Herrn, sondern, im Gegensatz zu jenem und (sicherlich) dem Pächter öffentlichen Landes, nicht einmal gegenüber D r i t t e n irgendwelchen B e s i t z e s schutz genießt, vielmehr lediglich auf die Kontraktslage auf Entschädigung angewiesen ist, falls der Herr ihm das Grundstück nicht wiederschafft. Schon in republikanischer Zeit vermehren sich die coloni überall mit zunehmendem Umfang der teils als S t r e u besitz, teils als g e s c h l o s s e n e r Besitz sich zusammenballenden »latifundia«, naturgemäß speziell auf den ersteren, aber auch auf den letzteren. Seit dem Schwinden der Hoffnungen auf eine agrarische Umwälzung war der Nachwuchs der Bauernschaft in Italien auf das Abpachten von Land bei den anschwellenden Großbesitzern angewiesen. In den Provinzen übernahm das Reich massenhaft konfiszierte oder sonst erworbene Besitzungen von Herrschern oder aristokratischen Familien, auf denen Kolonen oder Bauern mit prekärem Besitzrecht saßen. Die Frage, ob es vorteilhafter sei, den Grundbesitz selbst (d. h. durch Sklaven) zu bewirtschaften oder (an coloni) zu verpachten, wurde schon Anfang des letzten Jahrhunderts v. Chr. wissenschaftlich erörtert. In der Praxis konnte sie so lange zugunsten der Sklavenarbeit ausfallen, als diese so billig zu e r g ä n z e n war, wie in der republikanischen Zeit, auch damals aber nur für solche Produkte, welche im arbeits e x t e n s i v e n Plantagenbetrieb hergestellt wurden. Viele Getreideäcker und besonders Außenschläge (agri loginquiores) der anwachsenden Güter vergab man dagegen wahrscheinlich schon zu Varros Zeit (obwohl er es nicht sagt) ebenso an Parzellenpächter, wie dies später erweislich geschah, und je weniger ein großes Gut auf jene Plantagenprodukte zugeschnitten war, um so mehr mußte die Ausgabe an coloni überwiegen. Denn daß die coloni in diesem Sinne schon vor Varro eine ganz typische Erscheinung geworden waren, steht durchaus fest, und zu Caesars Zeit (b. civ. I, 34, 2) galten sie sozial und politisch schon fast ebenso als »Hintersassen« ihres Gutsherrn, wie seine Sklaven und liberti. Die coloni sind schon in spätrepublikanischer Zeit Gutsinsassen, die als eigenes Vermögen meist nur etwas Vieh besitzen, denen der Gutsherr Land mit Inventar verpachtet und darum die Art der Benutzung, oft durch eine gemeinsame »lex« — unseren »Arbeitsordnungen« charakteristisch entsprechend — für das ganze Gut, vorschreibt, die ihm häufig verschuldet und dann durch sein Pfandrecht an ihren Mobilien faktisch gebunden sind. Soweit die Pacht überdies Teilpacht gewesen sein sollte — was allerdings für privaten Besitz bis tief in die Kaiserzeit im Okzident nicht nachweisbar ist — würde es naturgemäß jeweils von den Verhältnissen des Einzelfalles abgehangen haben, ob sie in erster Linie als Leute angesehen wurden, welche die Pflicht übernahmen, eine Landparzelle so zu bewirtschaften, daß für den Herrn — in Gestalt einer Fruchtquote — möglichst viel herausspringt, oder als Pächter, die gegen einen Anteil das Recht erwerben, jene Parzelle nach Vereinbarung zu benutzen. Aber auch bei der Geldpacht wird, wo immer der Herr das Inventar lieferte, die erstere Auffassung von Anfang an vorgeherrscht haben: der Herr ist es, der »vermittelst der Kolonen« (»per colons«) sein Grundstück wirtschaftlich »verwertet« (»exercet«). Daß den Kolonen auch Arbeitspflicht zur Aushilfe auf dem Gutshofe kontraktlich auferlegt wurde, ist quellenmäßig nicht direkt erweislich. Varro schweigt davon. Daß solche Arbeiten — in der Zeit großen Arbeitsbedarfs — vorkamen, scheint trotzdem a priori höchst naheliegend. Nach einer allerdings in dieser Interpretation bestrittenen Stelle wurden sie später, wenn sie für den Gutshof arbeiten, wie fast alle freien Arbeiter des Altertums, vom Herrn beköstigt und unterstanden der Aufsicht des Inspektors. Mit Zunahme des Großbesitzes saß also auch die Masse der freien Landbevölkerung — denn die coloni okkupieren teilweise Terrain der freien Bauern — zu widerruflichem Besitz auf ihrer Scholle. Während die Rekrutierung des Heeres, wie in jeder Polis, ursprünglich ganz auf sich selbst ausrüstenden Eigenbesitzern ruhte, treten, nach Aufnahme der grundbesitzlosen »capiti censi« in das nunmehr staatlich equipierte Heer, zunehmend die coloni an deren Stelle.

Die Betriebsführung ist in republikanischer Zeit mangelhaft, namentlich infolge des typischen Absentismus der an der Politik beteiligten stadtsässigen Grundherren. Der Besitzer erscheint meist nur von Zeit zu Zeit auf dem Lande, um den Bericht des villicus entgegenzunehmen. Wie wenig er selbst (recht oft) vom Betriebe versteht, — je länger je weniger, — zeigen die Eselsbrücken, die ihm die Agrarschriftsteller bauen wollen. Die Buchführung erstreckt sich in einigermaßen sorgfältiger Art nur auf die hochwertigen Absatzprodukte, namentlich Oel und Wein Präsente Geldrente ist das einzige Ziel des Besitzes. Daher die Abneigung gegen alle weiter aussehenden Meliorationen, für welche auch eine Realkreditform fehlt. Aus dem gleichen Grunde auch die häufige Veräußerung der Wein- und Oelernte auf dem Stamme. Der Betrieb der Oel- und Weinkulturen ist arbeits-extensiv und im allgemeinen anscheinend sehr wenig sorgfältig. Der Getreidebau, dessen Technik arbeits-intensiv blieb, diente in der Hauptsache wohl naturalwirtschaftlicher Bedarfsdeckung der gutsherrlichen Oikos. Die Kolonen mögen die kleinen Lokalmärkte versorgt haben. Die Getreideversorgung Roms war durch den staatlich kontrollierten überseeischen Import dem freien Markt in der Hauptsache: der Versorgung der Massen, fast ganz entzogen und zunehmend auf Abgaben der Untertanen, die zu Getreidespenden verwendet wurden, basiert.

Wohin auch die Verwaltung der römischen Aristokratie ihren Fuß setzte, da hat sie die Entstehung von Großgrundbesitz gefördert. Indirekt dadurch, daß die Römerherrschaft, im großen und ganzen, in den abhängigen überseeischen Gemeinden überall auf die Dauer der Oligarchie zur Herrschaft verhalf und sich auf sie politisch stützte. Direkt ferner durch die Art der Verfügung über den Boden selbst und das Bodenrecht. Obwohl dieser Punkt in dem Art. »Kolonat«[1]) näher zu besprechen ist, sei hier doch wenigstens einiges vorausgeschickt.

[1]) Offenbar wollte Weber anfänglich auch diesen Artikel verfassen, was dann unterblieb.

Höchst bunt ist die rechtliche Natur der Besitzstände auf allem nicht im vollen Privateigentum stehenden Areal. Auf dem ager publicus pop. Rom. gab es, wie schon gesagt, vom Standpunkte des Privatrechts ursprünglich nur »possessiones«. Aber der italische ager publicus schwand infolge der Ueberführung aller Okkupation in Privatland und der Assignationen Caesars (Campanien) und der Triumvirn. Die letzten Reste (die »subseciva«) überließ Domitian den Inhabern. Der Sache nach gab es seit Caesar als öffentliches (kulturfähiges) Land in Italien nur Munizipalland, der »ager publicus« war auf die Provinzen beschränkt — Daß der zur förmlichen Pacht von öffentlichem Land Zugelassene (stets: ein im Besitz des commercium Befindlicher) possessorischen und petitorischen Schutz auch gegen Dritte genossen habe, ist mir auch bei Zeitpacht, im Gegensatz zu Mitteis, gar nicht fraglich und von Hygin bezeugt. (Das Fehlen der direkten Klage der privaten coloni hatte — s o. — soziale Gründe. Der Staatspächter steht überall anders, rechtlich und faktisch.) Eine Uebertragung der Pacht an einen Remplacanten (vicarius) konnte mit Zustimmung der Verwaltungsbehörde stattfinden. Aber jener Gerichtsschutz kam eben nur den im römischen Rechtsverband Stehenden (Römern und Bundesgenossen) zugute, nicht den Untertanen. Diese bildeten, soweit sie auf ager publicus saßen, sei es kraft förmlicher Pachtung, sei es gegen Leistung traditioneller Abgaben, einen prekären abgabepflichtigen Besitzerstand, der sich bei Konfiskation des eroberten Landes zunächst aus den bisherigen Eigentümern des Landes rekrutierte, bis die Willkür der Zensoren oder eine Disposition über den Acker zu Kolonisationszwecken andere an die Stelle setzte. — Verschieden von der Domänenlokation, welche faktisch normalerweise nur eine Revision der de jure ablaufenden Domänenpachtkontrakte war, ist die Abgabenverpachtung, durch welche, neben anderen Leistungen auch die Abgaben der Domänenpächter an Publikanen zur Erhebung im Lizitationswege vergeben wurden. Immerhin konnte beides ineinanderfließen, wenn ein Großpächter eine Staatsdomäne zusammen mit den Abgaben von auf ihr angesessenen Parzellenpächtern (coloni) erpachtete, oder wenn er seinerseits erpachtetes Domänenland parzellenweise verafterpachtete. Aus und neben den rechtlich an die Zensusperiode gebundenen und prekären Besitzständen entwickelten sich vielfach erbpachtartige Verhältnisse, namentlich, wenn es sich um Land handelte, welches der Melioration bedurfte. Für Afrika ward schon durch die lex agraria von 643 a. u. c. die Höhe des vectigal für Erbpachtland festgesetzt, und allmählich ging man dazu über, Domänen auch im großen auf 100 und mehr Jahre gegen vectigal und Erbbestandsgeld zu verpachten an mancipes, welche dann ihrerseits Afterpächter einsetzten oder selbst im großen wirtschafteten.

Im Gegensatz zu Mitteis bin ich auch jetzt noch der Meinung, daß die Groß pachtungen auf ewige Dauer, welche uns, in ihrer Kombination mit Afterverpachtungen an coloni, in der Verfügung Konstantins von 319 (Cod. Inst. XI, 63, 1) so deutlich entgegentreten, bereits bei Hygin (de cond. agr. p. 116) im Keim hervortreten. Allerdings ist (vgl. England!) Pacht »auf 100 Jahre« nicht eine Umschreibung von Pacht auf ewig, wie Mitteis und Schulten glauben. Aber der manceps Hygins ist der offenbare Vorläufer des konstantinischen Emphyteutikars, schwerlich ein bloß zum Zweck der Anwerbung von Erbpächtern intervenierender Ansiedelungsunternehmer. In diesem Punkt scheinen mir die — hier wesentlich deduktiven, nicht quellenmäßig belegbaren — Argumente Mitteis' nicht überzeugend. Die »proximi quique possessores« sind doch keineswegs notwendig »Bauern«, so wenig wie die ägyptischen Katöken es sind. Kleine Erbpächter werden im römischen wie im griechischen Rechtsbereich, wennschon bei der ökonomischen Struktur der Römerherrschaft gegenüber der griechischen Kleinstadtpolitik wohl weniger oft, vorgekommen sein (quellenmäßig bezeugt sind sie für den Bereich des ager vectigalis nicht). Aber das charakteristisch Römische ist sicher das stetige Wachsen des Umfanges der privaten und quasi-privaten Besitzungen. Darin stimmt für die spätere Kaiserzeit auch Mitteis zu. Aber es scheint ganz unwahrscheinlich, daß die Spätrepublik, deren spezifischer Verwaltungstechnik der »manceps« angehört, es auf Vermeidung von Großpachten angelegt haben sollte.

Schon früh — wir wissen nicht: wann — entwickelten sich auch unbefristete Besitzstände auf dem öffentlichen Lande. Sie beruhen entweder auf Senatuskonsult — so das Leiherecht der erwähnten viasii vicani — und sind dann nur verwaltungsrechtlich geregelt und garantiert, oder auf lex — wie der »ager privatus vectigalisque«, das Erbpachtland, in Afrika. — Nur die kleine Minderheit des römischen Bodens also wird von dem tendenziösen Bodenrecht der Quiriten ergriffen, die große Masse der Bodenbesitzer sitzt zu höchst verschiedenartigen, meist prekären Rechten. — Dazu treten endlich die Besitzstände auf dem nicht römischen Acker (a. peregrinus). Innerhalb der latinischen Bundesgemeinschaft ist die Rechtslage des Bodens und das commercium daran vertragsmäßig geregelt, beide Teile haben in bestimmter historisch wechselnder Art Anteil an dem nationalen Bodenrecht des Gegenteils. In den überseeischen Besitzungen Roms ist die volle rechtliche Autonomie und also auch der Besitz des Bodens nach eigenem Rechte einem Teile der Bundesstädte durch foedus garantiert (civ. foederatae), also unwiderruflich. Ein sehr bedeutender Teil des im überseeischen Machtgebiet liegenden Bodens blieb »ager publicus« in direkter Verfügung der Zentralbehörden in Rom. Ein (vielleicht erheblicher) Bruchteil dieses konfiszierten oder als Domäne überkommenen Landes erscheint aber den Gemeinden (als ager per extremitatem mensura comprehensus, s. o.), gegen Abführung des Tributs, vom Staat widerruflich zugewiesen. (Er ist es, dessen Wiederinanspruchnahme für den Staat im 4. Jahrh. dann so heftige Besitzerschütterungen erzeugte, wie Mitteis wohl richtig annimmt.) Dies Verhältnis konnte insbesondere auch dadurch entstehen, daß die Gemeinden — wie in Syrien schon in der Ptolemäerzeit — die Staatsabgaben des in ihr politisches Gebiet fallenden ager publicus (zuerst auf Zeit und dann dauernd) pauschaliter pachteten. Einem weiteren Teil des Bodens ist durch Gesetz, also einseitig und deshalb auch durch Gesetz — aber nicht durch Verwaltungswillkür — widerruflich, die Qualität als ager peregrinus belassen. Dahin gehören z. B. die stipendarii in Afrika, kontributionspflichtige Großgrundbesitzer, die ihr Land behalten, aber nicht nach römischem Privat- oder Domänenpachtrecht besitzen, sondern offenbar nach peregrinem Recht, und das bedeutete: unter der Möglichkeit arbiträrer Einmischung des Statthalters in die Besitzverhältnisse, wie sie für jeden unterworfenen Besitz bestand. Endlich ist einem Teil der Gemeinden — und diese heißen spezifisch »civit. stipendiariae« — der Besitz prekär durch Senatsverfügung bis auf weiteres belassen mit der Formel: habere uti frui liceat (ἡμῶν ἕνεκα ἔχειν ἐξεῖναι im SC de Thisbaeis), also ein peregriner Besitzstand auf Widerruf, regelmäßig belastet mit einer Abgabe (stipendium = chronische Kriegskostenkontribution), ohne daß das Land römischer ager publicus würde.

Die Zuständigkeit des Senats zur Verfügung über das öffentliche Land und die provinzialen Besitzstände hat gewechselt (die Einzelheiten interessieren hier nicht), im ganzen ist sie stetig gewachsen und damit die Verfügung der römischen Oligarchie über den Boden der Welt. Die Besitzstandsmöglichkeiten sind, wie schon die vorstehende Skizze ergibt, überaus zahlreiche. Festzustellen ist hier nur, daß die Mehrzahl aller Bodenbebauer im römischen orbis terrarum am Schluß der Republik zu nicht durch ein »foedus« vertragsmäßig garantiertem, also insofern zu prekärem Recht auf ihrem Boden saß. Und zwar gilt dies in einem ganz spezifischen Grade von den Bauern. Soweit sie auf konfisziertem Lande oder überkommenen Domänen, auf dem Land stipendiärer Grundherren oder Gemeinden saßen, waren sie überall in der gleichen Lage wie die »ἔθνη« der hellenistischen Epoche und die λαοί der Ptolemäerzeit: daß ihr persönlicher Status und ihre Beziehung zum Lande faktisch keinerlei Schutz gegen arbiträre Verfügungen des Statthalters und, soweit dieser nicht einschritt, der Steuerpächter genoß, — wenn es nicht gelang, eine direkte Anklage, wie gegen Verres, anhängig zu machen. Daß dazu mächtige Protektoren und viel Geld gehörte und daß die Bauern, — soviel sie auch in den Gerichtsreden figurieren, — aus eigener Kraft diesen Weg nur schwer betreten konnten, ist klar.

Für die republikanische Zeit steht denn auch außer allem Zweifel, daß nicht nur die Verwaltung eines Statthalters wie Verres, sondern auch ganz »normale« Verwaltungen in den Provinzen stets eine Abnahme der Bauernwirtschaften, eine Zunahme der mit Sklaven bewirtschafteten größeren Landkomplexe bedeutet haben (die von Cicero gegebene Statistik der Besitzer auf dem ager Leontinus ist nur ein besonders eklatanter Fall). Das komplizierte System der Abstufung der politischen und ökonomischen Rechte, auf welches die römische Republik ihre Herrschaft baute, wirkte in ähnlicher Richtung. Nur der Vollbürger z. B. war wirklich ganz freizügig. Schon der Latiner wurde aus Rom ausgewiesen (s. o.), wenn seine Gemeinde ihn, um an den staatlichen Lasten teilzunehmen, zurückverlangte. Ganz ebenso und erst recht natürlich der Bürger jeder anderen in irgendeiner der verschiedenen Formen angegliederten und unterworfenen Gemeinden. Er mag faktisch sich im Einzelfall noch so frei bewegen, rechtlich kann er jederzeit in die Heimat abgeschoben oder von dieser zurückverlangt werden. Die Konsequenzen hieraus für die Agrarverfassung zog erst die spätere Kaiserzeit. Nicht minder war commercium und connubium: die Ehefähigkeit und, was damit zusammenhing, Erbfähigkeit und Bodenbesitzfähigkeit der Bürger jeder einzelnen föderierten oder abhängigen Gemeinde, durch Vertrag oder, weit häufiger, Privileg und Verfügung individuell geordnet, während andererseits der römische Amtsadel sich in den Edikten der Prätoren, wie die englische Aristokratie in der »equity« des Lordkanzlers, faktisch autonom das ihr adäquate »bonitarische« Erb-, Bodenbesitz- und Verkehrsrecht schuf, wenn nötig auf Kosten des überkommenen »Rechts der Quiriten«. Eine solche, in dieser wie in jeder anderen Hinsicht ständisch privilegierte Lage des römischen Bürgertums drückte sich naturgemäß in dessen geschäftlichen Chancen in den Provinzen (an die 100 000 Italiker brachte an einem Tage die »sizilianische Vesper« des Mithridates in Asien um) und in der entsprechenden ökonomischen Abhängigkeit der Nichtprivilegierten aus. Riesenhaft schwoll, zumal in denjenigen Gebieten, deren Steuern in Rom an die Ritter verpachtet wurden, die Verschuldung. Mithridates' Erfolg beruhte — das hat u. a. Ferrero mit Recht stark betont, — vor allem auf seiner revolutionären Parole der allgemeinen Seisachthie, die hier zum letzten Mal im Altertum als soziales Programm auftritt (denn Catilina vertritt in Wahrheit verschuldete Junker), und um die sich der Mittelstand des Orients ebenso gegen Rom sammelte, wie gleichzeitig im Bundesgenossenkrieg der Mittelstand Italiens um die Parole der Teilnahme an den Privilegien des Bürgerrechtes —, eine Forderung, gegen welche jetzt namentlich auch die Bourgeoisie der Ritter im Interesse der Erhaltung ihres Ausbeutungsmonopols, speziell wohl des Monopolwertes ihres Bodenbesitzes (s. o.), sich sträubte. Der römische Amtsadel siegte schließlich, indem er mit dem italischen Mittelstand einen Frieden machte, der ihn selbst nichts kostete. Die Kosten sollte bei Sullas Restauration wesentlich die Bourgeoisie des »Ritterstandes« tragen, politisch (Wegnahme der durch Gracchus ihm ausgelieferten Gerichte) und ökonomisch (Beseitigung der durch Gracchus eingeführten Verpachtung des asiatischen Zehnten in Rom). Aber eben damit wurde auch sie dem Caesarismus in die Arme getrieben, der so zu seinem militärischen Machtinstrument auch das ökonomische erhielt.

7. Grundlagen der Entwicklung in der Kaiserzeit.

Auch in der Kaiserzeit hat die Polis ihren Siegeszug durch die antike Welt fortgesetzt. Wie die Mazedonen mit der Gründung von »Alexandreschata« die Grenze Turkestans berührten, so hat die Römerherrschaft, mit den Synoikismen der Lusitanier, den Koloniegründungen und der noch wichtigeren städtischen Organisation der Untertanen in Britannien, Gallien und Mauretanien, am Rhein und der Donau, wo immer sie möglich schien, der Polis eine ähnliche Siegeslaufbahn im Okzident bereitet. Auch hier, und hier noch mehr als im Hellenismus, sind es oft riesige Landgebiete, welche den Städten »attribuiert« werden. Durch Verlegung der Verwaltung in die Zentralstadt, weiterhin durch Schaffung eines privilegierten Dekurionenstaates aus den Höchstbesteuerten, wird die Zusammensiedelung möglichst aller, mindestens aber eines Teils der großen Grundbesitzer in der Stadt indirekt (zuweilen auch direkt) erzwungen. Wie im synoikisierten Athen die »Eupatriden« diejenigen Grundbesitzer waren, welche *»αὐτὸ τὸ ἄστυ οἰκοῦντες«* sind, so wohnen nach Strabon die *»ἐπιφανέστατοι«* der Allobroger in Vienne, im Gegensatz gegen die *γεωργοῦντες*, welche in den *κῶμαι* die ländliche »plebs« bilden. Auf die ersteren stützt sich die Römerherrschaft, sie haben die Chance, allmählich zum Bürgerrecht aufzusteigen. Und m Anschluß an den Staat hat in der christlichen Kaiserzeit auch die Kirche an die Polis angeknüpft. Ihre Anhängerschaft war dem Schwerpunkt nach von jeher — bis das Prinzip »coge intrare« zur Geltung kam — städtisch (kleinbürgerlich): der Ausdruck »paganus«, der im Altertum allmählich seinen despektierlichen Beigeschmack vom Standpunkt des Stadtbürgers her empfangen hatte, wurde nun, wie im Jargon der Militärmonarchie auf den »Zivilisten«, so in der Kirche auf den »Heiden« angewendet. Und als die Kirche sich offiziell als Staat im Staat zu organisieren begann, führte sie zunehmend streng den Grundastz durch, daß ein Bischof nur in einer Stadt residieren kann. — Auch in den römischen Synoikismen standen politische Interessen oft in Konflikt mit ökonomischen: wie die »Dioikismen« von Mantineia und Patrai dem Wunsch der Grundbesitzer, auf ihren Gütern zu leben, entgegenkommen, so zeigt sich der Widerstand gegen den Synoikismos in der Kaiserzeit oft, und je länger je mehr, namentlich in den Binnenstädten, wo die Stadt keine Chancen der Kapitalanlage im Seeverkehr bot. Jedenfalls aber ist überall Sklavenarbeit oder Kolonenpacht bei einem starken Maß von Absentismus eine Folge, welche die Schaffung von Städten, zumal mit großen Binnenlandgebieten unvermeidlich mit sich brachte. Seit dem 3. Jahrh., und seitdem dauernd, stößt dann der Fortschritt der Stadtorganisation auf offenbar steigende Schwierigkeiten. Ehe deren Gründe berührt werden überschauen wir zum Abschied noch einmal die Eigenart der antiken Polis und fragen hier vor allem: wie sie sich denn zur »Stadt« des Mittelalters verhält. Die Kombination von Grundbesitz und Teilnahme am Markt als Grundlagen des Bürgertums, die allmähliche Akkumulation von Grundbesitz mittelst der Handelsgewinnste, die Behandlung der Grundbesitzlosen als »Gäste« (Metöken), die Bürgerleiturgien gegenüber dem Stadtherrn, militärische Organisation der Bürgerschaft, speziell: der für Militärzwecke wichtigen Gewerbe, die soziale Scheidung zwischen Reitern und Fußvolk, — dies alles findet sich in den Anfängen mittelalterlicher Städte ebenso, wie wir es in der Frühzeit der antiken Polis beobachteten. Aber im übrigen sind die Unterschiede ganz gewaltige. Freilich ist zunächst sehr nachdrücklich daran zu erinnern, wie verschieden, in ihrer sozialen Struktur, die Städte des Mittelalters untereinander sind. Um gleich einen wichtigen Punkt vorwegzunehmen: das Verhältnis zum ritterlichen Adel, der ja in der antiken Stadt überall und immer den Kern der Städteentwicklung ausmacht, — so verhalten sich z. B. Genua, für dessen Anfänge in gewissem Sinne das gleiche zutrifft, Florenz, wo die Bürgerschaft das »incasamento« des Landadels erzwang und zeitweise eine Art von politischer »Strafversetzung in den Adelsstand« kannte, sodann jene zahlreichen Städte, welche den Adel direkt oder indirekt zum Eintritt in die Zünfte nötigten, andererseits Freiburg i. B. und andere Orte, wo dem Adel die Niederlassung in der Stadt verboten war, und schließlich jene zahlreichen Städte (die Mehrzahl der großen), welche das Aufsteigen eines ritterlichen Patriziats aus dem Bürgertum heraus erlebt haben, offensichtlich recht verschieden voneinander. Ganz allgemein läßt sich wohl sagen: daß die mittelländischen Seestädte mit ihrem Ueberwiegen reiner Handelsinteressen und Handelsvermögen dem Stadttypus der antiken Großstadt am nächsten stehen und daß auch die (sekundären) reinen Ackerbürgerstädtchen den antiken Kleinstädten immerhin ähnlich sind, während dagegen die Industriestädte einen von der antiken Polis stark abweichenden Typus zeigen. So flüssig diese Unterschiede — wie alle noch so großen ökonomischen Differenzen — sind, so liegt doch, trotz Goldschmidts Widerspruch, in Lastigs These, daß die spezifischen Neuschöpfungen auf dem Gebiet des gewerblichen Kapitalrechts vornehmlich von den Industriestädten, wie Florenz, getragen werden, sehr viel Richtiges. Daß das Arbeitsrecht, die soziale Macht der Zünfte und die zünftige Ordnung des Arbeitsverhältnisses, die erste Organisation freier Arbeit also, — zu der sich im Altertum mancherlei Ansätze finden, aber eben: Ansätze, nichts Fertiges, — wesentlich diesen »Industriestädten« verdankt wird, liegt auf der Hand. — Das Karolingerreich kennt und reguliert den Sklavenmarkt. In den Binnengebieten Osteuropas blieb der Sklavenhandel ebenso bestehen wie in den mittelländischen Seestädten (Genua), — er schwand dagegen in den industriellen Binnenstädten. Nicht daß diesen etwa die Leibeigenschaft von Anfang an fremd gewesen wäre. Im Gegenteil: die Handwerker und auch die Händler, welche in eine neu konzessionierte Stadt ziehen, sind zu einem recht beträchtlichen Teil Leibeigene, die der Herr — wie der antike Sklavenbesitzer seine »χωρὶς οἰκοῦντες« — in die Stadt entläßt, um an ihren Abgaben und Hinterlassenschaften zu profitieren, und die erst allmählich (teilweise nach Jahrhunderten) persönlich ganz frei werden. Wie die Sklaven des Altertums, von denen der Herr »ἀποφορά« bezieht, gehen auch diese Leibeigenen neben ihren freien Berufsgenossen ihrem Erwerb nach; — der Unterschied aber ist: daß dies Gemenge von Freien und Unfreien hier einen »Zweckverband« bildete, der die Standesdifferenzen innerhalb seines Bereichs ignorierte und aus dem weiterhin eine autonome Gemeinde mit bestimmten Freiheitsrechten erwuchs — daß also sie, die von ihrem Boden oder ihrem Leibe Zinsenden, und nicht, wie in der Antike, die Herrn, die »Stadt« darstellen, — wenigstens in jenem Typus der »industriellen Binnenstadt«, überhaupt in allen den Städten, in welchen die Zünfte bestimmenden Einfluß gewannen. »Binnenstadt« ist dabei natürlich nicht etwa gleich: »Stadt in einem nach außen gänzlich verkehrlosem Gebiet« zu verstehen: — in einem solchen Gebiet gibt es nirgends eine Stadtentwicklung. Sondern es ist gemeint als eine Stadt, deren Produktion und Konsum dem Schwerpunkt nach auf lokaler Marktbildung beruht. Und »Industriestadt« ist im Mittelalter selbstredend nicht eine Stadt, deren Bedarf an Landwirtschaftsprodukten nur durch Absatz eigener gewerblicher Produkte gedeckt wird, sondern eine solche, bei der die Konzentration des freien Gewerbes wesentliche Grundlage des Nahrungsspielraums und zugleich das Spezifikum gegenüber dem platten Lande bildet. Städte, deren Existenz auf binnenländischen Boden- und Sklavenrenten beruht, wie Moskau bis in dieses Jahrhundert, und ihr ökonomischer Gegenpol: Städte, welche, wie Genua, auf Seehandelsgewinn, überseeischer Kapitalanlage und kolonialer Plantagenwirtschaft basieren, stehen beide der antiken Polis näher als das, was zwischen diesen Extremen liegt: die mittelalterliche Industriestadt im eben erläuterten Sinne. Daß Industriestadt und Handelsstadt immer wieder ineinanderfließen (Venedig und, erst recht, Flandern und viele oberdeutsche und rheinische Städte) ist ebenfalls ganz zweifellos, und daß im Altertum das Gewerbe von erheblicher Bedeutung für die Entwicklung der Polis sein konnte, ebenso. Gleichwohl bleibt der Unterschied ganz gewaltig. Und, was das Wichtigste und Entscheidende ist: die Position des antiken Gewerbes — soziale wie ökonomische — steigt nicht mit der Entwicklung des Reichtums, erreicht nirgends die Höhe der großen mittelalterlichen Gewerbezentren, während die ganze spezifisch moderne kapitalistische Entwicklung, die des gewerblichen Kapitalismus, an die von eben jenen »Industriestädten« geschaffenen Rechtsformen, also an das, was der antiken Polis fehlt, anknüpft. Der »Demiurg« der Frühzeit der antiken Polis sinkt mit der Entwicklung der Sklavenkapitalien. Jenes Gemenge freier und unfreier kleiner Leute dagegen, welches zu Beginn des Mittelalters, ganz ebenso verachtet wie im Altertum, ganz ebenso wie damals, gegenüber den Kaufleuten, von den Aemtern ausgeschlossen, die »Handwerke« konstituiert, steigt ökonomisch und politisch auf. Gewiß kennt das Altertum, wie uns die Bücher von Liebenam und Ziebarth zeigen, Handwerkerkorporationen. Aber, während — ganz wie im

Mittelalter — die militärisch wichtigen Handwerker der Frühzeit politische Wehr- und Stimmkörper bilden, fehlt jede irgend erhebliche Bedeutung der Handwerkerverbände gerade der »klassischen« Zeit der Antike gänzlich. Erst mit dem Schrumpfen der relativen Bedeutung des Kaufsklaventums begegnen Handwerkerverbände von sozialer Erheblichkeit, — aber ohne die typischen Rechte der mittelalterlichen Zünfte, für die vielmehr erst in der allerspätesten Zeit, nach dem völligen Untergang des Kapitalismus, Ansätze hervortreten, auf die L. M. Hartmann mit Recht hingewiesen hat.

Wie der antiken Polis gerade das Charakteristischste an der Stadtentwicklung des Mittelalters: die Zunft mit ihrem Kampf gegen den Patriziat und die Konstituierung von spezifischen Zunftstädten, fehlt, so fehlt der mittelalterlichen Stadt so gut wie jede Analogie für die charakteristischste Erscheinung in der freien Städteentwicklung des Altertums: den Kampf der Bauern gegen den Patriziat und die Konstituierung dessen, was oben als »Hoplitenpolis« bezeichnet worden ist: der Herrschaft der wehrfähigen Bauern über die Stadt. Die typische mittelalterliche Stadt schließt anfangs den Bauer vom Anteil am Bürgerrecht prinzipiell aus, — und als sie ihn später als »Ausbürger« unter ihren Schutz nehmen will, wird sie durch Adel und Fürsten daran gehindert. Und der Grundbesitz, den die reich werdenden Bürger erwerben, bedeutet nicht eine Erweiterung des Landgebietes. Natürlich finden sich »Uebergänge« auch hier wie überall in der Geschichte. Daß im Altertum die »Hoplitenpolis« nirgends wirklich rein ausgeprägt erscheint, weder in Athen nach Kleisthenes und Ephialtes noch in Rom nach dem hortensischen Gesetz noch irgendwo, ergab die vorstehende Skizze; und ferner ist natürlich nicht aus dem Auge zu verlieren, daß die »Hoplitenschaft« eben doch als sehr wesentlichen Bestandteil die städtischen Kleinbürger — speziell: Hausbesitzer — mit umschloß. (Von den »Demiurgen« und ihrer Rolle ist ja in der Darstellung die Rede gewesen.) Andererseits soll auch die Bedeutung der kleinen Ackerbürger im Mittelalter und die verwaltungsrechtliche Rolle der »Sondergemeinden« in den Städten nicht vergessen werden, vollends nicht die Rolle des Landgebietes in italienischen Stadtstaaten. Aber wer nicht die ausschließliche Aufgabe der »Geschichte« darin erblickt, sich selbst durch den Nachweis, daß »alles schon dagewesen« und alle oder doch fast alle Unterschiede solche des Maßes seien, — was gewiß richtig ist, — überflüssig zu machen, der wird den Nachdruck auf die Verschiebungen legen, die, trotz aller Parallelen, hervortreten, und die Gleichartigkeiten nur benutzen, um die Eigenart jedes von beiden Entwicklungskreisen gegenüber dem anderen zu ermitteln. Diese ist aber wahrlich groß genug. Wo im Mittelalter die Zünfte die Stadtherrschaft erobern und zu politischen Zwecken den Stadtadel wie jeden, der politische Rechte ausüben will, zwingen, sich in eine Zunft einschreiben, von ihr besteuern und kontrollieren zu lassen, da steht im Altertum der δῆμος, das Dorf, welches — z. B. fast im ganzen Umkreis der attischen Herrschaft — zu politischen Zwecken den gleichen Zwang übt. Wo das Altertum nach Grundrenteklassen die Ausrüstungspflicht abstuft, da das Mittelalter nach Zünften. Der Unterschied ist außerordentlich auffallend und zeigt allein schon, daß »die mittelalterliche« d. h.: die dem Mittelalter spezifische, Stadt ökonomisch und sozial in entscheidenden Punkten gänzlich anders konstituiert war als die antike. Und zwar in dem Sinne, daß das Mittelalter unsrer kapitalistischen Entwicklung längst vor dem Auftauchen kapitalistischer Organisationsformen näher stand als die Polis. Das tritt in den Frontstellungen der sozialen Kämpfe hier und dort hervor. Im Altertum ist der typische Gegensatz einfach der Vermögensgegensatz: Grundherr — Kleinbesitzer. Der Kampf dreht sich zunächst um politische Gleichstellung und Lastenverteilung. Wo er eine ökonomische Spannung zwischen den Klassen in sich schließt, ist er, abgesehen von den Fragen des öffentlichen Landes, letztlich fast gänzlich auf die Gegensätze zu bringen: 1. Landbesitzer — Deklassierter, oder aber 2. die Vorstufe dazu: Gläubiger — Schuldner. Schuldner ist dabei, zwar nicht nur, aber sehr wesentlich, der Bauer draußen vor der Stadt. Nun ist der Gegensatz der Zünfte gegen die Geschlechter anfangs auf der Höhe unseres Mittelalters (13./14. Jahrh.) mit den Kämpfen der Polis des antiken »Mittelalters« immerhin noch vergleichbar: politische Entrechtung, finanzpolitische Bedrückung und Benachteiligung im Allmendgenuß stehen im Vordergrunde. Aber nicht die Bauern draußen vor der Stadt, sondern die Handwerker drinnen stellen die Kerntruppe der Opposition. Und als dann die beginnende kapitalistische Entwicklung eingreift, handelt es sich bei den nun entstehenden Kämpfen keineswegs mehr, wie in der Antike, um bloße Gegensätze der Besitzgröße oder einfacher Gläubiger-(Schuldner-)Beziehungen. Sondern, je klarer sich spezifisch ökonomische Spannungen herausarbeiten, desto bestimmter prägt sich der im Altertum in dieser Art gar nicht praktische Gegensatz aus: Kaufmann — Handwerker. Der antike Bauer will nicht Schuldknecht und damit landwirtschaftliche Arbeitskraft eines stadtsässigen Grund- und Geld-Rentners sein. Der Handwerker der spätmittelalterlichen Städte will nicht Hausindustrieller und damit gewerbliche Arbeitskraft eines kapitalistischen »Unternehmers« werden. Nach dem Siege der Zünfte aber tritt überdies noch ein neuer sozialer Kontrast hervor, den das Altertum nicht kannte: der zwischen »Meister« und »Geselle«. Der antike Fronarbeiter im Orient »streikt« mit dem Schrei: »gib uns unser (traditionelles) Brot«. Der antike Landsklave empört sich, um wieder ein Freier zu werden, — von Empörungen und Kämpfen der antiken Gewerbesklaven dagegen hören wir nichts. Gerade das Gewerbe war in der Antike ja der Lage des Sklaven günstig: es bot ihm, im Gegensatz zur Landwirtschaft, die Chancen des Loskaufs. Vollends für soziale Forderungen freier »Handwerks g e s e l l e n« fehlt (s. o.) jedes Objekt, weil die »Gesellen« selbst fehlen (oder doch, wo sie etwa existierten [1]): keine sozial relevante K l a s s e bildeten). Fast alle antiken s o z i a l e n Kämpfe sind, und zwar g e r a d e: in den S t a d t staaten, letztlich Kämpfe um B o d e n besitz und Boden r e c h t, — ein Problem, welches in dieser Art und gar als ein spezifisch s t ä d t i s c h e s, im Mittelalter gar nicht existiert, sondern wesentlich den Konflikten zwischen l a n d sässigen Klassen: dem Bauern und den ihm übergelagerten n i c h t städtischen Schichten: je nachdem: Grundherrn oder politische Herren, angehört, wie sie in den wechselvollen, meist unglücklichen, Freiheitskämpfen der Bauern in England, Frankreich, Deutschland zum Austrag kamen. Gewiß: die Städte haben in diesen Gegensätzen oft Partei genommen, in Italien den Feudalismus niedergeworfen, in Deutschland ihn (auf die Dauer vergebens) bekämpft. Aber nur in einzelnen der größeren (italienischen) Stadts t a a t e n war dies ein Kampf i n n e r h a l b der Stadtgemeinschaft oder ihres Gebiets [2]). Das Ringen der Hoplitenschaften des okzidentalen Altertums gegen den S t a d t adel fände daher im Mittelalter seine Parallele nur etwa in den Kämpfen der Schweizer Gewalthaufen gegen die feudale Ritterschaft und die Territorialherren [3]). Diesem Unterschied liegt einer der wichtigsten Gegensätze antiker und mittelalterlicher Städteentwicklung zugrunde: der Unterschied des Sitzes und Charakters des A d e l s und der F ü r s t e n. Während die antike Polisentwicklung mit dem S t a d t königtum beginnt und zuerst dessen Verdrängung durch den S t a d t adel, dann aber die politische Emanzipation des L a n d e s und dessen Herrschaft über die Stadt bringt, steht an der Spitze der mittelalterlichen Entwicklung ein l a n d sässiger Grundherrenadel und ein spezifisch l ä n d l i c h e s Königs- und Fürstentum und ist die mittelalterliche Stadtentwicklung Emanzipation der s t ä d t i s c h e n Bürger aus grundherrlicher und öffentlich-rechtlicher Ab-

[1]) Denn, wie gesagt, diese Existenz soll keineswegs unbedingt bestritten werden. Die Gehilfen attischer Vasenkünstler, die später als selbständige »Meister« auftreten, könnte man z. B. unter diesen Begriff bringen. Nur f e h l t die Kenntnis der rechtlichen Gestaltung des Verhältnisses (Lohn oder: Vergesellschaftung ?).

[2]) Und dann ein Kampf zwischen B ü r g e r tum und Adel, nicht zwischen B a u e r n und Adel.

[3]) Die Kämpfe der Schweizer erinnern am meisten an die Kämpfe der Israeliten gegen den philistäischen Stadtadel (s. o.) und scheinbar ebenso an die Kämpfe der sabellischen Bergvölker gegen Rom. Aber der Unterschied ist im z w e i t e n Fall: daß die bäuerliche H o p l i t e n schaft Roms es war, welche gegen die vordringenden Bergvölker, um den Besitz ihres Bodens in den Ebenen kämpfend, durch ihre disziplinierte und deshalb überlegene Kriegstechnik die Samniten zurück- und schließlich gänzlich niederwarf, während im ausgehenden Mittelalter die Schweizer nach Art der Spartiaten die Virtuosen des Fußkampfes waren: auf das Reisläufertum wurde ja ihre Agrarverfassung direkt zugeschnitten. (Im übrigen ist bekannt, welche Rolle auch die S t a d t bürger in den Kämpfen der Schweizer spielten.)

hängigkeit von jenen nicht städtischen Gewalten. Zwar darf man auch hier den Gegensatz nicht verabsolutieren. Gerade die großen Handelsstädte am Südrande der Städteentwicklung des Mittelalters, wie Pisa, Venedig, Genua, und ebenso viele große französische und spanische Städte, sind in hohem Maße Sitze des Adels gewesen und erst recht: geworden, in Italien schließlich derart, daß man im 18. Jahrh. in Toscana die »città« vom »borgo« und »castello« außer nach der kirchlichen Qualifikation (Bischofssitz oder nicht) auch geradezu nach dem Range des Adels schied, der darin seinen Wohnsitz hatte. Und die Eidverbrüderungen, durch welche in solchen Städten — z. B. in Genua durch die »compagna communis« — die Autonomie der Stadt usurpiert wurde, könnten trotz aller Unterschiede in ihrer sozialen Zusammensetzung, sehr wohl an die Synoikismen der antiken Städte erinnern. Wenigstens kann man sie damit vergleichen: auch in diesen romanischen Städten des frühen Mittelalters ist der Adel, und zwar führend, mit dabei. Und — was damit zusammenhängt — es ist auch die ökonomische Basis des neu entstehenden Städtepatriziats dieser Städte im Prinzip dem der antiken Polisgeschlechter verwandt: Ueberseehandel, diskontinuierlich in der Form der commenda (wie im alten Orient), kombiniert mit bedeutendem und, infolge der Handelsgewinnste, wachsenden Grundbesitze. Diese letzterwähnte Aehnlichkeit in der ökonomischen Struktur des Stadtpatriziats mit dem Patriziat der Frühantike ist sogar den Städten des Mittelalters ziemlich generell eigen. Dagegen ist die Beziehung zu den eigentlichen feudalen Gewalten bei der großen Mehrzahl der mittelalterlichen Städte, zumal der nordeuropäischen und der kontinentalen Gewerbestädte, sowohl nach der Art der Entstehung wie nach ihrer späteren Entwicklung ganz abweichend von der freien Polis des Altertums. Dies ist die Folge des Umstandes, daß die Stadtentwicklung des Mittelalters in zwar sehr locker zusammenhängende, aber eben doch immerhin zusammenhängende, große Lehensstaaten eingebettet war, von Fürsten und Grundherren konzessioniert und privilegiert, rundum von ihrem Gebiet umgeben und, auch wo die Abhängigkeit sich noch so stark lockerte, dennoch in Maß und Art ihrer Entfaltung gebunden, weil immer wieder auf Kompromisse mit ihnen angewiesen. Gerade hieraus folgte ein sehr viel ausgeprägter »bürgerlicher«, auf den Erwerb durch Gewerbemonopolisierung und Kleinhandel gegründeter Charakter, als bei den Schöpfungen des mittelländischen Seehandelspatriziats. Sie unterscheiden sich durch diesen weit spezifischer »ökonomischen« Charakter von Anfang an sehr stark von der antiken Polis der klassischen Zeit, — während die hellenistischen Städte und diejenigen der Spätantike ihnen gerade darin näher stehen. Die breite Masse der mittelalterlichen Städte ist entstanden durch Ansiedelung auf dem Terrain eines Fürsten oder Grundherren, der davon Bodenzinse, Marktgebühren, Gerichtsgefälle erhoffte, — eine geradlinige Fortbildung der bloßen »Markt«-konzessionen, die bereits den gleichen Zweck verfolgten. Die Spekulation schlug bei den Städte-, wie vorher bei den Marktgründungen, zuweilen fehl. Gelang sie, so wurde das vom Herrn hergegebene Terrain besiedelt von einem Gemenge von freien und unfreien Zuzüglern, welche Hausgrund, Garten, Allmendnutzung und das Verkehrsrecht auf dem Markt der Stadt, bald auch Verkehrsprivilegien: Stapel, Bannmeile usw. erhielten. Diese Ansiedelung wird durchweg alsbald oder im Laufe kurzer Zeit Festung und gewinnt allmählich ein, freilich im Einzelfall sehr verschieden großes, Maß von Unabhängigkeit gegenüber ihrem Gründer, zuweilen volle Loslösung, zuweilen auch bloße ökonomische und Polizei-Autonomie, in den großen Städten aber der Regel nach: volle innere und, der Tatsache nach, äußere Autonomie unter Aufrechterhaltung von Grundzinsrechten und Gerichtsherrlichkeit des Stadtherrn, der also zwar auch politisch, aber doch überwiegend ökonomisch (als Gebühren- und Zinsenperzipient) an ihnen interessiert bleibt. Daß die Stadtbürgerschaft ihre Autonomie innerhalb der staatlichen Verbände bis etwa in das 15. Jahrh. hinein zunehmend erweiterte — während die hellenistischen und römischen Städte die ihre innerhalb der monarchischen Staaten zunehmend verloren, — hat seinen Grund in dem Gegensatz der Struktur der Staatengebilde, in welche die eine und die andere eingebettet waren. Der monarchische Staat des Altertums ist oder wird: bureaukratischer Staat. In Aegypten ist, wie wir sahen, aus der Königsklientel schon im 2. Jahrtausend die universelle Herrschaft der Bureaukratie herausgewachsen. Diese Herrschaft und die Theokratie haben gemeinsam im Orient die Entwicklung der freien Polis erdrückt; das Römerreich ging unter der Monarchie (s. u.) den gleichen Gang. Im mittelalterlichen Okzident geht die Umbildung der Ministerialität in die Amtsverfassung parallel mit der Ausbildung der Territorialgewalt, die, im wesentlichen, seit dem 13. Jahrh. beginnt, im 16. endgültig befestigt ist und seitdem, schon mit dem 15. Jahrh. anfangend, die Autonomie der Städte zunehmend beseitigt, sie dem dynastischen bureaukratischen Staat eingliedert. Während des ganzen früheren und auf der Höhe des Mittelalters aber ist der sich entwickelnden Stadt Raum zur Entfaltung ihrer entscheidenden Eigenarten gegeben: sie ist in dieser Zeit nicht nur die Hauptträgerin der Geldwirtschaft, sondern, damit zusammenhängend, auch der Verwaltung kraft amtlicher Pflicht, und sie ist rings umgeben von der Hierarchie, der auf Lehens- und Dienstbeziehungen ruhenden Machtverhältnisse, an denen (generell gesprochen) ihre Bürger als solche nicht teilhaben. Das hat gewichtige Konsequenzen: in der Polis, mit ihrer Gliederung in Phylen, Phratrien und ökonomisch abgestuften Wehrklassen, bei welcher der Militarismus schlechthin alles durchdringt, Militärleistung und Bürgerrecht einfach identisch sind, hängt auch schlechthin alles: Handelsmonopole, Chancen des Bodenwuchers, letztlich und vor allem: Bodenbesitz am militärischen Erfolge in dem chronischen Kriegszustand der einen Stadt gegen — im letzten Grunde — alle anderen Städte. Die Polis ist in der klassischen Periode die vollkommenste Militärorganisation, die das Altertum hervorgebracht hatte. Sie ist wesentlich zu Militärzwecken gegründet, ebenso wie die Masse der mittelalterlichen Städte wesentlich zu ökonomischen Zwecken gegründet sind. Zu dem Militarismus und dem rücksichtslosen kriegerischen Umsichgreifen der antiken Polis finden sich Analogien in den Seestädten Italiens: die erbarmungslose Vernichtung Amalfis durch Pisa, die Lahmlegung Pisas durch Genua, der Kampf Genuas gegen Venedig sind nach Ziel und Mitteln durchaus »antike« Polispolitik. Es finden sich Analogien auch im Binnenland: Zerstörung Fiesoles, Unterwerfung Arrezzos, Lahmlegung Sienas durch Florenz, und auch die Politik der Hanse bietet Anklänge. Im ganzen aber, zumal im kontinentalen französisch-deutschen Binnenlande und in England, ist eine kriegerische Beutepolitik als Stadtpolitik von Anfang an nicht durchführbar. Die Stadt ist nicht, wie im frühen Altertum, der vollkommenste Militärorganismus: Binnenlandstädte können in der Periode des Ritterkampfs, im eigentlichen Mittelalter, nur ihre Unabhängigkeit und den Landfrieden für ihre Verkehrsinteressen erwerben und behaupten und dies nur im Bunde miteinander. Erst die Zeit der Condottieri und der Soldheere gibt, selbst in Italien, ihrer Geldmacht das Uebergewicht da, wo der Kapitalismus hinlänglich entwickelt ist, um die Mittel zu liefern (auch der Unabhängigkeitskampf der niederländischen Städte ist zu Lande — von der Verteidigung der Mauern abgesehen — gänzlich mit Soldheeren durchgeführt worden, ganz ebenso wie die Expansion von Florenz). Die Stadt (im Binnenland) ist bei allem Gewicht, welches auf die Wehrhaftigkeit der Bürger gelegt werden mußte, doch von Anfang an, und zunehmend, »bürgerlichen« Charakters, auf friedlichen Markterwerb zugeschnitten. Der »Bürger« ist im Mittelalter von Anfang an in weit höherem Maße »homo oeconomicus« als der Bürger einer antiken Polis es sein will oder kann. Es fällt vor allen Dingen, im schärfsten Gegensatz zur antiken Polis, Landeroberung zum Zweck von Kleruchien normalerweise gänzlich außerhalb seines Gesichtskreises, schon einfach weil keine Reflektanten für solche: keine deklassierten, ihres Bodenbesitzes beraubten, verschuldeten oder Bodenbesitz für ihre Nachfahren suchenden Bauern als treibendes Element der Stadtpolitik in ihr vorhanden sind, mochte auch das städtische Patriziat, ganz wie im Altertum, sein Geld häufig in Landgütern anlegen. — Auch für das Vordringen der Bauern selbst, in den Urwald und nach Osten hin, war ja eine erobernde Expansion zur Landokkupation nach Art des Altertums im Mittelalter durch ihre Einfügung in die feudale Organisation ausgeschlossen. Jene Expansion lag jetzt in den Händen der Grund- und Territorialherren. Als Ziel der Politik einer (normalen) mittelalterlichen Stadt wäre die »Kleruchie« ebensosehr eine militärische wie ökonomische Unmöglichkeit, — während sie der antiken Polis normal ist. Das Interesse der mittelalterlichen Bürgerschaft — außerhalb der wenigen großen Städte, welche Uebersee beziehungen handelnd und kolonisierend ausbeuten — wird und bleibt instradiert in der Richtung auf friedliche Erweiterung des — lokalen und interlokalen — Warenabsatzes. Natürlich: seine ganz großen Gewinnchancen fand (wie Sombart mit Recht betont) in der zweiten Hälfte des Mittelalters der entstehende Kapitalismus auch jetzt da, wo ihm Staatspachten (Genua, Florenz) oder, vor allem, die Deckung königlichen Finanzbedarfs in die Hände gerieten. Aber: dieser Vorgang und alle jene Gestalten, welche an ihm hängen: — die Acciajuoli, Bardi, Peruzzi, Medici, Fugger usw. — sind nichts Neues gegenüber dem Altertum, welches sie seit den »Geldmännern« Hammurabis bis zu Crassus ganz ebenso kennt; nicht hier, und nicht in der Frage nach der Art der Akkumulation der ersten großen Geldvermögen liegt das Problem von der Herkunft der Eigenart der spätmittelalterlichen und neuzeitlichen Wirtschaftsverfassung, schließlich also auch: des modernen Kapitalismus, beschlossen. Sondern die entscheidenden Fragen liegen einerseits in der Entwicklung des Marktes: wie entwickelte sich im Mittelalter die Abnehmerschaft für die später kapitalistisch organisierten Gewerbe? — auf der anderen in der Richtung der Ordnung der Produktion: wie geriet das Verwertungsstreben des Kapitals in die Bahn der Schaffung derjenigen Organisationen »freier« Arbeit, welche das Altertum nicht gekannt hat? Diese Probleme sind hier nicht zu erörtern. Nur einige Bemerkungen über den Gegensatz der mittelalterlichen zur antiken Entwicklung, soweit agrarische Bedingungen mitspielen, sind dem bisher Gesagten noch hinzuzufügen. Die langsame, aber stetige Hebung der ökonomischen Lage der mittelalterlichen Bauernschaft, die erst mit dem Stocken der inneren Kolonisation, im Walde und nach Osten zu, ihr Ende erreicht, die aber im Mittelalter das Entstehen eines langsam sich erweiternden Marktes für die Städte, — wie umgekehrt die Städteentwicklung das Entstehen von Absatzmöglichkeit für bäuerliche Produkte, — bedeutete, hängt, wie schon die letzten Bemerkungen vermuten ließen, letztlich ebenso wie jene vorher besprochene spezifisch »bürgerliche« Entwicklung der mittelalterlichen im Gegensatz zu den antiken Städten, an den Lebensbedingungen, welche in jener Zeit die außerhalb der Städte etablierte feudale Gesellschaftsorganisation dem kontinentalen Bauern gewährte. Ein Blick auf ihren Gegensatz zu Parallelerscheinungen des Altertums scheint am Platz.

Wir sahen die große Bedeutung feudaler Elemente während des ganzen Altertums. Wir sahen die Allherrschaft des religiös gefärbten Klientelverhältnisses in Aegypten, und bei der ungeheuren Macht des Religiösen im Alltagsleben der Antike, wo auch die künstlichsten, rein rationalen, Phylenbildungen u. dgl. alsbald religiöse Bedeutsamkeit attrahieren, darf auch für die spätere Zeit die Zähigkeit feudaler Treuverhältnisse nicht unterschätzt werden. Auch ist der Ausgangspunkt der feudalen Entwicklung in beiden Fällen ein gemeinsamer. Am Anfang der Entwicklung steht im Mittelalter wie im Altertum die Gefolgschaft (trustis) des Gaufürsten, die, in größerem Maßstabe, wiederkehrt als Gefolgschaft des Königs, hier wie im Altertum oft angesehen als landfremd oder jedenfalls außerhalb des Landrechts stehend, durch die königliche Banngewalt gedeckt. Hier wie dort finden sich die Ansätze zu einer königlichen Magazinverwaltung, Versorgung des Heeres aus den Magazinen (Cap. de villis), Teuerungspolitik usw. Hier wie dort ist es der, letztlich, aus jener Gefolgschaft — wenn auch unter Verwertung mannigfacher außerhalb des speziellen Gefolgschaftswesens liegender Rechtsinstitute — sich entwickelnde ritterliche Adel, dessen Machtstellung und Unentbehrlichkeit den König zunehmend bindet, von sich abhängig macht, zuweilen zum reinen Wahlkönig degradiert und das Land beherrscht. Aber wie der König kein Stadtkönig ist, so ist auch der Adel kein Stadtadel und ist es auch — im kontinentalen Gebiet wenigstens, im teilweisen Gegensatz zum mittelländischen, — im Mittelalter nicht geworden. Ebenso die Grundherrschaften. Im Altertum sind sie bis in die Kaiserzeit die Basis städtischer Rentnerexistenzen. Dies zunächst einfach deshalb, weil das, was wir Altertum nennen, ein Küstenkulturgebiet umspannt: schon die thessalische Grundherrschaft trägt, scheint es, einen dem Mittelalter näher stehenden Charakter, — von den eigentlichen Binnenlandflächen erfahren wir erst in der hellenistischen und besonders der Kaiserzeit etwas (s. u.). Im Mittelalter rückt dagegen der Schwerpunkt jenes historischen Kontinuum, welches von den Pharaonen zu unsrer Kultur führt, in das Binnenland. Die Masse der Grundherrschaften sind nicht suburbane, sondern ländliche Gebilde, welche landsässigen Existenzen mit ihrem Anhang (Fürsten und freie Vasallen mit ihren ritterlichen Ministerialen) tragen sollen. Diese Funktion versehen nun die Grundherrschaften keineswegs ausschließlich, die großen nicht immer vorwiegend, in naturalwirtschaftlicher Form. Im Gegenteil: der König, die Fürsten, die großen Vasallen, sie alle wollen auch hier am Verkehr profitieren. Die Gründungen von Märkten und Städten sind ja, wie schon erwähnt, fürstliche und grundherrliche Gebühren- und Rentenspekulationen. Aber: Adel und Grundherren sind nicht, wie im Altertum, als solche Stadtbürger, — im Gegenteil: sie suchen ihre Herrenhöfe gegen die Einbeziehung in die »freie« Genossenschaft der Stadt, isolierend, zu schützen, den Städten das Recht, »Ausbürger« sich anzugliedern, zu nehmen. Ländliche und städtische Interessenkreise suchen sich also zu scheiden. Daß sie das nicht entfernt vollkommen erreichen, versteht sich, aber sie nähern sich dem immerhin in einem Maße, wie das in der Polis des Altertums: dem militärischen Exerzierplatz und Standlager, nie und nimmer möglich war. Und auch die innere soziale Gliederung der feudalen Schichten ist eine andere als im Altertum. Die Lehensträger der orientalischen Fürsten, die Heloten, Oikees, Klienten, Prekaristen und Kolonen der mittelländischen Grundherren sind in der Zeit des antiken Rittertums, wie wir sahen, kleine Leute, die als Troß und, allenfalls, leichte Fußkämpfer einen zu W a g e n in die Schlacht fahrenden Einzelkämpfer begleiten. In der Zeit des H o p l i t e n heeres braucht der gepanzerte Vollhoplit lediglich ein bis zwei Leute (Heloten, Sklaven) als Träger und zur Bedienung. Die (bis in die klassische Zeit hinein steigbügellose!) Reiterei des Altertums dagegen steht technisch tief bis in die Partherzeit. Dagegen das Lehensheer des Mittelalters ist ein R e i t e r heer von Anfang an und solange es besteht, mit steigender Vervollkommnung der Panzerung, Bewaffnung und Disziplin. Solche bäuerlichen *κλῆροι*, wie sie die *μάχιμοι* usw. des Orients oder (wahrscheinlich!) die Klienten in Rom bewirtschaften, überhaupt eine derartig gedrückte soziale Stellung, wie sie die im a n t i k e n Klientelverband stehenden Lehensleute einnehmen, konnte daher selbst den in der Lehenshierarchie am untersten Ende stehenden Ministerialen, w e n n sie gewappnet mit in den Krieg ziehen sollten, nicht geboten werden. Ihr Leben mußte ihnen immer die »r i t t e r l i c h e« Lebensweise gewähren. Alles, was »Bauer« ist, bleibt u n t e r dieser Schicht, die notwendig wesentlich R e n t n e r schicht ist [1]).

Und recht wesentlich mit darauf, d a ß schon die unterste, dem Bauern übergelagerte, Schicht ein R e n t n e r stand ist, mit Standesinteressen, welche dem Oekonomischen a b gekehrt sind, während andererseits die Bauern selbst eine zunehmend u n kriegerische Klasse werden, ruht die Art der Entwicklung der kontinentalen Bauernschaft im frühen Mittelalter. Diese Bauernschaft hat territoriale Eroberungen größten Stils gemacht, so groß, wie die irgendeines antiken Hoplitenheeres, aber, ebenso wie die Stadt, im wesentlichen f r i e d l i c h und überdies: wesentlich im Dienste feudaler Rentner. Die Rodung des Waldes und die Besetzung des Kolonisationsbodens des Ostens vollzogen sich beide unter Einwirkung des R e n t e n-interesses der H e r r e n schicht. Weil nun für dies gewaltige Werk »innerer Kolonisation« die Sklaven 1. quantitativ gemangelt hätten, 2. die E r n ä h r u n g von Sklaven höhere (und s t e i g e n d e) K o s t e n gemacht hätte, 3. weil — das Entscheidende — qualitativ Sklavenarbeit zur Schaffung von Bauernnahrungen »von wilder Wurzel aus« oder auf dem östlichen Sandboden nicht mit Vorteil brauchbar war, so bedeutete jene Siedelung eine mächtige Expansion »freier«, d. h. hier: wesentlich feste Abgaben leistender, Bauern, wirkte das individualistische Squatter-Recht des germanischen »Bifanc« im Urwald genau umgekehrt wie das Okkupationsrecht auf den eroberten Terrains Roms (wo es die P l a n t a g e n schaffen half) und vollends entgegengesetzt gegenüber der, notwendig bureaukratisch gelenkten, Schaffung von Neuland durch K a n a l bau in

[1]) Ich vereinfache die tatsächlich vielfach komplizierteren Sachverhalte hier etwas.

den orientalischen Staaten der Frühzeit. Die Bauernschaft des Mittelalters war so lange eine expansive, aufsteigende Klasse, als die rein feudale, *Renten* und nicht *Marktgewinn* suchende, Herrenschicht des reinen *Lehens*staates über ihr stand. Die Wucht der Naturalwirtschaft auf den, für die Verkehrsmittel der Vergangenheit, ungeheuren Binnengebieten hielt das Tempo der Entwicklung von *Fern*absatzchancen für landwirtschaftliche Produkte lange genug nieder, um der Bauernwirtschaft Zeit zur Eroberung Mitteleuropas zu geben. Gegen Ende des Mittelalters ist der *grundherrliche*, aber (normalerweise!) wesentlich nur mit *traditionellen* Abgaben belastete, Bauer der Typus des Landwirts, die nahe Stadt sein normaler Markt, er selbst, da die Stadt das Gewerbe für sich nach Möglichkeit monopolisiert, die »Störer« und Landgewerbetreibenden tunlichst ekrasiert hat, der normale, aber sichere Abnehmer der Masse der städtischen gewerblichen Produkte. Das *Lehens*heer und der *Lehens*staat haben den rein ökonomisch expansiven Bauer und die rein ökonomisch expansive Stadt des Mittelalters schaffen helfen. — An *diesen* Zustand knüpft das Eingreifen des modernen *Kapitalismus* im Gewerbe wie in der Landwirtschaft an. Gewiß: indem er ihn allmählich *auflöste*. *Aber*: man möge doch ja nicht die Existenz dieser, durch tausendfältig miteinander verzahnte Berechtigungen, Privilegien, genossenschaftliche Bildungen, Zwangs-, Stapel-, Bann- und Marktrechte usw., vor allem durch die traditionellen oder oktroyierten *Preis*regulierungen geschaffenen Verkehrsunterlagen für die Entwicklung des Kapitalismus unterschätzen. Sie sind ihm *Hemmnis* seines Profitstrebens, aber *Stütze* seines *Kalküls*, der nicht auf dem absoluten Flugsand orientalischen Feilschens hätte bauen können. Denn auf jeden Fall ist die durch tausend Fäden zusammenhängende Güterverkehrs-Organisation des Mittelalters, wie sie sich innerhalb des theokratisch-feudalen Gehäuses der damaligen Welt entwickeln konnte, eine der Komponenten eines dem Kalkül zugänglichen Güter*marktes*, ebenso wie die in jener Organisation verklammerte Schicht *freier*, bäuerlich-kleinbürgerlicher Existenzen jenen breiten, *relativ* stabilen *Abnehmer*kreis darstellte, dessen der moderne Kapitalismus für seine Waren bedurfte.

Der Gegensatz, der in der Entwicklung von Bürgertum und Bauernwirtschaft im okzidentalen Mittelalter gegenüber dem Altertum sich zeigt, ist also in *erster* Linie bedingt durch den *Wechsel des geographischen Schauplatzes*, in *zweiter*, damit durch die verschiedensten Ursachenreihen zusammenhängender, durch die abweichende *militärische* Entwicklung des Mittelalters. Während das Ritterheer im Mittelalter die feudale Gesellschaftsordnung erzwang, und seine Ablösung durch das Landknechtsheer und dann (seit Moritz von Oranien) die disziplinierte moderne Truppe den Sieg der modernen Staatsordnung mit herbeiführte, hat das Altertum zwei große militär-technische Umwälzungen erlebt: die

Einführung des Pferdes, von Osten (sei es Iran, sei es Turan) her, schuf (wie im Mittelalter) die Burg, den orientalischen Eroberungsstaat und die mittelländische ritterliche Gesellschaft. Das Eisen[1]), die Stoßwaffe, der disziplinierte Nahekampf gepanzerter Hopliten, schuf das Großbauern- und Kleinbürgerheer und damit die antike »Bürgerpolis«. — Alles weitere ist dann Konsequenz des Schauplatzes, auf welchem diese tätig wurde. Denn kriegerisch, erobernd, Handelsmonopole und Tributuntertanen, daneben aber Land zur Versorgung des Nachwuchses der Hopliten oder Gelegenheit zur Vermehrung der Renten der Kleinbürger suchend, war sie, wo immer sich ihr Chancen boten, von Anfang an und ist es immer und überall geblieben, wo nicht ihr Umsichgreifen durch politische Uebermacht gehemmt wurde. Die Oekonomik und Technik der Wirtschaft hat dagegen in den Zeiten seit den Ramessiden und Assurbanipal, mit Ausnahme der Erfindung der Münze, im Altertum offenbar relativ geringe Fortschritte gemacht. Wieviel — oder wie wenig — die im Licht der Geschichte liegende Zeit des Altertums an technischen Neuerungen geschaffen hat, wird sich erst entscheiden lassen, wenn einmal eine dem heutigen Quellenstand entsprechende Industriegeschichte Aegyptens und Mesopotamiens (für die Technik: vornehmlich Aegyptens) vorliegt. Es ist sehr möglich, daß alsdann der Orient, — wie er der Vater aller bis gegen Ende unseres Mittelalters hinein herrschenden Handelsformen (Babylon), ferner der Fronhöfe (Aegypten), der unfreien Heimarbeit (Aegypten), des Leiturgiesystems (Aegypten), der Bureaukratie (Aegypten), der Kloster- und anderer kirchlichen Organisationen (Aegypten, Juden) war, — auch als Schöpfer der größten Mehrzahl aller technischen Neuerungen erscheint, welche auf dem Gebiete des Gewerbes bis zum Ende des Mittelalters gemacht worden sind. Auf landwirtschaftstechnischem Gebiet sind im Lauf des Altertums einzelne Umgestaltungen zu verzeichnen, welche der Vergrößerung der, mit einem gegebenen Quantum Arbeit in gegebener Zeit zu bewältigender Fläche, also der Arbeitsersparung, dienten (bessere Dresch-, Pflüge- und Erntewerkzeuge — die letzteren beiden charakteristischerweise erst nach Schluß der klassischen Epoche und im nordischen Binnenland). Im Gewerbe ist, wenn, wie billig, von den Kriegsmaschinen und den ihnen verwandten Hebevorrichtungen u. dgl. wesentlich bei öffentlichen Arbeiten verwandten Instrumenten abgesehen wird, der Fortschritt, soviel erkennbar, hauptsächlich ein der Spezialisierung des Einzelarbeiters, nicht oder doch nicht im wesentlichen Maß, der Arbeitsvereinigung dienender. Und Aehnliches sehen wir auf dem Gebiet der Oekonomik des Gewerbes. Beides kann, nach der Natur der inneren Gliederung des

---

[1]) Selbstredend ist das Eisen seit prähistorischen Zeiten verwendet worden. Aber die eiserne Waffe gewinnt erst in der »nachhomerischen« Zeit die Oberhand.

antiken Gewerbes und des Verwertungsinteresses des Sklavenbesitzes, nicht Wunder nehmen. — Auf dem Boden der mittelalterlichen Handels- und Gewerbeorganisation, teils neben ihr, teils innerhalb ihrer, immer aber, trotz allen Kampfes gegen die Zünfte, unter Benützung der durch sie geschaffenen Geleise und Rechtsformen, schuf sich der moderne Kapitalismus die Bedingungen seines Wachstums. Aus der den Handel von Hammurabi bis in das 13. Jahrh. beherrschenden commenda schuf er die Kommanditgesellschaft (Ansätze im Altertum nur — charakteristischerweise — bei Staatspachtgesellschaften). Die im Altertum nur in rohen Artjel-artigen Formen vorhandene Solidarhaft von Teilhabern wird in die schon sehr feinen Formen des spätmittelalterlichen Rechts der Handels- und Industriegesellschaften: Sondervermögen, Firma usw. sublimiert. Es entstehen, m. a. W., jetzt die Rechtsformen für den kontinuierlichen kapitalistischen Handels- und Gewerbebetrieb, während das Altertum, im reinen Privatverkehr jedenfalls, bei Rechtsformen stehen geblieben war, die auf diskontinuierliche Gelegenheitsanlage von Kapital zugeschnitten waren [1]). Im Mittelalter beginnt das Kapital, sobald es das Gebiet der gewerblichen Produktion ergreift, alsbald die Synthese der kleinen Handwerkerbetriebe. Von der Organisation des Absatzes und, weiterhin, der Beschaffung des Rohstoffes schreitet sie unaufhaltsam in das Innere des Produktionsprozesses fort und kombiniert allmählich neue, der Rationalisierung der Technik angepaßte, künstliche, von der Familie sich zunehmend loslösende Betriebseinheiten von zunehmender Größe und — generell gesprochen — zunehmender innerer Gliederung durch Arbeitszerlegung und -vereinigung. Im Altertum bemerken wir, auf dem Gebiet der rein privaten Betriebe, derart nichts [2]). Wir haben gesehen, daß die Zusammenballung von Dutzenden, ja selbst von Tausenden von Sklaven in einzelnen Vermögen, auch da, wo die Sklaven derselben gewerblichen Branche angehören, keine Schaffung von »Großbetrieben« im ökonomischen Sinn war, so wenig wie etwa heute die Anlage eines Vermögens in Aktien verschiedener Brauereien die Schaffung einer neuen Brauerei bedeutet [3]). Denn um eine Anlage von Vermögen handelte es

---

[1]) Womit natürlich nicht gesagt sein soll, daß es im antiken Handel überhaupt nur solche diskontinuierliche Kapitalverwertung gegeben habe. Aber sie ist das »Spezifische«.

[2]) Auch dies, wie schon öfter betont, a potiori zu verstehen; die Leistung des Kapitalismus des Altertums liegt nicht in dieser Richtung. Wörtlich ohne alle »innere Arbeitsteilung« könnte ja ein sehr erheblicher Teil der auch im Altertum bekannten Gewerbe gar nicht betrieben werden.

[3]) Wenn eine attische Vase die Versicherung ihres Schöpfers trägt, »er habe sie gemacht, wie N. N. (sein »Konkurrent«) es niemals fertig gebracht hätte«, — so möchte ich dem eigenen Nachdenken (ökonomisch Ungeschulter) es überlassen, die weltweiten Unterschiede herauszufinden, welche diese Vorgänge nach Sinn, Mitteln, Effekt von moderner »Kon-

sich auch dort, wie wir sahen: — die Oekonomik und Technik der Produktion wird davon gar nicht berührt, die Sklaven bleiben, was sie waren: Kleinhandwerker, die ein vermögender Mann als Rentenquelle, oder: — das ist das Maximum der Annäherung an einen kapitalistischen »Großbetrieb«, — ein Importeur (Demosthenes) als Verarbeiter seines Rohstoffs verwertet. Wir sahen, wie labil, bei der geringen Bedeutung »stehenden Kapitals«, diese Zusammenballungen waren, wie vollkommen beherrscht das Schicksal des »Betriebes« vom Schicksal des Vermögens ist, und es ist abschließend hier noch eins hinzuzufügen: Wenn wir in den Sklavenvermögen des Altertums auf Zusammenhäufungen von ganz heterogenen Handwerkern stoßen (Timarchos), so ist das ebensowenig ein Zufall, wie wenn wir etwa in dem Wertpapierbestand eines modernen Vermögens äußerst heterogene, in ihren Verzinsungschancen unter ganz entgegengesetzten Bedingungen stehende Aktien antreffen. Eine solche Anlage in möglichst heterogenen Papieren ist, wie jedermann weiß, ein Gebot der Vorsicht, — ganz das gleiche aber gilt im Altertum für die Vermögensanlage in Sklaven, soweit es sich nicht um Arbeiter für so absolut stetige Gewerbe wie Edelmetallbergwerke (Nikias) oder um Verwertung eigenen Kaufmannsgutes (Demosthenes) handelte. Es war, in anderen Fällen, direkt ein Gebot der Vorsicht, heterogene Handwerker zusammenzukaufen, — eine Versicherung gegen Verlust, wie wir sie auf dem Gebiet der Mietsrenten in der Beteiligung desselben Mannes an dem Besitz von Anteilen möglichst vieler verschiedener Häuser antrafen. Daraus aber folgt: Der »Kapitalismus« auf dem Gebiet des Gewerbes war im Altertum, weil er Rentenkapitalismus war, in gewissem Sinne direkt gegen die Schaffung von »Großbetrieben«, die ein spezifisches Produkt herstellen, interessiert. Dazu hatte der Absatz gewerblicher Produkte, mindestens der Absatz nach außen, viel zu sehr den Charakter des Gelegenheitsabsatzes, der von zahllosen politischen Peripetieen, vor allem aber, in einem in dieser Art seit dem Spätmittelalter nur selten vorkommenden Maße, von den Schwankungen des Getreidepreises abhängig war (s. o.): der Spielraum, den bei der Masse — und deren Bedürfnisse sind es, die der moderne Kapitalismus deckt — im Altertum die Ausgaben für das absolut Unentbehrliche übrig ließen, ihre Kaufkraft für gewerbliche Produkte, blieb so eng und labil, daß auf dieser schmalen Basis kein sozial mächtiges zünftiges Gewerbe, noch weniger große »Hausindustrien« oder gar »Fabriken« existieren konnten. — Mit diesen — notgedrungen, wenn die nun einmal zweifellos vorhandenen Unterschiede hervortreten sollten, — etwas pointierten Ausführungen soll gewiß nicht bestritten werden, daß die gewerblichen Betriebe des Altertums hier und da eine gewisse Annäherung an einen rationalen »Großbetrieb« bedeutet haben

---

kurrenz« und »Reklame«, mit denen sie unter den gleichen Gattungsbegriff fallen, trennen.

mögen: das verlohnte sehr eine besondere Untersuchung. Aber das für das Altertum Charakteristische ist jene gerade entgegengesetzte Entwicklung, die sich dem modernen gewerblichen Kapitalismus nicht annähert, sondern sich von ihm entfernt. Es ist ganz wesentlich auch die Tatsache, daß das Verwertungsstreben des Kapitals im Altertum auf Sklavenarbeit stieß, welche diese Entwicklung instradiert hat. Daß dies im Mittelalter anders war, beruhte, neben rein historischen Gründen, doch vor allem wiederum auf der Verlegung des geographischen Schauplatzes der kapitalistischen Entwicklung. Die, klimatisch bedingte, ganz andersartige Entwicklung des Bedürfnisstandes [1]), die klimatische Hausgebundenheit des nordischen Menschen während langer Jahreszeiten im Gegensatz zur Aushäusigkeit, zum »ἀγοράζειν«, des antiken (dem etwa das Caféleben der heutigen Spanier und Italiener entspricht), die — auch ohne jegliche »Rassen«-Hypothesen [2]) — schon direkt aus den für jede neue Generation wieder gegebenen klimatischen Lebensbedingungen erklärlichen »Temperaments«-Differenzen, vor allem die zahlreichen Binnenverkehrszentren mit ihrer alles Sprunghafte ausschließenden stetigen Expansion von Konsum und Produktion, — das alles sind neue Bedingungen, in welche die technischen Traditionen des Altertums hineingezogen wurden und mit denen das wieder erwachende Verwertungsstreben des Kapitals zu rechnen hatte. Nicht nur war die Verwendung von Sklavenarbeit, infolge der höheren Erhaltungskosten, an sich im Norden benachteiligt, sondern die oben geschilderte militärische Struktur des Mittelalters schloß gerade auch die Sitze des Gewerbes: die Städte, von Sklavenraubkriegen nach Art der Poleis des Altertums aus, und die Fehden der Ritterschaft des Binnenlandes ergaben als Kampfpreis den Wechsel des Herrn der abgabepflichtigen Bauernschaft, die Ausdehnung der eigenen Grund- und Territorialhoheit auf Kosten der eines anderen, aber nicht die Fortschleppung der Menschen, wie in den Seeraubkriegen der antiken Küstenkultur. Die Sklaverei ging, mit steigender Kultur des Binnenlandes, mindestens relativ, zurück, während die Entwicklung »freier« Arbeit aus all jenen oben aufgezählten Momenten (die nähere Begründung führte zu weit) Vorteile zog. Endlich: während in den Kämpfen der Poleis des Altertums bis zum Ende der römischen Republik jeder Krieg im Prinzip die gewaltsame Vernichtung des ganzen Bodenbesitzstandes, riesige Konfiskationen und Neusiedelungen bedeutete, die Polis also in dieser Hinsicht auf dem Standpunkt der germanischen Völkerwanderung verharrte, — war das Mittelalter in aller seiner Fehdelust, und voll-

---

[1]) Man erwäge nur, was, — verglichen etwa mit dem Fellachen, — ein Arbeiter in unserm Klima rein physiologisch alles als absolutes Minimum bedarf, um stetig sitzend arbeiten zu können.

[2]) Die übrigens damit keineswegs als wissenschaftlich überhaupt nicht in Betracht kommend ausgeschlossen werden sollen.

ends die beginnende Neuzeit, dennoch eine, am antiken, etwa hellenischen, Maßstab gemessen, »befriedete« Völkergemeinschaft [1]). Gewiß hat der moderne Kapitalismus im Mittelalter und in der Neuzeit — wie schon oben erwähnt — seine gewaltigsten Gewinne aus dem »Kriegsbedarf« gezogen. Aber das, was neu war: die kapitalistische Organisation der gewerblichen Güterproduktion, ruhte doch auf jener »Befriedung«, welche unter allen politischen Peripetien dennoch die Kontinuität der ökonomischen Entwicklung erhielt und an welcher neben den großen Lehenstaaten vor allem auch die gemeinsame Kirche ihren Anteil hatte. Im Altertum dagegen war schon die Gründung der Polis ein politisch-militärisch motivierter Akt, und ebenso hing ihre Fortentwicklung an militärischen Vorgängen; und darum lebte der Kapitalismus dort letztlich allein vom Politischen, er war, sozusagen, nur indirekt ökonomisch: das politische Auf und Ab der Polis mit seinen variierenden Chancen von Staatspachten, Menschen- und (speziell in Rom) Bodenraub war sein Element. Als, im Hellenismus und im römischen Reich, die Oikumene befriedet wurde, da haben auch auf dem Boden der antiken Stadt, die nunmehr zur Trägerin ausschließlich ökonomischer Interessen wurde, die vorher nur in Ansätzen vorhandenen Berufsvereine der Händler und Handwerker sich reich entwickelt. Sie lassen sich, vom spätantiken Staat für seine Zwecke ausgenutzt, bis zum Einsetzen der ersten Anfänge der mittelalterlichen Zünfte verfolgen. Aber für den antiken Kapitalismus hatte die Todesstunde geschlagen: der Friede und der monarchische Staat, der Uebergang von der Küsten- zur Binnenkultur erdrückten ihn, wie er nun einmal war, statt ihm, wie man a priori glauben sollte, erst recht zur Blüte zu verhelfen. Jenen Uebergang zum Frieden und zur Binnenkultur aber hat endgültig die römische Kaiserzeit vollzogen.

Das Kaiserreich brachte, vorläufig unter Tiberius, endgültig seit Hadrian, den Frieden und das Aufhören der Boden- und Menschenraubkriege, und zugleich die Einbeziehung großer Binnenlandflächen: Galliens, der Rhein- und Donauländer, Illyriens und (zu der alten Provinz Mazedonien) auch des ganzen Innern der Balkanhalbinsel, in das Reich. Der Friede bedeutete das allmähliche Versiegen der Sklavenzufuhr: für einen Menschenverschleiß, wie ihn die Plantagen, nach Varros Ideal, betreiben sollten, und wie ihn die Bergwerke bedurften, war die spekulative Sklavenaufzucht und der friedliche Sklavenhandel nicht ausreichend. Der Sklavenpreis stieg anfangs rapide, — weil die

[1]) Nicht etwa in dem Sinne einer quantitativen Abnahme kriegerischen Handelns natürlich, sondern in dem Sinne der (relativ) zunehmenden »Befriedung« der Träger privaten Erwerbes, insbesondere der Städte und des Bürgertums.

Versorgung des Marktes mangelte, — in der Spätzeit des Reiches steht er umgekehrt außerordentlich niedrig, — weil inzwischen der Bedarf durch Umgestaltungen in der Wirtschaftsorganisation tief gesunken war. Ich habe dies Moment der Sklavenmarktverhältnisse früher etwas exklusiv überschätzt, — man möge es aber nicht unterschätzen. Der Zerfall der Sklavenkasernen, die Herstellung des Familienlebens des Sklaven, damit das Schrumpfen des Kapitalismus in den landwirtschaftlichen Großbetrieben, ist Tatsache und hängt auch und sicher in starkem Maß (die Quellen lassen die »Leutenot« erkennen) mit jenen Verschiebungen zusammen. Die großen Besitzungen der riesigen verkehrsschwachen Binnenlandflächen des Nordens konnten ohnehin nicht nach dem Muster der karthagisch-römischen Plantage bewirtschaftet werden. Schon Tacitus (oder sein Gewährsmann) hat, wahrscheinlich bei den Fürsten der Ubier an der Rheingrenze, die Naturalrentengrundherrschaft gesehen, wie sie in der Frankenzeit das Feld behauptet, und stellt sie zu den römischen Sklavenkasernen mit ihrer militärischen Robotordnung in Gegensatz. — Langsam begann die römische villa mit ihrer immerhin hohen Kultur nach Norden, schließlich bis an die Grenze Schottlands, vorzudringen. Diese villa ruht dabei — auch das lassen die Quellen erkennen — auf einer immer breiteren Grundlage und muß dies tun, weil das, was für eine »herrschaftliche« Existenz nötig wird, ein immer größeres Areal erfordert. Der Prozeß der Vergrößerung der Großgrundbesitzungen, der schon in der Republik im Gange war, setzt sich fort, und damit zugleich ihre allmähliche Loslösung vom Markt, der für ihre Bedarfsdeckung immer entbehrlicher wird, — ein Prozeß, von dem in dem Art. »Kolonat« noch zu reden sein wird[1]). Gewaltsam sucht die Monarchie, — wie die Quellen erkennen lassen, gegen immer stärkeren Widerstand der Possessoren — diese zu synoikisieren. Aber die Stadtflucht behält die Oberhand. Die Aristokratie wird in starkem Maße landsässig, und das heißt: das Mittelalter bereitet sich vor, die Bedeutung der Städte sinkt, sozial wie ökonomisch. Absolut hat der Güterverkehr, etwa in den 3½ Jahrhunderten von Gracchus bis Caracalla, im Gebiet des in der Kaiserzeit vom Römerreich umspannten orbis terrarum sicherlich ganz gewaltig zugenommen. Relativ

[1]) Vgl. Anm. auf S. 248.

aber, bei Vergleich seiner Umsätze mit dem Ausmaß der in den spezifischen antiken Kulturkreis als Bürger oder Untertanen einbezogenen Gebiete und Menschen dürfte das gleiche nicht der Fall sein. Denn dieser Kreis hatte sich riesig erweitert. Die antike Kultur begann aus einer Küstenkultur eine Binnenlandkultur zu werden und, nach Maßgabe der gegebenen Verkehrsmittel, mußte das eine relative Abnahme der Verkehrsintensität bedeuten. In den Küstengebieten wurde der Unterhalt und die Kleidung der Sklaven in den großen Oikoi ganz oder teilweise auf dem Markt gedeckt. Die Sklaven oder Kolonen des Possessors im Binnenlande leben selbstredend naturalwirtschaftlich: nur die dünne Herrenschicht hat hier Bedürfnisse, die zum Einkauf Anlaß geben, und durch Verkauf von Ueberschüssen des Guts gedeckt werden. Dieser Verkehr ist ein dünnes Fadennetz über der naturalwirtschaftlichen Unterlage. Die Massen der großen Hauptstädte andererseits versorgt nicht der Privatverkehr, sondern die staatliche Annona. Diese Entwicklung schloß natürlich durchaus nicht etwa eine absolute Zunahme der Besiedelung und des Anbaus des Bodens in den neuangegliederten Binnengebieten aus: nichts ist vielmehr sicherer, als daß beides in starkem Maße stattfand. Aber eben dies steigerte die Wirkung der Kulturverschiebung. Der Binnenkulturcharakter tritt in zweierlei am markantesten hervor: — in der Entwaffnung der Polis, der endgültigen Beseitigung ihrer selbständigen Politik, damit aber auch all der kapitalistischen Interessen und Gewinnchancen, die an ihr gehangen hatten, — und in dem Hervortreten des binnenländischen Großgrundbesitzerstandes und seiner Interessen in der Reichspolitik. Dies letztere hat gewichtige auch rein politische Konsequenzen. Die Abnahme der Offensivkraft des römischen Heeres, wie sie so augenfällig in der Verzettelung der geschlossenen Heerkörper über die ganze weite Nordgrenze hin hervortritt, hat jedenfalls auch ihren Grund in der Zunahme des Kulturstandes der provinziellen landsässigen Possessoren, welche von dem Heere vor allem Schutz und Bewachung ihres Besitzes, also defensive Aufgaben verlangen. Damit verbindet sich der monarchische Charakter des Staates, der alle typischen Konsequenzen der Monarchien des Altertums mit sich führt. Der italische Städtebund hatte seinerzeit mit seinem Bürgeraufgebot die Kelten zu Boden geworfen, — deren

Stärke reichlich derjenigen der Goten und Vandalen (je 15000 bis 20000 Krieger etwa) gleichkam, und hatte im hannibalischen Kriege eine Heeresmacht auf die Beine gebracht, für welche die Bewältigung der sog. »Völkerwanderung« eine Bagatelle gewesen wäre. Aber — ganz abgesehen von der Frage, ob die soziale Schichtung der Kaiserzeit noch eine Gründung der Wehrpflicht auf die Selbstequipierung eines Bürger- (und das heißt, in der antiken Polis: Bauern-)Aufgebotes gestattet hätte —, solche jeweils ad hoc erfolgende Bürgeraufgebote waren nicht fähig, einen ständigen Verteidigungsdienst einer quer durch ganz Europa laufenden Landesgrenze zu übernehmen, wie es das Interesse der binnenländischen Possessoren und der Domänenpächter verlangte. Das konnte nur ein stehendes, und also, nach den Verhältnissen des Altertums: ein Berufsheer. Und mit diesen Interessen des jetzt der Kultur erschlossenen Binnenlandes begegnete sich das dynastische Interesse des Monarchen, hier wie überall. Dynastisches Berufsheer und dynastische Bureaukratie traten nun, nach hellenistisch-ägyptischem Vorbild, an die Stelle der für ein Weltreich ganz unzulänglichen Polisverwaltung, und es war nur das konsequente Schlußglied der Entwicklung, als der monarchische Staat sich mit Verlegung der Residenz in den Osten auch ausdrücklich als Erbe des Hellenismus bekannte. Gewiß: Augustus und alle hervorragenden Gestalten der ersten beiden Jahrhunderte waren Römerkaiser, vorsichtig in der Ausdehnung des Bürgerrechts, zumal nach Osten hin, und auf die Erhaltung der Privilegien des Römertums bedacht. Aber: um die herrschende Nation ihrerseits zu beherrschen, entwaffneten sie sie allmählich, wie die Heimatsangaben der Veteranen in den Militärdiplomen deutlich genug zeigen. Und so war es möglich, daß durch einen einfachen Staatsstreich, ohne Lärm und Widerstand, die Herrschaft der Römer unter den Severen gebrochen wurde, und ein, jeder Kulturtradition barer Stamm, wie die Illyrier, abwechselnd mit Orientalen, sich der Beherrschung des Reichs bemächtigte. Das Ausscheiden der Römergeschlechter aus den Offizier- und Beamtenstellen, das Schwinden der alten festen Verwaltungstradition des Römeradels (nicht »Rassen«-Einflüsse, für die auch hier gar kein greifbarer Beweis vorliegt) mußte den Staat in seinen Grundfesten erschüttern, und in der Tat folgte, dank der (wie v. Domaszewski nachweist) ins Rasende steigenden Donative an das allmächtige Heer, — der Staatsbankerott, damit eine Generationen lang dauernder Zusammenbruch der antiken Geldwirtschaft (die späteren Bestimmungen über den »Schatzfund« zeigen, wo die Barmittel, hier wie immer in ähnlichen Fällen, geblieben waren), und ein Zerfall des Reiches, welches nun auf ganz neuer Basis wieder zusammengefügt wurde. Auch die römische Monarchie wurde nun ein Leiturgiestaat nach hellenistisch ägyptischem Muster. Die Ansätze dazu reichen weit in das zweite Jahrhundert zurück. Die ständische Schichtung, wie sie die Kaiserzeit vornahm, vom höchst privilegierten Senatorenstand bis zu der, in einer Art von Hoflieferantenkult (Augustales) zusammengeschlossenen, kleinstädtischen Freigelassenenbourgeoisie, und die Dekurionatsverfassung, die Organisation der exterritorialen Domänen und Grundherrschaften bildeten die soziale Grundlage für die Ausdehnung des Bürgerrechts durch Caracalla auf alle diese privilegierten Schichten des Reichs, denen die kopfsteuerpflichtigen *λαοί*, plebs, coloni, tributarii, gegenüberstanden. Jene, von den »sordida munera« des gemeinen Mannes eximierten Schichten der »possessores«, Grundherren, bilden nun auch offiziell die, sozusagen, »reichsunmittelbaren« Untertanen. Schon dieser Zustand, — die Fortbildung der Lage der Untertanen unter der Republik, — trägt hellenistisches Gepräge, gleichviel wieviel davon direkt als entlehnt zu gelten hat: die Bedingungen der antiken Monarchie brachten diese Gestaltungen mit sich. Die Art der Deckung der Heeresverpflegung und der Landversorgung der Legionen, die nun ein faktisch erblicher Stand verheirateter Grenzer wurden, ist zweifellos vom Osten, speziell Aegypten entlehnt, erst recht natürlich Monopole, Staatswerkstätten, Zwangszünfte, Solidarhaft der Dekurionen für die Steuern und alle die anderen Leiturgien, die, wie ein festes Netz, den einzelnen umstricken und an seine Funktion binden. — In diesem Netz hat der antike Staat auch, langsam aber sicher, den Kapitalismus erstickt. Denn wie kommt es doch, daß nicht wenigstens die ersten 2 Jahrhunderte der Kaiserzeit, und daß nicht, nach Wiederherstellung der Ordnung und des Friedens, das 4. Jahrhundert, Zeiträume (relativ) tiefen Friedens, wie sie die ganze »klassische« Zeit des Altertums nicht kannte, Blütezeiten kapitalistischer Wirtschaft waren? Zunahme der Geldwirtschaft steht, mindestens bis in die Zeit Mark Aurels etwa, fest, — aber »Geldwirtschaft«

ist eben nicht gleich »Kapitalismus«. Große Grundherrschaften entstehen und wachsen, — auf der anderen Seite dringen die Kleinhändler und Kleinhandwerker des Ostens während der ganzen, auch noch der letzten, Kaiserzeit in den Okzident vor (hier sind sie ja die Träger des Christentums). Aber von Fortschritten kapitalistischer Wirtschaftsorganisation hören wir weder im Handel noch in der Landwirtschaft noch vollends im Gewerbe etwas. Im Gegenteil: die »königlichen Kaufleute« der ersten Kaiserzeit, die nach dem Norden hin handelten, schwinden, — Kleinkrämervolk rückt vor, — die Verkehrssteuern versiegen in der Zeit des großen Zusammenbruchs im 3. Jahrh. so völlig, daß (wie Domaszewski nachweist) selbst die Erhebungsbeamten wegfallen. Und die flaue Lage, der Druck nach unten, datiert schon aus Mark Aurels Zeiten, wie die Papyri wahrscheinlich machen. Das Altertum hatte wahrlich härtere Kriegszustände erlebt als die Verwirrungsperiode des 3. Jahrh., — warum erholte es sich nicht wieder davon? — Weil der Kapitalismus des Altertums politisch verankert war, an der privaten Ausbeutung politischer Herrschaftsverhältnisse in einem expansiven Stadtstaat hing und mit dem Wegfall dieser Quelle der Kapitalbildung diese letztere stockte. Es war das erste Werk der Kaiser, daß sie die Steuern regulierten und die Willkür der Staatspächter einschränkten. Wie die ptolemäische Verwaltung (s. o.), so konnten auch sie zunächst das Kapital und die Geschäftserfahrung des Staatspächters nicht entbehren. Aber sie sahen begreiflicherweise, je mehr ihre eigene Bureaukratie die erforderliche Uebersicht gewann, desto weniger ein, weshalb sie dem Staatspächter ohne Not privaten Profit gönnen sollten, sie gingen auf der Bahn der »Verstaatlichung« des Erhebungswesens immer weiter, — und, wie Domaszewski und Rostowzew gezeigt haben: — der Staatspächter endet als Staatsbeamter. Durch den Schutz ihrer Untertanen einerseits, durch die Befriedung der Welt andererseits, setzte das Kaiserreich den Kapitalismus auf den Aussterbeetat. Schrumpfen des Sklavenmarktes, Schwinden all jener Chancen, die der Kampf zwischen Polis und Polis bot, Schwinden der gewaltsamen Monopolisierungen von Handelswegen durch die einzelnen Poleis, Verstopfung überhaupt der privaten Ausbeutung von Domänen und Untertanen, das bedeutete für den Kapitalismus des Altertums die Entziehung seines Nährbodens. Daß er vollends im diokletianischen Leiturgiestaat keinen archimedischen Punkt für die Verankerung seines Gewinnstrebens fand, ist selbstverständlich. Die bureaukratische Ordnung tötete, wie jede politische Initiative der Untertanen, so auch die ökonomische, für welche ja die entsprechenden Chancen fehlten. Jeder Kapitalismus verwandelt »Vermögen« der besitzenden Schichten in »Kapital«, — das Kaiserreich schaltete »Kapital« aus und hielt sich, wie der ptolemäische Staat, an das »Vermögen« der besitzenden Schichten. Mit ihrem Besitz, nicht mehr, wie in der antiken Polis, mit Speer und Panzer, hatten die besitzenden Klassen ihm jetzt, als Garanten seiner Einkünfte und Staatsbedürfnisse, zu dienen. — Damit an Stelle dieser direkten Benutzung der bemittelten Untertanen in Form des Leiturgiestaates die indirekte, in Form des Bündnisses zwischen Monarchie und Kapital im merkantilistischen Staat der Neuzeit, trete, bedurfte es der Entwicklung des gewerblichen Kapitalismus und des Beispiels des privaten kapitalistischen Reichtums der Niederlande und Englands. — Die Unterbindung der privaten ökonomischen Initiative durch die Bureaukratie ist nichts der Antike Spezifisches.

Jede Bureaukratie hat die Tendenz, durch Umsichgreifen die gleiche Wirkung zu erreichen. Auch die unsrige. Und während im Altertum die Politik der Polis den »Schrittmacher« für den Kapitalismus bilden mußte, ist heute der Kapitalismus Schrittmacher der Bureaukratisierung der Wirtschaft. Denken wir uns Kohlen, Eisen und alle Bergprodukte, alle Teile der Hüttenindustrie, ferner Sprit, Zucker, Tabak, Zündhölzer und überhaupt möglichst alle heute schon hochgradig kartellierten Massenprodukte in Staats- oder de facto staatlich kontrollierte Betriebe übernommen, den Domänenbesitz und die Fideikommisse und staatlich kontrollierte Rentengüter vervielfacht und den »Antrag Kanitz« in seinen Konsequenzen durchgeführt, für den Heeresbedarf und den Bedarf der Staatsbeamten staatlich geleitete Werkstätten und Konsumvereine, die Binnenschiffahrt an staatliche Schlepperei gebunden, die Seeschiffahrt staatlich kontrolliert, alle Eisenbahnen usw. verstaatlicht, dazu etwa noch die Baumwolleinfuhr durch Staatsverträge geregelt und staatlich geleitet und alle diese Betriebe in bureaukratischer »Ordnung« geführt, staatlich »kontrollierte« Syndikate, alles Uebrige zünftig, durch zahllose Befähigungsnachweise akademischer und anderer Art, reguliert, den Typus des »rentier paisible« verallgemeinert, — so wäre, unter einem militaristisch-dynastischen Regime, der Zustand der späteren Kaiserzeit, nur auf technisch vollkommenerer Grundlage, erreicht. Von der Qualität seiner Vorfahren in der Zeit der Städtebünde hat der heutige deutsche »Bürger« schließlich nicht sehr viel mehr als der Athener in der Zeit der Caesaren von denjenigen der Marathonkämpfer. Die »Ordnung« ist sein Panier, — meist auch wenn er »Sozialdemokrat« ist. Die Bureaukratisierung der Gesellschaft wird bei uns des Kapitalismus aller Voraussicht nach irgendwann ebenso Herr werden, wie im Altertum. Auch bei uns wird dann an Stelle der »Anarchie der Produktion« jene »Ordnung« treten, welche, im Prinzip ähnlich, die römische Kaiserzeit und, noch mehr, das »neue Reich« in Aegypten und die Ptolemäerherrschaft auszeichnet. Und man glaube nur ja nicht, daß der Waffendienst in einem bureaukratisch mit Kriegsmaschinen versehenen, gekleideten, sustentierten, gedrillten, kommandierten Kasernenheer ein »Gegengewicht« bieten könne, und daß überhaupt die moderne militärische Zwangsrobott in dynastischen Staaten mit der bürgerlichen Wehrhaftigkeit der fernen Vergangenheit innere Verwandtschaft habe. — Doch diese Perspektiven gehören nicht hierher. Das Kontinuum der mittelländisch-europäischen Kulturentwicklung kannte bisher weder abgeschlossene »Kreisläufe« noch eine eindeutig orientierte »gradlinige« Entwicklung. Zeitweise gänzlich versunkene Erscheinungen der antiken Kultur sind später in einer ihnen fremden Welt wieder aufgetaucht. Andererseits sind, wie die Städte der Spätantike, speziell des Hellenismus, auf dem Gebiet des Gewerbes, so die spätantiken Grundherrschaften auf agrarischem Gebiet Vorstufen des Mittelalters gewesen. Daß und in welchem Sinn dies gilt, ist an andrer Stelle zu erörtern.

Zur Literatur:

Als fortlaufende Bibliographie und zur Quellenkunde kommen für das ganze Altertum die »Jahresberichte der Geschichtswissenschaft« in Betracht, für das hellenisch-römisch-hellenistische die »Jahresberichte der klassischen Altertumswissenschaften« (eingehender; in ihrer Art mustergültig; freilich sind die Zwischenräume, in denen die einzelnen Gebiete behandelt werden, speziell die, meist mit der politischen Geschichte gemeinsam behandelten, ökonomischen Fragen, ziemlich groß und schwankend, überhaupt tritt diese Seite etwas zurück). Außerdem die Zeitschriften, unter denen besonders die Bibliographie der »Historischen Zeitschrift« und die Aufsätze und Besprechungen in der »Zeitschrift f. Sozial- und Wirtschaftsgeschichte« erwähnt seien. Die Mehrzahl der in- und ausländischen andern sozialwissenschaftlichen Zeitschriften bringt gelegentlich Artikel und Besprechungen von Belang, ebenso die ethnographischen, archäologischen (z. B. die »Rev. archéologique«) und rechtsvergleichenden Zeitschriften (z. B. die Kohlersche). Speziell das Altertum, und zwar das ganze Altertum, umspannt von den periodischen Publikationen programmgemäß: Klio, »Beiträge zur alten Geschichte« (mit Ergänzungsheften), worin eine Anzahl sozialgeschichtlich höchst wertvoller, auch vorstehend benutzter Artikel zu finden sind. Von den zusammenfassenden Darstellungen: Ed. Meyers großes, bisher bis zum Ende der national-hellenischen Geschichte führendes Werk: »Geschichte des Altertums«, 5 Bände, für die Sozialgeschichte mit jedem folgenden Bande ergiebiger werdend; die erste Lieferung der 2. Aufl., erst nach Druckabschluß erschienen, enthält neben höchst Wertvollem auch einige allgemeine Betrachtungen von, wie es scheint, anfechtbarer Natur; — für die »Prähistorie« des Staates und die Abwandlung des Staatlichen in der Geschichte müßte man, stände nicht der klare Realismus seines Urteils, wo immer er auf den Boden der Tatsachen tritt, allzufest, nach seinem Aufsatz in den Sitzungsber. der Berliner Akademie 1907, fast mit der Möglichkeit einer Trübung der Unbefangenheit seines historischen Blickes durch Stammlersche juristische Scholastik rechnen, welche für den Historiker ganz genau die gleichen Gefahren mit sich bringt, wie naturalistischer oder ökonomischer Begriffsschematismus. — Zu den allgemeinen Erörterungen in der Einleitung vgl. für Ed. Meyers Standpunkt seine Aufsätze über: »Die wirtschaftliche Entwicklung des Altertums« und »Die Sklaverei im Altertum«, dazu polemisch: Bücher, namentlich in der »Entstehung der Volkswirtschaft«, ferner in der Festgabe für Schäffle (»Zur griechischen Wirtschaftsgeschichte«) und in seinem Aufsatz über das diokletianische Edikt im 50. Bd. der Zeitschr. f. Staatswissenschaft, kürzer auch im Art. »Gewerbe« im Handwörterbuch der Staatswissenschaften, ferner über die Sklaverei speziell: Ciccottis »Tramonto della schiavità nel mondo antico«, eine Anwendung der Gesichtspunkte von Cairnes' »Slave power« auf antike Verhältnisse, die (trotz einer gewissen Unschärfe und Pointelosigkeit) zweifellos erheblichen Wert hat, und A. Loria im 4. Band der Z. f. Soz. u. W.G. Die wichtigen Arbeiten von Wilcken, Rostowzew u. a. s. unter »Hellenismus«. An allen diesen Stellen auch die Zitate der sonstigen Literatur. Die Rodbertusschen Schriften sind in Band 4, 5, 8 der Jahrbücher für Nat.-Oek. enthalten. Es ist wohl zu beachten, daß die Fortschritte der Erkenntnis der Historiker (Ed. Meyers und seiner Schüler) auch, und gerade da, wo sie gegenüber Bücher u. A. Recht behalten haben, dadurch erzielt sind, daß sie (erfreulicherweise) mit dem Kalbe der verachteten ökonomischen »Theoretiker« zu pflügen begannen, und so zu klaren Begriffen kamen, — was bezüglich der »Fabrik« freilich bei ihnen noch heute ersichtlich nicht der Fall ist. — Für die soziale Seite der antiken Staatslehre Fustel de Coulanges' geistvolle Arbeiten (speziell: »La cité antique«: sehr — aber mit Vorsicht — lesenswert). Für die politische Würdigung der »Polis« sind die Arbeiten Kuhns (speziell: »Die Städte der Alten, Synoikismos und Komenverfassung«) noch heute grundlegend. Ferner zu vgl. — außer den zu Nr. 4 zit. Arbeiten Ed. Meyers — die ersten Kapitel von Kaersts »Geschichte des Hellenismus«

(speziell auch S. 62 f.). Im übrigen vgl. die Literatur zu den Einzelabschnitten. — Persönlich möchte ich bemerken: Die Generosität der Herren Herausgeber und des Verlages [1]) gingen bis an und fast über die Grenze des ihnen Möglichen, — dennoch mußte ich selbstverständlich mich verpflichtet fühlen, mit der Umarbeitung des (in der Fassung der vorigen Auflage schon an sich ungleichwertigen und vollends nach dem jetzigen Forschungsstand wertlosen) Aufsatzes innerhalb einer für das Gesamtunternehmen diskutablen Zeit zu Ende zu kommen, und bei dem kolossalen Materiale war dieselbe peinlich knapp; insbesondere konnte ich eine Anzahl sehr wichtiger Quellenpublikationen teils erst in der zweiten Korrektur mir zugänglich machen, teils trotz aller Mühe gar nicht zur Einsicht erlangen. Ueberhaupt aber ist, wer mit dem Quellenmaterial (zumal dem inschriftlichen) nicht in täglichem Verkehr steht, nie vor Einzelirrtümern [2]) sicher, und es versteht sich schon deshalb ganz von selbst, daß das endgültige Urteil über diese Probleme den Historikern, Philologen und Archäologen zusteht, denen wir unsererseits aus unseren Facherfahrungen heraus nur heuristische Hilfen — Fragestellungen — zur Erprobung darbieten können und wollen.

Der erheblichste Irrtum, in den manche — nicht: alle — Historiker noch immer verfallen, liegt darin, daß die »Komplexheit« und »Flüssigkeit« der historischen Erscheinungen die Verwendung fester und präziser Begriffe nicht zulasse. Nun ist selbstverständlich z. B. vom Kleinhandwerker, der gelegentlich, oder regelmäßig, einen Sklaven mit beschäftigt, aber selbst mitarbeitet, zum Handwerker, der die Kunst zwar gelernt hat und versteht, aber überwiegend nur Aufsicht über seine Sklaven führt, weiter zu dem, der diese gelegentlich, oft, meist, immer einem seiner Sklaven überläßt, dann zum bloßen Kaufmann, der die Technik persönlich wenig oder gar nicht beherrscht, sondern den Vertrieb, als »kaufmännischer Direktor«, leitet, weiter zum Kaufmann, der nur einen Teil seines Rohstoffes durch eigene Sklaven verwertet, noch weiter zum Kaufmann oder Privatmann, der sein Geld gelegentlich in einem oder mehreren gelernten Sklaven »anlegt«, endlich zum fürstlichen Haushalt, der gelernte Sklaven zwar für den Markt, aber auch für den Eigenbedarf, oder schließlich: nur für den Eigenbedarf, arbeiten läßt, eine lückenlose Kette von Möglichkeiten. Aber diese ungegliederte Mannigfaltigkeit der Fakta beweist doch nicht, daß wir unscharfe Begriffe bilden sollen, sondern umgekehrt: daß scharfe (»idealtypische«, vgl. Archiv f. Sozialwiss. XIX, 1) Begriffe richtig angewendet werden müssen, nicht als Schemata zur Vergewaltigung des historisch Gegebenen, sondern um den ökonomischen Charakter einer Erscheinung mit ihrer Hilfe dahin bestimmen zu können: inwieweit sie sich dem einen oder anderen »Idealtypus« annährt. Eine kurze Skizze, wie der vorstehende Text, hat naturgemäß das Schematisieren nicht ganz vermeiden können.

1. Für Mesopotamien ist das urkundliche Quellenmaterial in Uebersetzungen immer noch am besten in den älteren Sammlungen bei Oppert

---

[1]) Des Handwörterbuchs der Staatswissenschaften.

[2]) Ich berichtige drei Einzelheiten: 1. Auf einen freundlichen Hinweis von Prof. v. Duhn hin überzeugte ich mich, daß die attischen Vaseninschriften nicht einen Eponymos, sondern stets die Hersteller ergeben (an den Ausführungen wird sonst nichts geändert). — 2. Die ägyptisch-römische ἐπικρισις kann nicht wohl als Herstellung eines Aushebungskatasters angesehen werden; insoweit dürfte Wessely Recht behalten. — Endlich hätte (bei Erörterung der Besitzverteilung) nicht, inkorrekterweise, von »ager Romanus« (sakraler Begriff!) statt vom Landgebiet gesprochen werden sollen.

und Menant (»Docum. jurid. de l'Assyrie«), ferner der »Keilinschriftl. Bibliothek« im allgemeinen, und in Meißners »Urkunden und Texten«, bzw. seinen »Beiträgen zum altbabylonischen Privatrecht« zu finden, wozu die zahlreichen deutschen »Hammurabi«-Ausgaben treten (von Kohler und Peiser mit juristischem Kommentar; über die sumerischen Gesetze s. Haupt, »Die sumer. Familiengesetze«); weiteres Material liefern z. B. Moldenkes »Babyl. Contract Tablets«, die von Hilprecht edierten Ausgrabungen der Univ. of Pennsylvania, Meißners und Rosts Ausgabe der Bauinschriften Sanheribs, Peisers Babyl. Vertr. des Berliner Mus. (dazu Kohlers Exkurs über den Retrakt); Oppert im »Journal Asiatique« 7. Ser. XV S. 543: über die Gliederung der Babylonier (jetzt überholt) und (für die Frühzeit sehr wichtig) Thureau-Dangins Ausgabe der sumerisch-akkadischen Königsinschriften (Bd. I der »Vorderasiatischen Bibliothek«). Im übrigen muß man die zahlreichen wertvollen Arbeiten in C. Bezolds »Zeitschr. f. Assyriologie« (worin fortlaufende Bibliographien und Besprechungen), ferner in Delitzschs »Beiträgen zur Assyriologie u. semit. Sprachwissenschaft«, und besonders in: »Travaux rel. à la phil. et archéol. égypt. assyriol.« (ed. Maspero), daneben manche (mehr gelegentlich) im »Journal of the R. Asiatic Society«, im »Journal Asiatique«, in den »Proceedings of Biblical Archaeology« und in der »Zeitschrift der deutschen morgenländischen Gesellschaft« erscheinenden Aufsätze, endlich speziell die »Babylonian and Oriental Records« verfolgen. Zur allgemeinen Orientierung geeignet: Wincklers »Altorientalische Forschungen«, seine »Völker des alten Orients« Bd. 3 und (sehr knapp und nicht erschöpfend, aber gut geschrieben) seine Darstellung in der Helmoltschen »Weltgeschichte« Maspero, »Hist. ancienne des peuples de l'Orient classique«, gibt nur knappe Querschnitte der sozialen Verhältnisse (aber lesenswert). Eine eigentliche Darstellung der wirtschaftlichen Entwicklung fehlt bisher ganz, wäre wohl auch noch verfrüht. Voraussetzung wäre die Klassifikation des ungeheuren Urkundenmaterials nicht nur unter den bisher naturgemäß im Vordergrund stehenden chronologisch-historischen, genealogischen usw., sondern auch unter technischen und ökonomischen Gesichtspunkten, nach größeren Epochen, und, neben Feststellung der Bewegung der Preisrelationen, Analyse auf den ökonomischen (Kapitalverwertungs- oder Bedarfsdeckungs-) Zweck hin.

2. Für Aegypten liegen die großen Tempel- und Königsinschriften mehrfach, in handlicher Form besonders in älteren englischen Sammlungen von Uebersetzungen vor. (Neuerdings wird wieder, so in den wichtigen Steindorfschen Publikationen, zunehmend die Voraussetzung gemacht, daß jeder Gebildete und Interessierte Hieroglyphen lese!) Ueber die Ausgrabungen ergeben die Publikationen des »Egypt. exploration fund« jeweils das Neueste. Die zahlreichen, bis zur äußersten Ermüdung des Lesers wiederholten Uebersetzungen derselben Urkunden in E. Revillouts Arbeiten sind oft verdächtig, besonders bei demotischen Vorlagen. Zuverlässige Uebersetzungen u. a. besonders in den Arbeiten W. Spiegelbergs (»Rechnungen aus der Zeit Setis I.«; »Demot. Papyri der Straßburger Bibl.«) und Griffiths (wichtig z. B.: »The Petrie Papyri«). Kommentierte Urkunden ferner auch in dem ad 1 zitierten »Recueil« (darin die meisten der im Text mit Namen zit. Abhlg.) und in der »Bibliothèque Egyptologique«, ferner in der »Zeitschr. f. äg. Sprache u. Altertumsk.«, in der »Sphinx« und in den zu 1 zitierten »Proceedings Bibl. Arch.«; für die Kommentare in der »Revue égyptologique« (von E. und — früher — V. Revillout

redigiert und oft fast ganz von ersterem selbst geschrieben!) gilt der gegen R. oben gemachte Vorbehalt, ebenso gegen seine Bücher: »Cours de droit ég.« (lesbar), »Précis de dr. ég.« (ein naiv zusammengeschriebenes Monstrum von Durcheinander; mit einigen guten — vorstehend benutzten — Gedanken kreuzen sich die wertlosesten »Analogien«), die Urkunden im »Corpus Papyrorum Aegypti« (Revillout, Eisenlohr) sind »günstigenfalls als erste Versuche zu betrachten« (Spiegelberg). Zur Einführung ist Brugschs »Aegyptologie« (vielfach überholt) noch immer lesenswert; mehr populär gehalten sind die Arbeiten von Ebers (»Aegypt. Studien«); eingehend, aber meist veraltet, die Angaben in Gardner Wilkinsons »Manners and customs of the a. Eg.«; am besten (nur ohne Schärfe der ökonomischen Begriffe): Erman, »Aegypten und ägypt. Leben im Altertum«. Hübsche populäre Darstellung: Steindorf, »Die Blütezeit des Pharaoreichs«. Kurze Skizze der Sozialgeschichte von Thurnwald, »Zeitschr. f. Sozialwiss.« IV, 1901. Für die Bodenverteilung in der Ramessidenzeit wichtig: Erman, »Zur Erkl. des Pap. Harris«, Sitz.-Ber. der Berl. Akad. 1903. Für Maspero gilt das zu Nr. 1 Gesagte; einzelnes in Wiedemanns Arbeiten (Erl. zu Herodots II. Buch); zur allgemeinen historischen Orientierung (Sethes wichtige »Unters. z. Gesch. u. Altertumsk. Aeg.« waren mir diesmal unzugänglich): E. Meyer, »Gesch. des alten Aegyptens«; dessen erster Band der Gesch. d. Altertums, und die Arbeiten Petries, (»Hist. of Egypt.«, »Koptos« usw.). Ueber Bokchoris ist jetzt die Pariser Thèse von A. Moret (De Bocchori rege, 1903) zu vergleichen. — Schon vor mehr als 20 Jahren hat E. Meyer mit Recht eine neue Gewerbegeschichte Aegyptens (an Stelle der veralteten Leittungen Gardner Wilkinsons) gefordert. Voraussetzung wäre hier, wo die Technik so besonders weit durch Funde und Abbildungen zurückverfolgt werden kann, vor allem: exakte (wohl nur unter Mithilfe von Technologen vorzunehmende) Feststellung der Evolution von Werkzeug, Rohstoff, Produkt (unter dem Einfluß des Vordringens des Eisens z. B.), damit kombiniert alsdann: Feststellung, inwieweit diese Evolution die Berufsspezialisierung innerhalb der Großhaushalte einerseits, im »freien« Gewerbe andererseits und das Verhältnis zwischen beiden beeinflußt hat, im Zusammenhang damit: die exakte Feststellung des ökonomischen Sinnes der gewerblichen Tätigkeit in jedem Einzelfall. Unentbehrliche Vorarbeit hierfür wie namentlich auch für eine wirkliche »Agrargeschichte« sind freilich die im Text zitierten mühsamen Untersuchungen der Terminologie.

3. Für die israelitische und jüdische Geschichte sind J. Wellhausens große Werke: die »Prolegomona« und die »Israelitische und jüdische Geschichte« grundlegend; für die Sozialgeschichte speziell enthalten sie jedoch wenig. Für diese vgl. (für die nachexilische Zeit) besonders: E. Meyers »Die Entstehung des Judentums«, ferner (für die vorexilische Zeit) die (oft etwas kühnen) Arbeiten von Winckler, (insbes. seine Geschichte Israels in den Altoriental. Forsch. — mir leider während der Niederschrift dieses Aufsatzes nicht zugänglich gewesen —); ferner Jeremias, »Das A. T. im Lichte des alten Orients« und die (ziemlich ungleichwertige) Bibel-Babel-Literatur (gut orientierende Zusammenfassung von C. Bezold); für die Rechts- und Agrargeschichte, von früheren Arbeiten: Nowacks »Jüdische Archäologie« und etwa Buhl, »Die sozialen Verhältnisse der Israeliten«; jetzt aber ganz besonders: A. Merx, »Die Bücher Moses und Josua« (Religionsgeschichtl. Volksb. II, 3, 1 u. 2, — keineswegs »populär«). Bequem brauchbarer Grundriß der Gesamtgeschichte von Guthe (»Gesch d. Volkes Israel«, »Grundriß der Theol. W.« II, III), wo Literaturübersicht. Massenhaftes Einzelmaterial in allen alttestamentlichen und semito-

logischen Zeitschriften, auch den zu 1. und 2. genannten und in den modernen Kommentaren zum A. T.; manche gute Einzelartikel in der »Jewisch Encyclopaedia« und in der »Realenzyklopädie f. Prot. Theol. u. Kirche« (wo durchweg gute Literaturnachweise). Neue, gut ausgestattete Talmud-Uebersetzung von Goldschmidt; die Literatur über jüdisches Recht s. in den judäologischen Zeitschriften.

4. Für die griechische und römische Antike gemeinsam gibt die Pauly-Wissowasche Enzyklopädie (Neue Aufl., bish. bis zum Buchst. »E« inklus.) meist vorzügliche Artikel. Von den Periodica kommen außer den einleitend genannten »Jahresberichten« aus der großen Fülle historischer und archäologischer Zeitschriften speziell die beiden führenden deutschen: »Hermes« und »Philologus« (letzterer mit Supplementheften, beide ohne eigentliche Rezensionen und ohne bibliographische Zwecke), daneben die »Neuen Jahrb. f. das klassische Altertum«, die »Mitteilungen« der archäologischen Institute in Athen und Rom (Deutschland und Oesterreich), für Frankreich: die »Mélanges d'Archéol.« der École de Rome, für griechische und hellenistische Probleme speziell das »Journal of Hellenic Studies«, das »Bulletin de correspondence hellénique« (für neue Quellenfunde wichtig) und die »Revue des Etudes grecques« (Sozialgeschichtliches besonders in den beiden ersteren) in Betracht. Die Romanistische Abteilung der »Zeitschr. f. Rechtsgeschichte« bringt neuerdings auch griechisch-rechtliche Erörterungen. B. W. Leists gräco-italische Rechtsgesch. versuchte s. Z. eine rechtsvergleichende Behandlung, deren Fehler in der Uebertreibung der Stammesbedingtheiten liegen, nach Art seiner anderen ähnlichen Arbeiten (»Altarisches jus gentium« und »Altarisches jus civile«). Für den Stand der Gegenwartsforschung sind die durchweg auf rechtsvergleichender und papyrologischer Basis stehenden Arbeiten von Mitteis (s. u.) von entscheidender Bedeutung. J. Belochs bleibendes Verdienst ist, trotz allen Widerspruchs, den er, zum Teil mit Recht, findet, die Begründung zahlenmäßiger Vorstellungen über den Bevölkerungsstand (»Die Bevölkerung der griech.-röm. Welt« und zahlreiche Einzelarbeiten) und (wesentlich anfechtbarer) die Oekonomik des Altertums (vgl. z. B. Conrads Jahrb. f. Nat.-Oek. III. Folge XVIII S. 626). J. Burckhardts posthum ediertes Kollegheft über »Griechische Kulturgeschichte« ignoriert die gesamte moderne Forschung und die monumentalen Quellen; die Benutzung ihrer trotzdem natürlich vielfach höchst geistvollen Gesichtspunkte ist daher im einzelnen durchweg nur mit Vorsicht möglich, das direkt Oekonomische übrigens wenig berücksichtigt (vgl. aber über die Bedeutung des Werkes — gegen v. Wilamowitz — die Ausführungen C. Neumanns in der »Hist. Zeitschrift«, Kaersts in der Vorrede zu seinem »Hellenismus«). Blümners bekannte und geschätzte »Gewerbe und Künste« bedürften der Neubearbeitung (verschiedene wertvolle Artikel von ihm bei Pauly-Wissowa; s. z. B. »Ackerbau«, »Eisen« usw.), vor allem aber enthalten sie nichts über die Oekonomik. Es ist schlimm, daß man in vielen Punkten noch immer auf die brave, aber über ökonomische Kategorien ganz unorientierte Arbeit von Büchsenschütz, »Besitz und Erwerb im griech. Altertum« angewiesen ist. Ueber Francottes Buch (»Biblioth. de la Faculté de Philos. et Lettres de Liège« Bd. 7, 8) s. den Text: der bedeutenden Leistung fehlt nur der Ausgangspunkt von den Verwertungsinteressen des Kapitals, die stete Fragestellung nach den (vermutlichen! — denn ohne Hypothesen ist hier nichts zu machen) Verhältnissen von Markt, Provenienz und Art des Rohstoffs, Art der dadurch und durch die Struktur der Wirtschaft gegebenen Profitchancen. Die Weiterführung der Untersuchung auf hellenistischem und römi-

schem Gebiet wäre sehr zu begrüßen (vgl. ferner: Guiraud, in der »Bibl. de la fac. de lettres«, Paris XII, 1900). Von den kriegsgeschichtlichen Arbeiten H. Delbrücks wird allerdings die »Gesch. der Kriegskunst« von den Fachmännern vielfach ähnlich beurteilt, wie er (als Nichtfachmann!) die Leistungen W. Sombarts beurteilen zu können geglaubt hat. Mit vielleicht mehr Recht, und sicher gleich viel Unrecht. Denn trotz mancher unzweifelhafter Fehler in den ökonomischen Vorstellungen bleiben sie nicht nur höchst anregend, sondern (besonders: »die Perserkriege und die Burgunderkriege«, ebenso diejenigen Partien der »Kriegskunst«, wo sein spezifisches Talent für realistische Pragmatik zur Geltung kommt) sicher oft grundlegend. Einige Fragen von grundsätzlicher Wichtigkeit auch für die Sozialgeschichte (attische Sklavenzahl, Volksdichte und Bodenbestellung, Lykurg, Stadtstaatsbegriff usw.) enthalten Ed. Meyers »Forschungen z. alten Geschichte«. Keines Zitats bedürfen die großen Arbeiten von v. Wilamowitz (»Aus Kydathen«, »Aristoteles und Athen«, manches auch an Stellen, wo man es nicht sucht, z. B. in der Einl. zum »Herakles« und bei vielen anderen Gelegenheiten, — das Bedenkliche liegt auch hier in der mit geistvoller Konsequenz durchgeführten Konstruktion eines »Doriertums« als Gegensatz gegen das von Athen vertretene genuin Hellenische; die Anknüpfung an sozialökonomische Daten findet sich an zahlreichen Einzelpunkten, im Prinzip würde sie v. W. aber wohl als »materialistisch« ablehnen), Ed. Meyer (s. o.), Busolt (im 1. Bd. der griech. Gesch. speziell wertvolle Analyse der Handelsaustauschverhältnisse der mykenischen Zeit an der Hand der Funde), Beloch (durchweg Berücksichtigung des Oekonomischen, nicht überall ganz scharf in der Begriffsbildung), Hermann (im »Lehrbuch der griech. Antiquitäten«, Neuausgabe von Blümner u. Dittenberger: Bd. II = Rechtsaltertümer v. Thalheim, Bd. IV: Privataltertümer v. Blümner: sehr dankenswert; scharfe ökonomische Klassifikation fehlt meist). Unentbehrlich sind die Arbeiten Marquardts (»Röm. Privataltertümer«, jetzt aber ganz veraltet und unscharf) und ebenso die verschiedenen Leistungen Pöhlmanns (speziell: »Hist. Zeitschrift« N. F. 44, S. 193 f., 385 f., auch »N. J. f. d. klass. Alt.« I, 205, ferner seine bekannte »Geschichte des antiken Sozialismus und Kommunismus«: — überall, speziell in diesem Hauptwerke, viele dauernd wertvolle Ergebnisse mit unhaltbaren, vor allem der ökonomischen Schärfe entbehrenden Deutungen kombinierend; über seine Ableitung des Christentums z. B. s. den Text unter »Hellenismus«, Schluß, namentlich aber Troeltsch, »Arch. f. Sozialwiss.« XXVI, 1). Zur griechischen Rechtsgeschichte ist jetzt neben Guirauds »Hist. de la propriété foncière en Grèce« namentlich Beauchets »Droit privé de la Republ. Athénienne« zu benutzen (allerdings mehr breit als juristisch scharf), für Rom tritt soeben neben das (verdienstliche, aber gänzlich geistlose) Werk Karlowas das »Röm. Privatrecht bis auf Diokletian« (bisher Band I) von Mitteis. Für die Agrargeschichte enthalten Pernices »Parerga« in der Z. f. Rechtsg. manche Einzelheit. Die Monumente, soweit sie rechtsgeschichtlich wichtig sind, lernt man für Griechenland am bequemsten in Dittenbergers »Sylloge« und in dem »Recueil des Inscr. juridiques« von Dareste, Haussouillier und Reinach, die römischen in Bruns' »Fontes« kennen.

Für Griechenland (Althellas) speziell werden hier nur die wichtigsten Literaturzitate zu speziellen im Text erwähnten Kontroversen gemacht. — Die Annahme von »feldgemeinschaftlichen« Resten bei Homer beseitigt zu haben, ist das Verdienst Pöhlmanns (Zeitschr. f. Soz. u. Ges. Bd. I). Ueber die Phylen ist der Aufsatz von Szanto, in den »Sitzungsberichten der Wiener Akad.« 144 (1902), 5 wohl erschöpfend; über die Phratrien ist außer der Arbeit von Schäfer und Rud. Schölls (teilweise anfechtbarem) Aufsatz über die kleisthenischen Phylen (Sitz.-Ber. d. bayr. Akad. 1889, II, 1) besonders der gute Artikel: »Demotionidai« bei Pauly-Wissowa (von Szanto) zu beachten. Betreffs des »Geschlechts« tritt der Text in allem Wesentlichen den Ansichten Ed. Meyers (teilweise gegen v. Wilamowitz) bei. Ebenso war in der viel verhandelten Frage der »mykenischen Kultur« Ed. Meyers Darlegung mir überzeugend. Die Frage, ob die in historischen Zeiten vorkommenden Reste von Gebundenheit des Bodens gentilizischer oder militärisch-politischer Provenienz sind, ist natürlich nicht in jedem Einzelfalle leicht zu entscheiden und konnte im Text nicht erledigt werden. Sachliche Gründe sprechen m. E. für die meisten Erscheinungen überwiegend für die letztere. Vertretung der Theorie des geschlossenen Geschlechter-Grundbesitzes neuestens bei Wilbrandt (»Politische und soziale Bedeutung der attischen Geschlechter vor Solon«) im 7. Suppl. zum »Philologus«. Vgl. ferner für die Frühzeit der Polis: Toepffer, »Attische Genealogie«; Fr. Cauer, »Parteien und Politiker in Megara und Athen« (was an seinen Aufstellungen m. E. nicht zutrifft, rührt alles von einem Grundirrtum her: daß nur, oder in besonders hohem Grade, ökonomisch gedrückte Schichten Staatsumwälzungen vornehmen: die Geschichte lehrt das Gegenteil); Br. Keil, »Die solonische Verfassung«. Ueber das Wesen der Tyrannis: R. Nordin, »Aisymnetie und Tyrannis« in der »Klio«, Bd. 3, im übrigen Ed. Meyer in der »Gesch. d. Altertums«. Für die Geschichte der Schuldhaft, des Bodenschuldrechts, der Hypothek sind jetzt, neben Szantos Aufsatz in den Wiener Sitzungsber., Hitzigs »Griechisches Pfandrecht« und Swobodas »Beiträge zur griech. Rechtsgeschichte« von Bedeutung (vgl. den Text). Für das kretische Recht: Bücheler u. Zitelmann, »Das Recht von Gortyn« (Suppl. zu N. F. 40 des Rhein. Mus. f. Philol.). Ueber Sparta die Arbeiten von: Busolt, Niese und E. Meyer (in den »Forschungen«), der nur (m. E.) die »Altertümlichkeit« überschätzt. Zum Recht der Kleruchien vgl.: Gomperz (»Mitt. d. Archäol. Inst. Athen« 13, 1888), dazu die Bemerkungen Ed. Meyers in der »Geschichte des Altertums« (IV, § 393 f.) und die dort zitierte Literatur. Ueber das Bodenrecht der klassischen Zeit vgl. die zitierten Werke von Guiraud und Beauchet; auch ist Leist, »Der attische Prozeß und die Diadikasien« noch immer beachtenswert. Ueber die Demen und die soziale Gliederung Athens ist jetzt Sundwall im 1. Ergänzungsband zur »Klio« zu vergleichen. Ueber den »Kapitalismus« und die »Fabriken« vgl. die einleitend zit. Schriften, speziell Bücher (über die vielberedete angebliche »Schildfabrik« des Lysias und die attischen »Fabriken« überhaupt, ferner auch über das Wesen des antiken Handels) in der »Festg. f. Schäffle; die neuere Literatur über Demosthenes' »Vormundschaftsrechnung« war mir z. Zt. nur teilweise zugänglich, vgl. von der älteren: Schäfer, »D. und seine Zeit«, im ersten Bande. Ueber die ἔρανοι vgl. Ziebarth, »Griech. Vereinswesen« (Jablonowskische Preisschrift Nr. 34; enthält umfassende Angaben auch über die Berufsvereine; für Rom bietet das ältere Werk von Liebenam die Parallele). Ueber die ökonomischen Verhältnisse von Althellas ist noch immer Böckhs großes Werk grundlegend, die Veranstaltung einer zweiten unveränderten Auflage war aber eigentlich ein Armutszeugnis. Ueber den städtischen Getreideverkauf in Samos vgl. Thalheim im »Hermes« 39 (1904).

5. Für die hellenistische Epoche (bez. der Juden s. o. Nr. 3) bieten die allgemeinen Werke von Droysen, Niese und Kaerst für die spezielle Sozialgeschichte naturgemäß nicht allzu viel (vgl. jedoch bei Kaerst S. 62 f. und das Schlußkapitel von Bd. I); die ökonomische Seite eingehend

berücksichtigt zu haben ist das spezielle Verdienst des 3. Bandes von Belochs »Griech. Geschichte« (s. zu Nr. 4). Von den Arbeiten über Aegypten waren Lombrosos »Recherches sur l'éc. pol. sous les Lagides« s. Z. grundlegend, sind aber heute vielfach, ebenso wie sein »Egitto dei Greci e Romani« durch die Fortschritte der Papyrusfunde veraltet; Mahaffy (»The empire of the Ptolomies) bietet für die Sozialgeschichte nicht viel. Die Papyrologie, welche hier die Forschung zunehmend beherrscht, ist in bibliographischer Hinsicht vorzüglich organisiert: U. Wilcken hat im 1. Bande des »Archiv f. Papyruskunde« ein sachlich geordnetes Generalregister der Papyri gegeben und hält dasselbe in jedem Bande auf dem Laufenden; dazu treten die in jeder Hinsicht vorzüglich gearbeiteten und erschöpfenden kritischen Bibliographien Vierecks in den Jahresb. d. klass. Alt.-Wiss. Die papyrologische und die ihr angegliederte Ostraka-Literatur beginnt unermeßlich zu wachsen (juristische »Einführung« von Gradenwitz, vgl. ferner den Art. »Papyrus und Papyrologie« von Deißmann, in der »Realenz. f. prot. Th. u. Kirche«), es werden daher nachstehend nur einige für die Agrargeschichte wichtigere Quellen und Arbeiten genannt. Grundlegend wird für die Kenntnis des Hellenismus, speziell die Wirtschaft der Ptolemäer- und frühen Römerzeit in Aegypten stets das Werk von U. Wilcken über die »Griech. Ostraka« bleiben; für die Rechtsentwicklung der Spätzeit (Römerherrschaft) ebenso: Mitteis' »Reichsrecht und Volksrecht« und dessen zahlreiche spätere rechtsvergleichende Arbeiten. Von den Papyruspublikationen sind nach Technik (Uebersetzung und Kommentar, dem Text angefügt) und sachlichen Ergebnissen die bedeutendsten von Mahaffy (Flinders Petrie Papyri), Grenfell und Hunt (Revenue Laws of Ptol. Philadelphus: für das Monopol- und Staatspachtsystem der ersten Zeit; Tebtunis Papyri, Oxyrhynchos Papyri, beide wichtige Aufschlüsse über das Bodenrecht, speziell des Fayum, enthaltend, Amherst Papyri), Kenyon, Brunet de Presle und Egger (P. du M. du Louvre), Wessely (Corpus pap. Raineri). Die Publikationen der Berliner Generalverwaltung in »Aegypt. Urkunden aus dem Kgl. Museum« umfassen nur wenig aus ptolemäischer Zeit. Von den zahlreichen Arbeiten Wesselys ist speziell: »Karanis und Soknopaiu Nesos«, Denkschr. d. Wiener Ak. 47, 1902, wichtig für die Flurverhältnisse, ferner seine »Studien über das Verh. des griech. z. ägypt. Recht im Lagidenreich«, Sitz.-Ber. d. Wiener Akad., Ph.-h. Kl. 124, 1891, und die Analyse der Bevölkerung von »Arsinoë«, ebenfalls in den Wiener Sitz.-Ber. 145, 1902. Wichtig für die Beurteilung des allgemeinen ökonomischen Charakters des Ptolemäerstaats sind speziell: Rostowzew, »Gesch. d. Staatspacht in der römischen Kaiserzeit (»Philologus«, Suppl. 9, 1902), für die Beurteilung der ökonomischen Entwicklung des antiken Kapitalismus überhaupt von erheblichster Bedeutung (vgl. d. Text), Ottos wertvolles Buch über »Priester und Tempel im hellenistischen Aegypten« Bd. I (Bd. II im Erscheinen, vgl. dazu den Text), P. M. Meyers neuerdings, wie im Text erwähnt, vielfach (vgl. Schubart, »Arch. f. Pap.-Forschung« II (1902) S. 147 f.) angegriffenes »Heerwesen der Ptolemäer und Römer« (über die Frage der »Epikrisis« vgl. Wessely, Sitz.-Ber. d. Wiener Akad., Bd. 142, 1900, Stud. z. Paläogr. u. Pap.-K. Heft 1), ferner der Aufsatzbruchteil von Wachsmuth, »Wirtschaftl. Zustände in Aegypten während der Ptolemäerzeit« (Haushaltsbücher und) Waszynskis Buch über die »Bodenpacht« (Bd. I Privatpacht, Bd. II soll die Staatspacht erörtern); über die Domänenpacht: Rostowzew und P. M. Meyer in der »Klio« I (1902); über Kornerhebung und -Transport: Rostowzew, Arch. f. Pap. III (1904, S. 201 f.). Im übrigen darf auf die eingangs zitierten systematischen Bibliographien verwiesen werden.

6. Für Rom sind die zu Nr. 4, Anfang, zit. Schriften zu vergleichen. Die ganz radikale Kritik der Tradition von Ettore Pais (Storia di Roma, 2 Bände bis jetzt) ist wohl nur vereinzelt akzeptiert worden: zahlreiche höchst wertvolle Einzelkombinationen erscheinen sehr überzeugend. Die Erörterung über die älteste Zeit ist z. Z. bekanntlich durch die Ausgrabungen am Forum stark im Fluß, — für die sozialgeschichtliche Betrachtung wird dabei wohl nur indirekt etwas herausspringen. Ueber die Landgemeinden s. den Aufsatz von Schulten (vgl. Text) in Band 53 des »Philologus« (sonderbarerweise im Inhaltsverzeichnis des Bandes nicht erwähnt!), dort die ältere Literatur. K. J. Neumanns Schrift: »Die Grundherrlichkeit der röm. Republik« (Straßburger Rektoratsrede, 1900) ist, soweit sie gegenüber meiner »Agrargeschichte« Neues bringt, m. E. überwiegend abzulehnen (vgl. im Text), was nicht hindern darf, sich an der Feinheit der Konstruktion zu erfreuen. Ueber die Klientel ist noch immer der Aufsatz von M. Voigt (Verh. d. Kgl. Sächs. Ges. d. Wiss. Ph.-hist. Kl. 30, 1878) grundlegend, sehr gut (wennschon teilweise abzulehnen) auch der Art. »Clientes« bei Pauli-Wissowa (von Premerstein). Ueber die Plebs vgl. Ed. Meyer, »Der Ursprung des Tribunats und die Gemeinde der vier Triebus« (im Hermes XXX, 1895), kurz zusammengefaßt in dem Art. »Plebs« in der 2. Aufl. dieses Handwörterbuchs. Ueber die Schuldknechtschaft vgl. Mitteis, »Ueber das Nexum« (Z. f. Rechtsg. Rom, Abt. 22, 1901) und F. Kleineidam (»Die Persolanexekution der Zwölftafeln«, Breslau 1904). — Für die ökonomische Eigenart der Landaufmessung vgl. Beaudouin, La limitation des fonds de terre« und, besonders, Brugi, »Le dottrine giuridiche degli agrimensori Romani«; Schulten, »Vom römischen Kataster« (Hermes 41, 1906); über Kolonie und Munizipium u. a.: Toutain in den Mél. Archéol. 16 (1896), 18 (1898). Im übrigen verweise ich auf die an Rudorffs Einleitung zu der Lackmannschen Ausgabe der »Römischen Feldmesser« anknüpfenden Ausführungen in meiner »Röm. Agrargeschichte«. Im Text ließ sich des Raumes halber nur ungefähr andeuten, inwieweit ich auch heute noch (auch in anderen Beziehungen) mich zu diesem gewiß an »Jugendsünden« reichen Buche bekenne (für die Genesis des Kolonats s. d. Art.), welches gewiß heute in recht vielem überholt ist, in manchem von Anfang an (Uebertragung Meitzenscher Kategorien auf heterogene Verhältnisse) auf irrigem Wege war. Wenn ein weder an Geist noch an eigenen Gedanken besonders reicher, aber da, wo er fremde Vorlagen untereinander vergleichen und nachprüfen kann, oft recht tüchtiger Schriftsteller (Beaudouin) meint, das Buch werde überschätzt, so habe ich dagegen, zumal für den heutigen Forschungsstand, gewiß nichts zu erinnern, — fühle mich aber unbeteiligt und unschuldig daran. Mommsens (in Hermes XXVII) Kritik kann ich nur in begrenztem Umfang für überzeugend halten. Ueber den ἑκατώρυγος s. Br. Keil, Hermes XXXVIII (1903). — Mit der Expansionsepoche setzt G. Ferreros elegant und geistreich geschriebenes sehr lesenswertes Werk ein, für die republikanische Zeit neben höchst anregenden Bemerkungen gelegentlich auch Ansichten vortragend, die zum Widerspruch reizen, weil sie vielleicht ebenso modern gedacht sind, wie viele Partien von Mommsens »Röm. Geschichte«. Verteidigung des licinischen Ackergesetzes gegen Niese (Hermes XXIII) und Pais (St. di Roma II, S. 141 f.), von Soltau im »Hermes« XXX, S. 624. Scharfsinnige Analyse der sakralen und rechtlichen Seiten der agrarhistorischen Probleme bei Maschke, »Zur Theorie und Geschichte der röm. Agrargesetze« (1906), welcher im Ergebnis ebenfalls zu der Annahme der »Rückspiegelung« gelangt. Ueber die Erbpacht vgl. Mitteis in den Abh. der Kgl. Sächs. Ges. d. Wiss. 47, Ph.-hist. Kl. 20 (1903) und den Art. »Kolonat«. Ueber die Betriebsorganisation

vgl. jetzt zur Ergänzung der Darstellungen in meiner »Röm. Agrargeschichte« die gute Arbeit von Gummerus, »Der römische Gutsbetrieb als wirtsch. Organismus nach Cato, Varro und Columella«, 5. Beiheft im 1. Erg.-Bd. der »Klio«. Für die Gracchenperiode ist namentlich auf Ed. Meyers Aufsatz in der »Festschrift z. 200jähr. Jubiläum der Univ. Halle« (1894) zu verweisen, ferner auf Kornemann, Erg.-Bd. I zur »Klio«, und auf die Ausführungen Maschkes a. a. O. Die Interpretation der »lex agraria« von 111 v. Chr. hat in allem Wesentlichen noch immer von dem Kommentar Mommsens im »Corpus Inscr. Lat.« auszugehen. Im übrigen kann auf die allgemeine historische Literatur, für Einzelfragen auf die Bibliographien in den »Jahresber. der Geschichtswiss.« (von Liebenam) verwiesen werden.

7. Die Literatur für die Kaiserzeit s. beim Art. »Kolonat«. (Ueber meinen Vortrag »Die sozialen Gründe des Untergangs der antiken Kultur« in der »Wahrheit«, Frommanns Verlag, 1896, Maiheft, s. die Bemerkungen im Text.) — Eine wirklich kritische Vergleichung der Entwicklungsstadien der antiken Polis und der mittelalterlichen Stadt (vgl. z. B. die Bemerkungen darüber in E. Gotheins Wirtsch.-Gesch. des Schwarzwalds S. 61 ff.) wäre ebenso dankenswert wie fruchtbar, — natürlich nur, wenn sie als Ziel nicht, nach Art der heute modischen Konstruktionen von generellen Entwicklungsschemata, nach »Analogien« und »Parallelen« jagt, sondern gerade umgekehrt nur dann, wenn ihr Zweck die Herausarbeitung der Eigenart jeder von beiden, im Endresultat so verschiedenen, Entwicklungen und so die Leitung der kausalen Zurechnung jenes verschiedenen Verlaufs ist. Daß sie dabei als unentbehrliche Vorarbeit der Isolierung (also: Abstraktion) der Einzelkomponenten des Geschehens, und alsdann für jede Einzelkomponente der Orientierung an Erfahrungsregeln und der Bildung klarer Begriffe (s. o. einleitend) bedarf, ohne welche irgendwelche Sicherheit der Zurechnung nirgends zu gewinnen ist, bleibt dabei gewiß richtig und sollte gerade für das ökonomische Geschehen beachtet werden, auf dem mangelnde Präzision der Begriffe die denkbar schiefsten Urteile erzeugen kann.

Die sozialen Gründe des Untergangs der antiken Kultur *).

Das Römische Reich wurde nicht von außen her zerstört, etwa infolge zahlenmäßiger Ueberlegenheit seiner Gegnero der der Unfähigkeit seiner politischen Leiter. Im letzten Jahrhundert seines Bestehens hatte Rom seine eisernen Kanzler: Heldengestalten wie Stilicho, germanische Kühnheit mit raffinierter diplomatischer Kunst vereinigend, standen an seiner Spitze. Warum gelang ihnen nicht, was die Analphabeten aus dem Merowinger-, Karolinger- und Sachsenstamme erreichten und gegen Sarazenen und Hunnen behaupteten? — Das Reich war längst nicht mehr es selbst; als es zerfiel, brach es nicht plötzlich unter einem gewaltigen Stoße zusammen. Die Völkerwanderung zog vielmehr nur das Fazit einer längst im Fluß befindlichen Entwicklung.

Vor allem aber: die Kultur des römischen Altertums ist nicht erst durch den Zerfall des Reiches zum Versinken gebracht worden. Ihre Blüte hat das römische Reich als politischer Verband um Jahrhunderte überdauert. Sie war längst dahin. Schon anfangs des dritten Jahrhunderts versiegte die römische Literatur. Die Kunst der Juristen verfiel wie ihre Schulen. Die griechische und lateinische Dichtung schliefen den Todesschlaf. Die Geschichtsschreibung verkümmerte bis zu fast völligem Verschwinden, und selbst die Inschriften begannen zu schweigen. Die lateinische Sprache war bald in voller Degeneration begriffen. — Als anderthalb Jahrhunderte später mit dem Erlöschen der weströmischen Kaiserwürde der äußere Abschluß erfolgt, hat man den Eindruck, daß die Barbarei längst von innen heraus gesiegt hatte. Auch entstehen im Gefolge der Völkerwanderung keineswegs etwa völlig neue Verhältnisse auf dem Boden des zer-

*) Nach einem populären Vortrag in der Akademischen Gesellschaft in Freiburg i. B. (1896).

fallenen Reichs; das Merowingerreich, wenigstens in Gallien, trägt zunächst in allem noch ganz die Züge der römischen Provinz. — Und die Frage, die sich für uns erhebt, ist also: Woher jene Kulturdämmerung in der antiken Welt?

Mannigfache Erklärungen pflegen gegeben zu werden, teils ganz verfehlt, teils einen richtigen Gesichtspunkt in falsche Beleuchtung rückend:

Der Despotismus habe die antiken Menschen, ihr Staatsleben und ihre Kultur gewissermaßen psychisch erdrücken müssen. — Aber der Despotismus Friedrichs des Großen war ein Hebel des Aufschwungs. —

Der angebliche Luxus und die tatsächliche Sittenlosigkeit der höchsten Gesellschaftskreise haben das Rachegericht der Geschichte heraufbeschworen. — Aber beide sind ihrerseits Symptome. Weit gewaltigere Vorgänge als das Verschulden Einzelner waren es, wie wir sehen werden, welche die antike Kultur versinken ließen. —

Das emanzipierte römische Weib und die Sprengung der Festigkeit der Ehe in den herrschenden Klassen hätten die Grundlagen der Gesellschaft aufgelöst. Was ein tendenziöser Reaktionär, wie Tacitus, über die germanische Frau, jenes armselige Arbeitstier eines kriegerischen Bauern, fabelt, sprechen ähnlich Gestimmte ihm heute nach. In Wahrheit hat die unvermeidliche »deutsche Frau« so wenig den Sieg der Germanen entschieden, wie der unvermeidliche »preußische Schulmeister« die Schlacht bei Königgrätz. — Wir werden vielmehr sehen, daß die Wiederherstellung der Familie auf den unteren Schichten der Gesellschaft mit dem Niedergang der antiken Kultur zusammenhängt. —

Aus dem Altertum selbst dringt Plinius' Stimme zu uns: »Latifundia perdidere Italiam«. Also — heißt es von der einen Seite — die Junker waren es, die Rom verdarben. Ja — heißt es von der andern — aber nur weil sie dem fremden Getreideimport erlagen: mit dem Antrag Kanitz also säßen die Cäsaren noch heute auf ihrem Throne. Wir werden sehen, daß die erste Stufe zur Wiederherstellung des Bauernstandes mit dem Untergang der antiken Kultur erstiegen wird. —

Damit auch eine vermeintlich »Darwinistische« Hypothese nicht fehle, so meint ein Neuester u. a.: der Ausleseprozeß, der sich durch die Aushebung zum Heere vollzog und die Kräftigsten zur Ehelosigkeit verdammte, habe die antike Rasse degeneriert. — Wir werden sehen, daß vielmehr die zunehmende Ergänzung des Heeres aus sich selbst mit dem Untergang des Römerreichs Hand in Hand geht.

Genug davon. — Nur noch eine Bemerkung, ehe wir zur Sache kommen:

Es kommt dem Eindruck, den der Erzähler macht, zu gut, wenn sein Publikum die Empfindung hat: de te narratur fabula, und wenn er mit einem discite moniti! schließen kann. In dieser günstigen Lage befindet sich die folgende Erörterung nicht. Für unsere heutigen sozialen Probleme haben wir aus der Geschichte des Altertums wenig oder nichts zu lernen. Ein heutiger Proletarier und ein antiker Sklave verständen sich so wenig, wie ein Europäer und ein Chinese. Unsre Probleme sind völlig andrer Art. Nur ein historisches Interesse besitzt das Schauspiel, das wir betrachten, allerdings eines der eigenartigsten, das die Geschichte kennt: die innere Selbstauflösung einer alten Kultur.

Jene eben hervorgehobenen Eigentümlichkeiten der sozialen Struktur der antiken Gesellschaft sind es, die wir uns zunächst klar machen müssen. Wir werden sehen, daß durch sie der Kreislauf der antiken Kulturentwicklung bestimmt wurde. —

Die Kultur des Altertums ist ihrem Wesen nach zunächst: städtische Kultur. Die Stadt ist Trägerin des politischen Lebens wie der Kunst und Literatur. Auch ökonomisch eignet, wenigstens in der historischen Frühzeit, dem Altertum diejenige Wirtschaftsform, die wir heute »Stadtwirtschaft« zu nennen pflegen. Die Stadt des Altertums ist in hellenischer Zeit nicht wesentlich verschieden von der Stadt des Mittelalters. Soweit sie verschieden ist, handelt es sich um Unterschiede von Klima und Rasse des Mittelmeers gegen diejenigen Zentraleuropas, ähnlich wie noch jetzt englische und italienische Arbeiter und deutsche und italienische Handwerker sich unterscheiden. — Oekonomisch ruht auch die antike Stadt ursprünglich auf dem Austausch der Produkte des städtischen Gewerbes mit den Erzeugnissen eines engen ländlichen Umkreises auf dem städtischen Markt. Dieser Austausch unmittelbar vom Produzenten zum Konsumenten deckt im wesentlichen den Bedarf, ohne

Zufuhr von außen. — Aristoteles' Ideal: die αὐτάρκεια (Selbstgenügsamkeit) der Stadt — war in der Mehrzahl der hellenischen Städte verwirklicht gewesen.

Allerdings: auf diesem lokalen Unterbau erhebt sich seit grauer Vorzeit ein internationaler Handel, der ein bedeutendes Gebiet und zahlreiche Gegenstände umfaßt. Wir hören in der Geschichte gerade von d e n Städten, deren Schiffe seine Träger sind, aber: weil wir gerade von ihnen hören, vergessen wir leicht eins: seine q u a n t i t a t i v e Unerheblichkeit. Zunächst: Die Kultur des europäischen Altertums ist K ü s t e n k u l t u r, wie seine Geschichte zunächst Geschichte von Küstenstädten. Neben dem technisch fein durchgebildeten städtischen Verkehr steht schroff die Naturalwirtschaft der barbarischen Bauern des Binnenlandes, in Gaugenossenschaften oder unter der Herrschaft feudaler Patriarchen gebunden. Nur über See oder auf großen Strömen vollzieht sich wirklich dauernd und stetig ein internationaler Verkehr. Ein Binnenverkehr, der sich auch nur mit dem des Mittelalters vergleichen ließe, existiert im europäischen Altertum nicht. Die vielgepriesenen römischen Straßen sind so wenig Träger eines auch nur entfernt an neuere Verhältnisse erinnernden Verkehrs wie die römische Post. Ungeheuer sind die Unterschiede in der Rentabilität von Binnengütern gegen solche an Wasserstraßen. Die Nachbarschaft der Landstraßen der römischen Zeit galt im Altertum im allgemeinen nicht als V o r t e i l, sondern als P l a g e, der Einquartierung und — des Ungeziefers wegen: sie sind Militär- und nicht Verkehrsstraßen.

Auf diesem noch unzersetzten naturalwirtschaftlichen Grunde wurzelt der Tauschverkehr nicht tief: eine d ü n n e S c h i c h t h o c h w e r t i g e r A r t i k e l ist es — Edelmetalle, Bernstein, wertvolle Gewebe, einige Eisen- und Töpferwaren u. dgl. — welche wirklich Gegenstand stetigen Handels sind; zumeist Luxusgegenstände, welche infolge ihres hohen Preises die gewaltigen Transportkosten tragen können. Ein solcher Handel ist mit dem modernen Verkehr überhaupt nicht vergleichbar. Es wäre, als ob heute etwa nur Champagner, Seide u. dgl. gehandelt würde, während jede Handelsstatistik uns zeigt, wie die M a s s e n-bedürfnisse allein heute die großen Ziffern der Handelsbilanzen ausmachen. — Freilich ereignet es sich, daß Städte wie Athen und Rom auch in ihrem Getreidebedarf auf Zufuhr angewiesen werden. Aber dann handelt es sich stets um Erscheinungen von welthistorischer Abnormität und um einen Bedarf, dessen Deckung die Gesamtheit in die Hand nimmt, weil sie sie dem freien Verkehr weder überlassen will noch kann.

Nicht die Massen sind mit ihren Alltagsbedürfnissen am internationalen Verkehr interessiert, sondern eine dünne Schicht besitzender Klassen. Daraus ergibt sich eines: die zunehmende Vermögensdifferenzierung ist im Altertum Voraussetzung der aufsteigenden Handelsblüte. Diese Vermögensdifferenzierung aber — und damit kommen wir zu einem dritten, entscheidenden Punkt — vollzieht sich in einer ganz bestimmten Form und Richtung: Die antike Kultur ist Sklavenkultur. — Von Anfang an steht neben der freien Arbeit der Stadt die unfreie des platten Landes, neben der freien Arbeitsteilung durch Tauschverkehr auf dem städtischen Markt die unfreie Arbeitsteilung durch Organisation der eigenwirtschaftlichen Gütererzeugung im ländlichen Gutshof — wiederum wie im Mittelalter. Und wie im Mittelalter, so bestand auch im Altertum der naturgemäße Antagonismus beider Formen des Zusammenwirkens menschlicher Arbeit. Der Fortschritt beruht auf fortschreitender Arbeitsteilung. Bei freier Arbeit ist diese — zunächst — identisch mit fortschreitender Ausdehnung des Marktes, extensiv durch geographische, intensiv durch personale Erweiterung des Tauschkreises: — daher sucht die Bürgerschaft der Stadt die Fronhöfe zu sprengen, ihre Hintersassen in den freien Tauschverkehr einzubeziehen. Bei unfreier Arbeit vollzieht sie sich durch fortschreitende Menschenanhäufung; je mehr Sklaven oder Hintersassen, desto weitergehende Spezialisierung der unfreien Berufe ist möglich. Aber während aus dem Mittelalter die freie Arbeit und der Güterverkehr in zunehmendem Maß als Sieger hervorgehen, verläuft die Entwicklung des Altertums umgekehrt. Was ist der Grund? Es ist derselbe, der auch den technischen Fortschritten des Altertums ihre Schranken setzte: die »Billigkeit« der Menschen, wie sie durch den Charakter der unausgesetzten Kriege des Altertums hervorgebracht wurde. Der Krieg des Altertums ist zugleich Sklavenjagd; er bringt fortgesetzt Material auf den Sklavenmarkt und begünstigt so in unerhörter Weise die unfreie Arbeit und die Menschenanhäufung. Damit wurde das freie Gewerbe zum Stillstand auf der Stufe der besitzlosen Kunden-Lohnarbeit verurteilt. Es wurde verhindert, daß mit Entwicklung der Konkurrenz freier Unternehmer mit freier Lohnarbeit um den Absatz auf dem Markt diejenige ökonomische Prämie auf arbeitsparende Erfindungen entstand, welche die letzteren in der Neuzeit hervorrief. Hingegen schwillt im Altertum unausgesetzt das ökonomische Schwergewicht der unfreien Arbeit im »Oikos«. Nur die Sklavenbesitzer vermögen ihren Bedarf arbeitsteilig durch Sklavenarbeit zu versorgen und in ihrer Lebenshaltung aufzusteigen. Nur der Sklavenbetrieb vermag neben der Deckung des eigenen Bedarfs zunehmend für den Markt zu produzieren.

Damit wird die ökonomische Entwicklung des Altertums in die ihr eigentümliche, vom Mittelalter abweichende Bahn gelenkt. Im Mittelalter entwickelt sich zunächst die freie Arbeitsteilung innerhalb des lokalen Wirtschaftsgebiets der Stadt auf Grundlage der Kundenproduktion und des Lokalmarkts intensiv weiter. Sodann läßt der zunehmende Verkehr nach außen mit interlokaler Produktionsteilung, zunächst im Verlagssystem, dann in der Manufaktur, Betriebsformen für den Absatz auf fremdem Markte auf Grundlage freier Arbeit entstehen. Und die Entwicklung der modernen Volkswirtschaft geht mit der Erscheinung parallel, daß die Bedarfsdeckung der breiten Massen zunehmend im Wege des interlokalen und schließlich internationalen Gütertausches erfolgt. — Im Altertum dagegen geht — so sehen wir — mit der Entwicklung des internationalen Verkehrs parallel die Zusammenballung unfreier Arbeit im großen Sklavenhaushalt. Es schiebt sich so unter den verkehrswirtschaftlichen Ueberbau ein stets sich verbreiternder Unterbau mit verkehrslos*er* Bedarfsdeckung: — die fortwährend Menschen aufsaugenden Sklavenkomplexe, deren Bedarf in der Hauptsache nicht auf dem Markt, sondern eigenwirtschaftlich gedeckt wird. Je weiter die Entwicklung des Bedürfnisstandes der obersten, menschenbesitzenden Schicht und damit die extensive Entwicklung des Verkehrs fortschreitet, desto mehr verliert der Verkehr an Intensität, desto mehr entwickelt er sich zu einem dünnen Netz, welches über eine naturalwirtschaftliche Unterlage ausgebreitet ist, dessen Maschen sich zwar verfeinern, dessen Fäden aber zugleich immer dünner werden. — Im Mittelalter bereitet sich der Uebergang von der lokalen Kundenproduktion zur interlokalen Marktproduktion durch langsames Hereindringen der Unternehmung und des Konkurrenzprinzips von außen nach innen in die Tiefen der lokalen Wirtschaftsgemeinschaft vor, im Altertum läßt der internationale Verkehr die »Oiken« wachsen, welche der lokalen Verkehrswirtschaft den Nährboden entziehen.

Am gewaltigsten hat sich diese Entwicklung vollzogen auf dem Boden Roms. Rom ist zunächst — nach dem Sieg der Plebs — ein erobernder Bauern- oder besser: Ackerbürgerstaat. Jeder Krieg ist Landnahme zur Kolonisation. Der Sohn des grundbesitzenden Bürgers, für den kein Platz im Vatererbe ist, ficht im Heer für den Besitz der eigenen Scholle und damit des Vollbürgerrechts. Darin liegt das Geheimnis seiner Expansivkraft. Das hörte mit der überseeischen Eroberung auf: nicht mehr das kolonisatorische Interesse der Bauern, sondern das der Ausbeutung der Provinz durch die Aristokratie ist das maßgebende. Die Kriege bezwecken Menschenjagd und Konfiskation von Land zur Ausbeutung durch große Domänen- und Gefällpächter. Der zweite punische Krieg dezimierte überdies den Bauernstand in der Heimat, — die Folgen seines Niedergangs sind zum Teil auch Hannibals späte Rache. Der Rückschlag gegen die gracchische Bewegung entscheidet endgültig den Sieg der Sklavenarbeit in der Landwirtschaft. Seitdem sind die Sklavenbesitzer allein Träger der aufsteigenden Lebenshaltung, der Steigerung der Kaufkraft, der Entwicklung der Absatzproduktion. Nicht daß die freie Arbeit überhaupt verschwunden wäre — aber die Sklavenbetriebe sind allein das fortschreitende Element. Die landwirtschaftlichen Schriftsteller Roms setzen Sklavenarbeit als selbstverständliche Grundlage der Arbeitsverfassung voraus.

In entscheidender Weise verstärkt wurde endlich die Kulturbedeutung der unfreien Arbeit durch die Einbeziehung großer Binnenlandsflächen — Spanien, Gallien, Illyrien, die Donauländer — in den Kreis der römischen Welt. Der Schwerpunkt der Bevölkerung des Römischen Reichs rückte in das Binnenland. Damit machte die antike Kultur den Versuch, ihren Schauplatz zu wechseln, aus einer Küstenkultur Binnenkultur zu werden. Sie verbreitete sich über ein ungeheures Wirtschaftsgebiet, welches selbst in Jahrhunderten unmöglich für den Güterverkehr und die geldwirtschaftliche Bedarfsdeckung auch nur entfernt in dem Maße gewonnen werden konnte, wie dies an der Mittelmeerküste der Fall war. Wenn, wie schon gesagt, der interlokale Güterverkehr des Altertums selbst in jenen Küstengebieten nur eine dünne und sich verdünnende Decke darstellte, so mußten die Maschen des Verkehrsnetzes im Binnenlande noch wesentlich lockerere sein. Hier im Binnenland war der Kulturfortschritt auf dem Wege der freien Arbeitsteilung durch Entwicklung eines intensiven Güterverkehrs zunächst überhaupt nicht möglich. Nur das Emporsteigen einer Grundaristokratie, die auf Sklavenbesitz und unfreier Arbeitsteilung — auf dem Oikos — ruhte, konnte hier die Form der allmählichen Einbeziehung in den mittelländischen Kulturkreis sein. In noch stärkerem Maße als an der Küste mußte im Binnenland der unendlich kostspieligere Verkehr sich zunächst ausschließlich auf die Deckung von Luxusbedürfnissen der obersten, Menschen besitzenden Schicht beschränken, und ebenso andrerseits die Möglichkeit einer Absatzproduktion einer dünnen Schicht großer Sklavenbetriebe vorbehalten sein.

Der Sklavenhalter ist so der ökonomische Träger der antiken Kultur geworden, die Organisation der Sklavenarbeit bildet den unentbehrlichen Unterbau der römischen Gesellschaft, und wir müssen uns mit ihrer sozialen Eigenart etwas näher befassen.

Das bei weitem klarste Bild vermögen wir uns nach Lage der Quellen von den landwirtschaftlichen Betrieben der spätrepublikanischen und frühkaiserlichen Zeit zu machen. Und zugleich ist der Großgrundbesitz die Grundform des Reichtums, auf dessen Unterlage auch die spekulativ verwendeten Vermögen ruhen: auch der römische Großspekulant ist normalerweise Großgrundbesitzer, schon weil für die lukrativste Spekulation: die öffentliche Pacht und Submission, die Grundstückskaution vorgeschrieben ist. —

Der Typus des römischen Großgrundbesitzers ist nicht ein selbst den Betrieb leitender Landwirt, sondern ein Mann, der in der Stadt lebt, politisch tätig ist und vor allen Dingen Geldrente beziehen will. Die Verwaltung seines Gutes selbst liegt in der Hand unfreier Inspektoren (villici). Für die Art der Bewirtschaftung sind nun im allgemeinen folgende Verhältnisse maßgebend:

Die Getreideproduktion ist für den Absatz zumeist unrentabel. Rom z. B. ist als Markt durch die staatliche Getreideversorgung verschlossen, und einen Transport aus dem Binnenland heraus trägt der Preis des Getreides überhaupt nicht. Ueberdies eignet sich Sklavenarbeit nicht für den Getreidebau, zumal in der römischen Art der Reihenkultur, die viele und sorgfältige Arbeit, also Eigeninteresse des Arbeiters, erfordert. Daher ist der Getreidebau meist mindestens zum Teil verpachtet an »coloni« — Parzellenbauern, die Nachfahren der freien, aus dem Besitz gedrängten Bauernschaft. Ein solcher colonus ist nun von Anfang an nicht etwa ein freiwirtschaftender, selbständiger Pächter und landwirtschaftlicher Unternehmer. Der Herr stellt das Inventar, der villicus kontrolliert den Betrieb. Von Anfang an ist es ferner offenbar häufig gewesen, daß ihm Arbeitsleistungen, insbesondere wohl Erntehilfe, auferlegt wurden. Die Vergebung des Ackers an coloni gilt als eine Form der Bewirtschaftung seitens des Herrn »vermittels« der Parzellisten (»per« colonos).

Die Absatzproduktion des Gutes in »eigener Regie« umfaßt dagegen in erster Linie hochwertige Produkte: — Oel und Wein, daneben Gartengewächse, sowie Viehmast, Geflügelzucht und Spezialkulturen für Tafelbedürfnisse der allein kaufkräftigen obersten Schicht der römischen Gesellschaft. Diese Kulturen haben das Getreide zurückgedrängt auf das minder ergiebige Land, welches die coloni innehaben. Der Gutsbetrieb ist plantagenartig, und die Gutsarbeiter sind Sklaven. Sklavenfamilia und coloni nebeneinander sind auch in der Kaiserzeit die regelmäßigen Insassen der großen Güter.

Uns interessieren hier zunächst die Sklaven. Wie finden wir sie?

Sehen wir uns das Idealschema an, welches die landwirtschaftlichen Schriftsteller uns überliefern. Die Behausung für das »sprechende Inventar« (instrumentum vocale), den Sklavenstall also, finden wir bei dem des Viehs (instrumentum »semivocale«). Er enthält die Schlafsäle, wir finden ein Lazarett (valetudinarium), ein Arrestlokal (carcer), eine Werkstatt der »Oekonomiehandwerker« (ergastulum), und alsbald steigt vor dem inneren Auge eines jeden, der den bunten Rock getragen hat, ein wohlvertrautes Bild auf: die Kaserne. Und in der Tat: die Existenz des Sklaven ist normalerweise eine Kasernenexistenz. Geschlafen und gegessen wird gemeinsam unter Aufsicht des villicus; die bessere Garnitur der Kleidung ist »auf Kammer« abgegeben an die als »Kammerunteroffizier« funktionierende Inspektorsfrau (villica); monatlich findet Appell statt zur Revision der Bekleidung. Die Arbeit ist streng militärisch diszipliniert: in Korporalschaften (decuriae) wird des Morgens angetreten und unter Aufsicht der »Treiber« (monitores) abmarschiert. Das war auch unentbehrlich. Mit unfreier Arbeit für den Markt zu produzieren ist ohne die Peitsche noch niemals dauernd möglich gewesen. — Für uns wichtig aber ist vor allem ein Moment, welches sich aus dieser Form der Kasernenexistenz ergibt: der kasernierte Sklave ist nicht nur eigentumslos, sondern auch familienlos. Nur der villicus lebt in seiner Sonderzelle dauernd mit einem Weibe zusammen in Sklavenehe (contubernium), entsprechend etwa dem verheirateten Feldwebel und Unteroffizier in der modernen Kaserne, — ja es soll nach den Agrarschriftstellern dies im Interesse des Herrn für den villicus sogar »Vorschrift« sein. Und wie stets Eigentum und Einzelfamilie einander korrespondieren, so auch hier: der Sklavenehe entspricht das Sklaveneigentum. Der villicus — nach den Agrarschriftstellern offenbar er allein — hat ein peculium, — ursprünglich, wie der Name zeigt, einen eigenen Viehbesitz, den er auf die herrschaftliche Weide treibt, wie heute noch im deutschen Osten der Gutstagelöhner. Der breiten Masse der Sklaven fehlt, wie das peculium, so auch das monogamische Geschlechtsverhältnis. Der Geschlechtsverkehr ist eine Art beaufsichtigter Prostitution mit Prämien an die Sklavinnen für die Aufzucht von Kindern — bei drei auferzogenen Kindern gaben manche Herren die Freiheit. — Schon dies letztere Verfahren zeigt, welche Folgen das Fehlen der monogamischen Familie zeitigte. Nur im Schoße der Familie gedeiht der Mensch. Die Sklavenkaserne vermochte sich nicht aus sich selbst zu reproduzieren, sie war auf den fortwährenden Zukauf von Sklaven zur Ergänzung angewiesen, und tatsächlich wird von den Agrarschriftstellern dieser Zukauf auch als regelmäßig stattfindend vorausgesetzt. Der antike Sklavenbetrieb ist gefräßig an Menschen, wie der moderne Hochofen an Kohlen. Der Sklavenmarkt und dessen regelmäßige und auskömmliche Versorgung mit Menschenmaterial ist unentbehrliche Voraussetzung der für den Markt produzierenden Sklavenkaserne. Man kaufte billig: Verbrecher und ähnliches billige Material solle man nehmen, empfiehlt Varro mit der charakteristischen Motivierung: — solches Gesindel sei meist »gerissener« (»velocior est animus hominum improgorum«). — Damit ist dieser Betrieb abhängig von regelmäßiger Menschenzufuhr auf den Sklavenmarkt. Wie, wenn diese einmal versagte? Das mußte auf die Sklavenkasernen wirken, wie die Erschöpfung der Kohlenlager auf die Hochofen wirken würde. — Und dieser Moment trat ein. Wir kommen damit zu dem Wendepunkt in der Entwicklung der antiken Kultur.

Fragt man, welcher Zeitpunkt es ist, von dem anfangend man den zunächst latenten, bald offensichtlichen Niedergang der römischen Macht und Kultur datieren soll, so wird aus keinem deutschen Kopf die unwillkürliche Vorstellung zu verbannen sein: die Teutoburger Schlacht. Und in der Tat, ein Kern von Berechtigung steckt in dieser populären Vorstellung, trotzdem ihr der Augenschein zuwiderläuft, welcher uns das Römerreich unter Trajan auf der Höhe seiner Macht zeigt. Freilich nicht die Schlacht selbst — eine Schlappe, wie sie jede Nation im Vordringen gegen Barbaren erleidet — war das Entscheidende, sondern was sich ihr anschloß: die Einstellung der Eroberungskriege am Rhein durch Tiberius, welche durch die Aufgabe Daciens unter Hadrian an der Donau ihre Parallele fand. Damit wurde der expansiven Tendenz des Römerreichs ein Ende bereitet; und mit der inneren und — in der Hauptsache auch — äußern Befriedung des antiken Kulturkreises schrumpft die regelmäßige Versorgung der Sklavenmärkte mit Menschenmaterial. Ein gewaltiger akuter Arbeitermangel scheint schon unter Tiberius die Folge gewesen zu sein. Wir hören, daß er die ergastula der Güter revidieren lassen mußte, weil die Großgrundbesitzer Menschenraub trieben — wie die Raubritter lagen sie, so scheint es, an der Straße, nur nicht auf der Ausschau nach Geld und Gut, sondern nach Arbeitskräften für ihre verödenden Felder. Wichtiger war die langsam, aber mächtig sich vollziehende chronische Wirkung: die Unmöglichkeit des Fortschreitens der Produktion auf Grundlage der Sklavenkasernen. Diese setzten die fortgesetzte Sklavenzufuhr voraus, sie vermochten sich nicht selbst zu tragen. Sie mußten verfallen, wenn die Zufuhr dauernd stockte. — Die Abnahme der »Billigkeit« des Menschenmaterials scheint nach dem Eindruck, den man aus den späteren Agrarschriftstellern entnimmt, zunächst zur Verbesserung der Technik durch Züchtung von Qualitätsarbeitern geführt zu haben. Aber nachdem die letzten Angriffskriege des zweiten Jahrhunderts, die tatsächlich schon den Charakter von Sklavenjagden angenommen hatten, zu Ende gegangen waren, mußten die großen Plantagen mit ihren ehe- und eigentumslosen Sklaven zusammenschrumpfen.

Daß und wie dies tatsächlich geschah, lehrt uns die Vergleichung der Zustände der Sklaven in den landwirtschaftlichen Großbetrieben, wie sie uns die römischen Schriftsteller erkennen lassen, mit ihrer Lage auf den Gütern der Karolingerzeit, die wir aus Karls des Großen Domäneninstruktion (capitulare de villis imperialibus) und den Klosterinventarien jener Zeit kennen lernen. Hier wie dort finden wir den Sklaven als landwirtschaftlichen Arbeiter und zwar hier wie dort gleich rechtlos und insbesondere der gleich schrankenlosen Disposition des Herrn über seine Arbeitskraft unterworfen. Darin also ist kein Unterschied eingetreten. Ebenso sind zahlreiche Einzelheiten der römischen Grundherrschaft übernommen — finden wir doch auch in der Terminologie z. B. das Weiberhaus (*γυναικεῖον*) des Altertums im »genitium« wieder. Aber Eines ist von Grund aus geändert: die römischen Sklaven finden wir in der »kommunistischen« Sklavenkaserne, — den servus der Karolingerzeit aber in der Kathe (mansus servilis) auf dem vom Herrn ihm geliehenen Lande als fronpflichtigen Kleinbauern. Er ist der Familie zurückgegeben, und mit der Familie hat sich auch der Eigenbesitz eingestellt. — Diese Abschichtung des Sklaven aus dem »Oikos« hat sich in der spätrömischen Zeit vollzogen, und in der Tat: sie mußte ja die Folge der mangelnden Selbstergänzung der Sklavenkasernen sein. Der Herr sicherte, indem er den Sklaven als Erbuntertanen wieder in den Kreis der Einzelfamilie stellte, sich den Nachwuchs und dadurch die dauernde Versorgung mit Arbeitskräften, welche durch Zukauf auf dem zusammenschrumpfenden Sklavenmarkt, dessen letzte Reste in der Karolingerzeit verschwanden, nicht mehr beschafft werden konnten. Er wälzte das Risiko der Unterhaltung des Sklaven, welches in den Plantagen er — der Herr — trug, auf den Sklaven selbst ab. Die Bedeutung dieser langsam, aber sicher fortschreitenden Entwicklung war tiefgreifend. Es handelt sich um einen gewaltigen Wandlungsprozeß in den untersten Schichten der Gesellschaft: Familie und Eigenbesitz wurden ihnen zurückgegeben. Und ich möchte hier nur andeuten, wie dies der siegreichen Entwicklung des Christentums parallel geht: in den

Sklavenkasernen hätte es schwerlich Boden gefunden, die unfreien afrikanischen Bauern der Zeit Augustins aber waren bereits Träger einer Sektenbewegung.

Während so der Sklave sozial zum unfreien Fronbauern emporsteigt, steigt gleichzeitig der Kolonus zum hörigen Bauern hinab. Das geschah, indem sein Verhältnis zum Gutsherrn immer mehr den Charakter eines Arbeitsverhältnisses annahm. Ursprünglich ist die Rente, die er zahlt, dasjenige, worauf es dem Herrn hauptsächlich ankommt, wennschon, wie gesagt, von Anfang an daneben Arbeitsleistungen für das Gut vorgekommen sein werden. Schon in frühkaiserlicher Zeit aber wird von den Agrarschriftstellern auf die Arbeit des Kolonus der Hauptnachdruck gelegt, und je mehr die Sklavenarbeit knapp wurde, desto mehr mußte dies der Fall sein. Afrikanische Inschriften aus Kommodus' Zeit zeigen uns, daß der Kolonus dort bereits ein mit Land belehnter und dagegen zu bestimmten Diensten verpflichteter Fronbauer geworden war. Und dieser ökonomischen Verschiebung in der Stellung der Kolonen trat bald eine rechtliche an die Seite, welche auch formell seine Behandlung als Arbeitskraft des Gutes zum Ausdruck brachte: die Schollenfestigkeit. Um ihre Herausbildung zu verstehen, müssen wir in Kürze einige verwaltungsrechtliche Betrachtungen einflechten.

Die römische Verwaltungsorganisation ruhte zu Ende der Republik und zu Beginn der Kaiserzeit auf der Stadtgemeinde, dem municipium, als administrativer Unterlage, ganz ebenso wie die antike Kultur auf der Stadt als ökonomischem Untergrund. Systematisch hatte man die in den Reichsverband einbezogenen Gebiete als Stadtgemeinden — in den verschiedensten Abstufungen staatsrechtlicher Abhängigkeit — organisiert, die verwaltungsrechtliche Form des municipium über das Gebiet des Reichs verbreitet. Die Stadt ist der normale, unterste Verwaltungsbezirk. Die Stadtmagistrate haften dem Staat für Steuern und Rekrutenkontingente. — Im Verlaufe der Kaiserzeit finden wir aber ein Umschwenken der Entwicklung. Die großen Güter suchen sich mit Erfolg der Einbeziehung in die Gemeinden zu entziehen; je mehr der Schwerpunkt des Reichs mit zunehmender Bevölkerung des Binnenlandes ins Innere rückt, desto mehr stellt die agrarische Binnenbevölkerung die Rekruten; desto bestimmender werden aber auch die Interessen der »Agrarier« des

Altertums, der großen Grundherrn, für die Politik des Staates. Wenn wir heute Widerstand finden bei dem Versuch, die großen Güter des deutschen Ostens in die Landgemeinden zu »inkommunalisieren«, so widerstand der römische Kaiserstaat der Exkommunalisierungstendenz der Güter nur wenig. Massenhaft erscheinen die »saltus« und »territoria« neben den Städten, Verwaltungsbezirke, in denen der Gutsherr die Ortsobrigkeit ist, ähnlich wie die deutschen Rittergutsbesitzer des Ostens in den »Gutsbezirken«. Der Gutsbesitzer war es hier, an den sich der Staat wegen der Steuern des territorium hielt — er verauslagte sie eventuell für die »Hintersassen« und zog sie wieder von ihnen ein — und der das Rekrutenkontingent der Grundherrschaft stellte: die Rekrutengestellung galt infolgedessen bald ebenso wie irgendeine andere öffentliche Leistung für eine Last des Gutes, dessen Arbeitskräfte — die Colonen — sie ja dezimierte.

Damit waren die Wege geebnet für die rechtliche Bindung des gutsherrlichen Kolonus an die Scholle.

Im Römischen Reich war — von bestimmten staatsrechtlichen Verhältnissen abgesehen — eine allgemeine Freizügigkeit unter rechtlichen Garantien niemals vorhanden. Erinnern wir uns z. B. nur, wie dem Verfasser des Lukas-Evangeliums die Vorstellung geläufig ist, daß zu Zwecken der Schatzung jedermann in seine Heimatgemeinde (origo) — wir würden sagen: an seinen Unterstützungswohnsitz — abgeschoben werden konnte, — so die Eltern Christi nach Bethlehem. Die origo des Colonus ist aber der Gutsbezirk seines Herrn.

Wir finden nun ferner schon früh das Institut der Zwangsrückführung zur Erfüllung öffentlich-rechtlicher Pflichten. Den Senator zwar, der dauernd die Sitzung schwänzte, pfändete man nur. Mit dem Provinzialstadtrat, dem Decurio, der sich seiner Pflicht entzog, machte man weniger Umstände: er wurde auf Requisition der Gemeinde zurückgeholt. Oft genug wurde das nötig, denn das Stadtratsamt des römischen Altertums mit seiner Haftung für das Steuersoll der Gemeinde bot geringe Reize. Und als später mit Verfall und Verwischung aller juristischen Formen diese Rückführungsansprüche bald in dem einen Begriff des Anspruchs auf Herausgabe, der alten dinglichen Klage (vindicatio), aufgingen, da jagten die Gemeinden mit dieser Klage hinter ihren entlaufenen Stadträten her ebenso wie etwa hinter einem entlaufenen Gemeindebullen.

Was dem Decurio recht war, war dem Kolonus billig. Seine Fronpflicht gegenüber dem Gutsherrn wurde, da dieser Fronberechtigter und Obrigkeit in einer Person war, von öffentlichen Lasten nicht unterschieden und er zur Pflicht zurückgeführt, wenn er sich ihr entzog. So wurde er tatsächlich auf dem Wege der Verwaltungspraxis ein dauernd in den Gutsbezirk und damit unter die Gutsherrschaft des Besitzers gebannter, schollenfester Fronbauer. Er wurde dem Staate gegenüber gewissermaßen »mediatisiert«. Und darüber erhob sich nun der »reichsunmittelbare« Stand der Grundherrn, der »possessores«, den wir in der späteren Kaiserzeit ebenso wie im ostgotischen und Merowingerreich als feststehenden Typus finden. Die ständische Gliederung hatte an Stelle des alten einfachen Gegensatzes von Freien und Unfreien begonnen. Eine in ihren einzelnen Stadien fast unmerkliche Entwicklung führte dazu, weil die ökonomischen Verhältnisse dahin drängten. Die Entwicklung der feudalen Gesellschaft lag in der Luft schon des spätrömischen Reiches.

Denn es ist offenbar, daß wir in dieser spätkaiserlichen Grundherrschaft mit dem Nebeneinanderstehen der beiden Kategorien fronpflichtiger Bauern: unfreier (servi) mit »ungemessener« Dienstpflicht und persönlich freier (coloni, tributarii) mit fest bestimmten Leistungen in Geld, Naturalabgaben, später mehr und mehr auch Naturalquoten, und daneben — nicht immer, aber regelmäßig — festen Fronpflichten, bereits den Typus des mittelalterlichen Fronhofs vor uns haben.

Mit Fronarbeit aber unter den Verkehrsverhältnissen des Altertums für den Absatz zu produzieren, war eine Unmöglichkeit. Für die Absatzproduktion war die disziplinierte Sklavenkaserne Vorbedingung. Zumal im Binnenland mußte mit ihrer Zergliederung in Bauernkathen die Absatzproduktion wegfallen, die dünnen Fäden des Verkehrs, die über die naturalwirtschaftliche Unterlage gesponnen waren, sich allmählich weiter lockern und zerreißen. Deutlich sehen wir das schon bei dem letzten erheblicheren römischen landwirtschaftlichen Schriftsteller, Palladius, der empfiehlt, möglichst sich so einzurichten, daß die Arbeit des Gutes alle Bedürfnisse decke, sich selbst trage, und so den Kauf entbehrlich mache. War die Spinnerei und Weberei ebenso wie das Mahlen und Backen von jeher von den Frauen des Gutshofs eigenwirtschaftlich besorgt worden, so stellte man nun auch Schmiede-, Tischler-, Maurer-, Zimmermannsarbeit und schließlich den Gesamtbedarf an gewerblichen Leistungen auf dem Gute mit dessen unfreien Fronhandwerkern her. Damit aber trat die dünne Schicht von freien, meist gegen Lohn und Kost arbeitenden, gewerblichen Arbeitern der Städte in ihrer relativen Bedeutung noch weiter zurück: die ökonomisch obenanstehenden Wirtschaften der Grundherren deckten ihren Bedarf naturalwirtschaftlich.

Arbeitsteilige Deckung des Eigenbedarfs des Gutsherrn wird in stets zunehmendem Maße der den »Oikos« beherrschende ökonomische Zweck. Die großen Güter lösen sich vom Markte der Stadt. Die Masse der mittleren und kleineren Städte büßen damit ihren wirtschaftlichen Nährboden: den stadtwirtschaftlichen Arbeits- und Güteraustausch mit dem umliegenden Lande, immer mehr ein. Sichtbar für uns, selbst durch das trübe, zerbrochene Glas der spätkaiserlichen Rechtsquellen, verfallen daher die Städte. Stets von neuem eifern die Kaiser gegen die Flucht aus der Stadt, dagegen insbesondere, daß die Possessoren ihre Behausungen in der Stadt aufgeben und abreißen, Getäfel und Einrichtung auf ihre Landsitze übertragen.

Auf dies Zusammensinken der Städte wirkt verstärkend hin die staatliche Finanzpolitik. Auch sie wird mit zunehmendem Finanzbedarf zunehmend naturalwirtschaftlich, der Fiskus ein »Oikos«, der seinen Bedarf so wenig wie möglich am Markte und so viel wie möglich aus eignen Mitteln deckt — damit aber die Bildung von Geldvermögen hemmt. Eine Wohltat war es vom Standpunkt der Untertanen, daß ein Hauptspekulationsgeschäft: die Steuerpacht, beseitigt wurde, und die eigene Abgabenerhebung an die Stelle trat. Rationeller war vielleicht die Besorgung der staatlichen Getreidezufuhr durch Schiffe, deren Herstellung der Staat durch Landanweisung belohnte, statt durch Vergebung an Unternehmer. Finanziell vorteilhaft war auch die offenbar zunehmende Monopolisierung zahlreicher einträglicher Zweige des Handels und der staatliche Bergbaubetrieb. Aber alles dies hemmte naturgemäß die Bildung privater Kapitalien und jeden Ansatz zur Entwicklung einer Schicht, die unseren modernen bürgerlichen Klassen entsprochen hätte. Und die Entwicklung dieses naturalwirtschaftlichen Finanzwesens vollzog sich zunehmend, je mehr das Reich aus einem das Land ausbeutenden Städtekonglomerat, welches seinen wirtschaftlichen Schwerpunkt an der Küste und in ihrem Verkehr fand, zu einem Staatswesen wurde, welches naturalwirtschaftliche Binnenländer politisch sich einzuverleiben und zu organisieren suchte. Die damit ungeheuer anschwellenden Staatsbedürfnisse geldwirtschaftlich zu decken, gestattete die dazu viel zu dünne Schale des Verkehrs nicht. Mit Notwendigkeit schwoll vielmehr der naturalwirtschaftliche Faktor im staatlichen Finanzwesen an.

Die Abgaben der Provinzen an den Staat waren von jeher zum guten Teil Natural-, zumal Getreideabgaben, aus denen die staatlichen Magazine gespeist wurden. In der Kaiserzeit wurde auch alles dasjenige, was die Verwaltung an gewerblichen Produkten bedurfte, immer weniger durch Kauf auf dem Markt oder Submission und immer mehr dadurch aufgebracht, daß man die Lieferung dem städtischen Gewerbe in natura auferlegte, welches zu diesem Behuf oft in Zwangszünften vereinigt wurde. Das drängte den kümmerlichen, freien Handwerker in die Situation eines faktisch erblichen Zunfthörigen. — Jene Naturaleinnahmen verbrauchte der Fiskus durch entsprechende Naturalausgaben. So suchte er namentlich die beiden Hauptposten seines Ausgabebudgets naturalwirtschaftlich zu decken: das Beamtentum und die Armee. Allein hier hatte die Naturalwirtschaft ihre Schranke.

Einen großen Binnenstaat regiert man dauernd nur durch ein besoldetes Berufsbeamtentum, welches die Stadtstaaten des Altertums zu entbehren vermochten. Die Gehälter der Staatsbeamten der diokletianischen Monarchie sind in sehr starkem Maße Naturalgehalte; sie sehen aus etwa wie ein stark vergrößertes Deputat eines heutigen mecklenburgischen Gutstagelöhners: einige Tausend Scheffel Getreide, eine bestimmte Kopfzahl Vieh, entsprechende Quantitäten Salz, Oel usw., kurz alle die Gegenstände, die der Beamte zu seiner Nahrung, Bekleidung und sonstigen Unterhaltung bedarf, werden auf die kaiserlichen Magazine angewiesen, daneben ein relativ recht mäßiges Taschengeld in bar. Aber trotz dieser offensichtlichen Tendenz zur Naturaldeckung zwang die Unterhaltung einer bedeutenden Beamtenhierarchie zu erheblichen Bargeldausgaben. Und in noch höherem Grade war dies der Fall mit der Deckung der militärischen Bedürfnisse des Reichs.

Ein Binnenstaat mit bedrohter Grenze bedarf eines stehenden Heeres. Das alte, auf Wehrpflicht und Selbstequipierung der Grundbesitzer ruhende Bürgerheer war schon zu Ende der Republik in ein vom Staat ausgerüstetes Heer mit proletarischer Rekrutierung verwandelt, — die Stütze der Cäsaren. Die Kaiserzeit schuf dann das nicht nur faktisch, sondern auch rechtlich, stehende Berufsheer. Um ein solches zu halten, braucht man zweierlei: Rekruten und Geld. Das Rekrutenbedürfnis war der Grund, weshalb die merkantilistischen Herrscher im Zeitalter des »aufgeklärten« Despotismus, so Friedrich II. und Maria Theresia, den Großbetrieb in der Landwirtschaft niederhielten, indem sie das Bauernlegen verboten. Nicht aus Humanitätsgründen und Liebe für die Bauern geschah dies. Nicht der einzelne Bauer wurde geschützt, — ihn durfte der Gutsherr getrost fortjagen, sofern er nur einen an die Stelle setzte. Vielmehr war der Grund: wenn, nach Friedrich Wilhelm I., »überflüssige Bauernkerls« eine Quelle der Rekrutierung sein sollten, mußten solche dasein. Deshalb wurde die Verminderung des vorhandenen Bauernquantums durch Einziehung von Bauernstellen verboten, weil sie die Rekrutierung gefährdete und das Land entvölkerte. — Aus ähnlichem Grunde griffen auch die Cäsaren in die Verhältnisse der Kolonen ein und verboten z. B. die Steigerung ihrer Lasten. — Andrerseits beförderten die merkantilistischen Herrscher kräftig die großen Manufakturen, weil sie das Staatsgebiet »peuplierten« und — zweitens — Geld ins Land brachten. Friedrich der Große verfolgte mit Steckbriefen nicht nur seine desertierenden Soldaten, sondern auch seine desertierenden Arbeiter und — Fabrikanten. Dies war den Cäsaren verschlossen, da eine für den Absatz produzierende Großindustrie mit freier Arbeit nicht existierte und nicht entstehen konnte. Vielmehr ging mit dem Sinken der Städte und des Verkehrs und mit dem Rückfall in die Naturalwirtschaft umgekehrt die Möglichkeit, steigende Geldsteuern zu erschwingen, für das Land immer mehr verloren. Und bei dem Arbeitermangel, den das Versiegen des Sklavenmarktes brachte, war die Rekrutierung aus den Kolonen eine für die Güter ruinöse Last, der sie sich mit allen Mitteln zu entziehen suchten. Aus der verfallenden Stadt flieht der Kantonpflichtige auf das Land in die Kolonenhörigkeit, weil der unter dem Druck des Arbeitermangels stehende Possessor das Interesse hat, ihn der

Rekrutierung zu entziehen. Die späteren Cäsaren kämpfen ebenso gegen die Flucht der Bürger aufs Land, wie die späteren Hohenstaufen gegen die Flucht der Hörigen in die Städte. —

Deutlich finden wir die Rückwirkung dieser Rekrutennot im Heere der Kaiserzeit. Italien ist seit Vespasian aushebungsfrei; seit Hadrian schwindet die Mischung der Kontingente und sucht man zur Kostenersparung vielmehr die Heere möglichst aus dem Bezirk ihres Standortes zu rekrutieren, — der früheste Vorbote vom Zerfall des Reichs. Aber noch weiter: wenn man die Heimatsangaben der entlassenen Soldaten durch die Jahrhunderte verfolgt, so zeigt sich, daß die Zahl derjenigen, welche als »Lagerkinder« (castrenses) bezeichnet sind, in der Kaiserzeit von wenigen Prozenten der Gesamtheit bis auf einen der Hälfte nahekommenden Bruchteil sich steigert, — mit andern Worten: das römische Heer erzeugt sich zu einem fortwährend zunehmenden Bruchteil aus sich selbst. Wie an Stelle des ehelosen Kasernensklaven der Bauer im Schoße eigner Familie tritt, so — wenigstens zum Teil — an Stelle des ehelosen Kasernen- oder richtiger Lagersoldaten der in Soldatenehe stehende, faktisch erbliche Berufssöldner. Und auch die zunehmende Rekrutierung des Heeres aus Barbaren hat in erster Linie den Zweck der Schonung der Arbeitskräfte des eigenen Landes, insbesondere der Arbeitskräfte der großen Güter. Völlig naturalwirtschaftlich versucht man endlich durch Beleihung von Barbaren mit Land gegen Kriegsdienstpflicht die Grenzwache zu bestreiten, und diese Form, der entfernte Vorbote des Lehens, findet zunehmende Verwendung. Das Heer, welches das Reich beherrscht, wird so ein von jeder Beziehung zur einheimischen Bevölkerung sich immer mehr loslösender Barbarenhaufe. Der siegreiche Einbruch der Barbaren von außerhalb bedeutete deshalb für die Provinzialen im Innern des Reiches im ersten Augenblick wesentlich nur einen Wechsel der Einquartierung: selbst die Form des römischen Einquartierungswesens wurde ja übernommen. Es scheint, daß in Gallien die Barbaren keineswegs überall als Eroberer gefürchtet, sondern hie und da als Befreier von dem Druck der römischen Verwaltung begrüßt wurden. — Und das ist begreiflich.

Denn nicht nur die Stellung der Rekruten war es, welche aus den Mitteln der eigenen Bevölkerung zu bestreiten dem alternden Reich schwer fiel, sondern schwerer noch drückten die in Naturalwirtschaft zurücksinkenden Völker die Geldsteuern, ohne welche ein Soldheer schlechterdings nicht zu unterhalten ist. Um die Geldaufbringung dreht sich immer mehr die ganze Staatskunst und immer deutlicher zeigt sich die ökonomische Unfähigkeit der wesentlich nur noch für den Eigenbedarf produzierenden Possessoren, Geldabgaben zu leisten. Ja, — wenn der Kaiser ihnen gesagt hätte: »Wohlan, laßt eure Kolonen euch Waffen schmieden, setzt euch zu Pferde und schützt mit mir die Scholle, von der ihr lebt« — dies hätten sie ökonomisch leisten können. Aber damit wäre man eben schon im Mittelalter und beim Feudalheer gewesen. In der Tat: wie die feudale Gliederung der Gesellschaft, so war die feudale Wehrverfassung das Ziel, welchem die spätrömische Entwicklung zustrebte und welches — nach dem kurzen und nur lokalen Rückschlag in der Völkerwanderungszeit zugunsten kolonisierender Bauernheere — schon in der Karolingerzeit in der Hauptsache erreicht wurde. Allein mit feudalen Ritterheeren kann man zwar fremde Kronen erobern, die Landesmark eines beschränkten Territoriums verteidigen, aber nicht die Einheit eines Weltreichs wahren, und hundertmeilige Grenzen gegen landhungrige Eroberer halten: deshalb war für die spätrömische Zeit der Uebergang zu der Form der Heeresverfassung, welche dem naturalwirtschaftlichen Untergrund entsprach, nicht möglich. Daher mußte Diokletian die Reorganisation der Staatsfinanzen auf dem Boden einheitlicher Geldsteuern versuchen, und bis zuletzt blieb die Stadt die offizielle unterste Zelle des Staatsorganismus. Aber die ökonomische Unterlage der breiten Masse der römischen Städte schwand immer mehr: sie saßen wie Schröpfköpfe im Interesse des geldbedürftigen staatlichen Verwaltungsapparats auf einem Untergrund, der sich mit einem Netz von Grundherrschaften überzogen hatte. Der Zerfall des Reichs war die notwendige politische Folge des allmählichen Schwindens des Verkehrs und der Zunahme der Naturalwirtschaft. Er bedeutete im wesentlichen nur den Wegfall jenes Verwaltungsapparats und damit des geldwirtschaftlichen politischen Ueberbaus, der dem naturalwirtschaftlichen ökonomischen Unterbau nicht mehr angepaßt war.

Als dann nach einem halben Jahrtausend der späte Testamentsvollstrecker Diokletians, Karl der Große, die politische Einheit des Okzidents wieder erweckte, da geschah dies auf streng naturalwirtschaftlicher Grundlage. Wer die Instruktion für die Domänenverwalter (villici) liest — das berühmte capitulare de villis, durch seine Sachkunde und Barschheit an Verfügungen Friedrich Wilhelms I. erinnernd —, findet die deutlichste Illustration dazu. Neben dem König figuriert auch die Königin als Oberinstanz: die Hausfrau des Königs ist sein Finanzminister. Und das mit Recht: es handelt sich bei dieser »Finanzverwaltung« vornehmlich um die Bedürfnisse des königlichen Küchenzettels und Haushalts, der mit dem »Staatshaushalt« identisch ist. Es wird verfügt, was von den Inspektoren an den Hof des Königs zu liefern ist: — z. B. Getreide, Fleisch, Gewebe, merkwürdig große Quantitäten Seife usw., kurz was der König verbraucht für sich, für seine Haus- und Tischgenossen, und für den politischen Dienst, z. B. Pferde und Fuhrwerke für den Krieg. Verschwunden ist das stehende Heer und das besoldete Beamtentum und damit — selbst dem Begriff nach — die Steuer. Seine Beamten speist der König am eigenen Tisch oder stattet sie mit Land aus; das sich selbst ausrüstende Heer aber ist im Begriff, endgültig ein Reiterheer und damit ein Wehrstand ritterlicher Grundherren zu werden. Verschwunden ist aber auch der interlokale Güteraustausch: die Fäden des Verkehrs zwischen den eigenwirtschaftlichen Zellen des Wirtschaftslebens sind gerissen, der Handel auf die Stufe des Wandergewerbes in den Händen Stammfremder — Griechen und Juden — zurückentwickelt.

Verschwunden ist die Stadt, — die Karolingerzeit kennt sie als spezifischen verwaltungsrechtlichen Begriff überhaupt nicht. Die Grundherrschaften sind die Träger der Kultur — auch die Unterlage der Klöster —; Grundherren die politischen Funktionäre; ein Grundherr, der größte, der König selbst, — ein überaus ländlicher Analphabet. Auf dem Lande liegen seine Pfalzen, deshalb hat er keine Residenz: er ist ein Herrscher, der, um seines Lebensunterhalts willen, mehr reist, als selbst moderne Monarchen — denn er lebt, indem er von Pfalz zu Pfalz zieht und verzehrt, was für ihn aufgespeichert ist. — Die Kultur ist ländlich geworden. —

Der Kreislauf der ökonomischen Entwicklung des Altertums hat sich vollendet. Scheinbar völlig vernichtet ist seine Geistesarbeit. Versunken ist mit dem Verkehr die Marmorpracht der antiken Städte und damit alles das, was von geistigen Gütern auf ihnen ruhte: Kunst und Literatur, die Wissenschaft und die feinen Formen des antiken Verkehrsrechts. Und an den Gutshöfen der Possessoren und Senioren ertönt noch nicht der Minnesang. Unwillkürlich wehmütig berührt uns das Schauspiel, wie eine scheinbar dem Höchsten zustrebende Entwicklung ihre materielle Unterlage verliert und in sich selbst zusammenbricht. Allein was ist es denn, was wir in diesem gewaltigen Vorgang vor uns sehen? In den Tiefen der Gesellschaft vollzogen sich und mußten sich vollziehen organische Strukturänderungen, die im ganzen doch einen gewaltigen Gesundungsprozeß bedeuteten. Die Einzelfamilie und der Privatbesitz wurden den Massen der Unfreien zurückgegeben; diese selbst aus der Situation des »sprechenden Inventars« langsam wieder in den Kreis der Menschen hinaufgehoben, deren Familienexistenz das emporwachsende Christentum dann mit zähen moralischen Garantien umgab: schon die spätkaiserlichen Bauernschutzgesetze erkennen den Zusammenhalt der unfreien Familie in einem vorher nicht gekannten Maße an. Freilich sank zugleich ein Teil der freien Bevölkerung zu faktischer Hörigkeit, und die raffiniert gebildete Aristokratie des Altertums zur Barbarei herab. Der naturalwirtschaftliche Untergrund, den das Anschwellen der unfreien Arbeit der antiken Kulturentwicklung untergeschoben hatte, war zunächst immer weiter gewuchert, je mehr der Sklavenbesitz die Vermögen differenzierte, und hatte nach dem Uebergang des politischen Schwergewichts von der Küste auf das Binnenland und nach dem Versiegen der Menschenzufuhr seine zum Feudalismus drängende Struktur auch dem ursprünglich verkehrswirtschaftlichen Oberbau aufgezwungen. So schwand die dünn gewordene Hülle der antiken Kultur, und das Geistesleben der okzidentalen Menschheit sank in lange Nacht. Sein Niedersinken gemahnt aber an jenen Riesen der hellenischen Mythe, der neue Kraft gewann, wenn er am Busen der Mutter Erde ruhte. Fremdartig wäre freilich den alten Klassikern ihre Umgebung erschienen, wäre etwa einer von ihnen in der Karolingerzeit in seinen Pergamenten erwacht und hätte er die Welt aus seiner Klosterzelle gemustert: die Düngerluft des Fronhofes hätte ihn angeweht. Allein sie schliefen nun den Winterschlaf, wie die Kultur überhaupt, im Schoße des wieder ländlich gewordenen Wirtschaftslebens. Und es weckte sie auch nicht Minnesang und Turnier der feudalen Gesellschaft. Erst als auf der Grundlage der freien Arbeitsteilung und des Verkehrs die Stadt im Mittelalter wieder erstanden war, als dann der Uebergang zur Volkswirtschaft die bürgerliche Freiheit vorbereitete und die Gebundenheit unter den äußern und innern Autoritäten des Feudalzeitalters sprengte, da erhob sich der alte Riese in neuer Kraft und hob auch das geistige Vermächtnis des Altertums empor an das Licht der modernen bürgerlichen Kultur.

Zur Geschichte der Handelsgesellschaften im Mittelalter[1]).

Nach südeuropäischen Quellen.

Vorbemerkung.

Dogmatisch ist der grundsätzliche Unterschied zwischen der societas des römischen Rechts und der wichtigsten Gruppe der modernen Gesellschaftsformen, der handelsrechtlichen, speziell der offenen Handelsgesellschaft, oft erörtert und genügend aufgeklärt. Historisch ist die Entwicklung der modernen Grundsätze aus dem Verkehrsleben der Mittelmeerländer, speziell Italiens, von wo aus der internationale Handelsverkehr sie als für sich praktikabel allgemein übernahm, in den Hauptzügen klargestellt.

Wie aber, besonders in den früheren Entwicklungsstadien, sich im einzelnen die Rechtsbildung gestaltet hat, — ob hier ganz neue Rechtsgedanken, aus den schnell sich vervielfältigenden Bedürfnissen des Tages erwachsen, durch Uebergang in den Handelsgebrauch und von da in das Handelsgewohnheitsrecht, sich Anerkennung verschafften, oder ob und inwiefern eine Anknüpfung an vorgefundene Rechtsinstitute stattfand, ist vielfach noch nicht außer Zweifel gestellt, und da das von Lastig [2]) in Aussicht gestellte umfassende Werk über die Handelsgesellschaften, welches, nach den bisherigen Proben zu schließen, auf einer Fülle uns un-

---

[1]) Diese Abhandlung ist 1889 im Verlag von Ferdinand Enke, Stuttgart erschienen und noch einzeln erhältlich.

[2]) Dessen Aufsatz in der Zeitschr. für Handelsr. Bd. 34 den Ausgangspunkt der nachstehenden Arbeit bildet.

zugänglichen urkundlichen Materials zu fußen in der Lage sein wird, noch auf sich warten läßt, darf der Versuch immer noch als lohnend gelten, im Anschluß an die bisherigen Arbeiten, auf Grund des gedruckten Materials eine konkretere Vorstellung von den hier für die Entwicklung wesentlichen Motiven zu gewinnen. Nach Lage des mir zugänglichen Quellenmaterials kann hiernach, wie vorweg zu bemerken ist, die Illusion nicht aufkommen, als ob die hier zu gewinnenden Ergebnisse nicht selbst in den Hauptpunkten wesentliche Korrekturen auf Grund mir unzugänglichen, insbesondere handschriftlichen Materials, zu gewärtigen hätten [1]).

Daß die nachstehende, aus Erweiterung und Umarbeitung einer seiner Zeit im Seminar des Herrn Geheimrat Goldschmidt in Berlin vorgelegten Arbeit entstandene Untersuchung sich nicht als Geschichte der offenen Handelsgesellschaft, sondern als Beitrag zur Geschichte der Handelsgesellschaften überhaupt bezeichnet, wird der Inhalt rechtfertigen. Nur einzelne Institute des Vermögensrechtes sowohl der offenen als der Kommanditgesellschaft sind hier zu beleuchten versucht. Allerdings nehme ich an, daß dieselben besonders geeignet sind, den Gegensatz beider historisch klarzustellen. Benutzt ist, wie bemerkt, nur gedrucktes Material und auch dies nur, soweit es in der Berliner Bibliothek und dem Privatbesitz des Herrn Geheimrat Goldschmidt, welcher mir die Benutzung seiner reichen Bibliothek gütigst gestattete, zugänglich war. Weniger neue Gesichtspunkte, als vielleicht eine Korrektur und konkretere Umgrenzung der bereits gewonnenen können hiernach das Ergebnis bilden.

I. Römisches und heutiges Recht. Gang der Untersuchung.

Societas und offene Handelsgesellschaft.

Auf welche Rechtssätze es bei der nachfolgenden Untersuchung in erster Linie ankommt, erhellt leicht, wenn man sich die wesentlichsten Gegensätze der römischen societas und der modernen offenen Handelsgesellschaft vergegenwärtigt.

---

[1]) Es ist aus diesem Grunde auch von Quellenkritik im folgenden abzusehen gewesen. Es soll nur das Bild, welches das g e d r u c k t vorliegende Material bietet, zur Darstellung gebracht werden.

Die Gegenüberstellung beider bedarf zunächst, damit wirkliche Vergleichspunkte gewonnen werden, der näheren Begrenzung. Die offene Handelsgesellschaft kann nicht füglich der römischen societas überhaupt entgegengestellt werden, da sie der letzteren gegenüber zunächst einen Spezialfall darstellt; sondern sie kann nur mit einem Fall der societas verglichen werden, in welchem dieselbe dem gleichen Zwecke dient, wie die heutige offene Handelsgesellschaft, — denn ein Charakteristikum des römischen Sozietätsbegriffes ist es eben, daß er für die verschiedenen faktischen Gestaltungen nicht auch verschiedene Rechtssätze zur Verfügung stellt, sondern eine allgemein anwendbare Schablone darstellen will.

Wenn also der offenen Handelsgesellschaft wesentlich ist: einmal der Zweck des Erwerbes durch Handel und ferner, wie HGB. Art. 85 es ausdrückt, daß bei keinem der Gesellschafter die Beteiligung auf Vermögenseinlagen beschränkt ist, endlich, im Gegensatz zur »Gelegenheitsgesellschaft«, daß jener Zweck durch dauernde gemeinsame gewerbsmäßige Tätigkeit, nicht durch Zusammenwirken zu einzelnen, gelegentlich unternommenen Geschäften erreicht werden soll, — so werden wir uns eine entsprechende Spezialgestaltung einer römischen societas vorzustellen haben, um kommensurable Größen zu gewinnen.

Alsdann nun läßt sich die Differenz im wesentlichen etwa wie folgt formulieren:

Nach römischem Recht entstehen durch den Abschluß einer derartigen societas unter den Kontrahenten Obligationen, sie sind einander zu den zur Erreichung des Sozietätszweckes erforderlichen Leistungen verpflichtet, in unserem Falle also dazu, ihre Arbeitskraft und, soweit nötig, Kapital zum Betriebe des Geschäfts herzugeben, die von einem socius dem Vertrage gemäß zu Sozietätszwecken eingegangenen Verbindlichkeiten sich bei der Abrechnung anteilsweise anrechnen zu lassen, — gemäß dem Vertrag gemachte Auslagen ebenso dem socius zu erstatten, — Forderungen, welche ihnen aus unter den Sozietätszweck fallenden Geschäften erwachsen sind, pro rata dem socius anzurechnen, bzw. den Ertrag herauszugeben, — die aus derartigen Geschäften erworbenen dinglichen Rechte mit dem socius zu kommunizieren. — Es kann wünschenswert sein, verfügbare Barmittel in einer arca communis, Sozietätskasse, niederzulegen, die Einkünfte aus den für Sozietätszwecke geschlossenen Geschäften usw. zunächst in sie fließen zu lassen. Aus ihr ist dann der socius, welcher aus dergleichen Geschäften Zahlungen zu leisten hat, die Mittel dazu zu entnehmen befugt wie verpflichtet. Ihr Inhalt steht im anteilsweisen Eigentum der socii, dient im übrigen nur der Vereinfachung der Abrechnung und der Ersparung jedesmaliger anteilsweiser Zahlungen; die Quote des darin befindlichen Barvorrates ist ein Vermögensstück des socius wie andere auch, dem Zugriff seiner Gläubiger regelmäßig ohne weiteres unterworfen. Dritte kann die Sozietät, als lediglich ein Komplex obligatorischer Beziehungen unter den socii, nichts angehen, — ein Geschäft, welches ein socius auf Rechnung der Sozietät mit dritten eingeht, unterscheidet sich in seinen Wirkungen in keiner Weise von irgendeinem auf private Rechnung abgeschlossenen Geschäft; sind Geschäfte, welche auf Rechnung der Sozietät gehen, von Verlust begleitet, so ist dies nach außen lediglich Verlust desjenigen, welcher das Geschäft schloß; zu s e i n e m Vermögen gehört alsdann allerdings ein Anspruch auf quotenmäßige Erstattung gegen die socii und dieser Anspruch kommt auch in die Aktivkonkursmasse. Ein Konkurs findet nur über das Vermögen des einzelnen statt und unter Beteiligung nur derjenigen als Gläubiger, mit welchen er kontrahiert hat, darunter also eventuell auch der socii. Insbesondere sind nicht etwa die arca communis und die gemäß dem Sozietätsvertrage kommunizierten Gegenstände mögliches Objekt eines über dies »Sozietätsvermögen« zu eröffnenden besonderen Konkurses; ein solcher Konkurs wäre ein Unding, er würde nichts finden, worauf es sich erstrecken könnte, da alles, was zu diesem »Sozietätsvermögen« gehört, ohne Rest aufgeht in den an allen einzelnen Gegenständen pro rata bestehenden Miteigentumsanteilen, und da diese ihrerseits Stücke anderer Vermögen, derjenigen der einzelnen socii sind, — da mithin ein solcher Konkurs nicht nur ein Subjekt, sondern auch ein Objekt, welches er ergreifen könnte, vergebens suchen würde.

Die Konstruktion der offenen Handelsgesellschaft stellt sich dem scharf gegenüber:

Das Bestehen einer solchen beschränkt zunächst seine Wirkungen keineswegs auf das Verhältnis zwischen den socii, es ist vielmehr eine Tatsache, welche auch von dritten nicht ignoriert werden kann. Diejenigen Geschäfte, welche ein nach Maßgabe des Gesellschaftsvertrages dazu berechtigter socius für Rechnung »der Gesellschaft« abschließt, ergreifen alle Gesellschafter ohne weiteres in gleicher Weise. Ein dritter, wenn aus solchen Geschäften verpflichtet, muß sich gefallen lassen, daß auch ein anderer socius, als sein Kontrahent, sie »für die Gesellschaft« gegen ihn auf den vollen Betrag geltend macht, er kann umgekehrt als Berechtigter sie außer gegen seinen Kontrahenten auch gegen die anderen socii in solidum und daneben auch gegen »die Gesellschaft«, d. h. zu Lasten des Gesellschaftsvermögens, geltend machen. Dies Gesellschaftsvermögen, als wesentlich charakteristisches Moment, steht im engen Zusammenhang mit jener aktiv und passiv über die Person des Kontrahenten hinausreichenden Wirkung von Rechtshandlungen eines socius. Denn da diese letztere nicht hinsichtlich aller von einem socius geschlossenen Geschäfte, sondern nur hinsichtlich der »für die Gesellschaft« geschlossenen Platz greift, so folgt, daß die obligatorischen Beziehungen, in welche ein socius tritt, ganz verschiedene Bedeutung gewinnen, je nachdem er dies nur auf eigenen Namen oder »für die Gesellschaft« tut, während andererseits alle »für die Gesellschaft« geschlossenen Geschäfte, gleichgültig von welchem socius sie geschlossen sind, untereinander gleichmäßige Bedeutung haben.

Es entstehen also obligatorische Berechtigungen und Verpflichtungen, welche sich von den übrigen Aktiven und Passiven im Vermögen jedes Gesellschafters in ihrer Bedeutung wesentlich unterscheiden, untereinander aber sich gerade in dem unterscheidenden Merkmal gleichen. Ebenso finden sich dingliche Rechte, — an den »für die Gesellschaft« erworbenen species, — welche der quotenmäßigen Verfügung der einzelnen socii nach den Regeln des römischen Miteigentums nicht unterliegen, über welche der socius vielmehr nur so und insoweit, als er nach dem Gesellschaftsvertrage bzw. nach Sozietätsrecht dazu berechtigt ist, verfügen kann. Auch diese Rechtsobjekte also unterscheiden sich in ihren rechtlichen Beziehungen sehr wesentlich von allen anderen Gegenständen in dem Vermögen eines der socii und sind gerade in dem unterscheidenden Merkmale untereinander gleichgestellt. Wenn nun sowohl bei den obligatorischen, als bei den dinglichen Rechten dieser Kategorie die erwähnten Unterschiede Folge der Beziehung auf den Gesellschaftszweck sind, so gewinnt damit die arca communis des römischen Rechts, wenn wir sie als diese Vermögensstücke umfassend denken, eine andere Bedeutung. Die Rechte, welche zu ihr gehören, scheiden sich scharf von den übrigen Vermögensstücken der socii, die Verfügung darüber ist gleichmäßig geregelt, die Teilrechte der einzelnen sind, solange die Gesellschaft dauert, nicht unmittelbar wirksam, weichen vielmehr den in Gemäßheit des Gesellschaftsrechts darüber getroffenen Verfügungen; sie sind diesen gegenüber das schwächere Recht, so daß weder die Privatgläubiger des socius im Exekutionswege unmittelbar diese Objekte, resp. die Quotenanteile daran angreifen können, noch dieselben als einzelne unmittelbar in den Konkurs des socius fallen. Ebenso scheiden sich andererseits die jenem Komplex als Passiva zugehörigen Verbindlichkeiten scharf dadurch von den Verpflichtungen eines einzelnen socius, daß sie, und nur sie, die arca communis im obigen Sinne unmittelbar belasten und zum direkten Zugriff auf sie berechtigen, derart, daß bei einer Auseinandersetzung nur das nach ihrem Abzug Verbleibende dem Vermögen des socius, bzw. seiner Konkursmasse, zufällt.

Sofern man nun einen Komplex von Rechten, welche alle einem bestimmten Zweck dienen, über welche gleichmäßig in besonders geregelter Art verfügt wird und auf welchen besondere Lasten ruhen, ein »Vermögen« nennen will, — und die Berechtigung dieser Bezeichnung unterliegt keinem begründeten Zweifel, — so kommt dieser Charakter auch der Gesamtheit jener oben geschilderten rechtlichen Beziehungen zu. Aus der arca communis ist ein Sondervermögen, das »Gesellschaftsvermögen«, geworden, es ist nun ein geeignetes Objekt für Zwangsvollstreckung und Konkurs, überhaupt eine Grundlage für alle sonstigen, von einem Vermögen versehenen rechtlichen Funktionen vorhanden und es ist das Bestehen von Rechten und Verbindlichkeiten zwischen diesem Vermögen und den einzelnen socii begrifflich nicht ausgeschlossen [1]).

Sind nun hier auf seiten des Objekts die Merkmale des Vermögens vorhanden, so liegt das dogmatische Bedürfnis nahe, ja es ist im Interesse der Präzision des Ausdrucks fast unumgänglich, dafür auch ein Subjekt, oder doch etwas einem Subjekt Entsprechendes, dessen Funktionen Versehendes zu finden. Eine Handhabe hierfür bietet die Verwendung der Firma. Prinzipiell ist sie nur eine Art praktischer Breviloquenz, denn sie dient nur zur Zusammenfassung der auf Rechnung »der Gesellschaft« im obigen Sinne laufenden Vermögensbeziehungen.

[1]) ROHG. Entsch. Bd. 5 S. 206.

In der Anschauungsweise des Geschäftsverkehrs aber gewinnt die Firma eben dadurch leicht eine Art von Persönlichkeit, d. h. die Personifikation derselben ist die Handhabe, um Sätze, welche zwar im praktischen Leben sich relativ einfach und natürlich geben, — wie z. B. den: daß wer in ein bestehendes Geschäft eintritt, für dessen ältere Schulden haftet u. a., — welche aber in ihrer juristischen Konstruktion keineswegs einfach sind, durch ein plastisches Bild anschaulich und damit praktikabel zu machen. Wenn es daher auch juristisch zu einer wirklichen Personifikation der Firma nicht kommt, so wird doch, soweit das systematische Bedürfnis reicht, es ermöglicht, daß die »Firma«, — das »Geschäft«, — die »Gesellschaft«, — einzelne wichtige Funktionen eines Rechtssubjektes erfüllt.

Es ergibt sich leicht aus dem bisher Gesagten, daß die Grundlage dieser Entwicklungen mit in erster Linie die beiden eng miteinander zusammenhängenden Institute der solidarischen Haftung und des gesellschaftlichen Sondervermögens sind.

Wesentlich diese beiden Institute sollen im folgenden einer historischen Betrachtung unterzogen werden, zu welchem Behuf allerdings ein Eingehen auf die Entwicklung der Gesellschaftsformen überhaupt, schon der Gewinnung des Gegensatzes wegen, nicht entbehrt werden kann [1]).

---

[1]) Von der vorstehend skizzierten Darstellung des Rechts der offenen Handelsgesellschaft weicht Laband — in der Zeitschr. für Handelsr. Bd. 30, 31 — prinzipiell insofern ab, als bei ihm die Vermögensfunktion des Gesellschaftsfonds wohl zu kurz kommen dürfte. — Aus Abneigung gegen die in der Doktrin übliche Unterscheidung der »inneren« und »äußeren« Seite des Verhältnisses — ein Gegensatz, dessen Verwertung er selbst Bd. 30 S. 5 l. c. doch nicht ganz entraten kann — behandelt er als das der offenen Handelsgesellschaft Charakteristische nur die Haftung nach außen. Bei der Absonderung des Gesellschaftsfonds als Sondergut handle es sich nur um ein Rechtsverhältnis inter socios, das obligatorische Mitrecht des einen beschränke den anderen in der vollständigen Herrschaft über sein Vermögen, — Beweis: die Größe des Gesellschaftsvermögens sei nicht Gegenstand eines Rechtes dritter, insbesondere der Gläubiger.

Dies zugegeben, ist dagegen zu sagen, daß zwar nicht die Größe, aber allerdings die Existenz eines Gesellschaftsvermögens Gegenstand des Rechts auch dritter ist. Das Gesellschaftsvermögen kann ökonomisch gleich Null sein, juristisch besteht es, und zwar nicht ohne wichtige Konsequenzen auch für die ökonomische Sachlage, und die socii können auf keine Weise hindern, daß es besteht und daß die Rechtsfolgen dieses Bestehens eintreten.

Laband will den Ausschluß der Privatgläubiger vom Gesellschaftsvermögen dadurch motivieren, daß die Gläubiger des einzelnen socius nicht mehr Rechte haben könnten als dieser selbst, — nemo plus juris transferre potest quam habet ipse, — und der socius werde ja eben durch die obligatorischen

Bevor wir auf die Grundlagen der mittelalterlichen Sozietätsentwicklung kommen, ist wenigstens in aller Kürze die hier nicht zum erstenmal aufgeworfene Frage zu erörtern, ob nicht etwa schon im römischen Recht wenigstens Ansätze zu einer Ueberwindung der rein obligatorischen Natur der societas und ihrer Beschränkung auf Wirkungen inter socios sich finden.

Angebliche Ansätze zur Wandlung der römischrechtlichen Grundsätze.

Im allgemeinen muß dies entschieden in Abrede gestellt werden, für das Gebiet des Privatrechts unbedingt.

Man könnte in einzelnen Bestimmungen eine Ueberschreitung jener Grenzen finden wollen. So wenn dem socius das Recht gegeben wird — D 63 § 5 pro socio — bei Zahlungsunfähigkeit eines socius sich an diejenigen anderen socii zu halten, welche ihren Teil von demselben voll beigetrieben haben.

Diese anscheinende Ueberschreitung der rein quotenmäßigen Regelung des Verhältnisses ist indessen nur eine Konsequenz der Natur der actio pro socio, bei welcher — es handelt sich nur um das Verhältnis unter den socii — die bona fides gleichmäßige Teilung der Verluste fordert.

Ansprüche der anderen socii beschränkt; allein auch ein Privatgläubiger, welcher solidarischer Privatgläubiger a l l e r einzelnen socii wäre, würde nicht Gesellschaftsgläubiger sein, und überdies bleibt problematisch, wie o b l i g a t o r i s c h e Rechte der anderen socii die besagte dingliche Wirkung des Ausschlusses der Gläubiger von den dem socius zustehenden Anteilen an den Gesellschaftssachen erzeugen sollten. Ständen dem Privatgläubiger nur Rechte der einzelnen anderen socii entgegen, so müßte die bloße Nichtgeltendmachung dieser Rechte ihn zum Gesellschaftsgläubiger machen und ihm den Zugriff ermöglichen, was nicht der Fall ist.

Bei einer römischen societas entsteht dadurch, daß die socii im einzelnen Fall, als Bürgen z. B., solidarisch haften, noch kein Gesellschaftsvermögen, auch bezüglich der argentarii, bei welchen die Haftung eine gesetzliche ist, ist von einem derartigen Institut nichts bekannt.

Auch historisch werden wir die große Rolle, welche gerade das Bestehen eines gemeinsamen Vermögens in der Entwicklung gespielt hat, zu verfolgen Gelegenheit haben.

Richtig ist nur, daß die offene Handelsgesellschaft das Charakteristikum des Sondervermögens mit bestimmten anderen Gesellschaftsformen, wie bekannt, teilt, und daß stets die Stellung derartiger Sondervermögen mit den Haftungsverhältnissen auf das innigste zusammenhängt.

Vgl. gegen Laband: Gierke, Die Genossenschaftstheorie und die deutsche Rechtsprechung S. 438.

Rößler [1]) hat ferner D. 44 § 1 de aed. ed. herangezogen: Proponitur actio ex hoc Edicto in eum, cujus maxima pars in venditione fuit, quia plerumque venaliciarii ita societatem coëunt, ut quidquid agant, in commune videantur agere; aequum enim Aedilibus visum est, vel in unum ex his, cujus major pars, aut nulla parte minor esset, aedilicias actiones competere, ne cogatur emptor cum singulis litigare. — In der Tat liegt in dieser, der Praxis des Marktgerichts entwachsenen Bestimmung eine von den Juristen durch die präsumtive Interessengemeinschaft der venaliciarii als billig motivierte, juristisch nicht weiter analysierbare Singularität vor, deren Grundlage im Sozietätsrecht n i c h t zu suchen ist. Die p r ä s u m t i v e Sozietät wird nicht als rechtliches Fundament der erweiterten Klage, sondern nur als legislatorisches Motiv der Aedilen dargestellt.

Schon eher könnte das Verhältnis der plures argentarii als eine wirkliche Modifikation der römischen Auffassung gelten. Die davon handelnden Quellenstellen [2]) ergeben in der Tat eine wohl aus Besonderheiten des Litteralkontrakts und der Buchführung (»nomina simul facta«) der Bankiers hervorgehende Rechtsbildung, jedoch nicht eigentlich ein Institut des Sozietätsrechts. Das Bestehen einer Sozietät wird nicht als der Rechtsgrund hervorgehoben.

Tatsächlich aus dem Rechtsgrund der Sozietät hervorgehende Solidarberechtigungen enthält dagegen anscheinend das Statut der latinischen Colonia Malaca [3]) in der, hinsichtlich der Bedeutung des Ausdrucks »socius« freilich nicht zweifelsfreien Bestimmung: Lex Malac. c. 65 (es handelt sich um den Verkauf der praedes praediaque):

> . . . ut ei qui eos praedes cognitores ea praedia mercati erunt praedes s o c i i heredesque eorum i[i]que ad quos ea res pertinebit de is rebus agere easque res petere persequi recte possit.

---

[1]) Zeitschr. für Handelsr. Bd. 4.

[2]) D. 9 pr. de pactis: Si plures sint, qui eandem actionem habent, unius loco habentur. Ut uta plures sunt rei stipulandi vel plures argentarii, quorum nomina simul facta sunt . . . unum debitum est, — und

D. 34 pr. de recept. (III, 8): Si duo rei sunt aut credendi aut debendi et unus compromiserit . . . videndum est, an si alius petat, vel ab alio petatur, poena committatur. Idem est in duobus argentariis, quorum nomina simul eunt (erunt Hal.).

[3]) Vgl. Mommsen, Stadtrechte zu der im folgenden zit. Stelle.

Also: der socius des Käufers hat eine direkte Klage wie der heres. Zu berücksichtigen ist, daß wir uns auf dem Boden des Verwaltungsrechts befinden und ein durch die Hand des Magistrats geschlossener Kontrakt vorliegt. Wie weit hier die besondere Natur der öffentlichrechtlichen leges contractus[1]) einwirkt, und daher das Privatrecht zessiert, steht dahin[2]).

Auf dem Boden des Privatrechts[3]) finden wir jedenfalls auch im spätrömischen und im Recht der Basiliken und ihrer Scholien[4]) noch keine Modifikationen der alten Grundsätze. Daß jene erwähnten Spezialrechtssätze oder daß lokale Rechtsbildungen des Vulgärrechts Anknüpfungspunkte für die spätere, dem mittelalterlichen Großverkehr angehörige Entwicklung der von uns zu behandelnden Institute geboten haben sollten, dafür fehlt zum mindesten jeder Anhalt.

Gang der Untersuchung.
Verhältnis der wirtschaftlichen und rechtlichen Gesichtspunkte.

Wie im römischen Recht, so bezeichnet nun auch im Mittelalter, namentlich in den italienischen Quellen, der Ausdruck »societas« nicht sowohl ein individuell gestaltetes Rechtsverhältnis, als vielmehr eine allgemeine Kategorie von Verhältnissen, deren gemeinsames Merkmal, bei höchst differenter rechtlicher Struktur, darin besteht, daß, sei es der Gewinn, sei es die Gefahr, oder die Kosten einer Unternehmung, oder mehrere dieser Eventualitäten, auf gemeinsame Rechnung mehrerer gehen sollen. Aus welchem der verschiedenen Vergesellschaftungsverhältnisse

---

[1]) Vgl. Heyrowsky, Die leges contractus.

[2]) In der Kaiserzeit begegnet die entsprechende Bestimmung auch sonst, vgl. lex Metalli Vipascensis Z. 5 (Bruns, Fontes p. 247) conductori socio actorive ejus und weiter passim. Aus republikanischer Zeit ist mir Aehnliches nicht bekannt. Die lex Julia municip. Z. 49 (Bruns, Fontes p. 104) spricht nur von »redemptorei, quoi e lege locationis dari oportebit, heredeive eius« im verwandten Fall.

[3]) Mit Lastigs in der zit. Abh. skizzierter historischer Ansicht uns auseinanderzusetzen fehlt vor umfangreicherer Darlegung derselben die Veranlassung und hier der Raum. Ob die Herbeiziehung des Kollationsrechts ein glücklicher Gedanke ist, muß dahinstehen, bekanntlich ist dasselbe ein relativ nicht altes Institut.

[4]) Bemerkenswert könnte sein, daß daselbst »societas« auch den Inhalt der arca communis, den Sozietätsfonds bezeichnet, entsprechend, wie später in Italien. Doch findet sich dieser abgekürzte Ausdruck schon D. 63 § 3 pro socio z. B.

die Prinzipien der heutigen offenen Handelsgesellschaft stammen, ist im wesentlichen unsere Frage.

Wir können behufs Lösung derselben nicht einfach von der Form aus, in welcher bei der heutigen offenen Handelsgesellschaft Sachgüter und Arbeitsleistungen kombiniert sind, rückschließend, die wirtschaftlich ähnliche Funktionen versehenden Gebilde des mittelalterlichen Rechts abgrenzen und dann konstatieren, wann unter denselben ein der offenen Handelsgesellschaft ähnliches, historisch auf sie hinabführendes Institut erscheint und uns auf dessen Betrachtung beschränken. Denn wir haben es nicht mit der wirtschaftlichen Seite der Frage zu tun, sondern mit der Genesis von Rechtsgrundsätzen und sind a priori nicht berechtigt zu der Annahme, daß im vorliegenden Fall rechtliche und wirtschaftliche Differenzen von Anfang an annähernd koinzidierten. Es ist vielmehr möglich, daß die maßgebenden Rechtsgrundsätze ursprünglich auf wirtschaftlich - weit abliegenden Gebieten entstanden sind und daß die tatsächlichen Verhältnisse, welche durch sie reguliert wurden, sich völlig verändert haben.

Wir müssen daher — übrigens auch der durch den Gegensatz zu gewinnenden Begrenzung wegen — unsere Betrachtung auf die Hauptgruppen der uns rechtshistorisch entgegentretenden Gesellschaftsformen ausdehnen.

Für das Recht sind besonders geartete, vom wirtschaftlichen Standpunkt aus oft äußerliche Merkmale maßgebend. Gerade diese Eigentümlichkeit der Rechtsbildung ergibt aber, daß da, wo infolge wirtschaftlicher Differenzen äußerlich markante Unterschiede des Tatbestandes hervortreten, wir zu der Vermutung berechtigt sind, daß auch verschiedene und somit gesondert zu betrachtende Rechtsformen zur Entstehung gelangt sein werden. Hiernach bestimmt sich dasjenige Maß wirtschaftlicher Gesichtspunkte, welches in einer Betrachtung wie der folgenden Platz finden darf und soll, und ferner ergeben sich hiernach die Abschnitte der folgenden Erörterung, wie sich zeigen wird, aus der Natur des Gegenstandes von selbst.

II. Die seehandelsrechtlichen Sozietäten.

1. Die Kommenda und die Bedürfnisse des Seehandels.

Daß der Handel in größerem Maßstabe im Mittelalter zuerst in den mittelländischen Seestädten anzutreffen ist, ist ebenso begreiflich wie historisch sicher. Speziell in den am westlichen Mittelmeerbecken liegenden Seestädten ist er schwerlich je ganz erloschen. Hier hat denn auch ein wesentlich dem Um- und Absatz von Gütern durch Seehandel dienendes Geschäft, die Kommenda, seine Heimat, insbesondere wohl im Verkehr der westitalienischen mit der spanischen Küste[1]).

Dieser mittelländische Seeverkehr hat schon in alter Zeit im Obligationenrecht eigenartige Grundsätze entwickelt.

Schon das römische Recht hatte im foenus nauticum und der lex Rhodia besondere Rechtssätze aufgestellt unter Rücksichtnahme auf die besondere Art des Risikos, welches der Seehandel zu tragen hat. Gerade diese Institute sind durch die Zeit der Völkerwanderung hindurch nie ganz obsolet geworden, wir treffen sie bekanntlich in den frühesten mittelalterlichen Rechtsquellen wieder an[2]). Aber das Mittelalter, weniger als das antike Recht sich bindend an die Konsequenzen der juristischen Analyse, hat die Tragung der Gefahr auf diesem Gebiet überhaupt selbständigen Regeln zu unterstellen versucht. —

Wer im Seehandel Gläubiger oder Partizipant geworden ist, der — so etwa ist der Gedankengang — ist beides nicht für einen resp. an einem kontinuierlichen Gewerbebetrieb geworden, er kreditiert resp. partizipiert vielmehr zum Behuf resp. an der einzelnen Unternehmung der speziellen Seefahrt, — denn der Seehandel ist kein einheitlicher Betrieb, sondern eine Serie einzelner Unternehmungen, deren jede ihr individuelles Risiko hat.

Dies Risiko, welches, den damaligen Verkehrsverhältnissen entsprechend, weitaus der wichtigste Faktor war, mit welchem man rechnen mußte, soll nun auf die an der Unternehmung irgendwie Beteiligten verteilt werden, — dies ist das legislatorisch

[1]) Vgl. l. Wisig. l. XII t. III von den »transmarini negotiatores«.

[2]) Vgl. jetzt Goldschmidt, Lex Rhodia und Agermanament, Zeitschr. für Handelsr. Bd. 35.

wichtigste Problem, deshalb ist zunächst die Art der Beteiligung juristisch wenig differenziert, sie erscheint hier relativ irrelevant; »commendare« und »commodare« bezeichnet in der lex Wisigothorum zuerst jedes Hingeben auf Rückgabe, in specie oder in genere, vom Depositum bis zum Darlehen, — später jedes Hingeben in lukrativer Absicht, gleichgültig in welche römischrechtliche Kategorie das betreffende Geschäft fallen würde. Gerade das ist charakteristisch, daß der lex Wisigothorum Verhältnisse wie die eines Gläubigers zum Schuldner, eines Partizipanten zum Unternehmer, eines Kommittenten zum Kommissionär, im Seehandel nicht disparat erscheinen[1]). Der wirtschaftliche Zweck aller ist eben hier wesentlich gleichartig: Export und Reimport nach und von überseeischen Märkten; die ökonomischen Requisite für diesen Zweck sind stets wesentlich dieselben: einerseits Arbeitsleistung beim Einkauf von Waren, dann zum Behuf des Transports über See, endlich die spezifisch handelstechnische Leistung des Absatzes der Waren auf fremden Märkten, — andererseits Kapital zur Anschaffung der Waren und der Transportmittel. Die Beschaffung dieser Erfordernisse im Wege der Arbeitsteilung und des Kapitaleinschusses, evtl. Kredits, ist das Bedürfnis, welchem hier alle jene Geschäfte zu dienen haben; Regelung des Risikos und Gewinns unter den Beteiligten ist das wesentliche Problem für die Rechtsbildung schon in der lex Wisigothorum.

Diesen selben Bedürfnissen soll nun auch dasjenige Rechtsinstitut dienen, welches unter dem Namen Kommenda eine spe-

---

[1]) Vom Depositum und der Verkaufskommission spricht die l. Wisig. unter derselben Rubrik: de rebus praestitis l. V t. V c. III. Deponieren und Darleihen geht c. VIII eod. ineinander über. Daß wesentlich an Seehandel gedacht ist, zeigt die Ueberschrift (v. naufragium) zu c. V eod., in welchem Bestimmungen enthalten sind, die direkt an spätere statutarische Festsetzungen betr. die Kommenda erinnern. — Die lex Langobardorum, für ein Binnenvolk berechnet, legt dem Kreditnehmer die Gefahr auf, d. h. er hat nach den Regeln des Darlehens ohne Rücksicht auf das Prosperieren des Unternehmens, zu welchem kreditiert ist, zu restituieren (l. Long. Luitpr. 131), die zunächst an den Seehandel denkende l. Wisig. teilt schon beim Depositum und der Verkaufskommission die Gefahr eigenartig und abweichend von den römischen Grundsätzen (l. V tit. V c. III), noch origineller beim zinsbaren Darlehen (eod. c. IV: de pecunia perdita et usuris ejus) zu Spekulationszwecken (vv. »sub condicione receperit«, d. h. es ist stipuliert, zu welcher Unternehmung das aufgenommene Geld verwendet werden soll). Immer ist der Deponent, Verkaufskommissionär, Kreditgeber ebenso wie der Gegenteil an dem Risiko des Unternehmens beteiligt.

zielle juristische Ausgestaltung erfahren hat und schon in älterer Zeit ganz vorzugsweise die Rechtsform geworden war, deren sich der überseeische Handel bediente.

Es ist bekannt[1]), daß die Kommenda ein Geschäft ist, durch welches jemand die Verwertung von Waren eines andern, auf dessen Gefahr, gegen Gewinnanteil übernimmt. Ob sie, nach Goldschmidts Vermutung, schon dem römischen Vulgarrecht angehört, bleibt hier dahingestellt[2]), wir verfolgen sie nur für das Mittelalter.

Der primitivste Zustand des Seehandels: daß der Produzent resp. der von ihm kaufende Händler persönlich ein Schiff ausrüstet und auf diesem die Tauschobjekte aus- und einführt, ist zu der Zeit, wo uns dies Institut entgegentritt[3]), schon überwunden. Bereits in den ältesten Rechtsquellen steht der patronus navis als derjenige, welcher die Schiffe stellt, den Kaufleuten gegenüber, welche auf ihnen ihre Güter persönlich geleiten; auch darüber hinaus ist die Arbeitsteilung schon fortgeschritten: der Großkaufmann schickt statt seiner einen fattore (italienisch), messatge (katalonisch)[4]), der zu ihm in dauerndem Dienstverhältnis steht, mit; der Schiffseigner, in Spanien meist eine Reederei[5]), bestellt seinerseits einen Bediensteten als patronus navis.

Nun war die Weiterentwicklung verschieden möglich. — Einerseits konnte statt der Mitsendung des Bediensteten es vorteilhaft erscheinen, ad hoc einen dritten, mit den Verhältnissen des Absatzgebietes Vertrauten, zu engagieren, welcher die Sachen auf dem Schiff geleitet und für Rechnung des Auftraggebers verkauft, wobei seinem selbständigen Handeln ein verschieden weiter Spielraum belassen, namentlich entweder das Schiff von dem Auftraggeber gemietet oder dem Beauftragten die Besorgung

[1]) Goldschmidt, De societate en commandite 1851; Silberschmidt, Die Kommenda in ihrer frühesten Entwicklung.

[2]) Goldschmidt in der zit. Abh. Zeitschr. für Handelsr. Bd. 35 S. 80 inkl. 107. Bestätigungen dieser Ansicht in Einzelheiten werden an geeigneter Stelle erwähnt werden.

[3]) Nach Silberschmidts Nachweisungen in der venezianischen collegantia im 10. Jahrhundert, nach Goldschmidt in der zit. Abh. Z. XXXV S. 80, 81, noch früher in der χρεωκοινωνία des pseudorhodischen Seerechts.

[4]) Vgl. die Stat. von Trani (b. Pardessus, Collection des lois maritimes) und die Costums de Tortosa (b. Oliver, El derecho de Cataluña). Das Alter der ersteren ist allerdings bekanntlich nicht unbestritten, die Entwicklungsstufe unseres Instituts aber eine frühe.

[5]) So im Consolato del mare. Auch die Urk. in Arch. de l'Orient latin I p. 431 setzt eine Reederei voraus.

der Transportmittel seinerseits ganz überlassen werden konnte. Andererseits konnte dies Engagement dadurch gespart werden, daß statt des mitgesendeten factor der Schiffer selbst gegen Vergütung den Vertrieb der Waren übernahm[1]). Je umfangreicher der Betrieb wurde, um so empfehlenswerter mußte es erscheinen, anstatt die Handlungsgehilfen auf lange Seereisen in ihnen unbekannte Länder zu schicken, lieber mit den Verhältnissen vertraute Kommissionäre mit dem Vertrieb zu betrauen, welch letztere dann naturgemäß, wie in Genua das konstante Wiederkehren derselben Namen in den Notariatsurkunden zeigt, bald ein selbständiges Gewerbe aus der Uebernahme derartiger Aufträge machten.

Die Vergütung eines solchen Beauftragten konnte nun demselben teils in Form einer festen Remuneration gewährt (so: Hist. Pat. Mon. Chart. II Nr. 261), teilweise aber — wie dies in Genua im 12. Jahrhundert die Regel war — konnte der Kommissionär am Gewinn beteiligt werden[2]), und dies ist das gewöhnlich Kommenda genannte Verhältnis. Die Vorzüge dieser Beteiligung des Kommissionärs als Selbstinteressenten leuchten ein, überdies aber entsprach sie den Verhältnissen: Während der Beauftragte ursprünglich lediglich Organ des Auftraggebers ist, mußte sich dies ändern, je weniger bei steigender Konkurrenz es genügte, die Waren einfach auf den üblichen auswärtigen Markt zu werfen, je mehr dagegen die richtige Benutzung der Nachfrage, überhaupt selbständiges Handeln erforderlich wurde. Der Kommendatar fungierte hier wie ein Unternehmer, folglich war nicht mehr eine feste Ablöhnung wie die eines Bediensteten, sondern die

---

[1]) Die Notariatsurkunden des Giovanni Scriba in Genua (Histor. Patriae Monum. Chartarum tom. II) Nr. 261, 328, 329, 306 und öfter, aus der Zeit von 1155 ff. geben für alle diese Modalitäten Beispiele. In 329 und 306 sind Schiffer und Kommendatar nicht identisch. In den Stat. von Trani und Cost. de Tortosa ist in Ermangelung des factor der Schiffer ex lege Kommissionär. Vgl. Decis. Rotae Genuensis XX.

[2]) Die Normalurkunde für die Kommenda in den zit. genuesischen Notariatsurkunden lautet z. B. l. c. Nr. 243 (von 1155):

Ego . . . profiteor me accepisse in societatem a te . . . lib. 50, quas debeo portare laboratum usque Alexandriam et de proficuo quod ibi Deus debeo dederit habere quartam et post reditum debeo mittere in tua potestate totam prescriptam societatem . . .

Die Kosten des Unterhalts des Kommendatars fallen regelmäßig dem Kommendanten, andere Kosten dem Kommendatar zur Last. — Die zugrunde liegende einseitige Natur des Kontrakts ist in der Urkunde angemessen durch die Quittungsform zum Ausdruck gebracht.

Beteiligung am Unternehmergewinn die seiner Leistung angemessene Gegenleistung.

Ein Sozietätselement — die Kommenda heißt von Anfang an auch societas — enthält das Geschäft in dieser Gestaltung insofern, als zwar die Gefahr auch hier dem Kapitalisten blieb, dagegen die Kosten der Fahrt und des Vertriebes nach bestimmten Kategorien (vgl. Anm. 2 S. 326) und, wie bemerkt, der Gewinn anteilsweise verteilt wurde. Die internationale Stellung des Instituts zeigt sich darin, daß über den Verteilungsmaßstab ein später meist statutarisch als dispositives Recht fixierter Handelsgebrauch dahin sich feststellte, daß der Kommendatar von dem Reingewinn ¼ als Tantieme erhält (vgl. daselbst).

Der Kommendant kann bei diesem Geschäft Produzent oder Zwischenhändler der Produkte des Hinterlandes[1]), er kann überhaupt Exporteur sein, also Ware, oder Importeur, also Geld, kommendieren, oder beides, so daß der Erlös der exportierten Waren zum Reimport verwendet wird (in Genua wird letzterer Fall technisch implicare[2]) genannt). In den beiden letzten Fällen ist notwendig die Stellung des Kommendatars besonders selbständig, er kann hier nur deshalb nicht materiell als der Unternehmer gelten, weil das Geschäft nicht auf seine Rechnung geht. Der Kommendant steht hier regelmäßig zum Markt nur noch in loser Beziehung[3]), der Kommendatar hat sich als selbständige Instanz

---

[1]) Zwischenhändler: Chart. II Nr. 306 (1156): Nos M. et A. profitemur nos accepisse a te W. 8 pecias sagie et volgia q u e c o n s t a n t t i b i lib. 24. has debemus portare laboratum apud Palermum et inde quo voluerimus dum insimul erimus etc.

[2]) L. c. Nr. 337 (1156): Ego . . . profiteor me accepisse a te . . . (folgen die Waren) unde debeo tibi bizantios 100 . . . et eos debeo portare ad tuum resicum apud Babiloniam et implicare in lecca et brazili . . . et adducere ad tuum resicum etc. — Die Ansicht von Lepa, Ztschr. f. Handelsr. Bd. 26 S. 448, daß accommenda und implicita sich dadurch unterschieden hätten, daß bei ersterer der Kommendatar durch »Anteil am Geschäftsgewinn«, bei letzterer durch einen Prozentsatz des Werts des Objekts entschädigt worden sei, wird durch die dafür zitierte Stelle aus Casaregis (Disc. 29, 9) wohl nicht dargetan. Implicare dürfte vielmehr wenigstens nach den genuesischen Urkunden in älterer Zeit die im Text angegebene Bedeutung gehabt, ein im Geschäftsgebrauch üblicher, unserm »Anlegen, Investieren« entsprechender Ausdruck gewesen sein gleich dem heutigen impiegare. Auch Thöl ist, ohne weiteren Beleg als die zit. Stelle aus Casaregis, der Ansicht, der Akkommendatar habe Gewinnanteil, der Implizitar Provision erhalten. Für die ältere Zeit muß dies, wie gesagt, bis auf weiteres bezweifelt werden.

[3]) L. c. Nr. 340 zeigt, daß das Kommendieren schon zum Bankiergeschäft geworden war. — Vgl. die venezianischen Gesetze gegen das Kommen-

dazwischen geschoben. Während grundsätzlich zunächst ein Kommendant einem Kommendatar gegenübersteht und zur Mitnahme von Waren außer dem kommendierten Gut es der besondern Erlaubnis des Kommendanten bedarf, wird später die Deklaration der außer der Kommenda noch mitgeführten Waren (vgl. Hist. Pat. Mon. Chart. II 346, 424, 655 und oft) formell zwar in den Urkunden festgehalten, aber die Uebernahme mehrerer Kommenden und außerdem eigenen Gutes und ein Geschäftsbetrieb in großem Maßstabe mit mehreren eigenen Schiffen und gemeinsam mit seinen Familienmitgliedern seitens des Kommendatars ist doch, wie die genuesischen Urkunden zeigen, nichts Ungewöhnliches mehr. Es ist dies zunächst nur wirtschaftlich erheblich und ändert für die juristische Auffassung ebensowenig etwas, als dies an und für sich durch das später zu betrachtende Verhältnis geschieht, daß mehrere Kommendanten desselben Kommendatars sich behufs Teilung des Risikos und Gewinns assoziieren und so eine Sozietätskommenda entsteht.

2. Die Societas maris.

Eingreifendere Neuerungen sind die Konsequenz einer anderen Gesellschaftsform, der sogenannten societas maris, in welcher die zunächst, vom kapitalistischen Standpunkt aus betrachtet, einseitige Kommenda den Uebergang in eine Sozietät mit zweiseitiger Kapitaleinlage vollzieht.

Die für Beurkundung dieses Verhältnisses in Genua gewöhnliche Form ist folgende:

> Chart. II 292 v. J. 1165: W. et J. professi fuerunt se ad invicem societatem contraxisse 200 librarum, in qua quidem duas partes W. et terciam J. contulisse pariter confessi fuerunt. Hanc omnem societatem nominatus J. laboratum debet portare Bugiam et hinc ubi voluerit. In reditu utriusque capitali extracto proficuum debet per medium dividere etc.

Soweit rückwärts uns die Kommenda bezeugt ist, ebensoweit auch diese Sozietät; trotzdem ist Silberschmidt beizustimmen,

---

dieren der Banken vom 28. IX. 1374 und vom 21. XI. 1403 (abgedruckt bei Lattes, La libertà delle branche a Venezia).

welcher sie für die jüngere Form hält[1]). Der Kommendatar dessen Stellung, wie bemerkt, eine selbständigere werden mußte, war nunmehr auch materiall, seitdem das Geschäft mit auf seine Rechnung ging, zum mindesten zum Mitunternehmer geworden.

Das dieser Form im Gegensatz zur Kommenda Charakteristische ist nun wesentlich die Gemeinsamkeit der Gefahr. — Nicht etwa die Art der Gewinnverteilung. Erhielt bei der Kommenda der Kommendatar bei einer Einlage von o ¼ des Gewinns, so erhält er hier usancemäßig[2]) bei einer Einlage von ⅓ des Gesamtkapitals, von welchem der Kommendant ⅔ aufbringt, ½ des Gesamtgewinns, also $^1/_6$ mehr, als pro rata auf ihn entfallen würde, also von den pro rata auf den Kommendatar entfallenden ⅔ des Gewinns ¼. Auch die Verteilung der Kosten ist keine andere als bei der Kommenda[3]). — Sondern allein die Gemeinschaft des Risikos ergibt den Unterschied. Die Waren des reisenden socius (tractator nach der Terminologie in Pisa) werden mit denen des socius stans (so heißt in Pisa der nur mit Einlage Beteiligte) in einen Topf geworfen, eine Beschädigung der Waren eines von beiden trifft beide gemeinsam, ist eine Minderung des Sozietätsgutes.

Der Gewinn aus den Waren ist nicht Gewinn desjenigen, der sie eingeworfen hat, sondern fällt in die Teilungsmasse. — Es gibt einfach über das Sozietätsgut nicht mehr gesonderte Konti des stans und des tractator, sondern es wird für das Sozietätsgut

[1]) Ein Blick in die Urkunden lehrt, daß die societas maris gegenüber der Kommenda, welche als im Zweifel gewollt gilt, den Charakter einer Spezialberedung hat; oft ergreift sie nur einen Teil der mitgeführten Waren (Chart. II 348 z. B. und oft). Der Consolato del mare hält es für der besonderen Rechtfertigung bedürftig, daß ein eigene Waren mitführender socius ebenso günstig gestellt sei wie ein Kommendatar. Der Grund liege in der größeren Garantie, die er biete: »perço com comendataris van per lo mon mults qui en tot ço que portan ne an algun acosa. Encora mas si aquelles comandes no eran que hom los fa, irien à onta. Encora mas si aquelles comandes se perden, ells no y en res, perço car à ells no costarà res del lur ne y perden res . . . è en axi lo senyor de la nau ò leny no pot ne deu esser de pijor condiciò que un altre comendatari«.

[2]) Chart. II 428: A. wirft 200, B. 100 und seine Arbeitskraft ein, der Gewinn wir à ½ geteilt und bemerkt: «cum ista societas nominatur«. Verhalten sich die Gütermengen beider Teile nicht wie ⅔ zu ⅓, so gilt die societas nur als für zwei in diesem Verhältnis stehende Beträge geschlossen; was überschießt, gilt als Kommenda und wird besonders berechnet (Chart. II 348 und oft).

[3]) Meist als selbstverständlich vorausgesetzt, gelegentlich erwähnt: Chart. II 340.

ein Konto — Kapitalkonto der Sozietät, würden wir sagen — eröffnet und diesem zu- und abgeschrieben (wenn auch nicht buchmäßig, so ist doch rechnerisch der Vorgang schon für die damalige Zeit so zu denken). Mit diesem Konto wird nun operiert, die Urkunden enthalten mannigfache Abreden darüber, welche Ausgaben und Einnahmen dies Konto belasten, bzw. ihm zugute kommen (»venire in societatem«, vgl. Chart. II 380, 457, 487, 604, 619, 729, 734, 910 und oft); mehrere solche Konti können in den verschiedensten Abrechnungsverhältnissen untereinander stehen.

In dieser Entwicklung ist nun zwar ein prinzipieller Unterschied von der Kommenda an sich vielleicht nicht zu erkennen, abgesehen von jener Bildung eines gemeinsamen Fonds, — allein die Existenz irgendwelcher erheblicher Differenzen kann deshalb nicht mit Lastig in Abrede gestellt werden. Gerade in dem normalerweise die Kommenda Charakterisierenden, der Tragung der Gefahr durch den Kommendanten, ist eine Aenderung eingetreten. So wenig es eine normale Kommenda ist, wenn, was vorkommt, die Gefahr dem Kommendatar zur Last gelegt wird [1]), so wenig ist es juristisch unerheblich, wenn durchweg bei der societas maris das Unternehmen nicht mehr auf Rechnung nur des einen socius geht, welcher dadurch »Chef« des Geschäfts wird, dem der tractator seine Arbeitskraft zur Verfügung stellt, — sondern daß hier jeder auch die Gefahr der Einlage des anderen trägt.

Auch wirtschaftlich ist der Unterschied erheblich. Wenn schon bei der Kommenda, besonders der Geldkommenda, die Tendenz dahin geht, den Kommendatar zu einer selbständigen Zwischeninstanz zwischen Kommendant und Absatzgebiet zu gestalten, so noch mehr hier, wo der tractator selbst sein Kapital im Unternehmen stecken hat, und ganz besonders, wenn ihm mehrere socii stantes mit Geldeinlagen gegenüberstehen. Je mehr die Tätigkeit des tractator unter schwieriger werdenden Marktverhältnissen an Wichtigkeit steigt, um so mehr mußte wirtschaftlich er als der Unternehmer, die stantes als Partizipanten erscheinen. Nicht mehr der stans ist es dann, welcher fremde Arbeitskraft in seinen Dienst nimmt, sondern der tractator nimmt das Kapital der stantes in seinen Dienst, gewährt ihnen

[1]) Chart. II 576 (ein Fall der Landkommenda, s. u.).

Gelegenheit zu lukrativer Anlage. Unzweideutig drückt sich letztere Auffassung darin aus, daß die Statuten die Einlage in eine societas maris als besonders geeignete Art der Anlage von Mündelgeldern und ähnlichen zeitweilig werbend anzulegenden Kapitalien behandeln[1]). Trotzdem nun die societas maris wirtschaftlich diese Bedeutung annehmen konnte und tatsächlich oft annahm, ist dies auf ihre juristische Struktur ohne Einfluß geblieben. Eine juristische Differenz ist nicht vorhanden, mag wirtschaftlich in casu die Arbeit des reisenden socius oder das Kapital des stans als im Dienste der anderen Partei stehend aufzufassen sein. Im letzteren Fall wird niemand anstehen, die Stellung des socius stans als die eines an Gewinn und Verlust eines fremden Geschäfts mit seinem Kapital Partizipierenden, das Verhältnis wirtschaftlich als »Partizipation« zu bezeichnen, — und es muß daher der Auffassung von L a s t i g widersprochen werden, welcher lebhaft gegen die Unklarheit protestiert, welche darin liege, daß man die Kommendaverhältnisse mit der participatio in Beziehung setze. Erstere können sehr wohl auch als Partizipation fungieren).

---

[1]) Constit. legis Pisanae civitatis (bei Bonaini, Statuti inediti della città di Pisa Vol. II) c. 21. Stat. v. Pera c. 108. Vgl. den Eid der Mitglieder der genuesischen bürgerlichen Eidgenossenschaft, Compagna communis, von keinem nicht Zugehörigen Geld in societatem zu nehmen (Breve della compagna v. 1157).

[2]) Lastig will vielmehr die Kommendaverhältnisse als »einseitige Arbeitsgesellschaft« von den »einseitigen Kapitalgesellschaften«, welche er participatio nennt, scharf trennen. Allein welches von beiden Verhältnissen vorliegt, ist auch bei der soc. maris eine wirtschaftliche Frage, deren Beantwortung davon abhängt, wer wirtschaftlich als »Chef« des Geschäfts, als Unternehmer, anzusehen ist — möglicherweise keiner von beiden, d. h. beide zugleich. Lastig polemisiert scharf und wohl mit Recht gegen Endemanns Theorien von der societas pecunia-opera etc. (in Endemanns Studien zur romanisch-kanonischen Wirtschafts- und Rechtslehre), als Hineintragen wirtschaftlicher Gesichtspunkte in juristische Betrachtungen, allein auch Lastigs Kategorien sind inklusive der »participatio« wirtschaftliche. Die Partizipation insbesondere kann mannigfache Rechtsformen annehmen, eine technische j u r i s t i s c h e Bedeutung, welche die societas maris ausschlösse, ist aus dem gedruckten Quellenmaterial meines Wissens nicht ersichtlich. Lastig selbst gesteht für die spätere Zeit eine »Verwischung« zu; wir werden noch in Pisa speziell sehen, daß die societas maris gerade in ihrer Blütezeit verschieden, auch als Partizipationsmodus, funktionieren kann und dort (in Pisa) zu diesem Behufe auch speziellere, sonst fehlende, j u r i s t i s c h e Distinktionen aufgestellt sind. »Partizipation« ist an und für sich kein juristischer, sondern ein wirtschaftlicher Begriff.

3. Geographisches Gebiet der Kommendaverhältnisse.

Es ist hier nicht der Ort, auf Grund des außerordentlich reichen Materials den Entwicklungsgang der Kommenda und societas maris in den einzelnen Kommunen zu verfolgen; hinsichtlich Pisas soll eine gesonderte Betrachtung in Kapitel IV nachgeholt werden, da das dortige Recht für unsere Zwecke ein Spezialinteresse bietet. — Eine gedrängte Uebersicht des Materials über die Kommendaverhältnisse in den einzelnen Ländern aber gehört insofern hierher, als es für uns von Interesse ist, die nicht lokale, sondern internationale Bedeutung dieser Institute zur Anschauung zu bringen.

In der Tat finden dieselben sich rund um das Mittelmeer.

In Spanien knüpft die Rechtsentwicklung an die oben zit. Stellen der lex Wisigothorum und der entsprechenden des Fuero Juzgo an, ist aber wenig selbständig, entsprechend dem zumeist in fremden Händen liegenden Handel[1]). Wesentlich wird das genuesische Recht kopiert, der Schwerpunkt des Interesses liegt nicht auf der Kommenda und nicht im See h a n d e l s recht, sondern — so auch im Consolato del mare — im See s c h i f f-f a h r t s recht, den Verhältnissen der Reeder zum Schiffer usw. Das rapide eindringende römische Recht absorbierte dann schon im 13. Jahrhundert die nationale Rechtsentwicklung bis auf wenige Modifikationen[2]). Nur in Barzelona[3]) hielt sich das Institut. Die Siete Partidas kennen auch hier nur römisches Recht.

Die sizilianischen und sardinischen Städte haben, soviel ersichtlich, mangels selbständigen Großhandels das Institut nicht entwickelt[4]).

---

[1]) Die Cortes de Agromont v. 1118, das Fuero de Guadalajara behandeln die mercatores ohne weiteres als Ausländer, der Consolato del mare c. 172, 175 enthält genuesisches Recht; in Barcelona geben Bestimmungen von 1258 völlig genuesisches Recht wieder; die Leyes de Recopilacion l. VII 1 X l. 3 haben Vorschriften gegen den Schiffahrtsbetrieb von Ausländern, in deren Händen sich speziell der Großhandel befunden zu haben scheint.

[2]) Die Costums de Valencia von 1258 wenden die Grundsätze des receptum an; in Mallorca herrscht in den Stat. v. 1433 das reine römische Recht. Die Costums de Tortosa haben bei der Encomienda (l. IX r. 23) Modifikationen.

[3]) Statutarische Bestimmungen darüber finden sich aus den Jahren 1271, 1283, 1304, 1343 b. Pardessus, Collection des lois maritimes und Capmany, Memorias historicas sobre la marina, comercio y artes de la antigua ciudad de Barcelona, Madrid 1779.

[4]) Aus den Stat. von Palermo c. 76 kann wohl geschlossen werden, daß der Großhandel in ausländischen Händen lag. In Sassari (Sardinien) werden

Im Seerecht von Trani[1]) werden noch die selbständigen Kommendatare nur als Surrogat der gewöhnlich mitgeschickten Faktoren des Kaufmanns erwähnt.

In Amalfi finden sich in der Kolonna) die in der Kommenda entwickelten Gedanken zu einer Risiko- und Gewinnbeteiligung der Schiffsbesatzung verwertet, wie sie nur für einen primitiven Küstenhandel mit relativ kleinen Kapitalien anwendbar ist. Das eigentliche, dem Großhandel angehörige Institut scheint dort nicht selbständig entwickelt worden zu sein[3]).

Die sämtlichen bisher erwähnten Küstengebiete mit Ausnahme von Barcelona haben einen eigenen, dauernden Großhandel nicht besessen und deshalb das Institut oder doch seine charakteristischen Grundsätze zwar gekannt, aber nicht originell und nicht zu der kasuistischen Vollständigkeit entwickelt, wie das in den großen italienischen Seestädten der Fall war.

Von diesen wird hier Pisa behufs besonderer Betrachtung (Kapitel IV) ausgeschieden.

Venedig hat in der collegantia, welche Silberschmidt dort schon für das 10. Jahrhundert nachweist, ganz die Grundsätze der Kommenda und societas maris entwickelt, wie die erhaltenen Urkunden[4]) klar ergeben. Aus diesen geht zugleich hervor, daß

---

gelegentlich Kommenden von Ausländern an Inländer erwähnt. Die gesamte dürftige Quellenausbeute in Spanien, Unteritalien und den Inseln läßt zwar ersehen, daß das Institut bekannt war, zugleich aber, daß eine originale Entwicklung desselben dort nicht zu suchen ist.

[1]) Angeblich von 1063 (nach Pardessus), das Alter ist bekanntlich bestritten. Die Stat. v. Ancona v. 1397 schließen sich an Trani an.

[2]) Vgl. Laband zu der von ihm in der Zeitschr. für Handelsr. Bd. 7 publizierten Tavola de Amalfa und Silberschmidt in der zit. Abh.

[3]) Die Consuetudines civitatis Amalphiae (ed. Volpicella) von 1274 c. 14 stellen neben die societas vascelli (= Colonna) die soc. maris, aber ohne deren eigentümliche Grundsätze; insbesondere wird der Gewinn in dubio pro rata geteilt. Daß die soc. maris hierher importiert ist, nicht originell entwickelt, wird auch durch die von dem Statut für erforderlich erachtete besondere Motivierung dafür wahrscheinlich, daß den Kapitalisten die Gefahr der Unternehmung treffe.

[4]) Auseinandersetzungsurkunde von 1081 (Archivio Veneto VI p. 318); genannt werden: rogadia, transmissum, commendacio, collegantia. Davon ist transmissum wohl ein Frachtgeschäft, vielleicht mit Schifferkommenda, commendacio ist wohl, wie sonst oft, Depositum, collegantia die societas maris, ob aber, nach Silberschmidt, rogadia die einseitige Kommenda ist, bleibt zweifelhaft. Aus l. III c. 3 der venezianischen Statuten geht hervor, daß collegantia sowohl die Form der Seesozietät umfaßt, bei welcher auch der tractator eine Einlage macht, als die bloß einseitige Kommenda. Möglicherweise ist rogadia die Uebernahme einer Kommission gegen festen Entgelt, also

auch hier der Träger der collegantia der eigentliche Unternehmer sein kann; die collegantia bildet eine Form werbender Kapitalanlage[1]).

Unzweifelhaft ist in der Verfassung, in welcher die Kommenda und societas maris uns in den Statuten und Urkunden von Genua, an welches sich die südfranzösischen Statuten anlehnen[2]), entgegentritt, die normale Gestaltung beider Institute zu erblicken. Die genuesischen Vertragsformulare werden wörtlich benutzt von sämtlichen Nationen des Mittelmeers in dem großen internationalen Handelsverkehr im Orient zur Zeit der Kreuzzüge[3]). In Genua selbst ist die Form der Kommenda und societas maris anscheinend die nationale Rechtsform des Fernhandels. Kein außerhalb der compagna communis Stehender darf an dieser Form teilnehmen; in den Urkunden treten die ersten Geschlechter der Stadt, die Auria und Spinulla u. a., vorzugsweise häufig als Kommendanten auf. Sehr oft hat derselbe Kommendant sein Kapital gleichzeitig in mehreren, auf die differentesten Artikel bezüglichen societates stecken.

Die statutarischen Bestimmungen sind von Silberschmidt ausführlich analysiert, soweit das juristische Interesse reicht; es soll daher hier nicht abermals ausführlich darauf zurückgekommen werden. Im wesentlichen enthalten sie dispositives

---

die Vorstufe der Kommenda. Die Bezeichnung »roga communis« findet sich in den venezianischen Statuten (Promissiones maleficii c. 22) und zwar wird dort demjenigen, welcher communis rogam vel marinarium acceperit, die poena dupli angedroht für den Fall der Kontraktbrüchigkeit. Pardessus (Collect. V p. 19) erklärt communis roga als »arrhes payées au nom de la ville pour engagement sur le navire de l'état«. Die Beziehung auf die Seefahrt ist auch aus der zit. Statutenstelle ersichtlich. Ferner ist aus l. III c. 2 der venezianischen Statuten (die grundlegende Redaktion fand bekanntlich zu Anfang des 13. Jahrhunderts statt) als Zweck der rogadia Vertrieb von Waren ersichtlich. Aus l. I c. 48 ist nichts zu ersehen. Hiernach bleibt das Verhältnis unklar.

[1]) Urkunden Arch. Veneto XX p. 75 von 1150, p. 76 von 1191, auch p. 325. Das Bankgesetz v. 21. XI. 1403 zeigt, daß die collegantia auch von Banken zur Kapitalanlage benutzt wurde. Vgl. auch Stat. navium von 1235 (Pardessus V p. 20 f.).

[2]) Nizza in den Hist. Pat. Mon. Leg. Munic. T. I, Marseille von 1253 und Montpellier b. Pardessus.

[3]) Notariatsakten des Nikolaus Dens und des Antoninus de Quarto in Aïas in Armenien und des Lambertus de Sambuseto in Famagusta auf Cypern aus dem 13. Jahrhundert in Arch. de l'Orient latin vol. I, II. Alle Nationen des Mittelmeeres sind vertreten. Die Urkunden lehnen sich fast wörtlich an die Formulare des Giovanni Scriba in Genua an. Ein eigener orientalischer Ausdruck findet sich für die soc. maris — iatenum, von tchaten, zusammenlegen = collegantia.

Recht, regeln das Verhältnis unter den socii, und auch hier geben sie kein vollständiges Bild. Sie wie alle italienischen Statuten enthalten vielmehr — was für die Interpretation von Bedeutung ist — wesentlich einzelne Punkte, welche in praxi zweifelhaft geworden waren und Schwierigkeiten machten. Solche entstanden insbesondere über die gerade wegen des Schwankens der wirtschaftlichen Bedeutung zwischen »einseitiger Arbeitsgesellschaft« und »einseitiger Kapitalgesellschaft« (in Lastigs Sinn) oft zweifelhafte Frage, inwieweit der Kommendatar Anweisungen des Kommendanten bzw. socius stans während der Reise nachzukommen habe, wie weit er zu Abweichungen von der vorgesehenen Route ohne eigene Gefahr befugt sei, ferner naturgemäß über die Folgen des Todes des tractato im Auslande und dergl.

Die Unselbständigkeit des tractator ist die Regel, das Gegenteil wird meist besonders stipuliert durch die Klausel, er solle die societas tragen, quocunque iverit.

Die statutarischen Bestimmungen in Genua sind bezüglich dieses Instituts ungemein stabil geblieben, noch die Redaktion von 1567 enthält nennenswerte Aenderungen nicht. Erst in der Statutenausgabe von 1588/9 finden sich erhebliche Differenzen, von denen noch die Rede sein wird[1]). Damals hatten die Kommenda und die societas maris in ihrer alten Form eine größere Bedeutung im Handelsverkehr längst nicht mehr; der Handel selbst hatte andere Bahnen eingeschlagen, der Seeverkehr des Mittelmeers stand nicht mehr obenan in der Welt und seine alten Formen mußten anderen Platz machen, welche freilich zum Teil auf deren Schultern stehen. Die Urteilssammlungen des 16. Jahrhunderts — die Decisiones Rotae Genuensis, Rotae Lucensis, Rotae Florentinae, Rotae Romanae — erwähnen der Kommenda und societas maris in ihrer a l t e n Form nicht mehr.

4. Vermögensrecht der Seesozietäten.

Welche Bedeutung haben nun diese bis hierher historisch und geographisch von uns verfolgten Institute für die hier behandelte Frage?

Wir haben im obigen gesehen, daß ein bestimmter Einschuß von Kapital dieser Sozietät von Anfang an wesentlich ist, daß

---

[1]) Vgl. letztes Kapitel.

dieser Einschluß sogar mit ihrem Namen, als »societas«, bezeichnet wird, als sei er ihr eigentlicher Repräsentant. Welche Stellung also nimmt dieser Fonds gegenüber dem übrigen Vermögen der socii und welche nach außen ein?

Zunächst ist es eben einfach ein Fonds, ein Komplex von Rechtsobjekten, welcher zum Behuf der Auseinandersetzung besondere Berechnung dessen erfordert, was als Gewinn in ihn hineinfällt, als Verlust aus ihm abgeht. Da er bezüglich der Gefahr und der Verteilung des Gewinnes besonderer Abrechnung unterliegt, so muß er von den übrigen vom tractator mitgeführten Waren und Kapitalien gesondert werden, er bildet ein besonderes Konto; und wie die heutige Buchführung sich der anschaulichen Vorstellung bedient, als seien die Konti Rechtssubjekte und hätten untereinander Forderungen und Schulden, so wird auch in den genuesischen Urkunden die societas mit dem, was in sie hineinfällt und was sie belastet, wie eine Art Rechtssubjekt behandelt. Hat aber damit dieser Fonds auch nur im Verhältnis unter den socii die Stellung eines Sondervermögens gewonnen? Sicherlich ebensowenig wie ein heutiges Buchkonto, und um so weniger dritten gegenüber. Die Verhältnisse der Kommenda und societas maris sind an sich vollkommen auch auf dem Boden des römischen Rechts möglich, die Urkunden erinnern in der Fassung an diejenige, welche wir für die römische societas kennen[1]). Das ganze

[1]) Vgl. die oben angeführten Urkunden mit folgender römischen Sozietätsurkunde, einem Siebenbürger Triptychon aus dem Jahre 167 n. Chr. (Corpus Inscript. Lat. III 950):

Inter Cassium Frontinum et Julium / Alexandrum societas dani(st)ariae (= Bankiergeschäft) ex / X kal. Januarias q. p. f. Pudente e(t) Polione cos. in prid(i)e idus Apriles proximas venturas ita conve/n(i)t, ut quidq(ui)d in ea societati arre/natum fuerit lucrum damnumve acciderit / aequis portionibus s(uscip)ere debebunt. / In qua societate intuli(t Juli)us Alexander nume/ratos sive in fructo X (qu)ingentos, et Secundus Cassi Palumbi servus a(ctor) intulit X ducentos / sexaginta septem pr ... tiu ... ssum Alburno ... d(ebe)bit. / In qua societ(ate) siquis d(olo ma)lo fraudem fec(isse de/)prehensus fue(rit) in a(sse) uno X unum ... / (denarium) unum XXX ... alio inferre deb(ebit) / et tempore perac(t)o de(ducto) aere alieno sive / summam s(upra) s(criptam) s(ibi recipere sive), si quod superfuerit, / dividere d(ebebunt) pp.

Das Wort »arrenatum« ist grammatikalisch dunkel. Mommsen bei Bruns, Fontes p. 269 (ed. 5) nimmt an, es bedeute »sub arrha mutuo datum«. Näher scheint die Annahme eines vulgären Compositum ad-re-nasci für alles, was aus einer Kapitalanlage als Gewinn oder Verlust dem Kapital »hinzu-er-wächst«, zu liegen. Dies würde zu der bei der Kommenda üblichen Vorstellungsweise passen. Charakteristisch — es wird noch bei Besprechung der Aestimation in Pisa davon zu reden sein — ist ferner die Veranschlagung auch der nicht

Verhältnis ist durch Forderungsrechte der socii untereinander vollständig juristisch darstellbar.

Dieser prinzipielle Standpunkt des genuesischen Rechts ist nun aber nicht ganz unerschüttert geblieben. Es finden sich Ansätze, welche den Anfang einer weitergehenden Entwicklung bedeuten. Ein solcher ist insbesondere darin zu finden, daß die Statuten dem socius stans an den Sozietätssachen, d. h. an den in die Sozietät eingebrachten und den aus Sozietätsgeld erworbenen Objekten, ein Recht — wie wir sagen würden — »auf abgesonderte Befriedigung« einräumen [1]). Damit sind praktisch die zur Einlage gehörigen oder ihr zugeschriebenen oder aus ihren Mitteln erworbenen Vermögensstücke dem Zugriff der Privatgläubiger des reisenden socius entzogen, nur die Gewinnquote fiel in seine Konkursmasse. Daß andererseits die Privatgläubiger des socius stans jedenfalls bei Geldkommenden nicht unmittelbar den Sozietätsfonds angreifen konnten, ergibt die Natur der Sache, sie können vom tractator nur Herausgabe des capitale und lucrum, welches dem stans zukommt, fordern. Mithin mußte unter allen Umständen über den Sozietätsfonds eine besondere Auseinandersetzung stattfinden.

Wie aber stand es, wenn der reisende socius im Betrieb des Geschäftes Schulden gemacht, Forderungen erworben hatte?

Die nomina gehören nach ausdrücklicher Bestimmung der Statuten zu den vom Vorzugs- und Absonderungsrecht des socius mitbetroffenen Objekten, nach den Statuta Perae kann der stans dieselben auch ohne weiteres einklagen, als seien es seine eigenen [2]).

---

bar eingebrachten Gegenstände in Geld, auch ein wesentliches Merkmal der mittelalterlichen, besonders der pisanischen societas maris. — Die ganze Urkunde gibt wieder einen Wahrscheinlichkeitsbeweis dafür, daß die Seesozietät an römisches Vulgärrecht anknüpfte.

[1]) Gleichlautend in den verschiedenen Redaktionen der genuesischen Statuten:
Dattasches Fragment IV de pecunia ad statutum terminum accepta, Stat. Perae l. V c. 211: . . . der socius hat den Vorzug, »et praesumatur . . . pecuniam vel rem illam quae inventa fuerit in ejus (scil. des reisenden socius) mobili a tempore quo pecuniam illam acceperit . . « processisse vel comparata esse de pecunia illa vel societate aut accomendacione accepta« . . .

Es gilt also der Grundsatz: pretium succedit in locum rei und vice versa. Ebenso Statuta et Decreta Communis Genuae 1567 l. IV c. 43.

Es erinnert dies an die utilis rei vindicatio bezüglich der Dotalsachen; auch die dos war ja ein auf dem halben Wege der Entwicklung zum Frauenvermögen stehen gebliebenes Institut.

[2]) L. c. »possit petere totum debitum de quanto sibi contigerit per quantitatem sue societatis vel accomendacionis«, — es wird der Fall des Bestehens

Was die im Betriebe der Geschäfte der societas kontrahierten Schulden anlangt, so sind sie an sich natürlich — daran besteht kein Zweifel — einfach Schulden des tractator. Es findet sich in den Quellen keine Andeutung, daß auch der socius stans durch sie verhaftet wurde. Stehen aber vielleicht die materiell für Rechnung der Sozietät dem tractator kreditierenden Gläubiger zu dem Sozietätsfonds in irgendeiner Sonderbeziehung? Es findet sich[1]) keine ausdrückliche Bestimmung darüber in den Quellen. Immerhin ist zu bemerken, daß die Statuten der Bestimmung betr. das unbedingte Vorrecht des socius im Konkurse an den präsumtiven Sozietätssachen die Beschränkung ausdrücklich beifügen: »nisi sit res illa, de qua venditor nondum sit pretium consecutus« (Stat. Perae l. cit. c. 211, Stat. v. 1567 c. 43). Besonders deutlich drücken sich auch die Statuten von Albenga[2]), aus dem 14. Jahrhundert, unter genuesischem Einflusse stehend, aus, welche in dem bezeichneten Falle dem Verkäufer eine rei vindicatio utilis geben.

Da nun der tractator wesentlich Kauf- und Verkaufsgeschäfte für die societas abschloß, so waren damit die Hauptgläubiger der societas durch ein noch stärkeres Vorrecht als der socius auch diesem gegenüber geschützt.

Es wird nach alledem zugegeben werden müssen, daß in der Tat einige Anfänge dazu da waren, den Komplex von Rechten und Verbindlichkeiten, welcher durch die im Betriebe der societas geschlossenen Geschäfte gebildet wurde, nach Art eines Sondervermögens besonderen Schicksalen zu unterwerfen. Aber in der Tat nur Anfänge; namentlich ist die Stellung der Gläubiger zum Sozietätsfonds nicht durchgebildet; das Verhältnis ist in der Entwicklung auch in dieser Beziehung wenig weiter gelangt,

---

mehrerer Kommenden an denselben Kommendatar vorausgesetzt. Auch Stat. Perae 216 scheint ähnliche Bedeutung zu haben.

Die rechtliche Behandlung erinnert an die Art, wie im Konkurse des Kommissionärs an Forderungen, die für Rechnung des Kommittenten erworben wurden, dem letzteren ein Absonderungsrecht gewährt wird, § 38 Konk.-Ordnung. Vgl. letztes Kapitel, wo der spätere Uebergang der Kommenda in das Kommissionsgeschäft berührt ist.

[1]) Pisa bleibt hier außer Betracht, wie bemerkt.

[2]) Stat. v. Albenga: et tunc presumam et habebo pecuniam et rem illam in ejus bonis . . . processisse et comparatam esse de pecunia illa vel societatis vel accomendacionis excepta re illa, de qua venditor nondum sit pretium consecutus, in qua venditor habeat vendicationem rei venditae donec sibi de pretio fuerit satisfactum.

als über eine Art der Konstruktion, wie sie heute für den Konkurs des Kommissionärs benutzt wird, um den Verkaufskommittenten zu schützen. Das Vorhandensein der gekauften Sachen ist die Voraussetzung.

Die Vermögensstellung des Sozietätsfonds ist eine höchst fragmentarische; trotz der gedachten Modifikationen trifft hier [1]) noch zu, was Lastig über die juristische Struktur dieser Sozietäten sagt: daß wesentlich nach außen der tractator, nach innen der socius stans der Berechtigte war — letzteres natürlich nur, sofern der stans im einzelnen Fall der Unternehmer war.

Vollends ist klar, daß das Prinzip der solidarischen Haftung hier seine Grundlage nicht haben kann. Schärfer als dadurch, daß das Verhältnis des socius stans zu den Gläubigern des tractator in Konkursvorrechten am Vermögen des letzteren zur Erscheinung gelangt, konnte kaum zum Ausdruck gebracht werden, daß der stans selbst, mit seinem nicht in der societas steckenden Vermögen, zu den Gläubigern des tractator, auch soweit sie mit letzterem mit Bezug auf zur Sozietät gehörige Sachen kontrahiert hatten, nicht in Beziehung trat. Dies ist in Genua nach den Statuten von 1567 noch ebenso wie im 13. Jahrhundert.

5. Die Landkommenda und die Kommanditen.

Die Kommenda ist, wie wir im bisherigen sahen, ein seehandelsrechtliches Institut, sie findet sich in älterer Zeit in den Binnenstädten, soweit bekannt, gar nicht. Wo enorme Entfernungen zu überwinden waren, Verständigung der socii und Kontrolle nicht möglich war, fand sich die Kommenda am Platz. Der Landhandel, in älterer Zeit an den Verkehr von Markt zu Markt gebunden, bedurfte ihrer nicht, auch legte der äußere Gang des Landverkehrs den Gedanken der Risikoteilung nicht so nahe wie die Besonderheit des Schiffsverkehrs.

Trotzdem findet sich in dem »societas terrae«, »compagnia di terra« genannten Institut eine Verwertung der Grundsätze der Seesozietäten, auf welche kurz einzugehen ist.

Für die Hingabe von Kapital gegen Gewinnanteil zum Geschäftsbetrieb auf dem Lande finden sich in den Seesozietäten fast gleichartige Formulare verwendet [2]).

---

[1]) Nicht mehr für Pisa.

[2]) Chart. II 545: J. magister de antelamo (? arte lane?) et G. mag. de antelamo (arte lane?) contraxerunt societatem in quam J. l. 10 et G. contulit l. 30.

Als materielle Differenz fällt zunächst wesentlich auf, daß hier die Sozietät nicht auf ein individualisiertes Unternehmen abgeschlossen, sondern auf eine bestimmte zeitliche Dauer des Betriebes eingegangen wird. Der Kapitalist beteiligt sich hier an dem Risiko und Gewinn eines Gewerbebetriebes. Im übrigen kann auch hier im einzelnen Fall sowohl der Gewerbetreibende sich in großer Abhängigkeit vom Kapitalisten befinden[1]), als der letztere nur als ein Partizipant an dem Gewerbebetriebe des ersteren aufzufassen sein[2]).

Die Statuten von Genua enthalten über die societas terrae nichts Erwähnenswertes. Die Kapitalanlage zur See war wohl unbedingt lukrativer und ein übermächtiger Konkurrent. Es handelt sich hier ja überhaupt wesentlich um eine Uebertragung seehandelsrechtlicher Grundsätze auf Binnenlandsverhältnisse, denen sie ursprünglich fremd waren. Ein anderes, historisch weit erheblicheres Beispiel hierfür finden wir in den Statuta mercatorum[3]) von Piacenza, einer Stadt, welche (wie c. 72, 89, 155, 131, 132, 133, 165, 560 der Statuten zeigen) ihr eigenes Recht ganz auf den vorwiegenden Verkehr mit Genua, dessen nächstes Hinterland sie bildete, zugeschnitten hatte.

Schon für den Seehandel war davon die Rede, daß unter mehreren demselben socius tractans gegenüberstehenden socii stantes — ein zweifellos immer häufiger werdendes Verhältnis — das Bestehen einer gewillkürten Sozietät möglich war.

Aber auch für den Fall, daß eine solche nicht bestand, und gerade für diesen war augenscheinlich eine Regulierung ihres gegenseitigen Verhältnisses unentbehrlich.

Ex his usque 5 annos debet facere pred. G. calcionarios . . . et de proficuo . . . IV^am^ habere debet J. et ¾ G., pro fideli tamen cura . . . ab ipso G. adhibenda vel sol. 20 de proficuo primum habere debet ante divisionem vel sol. 5 de parte ipsius J. . . . (beiläufig ein deutlicher Beweis dafür, daß nicht die Gewinnteilung, sondern die Risikogemeinschaft die Sozietät ausmacht).

325: L. dedit in societatem B. lib. 50 quas idem se accepisse confessus est. has idem B. debet tenere usque 5 annos expletos et laborare cum eis in Janua unde eas removere non debet sine licencia ipsius L. De omni proficuo quod deus in eis dederit L. duas partes et B. terciam habere debet . . . L. stellt die stacio zum Betriebe.

576: Ego . . . accepi a te . . . lib. 8 in societatem de quibus debeo facere laborare in confeccione nepotem meum . . . et de proficuo quod inde consequitur medietatem tibi debeo. capitale tuum super me salvum erit et illud tibi restituam . . . usque prox. fest. S. Michaël. . . .

1) So in der Urkunde Nr. 325 der vorigen Note.

2) So in Nr. 576 der Note 2 S. 339.

3) Aus dem Anfange des 13. Jahrhunderts.

So regeln denn auch in der Tat die genuesischen Statuten[1]) die Teilung von Sozietätssachen, welche der Kommendatar zurückschickt, die Liquidation unter ihnen, falls er stirbt; die Tendenz liegt vor, eine gewisse Gemeinsamkeit des Risikos und Gewinns aus bestimmten die Reise betreffenden Umständen, unter den stantes herbeizuführen, eine Tendenz, welche bekanntlich im früheren Mittelalter auch sonst, besonders in der Art wirksam war, wie die Grundsätze der lex Rhodia de jactu über ihren römischrechtlichen Geltungsbereich hinaus verwertet wurden[2]). In Piacenza ergibt sich auf Grund der Statuten folgendes: Die Stat. antiqua mercatorum Placentiae c. 76 bestimmen, daß bei einem von mehreren »communiter« gemachten »creditum« alles von dem Schuldner Beigetriebene verteilt werden solle, auch das, was ein auswärtiger Schuldner etwa einem der Gläubiger einzahle. Ferner c. 144: Wenn jemand von einem auswärtigen socius einen Brief erhält, in qua aliquid de cambio et negociatione legatur, muß er denselben sofort seinen socii zeigen. Macht er vorher ein Geschäft und nutzt also privatim die Konjunktur aus, so muß er den socii partem dare[3]). Anschließend ferner an c. 76 noch: Hat einer der in commune creditores den übrigen denunziert, daß er eine Geschäftsreise ad recuperandum creditum, also im gemeinsamen Interesse, unternehmen wolle, und wollen die übrigen zu den Kosten nicht beitragen, so behält er das Beigetriebene bis auf die Höhe seines Anteils allein; hat er »parabola sociorum« etwas beigetrieben und hiervon einen Teil ohne Schuld verloren — »totum damnum de societate sit«. Endlich nach c. 145 sollen, falls ein socius auf der Geschäftsreise ohne Wissen der anderen socii etwas »de suo« mitführt, Gewinn und Kosten, welche darauf entfallen, geteilt werden, als wäre es Sozietätsgut.

Der Tatbestand scheint hiernach zu sein, daß eine Sozietät besteht, welche in Piacenza dauernd domiziliert ist — c. 144, 145, 77 cit. — und von welcher ein oder mehrere socii dauernd sich auf Handelsreisen befinden, die übrigen, mit Kapital beteiligten sich in Piacenza aufhalten. Cap. 582, 583, 509 eod.

---

[1]) Stat. Perae c. 211.

[2]) Vgl. die Ausführungen von Goldschmidt in der zit. Abhandlung über lex Rhodia und Agermanament.

[3]) Wie der Zusammenhang zeigt, handelt es sich nur um das Verhältnis unter socii, nicht, wie Lastig annimmt, um eine Pflicht, den Kurszettel auswärtiger Plätze usw. der Börse bekannt zu geben, um unlautere Spekulationen zu vermeiden.

scheinen von derselben species von Sozietäten, angewendet auf Familiengenossen, zu sprechen[1]). Hiernach gewinnt man den bestimmten Eindruck, daß es sich hier um ein Verhältnis handelt, bei welchem ein Konsortium von mehreren die Stellung einnimmt, welche bei der einfachen societas maris dem socius stans zukommt; aus ihrer Mitte geht der tractator hervor, welchem gegenüber sie jedoch, so wie dies bei der societas maris ursprünglich auch der Fall ist, eine leitende Stellung einnehmen. Die Gemeinschaft der socii stantes scheint hier der »Unternehmer«, der »Chef« des Geschäfts in dem mehrfach gebrauchten Sinn zu sein, was schon darin seinen Grund hatte, daß die stantes dauernd am Ort der Sozietätsniederlassung sich aufhielten, der jeweilige tractator aber sich auf Reisen befand. Geschah der Betrieb des von einer derartigen Sozietät unternommenen Gewerbes an Ort und Stelle durch den tractator, so mußte es möglich sein, und, der allgemeinen, von uns beobachteten Tendenz des Sozietätsrechtes entsprechend, immer mehr zur Regel werden, daß die nur mit ihrem Kapital beteiligten, assoziierten socii stantes mehr und mehr zu einer species von Partizipanten wurden, unter denen nur eben ein besonderes Assoziationsverhältnis bestand, mit anderen Worten: zu Kommanditisten. Denn, wie sich bei Betrachtung des pisanischen Rechts noch näher ergeben wird: wenn hinter den lückenhaften Stellen der Statuten von Piacenza der geschilderte Tatbestand steckt, so haben wir hier die Anfänge der Kommanditgesellschaft, in sehr unklarer Entwicklung, vor uns. Die Stellung der Kommanditisten zum Komplementar (tractator) ist keineswegs stets entsprechend der heutigen gewesen. Die ältere Sachlage ist die, daß die Kommanditisten (socii stantes) die eigentlichen Unternehmer, der tractator ihr Organ ist. Reste finden sich noch später. Ausdrücklich wird die Herleitung der Kommandite aus diesen Assoziationen mehrerer Kommendanten desselben Kommendatars in der hier dargelegten Weise von Casaregis bezeugt[2]) Noch Fierli[3]) unterscheidet accomandita regolare und irregolare und versteht unter

---

[1]) Die Pflicht zur Rechnungslegung wird eingeschärft für den Fall, daß ein mercator »pecunium communem cum fratribus penes se« hat.

[2]) Disc. 29 Nr. 4, 6, 7, 19, 24—28, erläutert bei Thöl, HR. (1879) I § 102 Anm. 11. Nur ist die von Thöl für den Kommendatar gebrauchte Bezeichnung institor bei der Bedeutung, die dieser Begriff in der Dogmatik des Gesellschaftsrechts gewonnen hat, irreführend.

[3]) Fierli, Della società chiamata Accomandita.

der ersteren diejenige Gesellschaft, bei welcher die Kommanditisten Eigentümer ihrer Einlagen blieben; die Form, bei welcher der Komplementar allein Träger der Sozietät ist, gilt ihm für irregulär. Auch der Grundsatz der Nichthaftung der Kommanditisten über den Betrag ihrer Einlage hinaus ist infolge der Verschiedenheit ihrer Stellung gelegentlich immer wieder in Frage gestellt worden, wie noch Fierli berichtet. Das Vorzugsrecht der Sozietätsgläubiger am Sozietätsfonds (lokal später »sportello« genannt) hat, wie Fierlis Zitate ergeben, gleichfalls lange Zeit gebraucht, bis es zu wirklicher juristischer Klarheit gelangt war. Immerhin sind gewisse essentialia der Kommanditgesellschaft, ein persönlich voll haftender und nur mit der Einlage haftende socii, und, wie wir in Genua sehen, auch Anfänge zu einem Sondervermögen vorhanden.

Der Normalfall der societas terrae ist die Gestaltung in Piacenza nicht, derselbe liegt vielmehr in den zitierten genuesischen Urkunden vorgezeichnet; hiernach ist das Institut gegenüber den Seesozietäten durchaus sekundär geblieben. Eine Modifikation scheint im allgemeinen hinsichtlich der Tragung der Gefahr stattgefunden zu haben, welche in höherem Maße dem tractator zur Last fällt, nach dem constit. usus befreit ihn nur der Nachweis von vis major von voller Rückerstattung [1]), während bei der societas maris den socius stans die Beweislast dafür trifft, daß der tractator durch seine Schuld Verluste herbeigeführt resp. daß er weniger verloren habe, als dieser behauptet [2]). Im allgemeinen scheint sich für die societas terrae weder für die Art der Tragung der Gefahr und der Kosten, noch für die Gewinnverteilung eine so feste Usance gebildet zu haben, wie bei den Seesocietäten [3]). Diese Sozietätsform hat denn auch, soviel bekannt, eine erhebliche Rolle nicht mehr zu spielen gehabt; die Partizipation hat sich in den Binnenlandsverhältnissen verschiedener Formen bedient, unter welchen die kommendaartige societas terrae wohl keine der erheblichsten gewesen ist. Wir werden in Pisa noch einmal auf sie zu sprechen kommen.

---

[1]) Constit. us. rubr. XXVI. Vgl. Consuetud. civ. Amalfiae a. 1274 c. 14. Die Wendung »salvum in terra«, welche bei der Seesozietät eine gesteigerte Haftung des tractator bezeichnet (z. B. Stat. Perae c. 214), scheint die Haftung bis auf vis major zu bedeuten (vgl. Goldschmidt, Festgabe für Beseler S. 210 ff.).

[2]) Ausdrücklich bestimmt in den Stat. von Marseille (b. Pardessus) c. 24.

[3]) Vgl. die Urkunde in Anm. 2 S. 339.

Unsere bisherige Betrachtung hat ergeben, daß die Grundlagen der solidarischen Haftung in den bisher behandelten Instituten nicht zu suchen ist; gerade die Struktur, welche in der Landsozietät, beim Betriebe eines Ladengeschäftes (apotheka s. Anm. 2 S. 339), das gesamte Rechtsverhältnis annahm, schloß den Gedanken aus, daß der Kapitalist, welcher den Betriebsfonds ganz oder zum Teil hergegeben hatte und nur eine Gewinnquote als Gegenleistung erhielt, überdies irgendwelche Garantie gegenüber den Gläubigern des Geschäfts zu übernehmen gesonnen wäre. Für die als Muster verwendete Seesozietät konstatierten wir schon oben, daß eine persönliche Haftung der socii stantes der Struktur derselben geradezu zuwider gewesen wäre.

Wenn wir ferner auch gewisse Ansätze einer Sondergutsbildung fanden, so kann darin doch nicht die Grundlage des von uns hier gesuchten Sondervermögens liegen. Ob ein indirekter Einfluß denkbar ist, bleibet hier noch dahingestellt [1]).

Wir haben bisher nur seerechtliche oder an seerechtliche sich anlehnende Institute einer Betrachtung unterzogen und wenden uns nun der Untersuchung der Sozietätsformen des Binnenlandes zu, wobei hier unter dem Recht des »Binnenlandes« stets, der Kürze halber, dasjenige verstanden sein soll, welches mit dem Seehandel n i c h t prinzipaliter, wie die bisher erörterten Rechtssätze, in Verbindung steht.

III. Die Familien- und Arbeitsgemeinschaften.

Zu den ältesten Verhältnissen, welche zur Bildung gemeinschaftlicher Vermögen mit dem Zwecke gemeinschaftlicher Erwerbstätigkeit führen mußten und rechtlich geregelt erscheinen, gehört die gemeinsame Familienwirtschaft des Familienvaters mit Frau und Kindern, der Familiengenossen nach dem Tode des Familienvaters im gemeinsamen Hause.

Die Schwierigkeit, in den mauerumschlossenen Städten zu selbständigem Anbau Terrain und Barmittel zu erlangen, verbunden mit der bekannten Abneigung gegen das Wohnen unter fremdem Dache gegen Zins, welches fast wie ein Aufgeben der persönlichen Freiheit erschien, ließ dem Haussohn und dem Mit-

[1]) Vgl. letztes Kapitel.

erben oft nur die Wahl zwischen Realteilung des gemeinsamen Hauses durch Zwischenwände[1]) oder Fortsetzung der häuslichen Gemeinschaft. Ersteres hatte naturgemäß seine Grenzen, und so finden wir es in Italien, nicht nur in ländlichen Verhältnissen, wo uns derartiges natürlich scheint, sondern gerade in den Städten häufig, ja geradezu regelmäßig, daß einerseits auch die verheirateten Söhne im Hause des Vaters verbleiben und daß andererseits die Erben den gemeinsamen Haushalt dauernd und oft durch mehrere Generationen fortsetzen.

Die vermögensrechtliche Wirkung dieses Verhältnisses nun mußte eine species der germanischen Gütergemeinschaften sein; eine rein individualistische Konstruktion, als Individualvermögen des Hausherrn ohne jedes Anrecht der Kinder bzw. als communio der Miterben, lag dem mittelalterlichen Recht fern.

Der Hausvater, welcher mit seiner Deszendenz unabgeteilt lebt, verfügt über die Mittel der Gemeinschaft, allein der Unterschied vom römischen Recht ist, wie sich zeigen wird, daß während in dem letzteren die übrigen Hausgenossen neben dem Vater nicht als Mitberechtigte, sondern allenfalls nur als Destinatäre eines Teils der Einkünfte des als Individualvermögen des paterfamilias konstruierten Hausgutes in Betracht kommen, hier grundsätzlich Anrechte aller Hausgenossen bestehen; dieselben werden durch die hausherrliche Gewalt zwar in wesentlichen, aber nicht in allen Beziehungen gebunden; auch Verfügungen des Haussohnes sind geeignet, das gemeinsame Vermögen zu belasten. Unter Miterben, welche die Gemeinschaft fortsetzen, ist an sich jeder zu Lasten des gemeinschaftlichen Vermögens zu verfügen berechtigt, das Vermögen dient allen einzelnen je nach Bedürfnis und ohne erkennbare prinzipielle Schranke. Der Gegensatz zur römischen communio liegt außer in dem letzteren Gedanken namentlich auch darin, daß die Anrechte der einzelnen nicht als ideelle Anteile zu selbständigen, des Verkehrs fähigen Objekten gestaltet sind; der Gedanke quotenmäßiger Mitrechte tritt während des Bestehens der Gemeinschaft überhaupt nicht als Maßstab für die Berechtigungen der einzelnen hervor; ihre Bedürfnisse werden vielmehr, seien sie groß oder klein, wie gesagt, aus der gemeinsamen Kasse ohne Anrechnung zu Lasten des

---

[1]) In der Tat enthalten die älteren Statuten detaillierte Vorschriften über das bei derartigen Hausteilungen zu beobachtende Verfahren. Vgl. z. B. Breve Curiae Arbitrorum v. Pisa c. 4 (bei Bonaini, Statuti inediti della città di Pisa).

einzelnen bestritten, in welche andererseits, — was gleichfalls besonders charakteristisch ist, — der gesamte Erwerb des einzelnen, sei er groß oder gering, ohne irgendwelche Anrechnung zu seinen persönlichen Gunsten eingeworfen wird. Das letztere erscheint, näher besehen, fast noch erstaunlicher als jener Mangel einer Anrechnung der Ausgaben, — in unseren heutigen Verhältnissen sind wir gleichfalls gewohnt, daß der Vater seinen Kindern die für sie während der Zeit ihrer Zugehörigkeit zum elterlichen Haushalt aufgewendeten Kosten in dubio, von besonderem Anlaß dazu abgesehen, nicht anrechnet, dagegen erscheint uns, zum Unterschiede vom römischen Recht, das Korrelat dazu, die Erwerbsgemeinschaft, nicht als das Naturgemäße, vielmehr umgekehrt — man kann vom prinzipiellen Standpunkt sehr wohl fragen: mit welchem Recht? — als mehr oder weniger selbstverständlich, daß der Sohn seinen eigenen Erwerb für sich behält. Der Mangel irgendwelcher Anrechnung erscheint nun dem alten Recht als naturale[1]) der Gütergemeinschaft. Daß dies der Grundgedanke war, ersehen wir gerade aus den Beschränkungen, welche die Quellen, da die unbedingte Gemeinschaft alles Erwerbes und aller Ausgaben im Geschäftsleben zu unbilligen Resultaten führen mußte, schon früh normierten. Schon die älteste von dem Verhältnis handelnde Quellenstelle betrifft solche Einschränkungen:

> Lex Langobardorum l. II Rubr. de successionibus: Rex Rothar: . . . Si fratres post mortem patris in casa communi remanserint, et unus ex ipsis in obsequio regis aut cum judice aliquas res acquisierit, habeat in antea absque portione fratrum, et que foris in exercitu acquisierit commune sit cum fratribus quos in communi casa dimiserit, et si quis alicui de suprascriptis fratribus garathinx (Boherius = donatio)

[1]) Noch Ansaldus de Ansaldis, Discursus legales de commuciis et cambio (Genua 1698), Disc. 49, in einem Rechtsgutachten in einem Teilungsprozesse in Florenz führt den Beweis für das Vorliegen einer societas omnium bonorum aus folgenden Symptomen, welche als »notissima illa societatis omnium bonocum requisita« bezeichnet werden: »communis habitatio, lucrorum communicatio et nunquam ratio reddita«. Aehnlich verwertet wird der Mangel der Abund Anrechnung in Disc. 50 eod. Zu vergleichen ist auch die Unterscheidung in Disc. 52 eod. zwischen societas particularis und universalis nach den gleichen Gesichtspunkten, indem nämlich die soc. universalis daran zu erkennen sei, daß contractus activi et passivi, dispendia et emolumenta per consocios omnium bonorum facta et acquisata non curantur, sed habita dumtaxat contemplatione ad bona de tempore divisionis faciendae, partitio fieri debet aequaliter.

fecerit, habeat in antea ille cui factum fuerit, et si quis ex ipsis duxerit uxorem et de rebus communibus meta data fuerit: quando alter uxorem tulerit aut quando ad divisionem faciendam venerint, simili modo de communibus rebus ei refundat aliud tantum quantum ille alter frater in meta dederit. paterna autem vel materna substantia quod reliquum fuerit inter se equaliter dividant . . . Töchter, welche heiraten, erhalten, was ihr Mundwalt, Vater oder Brüder ihnen in die nuptiarum mitgeben, und sind damit abgefunden. Ferner werden Bestimmungen darüber getroffen, in welcher Weise die in die casa communis zurückkehrende Witwe ihre Aussteuer wieder einzuwerfen und mit welcher Quote sie eventuell später bei der etwaigen Teilung zu berücksichtigen ist[1]).

Also nur das in obsequio regis und cum judice Erworbene fällt nicht in die Gemeinschaft, und nur die meta der Frau, welche ex communi gegeben wird, soll, wenn geteilt wird, angerechnet werden, sonst gehen alle Einnahmen, selbst Erwerb »in exercitu«, und alle Ausgaben auf gemeinsame Rechnung. Was die Gemeinschaft der Ausgaben anlangt, so war sie unter den einfachen Verhältnissen der älteren Zeit, in welcher sich dieselben auf die alltäglichen Bedürfnisse beschränkten und der Kredit noch keine Rolle spielte, nicht so bedenklich, als es scheinen möchte. Die Gemeinschaft der Einnahmen anlangend, so erschien, wie auch sonst hervortritt, gemeinsame Arbeit und Erwerbstätigkeit in gemeinsamer Behausung als das unter Familiengenossen naturgemäße Verhältnis, die Familie ist nach der Anschauung der Zeit noch in erster Linie eine, und zwar die natürlich gegebene, »Produktionsgemeinschaft«, nicht nur, wie uns als Regel erscheint, eine bloße »Konsumtionsgemeinschaft«. Sie war insbesondere in den italienischen Städten die Basis weitgehender Vergesellschaftung[2]).

---

[1]) Die Stelle ist in die Lombarda gleichlautend übergegangen. Die Kommentatoren der letzteren aus dem 12. Jahrhundert, Ariprand und Albertus (ed. Anschütz, Die Lombardakommentare des Ariprand und Albertus, Heidelberg 1855) haben sie nicht kommentiert.

[2]) Vgl. den Zwang zu häuslicher Arbeit gegen den Haussohn im Breve Pisan. Comm. v. 1286 l. I c. 118, die Erlaubnis, durch häusliche Arbeit verdiente (bene servientes) Söhne letztwillig zu begünstigen in der Lombarda, Rubr. De eo quod pater filiis vel filiabus necesse habet relinquere. Es werden weiterhin noch mehrfache Symptome dieser Auffassung begegnen.

Dabei ist nun festzuhalten, daß von Anfang an nicht das der Familiengemeinschaft mit zugrunde liegende Verwandtschaftsverhältnis das wesentliche Moment sein konnte.

Die häusliche Gemeinschaft der Familie umfaßte an sich schon außer den Angehörigen der Familie noch andere Personen[1]): auch das häusliche Dienstpersonal galt von alters her als Hausgenosse und seine Handlungen haben für die Familie rechtliche Konsequenzen, auf welche wir gelegentlich noch zurückkommen werden. Für die vermögensrechtliche Seite konnte in der Zeit des beginnenden Großverkehrs nicht die Verwandtschaft an sich Bedeutung gewinnen, sondern die Gemeinschaft des Haushalts, das »stare ad unum panem et vinum«, wie die Quellen sie nennen, welche wesentlich charakterisiert wird durch die damit verknüpfte Gemeinschaft der Arbeit[2]).

Wer nicht in dem gemeinsamen Hause mit lebt, wird von den Folgen der Gemeinschaft nicht ergriffen, — das geht schon aus der zitierten Stelle der Lombarda hervor und das Constit. Usus von Pisa[3]) sagt ausdrücklich, daß eine absentia, durch welche ein anderes domicilium begründet werde, die Gemeinschaft aufhebe.

Das gemeinsame Haus in Verbindung mit der darin betriebenen gemeinsamen Erwerbstätigkeit ist also das für die vermögensrecht-

---

[1]) Dies ist für andere Verhältnisse bei Gierke, Genossenschaftsrecht I S. 14 f. bemerkt (vgl. besonders S. 23). — Wo Gierke das Verhältnis zwischen Sippe und Haushalt bespricht, findet er den Unterschied wesentlich in der im Gegensatz zu der Genossenschaft der Sippe »despotischen Organisation der häuslichen Gemeinschaft«; es ist aber zu bemerken, daß die häusliche Gemeinschaft auch da, wo nicht ein Hausvater an der Spitze steht, sondern wo sie von Gleichberechtigten gebildet wird, und hier sogar ganz vornehmlich, ihre eigenartigen Wirkungen übt; auch ist in Italien, wenigstens im langobardischen Recht, nicht, und noch weniger im süditalischen, der Gedanke eines »despotischen« Eigenrechts des Vaters für die Organisation der Familie maßgebend.

[2]) Baldus, Consilia IV 472: »cohabitatio sola non facit societatem« in Verbindung mit Cons. II 74, wonach gleiche Teilung des durch die »industria« der fratres communiter habitantes Erworbenen eintreten sollte. Vgl. auch Cons. II 451; ferner III 30: das ererbte gemeinsame Vermögen soll nach Stämmen, das erarbeitete nach Köpfen geteilt werden. Cons. I 19 verlangt in strengerer Anlehnung an die romanistische Anschauung Nachweis des Abschlusses einer societas, welche sonst aus dem Zusammenwohnen in Verbindung mit gemeinsamer Arbeit präsumiert wird. II 260 macht denn auch die in I 19 getroffene Entscheidung dadurch wieder unschädlich, daß, wenn ein Teilhaber nicht nachweisen kann, woher er etwas erworben hat, angenommen werden soll, er habe es ex communi erworben, und damit die Gemeinsamkeit trotz des mangelnden Nachweises der Absicht, für die Gemeinschaft zu erwerben, gesichert bleibt.

[3]) Bonaini, Statuti inediti della città di Pisa Vol. II p. 880.

liche Seite Wesentliche, — und auf diese Seite kommt es uns in erster Linie an.

Der Gang der vermögensrechtlichen Entwicklung ist nun dadurch charakterisiert, daß, wie wir sahen, schon die lex Langobardorum Beschränkungen der unbedingten Vermögensgemeinschaft kennt: gewisse Einnahmen des Genossen fallen nicht in die Gemeinschaft, gewisse Ausgaben muß er sich anrechnen lassen. Mit dieser Anrechnung ist ein nicht unwesentlicher Schritt gemacht. Der Einzelne mußte nun in der Gemeinschaft der Berechnung halber eine Art — wenn auch nicht ein buchmäßiges — Konto erhalten, und fiel einmal nicht mehr aller Erwerb in die Gemeinschaft, so lag die Tendenz zur weiteren Beschränkung nahe.

Aber auch für die juristische Betrachtung ergaben sich wichtige Konsequenzen. Sobald man einmal anfing zu rechnen und gewisse Einnahmen und Ausgaben als speziell einem Einzelnen zugute kommend bzw. seinen Anteil belastend anzusehen[1]), — und sobald die Gemeinschaft in das eigentliche Geschäftsleben eintrat, war beides unvermeidlich, — mußte sogleich die prinzipielle Frage entstehen, wer von den Beteiligten überhaupt als selbständig anteilsberechtigt zu gelten habe — z. B. ob Haussöhne? —, es mußte überhaupt die Beteiligung des Einzelnen an der Gemeinschaft mehr unter den Begriff des A n t e i l s gedacht werden und die Tendenz haben, sich wie eine Sozietätseinlage zu gestalten. Alsdann aber mußte auch die juristisch folgenreichste Frage zur Entscheidung gelangen: ob sich das Familienvermögen in eine communio mit Quotenrechten der Beteiligten auflösen, oder ob aktiv und passiv eine auch den Anteilsrechten der Genossen gegenüber durchgreifende Einheit des Vermögens gewahrt bleiben würde.

Nach der ersteren Richtung ist am weitgehendsten infolge nordischer Reminiszenzen[2]) die Auffassung des süditalisch-

---

[1]) Welche verwickelte Kasuistik die Konsequenz dieser Notwendigkeit zu rechnen bildete, geht aus den zahlreichen Entscheidungen des Baldus über die Frage, was bei gemeinsamem Haushalt zu kommunizieren sei, genügend hervor. S. darüber Cons. I 21, 97, 260, II 87, 347, IV 189, 239, 335, 461, V 40, 65, 234, 259, 284, 372 und sonst gelegentlich. Die schon in der Lombarda — vgl. obige Stelle — Veranlassung zu besonderer Bestimmung gebende Frage der Anrechnung der Mitgift von Ehefrauen bzw. der dos steht auch hier mit im Vordergrund.

[2]) Analogien finden sich im altfriesischen und im Recht der von der Ostsee gekommenen Burgunder. S. Brünneck, Siziliens mittelalterliche Stadtrechte;

sizilianischen Rechts[1]), wonach das Familienvermögen quotenmäßig unter Vater und Kinder verteilt erscheint, der Vater inter vivos und mortis causa nur ebenso wie jedes Kind über eine bestimmte Quote verfügen kann.

Derartig ist die Rechtsauffassung im übrigen Italien nie gewesen[2]). Die pekuniäre Bedeutung des Verhältnisses für den Einzelnen trat auch hier naturgemäß mehr in den Vordergrund und deshalb mußte, nachdem die Gemeinschaften als solche im großen Geschäftsleben zu funktionieren begannen, sein Anrecht an dem gemeinsamen Vermögen in wichtigen Beziehungen

---

Pappenheim, Launegild und Garethinx stellt die Stelle c. 51, 1 lib. leg. Gundob. mit Westgötalagen I Arfþaer b. 9 pr. zusammen.

[1]) In Sorrento (Consuetudines rubr. 43) erwirbt der Vater für sich nur den Verdienst aus eigener Arbeit, von dem ererbten Vermögen verwaltet er, solange die Kinder im gemeinsamen Hause wohnen, die Einkünfte zum gemeinsamen Unterhalt, nach Großjährigkeit der Kinder aber (rubr. 43 zit.) erfolgt, sobald dieselben nicht mehr mit ihm leben (rubr. 7, vgl. Consuet. v. Neapel r. 7), Teilung der Einkünfte unter Vater, Mutter und Kinder nach Virilportionen und können die Söhne (rubr. 43) auf Teilung klagen. Also communio der Familienglieder. Die Statuten von Catania v. 1345 (Tit. III Consuet. unica) drücken das gleiche Verhältnis so aus: die Güter der Familienglieder würden »unum corpus«. Die Statuten von Messina (aus der Hohenstaufenzeit), Caltagirone (v. 1299) und die Ordinaciones terrae Noti bestimmen die Anteilsquote des Vaters näher, und zwar zeigt sich, daß der Vater und jedes Familienglied nur über seine Quote, aber über diese auch ohne weiteres, zu verfügen berechtigt ist; das Statut von Messina c. 33 hält ausdrücklichen Ausschluß der Teilungsklage bei Lebzeiten der Eltern für nötig, wovon das Statut von Caltagirone die Ausnahme macht: »nisi pater emancipet eum vel eam«. Die, soviel bekannt, älteste gesetzliche Erwähnung derartiger Verhältnisse ist die Novella Rogerii vom Jahre 1150 (griechisch-und lateinisch): . . . »si genitor in vita habuerit 3 liberos . . . consuetudo est ex omni substantia eorum ipsum obtinere duas partes, id est 8 uncias, filios autem terciam«.

Das Prinzip der part disponible des Code ist hier bereits auf die Verhältnisse inter vivos angewendet.

Das unvermittelte Nebeneinanderstehen des normännischen und byzantinischen Rechts in Sizilien, wo das Personalitätsprinzip erst in den Constitutiones Regni Siciliae K. Friedrichs II (l. II t. 17) aufgehoben wurde (noch 1286 kommt in Amalfi in einer Urkunde b. Volpicella, Consuet. d'Amalfi die Deklaration »vivens lege Romana« vor), mag die unmittelbare Uebertragung des Begriffs der römischen communio auf das germanische Familieneigentum begünstigt haben.

S. die sizil. Statuten und über sie Brünneck l. cit.

[2]) Auch das langobardische Recht hat Neigung zur Ausgestaltung des Familienvermögens nach den Grundsätzen quotenmäßigen Anrechtes der Genossen gehabt, wie die Urkunden des Registrum Farfense (Il Regesto di Farfa pubbl. della Soc. rom. di stor. pat. vol. II, Rom 1879) deutlich zeigen (vgl. Brunner in den Mitt. des Instit. d. österr. Geschichtsforschung Bd. 2 S. 10 f.). In den Städten ist diese Entwicklung aber, wie das Folgende zeigen soll, nur partiell mitgemacht worden.

als Einlage in ein gemeinsames Geschäft qualifiziert werden, — allein ein Zerfall des Familienvermögens in Idealquoten trat nicht in der Weise wie in Süditalien ein; die prinzipielle Einheit des Vermögens blieb gewahrt; die diesen Gemeinschaften eigentümlichen Grundsätze voller Erwerbsgemeinschaft und prinzipiell unbeschränkter Verfügungsmacht aller einzelnen Beteiligten über das gemeinsame Vermögen waren augenscheinlich in hohem Maße geeignet, der Gemeinschaft Aktionsfähigkeit im Geschäftsleben zu verleihen.

Aber eben aus diesem letzteren Grunde liegt keine Veranlassung vor, weshalb wir uns diese Grundsätze als zunächst auf die Familienangehörigen beschränkt zu denken haben sollten. Wie schon hervorgehoben, umfaßte auch die häusliche Gemeinschaft der Familie neben deren Angehörigen noch andere Personen, und da schon die Lombarda nicht wesentlich das verwandtschaftliche Element, sondern das Faktum der häuslichen Gemeinschaft als maßgebend betrachtet, waren die Rechtssätze, welche auf diese Gemeinschaft Anwendung fanden, ebenso anwendbar, wenn die gleichen Grundlagen: gemeinsamer Haushalt und gemeinsamer Erwerb durch Arbeit, unter Nichtverwandten vorhanden waren. Tatsächlich haben auch im mittelalterlichen Recht sich nirgends die Wirkungen der häuslichen Gemeinschaft auf Verwandte beschränkt. Es hat vielmehr auch außerhalb der Familie derartige Gemeinschaftsverhältnisse gegeben und sind diese völlig gleichartig behandelt worden. Und zwar in älterer Zeit zunächst auf dem Boden des Handwerks.

Daß in den Binnenstädten die Bedingungen für einen großen Fernhandel erst allmählich mit ihrem Erstarken nach außen sich einstellten, ist schon oben berührt und bemerkt, daß naturgemäß ihr Handel zunächst in dem Transport ihrer Produkte an den nächsten Marktplatz, evtl. Seehafen, bestand, welcher dann das weitere übernahm, also mehr im Absatz, als im Umsatz von Gütern, daß also gewerbliche Arbeit die Grundlage ihres Wohlstandes bilden mußte[1]), wie denn gewerbepolizeiliche Vorschriften

[1]) Der Gegensatz von Seehandels- und Industrieplätzen ist von Lastig klar betont (Entwicklungswege und Quellen des Handelsrechts). Einschränkend gegen zu scharfe Fassung des Gegensatzes und generalisierende Schlüsse Goldschmidt, Z. f. Handelsr. 23, S. 309 ff. Lattes (Il diritto commerciale nella legisl. stat.) folgt Lastig, sieht aber mehr auf übersichtliche Zusammenstellung der sich findenden Rechtssätze, als auf historische Entwicklung und

einen der umfangreichsten Bestandteile aller ihrer Statuten bilden. Die gewerbliche Arbeit aber ist zunächst Sache des Handwerks und demgemäß finden sich hier die Anfänge der Gesellschaftsbildung. Dabei war nun für die Bildung gemeinsamer Fonds durch Zusammenschluß von Kapitalien oder für eine Vergesellschaftung nach Art der einseitigen Kommenda zunächst weniger Bedürfnis und Möglichkeit vorhanden[1]); tat sich der Handwerker mit einem Genossen zusammen, so geschah es zu gemeinsamer Arbeit, um mit ihm die Tätigkeit in der Werkstatt und im Verkaufsladen zu teilen; und da diese seine Tätigkeit sich wesentlich in seiner Behausung abspielte, welche prinzipaliter zugleich auch Laden und Werkstatt war, so wurde der Arbeitsgenosse von selber zum Hausgenossen und teilte Tisch und Haushalt, der unselbständige »Geselle«, — famulus, factor, — so gut wie der selbständige »Genosse«, — socius —; das stare ad unum panem et vinum ist naturale dieser Arbeitsgesellschaft (um sie so zu nennen), und dies ist für die rechtliche Gestaltung des Verhältnisses von augenscheinlicher Bedeutung. Nur der Ursprung dieser Gesellschaftsformen im Handwerk[2]) erklärt es, daß noch später bei der Großindustrie und den pekuniär weltbeherrschenden Handelssozietäten der gemeinschaftliche Haushalt zwar, wie wir sehen werden, nicht mehr ein notwendiges oder das wesentlichste, aber doch ein erhebliches Kriterium bildet[2]).

Der Einfluß dieses Elements auf die ganze Struktur derartiger Gesellschaftsformen ist unverkennbar. Denn daß die Stellung

kommt sein als Einführung in das Statutarrecht vorzüglich brauchbares Buch für unsere rechtshistorischen Zwecke weniger in Betracht.

[1]) Auf die Verwertung der Kommenda als Rechtsform für das Verhältnis eines Hausindustriellen zum Arbeitgeber kommen wir in dem Kapitel über pisanisches Recht kurz zu sprechen.

[2]) Vgl. die bei Baldus, Consilia V 25 geschilderte »Sozietät« von Schlächtern, die an derselben banca stehen.

S. ferner folgende Stelle des Sachsenspiegels (B. I Art. 12): Swô brudere oder andere lûte ir gut zu samene habn, erhôen si daz mit irre kost oder irme dînste, der vrome ist ir aller gemeine, dazselbe ist der schade. Swaz aber ein man mit sîme wîbe nimt, das en teilt he mit sînen brûdern nicht (dazu vgl. die Stelle der l. Langob.). Verspilt aber ein man sîn gût oder verhûret erz oder verguftet erz mit gift oder mit kost, dâ sîne brûdere oder die ir gût mit ime gemeine habn, nicht zûphlicht en habn, der schade den her daran nimet, sol sînes eines sîn, und nicht sîner brûdere noch sîner gewerken, die ir gût mit ime gemeine habn. — Fast regelmäßig werden in den ital. Statuten die Handwerker mit zu den mercatores gerechnet und in den Statuten der letzteren ihre Verhältnisse mit geregelt.

eines solchen socius in eminent höherem Grade, als es bei der Sozietät ohnehin der Fall ist, ein Vertrauensverhältnis sein mußte, ist klar, sie verhält sich zu derjenigen eines Partizipanten etwa wie diejenige eines Dienstboten zu der eines ad hoc gemieteten Lohnarbeiters. Auch das Familienartige des Verhältnisses ist augenfällig, es ist, abgesehen von der Verwandtschaft, ganz der Tatbestand der Hausgemeinschaft der Familie vorhanden, und wenn wir deshalb Haussohn und famulus bzw. factor, socius und unabgeteilten Miterben in sehr wesentlichen Punkten gleich behandelt finden[1]), so wird es dafür einer besonderen Erklärung nicht bedürfen; man wird auch nicht sagen können, es seien hier »familienrechtliche« Grundsätze auf andere Verhältnisse übertragen, sondern gleiche Grundlagen führten zu paralleler Rechtsbildung, da gerade die für das Vermögensrecht maßgebenden Verhältnisse bei beiden gleichartig vorlagen. Die Beziehungen der Arbeitsgenossen waren der Natur der Sache nach dem Verhältnis zwischen Gliedern eines Familienhaushalts ähnlich, und andererseits war der Familienhaushalt, wollte er zugleich Grundlage eines Gewerbebetriebes sein, genötigt, seine Buchführung, sein Auftreten nach außen, kurz: alle in vermögensrechtlicher Beziehung erheblichen Momente, nach Art einer Gewerbegesellschaft zu gestalten. So koinzidierten bei beiden die rechtlich relevanten Momente[2]). Nur daß bei der Familiengemeinschaft die Grundlage, der gemeinsame Haushalt, schon a priori besteht, welcher bei der Arbeitsgemeinschaft inter extraneos erst gewillkürt und geschaffen werden muß. Daher den Quellen die Familiengemeinschaft, wie es in gewisser Art auch zutreffend ist, als das primäre Institut erscheint, und deshalb da, wo beide gemeinsam behandelt werden, an der Spitze steht.

In den Städten sind, als das mittelalterliche Recht seinen Bildungsprozeß begann, die alten sippschaftlichen Grundlagen des öffentlichen und Privatrechts bereits verschollen, hier wie sonst sind an deren Stelle andere, rein wirtschaftliche, getreten[3]).

---

[1]) Wir kommen bei Florenz darauf speziell zurück.

[2]) Vgl. die Sachsenspiegelstelle in Note 2 S. 352. Daß die Gewerke als solche in Gütergemeinschaft leben, versteht sich dem Sachsenspiegel hiernach von selbst.

[3]) Vgl. hierzu für andere Verhältnisse Lamprecht, Deutsches Wirtschaftsleben im Mittelalter I S. 288 Anm. 3, und v. Inama-Sternegg, Deutsche Wirtschaftsgeschichte S. 75 Anm. 1. Von Bedeutung sind hier auch die Ausführungen Heuslers, Institutionen Bd. 2, S. 304 ff. Wo liegendes Gut den Haupt-

Die gewerbliche Arbeit ist die gemeinsame Quelle der Struktur der Gemeinschaftsverhältnisse innerhalb und außerhalb der Familien.

Zwei Eigentümlichkeiten der Gemeinschaftsverhältnisse mögen schon hier kurz konstatiert werden.

Einmal die Beschränkungen ihrer eigentümlichen Wirkungen auf die männlichen [1]) Mitglieder der Gemeinschaft [2]). Also: nur die arbeitenden, erwerbenden, im Geschäftsleben selbsttätigen Glieder sind mögliche Subjekte des gemeinschaftlichen Vermögens, ein neuer Beweis dafür, daß die gemeinsame Erwerbstätigkeit auf »gemeinsamen Gedeih und Verderb« den Ausgangspunkt bildet.

Zweitens der regelmäßige Ausschluß der Immobilien von der Zugehörigkeit zum gemeinsamen Fonds. Wie schon bei den Seesozietäten die Vorrechte der Sozietätsgläubiger sich auf das mobile Kapital beschränken [3]), so ist auch hier nur das Mobiliarvermögen Gegenstand der Gemeinschaft und ihrer speziellen Wirkungen [4]). Das gemeinsame Haus war der Ausgangspunkt der Entwicklung und die Grundlage der Gemeinschaft, allein es wird, soviel ersichtlich, nicht zu dem Gemeinschaftsvermögen gerechnet [5]), und die übrigen Immobilien stehen stets außerhalb desselben. Also nur das werbende Kapital ist das Material für die Fortentwicklung.

Indem somit die Vermögensgemeinschaft nicht mehr eine allgemeine war, sondern nur einen Teil der Vermögen der Beteiligten

---

bestandteil der Vermögen bildet, geht die Tendenz auf Gütertrennung und Individualeigen, wo Mobiliarvermögen und gewerbliche Arbeit, auf Gütergemeinschaft.

[1]) Vgl. Ansaldus de Ansaldis, Discursus legalis de commercio et mercatura. Genua 1698 Disc. 49, wonach die Frage der Beteiligung der Schwestern gemeinrechtlich streitig gewesen sein soll.

[2]) Const. Usus Pis. Civ. b. Bonaini, Rubr. De societate inter extraneos facta: »inter laicos et masculos«. Fernere Beispiele werden noch zur Sprache kommen, besonders in Venedig. Auch die Lombarda spricht nur von fratres und die lex Burgund. kennt eine Gemeinschaft des Vaters mit den Söhnen, obwohl sie eheliche Gütergemeinschaft nicht kennt.

[3]) Stat. Perae c. 20.

[4]) Stellen sind in den von Lattes, Diritto commerciale § 6 Note 5 und 6 zusammengestellten Zitaten über Ausschluß der Immobilien vom Handelsrecht enthalten. Im übrigen kommen wir bei Florenz darauf zurück.

[5]) Es unterliegt nicht der speziellen Art der sozietätsmäßigen Verfügung der Teilhaber; sowenig als heute ein socius etwa die Firma veräußern kann, sowenig konnte er die damalige Grundlage der Gemeinschaft, das gemeinsame Haus, belasten oder veräußern.

umfaßte, und indem, wie gesagt, die Beteiligung des Einzelnen damit in weitgehendem Maße die Natur einer Einlage, eines Konto, welches er bei der Gemeinschaft hat, annahm, entstand auch das Bedürfnis, diesem Konto als Ganzem die Natur eines selbständigen Rechtsobjekts in höherem Maße zuteil werden zu lassen, insbesondere die Möglichkeit von Verfügungen über dasselbe als solches für einzelne Fälle zuzulassen. In der Tat finden wir in Testamenten und Erbrezessen der Florentiner Familie der Alberti[1]), daß über das Konto des Teilhabers verfügt, dasselbe unter die Interessenten verteilt und letztere auf dasselbe angewiesen werden. Es entstand ferner das Bedürfnis, auch das nicht zur Kommunion gehörige Kapital des Genossen fruchtbar, am liebsten bei der Eigenen Sozietät, anzulegen, und wir finden dann das eigenartige Verhältnis, daß der Einzelne in doppelter Art am Geschäft beteiligt ist: einmal mit dem Betrage, welcher seinen Anteil am Gemeinschaftsvermögen darstellt, und ferner mit dem bei der Gemeinschaft nutzbar angelegten Kapital, als Partizipant, entsprechend dem Nebeneinanderlaufen von societas und Kommenda in den genuesischen Urkunden[2]). Später nun begann man auch in den Familien die alten, früher ex lege eintretenden Gemeinschaftsverhältnisse vertragsmäßig und auf Zeit zu schaffen[3]), womit die Familiengemeinschaft auch formell auf den Boden des Sozietätsrechts tritt[4]). Wir gelangen dann auch hier zu dem Begriff der »Einlage«, als einer Quote, mit welcher der socius an Gewinn, Verlust und Kapital der Gemeinschaft beteiligt ist, — wie bei der societas maris. Aber es fragt sich, ob diese Einlage hier dieselbe Bedeutung hat, wie bei den Kommendaverhältnissen, und darüber können wir nur entscheiden, wenn wir die andere, hier weitaus wichtigere, Seite des Verhältnisses, die Wirkungen nach außen, Dritten gegenüber, betrachtet haben. Wir müssen zu diesem Behufe, nachdem zuletzt vorgreifend Ergebnisse einer

---

[1]) Passerini, Gli Alberti di Firenze. Vgl. unten bei Florenz.

[2]) Vgl. unten bei Florenz.

[3]) Vgl. die Urkunden der Alberti und Peruzzi in Florenz.

[4]) Man schuf sogar, wie die Urkunde Nr. 36 des Registrum Farfense (vgl. Note 2 S. 350) zeigt, die Familiengemeinschaft selbst durch Vertrag. In der zit. Urkunde nehmen zwei in Kommunion lebende Brüder ihren Onkel in die Hausgemeinschaft auf: te . . . affratamus et in tertia portione . . . heredem esse volumus. Der Fall betrifft eine ländliche Hauskommunion. Brunner a. a. O. (Note 2 daselbst) S. 12 f. hat auf die Analogie der Vergesellschaftung Verwandter zu Handelszwecken hingewiesen.

späteren Entwicklung bezeichnet worden sind, wieder auf die Anfänge derselben zurückgehen.

Die Erscheinung, daß rechtlich relevante Tatsachen über die Person des unmittelbar Beteiligten hinaus Rechte und Pflichten erzeugen, findet sich unzweifelhaft zuerst auf dem Boden der Sippe, in der Pflicht des Eintretens der Genossen füreinander und den entsprechenden Rechten. Insbesondere bilden Pflicht und Recht der Privatrache eine Art obligatio ex delicto, an welcher aktiv und passiv jeder Genosse in geregelter Weise beteiligt ist; die betreffenden Rechtssätze sind noch im späteren Mittelalter nicht völlig verschwunden[1]).

Nachdem die aktive und passive Wergeldobligation schon durch die leges barbarorum fast eine rein vermögensrechtliche Natur angenommen hatte, scheint eine prinzipielle Schranke gegen den Gedanken einer Haftung auch für obligatorische Schulden nicht mehr vorhanden zu sein, zumal wenn der Mangel scharfer Scheidung des Delikts vom zivilen Unrecht in Betracht gezogen wird. In der Tat finden sich Ansätze dazu in der Lombarda, aber freilich nur unter Verhältnissen, wo zu den rein verwandtschaftlichen Beziehungen noch eine vermögensrechtliche hinzukommt[2]). Diese

[1]) Vgl. die im Const. Legis Pisan. civ. l. II c. 77 getroffenen Strafbestimmungen für den Fall, daß die Privatrache sich gegen den Falschen richtet.

[2]) Rubr. De debitis et guadimoniis et que liceat pignorare vel non. Rex Rothar: Nulli liceat alium pro alio pignorare, excepto illo qui gaphans esse invenitur id est coheres ejus proximior qui ad illius hereditatem si casus evenerit venturus est. — »Gaphans« erklärt Albertus: »id est proximior qui ad illius hereditatem venturus est«. Also die Haftung ist auf den Nächstversippten beschränkt, trifft diesen aber schon bei Lebzeiten des Schuldners; die Beziehung zur hereditas wiegt vor. Inwieweit die Haftung der Erben hiervon ihren Ausgang genommen hat, steht dahin. Ferner: eod. R. Limprandus: Si quis debitum fecerit et res suas vendiderit et tale fuerit illud debitum, quod solvere non possit et filius ejus per uxorem suam aliquid acquisiverit vel postea sibi per quodcunque ingenium laboraverit postquam genitor ejus omnes res venum daverit vel pro debito suo creditoribus suis dederit: aut a publico intromissus fuerint; non habeant facundiam creditores res ejus quas filius ejus de conjuge sua habere videtur vel postea conquisivit aut laboravit... distrahendi ... sic tamen ut ... prebeat sacramentum quod de rebus patris vel matris sue si ipsa in mundio patris mortua fuerit nihil apud se habeat nec alicui commendaverit ... Ariprand macht hieraus den trivialen Satz, daß, wer nichts aus der Erbschaft habe, auch nicht als Erbe für Schulden hafte. Die Lombarda aber spricht, wie auch Pappenheim, Launegild und Garethinx S. 70 hervorhebt, nicht von Haftung des Erben nach dem Tode des Erblassers, sondern von Haftung bei Lebzeiten desselben und schafft in der zweiten Stelle dem Sohn aus gewissen Erwerbsarten von der Haftung freies Vermögen, wobei die Beziehung zu den res patris wieder als das Wesentliche hervortritt. — Ob etwas und was die Stelle bei Petrus, Except. LL. RR.

wirtschaftliche Grundlage fehlte der Sippschaft an und für sich, sie war, wenigstens zu der Zeit, als der Kredit eine Rolle zu spielen begann, keine Wirtschaftsgemeinschaft und hat es deshalb niemals über die Haftung aus Delikten hinaus gebracht, auf dem Boden der Geschäftsobligationen war sie nicht aktionsfähig, das verwandtschaftliche Moment nicht verwertbar.

Auf dem Gebiete der Haushaltungsgemeinschaft nun finden wir einerseits die Haftung für Delikte eines Beteiligten zu Lasten der übrigen[1]; die folgende Erörterung wird aber ergeben, daß dieselbe gänzlich zurückgetreten und schließlich verschwunden ist gegenüber der Wirkung, welche Kontraktschulden eines Genossen für die übrigen haben, und diese letztere ist lediglich auf dem Boden dieser Gemeinschaftsverhältnisse erwachsen. Immerhin findet sich eine Reminiszenz an die Priorität des Deliktsgesichtspunktes darin, daß die nicht ex delicto entspringende Haftung an einem Punkte einsetzt, wo in den Augen des jugendlichen Rechts das zivile Unrecht dem Delikt am meisten verwandt erscheinen mußte: im Exekutionsrecht, und hier insbesondere im Konkurse des fugitivus. Von den meisten Statuten wird die Haftung der Genossen am ausführlichsten, von einigen nur bei Gelegenheit des Konkurses erörtert. Das ist nicht ohne historische Erheblichkeit.

Es tritt nämlich bei unseren Gemeinschaftsverhältnissen die Haftung nach außen in zwei nicht nur dem Grade nach voneinander verschiedenen Bedeutungen auf: 1. als Belastung des gemeinsamen Vermögens durch die Schulden des Genossen und 2. als persönliche Mithaftung der Genossen, als Schuldner, füreinander.

---

l. IV c. 53 bedeutet, daß der Vater aus dem Kontrakt des servus und filius hafte, — »si in rem patris versum est, in solidum«, ist dunkel. Vielleicht heißt es: wenn sie in Sachen des Familienhaushalts kontrahieren.

[1]) Die Statuten von Cremona (1388 rubr. 495) und von Massa (1592, der Stoff ist älter) l. IV c. 17 lassen den Hausherrn und Vater für durch das Gesinde oder den Haussohn zugefügten Schaden ohne Einschränkung haften. In Sizilien hob eine Konstitution von 1282 (Pardessus V S. 255) die wechselseitige Haftung der filii, patres, fratres usw. für Delikte auf, »cum poena suos tenere debeat authores«. Andere Statuten (Stat. Bono. v. J. 1250 ff. l. II c. 8, Pisa, Const. Usus 45 — ein späterer Zusatz —, Vicenza, Stat. v. 1264 III c. quod dominus, Modena, Stat. v. 1327 ref. l. IV c. 10) zeigen durch die Einschränkungen der Haftung für Delikte, namentlich solche der Haussöhne, welche sie einführten, die früher bestandene unbedingte Haftung. — Von dem hierher gehörigen Inhalt der Stat. von Florenz wird noch die Rede sein.

Stellt man sich nun die Verhältnisse konkret vor, so war offenbar bei Schulden eines Beteiligten für den Gläubiger die wesentliche praktische Frage zunächst, woran er eventuell im Vollstrekkungswege wegen dieser Schulden sich halten, ob er namentlich unmittelbar in das gemeinsame Haus vollstrecken lassen konnte. Diese Frage hat die Rechtsentwicklung bejaht, und unzweifelhaft hat die Auffassung des Haushalts als eines Ganzen, über welches zu verfügen und welches zu vertreten — wenn auch nicht in gleichem Maße — grundsätzlich jeder Genosse berufen war — eine Auffassung, welche im privaten und öffentlichen Recht auch sonst von erheblicher Bedeutung war, die zugrunde liegende juristische Denkform gebildet [1]). Diese Art der Haftung [2]) stellte sich also praktisch in dem Satze dar, daß aus Schulden eines Genossen, welche dieser nicht zahlt, die Exekution auf den vollen Betrag in das ganze Haus geht. Daß dies der Grundgedanke ist, zeigt sich auch darin, daß, wo die Statuten schon eine Beschränkung der unbedingten Haftung alles im gemeinsamen Hause Vorfindlichen eingeführt haben, dieselbe dadurch praktisch verwirklicht wird, daß zunächst alles, was sich im Hause befindet, gepfändet wird; der statutarisch ganz oder teilweise Eximierte muß dann, nach unserer Redeweise, die Interventionsklage anstrengen und den Rechtsgrund der Beschränkung nachweisen:

> Stat. Commun. Vicentiae 1264 l. III c. de emancipationibus: . . . quicquid filius habet, hoc totum praesumatur de bonis parentum habere, nisi expressim et liquide possint

---

[1]) Für andere Verhältnisse: In Vicenza werden die öffentlichen Lasten auf die Häuser umgelegt (Stat. v. 1264 l. II c. ult.), in Mailand auf die Familien (Stat. v. 1502 fol. 81, vgl. schon wegen des bannus Stat. v. 1217 I a. E.), deren Glieder solidarisch dafür haften; in Modena kann (Stat. 1327 ref. I 165) jedes Familienglied die der F a m i l i e als solcher obliegende Wehrpflicht ableisten; in Siena (Stat. v. 1292) zahlt die einzelne gewerbl. Niederlassung, nicht die Person, das Zunftgeld; in Moncalieri (Stat. v. 1388 H. P. M. l. Mon. I vol. 1450) werden die Forderungen der fratres communiter viventes untereinander nicht in das Vermögen eines jeden behufs Einkommensteuerschätzung eingerechnet. Ein Blick in das Stat. dell' Arte di Calimala von Florenz zeigt, wie dort die einzelne bottega und die einzelne societas als lokale Grundlage der Zunftorganisation galt.

[2]) Für das röm. Recht lag die Sache einfacher. Für den pater familias haftete die gesamte familia, für den filius familias dessen Leib; die manus injectio gegen ihn mochte dann wohl den Vater zur Zahlung für ihn veranlassen, — das mittelalterl. Recht würde Verpflichtungsfähigkeit ohne Vermögensfähigkeit nicht angenommen haben, — für die unabgeteilten Miterben haftete röm.-rechtl. dessen Erbquote, die negoziabel war, — dem mittelalterl. Recht lag diese Abstraktion fern.

probare . . . se acquisivisse ex officio vel successione vel . . . alia . . . justa causa . . . Ebenso Stat. Massae (gedr. 1592) für die communio fraterna.

Liber tertius causarum civilium communis Bononiae (gedr. 1491): Emanzipierte Söhne haben dem exequierenden Gläubiger nachzuweisen, daß sie vor Entstehung der betr. Schuld emanzipiert sind.

Dies ist also Haftung des gemeinsamen Vermögens und Haftung der Genossen mit ihrem Anteil an demselben füreinander, noch nicht direkte Beziehung der Schuld eines Genossen auf den andern als Selbstschuldner.

Den Unterschied beider finden wir deutlich erkannt in den Statuti del paratico e foro della Università de' mercatanti von Bergamo (revid. 1479, der Inhalt ist älter, Ausg. v. 1780):

c. 92: . . . quod patres et filii masculi . . . et fratres stantes ad unum panem et vinum . . . talium fugitivorum teneantur et obligati sint creditoribus in solidum et contra eos procedi possit . . . realiter tantum . . . sed si intromiserint se de negociatione, tunc . . . teneantur sicut eorum ascendentes pp.

Also: die Schuld eines Genossen an und für sich macht die anderen noch nicht zu Schuldnern, sondern belastet nur — »realiter« — das gemeinsame Vermögen.

Es kommt uns aber gerade auch auf die persönliche Haftung an. Die Haftung der Sippschaftsgenossen war eine solche, und ebenso wird sich zeigen, daß es die Haftung der Hausgenossen und später der socii der offenen Gesellschaft auch in ihren frühesten Gestaltungen stets gewesen ist.

Es ist keineswegs ohne weiteres zulässig, auch diese persönliche Haftung auf die Beziehung der Genossen zu dem gemeinschaftlichen Vermögen juristisch zu fundieren; wenn insbesondere Sohm in der soeben erscheinenden Abhandlung [1]) aus dem Prinzip der gesamten Hand, welches diesen Gemeinschaften zugrunde liege, die »Schuldengemeinschaft« der Genossen, als Korrelat der Erwerbsgemeinschaft, ableitet, so soll der Verwertung des Gesamthandsbegriffs an dieser Stelle nicht entgegenzutreten versucht werden [2]), indessen würde zunächst logisch doch zu postulieren sein, daß diese Schuldengemeinschaft sich eben auch nur so weit erstrecke, wie die Erwerbsgemeinschaft, d. h. eben auf das

---

[1]) Die deutsche Genossenschaft, aus der Festgabe für Windscheid.

[2]) Vgl. den Schluß.

Vermögen, welches gemeinsam war und gemeinsam wurde. Darüber aber geht die Solidarhaftung gerade grundsätzlich hinaus. Wenn ferner S o h m das Mitglied der Gesamthand in Ausübung eines ihm, als Mitglied, zuständigen V e r w a l t u n g s rechts« handeln läßt, so ist dies, auf unsere Fälle angewendet, für die Erklärung der Belastung des gemeinsamen Vermögens in späterer Zeit und bei der heutigen offenen Handelsgesellschaft wohl verwertbar; ist indessen die im folgenden versuchte Darstellung richtig, wonach die Beschränkung der Haftung auf die »für das Geschäft« geschlossenen Kontrakte eine zwar im Wesen der Sache liegende notwendige, aber doch erst historisch entwickelte Einschränkung der alten unbedingten Haftung bedeutet, so ist die Anwendbarkeit jener Formulierung für diesen älteren Rechtszustand, die historische Grundlage des späteren, nicht unbedenklich (wo bleibt dabei die Haftung für Delikte?). Vollends ist sie, soweit die persönliche Solidarhaftung in Frage kommt, zu beanstanden: aus einem »Verwaltungs«-Recht können Konsequenzen logisch doch nur für das verwaltete V e r m ö g e n eintreten [1]). Es ist daran festzuhalten, daß bei der Haushaltsgemeinschaft nicht sowohl das etwa vorhandene gemeinsame Vermögen, als die damit von alter Zeit her verbundene Arbeitsgemeinschaft, die Gemeinschaft des gesamten Erwerbslebens [2]), ein in der Tat wohl »personenrechtlich« zu nennendes Verhältnis, das Maßgebende war, und dies Moment findet sich auch bei den späteren Gestaltungen bis zur heutigen offenen Handelsgesellschaft wieder und bildet den wesentlichen Gegensatz gegen die Kommanditverhältnisse.

Die persönliche Haftung der Genossen knüpft nun in den Quellen gerade an den mehr oder weniger deliktartigen Fall des Konkurses an. Es ist nicht ausgeschlossen und — etwas Bestimmteres nach der positiven oder negativen Seite hin kann nicht behauptet werden — es spricht eine gewisse Wahrscheinlichkeit dafür, daß die Erinnerung an die alte Haftung der Versippten füreinander von Einfluß auf die Rechtsbildung gewesen ist bzw. dieselbe erleichtert hat. Aber mehr auch nicht. Die Entwicklung selbst hat sich zweifellos außerhalb der Sippschaftsgedanken

---

[1]) Vgl. Sohm S. 30: »die Gewalt, über die Vermögensanteile auch dieser (der anderen) Mitglieder zu verfügen«.

[2]) Dies ist auch die Auffassung der zeitgenössischen juristischen Literatur. Baldus, Consilia III 451.

vollzogen und erst, als das verwandtschaftliche Moment nicht mehr geeignet war, eine Rolle zu spielen. Der eine Gedanke war nicht »aus dem anderen hervorgegangen«, sondern an seine Stelle getreten. Wie in den Gemeindeverhältnissen an Stelle der sippschaftlichen Genossenschaft die lokale Flurgemeinschaft auf Grundlage der Vizinität trat, welche bei der Besiedlung vermutlich regelmäßig mit jener koinzidierte, so hier an Stelle der Familie deren für das Geschäftsleben wichtigste vermögensrechtliche Eigentümlichkeit, der gemeinsame Haushalt und die Gemeinschaft des Erwerbslebens. Daß der neuere Grundsatz sich aus dem älteren entwickelt habe, kann nicht erwiesen werden und ist schwerlich eine zutreffende Kennzeichnung der Veränderung. Der vicus enthielt vermutlich nie ausschließlich Sippschaftsgenossen, der gemeinsame Haushalt war sicher nie ein ausschließlich bei Versippten vorkommendes Verhältnis. Dort hat die definitive Seßhaftwerdung und die Art der agrarischen Wirtschaft, hier die Art, wie das Erwerbsleben der Gemeinschaften in den Städten sich äußerlich gestaltete, andere und neue Grundlagen, welche ihrem Wesen nach von den alten prinzipiell differierten, an die Stelle der letzteren gesetzt[1]).

Daß nun die Haftung der Hausgenossen im älteren Recht eine prinzipiell unbeschränkte war, geht schon daraus allgemein hervor, daß die Richtung der statutarischen Rechtsentwicklung andauernd auf Beschränkung dieser Haftung ging. Daß dem so war, lag in den Verhältnissen. Ein volles Einstehen des einen Genossen für den anderen hatte in alter Zeit, bei primitiven Handels- und Kreditverhältnissen, nichts Bedenkliches; die damals vorkommenden Verbindlichkeiten des einzelnen gingen ebenso selbstverständlich zu Lasten der gemeinsamen Kasse, wie etwa heute der Hausvater die Krämer- und Handwerkerrechnungen der Familienglieder mit oder ohne Murren begleicht; die Konsequenz des Lebens auf gemeinsamen Gedeih und Verderb ist eben, daß die Kontrakte eines alle angehen[2]).

Schwerlich hat, das ist zuzugeben, das Rechtsbewußtsein dabei in älterer Zeit zwischen den beiden prinzipiell verschiedenen Gedanken: Haftung des gemeinsamen Vermögens und Haftung

[1]) Die Formulierung des Verhältnisses bei Lastig erscheint mir hiernach nicht durchweg annehmbar.

[2]) Das Const. Usus Pisen. civ. definiert die häusliche Gemeinschaft: »si de communi in una domo vixerint et contractus et similia communiter fecerint, sive absentes sive praesentes, sive uno absente, altero praesente etc.«

aller Genossen, stets geschieden[1]). Die Unterscheidung lag fern, solange die Vermögensgemeinschaft eine im wesentlichen vollständige war. Dagegen mußten — und im Verhältnis nach außen noch mehr als unter den socii — Schwierigkeiten entstehen, als mit wachsender Bedeutung des Kredits die Schuldverbindlichkeiten des Einzelnen einen Charakter gewannen, welcher die Haftbarmachung der Genossen für dieselben lediglich auf Grundlage des gemeinsamen Haushalts häufig unbillig erscheinen ließ. Andererseits war gerade die unbedingte Haftung geeignet, die Gemeinschaft im Geschäftsleben, als Kreditbasis, aktionsfähig zu machen. Diese Kreditwürdigkeit wäre auch bei Beschränkung der Haftung auf den Betrag des Anteils des Einzelnen — ein sonst naheliegender Gedanke — aufgegeben worden. Für die Fälle, in welchen das Interesse des Kredits der Gemeinschaft überwog, mußte also die Haftung festgehalten werden. Wie löste die Rechtsentwicklung dies legislatorische Problem?

Mit dieser Fragestellung gelangen wir endlich zur quellenmäßigen Darstellung. Derselben ist im vorstehenden vielfach vorgegriffen worden, weil der lückenhafte Zustand der Quellen es erforderlich machte, eine allgemeine Grundlage zu schaffen, damit ersichtlich sei, auf welche Fragen es wesentlich ankommt.

Zur Würdigung des Inhalts der Statuten ist erforderlich, außer dem enormen Aufschwung des Handels und der Industrie mit zahlreichen neuen Bedürfnissen de lege ferenda das Umsichgreifen des römischen Rechts zu berücksichtigen. Der letztere Einfluß muß als ein sehr starker gedacht werden; gerade ihm gegenüber suchte das Handelsrecht die älteren, ihm konvenierenden Institute durch statutarische Fixierung zu behaupten.

Für die Art des Eindringens des römischen Rechts liefern die allerdings spärlichen spanischen Quellen den deutlichsten Beweis.

Aus den älteren Ortsstatuten ergibt sich, daß ursprünglich der Gedanke der aus der Familiengemeinschaft folgenden solidarischen Haftung dem spanischen Recht bekannt war.

Das fuero de Daroca von 1142 setzt voraus, daß der Vater für die Schulden seines Sohnes in dubio haftet[2]); daß dies und

[1]) Soweit dafür juristisches Verständnis vorhanden war, betrachtete man letzteres als juristische Konsequenz des ersteren, so Baldus, Consilia V 125: die socii sind verhaftet, weil das corpus societatis, das Gesellschaftsvermögen, verhaftet ist.

[2]) Es stellt dem Vater anheim (Muñoz, Colleccion de fueros municipales, Madrid 1847): Si quis habuerit filium prodigum vel lusorem . . . desafillet

die Solidarhaftung von Miterben füreinander in der Tat als Regel angesehen wurde, ergeben indirekt andere [1]) gleichalterige Quellen.

Noch das fuero de Sta Cristina von 1212 [2]) bezeichnet die Miterben, welche nach kastilischem Recht solidarisch haften [3]), ebenso wie die italienischen Statuten, als socii.

Diese Ansätze wurden durch den Einbruch des römischen Rechts vollkommen beseitigt.

Schon die Cortes des Valencia von 1250 machen die Haftung des Vaters für den Sohn von seinem Konsens abhängig. Das große Gesetzgebungswerk Alfons' IX. aber, die Siete Partidas, redigiert zwischen 1256 und 1265, machte den Versuch, das römische Recht unverfälscht nach Spanien zu importieren. Es wird übernommen: das S^{ctum} Macedonianum (Part. V 1, 6), der Begriff des peculium castrense usw. (2 eod.), die actio exercitoria, institoria, quod jussu (P. V 22, 8), indem die Haftpflicht auf diese Fälle beschränkt wird, das ganze römische Sozietätsrecht inkl. der societas omnium bonorum (mit allen Definitionen der Pandekten über societas leonina, Anrechnung der Auslagen des socius), alles dies ausdrücklich erstreckt auf die »compania que fazen los mercaders y los otros omes para poder gañar algo mas de ligaro ayuntado ssu aver en uno« (P. V t. X). Die Leyes de Recopilacion betonen dann (L. V t. XIII l. 1) noch besonders, daß, abgesehen von besonderer Abmachung, nicht solidarisch, sondern pro rata, gehaftet werde. Mehr fast als irgendwo anders

illum si voluerit in consilio et si non r e c e p e r i t illum postea non respondeat pro illo. — Desafillare ist also = ausstoßen aus der Hausgemeinschaft (S. 534 bei Muñoz).

[1]) Die fueros de Medinacoeli (bei Muñoz S. 435), wohl aus dem Anfang des 12. Jahrh. (angeblich schon von Alfons I. Batallador) halten ausdrückliche Bestimmung der Nichthaftung für nötig, ebenso schließt das Privileg Alfons VII. für Toledo von 1118 die Haftung der Frau und Kinder hinsichtlich des Mutterguts der fugitivi besonders aus. Aehnliches geht aus dem Fuero von Peralta von 1144 (S. 546 bei Muñoz) hervor. Das Fuero Viejo de Castiella von 1250, neu redigiert 1395 aus altem Rechtsstoff (aus der Zeit des »Emperador« Alfons VII., der Cortes von Najera usw.), spricht die solidarische Haftung der Miterben für Nachlaßschulden ausdrücklich aus: l. V t. III:

Todo ome o muger que muer, dejan fijos que reden lo suo de 5 sueldos en ariba, e deve el muerto debda manifiesta a otro ome, aquel a quien deve la debda, puede prendar los fijos e coger la debda si fallara en que e aquel fijo que pagara la debda puede mandar a los otros riedes que lo ayuden a pechar aquella debda quel pagò por suo padre, pues eredaron suos bienes tambien como el.

[2]) Bei Muñoz.

[3]) Vgl. Note 1 hierselbst.

hat hier das römische Recht wirklich durchgegriffen; die späteren Rechtsquellen enthalten nur dürftige Reste[1]) der älteren Auffassung.

Daß es sich bei diesen »Resten« aber in der Tat um Spuren einer älteren Auffassung, nicht um gewillkürte Abweichungen vom gemeinen Recht handelt, bestätigt die Rechtsentwicklung in Venedig.

Uns interessiert hier wesentlich das in den venezianischen Statuten wiederholt erwähnte Institut der »fraterna compagnia«, worunter daselbst die fortgesetzte Erbengemeinschaft verstanden wird. In Betracht kommt folgende Stelle:

l. III c. 4 de fraterna compagnia.

> Volumus quod fratres mortuo patre remaneant in fraterna compagnia quamdiu divisi non fuerint. Idem in germanis consanguineis filiis fratrum inter se et cum patruis. Et non procedat ultra fraterna compagnia. Sorores autem inter se et cum fratribus non sint in frat. c^ia^, sed faciant inter se sorores rationes eorum tantum que habuerint a patre vel avo vel aliquo alio de superioribus . . . et etiam cum fratribus si fratres inter se remaneant in frat. c^ia^ nisi

[1]) In Barcelona ist die Haftung für andere ex lege später nicht bekannt, wie die im Kommentar des Marquilles De usaticis barchinonensibus (gedruckt 1491) für Lehnrechtsverhältnisse als Besonderheit hervorgehobene Ausnahme (S. 337) zeigt. Für Mallorca kommt nur etwa das Verbot der emancipatio in fraudem creditorum (Ordinac. novae v. 1413) als Reminiszenz in Betracht.

Einige Partien der Costums de Tortosa (b. Oliver, El derecho de Cataluña) zeigen die Durchbrechung des alten Rechts in wunderlicher Weise. Ueber die Sozietät enthalten sie nur dürftige Sätze römischer Schablone, eine Besonderheit nur insofern, als der Gewinn extractis capitalibus nicht pro rata der Einlage, sondern »mig par mig«, nach Köpfen geteilt werden soll. Bezüglich der Erbengemeinschaft aber zeigt doch wohl die höchst wunderliche Bestimmung, daß die Erbteilungsklage nach 30 Jahren verjährt und dann ein Zwang zur Teilung nicht mehr möglich sein solle: — l. II, rubr. XIII, c. XV: »de XXX ans avant los uns no poden forçar los altros que venguen daquela cosa a parcio . . .« —, daß hier auf ältere unverstandene Verhältnisse römische Formulare angewendet worden sind. Die Teilung »per frayresca« (l. VI r. II c. I) bei der Erbgemeinschaft der Brüder ist wohl in irgendeiner Hinsicht eine Reminiszenz älterer eigenartiger Grundsätze über Erbkommunionen. Die späteren Lokalstatuten haben mehr handwerkspolizeilichen Inhalt (so die Stat. v. Burgos, das fuero de Salamanca). Auf spanischem Boden ist alsdann, soviel ersichtlich, für die Ausbildung des Sozietätsrechtes ein originaler Beitrag nicht mehr geleistet worden. Die Praxis ecclesiastica et secularis des Gonzola Suarez de Paz (Ausg. Frankfurt 1613) kennt als Klageformular überhaupt nur die actio pro socio unter den Genossen, diese nur insoweit an italienisches Recht erinnernd, als das petitum auf Benennung von arbitri (contadores) zur Auseinandresetzung geht. Vgl. dazu unten bei Florenz.

et ipsi divisionem fecerint. Si pater . . . aliqua specialiter dimiserit filio . . . illud non erit de frat. c^{ia}.

Also: die fraterna compagnia wird gebildet mit dem Vermögen der Brüder; es gibt Vermögen, welches ihr nicht zugehört, das ist das specialiter Hinterlassene und das Erbteil der Schwestern. Das letztere befindet sich zwar in der Gemeinschaft, aber es steht mit ihr nur im Abrechnungsverhältnis (rationes faciant), ist ein bloßes Konto. Die Zugehörigkeit der fratres zu der Gemeinschaft bedeutet also m e h r. Was? Das sieht man noch nicht. Der Anklang aber an die früher zitierte Lombarda-Stelle ist unverkennbar.

Auf dies Verhältnis und verwandte bezieht sich nun ein Passus des Rechtshilfevertrages zwischen Venedig und Cattaro von 1335[1]):

». . . Item quod fratres, existentes in fraterna societate, teneantur cuilibet debito facto per aliquem ipsorum, cum hoc condicione, quod ille frater qui noluerit teneri debito fratris sui, ante debitum contractum debeat fecisse cridari per riparium dicte terre in platea et scribi per notarium in quatreno communis se nolle teneri ad debitum fratris, et taliter . . . minime teneatur. — Item quod socii, habentes, societatem, ad invicem teneantur ad debitum factum per aliquem ipsorum, quod si fecerit cridari et scribi se nolle teneri, ut de fratribus proxime scriptum est superius etc.« Auch weiterhin wird erwähnt: »frater sive socius habens societatem fraternam cum illo.«

Wir sehen hier zunächst bezüglich der c^{ia} fraterna, daß ihre Folge ex lege die solidarische Haftung war[2]), nur ein Protest unter bestimmten Formen schützt dagegen. Und charakteristisch ist, daß dieser Konsequenz hier, im Verkehr mit Cattaro, und nicht in den Statuten, Erwähnung geschieht. Also: für den Verkehr in Venedig verstand sich die Haftung von selbst und bedurfte nicht der Festsetzung, nur im internationalen Verkehr war die besondere Konstatierung opportun. Ganz ebenso bei der societas, die hier prägnant neben die Erbengemeinschaft gestellt wird: auch sie und die aus ihr folgende Solidarhaftung wird in den

[1]) In den Monum. spect. hist. Slavor. meridional. Vol. I Zagrab. 1868 Nr. 696.

[2]) Die Ansicht Manins (Giurisprudenza Veneta), daß der Bruder nur bei Konsens hafte, ist für die ältere Zeit unrichtig.

Statuten nicht erwähnt, nur der fremden Kommune gegenüber wird auf sie Bezug genommen.

Der Zweck obiger Statutenstelle ist daher jedenfalls nicht die Einführung, sondern wahrscheinlich die Einschränkung der fraterna compagnia auf eine begrenzte Zahl von Generationen. Die Tendenz der Gesetzgebung geht überhaupt in dieser Richtung. Denn wenn auch noch im 17. Jahrhundert Zorzi[1]) die Teilungsklage der »fraterna« als praktisch behandelt, so ist doch die wesentlichste Seite des Instituts, die Wirkung nach außen, schon aufgehoben durch folgendes Gesetz:

1619. 7. Luglio. Nel Magg. Cons. Essendo per Legge nello Statuto nostro deciso che la fraterna c[ia] sintenda, quando li fratelli non sono tra di essi divisi nelle faccoltà e occorrendo ch'alcuno, ò per mal giorno ò per altro contraza debiti, li Beni di tutta la facoltà sono sottoposti e così ne rimane il danno e pregiudizio anco à quelli che non ne hanno havuto colpa . . . andarà parte:

che nell' avvenire non possa il fratello di fraterna in alcuna maniera senza l'assenso espresso dell' altro fratello, obbligarlo . . . ma ogni obbligazione . . . s'intenda sempre propria e sola di quel fratello che l'havesse contratta, e i Beni della sua specialità e della sua porzione di fraterna a lui spettanti obbligati à pegno, non quelli d'altri fratelli . . .

Also gerade die Solidarhaft erschien als eine unerträgliche Konsequenz der Erbengemeinschaft. Was man deshalb dieser letzteren nahm, war der Charakter als Sozietätsfonds, der ihr vorher ex lege eigen war. Denn daß dies ursprünglich der Fall war, geht schon aus der Beschränkung auf die männlichen Mitglieder hervor, auf diejenigen also, welche durch persönliche Tätigkeit in die Geschäfte der Sozietät eingreifen; neben ihnen sind die Schwestern nur evtl. »Partizipantinnen«. Das Statut von 1619 läßt also die Qualität des Sozietätsfonds nur noch den durch Sozietätsvertrag geschaffenen Vermögensgemeinschaften. Damit gewinnen wir ein Motiv der Entwicklung: die gemeinsame Wirtschaft der Familiengenossen, einst ein Hauptträger der Assoziation, tritt zurück und verschwindet endlich ganz, um rein vertragsmäßigen Grundlagen Platz zu machen. Noch in Venedig

---

[1]) Pratica del foro Veneto p. 35.

ist, wie der Vertrag mit Cattaro ergibt, dies nur so zur Erscheinung gekommen, daß der einzelne Miterbe durch Protest resp. Reservation bewirken kann, daß er nicht als compagno behandelt wird. In den anderen italienischen Städten liegt später, wie die Bücher der Alberti und Peruzzi[1]) klar ergeben, das Verhältnis umgekehrt so, daß nicht schon die Eigenschaft als Miterbe den socius macht, sondern daß auch die Familiengenossen einen besonderen, zeitlich begrenzten Vertrag schließen (womit die Notiz zum öffentlichen Register regelmäßig verknüpft ist) und nun erst socii mit allen Wirkungen sind. Damit treten dann die Familiensozietäten völlig in den Kreis der übrigen Gesellschaften ein, ihre Besonderheit ist wesentlich, daß eben auf dem Boden des schon vorhandenen gemeinsamen Vermögens und Erwerbslebens sich eine Sozietät besonders leicht begründen ließ[2]).

Das venezianische Recht hat neben der Rechtsentwicklung im übrigen Italien seinen eigenen Weg verfolgt, wenig berührt von der Ausbreitung des römischen Rechts, aber eben deshalb auch ohne erheblichen Einfluß auf die gemeinrechtliche Weiterbildung. Die letztere, eben weil unter verschiedenen sich kreuzenden Einwirkungen stehend, bietet keineswegs durchweg ein so einfaches Bild dar, wie wir es in Venedig gewannen.

Den von uns als Ausgangspunkt der Entwicklung angenommenen Satz, daß, wer mit einem anderen in voller Gemeinschaft des gesamten Erwerbslebens in gemeinsamer Haushaltung lebt, sei es als Genosse der Familiengemeinschaft, sei es als socius des Handwerkers und kleinen Geschäftsmannes in der Werkstatt (stacio) oder im Laden (taberna, bottega), welch letztere in alter Zeit mit der Behausung zusammenfielen, für den Genossen als Schuldner mithaftet, finden wir in fast allen Statuten der wichtigeren Binnenstädte enthalten. Von der Gemeinschaft der Familiengenossen handeln folgende Stellen:

Liber civilis urbis Veronae c. 150 (bestimmt die gegenseitige Haftung von Vater und Sohn).

---

[1]) Passerini, Gli Alberti di Firenze; Peruzzi, Storia del commercio e dei banchieri di Firenze. Vgl. unten bei Florenz.

[2]) Der sonstige Inhalt der venezianischen Statuten ist belanglos, bemerkenswert nur etwa, daß l. I c. 37 die Haftung des Vaters für eine durch carta kontrahierte Schuld des Haussohns besonders ausgeschlossen wird. Die großen durch carta kontrahierten Kreditgeschäfte mochten wohl, wie oben hervorgehoben, Anlaß zu der Beschränkung der Haftung zuerst gegeben haben.

Statuta communis Vissi l. III c. 19.

Statuten von Rom aus dem 14. Jahrhundert (ed. Camillo Re) c. 108: Haftung der fratres dictorum mercatorum campsorum vel qui in communi cum eis vixerint.

Liber tertius causarum civilium communis Bononiae, gedruckt 1491: dem Gutsherrn haften mit dem colonus die mit ihm »in eadem familia vel communione vel societate« Lebenden.

Statuta mercatorum von Cremona von 1388 rubr. 101 bis 126, betreffend die fugitivi: Verhaftet sind patres, fratres, filii ... socii ... et qui cum eis stant ad unum panem et vinum; entsprechend:

Statuta civitatis Cremonae von 1388 rubr. 495.

Statuta Massae, gedruckt 1582, l. III c. 77: Si fratres paternam hereditatem indivisam retinuerint et simul in eadem habitatione et mensa vitam duxerint, so hat jeder ein präsumtives Mandat, namens der Gemeinschaft zu kontrahieren.

Statuta Burgi et Curie S. Georgii vom Jahre 1422: Haftung von Vater und Sohn füreinander.

Statuti della Mercanzia di Brecsia c. 91 bis 107, betreffend fugitivi: die Haftung trifft alle mit ihnen zusammen Lebenden außer diejenigen famuli, welche nicht Partizipanten (commis intéressés) sind.

Statuti e privilegi del Paratico e foro della università de' mercanti di Bergamo c. 89: es haften »filii et fratres qui cum eis stant ad unum panem et vinum et fratres et socii ejusdem negotiationis ipsum negocium exercentes et omnes alii descendentes talium fugitivorum«, ferner c. 92, 93 eod.

Statuti della honoranda Università d'Mercatanti della inclita città di Bologna riformati l'anno 1600 rubr. 60 und fol. 48.

Einige der zitierten Statuten sind noch ungedruckt und nur in Auszügen von Lastig in der mehrfach zitierten Abhandlung publiziert.

Ein Teil dieser Statuten (Massa, Bergamo, Bologna) stellt neben die Haushaltsgemeinschaft die Gemeinschaft derselben stacio, mensa, negociatio, oder spricht von socii neben den Familiengenossen.

Nur auf die stacio und die socii ohne besondere Erwähnung der Familiengemeinschaft beziehen sich folgende Statutenstellen:

Statuta antiqua mercatorum Placentiae aus dem 13. Jahrhundert c. 550: si plures permaneant in una stacione et unus eorum mercatum fecerit . . . quod quilibet ipsorum teneatur in totum . . . si fuerint socii in illa stacione. Entsprechend Cap. de fugitivis von 1341.

Statuta domus mercatorum Veronae III c. 85, die weiter unten noch zu behandelnde Stelle.

Statuta urbis Mutinae a. 1327 reformata l. III rubr. 22: Haftung der socii; dazu der Zusatz: »et intelligantur socii quantum ad predicta qui in eadem stacione vel negociatione morentur vel mercantur ad invicem.

Statuti de' Lanajuoli del 1292 von Siena Dist. II c. 22.

Statuti dei Mercanti di Spalato von 1312 (bei Lastig).

Statuti del Corte del 1376 von Lucca (bei Lastig).

Statuten von Arezzo (Ausgabe von 1580) l. II rubr. 42: Solidarhaftung der socii für nomine societatis geschlossene Kontrakte.

Es haftet grundsätzlich jeder zur Gemeinschaft Gehörige, auch der unselbständige: Haussohn, Geselle, Handlungsgehilfe. Der Grad der Haftung ist bei den letztgenannten Personen allerdings ein verschiedener. Allein es zeigt sich, daß auch bei den famuli und laboratores die Tendenz der Statuten vielmehr auf eine Einschränkung einer früheren unbegrenzten Gleichstellung mit den selbständigen Genossen als in umgekehrter Richtung gegangen ist. So wird den genannten Personen gelegentlich untersagt, Gegenstände, welche dem Hause gehören, ohne Konsens zu verkaufen[1]), so daß nach den älteren Grundsätzen sie eine weitgehende Legitimation gehabt haben müssen, in einer den Chef bindenden Weise zu verfügen, was eben aus ihrer Stellung als Hausgenossen resultiert sein wird. Wir kommen auf die Stellung der famuli noch bei Florenz kurz zurück. Uns interessiert hier wesentlich die gleichartige Behandlung des Haussohns mit diesen unselbständigen Kräften des Hauses, welche zugleich besonders deutlich den charakteristischen Unterschied gegen das römische Recht zeigt. Letzteres, welches nach Verschwinden des halbmythischen Gentilvermögens nur Individualvermögen kannte, fühlte mit steigender Kreditbedürftigkeit des Verkehrs gleichfalls das Bedürfnis, die Bedeutung einer Verbindlichkeit, welche

---

[1]) Stat. domus mercator. v. Verona l. III c. 12.

ein Haussohn übernahm, zu regulieren und, mangels anderer brauchbarer Gesichtspunkte, entnahm es die Grundlagen dafür dem Pekuliarrecht der Unfreien. So ist die einzige wirkliche Sondervermögensbildung, welche, dem dringenden Bedürfnis des Handels entgegenkommend, in der actio tributoria entwickelt wurde, aus dem Gebiet des Sklavenrechts hervorgegangen. Das mittelalterliche Recht stand hier vor der Aufgabe, die Verhältnisse zwar unselbständiger, aber auch privatrechtlich rechtsfähiger Hausgenossen zu regeln. Bei den Haussöhnen ist, wie früher bemerkt, stets der Gedanke einer Mitberechtigung, mehr oder weniger klar, wirksam gewesen, der Haussohn ist ein Genosse wie die anderen auch, nur die hausherrliche Gewalt, nicht ein schrankenloses Alleineigentum des Vaters beschränkt ihn. Die Folge ist nun für die Frage: wie weit der Haussohn, d. h. hier der mit seinem Vater ad unum panem et vinum lebende Sohn, die Familie verpflichten könne? eine bunte Mannigfaltigkeit der Antworten, wobei jedoch nie ganz die Anlehnung an den Gedanken fehlt, daß im Grunde der Haussohn ein Genosse sei wie ein anderer und also auch seine Kontrakte grundsätzlich die gleiche Wirkung haben müßten wie die jedes anderen Genossen[1]).

Die Hausgemeinschaft ist dabei stets vorausgesetzt: der »filius seorsum a patre habitans« tritt aus diesem Verhältnis heraus. Nur die vor der Trennung der Wirtschaft von Vater oder Sohn gemachten Schulden treffen noch nach der Trennung den ande-

[1]) Für Delikte fand, wie wir sahen, eine gewisse Haftung ursprünglich statt. Was Kontrakte anlangt, so lassen einige Statuten die Familie ohne weiteres haften. So in Piacenza (c. 201 vv. »patres« usw.), Visso, — anderwärts, in Brescia (Stat. della Mercanzia c. 61), Bergamo (Cap. de fugitivis v. 1341 p. 203, 205 l. c.), S. Giorgio, kann diese gleichfalls vorhandene Haftung durch Protest, wie bezüglich der fratres in Venedig, abgewendet werden. In einigen Statuten ist das Kontrahieren mit dem Haussohn, der im väterlichen Hause lebt, verboten. In Bologna (l. III cons. civil. c. 72), Moncalieri, Lodi (Statuti vecchi c. 46) und Nizza wird dem Sohn, der nicht vom Vater getrennt wohnt und nicht Kaufmann ist, die Verpflichtungsfähigkeit überhaupt abgesprochen. Letzteres zeigt einmal, daß man sich die Verpflichtungsfähigkeit des Haussohns offenbar, wenn man sie überhaupt anerkannte, nur als eine zu Lasten der Familie wirkende vorstellen konnte, ferner aber, daß gerade das Kaufmannsrecht im Interesse des Kredits an den alten Grundsätzen festhielt. Auch das direkte Verbot, mit dem Haussohn zu kontrahieren, kann nur in der Rechtsansicht seinen Grund haben, daß, wenn jemand mit dem Sohn kontrahierte, das Vermögen der Familie den Schaden zu tragen haben würde. Auch die Statuten von Bologna (liber tertius caus. civil. fol. 54 c.) lassen erst mit der Trennung des Sohnes vom Vater die Verpflichtungsfähigkeit des ersteren beginnen (nur wer seorsum habitat und Kaufmann ist, wird banniert).

ren Teil[1]). Das Eindringen des römischen Rechts hat diese Entwicklungen später meist zum jus commune übergeführt. Die Beschränkung der Haftung hatte auch hier bei den größeren, durch carta kontrahierten Schulden Bedürfnis zu werden begonnen[2]), auf sie paßte der alte Gedanke, daß das Vermögen den Bedürfnissen aller Genossen diene, daher für die Ausgaben und also Schulden aller hafte, nicht, denn hier handelte es sich nicht mehr um Bedürfnisse der einzelnen, sondern um spekulative Tätigkeit von nicht vorherzusehender finanzieller Tragweite. Allein nicht immer wurden die römischrechtlichen Grundsätze verwendet. Es findet sich vielmehr hier noch eine interessante Sonderentwicklung.

Mit dem bloßen Faktum des Aufhörens der häuslichen Gemeinschaft soll nach den alten Grundsätzen die Haftung der Familie aufhören. Allein undenkbar war es, das so zu verstehen, daß die Haftung sich danach richten sollte, ob der Sohn sich dauernd innerhalb oder außerhalb derselben Wohnung mit dem Vater aufhielt. Die wesentliche Seite der Gemeinschaft war ja, das ist schon oft betont, nicht die Verwandtschaft, auch nicht das räumliche Zusammensein, sondern beides nur, weil und soweit damit Wirtschaftsgemeinschaft verbunden war. Der alte gemeinschaftliche Haushalt enthielt eine solche, denn der Haushalt umfaßte in seinem Budget, wie heute bei dem kleinen Mann, alles, was eingenommen und ausgegeben wurde. Wenn es heißt, daß mehrere ad unum panem et vinum stehen, so heißt das in alter Zeit: jeder Erwerb und jede Ausgabe ist in dubio gemeinsam, denn das gesamte wirtschaftliche Gebaren des Handwerkers dreht sich um die leibliche Existenz, um panis und vinum, die italienische Formel für den unentbehrlichen Lebensunterhalt. Der Fabrikant später legt sich sein »Haushaltungsunkostenkonto« an[3]), für den Familienvater der alten Zeit würde dies Konto in Soll und Haben alles umfassen, was überhaupt durch seine Hände läuft. Demnach kann die Aufhebung der Hausgemeinschaft auch nur als Aufhebung der Erwerbsgemeinschaft recht-

[1]) Stat. v. Piacenza c. 514.

[2]) Stat. v. Venedig l. I c. 37.

[3]) Eine Entwicklung dahin werden wir in Florenz bei den Peruzzi und Alberti wahrnehmen. Zunächst laufen auch dann noch bei ihnen alle Ausgaben für Geschäfts- und Haushaltsbedürfnisse promiscue, allein immerhin scheinen diese Ausgaben schon getrennt von den großen Geschäftskonten gebucht worden zu sein, als »Unkosten«.

liche Bedeutung haben. Wirtschaftet der Sohn außerhalb des elterlichen Hauses für gemeinschaftliche Rechnung mit dem Vater, so ist er noch socius panis et vini mit ihm im alten Sinne. Lebt er im Hause des Vaters und wirtschaftet nicht gemeinschaftlich mit ihm, so ist er trotz der gemeinsamen Behausung nicht socius panis et vini des Vaters[1]. Mithin muß unter Trennung des Haushalts Trennung der Erwerbsgemeinschaft verstanden werden, der Vater hat sich mit dem Sohn auseinanderzusetzen. Was konnte aber unter dieser Auseinandersetzung verstanden sein? Der Form nach verlangen die Statuten meist carta publica. Aber auch materialle Erfordernisse sind vorhanden. Der Vater hat bei der Auseinandersetzung den Sohn abzuteilen, und zwar mit der »legitima pars«, dem dem Sohne »zukommenden« Teil. Es gibt also einen solchen und zwar ist es nach den oberitalischen Statuten offenbar in dubio ein voller Kopfteil[2]:

> Piacenza, Capit. de fugitivis a. 1341, Zusatz von 1350: der Vater muß für den Sohn solidum zahlen oder »ipsi filio obligato assignare partem legitimam omnium bonorum suorum ... super qua quatenus attigerit creditor solucionem suam consequatur«.

Nur diese datio partis gilt als reale Abschichtung des Sohnes und unzweideutig wird dies von den Statuten als Konsequenz des latenten Anteilsrechts des Sohnes aufgefaßt[3]. Der uns und schon der romanistischen Auffassung der zeitgenössischen Jurisprudenz[4] fast haarsträubend erscheinende Satz, daß der Sohn,

---

[1] Petrus de Ubaldis, De duobus fratribus im Eingang erklärt es für gegen das Naturrecht und daher unzulässig, wenn die Statuten bestimmen wollten, »quod pater teneretur pro filio nisi filius patri referat quaestum«.

[2] Die originellen Teilungsgrundsätze des sizilisch-süditalischen Rechts finden sich hier nicht allgemein; vgl. jedoch die folgende Note.

[3] Die Stat. von Vicenza erkennen bei Delikten die Haftung der Familie auf den Kopfteil des ganzen Vermögens an: Stat. comm. Vicent. 1264 l. III rubr. quod dominus teneatur pro servo et pater pro filio: Der Vater haftet, »ita quod persona patris pro virili porcione cum aliis filiis computetur«. Die Stat. von Modena stellen für jede Kategorie von Familiengliedern einen eigenen Teilungsmodus auf: Delinquiert der Haussohn, so daß »bona ejus devastari deberent«, so wird in der Art gerechnet und geteilt, daß auf den Vater ½ kommt, die andere Hälfte zwischen den Söhnen pro rata geteilt gedacht wird, die so ermittelte Quote wird konfisziert. Delinquiert der Vater, so wird ½ des Vermögens konfisziert, ½ bleibt den Kindern. Also auch der Vater ist nur anteilsweise berechtigt. Vgl. Sizilien und Süditalien.

[4] Carpano in dem Kommentar zu den Mailänder Statuten erklärt es für unerfindlich, wie es juristisch zu denken sei, daß die legitima schon zu Lebzeiten des Erblassers fällig werde.

wenn sein Vater ihm eine selbständige Wirtschaft überweist, seinen Anteil schon bei Lebzeiten des Vaters verlangen kann, gilt als so selbstverständlich, daß diejenigen Statuten, welche — wohl unter romanistischem Einfluß, ihn nicht anerkennen, ihn ausdrücklich ausschließen[1]). Gerade daß uns dieser Satz haarsträubend erscheinen will, zeigt den Niederschlag der großen Wandlung, welche unsere sozialen und wirtschaftlichen Anschauungen erlitten haben, auf das Güterrecht der Familien. Die Würdigung des Satzes nach dieser Seite gehört nicht hierher. Aber das geht mit Sicherheit aus dem Gesagten hervor, daß eine solche Regelung nur da Platz greifen konnte, wo die Anschauung, daß auch der unselbständige Haussohn anteilsberechtigter Genosse sei und an sich seine Kontrakte das Vermögen der Familie belasten, im Rechtsbewußtsein lebendig war. Zugleich sehen wir auch die praktischen Grundlagen der Bedeutung der sog. »emancipatio legis Saxonicae« in anderem Lichte. Die Abschichtungspflicht als Konsequenz der Trennung des Haushalts war übrigens sicherlich auch ein starkes Motiv für Aufrechterhaltung der Gemeinschaft.

Die Statuta communis Vicentiae vom Jahre 1264 lib. III in der Rubrik: »quod dominus teneatur pro servo et pater pro filio« zeigen uns auch ferner, daß der Hausdiener auch hinsichtlich der Legitimation zur Verpflichtung seines Herrn dem Haussohn gleichgestellt war, und dies, nicht aber, wie die romanistische Jurisprudenz annahm, das Institorat oder eine »vermutete Vollmacht«, ist die historische Grundlage der gesetzlichen Verpflichtungsmacht der famuli und factores und der heutigen »Handlungsbevollmächtigten« und -Gehilfen.

Außerdem aber sehen wir an diesem eigentümlichen Institut der Ausschichtungspflicht — und damit kommen wir auf die oben gestellte Frage zurück: wie das Problem der Einschränkung der Haftung der Gemeinschaft für Schulden der Genossen von den Statuten gelöst worden ist? — daß es Fälle gab, in welchen diese

---

[1]) Padua 12./13. Jahrh.: Der Vater soll nur zur Alimentation, nicht zum dare partem an den Sohn gehalten sein, aber doch nur »nisi justum videbitur potestati vel rectori de parte arbitrio ejus dando«. Ebenso Massa. Am entschiedensten drücken sich die Stat. von Mailand von 1502 aus: fol. 150: Si pater filium emancipaverit, partem debitam jure naturae bonorum suorum assignare compellatur. Auch hier sind es wieder nur die Söhne, welche in der geschilderten Weise behandelt werden.

Beschränkung tatsächlich in der Weise herbeigeführt ist[1]), daß nur die Quote, man kann mit Rücksicht auf das früher über den Sozietätscharakter der Familiengemeinschaft Bemerkte sagen: nur die Einlage des Genossen, das Kapital, welches er in der Gemeinschaft stecken hat, der Betrag, mit welchem er an derselben interessiert ist, den Gläubigern haftet. So ist es hier mit dem Anteil des Haussohnes am väterlichen Vermögen, nur diesen Anteil belasten seine Schulden. Daß andererseits diese Art der Regelung nicht allgemein auf die von uns besprochenen Gemeinschaften angewendet wurde, sahen wir bereits. Die volle Haftung ist, wie sie die ursprüngliche Konsequenz war, so auch später beibehalten worden und wir haben auch ferner bereits konstatiert, daß gerade das Handelsrecht sie beibehielt. Wir werden dementsprechend annehmen, daß die alten Haftungsprinzipien gerade für Gemeinschaften und für Obligationen, welche sich auf einen unter das Handelsrecht fallenden Geschäftsbetrieb beziehen, fortbestanden. Damit kommen wir auf den wichtigen Gegensatz von Geschäftsgläubigern und Privatgläubigern. Wo wurde die Grenze zwischen Schulden, welche die Gemeinschaft und alle Genossen belasten, und solchen, welche nur eine Verhaftung des eigenen Vermögens des kontrahierenden Genossen, in Verfolg derselben eine Ausschichtung seines Anteils aus der Gemeinschaft herbeiführten, gezogen, nachdem wir beides als mögliche Rechtsfolge der Obligationen eines Genossen konstatiert haben?

Daß die Solidarhaftung auf Grund der häuslichen Gemeinschaft nicht auf Familienglieder beschränkt war, zeigen uns die oben zusammengestellten Statuten, welche zum Teil diese Beschränkung nicht enthalten, zum Teil die ad unum panem et vinum stantes noch neben den Familienangehörigen aufführen. Daß die häusliche Gemeinschaft außerhalb der Familie auf dem Gebiet des Handwerks zu suchen ist, wurde schon gesagt. Allein aus dem Handwerk wurde eine Industrie von internationaler Bedeutung und an die Stelle der Wohnung des Handwerkers, welche zugleich seine Werkstatt und sein Laden war, traten umfangreiche fabrikartige Betriebe. Bei derartigen Betrieben aber konnte die häusliche Gemeinschaft der Genossen keineswegs mehr die Regel, geschweige denn das charakteristische Merkmal der Erwerbsgemeinschaft bilden. Die Aenderung nach dieser

[1]) Vgl. oben Note 2 S. 350.

Richtung war schon gegeben, sobald Wohnung, Werkstatt und Verkaufslokal nicht mehr naturgemäß zusammenfielen, wie es beim Kleinhandwerker der Fall war. Die botteghe, staciones, tabernae wurden in günstigen Stadtvierteln gemietet, gemeinsame häusliche Wirtschaft koinzidierte keineswegs mehr regelmäßig mit gemeinsamem Betrieb in derselben bottega, die Konsorten konnten in verschiedenen botteghe verschiedene Gewerbe betreiben, die socii derselben bottega jeder einen gesonderten Haushalt führen. Da sich nun das praktische Interesse der solidarischen Haftung für den Kredit auf die Geschäftsschulden konzentrierte, so war im Falle solcher Trennung die gemeinsame stacio, die Grundlage der Erwerbsgemeinschaft, auch die geeignete Grundlage für die solidarische Haftung, das für den Verkehr nicht mehr kontrollierbare Moment der Haushaltsgemeinschaft mußte als nebensächlich in den Hintergrund treten. Wir finden demgemäß die gemeinsame stacio schon in den oben zitierten Statutenstellen als selbständige Haftungsgrundlage neben die Haushaltsgemeinschaft gestellt. Die »negotiatio« in der dort zitierten Stelle der Statuti del paratico di Bergamo ist dabei schon eine abstraktere Auffassung der stacio, »das Geschäft«.

Zunächst aber ist lediglich die konkrete Werkstatt, bzw. der Kramladen, gewissermaßen »Träger« der Gemeinschaft[1]). Die Konsequenz ist, daß nunmehr die Wirkungen der Obligationen über die Person des Kontrahierenden hinaus nur eintreten für die in dem Betriebe der stacio geschlossenen, auf diesen Betrieb bezüglichen Kontrakte: »sopre aquelle cose . . . sopre le quali seranno compagni«, wie das Statut der lanajuoli von Siena l. c. sagt. Dieser Gedanke, daß die Solidarhaftung nur eintreten soll für Geschäfte, welche im Betrieb des gemeinsamen Gewerbes, für Rechnung der Sozietät, würden wir sagen, geschlossen sind, war den Verhältnissen nach naheliegend, aber prinzipiell außerordentlich wichtig. Naheliegend war er, weil er eine einfache Kon-

---

[1]) Einige Statuten bestimmen, daß wer aus einer Sozietät austritt, die bottega den andern socii lassen müsse. Vgl. ferner die Urk. von 1271 bei Campori in der Prefazione der Ausgabe der Stat. v. Modena. Das Breve dei Consoli della Corte dei mercatanti v. 1321 in Pisa bestimmt c. 80: ». . . se alcuno mercatante . . . comperasse alcuna cosa u merce u avere alcuno et de la parte di quali merce intra loro u differenzia d'avere fosse . . . non patrò . . . di quelle avere . . . dare oltre una parte, non dividendo quella parte per lo numero dei mercatanti et persone ma per numero de le botthege«. Also die Kommanditanteile werden nach botteghe, nicht nach Köpfen geteilt, das Geschäft, nicht die Individuen sind berechtigt.

sequenz der Anknüpfung der Sozietät und ihrer Folgen an die gemeinsame stacio bildete. Es wäre widersinnig gewesen, hätte man zwei socii, welche außerhalb des gesellschaftlichen Geschäftsbetriebes nicht in vermögensrechtlichen Beziehungen zueinander standen, gegenseitig für Haushaltungsschulden usw. haftbar machen wollen. Auch für die Hausgemeinschaft der Familie finden sich Anfänge der Entwicklung dahin, nur die im Interesse des gemeinsamen Haushalts gemachten Schulden mit der Konsequenz der Haftung der Gemeinschaft auszustatten[1]), und wohl ebenso alt, als die Loslösung der Geschäftsgemeinschaft von der Haushaltsgemeinschaft, ist der Gedanke, daß nur die auf das gemeinsame Geschäft bezüglichen Obligationen ohne weiteres alle socii angehen. Die Statuta antiqua mercatorum Placentiae c. 550 und die Reformacio vom Jahre 1325 c. 6 sprechen die Haftung der socii ejusdem stacionis daher auch nur für die Schulden aus, welche für ein mercatum der Sozietät gemacht werden. Die Statuta domus mercatorum von Verona l. III c. 85 enthalten diesen Grundsatz gleichfalls; von den Statuten von Lodi und Arezzo wird alsbald die Rede sein.

Außerhalb der florentinischen Statuten, deren Inhalt besonders behandelt werden soll, ist der Inhalt der Statuten in dieser wichtigen Beziehung einigermaßen dürftig. Die Ausdrucksweise der zitierten Stellen läßt zwar darauf schließen, daß man den Satz als selbstverständlich dachte. Eine Erörterung aber über die alsdann brennend werdenden Fragen: 1. des Verhältnisses der Sozietätsgläubiger, d. h. der Gläubiger im Betriebe des Geschäfts kontrahierter Schulden, zu den Privatgläubigern und 2. der Privatgläubiger zu dem Geschäftsvermögen, enthält das statutarische Material außerhalb von Florenz direkt nicht.

Die zweite diese Fragen ist nun für die Stellung des Gesellschaftsvermögens von entscheidender Bedeutung. Wie stellt sich das »Geschäft« den Privatgläubigern gegenüber und wie gegenüber dem Privatvermögen der Gesellschafter? Was ist überhaupt unter diesem »Geschäft« zu verstehen, finden sich insbesondere Spuren einer Konstruktion derart, wie wir sie für das Vermögen der heutigen offenen Handelsgesellschaft konstatieren mußten, ein »Sondervermögen« der Gesellschaft?

---

[1]) Nach den Stat. von Lodi von 1390 (rubr. 244) sind die Kontrakte von Haussöhnen nur dann gültig, wenn sie in Geschäften des väterlichen Hauses geschlossen sind. Nur solche Geschäfte sollen also das Haus verbinden.

Was das Verhältnis nach Innen, unter den socii, anlangt, so haben wir gesehen, daß bereits in der Lombarda für die Familienkommunionen erhebliche Beschränkungen der unbedingten Gemeinsamkeit eintreten. Die betreffenden Sätze der Lombarda finden sich nun in den Statuten mit teilweise wörtlichen Anklängen wiederholt:

Stat. von Mailand v. 1216 rubr. XIV.: . . . fratres, inter quos est quoddam jus societatis, quicquid in communi domo vivendo acquisierint, inter eos commune erit.

Stat. v. Mailand von 1502 (gedruckt Mailand 1502) fol. 150: Item fratres quoque, inter quos est quoddam jus societatis, illud obtineant ut quicquid etc . . . que non habeant locum in quesitis ex successione . . . nec etiam occasione donationis . . . vel dotis . . . et intelligantur fratres stare in communi habitatione etiam si contingat aliquem ex pred. fratribus se absentare ex causa concernenti communem rem . . .

Stat. v. Massa (gedr. 1532) l. III c. 77: Si fratres paternam hereditatem indivisam retinuerunt et simul in eadem habitatione Vet mensa vitam duxerint, quicquid ex laboribus, industria, aut ipsorum, vel alicujus negociatione vel ex ipsa hereditate . . . vel aliunde, ex emtione venditione, locatione vel contr. emphyteotico acquisitum fuerit, totum debeat esse commune . . quamvis frater acquirens nomine proprio contraxisset . . . ita tut non conferatur acquisita ejus deducto aere alieno. idem quoque servetur in aliis debitis quomodocunque contractis si pervenerint in utilitatem communis, et non aliter . . . Folgt die früher zit. Stelle über die Solidarhaftung auf Grund präsumtiven Mandats.

Stat. vecchi di Lodi c. 16: Consuetudo est, quod fratres et patrui et alii qui nunquam se diviserunt simul habitantes vel stantes quicquid acquirent, acquiritur in communi . . . Ausnahme: legatum, hereditas, donatio, similia . . . et debitum quod fecerint sit commune. Et ita quod ex eo debito fratres inter se pro partibus contingentibus ipso jure habeant actionem ad debitum solvendum nisi sit debitum fidejussoris vel maleficii vel alterius sui proprii negotii.

Stat. von Modena, reform. i. J. 1327 l. III rubr. 22: Si aliquis mercator vel aliquis de aliqua artium dederit aliquid in credentia licet ille qui dederit sit absens, socii tamen possint petere si debitor negaverit et si confiteatur rem emisse a socio absenti . . . alii non possint petere et id in quo socius est obligatus pro societate eo absente et alii solvere teneantur si confiteantur vel probatur contractum factum esse pro s o c i e t a t e . . . et intelligantur socii — folgt die oben bereits zitierte Definition der socii als Hausgenossen.

Es besteht zwischen diesen Stellen eine gewisse Stufenfolge. Die Statuten von Mailand lehnen sich offenbar an die Lombarda an. Alles mit Ausnahme der besonders bezeichneten lucra fällt in die Gemeinschaft [1]). In Massa ist umgekehrt positiv dasjenige bezeichnet, was in die Gemeinschaft fällt. Es sind, außer den Aufkünften der gemeinsamen hereditas, die Erträgnisse lästiger Geschäfte. Dabei ist wichtig, daß (r. »q u a m v i s . . . nomine proprio contraxisset«) als regelmäßig vorausgesetzt wird, daß der socius Kontrakte, welche die Gemeinschaft angehen, auch n a m e n s der Gemeinschaft abschließt. Im Verhältnis unter den socii soll dies nach den Statuten von Massa gleichgültig sein, aber sehr wohl könnte gerade darin implizite der Satz angedeutet gefunden werden, daß nach der passiven Seite hin dies im Verhältnis zu dritten anders wäre. Diese Vermutung wird verstärkt durch die angeführte Stelle der Statuten von Modena. Die von einem socius »pro societate« geschlossenen Kontrakte fallen — offenbar aktiv und passiv — in der Art in die Gemeinschaft, daß jeder socius im Rechtsstreit über dieselben ad causam legitimiert ist. Diese unmittelbare Wirkung betonen auch die Statuten von M a s s a l. c.: die Gemeinschaft besteht nicht in römischer Art, so, daß nur der Reinerlös an dieselbe abzuführen wäre, sondern die entstehenden Obligationen sind direkt aktiv und passiv solche der Gemeinschaft. Am deutlichsten drücken sich die Statuten von A r e z z o in der oben zitierten Stelle aus:

c. 42: Quilibet socius alicujus negociationis mercantiae seu artis in qua . . . socios habeat, et contraxerit obligationem, dominium, possessio et actio ipso jure et etiam directa

[1]) Die Anlehnung an die Lombarda zeigt namentlich die — abgesehen von den quaesita ex successione, welche wohl im alten Recht nicht in Frage kamen — zu konstatierende Identität der auf besondere Rechnung gehenden lucra (vgl. oben). Wie in der Lombarda das Frauengut und der Kaufschilling, so spielt bei Baldus in den Anm. 8 zitierten Stellen die dos in der Gemeinschaft bezüglich der Frage ihrer besonderen Anrechnung eine erhebliche Rolle.

queratur alteri socio . . . Zahlung an einen befreit auch gegenüber den anderen, . . . et insuper quilibet socius etiam in solidum teneatur ex obligatione vel contractu pro altero ex sociis celebrato pro dicta societate vel conversis in ea, et d. sociorum bona . . . intelligantur obligata . . .

Also die materiell oder formell für Rechnung »der Gesellschaft« geschlossenen Geschäfte haben im Verhältnis unter den socii und, wie wir bei Modena und Arezzo sahen, auch nach außen besondere Rechtsfolgen, welche darin bestehen, daß sie eben als Geschäfte nicht des socius, sondern »der Sozietät« gelten. Wenn wir uns nun der in Kapitel I entwickelten Konstruktion des Sondervermögens der offenen Handelsgesellschaft erinnern, so finden wir, daß mit dieser Unterscheidung zwischen Rechten und Verpflichtungen »der Gesellschaft« und solchen der Einzelnen alle wesentlichen Momente zur Sondervermögensbildung gegeben sind. Wenn, wie wir sahen, schon in den Verhältnissen der societas maris gewisse Ansätze dazu vorhanden waren, den Sozietätsfonds zu verselbständigen und auch im Verhältnis zu dritten auf sein Bestehen Rücksicht zu nehmen, so muß dies bei diesen Sozietäten, welche gerade von dem Verhältnis zu dritten ausgingen, viel weitgehender der Fall gewesen sein. Es gibt Vermögensstücke, an denen (Modena) das Anrecht des Einzelnen gegenüber der »namens der Sozietät« getroffenen Verfügung zurücktritt, und es gibt Schulden eines socius als solchen, wegen deren, wie wir sahen, die Vollstreckung unmittelbar in die Gemeinschaft stattfindet. Welches ist nun die Stellung der Gläubiger derjenigen Schulden, welche die Gemeinschaft nicht in dieser Weise belasten, der »Privatgläubiger«? Dem Satz der Statuten von Lodi, Modena und Arezzo, daß pro societate kontrahierte Schulden die Solidarhaftung der socii zur Folge haben, kann das Korrelat, daß andere Schulden diese Folge nicht haben, nicht gefehlt haben. Nun scheiden aber die Quellen, wie bemerkt, die Frage der persönlichen Haftung der socii nicht von der an sich verschiedenen: ob das gemeinsame Vermögen von den Gläubigern angegriffen werden kann. Wir werden daher annehmen, daß die Privatgläubiger auch das Gesellschafts vermögen nicht haben unmittelbar angreifen können. Ist es aber denkbar, daß sie demselben gegenüber gar keine Rechte gehabt haben? Schwerlich: wir haben gesehen, daß wegen Obligationen des Haussohnes, die nicht als zu Lasten der Gemeinschaft laufend gelten, sondern ihn selbst allein treffen, — insbesondere Deliktschulden — die Gläubiger Ausschichtung desjenigen aus der Gemeinschaft fordern konnten, was als Anteil ihres Schuldners am gemeinsamen Vermögen galt. Umgekehrt erwähnen die Statuten da, wo es sich nicht um solche Schulden, sondern um diejenigen handelt, welche eine Belastung der Gesamtheit herbeiführen, insbesondere um Handelsschulden, die Ausschichtung nicht, sondern lassen, wie die obige Aufzählung zeigt, patres, filii, fratres usw. dafür in solidum haften. Es ergibt sich also die Scheidung: 1. Gemeinschaftsschulden; sie belasten das ganze Vermögen der Beteiligten und diese persönlich. 2. Privatschulden; sie involvieren Ausschichtungsrecht und -pflicht. Ist dies bei der Familiengemeinschaft so, so werden wir mit Grund annehmen, daß die gleiche Scheidung auch für die anderen Gemeinschaften stattgefunden haben wird. Indessen außerhalb von Florenz erwähnen die Statuten davon nichts, — auf die Florentiner Statuten aber kommen wir gesondert zurück.

Wir haben mithin gesehen: eine Schuld, welche ein socius materiell oder formell für Rechnung resp. namens der Sozietät kontrahiert, macht das Sozietätsvermögen und die einzelnen socii haftbar. Dabei müssen wir uns erinnern, daß wir uns, wenn hier von »societas«, von »im Betriebe der Sozietät« oder »für deren Rechnung« geschlossenen Kontrakten die Rede ist, noch immer nicht auf dem rein handelsrechtlichen Gebiet bewegen.

Wir befinden uns zwar nicht mehr auf dem Gebiet der Haushaltsgemeinschaft, wir haben gesehen, daß die Gewerbe- bzw. Geschäftsgemeinschaft (stacio, bottega) ihr gleichgestellt, teilweise — je nach dem Entwicklungsgrade des statutarischen Rechts — ihr sukzediert ist. Von der Haftung auf Grund dieser Gemeinschaft wurden aber nicht nur die am kommerziellen Betriebe Beteiligten, sondern auch die in der Werkstatt an der Arbeit, also im technischen Betriebe Beschäftigten betroffen, und ferner Selbständige wie Unselbständige. Die spätere Beschränkung auf die selbständigen Genossen fand sich in der zitierten Stelle der Statuten der Mercanzia von Brescia. Die Entwicklung war aber inzwischen auch nach der Seite hin fortgeschritten, daß die von der gewerblichen Arbeit, dem Handwerk, ausgegangene Solidarhaftung ihre hervorragendste Bedeutung im Handel erlangte. Sie begann nun das eigentlich gewerbliche Gebiet auszuscheiden und von den Gewerbegenossen nur die im kommerziellen Betrieb Tätigen, die Handelsgesellschafter, ihren Regeln zu unterstellen. Dieser Schritt ist, wie ich glaube, Gegenstand folgender Stelle der Statuta domus mercatorum von Verona:

l. III c. 85. Item ordinamus, quod quilibet mercator istius civitatis possit habere societatem cum alio de Verona simul et ad invicem, quamvis non essent de uno et eodem misterio. Et quod illi, qui reperirentur esse socii palam teneantur unus pro alio de illo debito et mercanderia vel de misterio quam et quod fecerint stando simul et permanendoin societate: Quod autem praejudicare non debeat alicui mercatori vel de misterio qui non esset socius palam et non steterit simul in societate et stacione: nec praejudicet etiam stando in stacione et essendo socius palam: dummodo non esset praesens, cum socio, ad accipiendam mercanderiam et non promitteret de solvendo eam.

Also als socii im Sinne des Handelsrechts sollen nur gelten: 1. diejenigen, welche »palam« und »in eadem stacione« ein Geschäft als socii betreiben: damit sind Partizipanten und alle nicht persönlich am Betriebe Beteiligten ausgeschlossen; 2. von diesen wieder aber nur diejenigen, welche an der kommerziellen Seite des Geschäfts, an dem geschäftlichen Auftreten nach außen beteiligt sind: das wollen die Statuten mit dem letzten Satze der zitierten Stelle sagen[1]). Damit sind die nur in der Werkstatt bei der Produktion, im technischen Betriebe, Beschäftigten ausgeschlossen. Das idem misterium ist, wie die Stelle sagt, irrelevant, das alte Requisit des »eandem artem exercere« weggefallen. Die Solidarhaftung ist von ihrer ursprünglichen Grundlage losgelöst, von dem gemeinsamen Betrieb eines Handwerks auf den gemeinsamen Betrieb eines Handelsgewerbes übergeführt.

Damit ist nun aber auch die Antwort auf die Frage: welche Merkmale entscheiden darüber, ob in casu jemand socius in diesem Sinne, ein Kontrakt ein Geschäft der Sozietät ist? ihrer letzten Wandlung entgegenführt. Solange die gemeinsame bottega und stacio es war, welche das Sozietätsverhältnis ausmachte, war so-

---

[1]) Es kann nicht gemeint sein, daß beide zugegen sind und kontrahieren, da es heißt, daß »unus pro alio« haften soll. Sondern es wird hier dasselbe gemeint sein, was das Const. Usus von Pisa als Definition des communiter vivere gibt: si contractus et similia communiter fecerint, wo auch nicht gemeinsames Kontrahieren gemeint ist, wie der weitere Verlauf der Stelle deutlich zeigt (vgl. Pisa).

wohl ein Merkmal für den mithaftenden socius als solchen, als auch für diejenigen Kontrakte, welche als Sozietätskontrakte zu gelten hatten, ohne weiteres gegeben: das Kontrahieren im gemeinsamen Laden. Aber der Handelsverkehr im großen kannte keinen Laden. Die Statuten von Arezzo (loc. cit.) geben daher als Definition nur:

». . . et intelligantur socii, qui invicem pro talibus se tractant et publice pro sociis habentur . . .«

und die Stat. domus mercatorum von Verona sprechen in der zitierten Stelle von socii »p a l a m«. Als Merkmal für diejenigen Geschäfte, welche als Sozietätsgeschäfte mit den entsprechenden Rechtsfolgen zu gelten haben, gibt das Statut von Arezzo an: solche, die »pro dicta societate celebrata« sind, und bestimmt ferner:

»et si quis contraxerit nomine alterius praesumatur pecunia fuisse illius cujus n o m i n e contractum fuerit« (Fortsetzung obiger Stelle).

Ebenso entscheiden die Statuten von Modena danach, ob die Geschäfte »pro societate« geschlossen worden waren oder nicht. Also die unter dem N a m e n der Sozietät geschlossenen Kontrakte belasten die Sozietät. Hier also war der gemeinsame Name der Gesellschaft an die Stelle der gemeinsamen taberna getreten. Es lag nahe, dies Merkmal auch für die Frage, wer als socius zu gelten habe, zu verwerten. Und dies ist geschehen. Wie vor der taberna, dem Geschäftslokal des Kleingewerbetreibenden, der Ladenschild die Namen der Inhaber trug und der dritte Kontrahent im allgemeinen annehmen durfte, daß derjenige, dessen Namen darauf aushing (cujus nomen »expenditur«), zu den socii in unserm Sinn gehörte, so schuf sich der Großhandel in der Firma, dem gemeinsamen Namen der Handelsgesellschafter, sozusagen einen ideellen Ladenschild. Wie nur die nomine societatis geschlossenen Kontrakte Sozietätsgeschäfte sind, so ist nur d e r persönlich haftender socius, auf dessen Namen die Kontrakte geschlossen werden, der mit in der Firma steht (auch dies heißt noch später, in den Dezisionen Rota Genuensis und den Statuten von Genua von 1588/89 [vgl. den Schluß] »cujus nomen expenditur«). Zwar gibt es für beides noch andere Kriterien: für die Eigenschaft als socius die Eintragung im öffentlichen Register (welches schon seit dem 13. Jahrhundert in zahlreichen Kommunen bestand), — für die Eigenschaft einer Schuld als Sozietätsschuld die Eintragung in die Bücher der

Sozietät. Was die Eintragungen im öffentlichen Register anlangt, so ist nicht erwiesen, daß sie ursprünglich dem Zweck dienten, die Inhaber der einzelnen Firmen dem Publikum ersichtlich zu machen [1]; daß sie später auch dazu benutzt wurden, zu ermitteln, ob jemand socius eines bestehenden Geschäftes war, ist nicht zu bezweifeln [2]. Die Eintragung in die Bücher der Gesellschaft anlangend, so ist sie allerdings ein sicheres Kennzeichen, allein sie hat die Natur eines Beweismittels: die Nichteintragung einer Sozietätsschuld in die Sozietätsbücher kann dem Gläubiger nicht geschadet haben [3]. Vor allem aber: sowohl die Eintragung in die öffentlichen Register als die Buchung zu Lasten der Sozietät kommt ganz ebenso auch bezüglich der Kommanditisten [4] und bzw. der Schulden des Sozietätsfonds bei der societas maris [5] vor. Dagegen das Kontrahieren unter gemeinsamem Namen zu Lasten eines gemeinsam betriebenen Geschäfts kommt nur hier vor, nur bei der offenen Gesellschaft wird der socius des Kontrahierenden behandelt, als hätte er selbst kontrahiert, und deshalb kann nur hier das Geschäft und der einzelne Kontrakt auf seinen Namen gehen. Aus dem »pro societate« Kontrahieren ist, als die »Firma« eine selbständigere Existenz zu gewinnen begann, das Kontrahieren unter dem »usato nome delle compagnia« [6], eben der Firma der Sozietät, welche nicht mehr notwendig die Namen aller socii enthielt [7], geworden [8].

Dementsprechend drückt sich das Verhältnis der damaligen offenen Handelsgesellschaft nach außen urkundlich darin aus,

---

[1] Für Lastigs Ansicht (in der oft zit. Abh.), daß sie die Immatrikulation zum Zweck der Feststellung der Gerichtsbarkeit gedient hätten, enthalten, soviel ersichtlich, die gedruckten Materialien Anhaltspunkte nicht.

[2] Vgl. das unten unter Florenz bei Anm. 1 S. 348 angeführte Schreiben aus dem J. 1303.

[3] Vgl. unten bei Florenz.

[4] Vgl. Ansaldus de Ansaldis, Discursus legales de commercio Disc. 51; die Eintragung soll den Kommanditisten vom gewöhnlichen Partizipanten unterscheiden.

[5] Vgl. im vorigen Kapitel.

[6] Vgl. unten unter Florenz und die daselbst zitierte Stelle der Stat. della hon. università de mercatanti di Bologna v. 1509 fol. 67.

[7] Aehnliches aber auch schon früher. Besonders bei den Familiensozietäten pflegt nur der Name des, oft weltbekannten, Hauses genannt zu werden: societas Aczarellorum de Florentina (di Acciajuoli) in der Urk. König Roberts v. Sizilien bei Buchon, Nouvelles recherches sur la Principauté française de Morée, Paris 1843, Bd. 1 S. 46.

[8] Um Mißverständnissen vorzubeugen, mag noch besonders betont werden, daß die Entwicklung des Instituts der Firma im obigen in keiner Weise er-

daß, während der tractator bei der societas maris nichts in Händen hat als seinen Sozietätskontrakt, worin über die Verteilung des Gewinns verfügt und die Reiseroute usw. festgestellt wird, hier der socius, welcher im Ausland für die Sozietät auftritt, Vollmachten besitzt, in welchen ihn seine socii zum »procurator et certus nuntius« bestellen und sich für seine Kontrakte in solidum aufzukommen verpflichten, und daß in Kontrakten unter Bezugnahme auf dies »instrumentum procurae« der Abschluß namens des Kontrahenten und seiner socii erfolgt. Derartige Urkunden sind uns erhalten, in großer Zahl namentlich aus einem der Mittelpunkte des internationalen Verkehrs, dem christlichen Orient [1]).

Angesichts dieser Urkunden nun erhebt sich für uns eine letzte prinzipielle Frage.

Zur Zeit der Abfassung der hier in Bezug genommenen Urkunden, gegen Ende der Zeit der Kreuzzüge, bestand der Grundsatz der Solidarhaftung allerdings schon zu Recht, — allein die Formulare vererbten sich damals durch Jahrhunderte, und sollte nicht der Gedanke nahe liegen, die gesetzliche solidarische Haftung für den Niederschlag des in den Urkunden usancemäßig enthaltenen Versprechens der Haftung in solidum zu halten und mithin anzunehmen, daß aus der immer wiederkehrenden Solidarhaftsstipulation eine Präsumtion dafür, daß unter socii Haftung in solidum gewollt sei und daraus das entsprechende Gewohnheitsrecht entstanden sei? [2]) — Es muß zunächst bemerkt werden:

---

schöpfend hat geschildert werden sollen. Ohne Hereinziehung der Entwicklung der Grundsätze des Stellvertretungsrechts im Mittelalter kann die rechtshistorische Grundlage der Gesellschaftsfirma — ein zweifellos wichtiger Punkt in der Geschichte des Gesellschaftsrechts — nicht vollständig zur Darstellung gebracht werden. Für unsern Zweck genügt es, von der Tatsache auszugehen, daß die Firma dem gemeinschaftlichen Laden in den im Text angegebenen Beziehungen sukzediert ist.

[1]) Arch. de l'Orient latin Vol. II Docum. p. 5: Ego Raffus Dalmacus facio, constituo et ordino meum certum nuncium et procuratorem Lanfrancum de Lenaria socium meum presentum etc. Wörtlich gleichlautend bestellt dann umgekehrt Lanfrancus de Lenaria den Raffus Dalmacus zu seinem certus nuntius und procurator.

Aehnliche Urkunden mit dem Versprechen der Haftung für die Kontrakte des socius in solidum finden sich in derselben Publikation, entnommen den Notariatsregistern von Notaren in Famagusta auf Cypern, Ajaccio in Armenien und ähnl. ca. 100.

[2]) Schon die Lombarda spricht l. II rubr. de debitis et quadimoniis a. E. von cartae mit Solidarhaftsklausel. Ebenso die Collectio sexta novellarum D[mni] Justiniani imperatoris cap. de duobus reis promittendi.

daraus, daß Urkunden des früheren Mittelalters eine bestimmte Abmachung enthalten, ergibt sich für die damalige Zeit nicht im entferntesten, daß die betreffende ausdrücklich stipulierte Wirkung des Rechtsverhältnisses nicht auch ohnehin ex lege aus demselben erfolgt sei, im Gegenteil: Diese Naturalia pflegen die damaligen Notariatsinstrumente besonders ausführlich und in deskriptiver Breite zu enthalten [1]), für die in Bezug genommenen Urkunden lagen überdies mannigfache Veranlassungen vor, die Klausel betreffend die Solidarhaft ausdrücklich aufzunehmen. Es handelte sich hier um internationale Relationen, und wie die Florentiner Zunftstatuten noch des 14. Jahrhunderts, als die Solidarhaftung der socii dort längst als Rechtssatz feststand, im Interesse der Sicherheit des Verkehrs mit dem Ausland, den Sozietäten vorschrieben, ihre auswärtigen Vertreter mit urkundlicher Vollmacht zu versehen, so sprach auch hier das gleiche Bedürfnis für eine derartige Beurkundung zum Zweck der Legitimation. Zu letzterem Zwecke besonders deshalb, weil überseeischer Verkehr in Frage stand, im Seeverkehr aber die Kommenda zu Hause ist und ein reisender »socius« daher in die Lage kam, mangels besonderer Legitimation über seine Berechtigung, die socii solidarisch zu verpflichten, als tractator einer Kommandite angesehen zu werden. Wesentlich aber spricht die angedeutete Eventualität der, wie ich glauben möchte, im Verlauf dieses Kapitels erbrachte Nachweis, daß die Richtung der statutarischen Rechtsbildung nicht, wie man für den Fall einer Entwicklung der Solidarhaft aus Verkehrsusancen annehmen müßte, auf Sicherung und Ausdehnung des Prinzips, sondern auf dessen Beschränkung und Begrenzung auf den Fall des Betriebes eines gemeinsamen Handelsgewerbes geht. Damit ist nicht ausgeschlossen, daß es auch für die statutarische Rechtsentwicklung von Erheblichkeit war, für welche Fälle der Verkehr die Solidarhaft zu stipulieren pflegte, und da die Notariatsurkunden sichtlich unter dem Einfluß der römischen Rechtsauffassung der Jurisprudenz stehen, so kann ihre Fassung in der Tat ein Kanal gewesen sein, durch welchen die Betrachtungsweise der Juristen dem

---

[1]) Man müßte sonst geneigt sein, aus einem Ehekontrakt aus dem J. 1279 (Arch. de l'Orient latin I p. 525), geschlossen in Ajaccio in Armenien, in welchem die Nupturientin unter Konventionalstrafe (!) verspricht, »stare et habitare tecum in tua domo«, »nec jacere cum alio viro«, ferner Gehorsam usw., und der Nupturient: »victum et vestitum convenienter dare«, zu schließen, daß diese Pflichten der damaligen Ehe an sich nicht eigen waren.

Verkehr und damit der Rechtsbildung näher trat. — Davon kurz im Schlußkapitel. Vorerst soll noch an einigen Rechtsgebieten, für welche das sonst lückenhafte statutarische Material etwas umfangreicher zur Verfügung steht, der Nachweis versucht werden, daß die in den vorstehenden beiden Kapiteln gegebene Schilderung die Prüfung an dem Inhalt derjenigen Rechtsquellen besteht, welche uns die behandelten Institute in umfassender, wenn auch zum Teil lokal gefärbter Gestalt vorführen.

IV. Pisa. Sozietätsrecht des Constitutum Usus.

Wir haben die Darstellung dessen, was uns über das pisanische Sozietätsrecht bekannt ist, einem besonderen Kapitel vorbehalten namentlich deshalb, weil uns in Pisa statutarische Rechtsquellen entgegentreten, welche, offenbar in kodifikatorischer Absicht kasuistisch durchgearbeitet, eine sehr anerkennenswerte Beherrschung der Begriffe des römischen Rechts[1]) und ein relativ sehr hohes Vermögen hervortreten lassen, in den wirtschaftlichen Erscheinungen das juristisch Relevante zu erkennen, namentlich aber, im Unterschiede z. B. von Genua, die legislatorische Fähigkeit, den im Laufe der Entwicklung eines Instituts neu hervortretenden wirtschaftlichen Unterschieden durch juristische Differenzierung gerecht zu werden. Hervorragendes Interesse verleiht den pisanischen Rechtsquellen auch ihr relativ hohes Alter.

Das Constitutum Usus, die für uns wesentlich in Betracht kommende Rechtsquelle, ist datiert vom Jahre 1161 der pisanischen = 1160 unserer Aera; es stammt aber aus diesem Jahre wohl sicher nicht die erste Redaktion, wie es auch nicht die letzte war[2]).

Wenn auch die Natur dieses Statuts näher zu erörtern hier nicht der Ort ist, sind doch einige Bemerkungen erforderlich über die Stellung, welche diese Kodifikation — denn eine solche will das Constitutum Usus nach seiner Vorrede sein, — zu den übrigen

---

[1]) Vgl. z. B. allein schon die Verwertung des echt römischen Begriffs der Bereicherung — id, quo factus est locupletior — z. B. S. 887 bei Bonaini (Statuti inediti della città di Pisa) Vol. II unten, bei Instituten, welche nicht dem Pandektenrecht angehören. Der Besitz der Pandektenhandschrift war wohl nicht ohne erheblichen Einfluß — vgl. die statutar. Bestimmungen über dieselbe (Beve Pis. comm. et compagn. 1313 l. I c. 247).

[2]) Vgl. Schaube, Das Konsulat des Meeres in Pisa S. 2, 3, 149 und dazu Goldschmidt, Zeitschr. für Handelsr. Bd. 35 S. 601.

Rechtsquellen einnimmt, insbesondere zu dem Constitutum Legis, der Sammlung des pisanischen Partikularrechts, und zu dem, wie die Statuten als selbstverständlich voraussetzen, subsidiär geltenden gemeinen Recht, — eine Stellung, welche an das Verhältnis des heutigen Handelsrechts zum bürgerlichen Recht in manchen Beziehungen erinnert.

Das von dem Constitutum Usus beherrschte Gebiet wird festgestellt durch Aufzählung derjenigen Tatbestände, welche unter den Usus fallen, ist mithin objektiv begrenzt, nicht subjektiv, als Standesrecht, etwa der Kaufleute; wie unser Handelsgesetzbuch die Handels-»Sachen« dem Handelsrecht unterstellt, so das Constitutum Usus sich die »causae pertinentes ad usum«. Die Bearbeitung dieser Usus-Sachen kommt einem Spezialgerichtshof, der Curia previsorum apud eccles. S^{i} Ambrosii, seit 1259 Curia Usus genannt, zu, dessen Zuständigkeit, wenn im Prozeß vor den Zivilgerichten ein nach Usus zu beurteilendes Verhältnis zur Sprache kommt, auf Antrag durch Interlokut auf Ueberweisung an die Curia Usus festgestellt wird.

Ueber den Bereich des Usus ergibt die Aufzählung der Quellen [1]), daß derselbe keineswegs einen in sich geschlossenen, einer systematischen Gliederung fähigen Komplex von Rechtsverhältnissen darstellt, sich vielmehr über das gesamte Gebiet des Privatrechts verzweigt. Aus dem Immobiliarsachenrecht, dem Recht der öffentlichen Wege und Flüsse, dem ehelichen Güterrecht, dem Nachlaßregulierungsverfahren, den Marktverhältnissen, Besitzrecht, Sozietätsrecht, Darlehen, Deliktsobligationen, fallen einzelne Verhältnisse unter den Usus. Ein Prinzip darin zu finden ist unmöglich: es ist kein solches vorhanden. Den Gegensatz zum Usus bildet die lex, und zwar, wie die Einleitung in das Constitutum Usus ausführt, sowohl die lex Romana, nach welcher die civitas Pisana im allgemeinen lebt, als die lex Langobarda, aus welcher sie »quaedam retinuit«, als endlich die im Constitutum Legis niedergelegte, zur Ergänzung des subsidiären gemeinen Rechts bestimmte Partikulargesetzgebung.

Der Usus muß also eine nach dem Bewußtsein der Zeitgenossen an keine dieser Quellen sich anschließende gewohnheitsrechtliche Entwicklung darstellen. Er stellt sich — eine allgemeine Analyse soll hier nicht versucht werden —, soweit das Gebiet des Handels-

---

[1]) Bonaini, Statuti inediti della città di Pisa Vol. II. p. 835.

rechts, insbesondere des Sozietätsrechts betroffen wird, wesentlich dar als Usance, teils lokale, teils internationale; die darin enthaltenen Rechtssätze sind überwiegend dispositiver Natur, soweit sie dies nicht sind, sind sie augenscheinlich jünger und noch in der Entwicklung begriffen[1]), beziehen sich überdies auf jene dispositiv normierten Verhältnisse bzw. setzen voraus, daß dieselben den dispositiven Normen entsprechend fixiert zu werden pflegten, — so daß hier im allgemeinen der Handelsgebrauch als Grundlage zunächst eines Handelsgewohnheitsrechts und demnächst der statutarisch festgestellten Normen zu betrachten ist.

Die Konsequenz für uns ist, daß wir im Constitutum Usus im wesentlichen (nicht durchweg) solche Rechtssätze auf unserem Gebiet nicht zu finden erwarten können, welche ihrem Wesen nach von vornherein eben nicht dispositiver, sondern zwingender Natur waren, die einfache ipso jure eintretende Folge gewisser Tatbestände sind. Dazu gehört in erster Linie die Solidarhaftung, wie wir sie oben kennen lernten. Tatsächlich fehlt denn auch über dieselbe jede direkte Aeußerung; inwieweit die betreffenden Verhältnisse als trotzdem vorhanden sich bemerkbar machen, wird unten noch erörtert werden. Die Nichtexistenz des Prinzips darf jedenfalls nicht aus seiner Nichterwähnung im Constitutum Usus geschlossen werden.

Ueberdies liegen auch in betreff des unbedingten Vorherrschens des Seehandels in Pisa die Verhältnisse ähnlich wie in Genua. Auch aus diesem Grunde werden wir erwarten, die dem Seehandel adäquaten Rechtsformen der Kombination von Kapital und Arbeit hier in besonders breiter Ausführung zu finden.

Dies ist nun in der Tat der Fall. Die Kapitel des Constitutum Usus über diese Institute sind das Umfangreichste, was wir an Quellenmaterial darüber überhaupt besitzen. —

Wir finden[2]) die societas maris ausführlich erörtert und insbesondere den von Genua her bekannten Normalfall in derjenigen species, welche als »societas inter stantem et in aliquod tassedium euntem« bezeichnet wird, die Assoziation eines Exporteurs mit einem tractator, mit Gewinnteilung halb und halb, falls der

---

[1]) Z. B. die besonders wichtigen Sätze über Konkursvorrechte der creditores hentice, welche sich offenbar noch nicht zur Klarheit der Darstellung und Vorstellung durchgearbeitet haben, S. 839 l. c.

[2]) Const. Usus c. 22 de societate inter extraneos facta p. 883 l. c.

stans ⅔, der tractator ⅓ zusammenschießen. Dieses Anteilverhältnis und im andern Fall die quarta proficui sind auch hier naturalia negotii.

In Genua konnte nun, wie wir sahen, im einzelnen Fall, wirtschaftlich betrachtet, entweder der tractator nur ein abhängiges Organ des stans, oder ersterer der eigentliche Unternehmer, der stans aber wesentlich nur partizipierender Kapitalist sein. Auch in Pisa dient dieselbe Rechtsform beiden Tatbeständen, jedoch ist in dem Begriff der Kapitanie dieser Unterschied auch juristisch zur Geltung gekommen.

Capitaneus[1]) ist — dem Wortsinn entsprechend — derjenige socius, welchen wir oben als »Chef« des Geschäfts, als den tatsächlichen Unternehmer bezeichnet haben. Nach dem Constitutum Usus kann sowohl der stans als der tractator »capitaneus« sein. Derjenige nun, welcher es ist, hat die Disposition über das Unternehmen in seiner Gesamtheit, insbesondere darf ein socius, welcher nicht capitaneus ist, von dem Unternehmen nicht nach eigenem Ermessen zurücktreten, der stans nicht seine Einlage zurückziehen, der tractator nicht die Reise unterlassen, während der capitaneus — vorbehaltlich wohl des Ersatzes des dem anderen nachweislich entstehenden Schadens — dazu offenbar befugt war. Es ist dies in der Tat der entscheidende Punkt, die übrigen Differenzen ordnen sich dem unter. Capitaneus ist also derjenige, welcher nach der Absicht des Sozietätsvertrages die Verwaltung als Ganzes führt, — die vertragsmäßigen Rechte der anderen socii sind demgegenüber spezielle Befugnisse. Dies kommt angemessen auch darin zum Ausdruck, daß, wenn der stans capitaneus ist, der tractator nicht ohne Erlaubnis noch andere Kommenden für dieselbe Reise für seine Rechnung übernehmen kann; — tut er es, so fällt, falls er eigenes Gut mitnimmt, ¼ des lucrum, nimmt er aber von dritten kommendiertes Gut mit, aller daraus gezogene Gewinn in die societas[2]). Im entgegengesetzten Fall gilt als selbstverständlich, daß der tractator an seinem Unternehmen sich beteiligen lassen kann, soviel Personen er will, und er nur[3]) auf denjenigen Mindererlös haftet,

---

[1]) S. 884 l. c.

[2]) Das »jus capitanie« auf S. 893 l. c. (»capitanie jure salvo«) bezeichnet wohl das Recht des Gewinnbezugs durch den tractator, wenn er, — durch die societas, wenn der socius stans der capitaneus ist.

[3]) S. 884 in der Mitte.

der sich dadurch ergibt, daß er weniger Kapital in die Unternehmung verwendet hat, als er nach dem Kontrakt sollte.

Im allgemeinen, mangels besonderer Abmachung des Gegenteils, gilt nach dem Statut der tractator als capitaneus[1]) — es ist also auch hier schon die oben im allgemeinen erörterte Entwicklung dahin gegangen, daß der socius stans in der Regel als ein Kapitalist aufzufassen ist, welcher sich mit einer Einlage an einem fremden Unternehmen beteiligt. Dies ist um so mehr der Fall, als nach dem Constitutum Usus es die Regel ist, daß bei einer Unternehmung ein tractator mehreren stantes gegenübersteht. Diese mehreren »socii ejusdem hentice« [2]) und ihr Verhältnis untereinander, besonders die Verteilung des Gewinns und der Gefahr unter sie, wird von dem Constitutum Usus ausführlich erörtert. Wir fanden das Verhältnis bereits in Genua und, in eigentümlicher Ausbildung, in Piacenza. An letzterem Ort insbesondere konstatierten wir, daß hier die mehreren Kommendanten noch als die eigentlichen Unternehmer zu gelten hatten. Der jedesmalige tractator stellt nur ihr gemeinsames, aus ihrer Mitte genommenes Organ dar. So kann das Verhältnis auch nach dem Constitutum Usus liegen, und es ist dieser Fall sogar besonders breit in dem Kapitel über die societas inter extraneos facta behandelt. Es ist dann einer der socii stantes der capitaneus der Gesellschaft, der tractator ist von ihm abhängig[3]), an ihn erfolgt die Rechnungslegung, er liquidiert die Sozietät nach Beendigung der Seefahrt. Indessen, wie das Statut selbst sagt, ist es keineswegs die Regel, daß ein socius stans capitaneus ist. Ist es aber der tractator[4]), so muß umgekehrt er Liquidator der Gesellschaft sein und ist, wie schon gesagt, an eine Anweisung der stantes nicht gebunden — eventuell natürlich schadenersatzpflichtig —, die stantes sind vielmehr ihrerseits verpflichtet, ihm die einmal gemachte Einlage zu belassen. Immerhin[5]) stehen ihnen auch hier weitgehende Kontrollrechte zu, auch der Ge-

---

[1]) S. 884 l. c.

[2]) S. 839 (Zusatz): »inter socios ejusdem hentice seu societatis maris etc.«; hentica = ἐνθήκη, Einlage. Die griechische Herkunft des Wortes ist wieder ein Wahrscheinlichkeitsbeweis für die oströmische Abstammung des Instituts.

[3]) Er ist insbesondere an ein Mandat zur Rückkehr und Aufgabe der Reise gebunden.

[4]) Der Fall ist nicht in extenso in den Quellen erörtert. Nur seine Existenz, und zwar als Regel, konstiert nach S. 884 l. c.

[5]) Vgl. über das ganze Verhältnis S. 886 ff. l. c.

danke, daß sie grundsätzlich die Unternehmer waren, ist nicht ganz erloschen, insbesondere scheint man die Vindikation bzw. Bereicherungsklage der stantes gegen dolose Besitzer vom tractator unredlicherweise veräußerter Sozietätssachen, also eine Wirkung der Verfügungsbeschränkung des tractator auch gegen dritte, zugelassen zu haben.

Die Hauptfrage für uns ist auch hier — einmal: wie steht es mit dem Vermögensrecht dieser societas, besteht ein gesellschaftliches Sondervermögen? und falls ja, können wir in dieser Vermögensentwicklung die Grundlage der Ausbildung der offenen Handelsgesellschaft finden? — In der Tat ist nun zu bemerken, daß das Constitutum Usus Rechtssätze enthält, welche in ähnlicher Weise wie in Genua, nur ungleich klarer und bewußter, den durch die Einlagen der socii gebildeten Fonds, die »hentica«, einem Sonderschicksal unterwerfen.

Das Statut, welches die Differenzen inter socios ejusdem hentice seu societatis maris und zwischen diesen und den Gläubigern dem Usus unterstellt, fügt dieser Bestimmung eine Bemerkung über die Konkursvorrechte dieser Personenklassen hinzu, welche schon durch ihr Stehen an dieser Stelle[1]) als jüngerer Zusatz charakterisiert ist. Ihr Inhalt interessiert uns besonders.

Es wird in dieser Stelle gesagt:

I. daß bei einem Streit »inter socios et alios creditores, qui non sint creditores ejusdem hentice, licet creditores sint priores tempore«, — die socii vorgehen sollen in rebus s o c i e t a t i s, während »in aliis bonis secundum ordinem juris observetur«. Also: die socii können intervenieren und Freigabe des Sozietätsguts fordern von denjenigen Gläubigern, welche nicht zu Lasten der hentica kontrahiert haben (Privatgläubigern des tractans, würden wir sagen).

II. Es ist ferner gesagt, daß »inter socios ejusdem hentice seu societatis maris, licet aliqui socii sint priores tempore et habeant etiam hypothecas, tamen in praedictis bonis (scil. societatis), ejus, quod quisque sociorum recipere habet, communiter admittantur et per libram dividant«. Also mehrere socii stantes, denen ein tractator gegenübersteht (denn dies ist die gedachte Situation: vv. socii ejusdem hentice), sollen das Soziatätsgesuch nach Quoten teilen, es soll also:

---

[1]) S. 839 l. c.

1. Niemand von ihnen durch Zwangsvollstreckung für sich wegen seiner Einlage ein Vorrecht vor den anderen erlangen.

2. Niemand von den socii seine Illaten in natura zurückverlangen können, — dies ist nicht ausdrücklich gesagt, ergibt sich aber einmal schon als Korrelat und Konsequenz des Satzes zu 1, ferner direkt daraus, daß auch hier wie bei der genuesischen societas maris die wesentliche Funktion der Sozietät die Gemeinsamkeit der Gefahr ist, also nicht mehr die einzelnen Sachen in Betracht kommen, sondern Gewinn und Verlust nur auf Rechnung der Gesamtheit geht, wie das Constitutum Usus festsetzt, indem es bestimmt, daß, wenn bei einer Sozietät »havere mixtum«, d. h. ungeteilt gemeinsames Vermögen, vorhanden sei, Gewinn und Verlust per libram geteilt werden solle[1]).

III. Die Gläubiger des tractator, mit welchen derselbe mit bezug auf die Sozietätssachen kontrahiert hat, sind nicht persönliche Gläubiger der socii stantes. Dies ist ebenfalls nicht direkt gesagt, ergibt sich aber, mir wenigstens unzweifelhaft, aus der Art, wie diese Haftungsverhältnisse durch Konkursvorrechte konstruiert sind, indem die hentica dem Zugriff der creditores hentice unterliegt, — das sagt ihr Name —, sie also in bezug auf die hentica den socii gegenüber und diese wieder den Privatgläubigern gegenüber privilegiert sind. Eine auf persönliche Mithaft der socii stantes gegründete Sozietät bedürfte dieser, vielmehr augenscheinlich auf die Konstruktion bei der societas maris in Genua zurückleitenden, Konstruktion nicht; — die Sozietätsgläubiger sind eben gegenüber den socci stantes n u r creditores hentice.

IV. Die hentica beginnt in der geschilderten Weise zu funktionieren mit dem Moment, wo die dazu gehörigen species zu einem Sozietätsfonds zusammengefaßt sind. Letzteres ist juristisch vollzogen, nachdem[2]) die betreffenden Wertobjekte, nach Feststellung ihres Geldwertes (aestimatio) faktisch zusammengebracht (mixta), sobald sie also »eingebracht«, und zwar: zu einem bestimmten Werte eingebracht sind. Sind sie noch nicht ästimiert, so sind sie noch nicht Sozietätsgut, denn dann steht noch nicht fest, zu welcher Quote die socii durch ihre Einbringung anteilsberechtigt geworden sind, — da aber auf das Konto des socius der Kapitalwert der Sachen, nicht diese selbst, kommen, und durch diesen Kapitalwert die Anteilsberechtigung

---

[1]) S. 884 l. c. [2]) S. 885 l. c.

des socius an dem Sozietätsgut ausgedrückt wird, so ist seine Feststellung ein Essentiale des juristischen Vorganges[1]), welcher eben darin bestehen soll, daß für den socius eine Quote der hentica an die Stelle der eingebrachten Sachen tritt. Der Zusammenhang eines nicht ästimierten Wertobjekts mit der hentica ist nur ein faktischer, es geht mit Gewinn und Verlust auf besondere Rechnung und erst der bei einer Veräußerung an die Stelle tretende Geldbetrag fällt in die gemeinsame Masse. —

Als Resultat ergibt sich mir — rebus sic stantibus, d. h. bis eine plausiblere Erklärung der sonst schwer verständlichen Sätze des Constitutum Usus gelungen ist, — daß wir hier die vermögensrechtlichen Grundlagen der Kommanditgesellschaft vor uns haben. Alle wesentlichen Requisite derselben sind hier aus- oder doch vorgebildet. Ein »persönlich haftender« Gesellschafter, der tractator[2]), — ein Komplex von Wertobjekten, welcher dem Zugriff der Privatgläubiger entzogen ist, an welchem während des Bestehens der Gesellschaft die Anteilsrechte der socii zurücktreten und an welchem sie nicht als Gläubiger, sondern als Teilhaber berechtigt sind, damit also ein Sondervermögen, welches der proratarischen Befriedigung der Gesellschaftsgläubiger vorweg dient, — endlich Gesellschafter, welche nur mit ihrer Einlage haften, — das sind alle Merkmale eines wirklichen kommanditären Gesellschaftsvermögens, wenn auch in juristisch noch unvollkommener Gestalt. Unvollkommen besonders deswegen, weil die Existenz des Gesellschaftsvermögens, wenigstens soweit der Inhalt der Quellen ersehen läßt, nach außen erst in der Zwangsvollstreckungsinstanz

---

[1]) Vgl. die römischen Vorschriften über dos aestimata. Für die Anknüpfung dieser Sozietäten an römische Antezedenzien (aus dem Vulgärrecht, wie Goldschmidt, lex Rhodia und Agermanament, annimmt), insbesondere den Contractus aestimatorius — vgl. D. 44 pro socio — liegt in dieser Behandlung der aestimatio ein abermaliger starker Wahrscheinlichkeitsbeweis.

[2]) Die persönliche Haftung des tractator ist hier so wenig zweifelhaft, wie in Genua, obwohl sie im Const. Us. nicht ausdrücklich konstatiert ist. Sie ergibt sich ebenso, wie manches andere, aus der Natur der Sache. Es ist mißlich, mit nicht unmittelbar durch Quellenstellen zu belegenden Behauptungen zu operieren. Das Sozietätsrecht des Const. Usus ist aber trotz des großen Umfangs, der die Aufnahme auch nur der wichtigsten Stellen aus den Quellen hier unmöglich macht, lückenhaft gerade da, wo Rechtssätze in Betracht kommen, deren Bestehen den Zeitgenossen nicht zweifelhaft und also der Fixierung nicht bedürftig erschien. Diese Rechtssätze sind deshalb aus dem verwandten Recht anderer Städte und eventuell als Konsequenz aus der nun einmal vorhandenen Struktur des Verhältnisses zu ergänzen.

zur Erscheinung gelangt; vorher ist nur der tractator Kontrahent, und die mit ihm in Sozietätsgeschäften kontrahierenden Gläubiger haben nur das voraus, daß sie an einzelnen Exekutionsobjekten, — den im obigen Sinne zum Gesellschaftsvermögen gehörigen, absolut privilegiert sind. Das ganze Verhältnis ist rein romanistisch konstruiert, »die Gesellschaft« als solche ist noch nicht als möglicher Kontrahent auf eigene Füße gestellt, die Möglichkeit eines besonderen Konkurses über sie ist wohl unzweifelhaft noch nicht gedacht, das Bestehen des Sondervermögens kommt zur Erörterung vielmehr nach den Quellen nur bei Zwangsvollstreckung bzw. Konkursverfahren gegen denjenigen socius, welcher das Vermögen in Händen hat und verwaltet, den tractator. —

Bisher ist nur der Fall erörtert, daß durch Zusammenschuß der Einlagen mehrerer socii ein Fonds gebildet wird, welcher in mehreren Beziehungen die Funktionen eines Sondervermögens versieht. Es ist aber im Constitutum Usus auch der Fall einer rein einseitigen Einlage in ein Unternehmen gegen Gewinnanteil, wie in der genuesischen Kommenda — quarta proficui für den Unternehmer — enthalten.

Die sehr lückenhaften Bemerkungen über diese, als »dare ad portandum in compagniam« bezeichnete Form ergeben[1]) zunächst, daß das in dieser Weise Hingegebene, wenn es ästimiert war, mit der hentica — dem in der Unternehmung steckenden Kapital des Kommendatars oder dritter — kommuniziert wird. Doch soll dies, wie das Statut sagt, den socii nicht präjudizieren. Letzteres kann nur heißen, daß wer in dieser Weise in eine Sozietät einlegt, dadurch weder socius henticae noch creditor henticae im obigen Sinne wird, sondern nur, wie ein heutiger stiller Gesellschafter, Gläubiger des tractator, dem er die Einlage macht. Er soll, wie das Statut bestimmt, nicht einmal dadurch, daß er sich tätig an der tractatio beteiligt, ‚socius' — d. h. Kommanditist — werden. — Den Schaden, den die socii durch das Kommunizieren seiner Einlage mit der hentica etwa erleiden, soll er ersetzen, — es scheint also das »Einbringen« im obigen spezifischen Sinn nicht naturale des ad portandum in compagniam Gegebenen zu sein. Das Hingegebene kann der tractator weiter kommendieren auf seine Gefahr, wozu er bei der societas maris nicht befugt ist.

[1]) S. 885.

Als der wesentliche Unterschied erscheint hiernach, daß die Einlage hier nicht als hentica im technischen Sinne behandelt wird, sonach auch die vom Statut ausdrücklich für die hentica und die societas maris speziell normierten Haftungsverhältnisse nicht eintreten. Es scheint also hier kein Gesellschaftsvermögen entstanden zu sein und damit wäre der Unterschied dieser Form von der societas maris dem nach dem Handelsgesetzbuch zwischen »stiller« Gesellschaft und Kommanditgesellschaft bestehenden an die Seite zu stellen. Die Kommanditgesellschaft mit Gesellschaftsvermögen ist unzweifelhaft die juristisch höhere Form; es hätte eine gewisse Berechtigung gehabt, wenn Lastig unter »participatio« diejenigen Verhältnisse zusammengefaßt hätte, bei welchen nur eine durch Obligationen unter den Beteiligten geschützte Anteilnahme an Gewinn und Verlust eines Unternehmens ohne Sondervermögensbildungen eintritt, und ihnen die societas maris entgegengestellt hätte, — das hätte eine juristische und nicht, wie seine Unterscheidung je nach der Art, wie Kapital und Arbeit kombiniert sind, eine nur wirtschaftliche Differenz dargestellt.

Jene Differenz zwischen Sozietät mit und Sozietät ohne Sondervermögen ist aber nicht etwas von vornherein Vorhandenes, — wir haben sie in Genua nur undeutlich und indirekt erkennen können. Sie konnte erst zur Klarheit mit dem Moment kommen, wo bei dem ursprünglich im Barhandel verwerteten Institut der Kommenda und societas maris die Notwendigkeit, die Haftungsverhältnisse nach außen klar zu stellen, dadurch eintrat, daß auch im überseeischen Handelsverkehr in umfangreicherem Maße kreditiert wurde. In Genua fanden wir noch ziemlich embryonale Ansätze einer Vermögensbildung, die hochstehende juristische Technik der Statutenredaktoren in Pisa ist schon in früherer Zeit, wie wir sahen, weiter gelangt.

Nach dem Gesagten erscheint es unrichtig, wenn Silberschmidt in der Kommenda die Anfänge der Kommandit- und in der societas maris diejenigen der offenen Handelsgesellschaft finden will. Die societas maris ist vielmehr die Grundlage der Kommanditgesellschaft, die Kommenda aber, soweit sie ein einseitiges Verhältnis blieb, hatte die Tendenz, sich zu einer einfachen Partizipationsart zu entwickeln und ist als eigenartiges Institut schließlich verschwunden, wie sie schon im Constitutum

Usus, wie wir sahen, in der datio ad portandum in compagniam nur noch sehr stiefmütterlich behandelt wird.

Letzteres erklärt sich und zugleich ein fernerer Beweis für die Richtigkeit unserer Ansicht von der Stellung, welche die Kommenda einnahm und der Richtung, nach welcher sie sich umbildete, wird geliefert durch die Bestimmungen des Constitutum Usus über ein noch weiter nach dem Gebiet der einfachen Kreditgewährung hin gravitierendes Verhältnis, welches unter dem Namen »dare ad proficuum de mari« ausführlich geregelt wird[1]).

Auch dies ist, nach den Quellen, ein »accipere havere ad proficuum de mari in aliquo tassedio ad tractandum in hentica«, und schon die Bezeichnung beweist zur Genüge, daß die Kommenda die historische Grundlage ist, was übrigens auch aus den völlig übereinstimmenden Bestimmungen über zahlreiche formelle Fragen und daraus hervorgeht, daß, wenn aus irgendeinem Grunde die besondere hier übliche Art der Gewinnteilung nicht eintritt, auf die quarta proficui als subsidiäre lex contractus zurückgegriffen wird (welche z. B. der kontraktbrüchige Teil zu zahlen hat, »ac si re vera socius esset«). Aeußerlich zeigt sonst das Verhältnis wenig Aehnlichkeit mit seinen Vorfahren. Für die Einlage ist nämlich in Pisa usancemäßig ein Tarif von fixierten Maximalgewinnanteilssätzen festgestellt, deren prozentuale Höhe sich nach der Lage des Bestimmungshafens richtet[2]). Diese Sätze sind von dem Unternehmer als »Kapitalsmiete« zu zahlen, grundsätzlich wie immer der Gewinn aus dem Unternehmen sich stellen mag; bei Nachweis, daß ein geringer oder gar kein Gewinn — schuldloserweise — erwachsen ist, findet Rabatt nach bestimmten Grundsätzen statt, auch wird von der vollen Kapitalserstattung nur bei Nachweis kasueller Verminderung abgesehen. Das Institut liegt zwischen Seedarlehen und Sozietät, doch möchte ich es nicht mit Schröder[3]) als Modifikation des ersteren, sondern eher als einen durch dem Seedarlehen

[1]) Const. Usus c. 24: de his quae dantur ad proficuum maris.

[2]) Const. Usus c. 25: constitutio de prode maris.

[3]) Bei Endemann Bd. 4 § 46, Wagner, Seerecht I S. 25 Nr. 61. Goldschmidt (Festgabe für Beseler S. 204) nennt das Institut ein gesellschaftlich modifiziertes Seedarlehen. Ich möchte die im Text versuchte historische Anlehnung desselben an die Kommenda mit Rücksicht auf den erwähnten Satz, daß die Grundsätze der letzteren subsidiarisch eintreten sollen, wenigstens für die Gestaltung der Haftungsverhältnisse für gerechtfertigt halten. Der Ausdruck »Spezialfall« ist allerdings etwas zu scharf, soll aber nur in dieser Beschränkung festgehalten werden.

entnommene Sätze modifizierten Spezialfall der Einlagesozietät, Kommenda, ansehen, — einen Fall, dessen Gestaltung sich erklärt aus dem abnehmenden Risiko des Verkehrs mit den klassifizierten, sämtlich am westlichen Mittelmeerbecken belegenen Häfen und der zunehmenden Sicherheit, bei Geschäften auf einem bestimmten Markt einen durchschnittlich berechenbaren Gewinn zu machen. Auch der Zweck des Geschäfts ist augenscheinlich prinzipaliter nicht Kreditgewährung, sondern Gewinnbeteiligung.

Das Nähere interessiert uns nicht. Wir sehen hier eine offenbare Weiterbildung der zuletzt geschilderten Partizipationsart, hervorgerufen durch den zunehmenden regelmäßigen Geschäftsverkehr mit den im Tarif genannten Häfen, welche jene fixierten Dividenden ermöglichte. Da nun, wie gesagt, auch dies Verhältnis — das zeigt auch seine Behandlung im Anschluß an die societas maris — sich an die Kommenda angeschlossen hat, finden wir auch hier, daß der von Lastig angenommene schroffe Gegensatz zwischen einseitiger Arbeits- und einseitiger Kapitalgesellschaft nicht das maßgebende Motiv der Entwicklung gewesen ist.

Das dare ad proficuum de mari ist später verschwunden, ein Statutenzusatz verbot alles Hingeben von Kapital gegen certum lucrum, die betreffenden Kapitel des Constitutum Usus sind kassiert, auch sonst, wo das Wort usura vorkommt, dasselbe durch unverfänglichere ersetzt.

Es mag bei dieser Gelegenheit kurz auf eine Auseinandersetzung mit derjenigen Ansicht eingegangen werden, welche die Entwicklung der mittelalterlichen Sozietäten wesentlich auf die kanonische Wucherdoktrin zurückführen will, wohin besonders Endemann gehört[1]). Diese Ansicht nimmt an, daß insbesondere die in der damaligen Doktrin als societas pecunia-opera bezeichneten Kommendaverhältnisse ihre eigenartige Struktur wesentlich dadurch erhalten haben, daß sie die Form gewesen seien, unter welcher das Kapital sich dem kanonischen Verbot des zinsbaren Darlehens zu entziehen gesucht habe. Deshalb habe man selbst Verhältnisse, welche sich wirtschaftlich offenbar als Darleihen von Kapital gegen festen Zinsgenuß darstellten, als Sozietät konstruiert. — Es ist nun bekannt, wie man seiner Zeit in ähnlicher Weise den Rentenkauf als ein verschleiertes

[1]) Studien zur romanisch-kanonischen Wirtschafts- und Rechtslehre. — Gegen ihn vgl. Lastig in der zit. Abhandlung.

zinsbares Darlehen mit hypothekarischer Sicherheit hat historisch erklären wollen, und daß diese Auffassung inzwischen als aufgegeben angesehen werden kann. Die Untersuchungen von Arnold u. a. haben ergeben, daß der Rentenkauf sich allmählich aus den Leiheverhältnissen an Grundeigentum in den Städten entwickelt hat, und daß er einem durchaus selbständigen wirtschaftlichen Bedürfnis genügte, keineswegs aber der Hauptsache nach Lückenbüßer für das fehlende zinsbare Darlehen war, — wenn auch später, aber erst nachdem das Institut sich bereits selbständig entwickelt hatte, das Anlage suchende Kapital es auch als Ersatz für die mangelnde Form der zinsbaren Hypothek verwertete. Was die Sozietätsverhältnisse anlangt, so geht wohl aus der bisherigen Darstellung zur Genüge hervor, daß auch hier die juristische und wirtschaftliche Entwicklung auf eigenen Füßen stand. Wir haben aber andererseits allerdings auch gesehen, daß in der Tat die Form der Kommenda und societas maris zum Zweck der Kapitalanlage, selbst für Mündelgelder, benutzt wurde, — dies auch nach den pisanischen Statuten. Indessen einmal war damals die Entwicklung dieser Sozietäten bereits auf der höchsten im Mittelalter überhaupt von ihnen erreichten Stufe angelangt, und dann ist es auch wirtschaftsgeschichtlich entschieden eine gewaltige Uebertreibung, anzunehmen, das so angelegte Kapital habe diesen Modus hauptsächlich gewählt, weil man ihm den sonst natürlichen Weg, zinsbar ausgeliehen zu werden, verschlossen habe. Dies ist nicht nur nicht erweislich, sondern es kann das Gegenteil als sicher gelten. Im damaligen Verkehr hat, noch ehe man daran dachte, das kanonische Wucherverbot auch außerhalb des forum conscientiae ernstlich als praktisch zu behandeln, das reine zinsbare Darlehen eine relativ recht unerhebliche Rolle gespielt. Anlagebedürftiges Kapital pflegt auch heute sich nicht in großen Dimensionen dem privaten Personalkredit, welchem das zinsbare Darlehen grundsätzlich angehört, zuzuwenden, noch weniger damals; — ein öffentliches Kreditwesen bestand damals wenigstens nicht in der Art, daß es einem chronischen Bedürfnis etwaiger Kapitalisten entgegengekommen wäre. Verfügbares Kapital wandte sich vielmehr, soweit es nicht im Kauf und Wiederausleihen von Immobilien, der überlieferten Form des kapitalistischen Immobilienverkehrs, Verwendung und Anlage fand, in unserem Rechtsgebiet dem Seehandel zu. Die Form des reinen Darlehens war aber für diesen die wenigst geeignete. Die Rückzahlung eines zum Zweck des Unternehmens einer Seereise aufgenommenen Darlehens mußte in dem Fall, daß das Unternehmen von einer Katastrophe betroffen wurde, höchst problematisch erscheinen — daher das römische foenus nauticum, und das in den Statuten mit der Kommenda konkurrierende Seedarlehen des Mittelalters, daher hier die Kapitalanlage in Form der Beteiligung an der Gefahr gegen Gewinnanteil, welch letzteren der aufblühende, daher kapitalbedürftige Handel gern gewährte. Es entsprach diese Form aber auch, wie früher ausgeführt, der Auffassung des mittelländischen Seeverkehrs, der ältesten Stätte des Großhandels, welchem es nicht in den Sinn wollte, daß die Hingabe von Kapital zum Zweck einer überseeischen Expedition nicht als eine Beteiligung an derselben, also auch an ihrem Risiko, gelten sollte. Darin änderten sich die Ansichten, als dies Risiko der Durchschnittsberechenbarkeit zugänglicher wurde. Hieraus, und nicht aus dem Bedürfnis einer subtilen Konstruktion behufs Umgehung des Wucherverbots, erklärt sich die Beteiligung des Kapitalisten an der Gefahr und der Umstand, daß auch Rechtsverhältnisse, welche wirtschaftlich dem Darlehen nahe stehen, noch als Sozietäten mit fixierter Dividende konstruiert erscheinen. Als die Wucherdoktrin — wenn man eine solche als bestehend anerkennen will — auf dem wirtschaftlichen Kampfplatz erschien, war die Entwicklung der Sozietätsformen — das hat Lastig gegen Endemann scharf betont — längst vollendet. Die Rolle, welche das kanonische Verbot alsdann gespielt hat, ist auch in Italien keine kleine gewesen (fast alle Statuten nehmen zu ihm Stellung, — wie? ist hier nicht zu erörtern), aber die Entwicklung eines neuen Rechtsinstituts oder auch nur die Fortentwicklung eines bestehenden ist auf unserem Gebiet, soviel ich sehe, nicht darauf zurückzuführen, es hat hier einzelne Institute, so das dare ad proficuum maris, verkümmern lassen und sonst hemmend, aber nicht schöpferisch gewirkt. Gerade daß das Verhältnis des proficuum maris, welches sich augenscheinlich der Konstruktion als Sozietät am schlechtesten fügt und am geeignetsten für ein Paradigma der Endemannschen Theorie scheint, offenbar vor der Herrschaft der Wucherdoktrin zur Ausbildung kam und später, als jene Doktrin wirklich zu Bedeutung gelangte, ihr zum Opfer fiel, und zwar nicht der Art der Regulierung des Risikos, sondern des certum lucrum wegen, zeigt deutlich, daß nicht das Wucherverbot der Grund seiner eigentümlichen Struktur war.

Wir kehren zur Betrachtung des pisanischen Sozietätsrechts zurück.

Denn wir haben noch gewisse Spezialgestaltungen der allgemeinen, oben dargestellten Form der Seesozietät zu erörtern, welche gerade unser Interesse zu erregen geeignet sind und von dem Constitutum Usus in einem besonderen Kapitel: »de societate inter patrem et filium et inter fratres facta«, behandelt werden[1]).

Die societas maris nämlich erleidet gewisse Modifikationen, wenn eine Sozietät der dargestellten Art zwischen Familiengliedern geschlossen wird, und davon soll jetzt die Rede sein.

Als irrtümlich muß hier namentlich die von Silberschmidt aufgestellte Ansicht bestritten werden, daß die pisanischen Sozietäten gerade aus dem Familienrecht ihren Ursprung genommen haben sollten: — indem nämlich, wenn ein Familienglied, insbesondere ein Haussohn, mit Geld der Familie eine Handelsreise unternahm, sich das Bedürfnis herausgestellt habe, durch Verabredungen, welche alsdann allmählich eine gewisse Usance entwickelt hätten, die Verteilung des Gewinnes zu regeln; diese Usancen seien dann, auch wo derartige Unternehmungen mit dem Gelde eines extraneus gemacht worden seien, zugrunde gelegt worden.

Daß dem nicht so ist und vielmehr umgekehrt die Grundsätze, welche bei der societas maris unter extranei galten, auf den Fall einer Sozietät unter Familienmitgliedern modifiziert angewendet wurden, ergibt vorläufig schon die Fassung des Statuts, welches stets bei Darstellung der societas inter patrem et filium et inter fratres facta auf die bei der societas inter extraneos facta geltenden Rechtssätze als in dubio anwendbar verweist, erstere als einen besonderen Fall der letzteren behandelt, wie jeder Blick in das betreffende Kapitel lehrt. Die zusammenhängende Darstellung wird zeigen, daß diese Fassung dem tatsächlichen Verhältnis entsprach. Vorausgesetzt aber, daß dies der Fall, so enthalten die Sozietäten unter Familiengliedern n e b e n diesen allgemeinen auch speziell ihnen angehörige, modifizierende Elemente, deren Inhalt zu erörtern sein wird, und von welchen es sich fragt, welches i h r e Quelle gewesen sein mag.

---

[1]) C. 21.

Zunächst ist festzustellen, daß das rein verwandtschaftliche Element hier bedeutungslos ist. Wenn ein nicht in potestate, d. h. nicht im gemeinsamen Hause befindlicher Sohn oder Bruder mit seinem Vater bzw. Bruder eine societas eingeht, so wird sie als societas extraneorum behandelt[1]).

Gemeinsame Arbeit auf Grundlage gemeinsamen Haushalts ist auch hier das ökonomische naturale des Familienlebens. Deshalb gibt das Statut dem Vater ein Recht auf die Arbeitsleistung der Söhne in seinem Hause und aus demselben Grunde wird, wenn der Sohn mit Kapital des Vaters den Seehandel betreibt, mangels Abmachungen der Gewinn pro rata geteilt, während wenn der Vater reist, er stets die quarta proficui von dem als Anteil des Sohnes Mitgeführten, »sicut havere esset extranei« bezieht, außerdem aber für sich behält, »totum quod per operam sive alio modo acquisiverit«. Die Arbeitsleistung des Sohnes wird im ersten Fall nicht entgolten, sie gebührt dem Vater ohne weiteres. Der Vater ist in derartigen Fällen naturgemäß stets capitaneus der Sozietät, welche im übrigen ganz den Regeln der societas extraneorum entspricht und bei welcher auch die übliche Art der Gewinnverteilung stipuliert zu werden pflegte.

Die vermögensrechtlichen Konsequenzen der Familiengemeinschaft sind auch hier die uns sonst bekannten, — das Familienvermögen wird nicht als reines Individualvermögen behandelt, es ist zum gemeinsamen Unterhalt aller Beteiligten bestimmt. Der Vater darf deshalb nach dem Statut nicht nach Belieben solche Sozietäten mit den einzelnen Söhnen eingehen, durch welche die übrigen zurückgesetzt würden. Tut er es dennoch, so fällt aller Gewinn daraus ihm, d. h. dem gemeinsamen Vermögen zu. Wenn nun der Vater trotzdem, daß das Vermögen ungeteilt ist, mit den einzelnen Söhnen societates einzugehen überhaupt imstande ist, so muß notwendig auch dem nicht abgeteilten Sohne schon jetzt im Rechtssinn Vermögen überhaupt zustehen, sonst könnte er nichts einwerfen. Der Gedanke liegt nahe, daß — entsprechend dem früher Entwickelten — an dem gemeinsamen Vermögen Konti eröffnet waren, derart, daß, unbeschadet der Geschlossenheit des Gesamtvermögens nach außen, im Verhältnis untereinander das einzelne beteiligte Familienglied auf eigene Rechnung und Gefahr als Unternehmer oder als

---

[1]) S. 887 l. c.

Partizipant sich am Geschäftsleben beteiligen konnte. Dies findet seine Bestätigung darin, daß nach pisanischem Recht die früher erörterte Abschichtungspflicht des Vaters im Fall eines Delikts des unabgeteilten Sohnes bestand, hiernach also auch in dieser Beziehung der Anteil am gemeinsamen Vermögen das eigene, der Exekution zugängliche Vermögen des einzelnen darstellte. Uns hat der Gedanke einer solchen quotenmäßigen Mitberechtigung in einer Familiengemeinschaft nichts Befremdliches unter Miterben, Brüdern, überhaupt Gleichstehenden, — daß aber auch unter Vater und Söhnen das Verhältnis so gedacht wurde, erscheint uns weniger naturgemäß. Wir finden aber in den dem 14. Jahrhundert angehörigen, unten zu erwähnenden Rechnungen der Peruzzi und Alberti in Florenz, daß in der Tat, auch wo zweifellos ungeteilter Haushalt bestand, die Söhne bei Lebzeiten ihres Vaters neben diesem häufig mit Konti in bestimmter Höhe in der handeltreibenden Familiensozietät beteiligt werden; nach außen hat in dubio der Vater die Familie zu vertreten, — er unterzeichnet den Sozietätsvertrag und macht die Einlage, aber er macht sie in solchen Fällen »per se et filios suos«.

Daß diese Auffassung der Mitrechte der Familienglieder, als quotenmäßiger Anteile am gemeinsamen Vermögen, der Familie einen gewissen Sozietätscharakter gab, ist schon früher hervorgehoben, auch bemerkt, daß diese Behandlungsweise nur entstehen konnte, aber auch entstehen mußte, wo das Kapital der Familie durch Generationen hindurch im wesentlichen Handlungsvermögen war.

Die pisanische societas inter patrem et filium facta birgt, soviel ist aus dem Gesagten zu erkennen, in sich verschiedene Elemente: rein usancemäßige, auf dem Boden des Vertragsrechts erwachsene und solche, welche dem Familienvermögensrecht entstammen und uns das gemeinsame Vermögen von Anteilsrechten der Beteiligten, auch der Haussöhne, beherrscht zeigen, so wie wir dies auch anderwärts, am schroffsten in Unteritalien, fanden. Diese beiden Elemente sind aber zu scheiden, die erstere Kategorie entstammt nicht dem Familienrecht; die Quellen heben immer hervor, daß, wo Vater und Sohn wirkliche socii seien, die societas eine »nominata«, eine ausdrücklich stipulierte sei, anderenfalls tritt die sozietätsmäßige Gewinnverteilung nicht ein, — folglich ist deren Basis eben allein der Vertrag.

Eigentümlich nun ist diese Mischung auch bei derjenigen Sozietät, welche das Statut konkret als societas inter fratres facta bezeichnet[1]), und unter welcher es das Gesellschaftsverhältnis unter mehreren unabgeteilten Miterben versteht.

Der Vater kann nach dem Statut durch letztwillige Verfügung eine solche societas unter seinen Erben begründen, ebenso können die Erben die Gemeinschaft als Sozietät fortsetzen, — ersterenfalls, wenn nicht sofort Widerspruch erhoben wird, in beiden Fällen solange, bis eine ausdrückliche Aufkündigung erfolgt. Obwohl nun letztere grundsätzlich jederzeit freisteht, wäre es doch unrichtig zu sagen, daß folglich das Verhältnis nur auf dem Konsens der socii beruhe, also prinzipiell ausschließlich ein gewillkürtes sei. Das Bestehen des Renuntiationsrechts ist etwas sehr Verschiedenes von dem Bestehen der societas auf Grund eines Vertrages. Dies zeigt sich praktisch darin, daß der Miterbe eben b i s zur Renunziation gebunden ist und unabhängig von einer besonderen Willenserklärung socius wird; daß ferner für die Renunziation in verschiedenen Fällen Präklusivfristen bestehen und daß, wenn e i n e r der Erben handlungsunfähig ist, ihm gegenüber resp. von ihm eine Renunziation überhaupt unmöglich ist. Also: es bedarf grundsätzlich zur Auflösung, nicht ebenso unbedingt aber zur Begründung des Verhältnisses einer Willenserklärung des Miterben.

Für die Begründung der Sozietät bildet vielmehr das Surrogat der besonderen Willenserklärung offenbar die communis vita der Miterben, wie schon daraus hervorgeht, daß das Statut für Miterben anordnet, daß, »e t i a m s i non communiter vixerint«, ohne ausdrücklichen Vertrag Teilung des Gewinns, welchen ein Miterbe aus dem Betrieb von Geschäften mit dem gemeinsamen Mobiliarvermögen gezogen habe, pro rata eintrete, dagegen bei expressus consensus der Gewinn und das Risiko wie bei socii geteilt werden solle. Der expressus consensus steht also hier in seiner Wirkung der communis vita gleich.

Ist dies der Einfluß der vita communis für das Bestehen einer Sozietät, so müssen wir nun fragen: welche Bedeutung hat sie an und für sich ohne diese spezielle Beziehung?

Die juristischen Merkmale der vita communis im hier besprochenen Sinn gibt das Constitutum Usus folgendermaßen an[2]):

---

[1]) S. 878 f. l. c. [2]) S. 879.

1. si de communi in una domo vixerint«, — also Gemeinschaft der Häuslichkeit und, wie sich zeigen wird, auch des Haushalts; eine absentia, welche ein anderes domicilium begründet, hebt die Gemeinschaft auf;

2. »et contractus et similia communiter fecerint«, — d. h. nicht, daß beide stets zusammen den Kontrakt schließen, sondern daß sie ihn auf gemeinsame Rechnung schließen, wie der Zusatz zeigt: »sive absentes sive praesentes sint, sive unus praesens alius absens«;

3. Vorhandensein eines gemeinsamen Kapitals ist nicht erfordert, es genügt das Zusammenleben, um »de eo, quod tunc acquisiverint«, die Wirkungen der Gemeinschaft eintreten zu lassen. Also nicht auf Kapital, sondern auf gemeinsame Arbeit ist auch hier das Verhältnis gegründet. Dies wird auch dadurch bestätigt, daß die Wirkungen dieser Gemeinschaft nur eintreten sollen, wenn — eine Reminiszenz an die compagnia fraterna in Venedig — sie »inter masculos« besteht. Nur wer seine Arbeitskraft zur Verfügung stellt, ist Genosse.

Die Wirkungen dieser Kommunion stellen sich dahin, daß

1. aller Erwerb gemeinsames Eigentum wird bis auf die zum unmittelbaren persönlichen Gebrauch bestimmten Mobilien: »de eo quod tunc acquisiverint si aliquid eis praeter convenientia vestimenta remanserit, de acquisitu eorum sit commune«[1]. Macht ein Teilhaber mit fremdem Gelde ein Geschäft, so gebührt der gesamte Gewinn daraus der Gemeinschaft. Hat er Sondervermögen neben der Gemeinschaft und verwendet dies oder die hier wie sonst außerhalb der Gemeinschaft bleibende dos seiner Ehefrau zu Unternehmungen, so wirft er $1/4$ des lucrum in die Gemeinschaft ein, — juristisch klar und konsequent, denn sein voller Arbeitsertrag, welchen nach Sozietätsrecht die quarta proficui darstellt, gebührt der Gemeinschaft, $3/4$ gelten als Kapitalgewinn[2].

2. Jeder einzelne Beteiligte ist an und für sich befugt, über das gemeinsame Vermögen zu disponieren und damit Geschäfte zu machen. Das Statut gibt zwar den anderen Beteiligten ein Widerspruchsrecht binnen zweitägiger Präklusivfrist, der Widerspruch hat aber nur die Wirkung, daß das Geschäft, soweit der Unternehmer dasselbe auf sein Konto unternimmt, auf seine privative Rechnung geht, soweit es darüber hinaus Mittel in Anspruch nimmt, der Widersprechende zwar für das auf sein

[1]) S. 880 l. c. [2]) S. 882 l. c.

Konto Entnommene am Gewinn beteiligt ist, aber im Verhältnis unter den Konsorten nicht am Risiko. Also ist ein einzelner Teilhaber auch über sein Konto hinaus mit dem Vermögen Geschäfte zu machen legitimiert; solange die anderen die Gemeinschaft nicht aufheben, können sie dies nicht hindern. Für die von einem Teilhaber auf eigene Rechnung abgeschlossenen comperae haben die anderen ein Eintrittsrecht (nach Art der heutigen offenen Handelsgesellschaft).

3. Der persönliche Bedarf der Teilhaber wird aus dem gemeinsamen Vermögen bestritten, und zwar an sich lediglich nach Bedürfnis des einzelnen. Für den Fall, daß jemand übermäßigen Aufwand macht, hat das Statut den anderen Konsorten ein Widerspruchsrecht eingeräumt, jedoch nur mit der Wirkung, daß im Verhältnis unter den socii er das nach billigem Ermessen zu viel Entnommene von Erhebung des Widerspruchs an auf sein Konto zu nehmen hat. Es ist diese anscheinend absonderliche Regelung ein klarer Beweis für die Richtigkeit der oben vertretenen Auffassung, daß die Entwicklung im allgemeinen in der Richtung der Beschränkung der prinzipiell rechtlich schrankenlosen Dispositionsrechte der Teilhaber verlief.

Soviel über die communis vita des pisanischen Rechts. Wir sahen oben, daß die communis vita, wo sie besteht, bei letztwillig angeordneten Sozietäten oder wo von den Miterben ein Geschäftsbetrieb in den Formen der societas maris unterhalten wird, den ausdrücklichen Abschluß eines Sozietätskontraktes ersetzt, sie dokumentiert den animus associandi. Die Sozietät unter Miterben beruht somit nicht ausschließlich auf Vertrag. Aber trotzdem ist auch in ihr das Element des Vertragsmäßigen enthalten. Die Quellen legen Gewicht darauf, daß auch diese Sozietät eine »societas nominata« sei. Aus dem Recht der societas maris nimmt sie den Modus der Gewinnverteilung auf, — während an sich bei der vita communis aller Erwerb allen Konti gleichmäßig zugute kommt, tritt da, wo eine societas der gemeinsam Wohnenden angenommen wird, die Gewinnteilung nach den Kommendagrundsätzen ein, und gerade dies Moment hat seinen Ursprung offenbar nicht im Familienvermögensrecht, sondern in den auf dem Boden des dispositiven Rechts stehenden Rechtsregeln über die societas maris.

Wir haben bisher die volle Haushaltsgemeinschaft nur unter Familiengenossen kennen gelernt.

Ueber gleichartige Verhältnisse unter Nichtverwandten enthält das Constitutum Usus nur die dürftigen Bemerkungen über die societas omnium bonorum und die societas lucri[1]), letztere von ersterer dadurch sich unterscheidend, daß sie eine Errungenschaftsgemeinschaft darstellt, während bei der societas omnium bonorum das gesamte Endkapital nach Köpfen geteilt wird. Bei der societas omnium bonorum ist — und dies erinnert an die Bestimmung der lex Langobardorum über die brüderliche Gemeinschaft — nur feudum und libellaria von der Gemeinschaft ausgeschlossen. Welcher Tatbestand sonst den angegebenen Begriffen entsprach, ist undurchsichtig und nur zu vermuten, daß sie die der communis vita unter Familienmitgliedern entsprechenden Verhältnisse inter extraneos betrafen.

Wenn wir nach alledem fragen, wie sich zu den sämtlichen geschilderten Instituten das Prinzip der Solidarhaftung stellt, so ist zunächst auch hier wieder zu betonen, daß aus dessen Nichterwähnung nicht sein Nichtbestehen in Pisa gefolgert werden darf; insbesondere scheint die Struktur der erörterten Haushaltsgemeinschaft nach innen die Solidarhaftung, d. h. hier die Haftung des gesamten gemeinschaftlichen Vermögens, nach außen zu postulieren. Daß es nicht erwähnt wird, würde sich, wenn die hier vertretene Ansicht richtig ist, daraus erklären, daß die solidarische Haftung in Pisa, wie in Genua, für den im Mittelpunkt stehenden Seehandelsverkehr keine Bedeutung hatte, da derselbe sich der Rechtsform der commenda bediente. Das in dem Constitutum Usus enthaltene Sozietätsrecht hat infolgedessen mit der Solidarhaft nicht nur nichts zu tun, sondern bildet sogar einen Gegensatz dazu.

Die Rechtsformen der Seehandelsgesellschaften widerholen sich nun auch hier, wie in Genua und Piacenza, auf dem Lande.

Dem dare ad proficuum maris entspricht das »dare ad proficuum de terra in botthega vel alio loco«[2]), nur fällt hier die Tarifierung der Kapitalmiete weg und ist das ganze Verhältnis noch darlehensartiger gestaltet, indem der tractator nur durch Nachweis von vis major liberiert wird.

Die compagnia de terra[3]) kann verschiedene Gestaltungen annehmen, — sie kann zunächst sich auf eine Handelsreise beziehen, wie bei der societas maris, nur hier auf eine Reise zu

[1]) S. 883 l. c. [2]) C. 26 l. c.

[3]) Const. Us. c. 23 de compagnia de terra p. 897 l. c.

Lande. Sie kann auch — und nur dieser Fall bietet Besonderheiten — einen Geschäftsbetrieb in einem Laden, »bottega«, betreffen.

Bei dieser Form wird, dem geringeren Risiko des Kapitalisten entsprechend, der Unternehmeranteil auf ⅓ des lucrum angenommen, was bei Einlagen von ¼ (tractator) und ¾ (Kapitalist) Teilung halb und halb ergibt. — Nun unterscheidet das Statut auch hier, ob der tractator selbständiger Unternehmer ist (»cum jam de suo quis negotiationem facere paratus fuit vel alterius«) — alsdann ist die Einlage rein einseitig, der tractator gibt pro rata ⅔ des Gewinnes heraus und steht im übrigen ganz selbständig, der Kapitalist ist Partizipant; — oder ob der tractator nur ein mehr oder weniger abhängiges Organ des Kapitalisten ist. Letzterenfalls ist der tractator meist an eine bestimmte bottega gebunden, auf welche hin der Kapitalist mit ihm kontrahiert, er darf nicht über seinen Viertelsanteil hinaus fremdes Gut Dritter als Einlage annehmen. Ein offenbar späterer Zusatz, welcher direkten Zwang gegen den tractator, die bestimmte bottega zu beziehen, ausschließt, läßt mit einer gewissen Wahrscheinlichkeit auf dessen ursprüngliche Zulässigkeit schließen und macht es damit wahrscheinlich, daß, angesichts dieser weitgehenden Abhängigkeit, der tractator in bottega der Sukzessor des hörigen Handwerkers in derselben Weise gewesen ist, wie der fattore, famulus, Kommis derjenige des unfreien Gesindes und der Kommendatar derjenige des unfreien Kargadors. Bestimmteres darüber zu ermitteln ist nicht möglich, — der Gedanke liegt aber sehr nahe, daß die societas de terra mit dem in der eben geschilderten Weise unselbständigen tractator auch die Rechtsform war für dasjenige Verhältnis des Großindustriellen zum Arbeiter, welches wir heute mit »Hausindustrie« bezeichnen. Wie die Bestimmungen des Constitutum Usus ergeben, behält sich bei dieser Assoziation der Fabrikant gegen Gewinnanteil eine Art Bezugsmonopol (durch das Verbot, Einlagen Dritter anzunehmen) an den Arbeitsprodukten des tractator vor, er stellt ihm das Handwerks- und Hausgerät und oft — eine Art Cottage-System — die Wohnung bzw. bottega[1]).

[1]) Näher auf die Rechtsform der unzweifelhaft vorhandenen Hausindustrie einzugehen ist hier nicht der Ort. Alle von Stieda, Die deutsche Hausindustrie, aufgestellten ökonomischen Kennzeichen dieses Instituts treffen aber für das im Text geschilderte Verhältnis zu. In fast allen Statuten kehrt ferner das Verbot dieser Art von »societates« zwischen Großhändlern oder Großindustriel-

Ist dem so, so haben wir hier wieder einen Beleg für die interessante Beobachtung, — welche sich den Ausführungen von Lastig nähert, — daß die Kommendaverhältnisse und was sich daran anschließt, in weiterer Linie auch die Kommandite, ihren Ausgangspunkt von der Assoziation von wirtschaftlich und man kann sogar sagen sozial ungleich Stehenden nimmt, während die solidarische Haftung aus Gemeinschaften Gleichstehender und prinzipiell an einem Vermögen mit gleichen Dispositionsbefugnissen Ausgestatteter erwachsen ist. So viel sehen wir, daß die pisanischen Sozietäten nicht der Boden sind, aus dem jenes Prinzip hervorging. Die Frage kann nur sein, ob vielleicht die Art der Abgrenzung des Sozietätsvermögens auf die Gestaltung der Sondervermögen überhaupt, also auch der offenen Gesellschaft, Rückwirkungen gehabt hat. Insbesondere wäre es möglich, daß die Beschränkung der Haftung auf die bottega und was zu ihr gehört, welche nach Analogie der societas maris bei der compagnia de terra stattgefunden haben muß — die Quellen sagen darüber nichts —, die Entwicklung der früher geschilderten Beschränkung der Haftung bei der offenen Gesellschaft auf das Geschäftsvermögen erleichtert hat. Auch die Art der Buchung des Sozietätsgutes auf besonderem Konto, wie sie sich aus den genuesischen Urkunden und aus der Natur der Sache bei den Seesozietäten ergibt, kann von Einfluß gewesen sein. Nach Lage der Quellen muß dies aber dahingestellt bleiben.

Während, wie aus der bisherigen Erörterung hervorgehen dürfte, die pisanischen Staaten relativ viel Material für die historische Untersuchung des Sozietätsrechts ergeben, ist die urkundliche Ausbeute eine recht spärliche. — Zwei bei Bonaini abgedruckte Urkunden geben Beispiele für die gegensätzliche Bedeutung der compagnia de terra als 1. Arbeitsmiete gegen Gewinnanteil und 2. »Kapitalmiete« gegen Gewinnanteil.

Unter 1 gehört folgende Urkunde von 1337:

> Toccius maliscalcus . . . posuit semetipsum cum domna Cia . . . ad standum et morandum cum ea ed ejus familia ad artem . . . matiscalcie et fabrorum faciendam et exercendam

len und den Handwerksmeistern wieder. Natürlich verfolgte dies Verbot nicht den sozial-politischen Zweck des Schutzes der Arbeitnehmer und des Handwerks, jedenfalls nicht in erster Linie, sondern den des Schutzes der übrigen Großindustriellen gegen die Konkurrenz des mit Hausindustriellen billiger Produzierenden und gegen die Monopolisierung des gesamten Angebotes von Arbeit im Interesse einzelner. — S. u. S. 409 Note 2.

in apotheca ipsius d[ae] Ciae et extra, ubicumque lucrum ... percipiendum erit, hinc ad annum unum ... et ei ejusque familiae ... serviet pp. Der Gewinn soll in manus Ciae gelangen, Toccius erhält 45 sol. Salär per Monat und ¼ des lucrum.

Hier ist Zia capitanea societatis, Toccius ist teils Gesinde — dafür das Salär, teils engagierter tractator — dafür der Gewinnanteil.

Unter 2 fällt die Urkunde von 1384:

Carbone ... ligator bellarum de Florentia ... et Joannes filius d. Carbonis ferrovecchius ... ex una parte, et Berthus furnarius ... ex una et alia parte fecerunt ... societatem ... in arte ... de ferrovecchiis, vendendi ad minutum et alia faciendi per d. Johannem ... in quadam apotheca posita in civ. Pisana conducenda ... In qua ... societate d. Johannes mittat ... suam personam et industriam ... Et d. Berthus mictet ... flor. 200 auri ... in florenis, mercantiis pp. ... investiendies per d. Johannem in mercantiis pp. ... Et debet d. Johannes ... esse caput et major in dicta apotheca conducenda pp. Nach Abzug der pensio apothecae, der Unterhaltskosten des Johannes und seines Dieners und der alia que solent detrehy de similibus societatibus wird der Rest des Gewinnes, nach 4 Jahren das Endkapital halb und halb geteilt.

Die Ricordi des Miliadusso Baldiccione de Casalberti von Pisa zeigen uns einen Kapitalisten, welcher, wie dies auch in Genua zu verfolgen ist, gleichzeitig und dauernd sein Kapital in den verschiedensten Unternehmungen zur See und zu Lande anlegt, meist in Sozietäten[1]).

Eine Urkunde über Assoziation eines Fabrikanten mit einem Arbeiter[2]) findet sich bei Bini (I Lucchesi a Venezia I p. 50)

[1]) Arch. storico ital. App. t. VIII. Einfache Kommenda z. B. 1344: Commuccio ... e Barone suo figliolo de Piombino dîno dare a me Mil. Bald. ... che li diei loro in compagnia di pescara in Corsica fior. 6 d'oro e altretanti ne die' loro Andrea Masso ... Gewinnquote ist als selbstverständlich nicht angegeben, ebenso: 1344: Commuccio ... de' dare a me M. Bald. ... che li diei in C[ia] ad andare in Corsicha a la parte ... a mio risco di mare e di gente fior. 12. Darunter ist notiert, daß die 12 Fiorini nebst 1 fior. 12 sol. Gewinn ausgezahlt sind. — Comp. di terra: Urk. von 1357: 50 fiorini sind in bottega kommendiert, ... e non li de' mettere in mare e se Dio li fa bene de' fare bene a me e se danno lo simile, la parte che ne toccha a 3 mili donari, — offenbar bloße Partizipation ohne Einmischungsrecht.

[2]) Joannes q. Buncontei Paltoris tintor ex parte una, et Cincius q. Tedaldini et Franciscus filius Campanari .. mercatores sete et filugelli pro se ipsis ...

und bestätigt die oben vertretene Auffassung der wirtschaftlichen Bedeutung dieser Art von Sozietäten auch für diese Stadt. — Im übrigen steht urkundliches Material nicht zur Verfügung.

Als Resultat der Betrachtung des pisanischen Rechts ergibt sich, daß, wo das Constitutum Usus von Sozietäten handelt, kommanditartige Verhältnisse vorliegen. — Der historisch scharfe Gegensatz zwischen diesen Rechtsformen und der offenen Handelsgesellschaft[1]) tritt gerade hier deutlich hervor.

---

intendentes simul compagniam et societatem facere in arte tingendi . . . setam et filugellum . . . et propterea apothecam communem et masseritias et alia utilia et necessaria habere . . . Joannes . . . exercebit et operabit artem tintorie bona fide . . . custodiendo et gubernando feliciter setam et filugellum . . . und zwar in einer zu erwerbenden bottega. Er erhält 500 librae angewiesen und Hausgerät, ½ des Gewinnes behält er. Eine Sozietät mit dritten darf er nicht machen und für andere nicht färben.

Eine derartige Monopolisierung der Arbeitskraft für einen Fabrikanten ist vermutlich dasjenige Verhältnis, welches die Quellen mit dem Verbot der societates mit Handwerkern treffen wollen. Der Grund des Verbotes ist, wie schon in Note 1 S. 407 bemerkt wurde, wohl weniger der sozial-politische des Handwerksschutzes, als die darin gesehene Beschränkung der Konkurrenz und die daraus befürchtete Preissteigerung.

Das oben berührte alte Abhängigkeitsverhältnis der Arbeiter und Handwerker tritt noch in der Unterstellung aller zu einer Branche gehörigen Hilfs-Kleingewerbe unter die Zunft der betreffenden Branche zutage.

[1]) Die historische Tatsache, daß beide aus verschiedenen Quellen stammen, ist für die Beurteilung mancher dogmatischer Auffassungen nicht ohne Gewicht.

Wenn Gierke (Die Genossenschaftstheorie und die deutsche Rechtsprechung) die offne Handelsgesellschaft als ein personenrechtliches Verhältnis bezeichnet, so kann dies insofern in dem von ihm dabei verstandenen Sinn akzeptiert werden, als die gesamte vermögensrechtliche Persönlichkeit der socii in der Tat durch das stare ad unum panem et vinum berührt wird, — aber G. will nun (S. 454 l. c.) für die Kommanditgesellschaft eine begriffliche Konstruktion aufstellen, wonach dabei ein »beschränktes Stück vermögensrechtlicher Persönlichkeit«, des Kommanditisten nämlich, engagiert sei, was für die Aktienkommanditgesellschaft zu der denn doch ungewöhnlichen Konstruktion »fungibel gewordener Personen« führt. Es ist nun dogmatisch immerhin nicht recht ersichtlich, wie die auf einen bestimmten Kapitalbetrag fixierte Beteiligung des Kommanditisten dazu kommen soll, ein Stück einer vermögensrechtlichen Persönlichkeit in anderem Sinne darzustellen, als dies bei irgendeiner anderen obligatorischen Beziehung der Fall sein würde. Der Kapitalist stellt keinen aliquoten Teil seiner Arbeitskraft oder seines Vermögens als solcher zur Verfügung, sondern einen fixierten Geldbetrag, wie ein Darlehensgläubiger, sein Erwerbsleben in seiner Gesamtheit wird in keiner Weise durch das Sozietätsverhältnis affiziert. Historisch vollends sehen wir, daß, während die offene Handesgesellschaft in der Tat aus Verhältnissen hervorgeht, welche man personenrechtliche im obigen Sinn nennen kann, die Kommanditgesellschaften aus ganz anderen Antezedentien hervorgingen, bei welchen von vornherein von einer Beziehung auf das gesamte Erwerbsleben bei dem (späteren) Kommanditisten nicht die Rede war, die Bedeutung des Geschäfts, zu welchem er wesentlich

V. Florenz.

Die Entwicklung des Handelsrechts in Florenz ist bereits von Lastig wiederholt paradigmatisch als Gegensatz zu derjenigen in den Seestädten Italiens aufgefaßt und dargestellt worden. Florenz war in der Zeit, als die selbständige statutarische Rechtsbildung in den Kommunen begann, eine Landstadt, welcher der Zugang zum Meer, der einzigen von Zollschranken freien Handelsstraße, durch das vorliegende Pisaner Gebiet versperrt wurde. Nicht der eigentliche Groß- und Fernhandel konnte hier die Grundlage der Kapitalbildung darstellen, und die Rechtsformen, in welchen er sich bewegte, konnten eine originelle Ausgestaltung hier nicht erfahren[1]). Sondern die Erwerbstätigkeit fand sich auf die gewerbliche Arbeit hingewiesen; große industrielle Vermögen bildeten die Grundlage der ökonomischen Macht der Stadt, und auch die großen Konsortien, welche im 14. Jahrhundert die pekuniären Stützen König Eduards von England, der Anjou in Neapel, der Lateiner in Griechenland, der guelfischen Partei in Italien darstellen, wurden gebildet von den großen Häusern der Zünfte, speziell aus den Kreisen der Tuchmanufaktur, — aus der Arte di Calimala gingen die Peruzzi, Alberti, Bardi, Acciajuoli hervor. Das ökonomische Problem, diese industriellen Vermögen durch die Generationen hindurch zu erhalten, war auch das legislatorische Problem der Zunftstatuten. Zweifellos tritt in den ersten Stadien der Entwicklung der Güterumsatz gegen die Produktion zurück, und wir werden demgemäß eine kräftige Entwicklung der Arbeitsgemeinschaften erwarten, speziell der Familiengemeinschaften; — d. h. die Familie ist die natürliche Basis der industriellen Gemeinschaft und nur die von den Vätern auf die Söhne und Enkel sich fortsetzende straffe Zusammenfassung der großen Kapitalien konnte deren Machtstellung Dauer verleihen.

Das ist nun in der Tat der Fall.

---

durch sein Kapital mitwirkte, vielmehr für ihn auf die Höhe seiner Einlage beschränkt blieb.

Es findet nicht eine Stufenleiter statt, auf welcher die Kommanditgesellschaft die nächste Stufe vor der offenen Gesellschaft ist, sondern die offene Gesellschaft steht den anderen Formen historisch und dogmatisch gleich scharf gegenüber.

[1]) Die Kommendaverhältnisse werden nur beiläufig im Statuto dell' Arte di Calimala (bei Emiliani-Giudici, Storia dei comuni) I c. 59 erwähnt.

Lastig hat[1]) die Entwicklungsreihe, welche die Generalis balia von 1309, die Statutenredaktionen von 1320, 1321, 1324, 1355, die Statuten der Arte di Calimala und die Statuta mercatorum von 1393 bilden, dargestellt und durch Nebeneinanderstellung der Parallelstellen anschaulich gemacht.

Es ist wesentlich die oben generell geschilderte Entwicklung, welche insbesondere darin hervortritt, daß als Voraussetzung der Solidarhaftung zu dem »communiter vivere« der älteren Quellen später das »eandem mercantiam et artem exercere« hinzutritt. Die Nebeneinanderstellung der einzelnen Quellenzitate soll hier nicht wiederholt werden. —

In den älteren Redaktionen findet sich an erster Stelle die Solidarhaft der »fratres carnales« communiter viventes erwähnt und Lastig hat auch hieraus ein — in der Tat nicht unerhebliches — Argument für die Priorität der rein verwandtschaftlichen Gesichtspunkte entnommen. Es ist — um hierauf noch einmal kurz einzugehen — unzweifelhaft, daß die Haftung der Sippschaftsgenossen füreinander, aus gewissen Tatbeständen, das ältere Institut ist, indessen scheint es zu weit zu gehen, deshalb zu schließen, daß die spätere, auf der häuslichen Gemeinschaft beruhende Solidarhaftung aus jener »hervorgegangen« ist. In Florenz ist schon vor der frühesten der von Lastig zitierten Statutenredaktionen die Solidarhaftung der socii anerkannter Grundsatz: Die Custodes nundinarum Campanie et Brie, die Meßpolizeibehörde der Champagnermessen, requirieren 1278 die Behörden von Florenz wegen der Schuld eines gewissen, flüchtiggewordenen Lapo Rustichi mit dem Ersuchen, ihn und »ejus socii« realiter und personaliter zu exequieren[2]). Dieselbe Behörde richtet 1300 an die französischen Gerichte das Ersuchen um Vollstreckung der Schuld eines gewissen Guido Pazzi von der Florentiner Sozietät der Scali, welche jener »nomine suo et dictorum sociorum suorum« auf den Champagnermessen

[1]) In der zit. Abh. in der Zeitschr. für Handelsr.

[2]) Giornale Storico degli Archivi Toscani I p. 246. In dem Excitatorium S. 252 das. betr. dieselbe Sache findet sich auch schon die romanistische Institorats-Konstruktion verwertet: »quod dictus Bartolus et Grifus fratres et Johannes Adimari mercatores predicti, dictum Lapum pro ipsis ipsorumque societatis totius nomine, constituerant in solidum . . . actorem et nuntium specialem negotiorumque gestorem, prout in instrumento . . . vidimus . . .« Die bezogene Urkunde wird nicht als Rechtsgrund der Haftung, sondern als Identitäts- und Legitimationsnachweis angeführt, auch erst in dem zweiten Briefe.

kontrahiert habe, »per suorum et dicte societatis venditionem bonorum«[1]). Im Jahre 1303 remonstriert ein von der Kommune Florenz wegen Nichtzahlung einer Sozietätsschuld bannierter angeblicher Florentiner Bürger hiergegen mit dem Bemerken[2]), er sei nicht socius gewesen, und behauptet:

»que li livres et l'escripture toute dou dit Francoiz furent venues a Paris ... par la quele escriture il ne fu onques trouvez comme compains ... Item que la coustume de la dite vile de Florence est tel que qui est compains d'aucune compaignie, ses nons est portés au Conses de la vile et autrement il n'est pas tenus compains«.

Die Kompagnie der Scali, von deren Sturz Villani zum Jahre 1326 berichtet, bestand in der Weise, wie in diesem Jahre, schon über 100 Jahre, desgleichen bestanden die Sozietäten der Alberti und Peruzzi schon im 13. Jahrhundert in derselben Art wie später.

Wenn also die Statuten noch später die Haftung der fratres carnales an die Spitze stellen, oder ausschließlich erwähnen, so geschieht das wohl a potiori: die Florentiner Sozietäten sind ganz überwiegend Familiensozietäten. Dies mit gutem wirtschaftlichem Grunde: die Achillesferse aller damaligen und auch heutiger Assoziationen inter extraneos ist der Auseinanderfall mit dem Tode eines socius und die Notwendigkeit, alsdann früher oder später — selten ohne schwere Verluste — zu liquidieren. Diese gefährliche Eventualität reduzierte sich bei den auf einer, durch Generationen fortgesetzten, Haushaltungsgemeinschaft beruhenden Familienassoziationen ganz erheblich, der Fortbestand, die Kontinuität des industriellen Vermögens, hatte hier eine feste natürliche Grundlage. Nichtsdestoweniger ist es auch bei den Familiensozietäten die Regel, daß außer den Mitgliedern der den Mittelpunkt bildenden Familie, welche der Gesellschaft den Namen gibt, noch andere Teilhaber vorhanden sind, deren Rechtsstellung dann die gleiche ist, wie die Papiere der Alberti und Peruzzi zweifelsfrei ergeben.

---

[1]) In einer in London 1284 ausgestellten Quittung (Balduzzi Pegolotti, Della decima e di varie altre gravezze imposte del comune di Firenze t. II p. 324) bekennt Simone Gherardi, della compagnia di Messes Thomaso Ispigliati e di Lapo Ughi Spene: ... che io ò ricevato e avuto per me e per li compagni desla vandetta compagnia etc.

[2]) Giorn. Stor. degli Arch. Tosc. I p. 272.

Jede Sozietät der hier besprochenen Art hat, das wurde schon früher hervorgehoben, einen gewissen familienartigen Charakter, der sich aus dem engen persönlichen, durch die ursprünglich stets damit verbundene Gemeinschaft des Haushalts verstärkten, Vertrauensverhältnis des socii ergab. Die durchweg analoge Behandlung der socii und der Familiengenossen ist denn auch in Florenz scharf durchgeführt.

Streitigkeiten unter Familiengenossen wie unter socii werden hier wie anderwärts nicht im ordentlichen Prozeßwege ausgemacht, — ursprünglich offenbar der Unschicklichkeit des gerichtlichen Zweikampfs unter solchen Personen wegen, — sondern durch ex officio und zwangsweise anzuordnende arbitria erledigt [1]).

Die Haftung des gesamten Hauses, — bei der Sozietät grundsätzlich auch der fattori und discepoli, bei der Familie auch der Haussöhne, für den Chef bzw. Vater, und umgekehrt, — ist von den Statuta Populi et Communis Florentiae l. II c 110 und von den Zunftstatuten (an den von Lastig zitierten Stellen) gleichmäßig anerkannt. Hinsichtlich der Haftung der Familiengenossen haben dann die Statuten auch hier die eigentümliche, uns schon anderwärts begegnete Abschichtungspflicht — und das entsprechende Recht — der Familie bezüglich des Erbteils des überschuldeten Mitgliedes an die Stelle der unbedingten Haftung gesetzt; — und ganz analog ist für die Sozietäten die Bestimmung im Stat. dell' Arte di Calimala (I c. 62), wonach sich die Exekution richtet gegen

> »compagni e compagnia e gli altri . . . salvo che se'l maggiore o lo scrivano di quella compagnia . . . giurasse . . . che quello compagno, per cui si domanda, non abbia del suo nella compagnia, in questo caso non siano tenuti di pagare per lui. E se . . . dicesso che egli avesse meno . . . facciasi l'ececuzione solo in quella quantità che s'ha . . .«

Es handelt sich hier, nicht zu vergessen, um »Privatgläubiger«, und wir finden darin eine Bestätigung der früheren Darstellung von den ersten Entwicklungsstadien: an die Stelle der Haftung

---

[1]) Stat. Populi et Communis Florentiae, definitiv redigiert 1415, Edit. Friburg-Florentiae, l. II c. 66. Statuto dell' A. di Calimala I 60. Vgl. die in fast allen Statuten wiederkehrende Unfähigkeit der socii, als Zeugen füreinander aufzutreten und ihr entsprechendes Zeugnisverweigerungsrecht z. B. Decis. Rotae Lucensis 35.

ohne weiteres und der unmittelbaren Exekution in die Gemeinschaft tritt auch bei der Sozietät die Ausschichtungspflicht und der Anspruch der Gläubiger auf Auseinandersetzung[1]).

Wie bei den Familiengenossen, so erstreckt sich auch bei den socii die Wirkung der Gemeinschaft auf das gesamte Erwerbsleben und auch auf alle wichtigen persönlichen Verhältnisse. Verheiratung außerhalb von Florenz, also außerhalb der Möglichkeit der Kontrolle, ist ohne Erlaubnis der Kompagnie dem socius, factor und discipulus nicht gestattet[2]); dieselben dürfen, solange sie zu einer Kompagnie der Zunft gehören, aus letzterer nicht austreten[3]); sie dürfen nicht neben den Geschäften der Kompagnie noch eigene Geschäfte machen[4]).

Die Stellung des kaufmännischen fattore — Kommis, — und discepolo — Lehrling — ist in einer derjenigen des Haussohns sehr analogen Weise geregelt. Wie der Haussohn, so erwirbt grundsätzlich der fattore alles der Gemeinschaft, welcher er als unselbständiges Glied angehört[5]); er sowohl wie der discepolo haften ferner für die Schulden der Gesellschaft, der Gläubiger kann sich unmittelbar an sie halten, die Statuten verpflichten für den Fall, daß dies geschieht, nur den Chef, für sie einzutreten und sie zu liberieren[6]). Erst 1393 wurde die persönliche Haftung dieser Personen aufgehoben[7]). Die Gerichtsbarkeit über den Chef ist notwendig zugleich Gerichtsbarkeit über dessen fattori und discepoli[8]). Die Legitimation des fattore zur Verpflichtung der Sozietät wurde schon erwähnt. Nach alledem, — die nähere Erörterung des Verhältnisses der Lehrlinge und Kommis gehört nicht hierher, — ist der Parallelismus zwischen Sozietät und Familiengemeinschaft in den Verhältnissen auch der unselbständigen Glieder der Gemeinschaft unverkennbar.

Die Frage ist aber, ob daraus eine Herübernahme aus dem Familienrecht zu den Sozietäten zu folgern ist. Unzweifelhaft haben die uns hier beschäftigenden Sozietäten eine in mehr als

---

1) Vgl. für heutiges Recht HGB. Art. 119, 120, 126, 127.

2) Statuto dell' Arch. di Calimala I c. 75.

3) Eod. c. 81.

4) Eod. c. 67.

5) Tractatus Consulum Artium et Mercatorum R. 17 — in die Statutenredaktion von 1415 aufgenommen L. IV das.

6) L. c. R. 18.

7) Tractatus de cessantibus et fugitivis R. 14.

8) Tract. Cons. Art. et Merc. R. 19.

einer Beziehung eigenartige Gestalt, welche aus einem Sozietätsverhältnis an sich nicht folgt. Dieselbe erklärt sich indessen durchaus durch die, dem Ursprung dieser Sozietäten aus dem Handwerk entstammende, Verbindung derselben mit einer Gemeinschaft des Haushalts, welche ein die gesamten persönlichen Verhältnisse des Genossen beeinflussendes Vertrauensverhältnis involvierte. Dagegen enthalten andererseits die Rechtssätze über die Familiensozietäten zahlreiche nach unserer Auffassung befremdende Bestimmungen, welche nur bei einer Betrachtungsweise erklärlich sind, die in dem neugeborenen Sohn des Hauses schon den künftigen Kommis und späteren Kompagnon des väterlichen und großväterlichen Geschäfts sieht.

Die Arbeitsgemeinschaften und noch die späteren großen industriellen Assoziationen haben in ihren ersten Entwicklungsstadien ein auch der Familie eigentümliches Moment, den gemeinsamen Haushalt, mit seinen Konsequenzen in sich aufgenommen, die Familie aber hat sich als Sozietät konstituiert, — so etwa wäre das Verhältnis beider zu formulieren und dahin scheint mir die Auffassung von Lastig restringiert werden zu müssen.

Schon in den frühesten uns bekannten Florentiner Rechtsquellen ist die Regelung der Haftung der Genossen dahin fortgeschritten, daß nicht alle beliebigen Schulden eines socius, sondern nur gewisse Kategorien, die Sozietätsschulden, zur solidarischen Haftung führen sollen, und die nächste legislatorische Frage ist nun, welches Kriterium dafür aufzustellen sei, ob eine Schuld Sozietätsschuld ist oder nicht.

Die Generalis balia von 1309 macht die socii haftbar für Schulden, »in quantum socios tangeret«, insoweit eine Schuld sie »angeht«. Was aber geht sie an? Dafür mußte ein im Verkehr praktikables Merkmal gegeben werden.

Von Anfang an hat hier die Buchführung Bedeutung gewonnen. Wie wir schon bei der societas maris die Notwendigkeit besonderer Buchung des Sozietätsgutes betonten, so und noch mehr war hier eine gesonderte Buchführung über den Geschäftsbetrieb unentbehrlich. Das Bestehen einer solchen ergeben auch die bisherigen Publikationen aus den Büchern der Alberti und Peruzzi[1]). Schon die Statuten von 1324 bestimmen nun:

---

[1]) Passerini, Gli Alberti di Firenze. Peruzzi, Storia del commercio e dei banchieri di Firenze. Besonders in letzterem Buch sind Bücherauszüge enthalten.

»Et quicunque recipere debet aliquam pecuniae quantitatem adscriptam alicujus libri societatis alicujus quilibet sociorum et obligatur in solidum.«

Ebenso das Statut der Arte di Calimala I 88:

»a pagare tutti e ciascuno debiti, i quali egli overo alcuno de' suoi compagni fosse tenuto di dare ad alcuna persona i quali debiti fossono scritti nel libro della loro compagnia.“

Und die Statuta mercatorum von 1393:

»Si vero aliquis . . . promissionem fecerit etiam ignorante . . . socio . . . et ratio talis debiti . . . reperiretur descripta in aliquo libro ydoneo talium sociorum . . . quilibet talium sociorum sit . . . in solidum obligatus.«

Dieser Grundsatz geht also durch.

Allein naturgemäß konnte er nicht ausreichen. Die Haftung Dritten gegenüber, ein Recht des Gläubigers, konnte nicht von der Buchungsart des Schuldners allein abhängig gemacht werden. Die Buchung hat die Natur eines Beweismittels. Neben diesem akzidentellen Kennzeichen mußte es ein essentielles geben: es kam eben darauf an, welche Schulden zu Lasten der Sozietät zu buchen waren.

Handelte es sich, wie in den früheren, kleinen Verhältnissen, um den Geschäftsbetrieb von einem Kaufladen aus, so war der Abschluß im Laden oder vom Laden aus das von selbst gegebene Kennzeichen. Im späteren und Großverkehr kam dies nicht in Frage. Während eine Stelle (Rubr. 14) des Tractatus de cessantibus et fugitivis die officiales entscheiden läßt, ob eine Schuld der societas vorliegt oder nicht, wird schon in einer (bei Lastig abgedruckten) Stelle der Statuten von 1324, in den späteren Redaktionen, und in dem Statuto dell' Arte di Calimala das einfache Kontrahieren eines socius mit der Erklärung, er kontrahiere namens der Sozietät, für genügend zur Verpflichtung der socii nach außen erachtet und neben der Eintragung in die Bücher der Sozietät als genügendes Fundament für den Anspruch des Gläubigers gegen die socii hingestellt. Die spätere Form dieses »asserere se facere pro se et sociis suis« ist das Kontrahieren unter der Firma, wie die Statuti della honoranda università de' mercatanti von Bologna von 1509 (fol. 67) zeigen; nach denselben beschränkt sich die Haftung der socii für einander aus Wechseln auf die beiden den hier erwähnten entsprechenden Fälle, daß entweder 1. der Gläubiger die Eintragung der Schuld in die Bücher der Sozietät nachweist, oder 2. auf dem Wechsel der »proprio e usato nome della compagnia« gebraucht ist. Letzteres entspricht mithin dem Kontrahieren »pro se et sociis suis« hier.

Auch in Florenz also finden wir die Grundlagen des späteren Kontrahierens unter der Firma der Gesellschaft als rein formalen Kennzeichens der Sozietätsobligationen. Allein doch nur recht unentwickelt. Einmal ist der Begriff der Firma weit entfernt, ein feststehender zu sein. Es heißt in den Statuten: »asserendo .. se facere pro se et sociis suis.« Zunächst also: wer sind seine socii, nachdem das Merkmal des gemeinsamen Haushalts oder der gemeinsamen taberna nicht mehr ausreichte? Die einfache Definition: diejenigen, welche mit ihm unter einer Firma ein Geschäft betreiben[1]), fehlt noch. Während die Statuten von 1324 und 1355 die »publica fama ipsos socios esse«, d. h. wohl: den Umstand, daß die Betreffenden sich nach außen so geriert haben, wie socii, entscheiden läßt, geben die späteren Redaktionen ein Merkmal überhaupt nicht an.

Dann aber war man — wohl zum Teil unter dem Einfluß der romanistischen Theorie — ängstlich mit der Abstellung der Solidarhaft rein auf die Erklärung des kontrahierenden socius, daß er für die Sozietät kontrahiere, und verlangte deshalb die Einwilligung eines oder mehrerer socii zur Wirksamkeit des Kontrakts gegen die Sozietät[2]). Derartige, sich in den Statuten findende Bestimmungen sind nicht etwa Reste einer früheren beschränkteren Geltung der Solidarhaftung, sondern eine spätere Einschränkung rechtspolizeilicher Natur[3]), welche etwa auf dem gleichen Brett steht mit der Bestimmung des Stat. dell' Arte di Calimala[4]), daß von Amts wegen darauf zu halten sei, daß ins Ausland reisenden socii eine unbeschränkte urkundliche Vollmacht seitens der Sozietät gegeben werde; damit ist die Legitimation des socius zur Verpflichtung seiner socii nicht erst

[1]) »Quorum nomina expenduntur« heißt es später.

[2]) Stat. v. 1324 u. 1355: dummodo nullus socius possit (hiernach wohl nicht nur im Verhältnis unter den socii) contrahere debitum in civitate vel districtu Florentiae ex quo aliquis socius vel socii teneantur . . ., nisi talis obligatio fiat de consensu saltem duorum aliorum de ipso societate.

[3]) Die Bestimmung in voriger Note beschränkt ihre Wirkung auf den Distrikt von Florenz. Daß die Bestimmung eine Neuerung im beschränkenden Sinn enthält, ergibt sich daraus, daß das Stat. dell' A. di Calimala sie nicht kennt, sondern erst in den Additamenta von 1341 sub II nachträgt.

[4]) I c. 66.

geschaffen, sondern nur dem Sicherheitsbedürfnis des internationalen Verkehrs Rechnung getragen. Die Statuta mercatorum von 1393 und die in die Statutensammlung von 1415 übergegangene Redaktion haben jene Beschränkungen wieder fallen lassen. Sie verlangen nur, daß »talis contractus esset vel fuisset de aliqua vel super aliqua re spectanti et pertinenti ad societatem seu trafficum hujusmodi sociorum«, überlassen also die Art, wie dies festgestellt werden soll, dem Richter; es muß sich nur um ein zum Betriebe der Sozietät gehöriges Geschäft handeln.

Damit ist diese Entwicklung für Florenz abgeschlossen, die definitive Feststellung des Grundsatzes, daß, wer zur Firma gehört, »cujus nomen expenditur«, haftet für die namens der Firma abgeschlossenen Geschäfte, gehört der früher skizzierten internationalen Entwicklung an.

Wenn nun also nur gewisse von einem socius kontrahierte Schulden das Sozietätsvermögen belasten, so ist das Korrelat, daß also die übrigen Schulden des socius dasselbe unberührt lassen. Diese Konsequenz zieht —, und damit ist das Sondervermögen definitiv konstituiert, — das Statuto dell' Arte di Calimala in folgender Stelle (I c. 56):

> Wenn ein socius obligiert ist, »in sua specialità a suo nome per carta o per scrittura di sua mano secondo che è principale, o per mallevadore, ove non si faccia menzione della compagnia della quale fosse compagno, fattore overo discepolo . . . sia costretto cotale obligato nella sua persona e ne' suoi beni solamente . . . niuno di quella compagnia possa essere costretto nè molestato . . . veramente si . . . avesse alcuni beni in quella compagnia, sia tenuto la compagnia di rispondere interamente di quelli beni per tale obligato e conviuto.«

Die Art der Regelung in dem am Schluß gedachten Falle, durch Ausschichtung des socius, wurde schon erwähnt. Ob über das Gesellschaftsvermögen ein besonderer Konkurs möglich ist, wird nirgends gesagt, es ist an eine solche Möglichkeit schwerlich gedacht. Machte eine Sozietät Bankrott, so werden die Privatgläubiger schwerlich dem Konkurse fern geblieben sein und das Privatvermögen der socii ist jedenfalls unmittelbar mit von dem Konkurse ergriffen worden. Die Rechte der Gesellschaftsgläubiger am Sondervermögen treten dann, wie sie noch

Fierli[1]) schildert, als Recht auf vorzugsweise Befriedigung aus dem »sportello« in die Erscheinung. Wo die Quellen von dem finanziellen Sturz großer Gesellschaften sprechen, so dem der Scali 1326 und der Bardi, Peruzzi u. a. 1345[2]), behandeln sie die Compagnia als den Falliten und sagen, daß dieselbe für »cessante e fugitiva« erklärt wurde.

Auf das, was uns über die Verhältnisse dieser schon öfter erwähnten großen Sozietäten urkundlich bekannt ist, ist hier schließlich noch in kurzem einzugehen. Es ist nicht viel: am meisten ist noch enthalten in Auszügen aus den Büchern der beiden großen, der Arte di Calimala angehörigen Bankiersfamilien der Alberti und Peruzzi, welche in einzelnen Partien, nicht nach juristischen Gesichtspunkten und, was die Peruzzi anlangt, überdies dilettantenhaft und von nicht sachkundiger Hand, veröffentlicht sind[3]). Immerhin finden wir auch in diesen Bruchstücken die von uns geschilderte Entwicklung wieder.

Zunächst tritt deutlich als Naturale der Gesellschaft der gemeinsame Haushalt hervor. Die Notizen aus dem libro segreto des Giotto Peruzzi aus den Jahren 1308 ff. und andere enthalten Abrechnungen der socii über die für gemeinsame Rechnung gemachten Auslagen[4]) für den persönlichen Unterhalt —: Brot, Pöckelfleisch, Wein, Pferde, Wachslichter, Taschengeld (danari borsinghi), Dienstboten —, und davon ungetrennt die Ausgaben für die Bedürfnisse des Kontors und Warenlagers, Formulare für Pergamenturkunden und für Geschäftsbücher, Wachs zum Siegeln, Schreibmaterial u. a. Diese Auslagen sind von dem die Kasse führenden socius aus der Kompagniekasse gemacht und werden dann auf die einzelnen beteiligten Familien umgelegt[5]).

---

[1]) Della Società chiamata Accomandita.

[2]) Villani, Croniche storiche X c. 4.

[3]) Passerini, Gli Alberti di Firenze. Peruzzi, storia del commercio e dei banchieri di Firenze. Vgl. Goldschmidt, Zeitschr. für Handelsr. Bd. 14 S. 660.

[4]) Auch nach Baldus, Consilia II 260 werden die Haushaltungskosten in dubio einfach de communi bestritten.

[5]) Z. B. Peruzzi: t. I p. 2 der codici 1308: Sono lire 698. 16. 8 a fiorini che Tommaso Peruzzi e Compagni nostri pagarono per me Giotto Peruzzi per la terza parte di spese di casa e famiglia comune col detto Tommaso e con Arnoldo miei fratelli la quale fue da Kalen novembre 1308 a K. nov. 1309 — — l. 698. 18. 8. 1309 p. 3: Sono l. 933. 4. 10 a fiorini che Tommaso etc. pagarono etc. per la terza parte di spese di casa, di famiglia, per fazioni di comuni, di cavalli e di fanti, pane e vino e a nostra e loro spese comuni con Tommaso suddetto e Arnoldo nell' a. 1310 pero in spese in questo libro nel 137 — — — — — l. 933. 4. 10. 1310 . . . per spese della mia famiglia

Nun ist eine Entwicklung bemerkbar. Im Jahre 1313 erscheinen als gemeinsam dieselben Auslagen, wie eben genannt, mit Ausnahme jedoch, wie ausdrücklich hervorgehoben wird, der Kosten der Bekleidung und des Taschengeldes; diese letzteren gehen auf spezielle Rechnung dessen, welcher sie macht[1]). Eine dementsprechende Aenderung findet sich gleichfalls in einem Erbrezeß der Alberti vom 1. Mai 1334. Hiernach soll für die Zukunft, — bis dahin waren die Auslagen behandelt worden wie bei den Peruzzi, — jeder die Kosten der Bedürfnisse seiner eigenen Familie selbst tragen. Ausgenommen davon sind die Kosten der gemeinschaftlichen Tafel und einiges Entsprechende; diese sollen gemeinsam bleiben und umgelegt werden; jedoch wird, offenbar wegen der verschiedenen Stärke der beteiligten Familien, ein fixierter Betrag vorweg einer jeden von ihnen zur Last geschrieben und erst der Rest wird gleich verteilt[2]).

Diese Aenderungen, bei welchen wir uns an die in Pisa konstatierten Erscheinungen erinnern, geben ein unverkennbares Beispiel für die früher generell geschilderte Tendenz der Rechtsentwicklung, die ursprünglich unbeschränkte Verfügungsfreiheit des einzelnen socius den Verhältnissen entsprechend zu begrenzen.

---

per calzare, vestire, danari borsinghi, più 35 fiorini d'oro giocati e 45 fior. d'oro per spese di mobilia al bagno a Menzona come appare al libro della compagnia.

1312 . . . di mangiare e bere, salario di masnadieri, di fanti e lanciulli e spese di cavalli e fazione di comune e altre spese che face a comune . . .

[1]) . . . per la terza parte di spese di casa, di famiglia, e fazione di comune e altre, s e n z a vestimenti nè calzamenti nè danari borsinghi, spese in comune col detto Tommaso mio fratello e con Ridolfo di Donato mio nepote . . .

[2]) Vom 1. Mai 1334 an soll zwischen Carroccio, Duccio und Alberto di Lapo dei Alberti eine Abrechnung der Art stattfinden, daß »ciascheduno quelle della sua propria famiglia del suo proprio le debba fare, chome bene piacerne a ciachuno«, dagegen »le spese chessi far a chomune, cioè alle tavola nostra, ove chomunemente partecipiamo, e le spese chomuni a minuto diputa a presente affare per noi a Jacopo di Charoccio . . . queste cotali tassiamo, che ne debba tocchare per anno a Charoccio l. 300 piccioli e a Duccio l. 250 piccioli e a Alberto l. 200 piccioli l'anno.

E fummo in achordo che se la detta spesa fosse maggiore che quel chotale piu fosse per terza intra noi e se la detta spesa fosse minore che anche quel meno fosse per terzo intra noi.«

In gleicher Weise wird ein Limitum für den Aufwand gesetzt, welcher auf gemeinsame Kosten für Logierbesuch gemacht werden darf. Was darüber hinausgeht, hat der Einzelne zu tragen. Die Verteilung der Kosten auf die Einzelnen muß, da das ganze mobile Vermögen der Brüder in der Sozietät angelegt war, durch Anrechnung auf das Konto des Betreffenden erfolgt sein.

Kommen wir nun auf die Basis des Gemeinschaftsverhältnisses, so ist dieselbe formell eine vertragsmäßige. Zwar setzt sich die Gemeinschaft des Haushalts von Generation zu Generation fort, Teilnehmer sind dauernd dieselben Personen und deren Deszendenz; aber es wird formell jedesmal eine zeitlich, auf eine bestimmte Anzahl von Jahren, beschränkte Gesellschaft durch schriftlichen Sozietätsvertrag[1]) geschaffen und die Anteilsrechte der Teilnehmer wechseln bei jeder Erneuerung.

Das Grundkapital der Sozietät — il corpo della compagnia — setzt sich aus den Einlagen der socii zusammen.

Diesen Einlagen, welche in der Regel, soviel ersichtlich, runde Summen darstellen, wird Gewinn und Verlust zu- und abgeschrieben. Die Einlage darf der socius nicht vermehren oder vermindern vor der Generalrechnung, saldamento della compagnia[2]), die im allgemeinen alle 2 Jahre aufgemacht wird. Bis dahin bleibt die Einlage auch beim Tode des socius vinkuliert und maßgebend für die Gewinn- und Verlustverteilung. Erst beim Saldamento kann er die Einlage dem Betrage nach ändern und ist dann von da an entsprechend der vergrößerten oder verkleinerten Höhe derselben als socius beteiligt, sein neues Kapitalkonto wird mit diesem Betrage eröffnet. Da sich erst beim saldamento der etwaige Gewinn ergibt, so sind zweifellos auch »Entnahmen« des socius vorher überhaupt auf sein Kapitalkonto nicht zulässig[3]), sondern, wie wir oben sahen, auch die persönlichen und Haushaltsbedürfnisse bestreitet die Sozietätskasse und legt sie später um. (Vielleicht oder vielmehr höchst wahrscheinlich hat man später die gemeinsame Haushaltskasse von der Sozietätskasse getrennt.) Das Sozietätsvermögen war hiernach ein formell geschlossenes.

Die Einlage des socius umfaßte nicht sein gesamtes Vermögen.

Zunächst bleibt außerhalb des Sozietätsvermögens der Immobiliarbesitz. Gemeinsame Immobilien finden sich, insbesondere ist das Haus in Florenz, welches die Niederlassung der Gesellschaft bildet, offenbar gemeinsam. Aber aus den Sozietätsverträgen und Abrechnungen scheint hervorzugehen, daß man nur die Einlagen an Kapital berechnete und buchte, die Aus-

---

1) Bei Peruzzi l. c. sind mehrere Sozietätsverträge abgedruckt.

2) Stehend wiederkehrende Abrede in den Sozietätsverträgen.

3) Auch nicht auf seinen Gewinnanteil, denn das Vorhandensein eines solchen konstiert erst bei der Abrechnung.

einandersetzung und die Berechnung der Anteile sich nur auf das mobile Vermögen bezog. Es entspricht das ja dem oben generell Erörterten. Der wesentliche Teil des anscheinend, den damaligen Gewohnheiten entsprechend, sehr umfangreichen Immobiliarbesitzes stand aber im Sondereigentum der Teilhaber und kam für die Gemeinschaft überhaupt nicht in Betracht. In den Florentiner Familien findet sich bekanntlich ein starker Besitz an Häusern und Häuseranteilen. Das Immobiliarvermögen der einzelnen socii wird aber in den Sozietätsverträgen gar nicht erwähnt.

Indessen auch Mobiliarvermögen besitzen die socii außerhalb des Gesellschaftsfonds, und darunter, was für uns besonders wesentlich ist, Kapitalien, welche werbend bei der Kompagnie angelegt sind und doch nicht zur Einlage gehören. In fast allen Sozietätsverträgen wird Bestimmung über diejenigen Gelder getroffen, welche ein socius »fuori del corpo della compagnia« hat. Da nun das Charakteristikum des corpo della compagnia ist, daß der socius seinen Anteil daran nicht vor der Abrechnung verändern kann, so muß angenommen werden, daß jene anderen Kapitalien nicht in dieser Weise vinkuliert sind. Sie würden also ein Konto des socius darstellen, welches er vermehren oder vermindern kann auch zu anderen Zeiten als bei der Generalrechnung. Dem entspricht, — und dies ist wirklich mehrfach in den Sozietätsverträgen ausdrücklich gesagt —, daß sie auch nicht in derselben Weise wie die Einlagen der socii am Gewinn und Verlust partizipieren können. In der Regel scheinen sie von der Sozietät dem socius verzinst worden zu sein, wie ein heutiges jederzeit kündbares Depot [1]).

---

[1]) Sozietätsvertrag der Peruzzi v. J. 1300 (b. Peruzzi l. 3 c. 2 Nr. 6). Am Schluß: Ordinato si è quando faremo ragione di detta compagnia che ciascuno abbia sua parte siccome toccherà per migliajo; ancora si è ordinato che quelli compagni che tengono de' loro danari fuori del corpo della compagnia e dovranno riaverli da essa la compagnia ne dove a quei cotali a ragione dell' 8 per cento l'anno.

Sozietätsvertrag der Alberti v. 1322: . . . il corpo della compagnia diciamo che sia in somma l. 25 000 a fiorini e ciascuno debba partire per sua parte per gli denari che metterà per suo corpo di compagnia del guadagno e perdito che Iddio ne desse; e que' denari che si metterano per lo corpo siano obbligati alla detta compagnia e niuno ne posse trare nè avere per niuno modo, salvo che quando si facesse il saldamento della regione della detta compagnia e se avesse alcuno che ne volesse traere, si possa in questo modo che da quello saldamento inanzi debba abbattere di sua parte e di suo corpo di compagnia quanti danari egli traesse e quei che rimangono s'intendono essere sua parte.

Die beste Uebersicht des ganzen Verhältnisses gibt der Erbrezeß der Brüder Carroccio, Duccio und Alberto di Lapo del Giudice dei Alberti vom Jahre 1336 über das Vermögen ihres 1319 verstorbenen Vaters, welches also bis dahin, 17 Jahre hindurch, ungeteilt geblieben war. Die wesentlichen Bestimmungen desselben mögen daher hier Platz finden[1]).

Lapo del Giudice hat bei seinem Tode 1200 l. in der Kompagnie als Einlage stecken gehabt. Bei der Teilung 1336 sind vorhanden:

l. 22 300 dentro il corpo della compagnia
l. 10 308 sol. 18 den. 6 fuori del corpo della c^{ia}, zusammen
l. 32 608 sol. 18 den. 6 an Mobiliarvermögen, wozu
l. 4 785 an Immobilien (zum Taxwert) kommen, zusammen
l. 37 393 sol. 18 den. 6 an Teilungsmasse.

Hiervon sollen l. 4008 sol. 18 den. 6 für gemeinsame Rechnung der Brüder bei der Compagnie »in Accomandigia« gegeben werden. Das kann heißen: in Depot gegen Zinsen oder als quasi-Kommenda, also gegen Gewinnanteil. Im vorliegenden Fall scheint zunächst ersteres wahrscheinlicher; allein an sich konnte, wie in Genua die Kommenda neben den Sozietätsgütern, so hier eine Kommenda neben der Einlage stehen. Der socius wäre dann zugleich offener Gesellschafter mit Einlage und stiller Teilhaber, die Gewinnanteile wären vermutlich verschieden. Daß in casu auch letzteres Verhältnis gemeint sein kann, zeigt die in demselben Rezeß erwähnte Bestimmung des Testaments des Vaters, wonach die Söhne sich mit 200 fior. für Rechnung jedes Enkels an der Kompagnie beteiligen sollen und daß die vorgedachte Kommendierung die Ausführung dieser Bestimmung darstellt[2]).

Der von dem Kapital von	l.	37 393 sol. 18 den. 6
nach Abzug jener	l.	4 008 sol. 18 den. 6
verbleibende Rest von	l.	33 385 sol. — den. —

Ancore se ... volesse al saldamento ... mettere ... piu danari ... debba dal saldamento ... inanzi partire per gli denari che vollà mettere ... E ciascuno de' detti compagni che avrà danari nella detta compagnia, oltre i denari che avrà per il suo corpo, stea al provvedimento degli altri compagni p. p. (t. I p. 25).

Entsprechend schon der Vertrag der Alberti von 1304 b. Peruzzi.

[1]) Abgedruckt bei Passerini, Gli Alberti di Firenze.

[2]) Gerade daraus, daß im vorliegenden Fall vertragsmäßig die Entnahme von Beträgen und usifrutti auf das kommendierte Kapital ausgeschlossen wird, geht hervor, daß solche Entnahmen auf derartige, außerhalb des corpo della C^{ia} stehende Beträge sonst zulässig waren.

soll unter die drei Brüder verteilt werden und zwar soll, da in den Anteilen der älteren Brüder die in die Gemeinschaft gefallenen Mitgiften ihrer Frauen enthalten sein müssen, Carroccio 500 l. mehr als Duccio und dieser 1000 l. mehr als Alberto erhalten. Es erhalten also:

	Carroccio	l. 11 795
	Duccio	l. 11 295
	Alberto	l. 10 295
womit das Kapital wie oben		l. 33 385 aufgeteilt ist.

Diese Erbteile werden nachgewiesen wie folgt:

Es erhalten[1]):

	Carroccio	Duccio	Alberto	Zusammen
1) An Immobilien	l. 725 s. — d. —	l. 2030 s. — d. —	l. 2030 s. — d. —	l. 4785 s. — d. —
2) Dentro il corpo della c^ia^ .	l. 7766 s. 13 d. 4	l. 7766 s. 13 d. 4	l. 6776 s. 13 d. 4	l. 22300 s. — d. —
3) Fuori del corpo della c^ia^ .	l. 3303 s. 6 d. 8	l. 1498 s. 6 d. 8	l 1498 s. 6 d. 8	l. 6300 s. — d. —
Zusammen	l. 11795 s. — d. —	l. 11295 s. — d. —	l. 10295 s. — d. —	l. 33385 s. — d. —
			Hierzu die akkommendierten:	l. 4008 s. 18 d. 6
			ergibt als Gesamtkapital obige:	l. 37393 s. 18 d. 6

Wir sehen also, daß jeder socius besitzt:

1. Immobiliarvermögen, welches außerhalb jeder Verbindung mit der Sozietät steht.

2. Mobiliarvermögen, welches, soviel ersichtlich, außer Beziehung zur Sozietät steht;

3. Mobiliarvermögen, welches bei der Sozietät, sei es zinsbar, sei es gegen Gewinnanteil (nicht als zinsloses Depot, wie die Erwähnung der usifrutti zeigt) belegt ist.

4. Vermögen innerhalb des corpo della compagnia.

Der Ausdruck corpo della compagnia entspricht dem lateinischen corpus societatis, letzterer bedeutet in der Sprechweise der Juristen, z. B. des Baldus[2]), im Verhältnis nach außen das Gesellschaftsvermögen, also das Sondervermögen der offenen Handelsgesellschaft. Hier heißt derselbe Ausdruck das Sondervermögen

[1]) Die Zahlen sind bei Passerini, sei es durch schlechte Abschrift oder Druckfehler stark entstellt, das Resultat stimmt rechnerisch nicht. Die von mir vorgenommenen Korrekturen mögen sich hier nur durch das dadurch gewonnene klare rechnerische Resultat rechtfertigen, eine Erörterung jeder einzelnen Verbesserung verlangte unverhältnismäßigen Raum.

[2]) Consilia V 125.

im Verhältnis nach innen, wie aus dem Gesagten hervorgeht. Wie die Statuten ein Sondervermögen nach außen, so konstituieren die Sozietätsverträge ein solches nach innen, gegenüber den socii; und es kann keinem Zweifel unterliegen, daß das Gesellschaftsvermögen nach außen mit demjenigen im inneren Verhältnis identisch ist[1]. Daß dies Zusammenfallen kein zufälliges oder von der juristischen Betrachtung zu ignorierendes ist, bedarf nicht der Ausführung, es war der historischen Entwicklung der offenen Handelsgesellschaft nach notwendig, der Stellung der Gesellschaft als Subjekt eines Vermögens allein entsprechend. Dies zur Anschauung zu bringen, war der wesentliche Zweck der Aussonderung und gesonderten Darstellung der Florentiner Quellen. Das Ergebnis ist von Bedeutung für die Stellungnahme der historischen Betrachtung zu Labands Auffassung.

Dies um so mehr, als auch der Gegensatz des bei der offenen Handelsgesellschaft nach dem Gesagten juristisch notwendigen Begriffs der Einlage in das Sondervermögen gegen eine bloße Kapitalbeteiligung beleuchtet wird. Wie der in dem Erbrezeß der Alberti vorkommende Fall zeigt, ist der socius, welcher Kapital werbend bei der Sozietät anlegt, wegen dieses Kapitals noch nicht Teilhaber an dem Gesellschaftsfonds. Sondern das Sondervermögen besteht neben diesen Partizipationsverhältnissen. — Wenn nun Laband sagt, das Bestehen eines Gesellschaftsvermögens sei für den Begriff der heutigen offenen Handelsgesellschaft rechtlich gleichgültig, weil zufällig: das Verhältnis inter socios könne auch als Darlehen oder als Partizipation reguliert sein, so ist dagegen zu sagen: daß wenn unter den socii eines der letzteren Verhältnisse stattfindet, trotzdem und außerdem doch noch das gesellschaftliche Sondervermögen besteht. Daß es nach außen, mag es wirtschaftlich gleich Null sein, juristisch doch existiert, wurde schon in der Einleitung gesagt. Es ist aber ferner auch zu konstatieren, daß hier das Verhältnis nach innen entscheidend auf dasjenige nach außen einwirkt: alles, was im Verhältnis unter den socii Gesellschaftsvermögen ist, ist es auch im Verhältnis zu den Gläubigern.

[1]) Natürlich nicht wegen der Identität des Ausdrucks corpo della compagnia und corpus societatis, sondern weil schlechterdings nicht erdenklich ist, was sonst im Verhältnis nach außen dasjenige sein sollte, was jemand »nella compagnia« hat (St. dell' A. di Cal. I c. 62 sup. cit.), als eben die hier geschilderte Einlage.

VI. Die juristische Literatur. Schluß.

Wir haben hiermit die Entwicklung der von uns behandelten Institute bis zu einem Punkte verfolgt, wo für die offene Handelsgesellschaft alle wesentlichen Grundlagen: Firma, Solidarhaftung, Sondervermögen, gewonnen sind. Wir haben ebenso, um den Gegensatz zu gewinnen, die Kommanditgesellschaft von ihren Anfängen an bis zu einer Stufe der Entwicklung betrachtet, welche der rechtlichen Struktur nach von ihrer heutigen Bedeutung nicht mehr allzufern abliegt. Der späteren Rechtsbildung, welche hier nicht behandelt werden kann, waren damit die juristischen Gesichtspunkte geliefert, durch deren Kombination und Ausbau sie den modernen Verhältnissen entsprechende Gesellschaftsformen zu schaffen in der Lage war. — Es sollen hier nur noch einzelne Punkte zur Sprache kommen.

Zunächst das Verhältnis der zeitgenössischen Jurisprudenz zu den vorstehend betrachteten Instituten.

Was die Kommanditverhältnisse anlangt, so hätten dieselben, als auf dem Boden des Vertragsrechts stehend, der romanistischen Theorie erhebliche Schwierigkeiten nicht verursachen dürfen. Und doch ist dies der Fall, und es muß in Uebereinstimmung mit Lastigs Bemerkungen gegen Endemann, bei einer Betrachtung der juristischen Literatur jener Zeit davon ausgegangen werden, daß eine solche nur die Bedeutung haben kann, zu zeigen, wie die romanistische Jurisprudenz es, zum Teil nicht mit Glück, versucht hat, sich mit Instituten, deren historische Erfassung ihr fern lag, abzufinden. Die Consilia des Baldus und die einschlagenden Schriften anderer geben davon genügend Zeugnis. Die von ihnen behandelte societas »pecunia-opera« (in qua alter imposuit pecuniam, alter operam) soll die Kommenda vorstellen[1]).

[1]) Conf. die quarta proficui bei Baldus, Consilia II 87. Die Kommenda ist in der Form, wie Baldus sie sich vorstellt, sicher nie vorgekommen. Daß nur der Gewinn, nicht das ganze Endkapital geteilt werde, und daß mangels Gewinn das Kapital ganz zurückgezahlt werde, was B. offenbar für abnorm hält, motiviert er damit, daß eben die societas auf »lucrum dividere«, nicht auf »capitale dividere« geht. Dagegen ist er der abenteuerlichen Ansicht, der Verlust werde zwischen beiden Teilen gleich geteilt, wenn also (!) das ganze Kapital verloren gehe, so trage der Kommendant ½ und der tractator habe also (!) noch ½ herauszuzahlen trotz des Totalverlustes: Consil. IV 65, 214, 453. Auch die Glossatoren, Roffredus u. a., hatten ähnliche Vorstellungen. Nur besondere Abmachung (die nach B. gültig ist, was andere bezweifeln) kann dem Kapitalisten das Risiko allein aufbürden. Also die juristische Konstruktion würde hier zu einer völlig unsinnigen Begünstigung des Kapitals führen, ein

Historisch wird dabei der ursprüngliche Zweck derselben im Seehandel nicht berücksichtigt. In dogmatischer Beziehung gehen die Juristen, — offenbar infolge der romanistischen Ansicht, daß »socii« grundsätzlich einander gleichstehende und gleichberechtigte Kontrahenten sein müssen, — von der Vorstellung aus, der Kommendatar bringe »sich selbst«, seine Arbeitskraft, als Einlage in die Gesellschaft ein, wie der Kommendant sein Kapital, seine Arbeitsleistungen seien seine »fructus«, entsprechend den Zinsen des Kapitalisten [1]), — ohne dabei zu erkennen, daß ein derartiges Bild, wenn gelegentlich, zum Zweck der Anschaulichkeit verwendet, eine zulässige Spielerei, wenn aber darauf eine juristische Konstruktion aufgebaut werden soll, Unsinn ist. Den späteren Schriftstellern hat dann, wie Endemann nachgewiesen hat, bei diesen Sozietäten mehr noch die Frage, ob und wann dieselben unter das Wucherverbot fallen, Kopfzerbrechen gemacht. Wir sahen, daß einzelne Abarten der Kommenda dem Wucherverbot wirklich zum Opfer fielen [2]), im übrigen hat dasselbe wohl sicherlich die Theoretiker mehr als die Praxis beunruhigt. Auch zeigt die ganze Art der Behandlung und Erörterung bei den Juristen, daß nicht irgendeine durchdachte und konsequent durchgeführte wirtschaftliche oder gar soziale Theorie ihrer Betrachtungsweise zugrunde liegt, sondern daß ihre einzelnen Entscheidungen lediglich ein Ergebnis abstrakter Konstruktion sind.

Uns interessiert hier mehr das Verhalten der Jurisprudenz gegenüber der offenen Handelsgesellschaft.

Beweis, daß nicht alle Ansichten der Juristen der Wucherdoktrin zur Last fallen.

[1]) Am ausdrücklichsten bei Petrus de Ubaldis, De duobus fratribus III 12, wo die Verpflichtung des Kommendatars zur Rückzahlung des vollen Kapitals, wenn weder Gewinn noch Verlust erzielt worden ist, damit motiviert wird, daß die operae des Kommendatars dem interusurium des Kapitalisten entsprechen, er also ebenso wie letzterer nur an den Früchten Anteil haben könne. Angelus de Periglis de Peruso, De societatibus P. I no. 2 operiert mit ähnlichen Begriffen, indem er argumentiert: die Teilung des Endkapitals geschieht nicht so, daß der Kapitalist sein Kapital, der tractator ebensoviel als Wert seiner Person herausnimmt, der Rest geteilt wird (also: Anfangskapital 100, Endkapital 300: Kommendant 100, tractator 100, 100 geteilt), sondern die Person des tractator steht dem Kapital des Kommendanten gleich, also zieht der Kommendant sein Kapital (100), der tractator seine Person (0) heraus, der Rest (200) wird geteilt.

[2]) Nach Baldus ist, wenn die Gefahr nicht den Schaden allein trifft, — was beim dare ad prof. maris in Pisa nicht der Fall war, — auch procentuale lucrum zulässig.

Anlangend zunächst das Sondervermögen, so ist dasselbe, soviel ersichtlich, in der Literatur nicht speziell behandelt; die Rechte der Sozietätsgläubiger und ihr Verhältnis zu den Privatgläubigern ließen sich juristisch in die Form von Konkursprivilegien bringen, wie wir in Pisa sahen; die socii gegenüber den Privatgläubigern und die Sozietätsgläubiger gegenüber den socii werden daher zunächst nur als statutarisch privilegierte Gläubiger aufgefaßt worden sein. Franciscus de Porcellinis von Padua[1]) gelangt dann, in Uebereinstimmung mit den Genueser Statuten[2]) zu dem Satz, daß auch auf die Illaten des socius (Kommendanten) der römische Gedanke: »res succedit in locum pretii et pretium in locum rei« Anwendung finde. Die socii seien in bezug auf das Sozietätsgut als una persona anzusehen. Mit alledem ist ein Sondervermögen nicht entwickelt, sondern der Sozietätsfonds ist etwa mit der römischen dos auf eine Linie gestellt. Nach der entgegengesetzten Seite hin liegt es, wenn schon Baldus von einem corpus societatis spricht[3]) und unter Berufung auf ihn und andere in den Dezisionen der Rota von Genua die societas ein »corpus mysticum«[4]), eine juristische Person genannt wird. Hierbei ist der Sozietätsfonds als Sondervermögen entwickelt, aber nicht als Gesellschafts-, sondern als Korporationsvermögen. Denn mag nun der Ausdruck corpus societatis schon bei Baldus das Rechts**subjekt** — die Gesellschaft — oder das Rechts**objekt** — deren Vermögen — bezeichnen, — das letztere ist wahrscheinlicher[5]), — jedenfalls ist klar, daß der Anlaß für die juristische Personifikation der societas für die Jurisprudenz in der Beobachtung lag, daß die Konstruktion mittels Konkursprivilegien nicht ausreichte, daß man vielmehr dem Sozietätsfonds den Charakter eines Vermögens zugestehen müsse, für welches man alsdann ein Subjekt nur durch die Auffassung der societas als einer Korporation gewinnen zu können glaubte. Daraus ergab sich dann, daß 1. gesta extra societatem non obligant consortium, sed solum ipsum contrahentem[6]), während 2. wenn ein socius als sol-

---

[1]) De duobus fratribus Quaestio 1.

[2]) Stat. Perae lib. V c. 207.

[3]) Baldus, Consilia V 125.

[4]) Decis. Rotae Genuensis 7: »quia societas est corpus mysticum ex pluribus nominibus conflatum«.

[5]) Mit Rücksicht auf den Sprachgebrauch im Verhältnis nach innen corpo della compagnia, vgl. unter »Florenz« am Schluß.

[6]) Decis. R. Gen. 12.

cher kontrahiert, »qui habet unum obligatum, habet et alterum et ipsam societatem« (das Gesellschaftsvermögen), denn: »quicquid scribitur per socium habentem facultatem nominis expendendi, dicitur scriptum ab ipso corpore seu societate, non ab ipsis ut particularibus«[1]). Die Darstellung der Sozietät als einer aus mehreren »n o m i n a« zusammengesetzten Person zeigt, daß die Personifikation der F i r m a das Mittel zur Konstruktion der selbständigen Existenz der Gesellschaft war. Die Auffassung der Sozietät als einer juristischen Person war, darüber waltet kein Zweifel mehr ob, historisch und dogmatisch ungerechtfertigt, allein sie hat die klare Ausscheidung des Gesellschaftsfonds als eines Sondervermögens aus dem Privatvermögen der socii in der Rechtsentwicklung ebenso zweifellos sehr erleichtert: der damaligen Jurisprudenz stand eine andere Kategorie nicht zu Gebote.

War so die romanistische Konstruktion des Gesellschaftsvermögens, nachdem man einmal die Kategorie der juristischen Person zur Anwendung brachte, nicht besonders schwierig, so machte die Solidarhaftung den Juristen um so mehr zu schaffen. Die naturgemäße Abhilfe war, daß man den kontrahierenden socius als präsumtiven Vertreter der übrigen socii auffaßte. Man nahm zunächst die Präsumtion eines Mandats zu Hilfe, behandelte ihn als procurator[2]) oder mandatarius exigendi[3]) der übrigen und suchte dementsprechend darauf hinzuwirken, daß womöglich eine gegenseitige Bevollmächtigung expressis verbis urkundlich ausgefertigt werde[4]). Indessen entsprach diese Konstruktion den tatsächlichen Verhältnissen wenig, indem es im höchsten Grade abnorm erscheinen mußte, für den Fall des Mangels einer ausdrücklichen Vollmacht — und gerade auf diesen kam es an — dieselbe mit ihren ungemein einschneidenden Wirkungen zu p r ä s u m i e r e n. Die gelegentlich vorkommende Auffassung der socii als gegenseitiger Bürgen[5]) reichte zur Erklärung ihrer Haftung als prinzipaler Selbstschuldner nicht aus[6]), ebensowenig konnte die Anknüpfung an die Mithaft der argentarii in Rom,

---

[1]) Decis. R. Gen. 7.

[2]) Decis. Rotae Florentinae 55.

[3]) Decis. Rotae Florentinae 107.

[4]) Dies der Ursprung der Urkunden in Archives de l'Orient latin, welche alle diese Rechtsform verwenden.

[5]) Baldus, Consilia V 155.

[6]) Sie ist indessen wohl die Grundlage der in der Decis. Rotae Romanae P. III d. 168 begegnenden Auffassung der socii als K o r r e a l schuldner.

welche bei Petrus de Ubaldis angedeutet wird[1]), befriedigen, indem die mit Solidarhaft verbundenen Gemeinschaften keineswegs wesentliche Bankgeschäfte betrieben. Man glaubte vielmehr schließlich, im römischen Institorat die juristische Formel für das Institut finden zu können. Wie bei dem institor der Pandekten, so handelte es sich hier um Haftung für in einem Geschäftsbetriebe, welchem der Kontrahierende als Verwalter vorsteht, und welcher materiell auf Rechnung anderer, — hier der Gesamtheit der socii (aber einschließlich des Kontrahenten, das ist schon die erste Differenz vom römischen Recht), — geht, geschlossene Kontrakte. Wie für den institor so wird für den socius in solidum gehaftet rein auf Grund dessen, daß er in dem Geschäftsbetrieb tätig ist ohne besonderes Vollmachtsverhältnis. Wenn endlich — das schien besonders wesentlich — mehrere Personen einen gemeinsamen institor haben, so haften sie für ihn ein jeder in solidum. Man nahm demgemäß wechselseitige praepositio institoria der socii an und, wie bekannt, ist diese Auffassung dauernd die herrschende geblieben[2]). Auch sie führte, wo man mit der Verwendung der römischen Begriffe Ernst machte, zu erstaunlichen Resultaten: Carpano in seinem Kommentar zu den Statuten von Mailand zieht die Konsequenz, daß die Solidarhaftung nur da eintrete, wo ein einzelner socius namens der Sozietät kontrahiere; wenn dagegen etwa bei Abschluß eines Kontraktes namens der Sozietät sich alle socii persönlich beteiligt hätten, könne nicht Solidarhaftung, sondern nur Haftung pro rata eintreten, indem dann ja jeder socius selbst und für sich kontrahiere, also kein institor vorhanden und damit der Rechtsgrund der solidarischen Haftung weggefallen sei[3]). Wieder ein Beweis dafür, wie weit juristische Konsequenzmacherei Grundlage der einzelnen Entscheidungen der Juristen ist und wie wenig man deshalb berechtigt ist, darin Ausflüsse einer tiefliegenden philosophischen oder sozialen Theorie zu sehen. — Im allgemeinen stieß man sich an der von Carpano aufgeworfenen Schwierigkeit nicht, wiewohl auch andere Schriftsteller sie erwähnen[4]).

Trotz dieser Versuche einer rein romanistischen Konstruktion konnte sich aber die Jurisprudenz doch unmöglich der Beob-

[1]) De duob. fratribus IX.

[2]) Noch bei v. Treitschke, Die Gewerbegesellschaft, und namentlich bei Thöl, Handelsrecht.

[3]) Carpano zu cap. 483 der Stat. v. 1502 Note 1.

[4]) Bartolus und Petrus de Ubaldis. Petrus de Ub., De duob. fratr. IX.

achtung verschließen, daß die Solidarhaftung, wie sie tatsächlich in Uebung war, nicht an die erwähnten juristischen Denkformen, sondern an ganz konkrete äußere Tatbestände anknüpfte. Es mußten deshalb diese Tatbestände mit jenen Denkformen in Beziehung gesetzt werden, was nicht immer gelang. Daß die Haushaltsgemeinschaft der historische Ausgangspunkt der Entwicklung war, tritt auch in der juristischen Literatur hervor. Das Thema der duo fratres communiter viventes ist in den größeren juristischen Werken wiederholt erörtert, außerdem aber zum Gegenstand von Monographien gemacht worden [1]). Soviel möglich, wurde das römische Schema der societas omnium bonorum angewendet, die wirkliche Grundlage, der gemeinsame Haushalt, spielt nur die Rolle, die oben dargestellten Präsumtionen für das Bestehen eines Mandats- oder Institoratsverhältnisses im obigen Sinn zu rechtfertigen, eine Betrachtungsweise, welche dem Wesen des Verhältnisses wenig entsprach. Indessen hat sie doch andererseits für dessen Fortbildung auch günstige Wirkungen gehabt. Indem die Jurisprudenz die Gemeinschaft des Haushaltes, später der stacio oder taberna, nur als Symptom des Bestehens einer Sozietät betrachtete, mußte sie darauf hingeführt werden, durch Analyse des Tatbestandes diejenigen Momente zu entwickeln, welche ihr als für den Sozietätscharakter charakteristisch sich darstellten. So betonen denn die Juristen zunächst, daß es nicht auf das Zusammenwohnen als solches ankomme, sondern darauf, daß dies Zusammenwohnen in der Absicht der Erwerbsgemeinschaft stattfinde. Eine mit dem Ehemann zusammenlebende Ehefrau, so führt die Rota Florentina Dec. 65 aus, ist deshalb nicht socia des Mannes; denn ihr Zusammenleben hat prinzipaliter einen anderen Rechtsgrund, als die Absicht gemeinsamer Erwerbstätigkeit. Entsprechend ist es bei gemeinsam lebenden fratres. Auch hier ist nicht die einfache cohabitatio der Rechtsgrund der Haftung [2]), sondern die mit derselben verbundene Absicht gemeinsamer Arbeit und gemeinsamen Erwerbs. Diese Absicht fand die Jurisprudenz in der Abwesenheit kontomäßiger Abrechnung unter den fratres ausgedrückt [3]). Alles dies

[1]) Vgl. Petrus de Ubaldis de Perusio, De duobus fratribus, Franciscus de Porcellinis von Padua, De duobus fratribus.

[2]) Baldus, Consilia IV 472: Cohabitatio non facit societatem.

[3]) Petrus de Ubaldis im Eingange seiner Schrift De duob. fratr. Ansaldus de Ansaldis, Discursus legales de commercio Disc. 49. Baldus, Consilia V 482 zählt als Kriterien für die societas omnium bonorum inter fratres auf:

sind Merkmale, die, wie wir sahen, auch im praktischen Leben bestanden. — War die wesentlichste Seite die Absicht gemeinsamer Erwerbstätigkeit, so mußte sich diese Absicht äußerlich in entsprechender Weise dokumentieren. Baldus verlangt gemeinsame »negociatio«[1]) und im Anschluß daran, daß jeder der Beteiligten, seien es Familienglieder oder extranei, auch wirklich eine Erwerbstätigkeit entfalte, als »negociator« auftrete[2]). Die Konsequenz, daß auch nur der Gewinn aus dieser Erwerbstätigkeit in die Gemeinschaft fällt, ist denn auch alsbald gezogen, lucrum anderer Art ist »Adventizgut«[3]). Eine weitere Konsequenz ist, daß demnach die auf Rechnung der Sozietät gehenden Geschäfte auch formell von anderen geschieden werden mußten. Ein solches formelles Merkmal fand die Jurisprudenz in dem Satz, daß nur »nomine communi« — auch formell für Rechnung der Gemeinschaft — geschlossene Geschäfte diese angehen[4]), ein Satz, zu welchem sowohl die Mandats- als die Institoratspräsumtion hindrängte. Mit Aufstellung dieses Merkmals befand sich die Jurisprudenz wiederum auf dem Boden der praktischen Rechtsentwicklung, welche, wie wir sahen, zu dem gleichen Resultat gelangte. Daß letzteres geschah, war vielleicht zu einem Teil mit das Verdienst der Juristen, in deren Händen die Statutenredaktion sowohl als die gerichtliche Praxis zum wesentlichen Teil lagen und welche diese Konsequenzen klar entwickelt hatten.

Immerhin war die Solidarhaftung auf dem Grunde des bloßen Bestehens einer derartigen Gemeinschaft eine der romanistischen Doktrin nicht bequeme, weil trotz aller Umdeutung nicht recht

---

1. coarctatio in una domo,
2. commensalitas (vixisse communi sumptu),
3. lucrorum communicatio,
4. defensio communis in litibus,
5. communio bonorum pro indiviso,
6. publica fama super societate omnium bonorum.

Keiner dieser Gründe (außer dem ad 6) soll allein die Präsumtion ergeben. Immer aber soll negotiatio communis nötig sein.

[1]) Vgl. Schluß der vorigen Note.

[2]) Baldus, Cons. V 125 (Sozietät von Schlächtern); V 172: nur erwerbsfähige und erwerbende Mitglieder sind socii; I 19: nur bei Bestehen einer Sozietät fällt Erwerb ex industria fratrum in die Gemeinschaft (vgl. III 30); III 451: nicht die cohabitatio, sondern actus sociales frequenter facti ergeben die Präsumtion. Petrus de Ubaldis l. c. III, 2.

[3]) Baldus, Cons. I 120.

[4]) Petrus de Ubaldis l. c. III, 2.

in die römische Schablone passende Erscheinung. Baldus erkennt, gegenüber dem nun einmal geltenden Recht, sie als bestehend an, aber durch seine einzelnen Entscheidungen geht offenbar das Bestreben, durch Steigerung der Schwierigkeiten für den Beweis der Absicht der Parteien, daß ihre Gemeinschaft eine societas sein solle, das mißliebige Institut tunlichst einzuschränken[1]). Carpano in seinem Kommentar zu den Statuten von Mailand zweifelt sehr, ob nicht cap. 415 der Statuten von 1498, betreffend die Abschichtungspflicht des Vaters zugunsten der Gläubiger des Sohnes, contra divina et humana jura sei[2]), und sucht damit die Erschwerung des Beweises zu rechtfertigen, welche er für erwünscht hält. Zu cap. 481 der Statuten von 1502, betreffend die unabgeteilt lebenden Brüder, bemerkt er, man müsse sich vor derartigen Gemeinschaften hüten, »wie vor dem Feuer«[3]), denn sie könnten nur zum Ruin aller Beteiligten führen. Jedenfalls wirkte die juristische Auffassung energisch darauf hin, daß die Eigenschaft der haftenden socii und der Sozietätskontrakte als solcher durch ausdrückliche Bezugnahme und Nennung der Namen in den Kontrakten konstatiert wurde und daß diese namentliche Bezeichnung, das Kontrahieren »nomine societatis« eins der sichersten Kriterien der Unterscheidung von den Privatschulden wurde. Das war von dauernder Bedeutung. Denn als die alten Grundlagen der Haftung: gemeinsamer Haushalt, gemeinsame stacio, bottega, taberna, im internationalen Verkehr ihre Bedeutung verloren und nun ein anderes Merkmal für die zu Lasten der Sozietät gehenden Kontrakte und für die aus denselben haftenden Personen Bedürfnis wurde, gewann die Vorarbeit der Jurisprudenz praktische Bedeutung. Sie hatte den Grundsatz, daß nur Geschäfte, die für Rechnung der Sozietät geschlossen wurden, die socii angehen, juristisch konstruiert, sie hatte ferner die Sozietät als eine Personengesamtheit, ein »corpus«, personifiziert und hatte endlich den Usus durchgesetzt, daß bei derartigen Kontrakten das Kontrahieren für Rechnung aller socii besonders hervorgehoben wurde, daß also die Sozietät nach außen als ein Ganzes unter einer die Namen der socii enthalten-

---

[1]) Vgl. Consilia V, 125, 402.

[2]) Note aaa: denn es sei unnatürlich, daß jemand bei seinen Lebzeiten sich beerben lassen müsse.

[3]) Note b: Ab istis societatibus et communionibus abstinendum est tanquam ab igne.

den Kollektivbezeichnung[1]), einer eigenen Firma[2]), auftrat, — und sie konnten nunmehr die Konsequenz ziehen: die Absicht, eine Sozietas mit Solidarhaftung einzugehen, sei daraus zu entnehmen, daß die Betreffenden einen Kollektivnamen annehmen und unter ihm ihre Kontrakte schließen; derjenige, dessen Namen in der Kollektivfirma enthalten sei — »cujus nomen expenditur« —, sei solidarisch haftender socius; Kontrakte, welche unter der Kollektivfirma geschlossen werden, seien Sozietätskontrakte. Diese Grundsätze, und damit die Möglichkeit klarer Scheidung zwischen der offenen Gesellschaft und den Kommanditverhältnissen, sind in der Tat in das Handelsrecht übergegangen, wie wir schon oben sahen; und daß dies geschehen, ist, wie mir scheint, wesentlich auch ein Verdienst der Jurisprudenz, welches eine Einschränkung des an die Spitze des Kapitels gestellten Urteils über deren Verhältnis zum Recht ihrer Zeit involviert. Der wirtschaftlichen Bedeutung und dem historischen Werdegang der Rechtsinstitute stand sie vielfach fern — dies Urteil muß aufrecht erhalten bleiben — und man wird nach dieser Richtung an einen in den Hörsälen von Bologna und Padua vorgebildeten Juristen billigerweise nur bescheidene Ansprüche stellen dürfen, — aber die klärende Macht der römischen Rechtsgedanken bewährte sich auch hier auf fremdem Gebiet. Dies anschaulich zu machen, war der Zweck der vorstehend skizzierten Uebersicht über die juristische Literatur, welche auf eine auch nur annähernde Vollständigkeit oder darauf, die dogmengeschichtliche Entwicklung im ganzen klargestellt zu haben[3]), keinen Anspruch macht.

Das Ergebnis dieser Arbeit der Rechtswissenschaft tritt am vollständigsten in den Dezisionen der Rota von Genua zutage, eines mit gelehrten Richtern besetzten Gerichtshofes[4]), welche ihrer Zeit eine zweifellos internationale Bedeutung erlangt haben. In Genua, einer der Wiegen der Kommanditen, wie wir sahen, war die brennende Frage der Praxis des Gesellschaftsrechts notwendig

---

1) »Corpus mysticum ex pluribus n o m i n i b u s conflatum« in der früher zitierten Dezision der Rota Genuensis.

2) Ueber die Firma vgl. die Abh. v. Dietzel, Jahrb. des gem. Rechts Bd. 4 und die Anm. 70 zu Kap. III.

3) Dies ist bei Endemann, Studien, umfassender geschehen. Nur die Consilia des Baldus kommen bei ihm im Verhältnis zu ihrer Bedeutung wohl zu kurz. — Im obigen ist namentlich die Glosse und was sich an sie anschließt, außer Betracht gelassen worden.

4) Stat. v. Genua v. 1588/9 l. I c. 7: constans ex tribus doctoribus exeris.

die Scheidung der offenen Handelsgesellschaft von den Kommanditverhältnissen, der persönlich haftenden socii von den Kommanditisten. In der Tat ist nun diese Scheidung scharf durchgeführt. Besonders in dem großen Millionenprozeß Pallavicini c/a. Grimaldi (Decis. 14) nimmt die Rota prinzipiell Stellung, betont, daß die Institoratspräsumtion keineswegs überall Platz greife, wo Kaufleute in einem Sozietätsverhältnis stehen (gegen Bartolus)[1]), insbesondere dann nicht, wenn vertragsmäßig nur einer der socii die Verwaltung habe und das Geschäft so führe, daß nur er als Kontrahent nach außen auftritt, wenn also die Kontrakte nicht auf den Namen auch der anderen socii gehen[2]) und die dritten Kontrahenten mithin nicht »fidem eorum secuti sunt«[3]), d. h. also, wenn deren persönlicher Kredit nicht Kreditbasis der Sozietät ist. Es ist also nur der socius, auf dessen Namen kontrahiert wird und der seinerseits das Recht hat, namens der socii zu kontrahieren, offener Gesellschafter. Nur unter dem Namen der Sozietät geschlossene Kontrakte gehen die socii, quorum nomina expenduntur, an, andere sind propria negotia des Kontrahierenden[4]). Die bekannte duplex persona des socius erscheint auf der Bildfläche[5]).

Diesen Rechtszustand, welcher, wie die Rota betont, aus dem gemeinen Recht abgeleitet ist, haben dann, während die Statuten von 1567 davon noch nichts enthalten, die Statuten von 1588/89 lib. IV cap. 12 und 13 aufgenommen[6]). Es ist da-

---

[1]) Decis. XII no. 67 f.

[2]) Eod. no. 48.

[3]) Eod. no. 97.

[4]) Decis. 7.

[5]) Eod.

[6]) De societatibus seu rationibus mercatorum (cap. 12 l. 2.): Socii sive participes societatis seu rationis quorum nomen in ea expenditur, teneantur in solidum pro omnibus gestis et erga omnes et singulos creditores rationis seu societatis.

Socii seu participes quorum nomen non expenditur, non intelligantur nec sint in aliquo obligati ultra participationem seu quantitatem pro qua participant et nihilominus percipere possint pro eorum rata participationis lucra et beneficia . . .

Creditores hujusmodi societatum sive rationum, sive sint sub nomine unius tantum, sive plurium . . . in rebus et bonis societatum seu rationum praeferantur quibuscunque aliis creditoribus sociorum singulorum, vel proprio vel quovis alio nomine, et in dictis rebus et bonis dicti creditores intelligantur et sint potiores et anteriores tempore, hypotheka et privilegio, ita ut praeferantur et praeferri debeant dotibus et aliis quibuscunque excepto eo qui rem suam vel quondam suam praetenderet.

selbst das Ergebnis der Entwicklung zu folgenden Rechtsformen gestaltet:

1. Sozietät von mehreren Personen, welche unter ihrem gemeinschaftlichen Namen ein Geschäft betreiben mit Solidarhaftung der Socii gegenüber den creditores societatis und nur ihnen gegenüber (offene Handelsgesellschaft);

2. Sozietät von mehreren Personen, von welchen eine das Geschäft auf ihren Namen betreibt, die anderen mit Kapitaleinlagen an demselben beteiligt sind. Die letzteren haften nicht persönlich, sondern mit ihrer Einlage. Nach der Decis. 14 der Rota von Genua, welche eine derartige Sozietät betrifft, scheint es, daß auch die nur mit Kapital beteiligten socii einen gewissen Einfluß auf die Art der Geschäftsführung gehabt haben, sonst hätte die Frage nicht entstehen können, ob der geschäftsführende socius (is qui complementum dat, — Dec. R. G. 18, — der Komplementar) als ihr institor zu betrachten sei. Es liegt darin eine Reminiszenz daran, daß ursprünglich die, nicht der Komplementar, als die Unternehmer zu gelten hatten. Dies ist offenbar die Kommanditgesellschaft.

Bei diesen beiden Gesellschaften gibt es ein Gesellschaftsvermögen in dem von uns festgehaltenen Sinn. Es ist bei Vergleichung von c. 12 l. IV dieser Statuten mit den alten Statutenredaktionen (Stat. Perae 207) offensichtlich, daß ersteres Kapitel eine Weiterbildung der in den letzteren enthaltenen Ansätze enthält und es unterliegt ferner bei Durchsicht des cap. 12 l. c. keinem Zweifel, daß die dort geschilderte Sozietät ohne Solidarhaftung das Entwicklungsprodukt der societas maris ist. Die alte einseitige Kommenda ist im folgenden Kapitel behandelt und es ist aus den am Schlusse gegebenen Definitionen ersichtlich, daß sie zum Kommissionsgeschäft geworden ist. Es hat sich also das alte einheitliche Rechtsinstitut der Kommenda nach zwei Richtungen entwickelt: nach der einen Seite durch die societas maris hindurch zur Kommandite, nach der anderen zum Kommissionsgeschäft[1]). Da nun in cap. 12 l. c. die, wie wir annehmen,

---

De accommendis et implicitis (cap. 13 l. c.).

Hier werden die Bestimmungen der älteren genues. Statuten über die Kommenda mit hier nicht interessierenden Aenderungen wiederholt, inkl. der Bestimmungen über Vorzugsrechte der Gläubiger und socii am kommendierten Gut.

[1]) Vgl. Lepa in der Zeitschr. f. Handelsr. Bd. 26 S. 438 f. Nur datiert Lepa, wie mir scheint, die Ausmünzung des Kommissionsgeschäftes als solchen wohl zu weit zurück. Den alten Kommendatar kann man nicht als Kommissionär

aus den alten, bei der Kommenda vorhanden gewesenen Ansätzen entwickelte Konstruktion des gesellschaftlichen Sondervermögens für offene und Kommanditgesellschaft gleichmäßig verwertet wird, so erscheint hiermit wahrscheinlich gemacht, daß, wie oben als möglich hingestellt wurde, die Sondervermögensbildung bei den Kommendaverhältnissen von Einfluß auf die Art der Entwicklung und Konstruktion des Gesellschaftsvermögens bei der offenen Handelsgesellschaft gewesen ist. — Die Statuten von Genua von 1588/9 sind hier noch erörtert worden, einmal, weil sie den Gegensatz der Kommandite und der offenen Gesellschaft in besonders klarer Nebeneinanderstellung enthalten, dann, weil an ihnen der Einfluß der Jurisprudenz ersichtlich ist, indem die Bestimmungen über die offene Gesellschaft der gemeinrechtlichen Praxis, wie sie vorstehend geschildert wurde, offenbar entnommen sind. Im übrigen war diese Untersuchung an ihrem Ende angelangt, nachdem wir die behandelten Institute in den Lokalstatuten bis zu dem Punkte verfolgt hatten, wo, zunächst auf dem Boden der Wissenschaft, die internationale Entwicklung einsetzt und den lokalen Gewohnheitsrechten die Rechtsbildung aus der Hand nimmt. Wie dann das Produkt dieser internationalen Entwicklung seinerseits wieder Eingang in die moderne Territoriallegislation gefunden hat, gehört nicht mehr hierher.

Fragt man nun nach der dogmatischen und praktischen Bedeutung der Ergebnisse vorstehender Untersuchungen, so muß konstatiert werden, daß eine solche ihnen in ihrer Vereinzelung nicht in irgend beträchtlichem Maße zukommt. Dies wäre vielleicht anders, wenn aus denselben die Antwort auf eine Frage hervorginge, welche hier nur aufgeworfen, nicht beantwortet werden soll, nämlich die nach dem Verhältnis des Instituts der gesamten Hand zu den als Grundlagen der offenen Handelsgesellschaft ermittelten Instituten. Aufgeworfen muß diese Frage werden, weil, wie bekannt, von hervorragenden Seiten[1])

---

bezeichnen. Er ist, wie früher gezeigt, entweder unselbständiges Organ des Kommendanten, oder, in seiner späteren Stellung selbst Unternehmer, welcher nur das Kapital des Kommendanten in seinem Geschäft als Einlage vernutzt. Die quarta proficui als Provision zu fassen, ist doch wohl nicht angängig, jedenfalls, wie mir durch die Darstellung in Kap. II dargetan erscheint, nicht der Auffassung der Zeitgenossen entsprechend. Diese faßte ihn als socius; er schloß die Geschäfte nicht ausschließlich für fremde Rechnung. Die Loslösung des Kommissionsgeschäfts liegt später, doch ist hier nicht der Ort darauf einzugehen. Scharf ist der Gegensatz allerdings nicht.

[1]) Gierke, Sohm und zuerst Kuntze in der Zeitschr. f. Handelsr. Bd. 6.

die gesamte Hand als Grundlage der offenen Handelsgesellschaft vertreten worden ist, und zwar so entschieden, daß die Frage in der Tat zunächst so gestellt werden müßte: Ist die offene Handelsgesellschaft historisch und dogmatisch Gesamthandsverhältnis oder etwas anderes? und alsdann erst eventuell: was? Unbeantwortet muß die Frage hier aus verschiedenen Gründen bleiben. Einmal, weil sie zunächst eine terminologische ist, indem der Begriff der gesamten Hand in seiner Anwendung auf Schuldverhältnisse bekanntlich keineswegs allseitig auf das Kontrahieren communi manu beschränkt wird; — diese Frage der Terminologie hinsichtlich eines deutschrechtlichen Instituts kann aber nicht auf dem Boden des romanischen Rechtsgebiets ausgefochten werden. Dasselbe gilt aber, mag die Antwort auf jene Frage ausfallen wie sie will, für die weiter entstehende, ob die hier als rechtshistorische Vorfahren der offenen Handelsgesellschaft in Italien angesehenen Institute unter jenen Begriff fallen. Der letztere ist ein rein germanischer und, wenn wir auch im Laufe der Untersuchung darüber, wie weit germanische Rechtsgedanken für die von uns verfolgte Entwicklung bestimmend waren oder eine anderweite Provenienz anzunehmen ist, nicht unerhebliche Anhaltspunkte gewonnen haben, so wäre es doch ungerechtfertigt, ohne Feststellung dessen, was auf dem Boden des reinen deutschen Rechts an Parallelen vorhanden ist, darüber eine definitive Entscheidung treffen zu wollen; ohne Feststellung aber, wie weit das deutsche Recht beteiligt ist, geht eine Erörterung über das Verhältnis der hier behandelten Institute zu den deutschen Rechtsgedanken der gesamten Hand im Dunkeln. Und da diese Frage bei Eintritt in eine dogmatische Erörterung des Instituts sofort brennend wird, so muß eben eine solche suspendiert werden bis zur Ermittlung und Analyse der dem deutschen Rechtsgebiet angehörigen gleichartigen Institute, — daß es solche gibt, zeigt die in Kap. III Anm. 14 zitierte Sachsenspiegelstelle. Diese Untersuchung muß aber einer gesonderten Betrachtung vorbehalten bleiben.

Nach einer anderen Richtung dürfte dagegen immerhin ein Ergebnis zu konstatieren sein. Die historische Betrachtung kann die offene Handelsgesellschaft und die Kommanditgesellschaft nicht als zwei, auf prinzipiell gleicher Grundlage ruhende, nur dem Grade nach verschiedene Gesellschaftsformen behandeln. Das Sondervermögen ist ihnen gemeinsam, aber zu dessen Entwicklung sind sie von gänzlich verschiedenen Ausgangspunkten aus gelangt, und ferner ist die Vermögensfähigkeit nicht eine nur diesen Gemeinschaftsformen zukommende, also zwar eine sehr wesentliche, aber nicht ihre in erster Linie charakteristische Eigenschaft. Die letztere kann nur in der juristischen Natur der Basis der Vergesellschaftung liegen und diese ist eine bei beiden grundverschiedene. Die Kommanditgesellschaft hat eine von derjenigen der offenen Handelsgesellschaft weit abliegende Vergangenheit. Die sogenannte »Haftung« des Kommanditisten kann in keiner Beziehung neben diejenige des offenen Handelsgesellschafters gestellt, als eine Abschwächung und Beschränkung der letzteren gefaßt werden. Denn dem geschichtlichen Werdegang nach ist es überhaupt nicht gerechtfertigt, von einer »Haftung des Kommanditisten« zu sprechen[1]). Er »haftet« nicht, sondern er partizipiert mit seinem Kapital an Gewinn und Verlust — das ist die Auffassung der italienischen Quellen — eines fremden Geschäftsbetriebs und kann deshalb seine Einlage nur deducto aere alieno zurückverlangen bzw. muß sie zur Deckung der Schulden einzahlen. Die offene Gesellschaft ergreift die gesamte vermögensrechtliche Persönlichkeit der socii, die vermögensrechtliche Persönlichkeit der Kommanditisten bleibt von der Kommanditgesellschaft unberührt. Die Kreditbasis ist eine grundverschiedene. Während die offene Gesellschaft eine Personengemeinschaft darstellt, ist die Kommanditgesellschaft als Partizipationsverhältnis zu konstruieren.

Quellenübersicht.

1. Spanien. Lex Wisigothonum bei Lindenbrog S. 1—238.
Fuero Luzgo en Latin y Castellano, Madrid 1815.
Fueros francos, ed. Helffrich-Clermont, Berlin-Paris 1860.
Colleccion de fueros municipales y cartas pueblas de los reinos de Castiella, Leon, Corona de Aragon y Navarra — p. D. Tomas Muñoz y Romero, Tom. I, Madrid 1847.
Nueva Recopilacion de Leyes, Madrid 1745.
Fuero Viejo de Castiella, Madrid 1774.
Ordenamiento de Leyes de Alcalà, Madrid 1774.
Ordenanzas de Burgos, Madrid 1647.
Ordinacions y sumari dels privilegs, consuetuds y bons usos del regne de Mallorca, Mallorca 1663.

1) Vgl. auch Lastig in Endemanns Handbuch Bd. 1.

Costums de Tortosa bei Oliver, El derecho de Cataluña T. IV, Madrid 1881.

Consolat del mar bei Pardessus, Collection des lois maritimes.

Stat. v. Barcelona u. einzelne Verordnungen bei Pardessus.

Las Siete Partidas del sabio Rey don Alfonso Nono per las cuales son deremidas y determinadas las cuestiones y pleytos que en España occurren. Con la glosa del egregio dotor Alfonso Diaz de Montalvo.

Commentarii Jacobi de Marquilles super usaticis barchinonensibus, 2. Ausg., Barcelona 1502.

Gonzali Suarez de Paz, Praxis ecclesiatica et secularis, Francofurti 1613.

Capmany y Monpalan, Memorias historicas sobre la marina, commercio y artes de la antigua ciudad de Barcelona, Madrid 1779.

2. Südfranzösische Statuten bei Pardessus l. c.

3. Sizilien und Unteritalien. Statuten bei Brünneck, Siziliens mittelalterliche Stadtrechte.

Constitutiones Regni Siciliae Imperatoris Friderici, Folio-Ausgabe.

Tabula Amalfitana, ed. Laband, in der Zeitschr. für Handelsr. Bd. 7.

Le Consuetudini della città di Amalfi, ed. Volpicella, Napoli 1849.

Consuetudini della città di Sorrento, ed. Volpicella, Napoli 1869.

Stat. v. Trani, Sassari, Ancona bei Pardessus.

4. Genua. Datta'sches Fragment, ed. Desimoni, in den Atti della Società Ligure di storia patria I.

Breve della compagna in den Historiae Patriae Monumenta Leg. Municip.

Statuten v. Pera, ed. Promis, in den Miscellanea di storia Italiana edita per cura della r. deputazione di storia patria T. XI, Torino 1820.

Statuti d'Albenga, ed. Valeschi, Albenga 1885.

Statuta et Decreta Communis Genuae, Venetiis apud Dominicum Nicolinum 1567.

Statutorum civilium reipublicae Genuensis libri VI, Genua 1609.

5. Pisa. Bonaini, Statuti inediti della città di Pisa

6. Venedig. Videbis lector hoc in volumine Statuta Veneta i. f.: stamp. in Venetiis 1528.

Novissimum Statutorum et Venetarum Legum Volumen (A. Gryphi), Venetiis 1779.

Einzelgesetze bei Pardessus, andere bei Lattes, Della libertà delle banche a Venezia.

7. Mailand. Liber consuetudinum Mediolani 1216 in den H. P. M. Dieselben Stat. ed. Lambertenghi 1869.

Statuta Mediolani, Mediolani 1502.

Statuta Ducatus Mediolanensis, ed. Carpano, Francofurti 1611.

8. Verona. Leges et statuta civitatis Veronae, Vicentiae 1478.

Liber civilis urbis Veronae, ed. Bart. Campagnola, Veronae 1728.

Statuta domus mercatorum Veronae.

9. Florenz. Stat. bei Emiliani-Giudici, Storia dei communi italiani, Firenze 1866.

Stat. bei Fierli, Della società chiamata Accomandita 1846.

Stat. bei Lastig, Zeitschr. für Handelsr. Bd. 24.

Statuta Populi et Communis Florentiae publica auctoritate collecta, castigata et praeposita a° sal. 1415. Friburgi, 3 Bde.

Tractatus de cessantibus et fugitivis, ed. Fuchs (Programm), Marburg 1865.

10. Uebrige Städte. Stat. v. Como, Vercelli, Novara, Brescia, Bergamo, Nizza, Moncalieri, Ivrea in H. P. M. Leg. Munic.

Brescia: Statuti della Mercanzia di Brescia. Brescia 1788.

Visso: Statuta communis Vissi, ed. Santoni. Camerino 1884.

Modena: Statuta civitatis Mutinae a. 1337 reformata, in Monumenti di Storia patria, Serie degli Statuti I.

Piacenza: Statuta Varia civitatis Placentiae, Parma 1860, in Monumenta historica ad provincias Parmae et Placentiae spectantia.

Ferrara: Statuta urbis Ferrariae. Ferrara 1624.

S. Giorgio: Statuta Burgi et Curie S^ti^ Georgii, in Monumenti Legali del Regno Sardo Disp. IV.

Siena: Statuti de' lanajuoli del 1292 ss., in Collezione di opere inedite e rare T. I. Bologna 1869.

Sinigaglia: Statutorum et Reformationum magnif. civit. Senae Gallicae volumen 1584.

Rom: Statuten, ed. Camillo Re, Rom 1880.

Lodi: Landensium Statuta. Lodi 1586.

Statuti vecchi di Lodi, ed. C. Vignati, Milano 1884.

Bergamo: Statuti e privilegi del Paratico e foro della università de' Mercatanti di Bergamo. Bergamo 1780.

Bologna: Liber tertius causarum civilium communis Bononiae, gedruckt 1491.

Statuta Bononiae a. 1250 ss., in Monumenti Istorichi pertinenti alle provincie della Romagna.

Statuti della honoranda università de' mercatanti di Bologna a. 1509.

Padua: Statuti del Comune di Padova dal sec. 12. all' a. 1288.

Massa: Statuta Massae, gedr. Lucae 1592.

Arezzo: Liber statutorum Aretii, Florenz 1580.

11. Italien im allgemeinen:

Lex Longobardorum seu capitulare divini et sacratissimi Caroli magni imperatoris et Franciae regis ac novellae constitut. d^ni^ Justiniani imp. p. d^num^ Nic. Boherii.

Anschütz, Die Lombarda-Kommentare des Ariprand und Albertus. Heidelberg 1855.

Petri exceptiones legum Romanarum bei Savigny, Gesch. d. R. R. im M.-A.

Spruchsammlungen: Rotae Genuae de Mercatura et rebus ad eam pertinentibus Decisiones. Francofurti 1603.

Decisiones Rotae Florentinae, ed. Hieron. Magonius, Francofurti 1600.

Decisiones Rotae Lucensis, Lucae 1580/1.

Decisiones Rotae Romanae, ed. Veraller.

Urkunden: Historiae Patriae Monumenta, Chartarum Tom. II.

Archives de l'Orient latin Vol. I, II. Documents.

Archivio Veneto T. VI, XII.

Monumenta spectantia historiam Slavorum Meridionalium Vol. I Zagrabiae 1868.

Ricordi di Miliadusso Baldiccione de' Casalberti Pisano, im Arch. Storico Italiano App. Tom. VIII.

Ricordanze di Ghido di Filippo di Ghidone dell' Antella e de suoi figliuoli e discendenti, im Archivio Storico Italiano T. IV.

Estratto del epistolario della Repubblica Fiorentina, im Archivio Storico Italiano, Nova Serie Tom. VI.

Urkunden bei Bini, I Lucchesi a Venezia.

Urkunden bei Buchon, Nouvelles Recherches sur la principauté française de Morée.

Urkunden im Giornale Storico degli Archivi Toscani Tom. I.

Urkunden bei Passerini, Gli Alberti di Firenze.

Urkunden bei Peruzzi, Storia del commercio e dei banchieri di Firenze.

Zeitgenössische Literatur:

Baldo de Ubaldis Consilia, Francofurti 1589.

Petrus de Ubaldis, De duobus fratribus et aliis sociis

Franciscus de Porcellinis de Padua, De duobis fratribus

Angelus de Periglis de Perusio, De societatibus

} im Tractatus Illustrium Jurisconsultorum.

Ansaldi de Ansaldis Discursus legales de commercio et mercatura, Genua 1688.

Anmerkung. Vorstehende Quellenübersicht verfolgt keinen bibliographischen, sondern lediglich den Zweck, eine Uebersicht des mir zugänglich gewesenen Quellenmaterials zu geben.

Die ländliche Arbeitsverfassung *).

.... Meine Herren, es gibt im Süden und Westen ziemlich ausgedehnte Distrikte, welche insofern scheinbar eine beneidenswerte Stellung einnehmen, als eine »ländliche Arbeiterfrage« dort gar nicht existiert. Nicht als ob die Schwierigkeit, sich Arbeitskräfte zu beschaffen, für die Landwirte eine geringe oder die Lage der Landarbeiter eine glänzende wäre; im Gegenteil. Aber in dem Sinne existiert dort keine ländliche Arbeiterfrage, als ein sozial geschiedener, sich aus sich selbst erzeugender ländlicher Arbeiterstand, dort so gut wie nicht besteht. Es ist die Gegend mit stark parzelliertem, im Erbgange regelmäßig weiter geteiltem Besitz: der Boden geht dort von einer Hand zur anderen, — der kleine Stellenbesitzer scharrt sein Leben lang Land zusammen bis zur bäuerlichen Selbständigkeit; stirbt er, so bricht das Kartenhaus häufig wieder zusammen, die Erben teilen, der Prozeß beginnt von neuem. Es besteht keine soziale Scheidewand zwischen dem kleinen Stellenbesitzer, welcher Arbeit sucht und dem größeren bäuerlichen Besitzer, welcher Arbeit bedarf. Dieser leistet dem kleineren Spannhilfe, der kleine Stellenbesitzer dem größeren Handhilfe. In unorganischer und individualistischer Weise wird so das gemeinwirtschaftliche Moment der alten organisierten Feldgemeinschaft der Dorfgemeinde ersetzt.

Eine Kritik dieses Zustandes vom wirtschaftlichen Standpunkt aus ist nicht schwer. Sie richtet sich aber nicht speziell gegen die Arbeitsverfassung innerhalb der Betriebe, sondern würde sich zu richten haben gegen die gesamte Grundbesitzverteilung und gegen die erbrechtlichen Grundsätze in diesen Gegenden überhaupt. Ich verzichte deshalb darauf, hierauf näher einzugehen; ich hebe nur ein psychologisches Moment hervor, das ist die

*) Referat auf der Tagung des Vereins für Sozialpolitik im Jahre 1893.

eigentümliche Rolle, welche die Arbeit im Leben dieser Kleinstellenbesitzer, welche Tagelöhner nebenher sind, spielt. Die Konsequenz des Umstandes, daß eine soziale Scheidung des Kleinstellenbesitzers von dem Bauern hier nicht besteht, ist, daß der Arbeiter verlangt, als gleichberechtigte Partei unter Abstreifung aller Kennzeichen eines Herrschaftsverhältnisses behandelt zu werden. Er verlangt, daß die Arbeit, welche er leistet, überhaupt möglichst angesehen wird nicht als übernommene Pflicht, sondern als erwiesene »Gefälligkeit«. In den hessischen, württembergischen und rheinischen Dörfern, wo diese Zustände herrschen, betrachtet man das Tagelöhnern mit Vorliebe als gewissermaßen nachbarlich-freundschaftliche Aushilfe, welche entsprechend freundnachbarlich entgolten wird. Es scheidet sich in dem Gedankenleben dieser Menschen der Begriff der Arbeit vollständig von dem Begriff der Pflicht; der Mann würde glauben, sich zu verkaufen, wenn er die Arbeit als dauernde Kontraktpflicht übernähme. Es ist der Individualismus innerhalb der Arbeitsverfassung auf die Spitze getrieben und in die letzte psychologische Konsequenz durchgeführt: der Mann arbeitet in seinem eigenen Interesse; arbeitet er nicht, nun — so verdient er eben nichts und hungert unter Umständen oder schränkt sich ein, aber einen Verstoß gegen eine auf ihm lastende und als solche empfundene Pflicht begeht er damit nicht, er arbeitet eben — tatsächlich vielleicht, weil er muß, seiner Vorstellung nach, weil es ihm so beliebt. Er kennt nicht diejenige Art der Arbeit, welche wir im Osten kennen, diese straffe, pflichtgemäße, das ganze Leben umfassende Anspannung der Arbeitskräfte. Der charakteristisch-preußische Begriff der »verdammten Pflicht und Schuldigkeit« fehlt diesen Leuten. Dies oft übersehene psychologische Moment ist von erheblicher Bedeutung für die Frage: Ist eine solche Gestaltung der Arbeitsverfassung, die mit der radikalen Zerschlagung alles Großbesitzes identisch wäre, politisch als Ziel erwünscht? — Ich glaube: nein. Es ist kein Zufall, daß den Gegenden Deutschlands, wo diese Verfassung vorherrscht, nicht vergönnt gewesen ist, zu derjenigen politischen Organisation und zu der Ausgestaltung des politischen Sinnes zu gelangen, welche die Einheit des Reichs geschaffen haben.

Meine Herren, einen Moment verweile ich auch bei der nordwestlichen Arbeitsverfassung, welche Herr Professor Knapp bereits besprochen hat. Ich muß auch hier wie schon in dem, was ich bisher gesagt habe, zu dem Mittel einer starken Uebertreibung gewisser typischer Momente greifen; es ist das berechtigt, wenn man eben wirklich entscheidende Momente übertreibt. Ich greife als einen solchen Typus heraus das große Bauerngut, von welchem Herr Professor Knapp gesprochen hat, im deutschen Nordwesten. Diese Güter gehen im Erbgang geschlossen über, ein starker Bodenumsatz findet nicht statt; jede Generation stößt einen Teil ihrer Angehörigen aus dem väterlichen Erbe aus. Diese Leute — »Enterbte« im wahren Sinne des Worts — gehen teils aus dem Lande, teils gehen sie über in die Industrie, teils aber — und das interessiert uns hier — in den ländlichen Arbeiterstand. Die soziale Organisation des Landes ist entgegengesetzt der eben besprochenen. Wenn dort die Erben in Gemeinschaft auf dem Gute bleiben, stehen sie nebeneinander zu gleichen Rechten. Hier dagegen ist die erbliche Gemeinschaft grundsätzlich monarchisch organisiert; unter der alleinigen Verfügungsgewalt des Anerben wird die Wirtschaft weiter geführt; die anderen scheiden aus, sie sind oder werden besitzlose Landarbeiter. Aber: — es wird auch bei diesem Verhältnis nicht vergessen, daß es eine Umgestaltung, eine Abgliederung aus dem Familienhaushalt darstellt, daß diese Landarbeiter, diese Heuerlinge, von denen Herr Professor Knapp gesprochen hat, hervorgegangen sind aus dem Bauernstande, sie sind Zweige am Stamm der sozialen Organisation, welche nicht zur Vollentwicklung — zur selbständigen Unternehmerstellung — gelangen und auch niemals gelangen können. Die furchtbarsten Leidenschaften werden innerhalb dieser Familien wachgerufen, aber dennoch bleibt das Moment bestehen, daß häufig Blutsverwandtschaft, immer eine feste Wirtschafts- und Interessengemeinschaft, dieser Arbeitsverfassung, wie sie Herr Professor Knapp schilderte, zugrunde liegt.

Ich vermag nun aber Herrn Professor Knapp nicht vollständig zuzustimmen, wenn er sagte, daß nur der isolierte westfälische Bauernhof der Boden sei, auf dem die Heuerlinge und auf dem eine solche Kombination von Arbeitspflicht und Kleinpacht erwachsen könne und daß deshalb an eine Uebertragung auf östliche Verhältnisse nicht zu denken sei. Erstens kommen gleichartige Gestaltungen auch auf den großen Gütern des Nordwestens vor, zweitens: in Schleswig-Holstein, wo sie in dieser Art nicht vorhanden sind, kommt etwas ihnen analoges vor. Wenn man sich die Gestaltung der Verfassung ansieht, welche uns Herr Graf Holstein in einem ausgezeichneten Bericht über sein Gut in Schleswig-Holstein geschildert hat, und wie sie dort überhaupt häufig besteht, so finden wir dort einen Arbeiterpächterstand, welcher gestaltet ist als ein kontraktliches Verhältnis gegenseitiger Aushilfe mit Hand- und Spanndiensten zwischen den großen Besitzern und den Arbeitern, ganz analog, wie das bei den Heuerlingen der Fall ist, und augenscheinlich gehören auch diese Zustände in Holstein zu den denkbar günstigsten, die es überhaupt in ganz Deutschland auf dem Lande gibt.

Aber wir finden allerdings in diesen Gegenden als Konsequenz des geschlossenen Bauerngutes auch etwas anderes, das ist die typische Auswanderung gerade derjenigen ländlichen Arbeiter, welchen es am besten geht und welche sozial am höchsten stehen, so in Westfalen die Heuerlinge. Es ist nicht wahr, daß aus Westfalen und Norddeutschland — und das gilt übrigens auch für den Osten — die Leute auswandern, welchen es schlecht geht und deshalb, weil es ihnen schlecht geht; im Gegenteil, die höchste Schicht der ländlichen Arbeiter verschwindet. Der niedersächsische Stamm hat vor den festen und scheinbar unwandelbaren Schranken des Rechts gerade auch infolge der festgefügten Organisation seiner bäuerlichen Verfassung eine außerordentlich hohe Achtung, aber es ist dadurch eine undurchdringliche obere Schranke für das Hinaufsteigen geschaffen. Der Mann kann sie nicht durchbrechen, nicht wie der Kleinbesitzer im Süden hoffen, allmählich sich in der Heimat zum selbständigen Wirt emporzuarbeiten; im Osten kann er nicht hinauskommen über den Instmann und Deputanten; und deshalb verzichten die besten und, wie übereinstimmend berichtet wird, wohlhabendsten Familien, oft schweren Herzens, auf die Existenz in der Heimat. Ist der Entschluß gefaßt, dann entflieht der Mann dem Heimatsgedanken am leichtesten, indem er hinübergeht über das große Wasser und sich da ankauft, wo ihm die alten Beziehungen am vollständigsten abgeschnitten sind. Dies Moment erweist sich stark in dem nordwestlichen Deutschland und ist charakteristisch für die Gründe der Auswanderung der Landarbeiter aus dem Osten. In die Städte entflieht junges, oft liederliches Volk, das nichts sucht als die Zerstreuungen und die Ungebundenheit der Großstadt, ins Ausland gehen altgediente, arbeitslustige Familien, — dieser Unterschied ist auch praktisch für die Frage nicht gleichgültig, was geschehen kann, um beiden Momenten zu steuern. —

Ich erörtere hier nicht näher den Einfluß, welchen intensives Auftreten der Industrie auf die Arbeitsverfassung des Landes hat. Der Einfluß ist ein lediglich destruktiver. Wir sehen im rheinisch-westfälischen Industriebezirk das Verschwinden jeglichen Stammes von einheimischen Landarbeitern. Es gibt so gut wie keinen dauernd als Landarbeiter tätigen vollkräftigen Menschen. Der Prozeß vollzieht sich in der Weise, daß fortgesetzt aus dem Osten Arbeitskräfte herangezogen und dann nach einiger Zeit wieder an die Industrie abgegeben werden und ein weiterer Nachschub aus dem Osten stattfindet.

Ich vernachlässige ebenso den Einfluß der Sachsengängerei in der Provinz Sachsen, der in anderer Art, aber auch destruktiv, auf die bisherige Arbeitsverfassung gewirkt hat. Wenn hier die Wirkungen dieser Zersetzung sich so gestaltet haben, daß die Zustände, — auch die Verhältnisse der Wanderarbeiter, — relativ erträglich und für das Kulturniveau weniger gefährliche sind, so hat das seinen Grund einmal darin, daß in dieser Provinz mit ihrer Landwirtschaft intensivster Art, ihrem ausgezeichneten Boden, noch immer ein starkes Aufsteigen der Kultur stattfindet und auch unter ungünstigen Konkurrenzverhältnissen stattfinden kann; ferner darin, daß ein einheimischer, recht kräftiger Bauernstand vorhanden ist, welcher verhindert, daß ein so starkes Vakuum an einheimischen Arbeitskräften eintritt, wie das im Osten geschehen würde, vielmehr einheimische sächsische Arbeiter zur Ergänzung des auswärtigen Zuzugs liefert; und endlich und vor allem darin, daß eine Assimilierung der sächsischen Arbeiter mit den russischen und polnischen, welche aus dem Osten kommen, ausgeschlossen ist, hier ebenso, wie in Mecklenburg; die einheimischen Arbeiter schließen sich sorgfältig ab gegen deren Einflüsse; sie sehen mit Verachtung herab auf die niedrige Lebenshaltung der Sachsengänger, — erst, wo dieses Moment aufhört, weiter im Osten, wo die Gefahr der Assimilation vorliegt, beginnt die wirklich schwere Gefahr des Wanderarbeitertums. —

Ich überschreite damit die Elbe und begebe mich auf den klassischen Boden der ländlichen Arbeiterfrage. Meine Herren, das ostelbische Deutschland verdient ja aus dem Grunde diese Bezeichnung, weil es einen typischen, sich aus sich selbst ergänzenden und sehr zahlreichen ländlichen Arbeiterstand nirgends so wie hier gibt, und dies deshalb, weil der Großbetrieb, welcher ausschließlich auf fremde Arbeitskräfte angewiesen ist, nur hier die typische, wirtschaftlich und sozial wichtigste Form des Bodenbesitzes darstellt. Ich beschränke mich deshalb auch auf den Großgrundbesitz, welcher ja im wesentlichen identisch ist mit dem Großbetrieb, und seine Arbeitsverfassung. Nur diese Arbeitsverfassung stellt uns wirklich schwere und teilweise unlösbare Probleme.

Die historisch überkommene ländliche Arbeitsverfassung des Großgrundbesitzes im Osten hat Herr Professor Knapp gleichfalls geschildert; er hat aber auch hervorgehoben, was das wichtigste Ergebnis der Enquete ist: daß die rettungslose Zersetzung dieser Arbeitsverfassung teils schon eingetreten, teilweis im Gange und ausschließlich eine Frage der Zeit ist. In materieller Beziehung führen zwei große Desorganisatoren diese Zersetzung in der augenfälligsten Weise herbei, der eine — unwichtigere — ist die Dreschmaschine, der andere die Zuckerrübe, die ich hier a potiori nenne als Repräsentantin der intensiven Bodenkultur überhaupt. Das vom Standpunkt der Wirtschaftsführung des Arbeitgebers entscheidende Moment ist dabei in letzter Linie: die Differenz des Arbeiterbedarfs im Winter und des Arbeiterbedarfs im Sommer, sie wächst derart, daß das Halten der im Sommer erforderlichen ländlichen Arbeitskräfte das ganze Jahr hindurch unzweckmäßig wird. Das hat das Zurücktreten der ständigen, seßhaften, mit den Gütern dauernd verbundenen Arbeiter zugunsten der Saisonarbeiter und ganz im allgemeinen die kapitalistische Umgestaltung des alten Arbeitsverhältnisses in einen reinen Lohnarbeitsvertrag zur Folge. —

Nun, meine Herren, diese Destruktion der Arbeitsverfassung des Ostens, die sich vor allen Dingen ausdrückt einerseits in der Einschränkung und Beseitigung der eigenen Wirtschaft des Instmannes, in der Abschaffung oder Herabdrückung des Dreschanteils, das heißt in der Abnahme des Anteils der Arbeit an dem Produkte der Arbeit, in der Beseitigung ferner der Viehweide, der Viehhaltung des Arbeiters — des Mittelpunktes seiner Wirtschaft —, andererseits in der Erhöhung des Geldlohnes und damit dem Entstehen eines Interessengegensatzes zwischen Grundbesitz und Arbeiterschaft — diese Destruktion dieser Arbeitsverfassung hat da, wo sie bereits weit fortgeschritten ist, in ihrem Gefolge eine außerordentliche Herabdrückung der sozialen Position und eine Gefährdung des Nahrungsstandes der Arbeiter herbeigeführt. Es läßt sich an der Hand des Enquetematerials verfolgen, daß da, wo die patriarchalische Verfassung in alter Weise noch besteht, in Mecklenburg und Pommern, — um einen Hauptpunkt zu nennen — derjenige typische Konsum von Zerealien, welcher angenommen wird für eine normale Arbeiterfamilie, einschließlich des von ihr gehaltenen Viehes, bis auf etwa 40 Zentner hinaufsteigt, daß er nach Osten zu herabsinkt bis auf etwa 28 Zentner, daß er überall, wo in der Flußniederung zwischen Weichsel und Oder intensivere Kultur eingetreten ist, heruntergedrückt wird auf ein weit niedrigeres Niveau, und daß er in dem eigentlichen Gebiet der kapitalisierten desorganisierten Arbeitsverfassung, in den Provinzen Posen und Schlesien, am tiefsten herabsinkt. In Schlesien ist der Nahrungsstand der Landarbeiter zweifellos am schlechtesten. Es ist zwar vor einigen Tagen von einem schlesischen Magnaten im Reichstag angedeutet worden, das möchte wohl ein durch meinen »Nationalliberalismus« herbeigeführter Rechenfehler sein; er hat dann gesagt, er sei durchaus nicht in der Kultur in der Weise zurück, wie ich das von ihm voraussetzte. Meine Herren, natürlich e r nicht, wohl aber seine Arbeiter, für die er verantwortlich ist. Sie sind durch die Umgestaltung der Arbeitsverfassung in ihrem Nahrungsstande wesentlich gefährdet, es ist ein kartoffelessendes Proletariat entstanden aus einer Bevölkerung, welche sich nährte von Zerealien und Milch. Es ist von mir mit nichten behauptet worden, daß diese Desorganisation der Arbeitsverfassung des Großgrundbesitzes eine »Schuld« der einzelnen Großgrundbesitzer sei. Im Gegenteil, auch die Arbeiter wollen die Fortführung dieser Verfassung nicht. Es wird von zahlreichen Seiten in der Enquete berichtet — und ich glaube es — daß, wie bei den Heuerlingen, gerade die bestgestellten unter den Instleuten vorziehen, nicht nur in die Industrie, nein, auch zu den landlosen, ungebundenen, aber auch rein proletarischen Schichten der Landarbeiterschaft, zu den sog. »freien« Arbeitern, überzugehen, trotzdem das die Aufgabe einer außerordentlich sicheren materiellen Lager zugunsten einer gänzlich unsicheren Existenz bedeutet. N i c h t s spricht ein vernichtenderes Urteil über die Zukunft des Instverhältnisses als eben dieses Moment. Die patriarchalische Disposition des Herrn über das Schicksal des Arbeiters, wie sie die alte Instverfassung mit sich bringt, eben die wollen die Leute nicht länger dulden. Es sind psychologische Momente von übermächtiger Gewalt, welche sowohl den Zug in die Städte, wie die Desorganisation dieser Arbeitsverfassung herbeiführen. —

Meine Herren, also: die Arbeiter lösen sich aus dieser Verfassung heraus, sie verschwinden teils völlig, und teils bleiben sie doch nicht so wie früher in der Hand des Großgrundbesitzes. Und wie reagiert der Großgrundbesitz? Er greift zu den Wanderarbeitern, er ruft fremde Arbeiter heran aus dem Osten, teils aus den übervölkerten Distrikten mit zahlreichem Kleinstellenbesitz, teils und zunehmend aus dem Ausland.

Auch hier ist es keineswegs einseitig der Großgrundbesitzer, der dieses Verhältnis einer Fluktuation der Bevölkerung schafft. Die Arbeiter kommen ihm dabei aus eigener Initiative in entschiedener Weise entgegen. Es ist in vielen Fällen zu beobachten, wenn man das Lohnniveau des Zuwanderungsgebietes mit demjenigen des Abwanderungsgebietes vergleicht, daß es nicht nur nicht zuungunsten des Abwanderungsgebietes differiert, sondern gleichsteht, daß häufig sogar das umgekehrte der Fall ist. Nicht die unterschiede in der Lohnhöhe allein oder auch nur vornehmlich sind es, die zur Wanderarbeit führen, sondern etwas ganz anderes; es ist die Abneigung, sich gerade in der Heimat zu dauernder Arbeit zu binden, gerade die wohlbekannte Arbeitsglocke des benachbarten heimatlichen Großgrundbesitzers hat einen besonders üblen Klang. Die Leute gehen den Sommer über fort, sie kommen im Herbst wieder zurück und bringen soviel bares Geld mit, daß sie einige Monate »Ferien« machen können, und sie haben dann die Illusion — es ist lediglich eine Illusion — daß sie »mehr« verdient hätten, besser gestellt gewesen seien in der Fremde als zu Hause. Sie bedenken nicht, daß sie das Mehr an baren Mitteln erspart haben allein auf Kosten ihrer Lebenshaltung, indem sie sich in der Fremde herdenweise in einem Kasernement und bei einer Ernährungsweise unterbringen ließen, wie sie sie sich in ihrer eigenen Familie und zu Hause niemals bieten lassen würden.

Erschwerend tritt nun aber hinzu unsere nationale Situation im Osten, in erster Linie, daß diese Wanderarbeiter herangezogen werden aus dem Ausland. Es ist — soviel kann man aus den Berichten der Enquete ersehen — lediglich eine Frage der Zeit, bis wann die ländlichen Großgrundbesitzungen der Grenzgebiete, wenn sie lediglich ihren wirtschaftlichen Lohninteressen folgen, sich ihrer einheimischen Arbeiter in der Hauptsache entledigt haben werden, und statt dessen eine Verwendung von Wanderarbeitern aus Polen und Rußland stattfindet. Durchaus nicht immer deshalb, weil diese Wanderarbeiter einen niedrigeren Lohn bekämen, sondern in erster Linie, weil man keine verwaltungsrechtlichen Pflichten, keine Armenlasten usw. für sie übernimmt, — man schiebt sie eben nach Ausnutzung ihrer Arbeitskräfte wieder ab. Und ferner: der Russe muß sich auch etwas anderes bieten lassen als der einheimische Arbeiter; er ist prekärer gestellt und ein Wink an den benachbarten Amtsvorsteher genügt, um ihn schleunigst über die Grenze zurückzuspedieren, falls er sich den Wünschen des Großgrundbesitzers nicht überall fügt. Deshalb müssen — das ergeben die Berichte der Enquete — die selbstbewußten Arbeiter Westpreußens, die alten deutschen Instleute der Weichselniederungen, weichen zugunsten der polnischen Wanderarbeiter.

Auf die Dauer ist die Polonisierung des Ostens, wenn es so weitergeht, absolut nicht auszuschließen, wir mögen noch so viel Grundbesitz in deutsche Hände überführen. Die Entscheidung der Frage der Nationalität des platten Landes hängt auf die Dauer nicht von der Abkunft der besitzenden Schichten, sondern von der Frage ab, welcher Nationalität das Landproletariat angehört. Wir werden im Osten denationalisiert, und das ist keineswegs eine bloße Nationalitätensorge, sondern das bedeutet: es wird unser Kulturniveau, der Nahrungsstand der Landbevölkerung und ihre Bedürfnisse herabgedrückt auf das Niveau einer tieferen, östlicheren Kulturstufe. —

Gibt man sich Rechenschaft, welchen Umfang das bereits genommen hat, so sind dafür einige Anhaltspunkte vorhanden: der Wendepunkt in der Polenfrage ist das Jahr 1861; bis dahin nehmen die Polen prozentual langsam ab, von da ab langsam zu. Es begann die Heranziehung polnischer Wanderarbeiter. Noch im Jahre 1873 überwog die Wanderung deutscher Arbeiter bis tief nach Galizien und Rußland hinein. Erst seitdem ist die Entwicklung weiter fortgeschritten im Zusammenhang mit dem Niedergang der Landwirtschaft, derart, daß die entgegengesetzte Wanderbewegung alleinherrschend geworden ist. Dieser Zustand bestand ungehindert bis 1886. Innerhalb der Jahre 1861 bis 1886 hat nun — ich entnehme dies Beispiel dem eben erschienenen von der Goltzschen Werke — in Westpreußen in dem Komplex der Kreise Deutsch-Krone, Schlochau, Flatow, wo der Großgrundbesitz — das heißt hier der Besitz von 500 Taler Reinertrag — nur 35% der Fläche innehat, die prozentuale Abnahme des Deutschen nur 0,7, also etwas über ⅔% betragen; in den Danziger Niederungsgebieten, wo der Großgrundbesitz 50, und auf dem östlichen Höhenstreifen, wo er 64% der Flächen umfaßt, hat dagegen die Abnahme des Deutschtums 5½% betragen. Eine derartige Differenz lediglich auf Grund des Umstandes, daß der Großgrundbesitz in dem betreffenden Falle vorwiegt, gibt den deutlichen Beweis dafür, daß, wie gesagt, der landwirtschaftliche Großbetrieb des Ostens der gefährlichste Feind unserer Nationalität, daß er unser größter Polonisator ist. Im Jahre 1886 wurde nun die Zuwanderung polnischer Arbeiter verboten, die vorhandenen polnischen Arbeiter wurden des Landes verwiesen. Diese Verfügung wurde dann etwas gemildert und schließlich am 26. November 1890 in der Hauptsache aufgehoben. Es wurde dem Oberpräsidenten gestattet, im Falle des Nachweises des Bedürfnisses russische Arbeiter zuzulassen unter dem Vorbehalt, daß es sich nicht um Familien, sondern wesentlich um ledige Arbeiter handeln würde, und daß sie bis zum 1. November über die Grenze zurückgeschafft werden sollten.

Im Jahre 1891, dem ersten Jahre, nachdem diese Verfügung bestand, ist, wie ich mir aus den Zahlen des Herrn von Mayr, die uns hier vorliegen, zusammengerechnet habe, eine Zahl von rund 33 000 russisch-polnischen Arbeitern allein in die vier Grenzprovinzen importiert worden. Im Jahre 1892 trat wegen der Cholera eine erhebliche Erschwerung ein, schließlich wurde die Zufuhr am 1. September verboten; es waren aber bereits über 21 000 polnische Arbeiter hereingekommen, davon bereits 13 000 innerhalb der ersten beiden Quartale, also Arbeiter, welche nicht nur als Erntearbeiter hereinkommen, sondern welche an eine Arbeitsstelle treten, für die sonst ständige deutsche Arbeiter hätten verwandt werden müssen.

Die Zahl von 33 000 für 1891 ist übrigens noch nicht einmal vollständig, es fehlt für einen Teil des Gebiets ein volles Quartal. Diese Zahlen beziehen sich wie gesagt nur auf die Provinzen Ost- und Westpreußen, Posen und Schlesien. Die russischen Arbeiter gehen aber bis nach Hessen-Nassau, sie finden in Mecklenburg und im ganzen Osten erhebliche und zunehmende Verwendung.

Die Zahl der sämtlichen ländlichen Tagelöhner einschließlich der Tagelöhner in Nebenbetrieben, einschließlich der auch nur einen einzigen Tag in der Landwirtschaft beschäftigt gewesenen Tagelöhner betrug nun nach der letzten Berufsstatistik in den gedachten 4 Provinzen rund 800 000; davon beträgt diese Zahl 33 000 etwa $^1/_{24}$. Sie müssen aber in Betracht ziehen, daß diese Zuwanderung von polnischen Arbeitern sich zu einem großen Bruchteil auf ein weit enger umgrenztes Gebiet, eben gerade auf den national umstrittenen Distrikt von vier Provinzen und auf die großen Güter beschränkt und hier mit voller Intensivität wirkt, und wenn Sie den entsprechenden Multiplikator anwenden, so sehen Sie schon aus diesen Zahlen, daß bereits jetzt eine derartig gewaltige Zuwanderung stattfindet, daß schon in kurzem die denationalisierenden Folgen absolut nicht ausbleiben können. — Und ferner: der einzelne polnische Arbeiter verdrängt in der Ernährung auf dem heimischen Boden nicht etwa nur einen einzelnen deutschen Arbeiter, sondern eine Arbeiter f a m i l i e; er seinerseits nimmt ja die Lohnüberschüsse nach Rußland zurück und ernährt davon seine dortige Familie, und ebenso würde ein deutscher Arbeiter von seinen Lohnüberschüssen gleichfalls wenigstens einen erheblichen Bruchteil der Unterhaltskosten für seine einheimische Familie verwendet haben. Die Verdrängung umfaßt also auch rein ziffernmäßig ein Vielfaches der angegebenen Zahlen. Und endlich ist vom Interessenstandpunkt der Arbeiter aus zu sagen: die Heranziehung der Polen bedeutet eine Lähmung der deutschen Arbeiterschaft im Lohnkampf mit den Großgrundbesitzern, wie sie schwerer nicht gedacht werden kann. Alles in allem also, meine Herren: der Großgrundbesitz ist dasjenige Element, welches im Osten zurzeit am stärksten polonisiert. Es ist eine Frage der Zeit, wann der Moment gekommen sein wird, wo er in seinem Auftreten gemeinschaftliche Sache mit den Polen wird machen m ü s s e n. Es ist auf die Dauer für ihn nicht möglich, die nationale Sache zu vertreten, wenn seine Arbeiter Polen sind. Er wird dem Schicksal nicht entgehen, dem österreichische Magnaten mit alten deutschen Namen verfallen sind: er verliert zunächst die Gemeinschaft der nationalen Interessen mit seinen Hintersassen, und dann wird er derjenige sein, welcher nachgeben wird. — Die ersten Symptome dafür sind denn auch vorhanden. Wenn im Reichstag oder Abgeordnetenhaus ein schlesischer Besitzer sagen kann: es versteht sich von selbst, daß wir Großgrundbesitzer unsere Arbeiter nehmen können, woher wir wollen und sie billig bekommen können, und deshalb die Aufhebung derjenigen Schranken verlangt, welche jetzt noch dem Zuzug der fremden Arbeiter entgegenstehen — nun, so ist das ein Manchesterstandpunkt, der im schroffsten Widerspruch dazu steht, daß derselbe Herr der Nation untersagen will, ihr Brot dorther zu nehmen, woher sie will und es billig erhalten kann. Und wenn in Westpreußen die Vertreter des Großgrundbesitzes jetzt schon gemeinschaftliche Sache mit den nationalen Gegnern machen, so sind das eben die ersten Anfänge, die uns zeigen, wohin es kommen kann, wenn die Sache so weiter geht. Ich habe absichtlich dieses nationale Moment in den Vordergrund gestellt, weil es das in erster Linie praktische ist, — es ist eben keineswegs ein rein ideales, sondern involviert im Osten eine »Messer- und Gabelfrage« in des Wortes vollster Bedeutung. —

Meine Herren, wenn ich jetzt zunächst resumieren soll, was ich ausgeführt habe, so erlaube ich mir die allgemeine Bemerkung: ich betrachte die »ländliche Arbeiterfrage« hier ganz ausschließlich unter dem Gesichtspunkt der S t a a t s r a i s o n; sie ist für mich keine Frage der Landarbeiter, also n i c h t die Frage: geht es ihnen schlecht oder gut, wie ist ihnen zu helfen? Diese Fragen können wir auf Grund der Enquete nur sehr bedingt beantworten, und jedenfalls ist es nicht derjenige Gesichtspunkt, unter dem ich die Sache betrachtet habe; aber freilich: noch viel weniger ist sie die Frage: wie sind den östlichen Großgrundbesitzern Arbeitskräfte zu verschaffen? Das Interesse des Staates und einer Nation kann differieren von dem Interesse jedes einzelnen Standes, nicht nur von dem des Großgrundbesitzes, was gelegentlich vergessen wird, sondern auch von dem des Proletariats, was neuerdings mindestens ebenso oft vergessen wird. Das Interesse des Staates an der ländlichen Arbeiterfrage im Osten ist lediglich begriffen in der Frage, wie es um die Fundamente der sozialen Organisation bestellt ist, ob der Staat sich darauf stützen kann, auf die Dauer, zum Zweck der Lösung derjenigen p o l i t i s c h e n Aufgaben, welche ihm im Osten demnächst bevorstehen. Diese Frage ist meines Erachtens zu v e r n e i n e n.

Meine Herren, ich anerkenne in dem Schlußwort zu meinem Enquetebericht, daß der Großgrundbesitz und seine Arbeitsverfassung für die Vergangenheit erhebliche Verdienste um die Nation hat. Mißdeutungen in der Presse beider Richtungen veranlassen mich, das hier zu interpretieren. Es ist mir nicht eingefallen, zu behaupten, daß wir eine besondere »Dankesschuld« gegenüber dem Großgrundbesitz als solchen abzutragen hätten. Ich bin der Ansicht, daß die Großgrundbesitzer der Vergangenheit dem Staate dienten, indem sie ihren eigenen Interessen dienten, daß sie vor allen Dingen nicht mehr getan haben, indem sie für den Staat und an seiner militärischen und politischen Größe mitarbeiteten, als ihre »verdammte Pflicht und Schuldigkeit« so gut wie irgendein anderer Stand im Staate, und nur weil dies nicht bei jeder Aristokratie selbstverständlich gewesen ist, erkennen wir es an. Ich glaube vor allem nicht, daß diese Anerkennung, so weit sie begründet ist, den Personen gebührt, sondern der sozialen Organisation, deren Produkte diese Personen gewesen sind. In diesem Sinne ist diese Anerkennung einfaches Gebot der Gerechtigkeit. Aber, meine Herren, eben diese Organisation zerfällt; sie zerfällt vielleicht nicht plötzlich, vielleicht nicht vollständig z. B. bis zum Ende dieses Jahrhunderts. Je länger aber der Verfall sich fortsetzt, um so mehr nimmt er den Charakter eines chronischen Fäulnisprozesses des Ostens an. Eine solche zerbröckelnde Organisation ist nicht fähig, die wichtigsten politischen Aufgaben des Staates lösen zu helfen: in erster Linie die Wahrung der deutschen Kultur im Osten, die Verteidigung unserer Ostgrenze, der deutschen Nationalität, auch im Frieden. Der Großgrundbesitz kann diese Aufgabe nicht lösen. Man muß die Vorstellung aufgeben, als ob er allein es wäre, auf welchen man sich auf die Dauer im Osten stützen könne und dürfe. Er wird entwurzelt und für den Staat wertlos — nicht durch seine Schuld, wie ich wiederhole, sondern durch übermächtige nationale Wandlungen materieller und psychologischer Art. —

Ich will nicht weiter ausgreifen, um nicht noch länger zu sprechen. Ich komme vielmehr unmittelbar zu denjenigen praktischen Forderungen, welche meines Erachtens sich aus dieser Situation ergeben. Die wichtigste Forderung, die überhaupt auf diesem Gebiete im gegenwärtigen Moment zu stellen ist, ist die des absoluten Ausschlusses der russisch-polnischen Arbeiter aus dem deutschen Osten. Als Uebergangsstadium und sofort ins Werk zu setzen wäre der Ausschluß aller derjenigen Arbeiter, welche vor der Zeit der Getreideernte nach Deutschland hereinkommen. Aber es muß der Entschluß gefaßt werden, diesen Ausschluß der Fremdlinge zu einem absoluten zu machen. Ich freue mich, in diesem wichtigen Punkt die Zustimmung des Herrn Professor von der Goltz in seinem mir soeben zugegangenen neuen Werke zu finden. Meine Herren, wer glauben sollte, daß wir im Osten nationale Politik aus »Chauvinismus« treiben — nun, der kann oder will nicht verstehen, um was es sich handelt. Es ist nicht möglich, zwei Nationalitäten mit verschiedenen Körperkonstitutionen, — verschieden konstruierten Mägen, um mich ganz konkret auszudrücken, auf einem und demselben Gebiete als Arbeiter gänzlich frei konkurrieren zu lassen. Es ist nicht möglich für unsere Arbeiter, mit den polnischen Arbeitern zu konkurrieren. Die deutschen Arbeiter müßten in ihren Bedürfnissen eine Kulturstufe heruntersteigen, ganz analog wie unser Landwirtschaftsbetrieb deshalb konkurrenzunfähig ist, weil er eine Kulturstufe heruntersteigen müßte, um mit den Landwirtschaftsbetrieben in Rußland, Argentinien und Amerika zu konkurrieren. Es gibt eine gewisse Situation kapitalistisch desorganisierter Volkswirtschaften, unter welchen die höhere Kultur nicht überlegen, sondern schwächer ist im Kampf ums Dasein gegenüber der niedriger stehenden Kultur. In einer solchen Situation befinden wir uns zur Zeit. Mit unseren polnischen Volksgenossen wollen wir schon fertig werden, wir hoffen, das polnische Proletariat des Inlandes auf das Niveau der deutschen Kultur zu heben, — unmöglich wird das aber, wenn der fortgesetzte Einbruch östlicher Nomadenschwärme diese Kulturarbeit regelmäßig wieder vernichtet und in ihr Gegenteil umkehrt. Gegen die angeblich projektierte Kulieinfuhr erhob sich seinerzeit große Entrüstung, die Einfuhr der Polen ist aber vom Kulturstandpunkt weit gefährlicher, denn mit den Kulis assimilieren sich unsere deutschen Arbeiter nicht, wohl aber ist dies mit den halbgermanisierten Slaven unseres Ostens, gegenüber den Polen der Fall. —

Meine Herren, die dermalige Verfügung des Ministeriums des Innern, auf welcher die Zulassung der polnischen Arbeiter beruht, geht aus von dem Gedanken: es schade nichts, wenn die polnischen Arbeiter hereinkommen, sofern sie nur wieder herausgelangen. — Erstens gelangen sie nicht alle wieder heraus. Es ist gar nicht zu verhindern, wenn man die Leute nicht schlechterdings festbindet und über die Grenze schafft, daß nicht ein erheblicher Bruchteil dieser Arbeiter im Inlande verbleibt. Es ist aber auch nicht richtig, daß eben diese zeitweise Zulassung sozial- und nationalpolitisch nichts schadet, das — möchte ich glauben — geht aus dem, was ich auszuführen versuchte, mit Sicherheit hervor. Gerade diese zeitweise Zulassung, welche die Grundbesitzer jeder dauernden Verantwortlichkeit für die verwendeten Arbeitskräfte enthebt, ist die denkbar gefährlichste Form, sie ist dasjenige Moment, welches zur Abschiebung der deutschen Arbeiter aus dem Osten führt und die Mobilisierung der Landbevölkerung am schärfsten fördert. Meine ganze Argumentation ist sehr einfach: Es hat die Enquete meines Erachtens zweifellos ergeben, daß der Nahrungsstand, daß die Lohnhöhe, daß die gesunde soziale Stellung der Arbeiter im Osten abhängt in erster Linie von der Intensität des Deutschtums. Die Enquete hat ferner ergeben, daß eine Verdrängung der deutschen Arbeiter durch die polnischen Wanderarbeiter in gefährlicher Weise erfolgt. Es ergibt sich schon daraus die aufgestellte Forderung meines Erachtens von selbst.

Man könnte nun, meine Herren, als zweites Moment in Frage ziehen, ob nicht dem Ausschluß der ausländischen Arbeiter ein Festhalten der inländischen Arbeiter an der Scholle entsprechen sollte. Ich habe nicht die geringste Neigung, hier eine Debatte über die Freizügigkeit zu entfesseln; es würde aber mißdeutet werden, wenn dazu bei dieser Gelegenheit gar nicht Stellung genommen würde. Es ist diese Forderung — indirekte Einschränkung des Fortzuges durch Erhebung von Einzugsgeldern seitens der Städte, nicht nur von Enqueteberichterstattern gestellt, sondern auch von der neuen agrarischen Bewegung, obwohl man nicht gewagt hat, sie bei der bekannten Audienz an das Ohr Seiner Majestät des Königs zu bringen, wahrscheinlich, weil ein stillschweigendes Anhören dieses Vorschlages gegenüber der öffentlichen Meinung bedenklich erschienen wäre. Nun ist durchaus nicht zu verkennen, daß das Fortziehen zumal der jungen Arbeitskräfte vom Lande in die Stadt ein oft geradezu unglaublich planloses ist, ohne Zweck und ohne eine Ahnung der Konsequenzen geschieht, und mit einer wirklich besseren Lage, in die sich diese Leute dadurch zu bringen glauben, schlechterdings nichts zu schaffen hat. Gäbe es technisch durchführbare Mittel, dem wirksam vorzubeugen, so würde ich an einem Eingriff in das vermeintliche allgemeine Menschenrecht der freien Disposition über sich selbst gewiß am letzten Anstoß nehmen. Aber das vorgeschlagene

Mittel ist unpraktikabel. Einmal sehe ich nicht ein, wie eine Kommune wie Berlin z. B. wirkliche Garantien für die Zurückschaffung derjenigen, welche sich der Zahlung entziehen, schaffen sollte. — Dann aber, und das ist der prinzipielle Punkt gegenüber jeder Form der Beschränkung der Freizügigkeit: Glauben Sie denn, daß wir uns in der Lage fühlen könnten, der Landwirtschaft Leute zurückzuschicken, von denen wir nicht wissen, ob und in welchem Umfange sie lohnende Arbeit finden auf dem Lande? Mag auch Arbeitermangel auf dem Lande die Regel sein, unzutreffend ist, daß selbstverständlich überall auf dem Lande im Osten Arbeit zu finden sei, und vor allen Dingen, daß sie zu angemessenen Löhnen und dauernd zu finden sei. Es müßte also der einzelne Fall untersucht werden, es müßte auch die Möglichkeit vorhanden sein, wenn wir die Leute zurückschicken oder auf dem Lande festhalten, dem betreffenden Großgrundbesitzer vorzuschreiben, welchen Lohn er dem Manne zu zahlen hat. Wir würden dann ein Eingreifen in die Arbeitsverfassung des Ostens, eine staatliche Revision der Arbeitsverhältnisse auf dem Lande mit Lohntaxen irgendwelcher Art haben. Das wäre ja nun durchaus nichts unerhörtes. In Mecklenburg hat nach der achtundvierziger Bewegung der Landarbeiter eine ähnliche geordnete staatliche Regelung stattgefunden; es sind unter Zuziehung von staatlichen Kommissaren Regulative festgesetzt worden für einzelne Güter — und sie haben keineswegs bloß auf dem Papier gestanden —, durch welche die Gebührnisse der Landarbeiter festgestellt wurden. Ich glaube aber, vor die Wahl gestellt, sich einen derartigen Eingriff gefallen zu lassen oder den gegenwärtigen Freizügigkeitszustand aufrecht zu erhalten, würde der überwiegende Teil der Landwirte doch das letztere wählen.

Im Zusammenhang mit der Frage der Freizügigkeit möchte ich ein Wort über die Gesindeordnung mit bezug auf die praktisch richtige Zwangsrückführung im Falle des Kontraktbruches sagen. Sie ist sowohl von seiten der Berichterstatter als von seiten politischer Parteien im Lande zum Gegenstand von Erörterungen und Angriffen gemacht worden. Der zunächst in die Augen fallende Uebelstand an der Gesindeordnung ist, daß schlechterdings keine Gleichmäßigkeit der Zustände in den einzelnen Gegenden besteht. In jeder Provinz, in jedem Regierungsbezirk sind die Verhältnisse und die Praxis in der Subsumtion der einzelnen Kategorien unter die Gesindeordnung verschieden. Die Instleute, welche in Ost- und Westpreußen unter die Gesindeordnung fallen, stehen in Pommern und Brandenburg nicht darunter. In Schlesien sucht man die Kontraktarbeiter künstlich durch Hingabe des Mietstalers darunter zu bringen, ebenso auch die sozial viel tiefer stehenden Komorniks in Posen. Ein scharfe Grenze ist auf dem Boden des geltenden Rechtes absolut nicht zu ziehen; es muß Gleichmäßigkeit hergestellt werden. Diese aber kann nur bestehen in der Beseitigung der Anwendbarkeit der Gesindeordnung auf alle diejenigen Personen, welche nicht wirklich zum häuslichen Gesinde gehören. Niemand hat bisher zu behaupten versucht, daß die bestehenden Zwangszurückführungsvorschriften genügten oder zweckmäßig seien, um Kontraktbruch zu verhindern. Im Gegenteil, aus der Enquete geht das fruchtlose und verbitternde der Maßregel hervor, welche in der Zwangszurückführung, zumal, wenn es sich um Familien handelt, liegt. Das einzige angemessene Zwangsmittel gegen Kontraktbruch bei Familien ist das Pfandrecht an demjenigen Mobiliar, welches der Arbeiter in das Gewahrsam des Gutsherrn gebracht hat.

Nun könnte sich ja fragen, ob an Stelle dieser bunten Mannigfaltigkeit des Rechts, dem die Landarbeiter unterstehen, nicht etwas einheitliches gesetzt werden könnte, in Verbindung etwa mit einem staatlichen Eingriff in die Land- und Weideverhältnisse der einzelnen Güter, nach Analogie der schon berührten mecklenburgischen Regulative. Historisch wäre ein solcher Eingriff sehr wohl berechtigt auf Grund des Umstandes, daß diese jetzt depossedierten Arbeiter ehemals nicht bloß Lohnarbeiter, sondern in ihrer Art so gut wie die Bauern auch anteilsberechtigt waren an dem Boden, welchen sie bebauten. Es wäre eine moderne Analogie zum Bauernschutz, eine Modifikation des bisherigen Grundsatzes der preußischen Sozialpolitik, welche allein eine Bauernpolitik war — bei der Regulierung sowohl als bei der Gemeinheitsteilung hat sich das gezeigt — zugunsten auch der bisher regelmäßig vergessenen Landarbeiter. Allein dieses Eingreifen des Staates ist heute nicht mehr möglich, weil die Zersetzung dieser älteren sozialen Organisation schon zu weit vorgeschritten ist. In Frage könnte nur kommen — und das ist in Vorschlag gebracht worden — ob man etwa Schiedsgerichte speziell zum Zwecke der Regelung von Streitigkeiten zwischen

Arbeitgebern und Arbeitnehmern auf dem Lande organisieren soll. Es käme nur darauf an, wie diese Schiedsgerichte zusammengesetzt wären, namentlich daß sie nicht ausschließlich beständen aus den Interessenvertretern eines Standes, daß nicht z. B. etwa die Amtsvorsteher, welche aus den Gutsbesitzern hervorgehen, diejenigen wären, welche in diesen Schiedsgerichten die ausschlaggebende Stellung einnähmen. Im übrigen: versprechen würde ich mir von der Einführung eines solchen Instituts nicht viel, weil jede Organisation der Landarbeiter fehlt und bisher gesetzlich fehlen muß, namentlich aber, weil eine solche Organisation, auch wenn sie jetzt gesetzlich zulässig wäre, gar nicht möglich ist. Man braucht nur die konkreten Zustände sich vorzustellen. Ein Instmann, ein Arbeiterpächter, ein Häusler, ein Büdner, ein besitzloser Tagelöhner und ein Wanderarbeiter — alle diese Kategorien können auf einem Gut vorkommen —, diese Leute können keine drei Schritte zusammengehen, ohne daß ihre Interessen auseinanderlaufen, und es ist nicht möglich, derartige verschiedene Interessengruppen nach Analogie etwa der Gewerkvereine zu organisieren. —

Meine Herren, ich habe nun noch kurz zu erörtern den Interessenstandpunkt der Landarbeiter gegenüber der brennenden Frage, die morgen zur Erörterung steht, gegenüber der inneren Kolonisation. Es kommt hier für uns in Betracht einmal die Frage der Seßhaftmachung der Arbeiter als Arbeiter und dann die praktische Bedeutung der etwa zu schaffenden Möglichkeit, daß Landarbeiter aufsteigen in den Bauernstand. Die Bedeutung beider Maßregeln ist eine grundverschiedene: die erste enthält nur eine Umgestaltung der Lage der Arbeiter innerhalb der gleichen sozialen Schicht, in der sie verbleiben, die zweite dagegen würde, wenn sie gelänge, die obere Schranke des Aufsteigens hinwegräumen, welche die soziale Organisation im Osten den Landarbeitern gegenüber aufgerichtet hat. —

Was zunächst die Errichtung von Arbeiterstellen anlangt, also von Stellen, welche begründet werden für Personen, die weiter dauernd auf Lohnarbeit gehen sollen, so steht es nicht, wie oft behauptet worden ist, im Einklang, sondern im Widerspruch mit dem Begriff des Grundeigentums, daß ein Mann, welchem sein Grund und Boden, den er bewirtschaftet, nicht die volle Möglichkeit der Existenz gewährt, sondern ihm nur mehr nebenher einen kleinen Beitrag, gewissermaßen wie ein

Taschengeld zur Ergänzung seines Budgets liefert — daß ein solcher Mann mit dem Boden in eine rechtliche Beziehung gesetzt wird, welche derjenigen des Eigentums auch nur analog ist. Es sind auch die Ergebnisse der Enquete gerade über diesen Punkt geeignet, das allerernsteste Mißtrauen gegen eine derartige Maßregel, wenn man sie als regelmäßige Form der Gestaltung unserer Arbeitsverfassung denken wollte, zu erregen. Ueberall, wo eine große Zahl derartig mit Grund und Boden versehener Arbeiter sich findet, sind die Löhne und zwar teilweise in einem unerhörten Maße gedrückt. Diese Leute sind eben schollenfest, sie können nicht fort. Und, meine Herren, wer glaubt, daß ein Mann, der deshalb nicht fort kann, und seine Arbeitskräfte ausnutzen, wo er will, weil einige Morgen deutschen Bodens an seinen Fersen kleben, daß dieser Mann eine angenehme Beziehung zum vaterländischen Boden gewinnen und ein brauchbares Glied innerhalb der sozialen Gliederung auf dem Lande werden wird, der befindet sich in einem bedenklichen Irrtum. Der schrecklichste der Schrecken ist ein grundbesitzendes Proletariat, dem die ererbte Heimstätte zum Fluche wird. —

Es ist im übrigen ja die Lage der grundbesitzenden Arbeiter eine verschiedene, je nachdem sie in der Nachbarschaft von Bauern in Dorfgemeinden oder in der Nachbarschaft allein von großen Gütern sitzen. Dem Bauern gegenüber hebt der Grundbesitz den Mann, dem Großgrundbesitzer gegenüber nicht. Der Bauer beutet den Einlieger auch als Mieter aus, weniger als Arbeitskraft. Dem Großgrundbesitzer liegt dagegen an dem bißchen Miete nichts, er will nur die feste, dauernde, an die Scholle gefesselte Arbeitskraft und deshalb ist im Interessenkampf mit dem Großgrundbesitzer der grundbesitzende Arbeiter gegenüber dem besitzlosen benachteiligt. — Ich will damit nicht behauptet haben, daß eine Gründung von Häuslerstellen immer und überall auszuschließen wäre, aber sie darf nur der Schlußpunkt großer Kolonisation sein. Erst wo große Bauerndörfer entstanden sind, wo Arbeitsgelegenheit in nächster Nähe immer zu finden ist, wenn durch Reservate im allgemeinen vorgesorgt ist, daß der kleine Besitzer eine genügende Viehhaltung haben kann, erst dann kann die Begründung von Häuslern befürwortet werden. — Wie die Enquete ergibt, ist die Gefahr der Schaffung Kartoffeln konsumierender Kleinstellenbesitzer eine dringende. Diese Gefahr ist nun aber am allerdringendsten bei denjenigen Stellen, welche ein Uebergangsstadium bilden von den kleinsten Stellen zu Bauernstellen. Diese Leute, also die sogenannten Büdner, sind in der Tat schollenfest. Der kleine Häusler mit wenigen Morgen Land kann Sachsengänger werden, wenn er in der Nachbarschaft keine Arbeit findet. Der Büdner ist gebunden. Er hat einige Arbeitstage im Jahr übrig, die er verwerten müßte. Diese könnte er aber gerade nur in der Erntezeit verwerten und gerade dann ist er unabkömmlich. Dieser Büdnerstand ist einer der gefährlichsten auf dem Lande. Ueberall, wo er in starkem Maße besteht, hat man beobachtet, daß solche Büdner unter allen Umständen vermeiden, auf Arbeit zu gehen, daß sie lieber auf das kümmerlichste leben, auf ihrem Grund und Boden sich durchschlagen, als in der Heimat sich Arbeit suchen. Dieses Moment muß in allererster Linie davor warnen, derartige Stellen zu schaffen, und das um so mehr, als die Tendenz der Parzellierungsbewegung im Osten gewisse ganz gleichartige Gefahren in sich birgt, welche auch für die Praxis der inneren Kolonisation von eminenter Bedeutung sind:

Die unzweifelhaft vorhandene Tendenz der Güterzerschlagung und damit auch die Zukunft der inneren Kolonisation kann man unter zwei Gesichtspunkten betrachten: unter einem mehr optimistischen und unter einem mehr pessimistischen. Unter dem optimistischen betrachtet sie in erster Linie mein verehrter älterer und erfahrenerer Freund, Herr Professor Sering. Er erwartet von dem Fortschreiten der Technik eine Entwicklung kleinerer intensiv bewirtschafteter Stellen. Umgekehrt erwartet er von diesen kleineren Stellen, daß sie Fortschritte der Technik herbeiführen und eine Aufbesserung des landwirtschaftlichen Betriebes im Osten sich daran anschließen werde. Ich will das nicht bestreiten für erhebliche, von der Natur hervorragend begünstigste Teile des Ostens; aber für ein weitaus größeres Areal im Osten, welches der Ueberführung in den intensiven Betrieb mit Garten- oder Rübenkultur, intensiver Viehzucht oder ähnlichem zweifellos dauernd verschlossen ist, und für welches die Produktionsbedingungen dauernd auf eine Kombination von Getreidebau und Viehzucht in mittlerer Intensität zugeschnitten sein müssen, sofern man nicht den Uebergang zur ewigen Weide unter Ersparung von Kapital und Arbeit herbeiführen will. Für dieses Areal kommt nun die gegenwärtige Lage der Landwirtschaft in besonders verhängnisvoller Art zur Geltung. Die Landwirtschaft im Osten ist vom geschäftlichen, industrialistischen Standpunkt aus ein niedergehendes, konkurrenzunfähig werdendes Gewerbe, und gerade dieser Niedergang der Konkurrenzfähigkeit führt meines Erachtens dazu, daß die Kleinbetriebe heute existenzfähiger sind als die für den Markt produzierenden großen Besitzungen. Derjenige Besitzer, welcher seine Produkte in erster Linie an denjenigen Ort bringt, wo die Preisgestaltung auf dem Weltmarkt am gleichgültigsten ist, nämlich in seinen eigenen Magen, der ist zur Zeit am existenzfähigsten im Osten, immer unter der Beschränkung auf dieses spezifische, aber sehr große und sozialpolitisch für uns wichtige Areal des charakteristischen mittleren Sandbodens und außerhalb der Nähe großer Städte und Verkehrswege. Daraus folgt aber eine schwere Kulturgefahr. Es könnte nämlich dahin kommen, daß auch hier die Differenz zwischen — um wiederum das frühere Bild zu gebrauchen — dem deutschen und polnischen Magen zur Geltung gebracht würde. Auch als Kleinbauer kann der Pole, der sich mit dem Anbau von Kartoffeln begnügt, mit einem viel kleineren Areal auskommen als der Deutsche, der Zerealien konsumieren will, und es entsteht die Gefahr, daß die innere Kolonisation zu einer Schaffung polnischer Zwergbetriebe und zur Denationalisierung des Ostens unter Herabdrückung der Kulturbedürfnisse der Landbevölkerung führt. Diese Gefahr muß davor warnen, Stellen irgend welcher Art zu schaffen, welche unter demjenigen Stande der Größe ihrem Umfange nach sich befinden, der ausreicht, um eine deutsche Bauernfamilie zu ernähren.

Vergleichen wir damit die Praxis der Generalkommissionen, so ist der Minimalumfang einer Stelle von ihnen teils auf 1 ha, teils auf 2, $2^1/_2$, 3 ha festgesetzt. Meines Erachtens ließe es sich hören, wenn umgekehrt ein maximaler Umfang kleinerer Stellen auf etwa 2 ha und daneben ein Minimalsatz für Bauernstellen auf etwa 5 ha festgesetzt würde. Gerade diese Stellen von 2 bis 5 ha sind Büdnerstellen, welche die Familie nicht voll ernähren. Der Zustand eines solchen Mannes ist erträglich im Süden und Westen, wo jederzeit Gelegenheit zum Ankauf von Grund und Boden sich findet und der Mann dadurch nicht Sklave seiner Scholle wird. Im Osten ist eine solche Beweglichkeit nicht vorhanden, und die Gefahr der Schaffung eines Proletariats allerschlimmster Art außerordentlich groß. —

In bezug auf die Schaffung von Arbeiterstellen sind also vom Arbeiterstandpunkt aus nur negative Forderungen: — was nicht geschehen soll — zu formulieren. Entscheidend ist, ob die Bedingungen für den Erwerb bäuerlicher Stellen so gestellt werden können, daß den Arbeitern der Erwerb von solchen ermöglicht wird, und das ist nicht heute, sondern morgen zu besprechen. —

Nun aber, meine Herren, wir mögen der inneren Kolonisation noch so weite Ziele stecken und sie uns soweit durchgeführt denken, wie wir wollen, sicher ist: wir können weder dem Großgrundbesitz im Osten den Garaus machen, noch wollen wir es. Es existiert kein Interesse daran, ihn zu vernichten, es existiert sogar ein Interesse daran, diese wirtschaftlichen und vor allen Dingen gesellschaftlichen Intelligenzzentren auf dem Lande zu erhalten, damit nicht auch dieses geistige Kapital von den Städten monopolisiert werde und ausschließlich in den Besitz des städtischen Bürgertums gelange, und damit nicht die politische Intelligenz künftig vom Lande ebenso auswandert wie zur Zeit die Arbeitskräfte.

Es fragt sich also, wenn der Großgrundbesitz im Osten weiter bestehen soll — und er wird es —: woraus rekrutieren sich seine Arbeitskräfte? Wie wird seine Arbeitsverfassung beschaffen sein? In erster Linie wird man ja die Arbeitskräfte aus den Bauerndörfern zu erhalten suchen, welche die innere Kolonisation schafft. Es ist schon jetzt aus dem Enqueteberichtt nachweisbar, daß beispielsweise in Mecklenburg auf den Domanialgütern und denjenigen Rittergütern, welche in der Nachbarschaft von Bauerndörfern liegen, von einem Arbeitermangel kaum gesprochen wird, daß also diese Nachbarschaft den Gütern hinlänglich Arbeitskräfte verschafft. Das steht ja in Uebereinstimmung mit der Tendenz der Entwicklung im Osten, welche in Dörfern wohnende freie Arbeiter an Stelle der kontraktlich gebundenen Arbeiter zu setzen im Begriff ist. Jedoch mit diesen Arbeitskräften allein, — das möchte ich etwas schärfer als Herr Professor Knapp und auch als das neue Werk von von der Goltz betonen, wird ein großes Gut nicht entfernt wirtschaften können. Nicht einmal die süddeutschen großen Höfe können es. —

Eine zweite und meines Erachtens praktisch wichtigere Form nun, in welcher der Großgrundbesitz der Zukunft sich Arbeiter wird verschaffen können, ist, wie ich glaube, und schon hervorgehoben habe, ein pachtartiges Verhältnis in Kombination mit einem Arbeitsvertrag, unter Spannhilfe des Herrn für das fest abzugrenzende Land des Arbeiters. Alle die Momente, welche das Instverhältnis heute der Auflösung verfallen lassen, die Unmöglichkeit, Scharwerker zu stellen und zahlreiche andere Umstände fallen weg, wenn ein Pachtverhältnis geschaffen wird. Es zeigt sich auf denjenigen Gütern, welche zu einer derartigen Kombination von Parzellenpacht mit Auflegung der Arbeitsverpflichtung übergegangen sind, daß ihre Arbeitsverhältnisse relativ erträglich, zum Teil, wie in denjenigen ostholsteinischen Verhältnissen, welche der Graf Holstein schildert, geradezu ausgezeichnete sind. Es läßt sich ja gewiß auch dieses Verhältnis ausbeuten zuungunsten der Arbeiter, und das ist teilweise geschehen. Ich glaube aber, daß das kein dauerndes Moment sein wird, denn ich glaube, daß einer Verbesserung der Stellung solcher Pächter entgegenkommen wird das Bedürfnis der Großgrundbesitzer nach Abstoßung des Areals, welches nicht abnehmen, sondern zunehmen wird. Was die Stellung solcher Arbeiter anlangt, so fehlt hier die Gebundenheit an die Scholle, es bestehen die Vorteile der eigenen Wirtschaft, es besteht die Interessengemeinschaft mit dem Gutsherrn — in andrer Weise wie bei den Instleuten —, und es kommt angemessen zum Ausdruck, daß für die höchststehenden Elemente der Arbeiterschaft das Arbeitsverhältnis nur ein Durchgangsstadium sein soll. Daraus, daß ich also voraussetze, daß eine derartige Entwicklung und Gestaltung des Arbeitsverhältnisses im Osten möglich und wahrscheinlich ist, daraus folgt eine letzte Forderung, oder vielmehr eine Bitte, welche sich richtet an die Domänenverwaltung.

Es ist nicht nur möglich, sondern auch wünschenswert, daß der Staat als größter Grundbesitzer mit gutem Beispiel auf diesem Gebiete vorangeht. Wir sind nicht in der Lage, die Gestaltung der Arbeitsverfassung auf den großen Gütern irgendwie auf dem Wege des Zwanges unmittelbar zu fördern; wir sind aber in der Lage, die Entwicklung indirekt zu fördern, indem wir die Praktikabilität einer Umgestaltung in unsrem Sinne zeigen. Dem Vernehmen nach soll der gegenwärtige Herr Minister für Landwirtschaft aus eigener Initiative bereits die Absicht haben, in den Bedingungen der Pachtkontrakte der Domänenpächter eine Aenderung herbeizuführen. Die preußischen Domänenpachtkontrakte enthalten in den allgemeinen Bedingungen

§ 27 das Verlangen der Vorlegung einer großen Anzahl Listen: Ernte-, Erdruschlisten usw. Die Lohnlisten finden sich zur Zeit darunter nicht und es wäre wohl wünschenswert, daß diese Lohnlisten sich künftig darunter befänden. Dies wäre die einzige Möglichkeit, einmal ganz präzises und vergleichbares typisches Material aus den verschiedenen Provinzen des Landes zu gewinnen. Im Gegensatz zu den mecklenburgischen Domanialpachtkontrakten enthalten ferner die preußischen Domanialpachtkontrakte irgendwelche Vorschriften, welche den Domänenpächter anweisen, in welcher Weise er seine Arbeiter zu stellen hat, nicht. Es ist aber möglich, derartige Vorschriften aufzunehmen und es ist meines Erachtens auch sozialpolitisch richtig. Ich will mich auf die Einzelheiten nicht einlassen; ich glaube, daß es möglich wäre, sowohl in bezug auf die Wohnung in allererster Linie — einen Gedanken, den auch Professor von der Goltz vertritt — als auch in bezug auf die Gewährung von Land an die Arbeiter gegen Pacht bis zu einer gewissen Größe, etwa zu dem Durchschnittspreise der Domänenpachtrente, als endlich auf die Viehhaltung der Arbeiter Vorschriften zu treffen, und ich hoffe, daß ein Modus gefunden werden wird, in welchem diesem Wunsche nachgekommen werden kann.

Meine Herren, ich bin am Ende dieser unter dem Zwang der Umstände nicht eben sehr systematisch gestalteten Ausführungen. Sie werden vielleicht den Eindruck nicht ganz verloren haben, daß ich unter dem Druck einer gewissen Resignation gesprochen habe, und daß diejenigen Forderungen, soweit sie überhaupt positiver Art sind, welche ich versucht habe, hier aufzustellen, gleichfalls das Produkt einer solchen Resignation sind, — und das ist in der Tat der Fall. Indessen ,— ich habe ja hier die Ehre, zu überwiegend älteren und erfahreneren Herren zu sprechen, als ich es bin — es ist das begründet in der Differenz der Situation der älteren Generation zu den seinerzeit Ihnen, meine Herren, gestellten Aufgaben gegenüber derjenigen Situation, in welcher wir Jüngeren uns heute befinden. Ich weiß nicht, ob alle meine Altersgenossen es in gleich starkem Maße empfinden, wie ich in diesem Augenblick: es ist der schwere Fluch des Epigonentums, der auf der Nation lastet, von ihren breiten Schichten herauf bis in ihre höchsten Spitzen: Wir können die naive enthusiastische Tatkraft nicht wieder aufleben lassen, welche die Generation vor uns beseelte, weil wir vor Aufgaben anderer Art gestellt sind, als unsere Väter es seinerzeit gewesen sind. Sie haben um uns ein festes Haus gebaut, und wir sind eingeladen, darin Platz zu nehmen und es uns darin wohl sein zu lassen. Die Aufgaben, die uns gestellt, sind anderer Art. Wir können dabei nicht an große, der gesamten Nation gemeinschaftliche Empfindungen appellieren, wie es der Fall war, als es sich handelte um die Schaffung der Einheit der Nation und einer freien Verfassung. Wir stehen aber diesen Aufgaben auch als Menschen anderer Art gegenüber. Wir sind frei von zahllosen Illusionen, welche erforderlich sind, damit ein solcher Enthusiasmus sich auf ihnen aufbaut. Damit das Deutsche Reich geschaffen wurde, sind Illusionen ungeheurer Art nötig gewesen, die jetzt mit den Flitterwochen der Reichseinheit verflogen sind und die wir uns nicht künstlich und nicht auf dem Wege der Reflexion zu reproduzieren vermögen.

Wenn jetzt ein Feind an der Ostgrenze erschiene und uns mit Kriegsmacht bedrohte, so bestände kein Zweifel, daß die Nation sich hinter den Fahnen sammeln würde, um die Landesgrenzen zu verteidigen. Wenn wir aber die friedliche Verteidigung der östlichen Grenze des Deutschtums unternehmen wollen, stoßen wir auf verschiedene sich widerstreitende Interessen. Schauen wir uns um nach Bundesgenossen, so muß, zum Teil wenigstens, diese Verteidigung unternommen werden gegen das Interesse des Großgrundbesitzes, sie muß unternommen werden gegen die Instinkte weiter manchesterlich-freihändlerisch gesinnter Teile der Bevölkerung, welche Ausnahmemaßregeln darin finden und fürchten, daß diese sich auch auf andere Gebiete erstrecken könnten. Und wenden wir uns endlich an das Proletariat — ja, die Zeit ist noch fern, wo wir in der Lösung sozialer Aufgaben dem Proletariat der Städte die Hand werden reichen können. Ich hoffe, daß das kommen wird; zur Zeit ist meines Erachtens noch nicht die Rede davon. Es läge ja die Versuchung nahe, hier gegen den Sozialismus in der üblichen Art in contumaciam zu verhandeln. Ich weiß nicht, ob seine Vertreter, die vielleicht hier anwesend sind, das Wort ergreifen werden, und deshalb vermeide ich vorerst eine Auseinandersetzung. Ich bin der Ansicht, daß wir durch die Wahrung unsrer Nationalität im Osten auch dem Sozialismus vielleicht wider seinen Willen einen Gefallen tun, denn wenn auch nur einige seiner Postulate in Erfüllung gehen sollten, so bedarf er einer kulturell sehr hochstehenden Arbeiterbevölkerung, und ich glaube, wenn wir eine solche hochstehende Arbeiterbevölkerung zu erhalten bestrebt sind — und ihre Erhaltung ist in unserm konkreten Falle nur möglich auf dem Boden der Nationalität — so vertreten wir dadurch Interessen, deren Förderung ihm nicht gerade als Handlung der Feindseligkeit gegen seine Ziele erscheinen dürfte.

Eins aber, meine Herren, ist es in dieser Frage, was uns bei aller Skepsis allerdings leidenschaftlich zu bewegen geeignet ist. Es ist im sozialen Leben die Regel, daß das Eingreifen des Staats in wirtschaftliche Verhältnisse kommt, wie die Reue, als hinkender Bote, — zu spät. Hier zum erstenmal tritt seit langer Zeit eine Aufgabe an den Staat heran, deren Inangriffnahme nicht zu spät ist, für die jetzt der richtige Moment ist, für welche es aber zu spät werden kann. Und das eben ist die eigenartige Größe der Situation. — Wenn wir der Lösbarkeit dieser Aufgabe auch noch so skeptisch gegenüberstehen — denn es ist aus hundert Gründen möglich, daß die innere Kolonisation mißlingt, und wenn wir keinen Erfolg haben, nun, dann werden wir doch dereinst das beruhigende Bewußtsein in uns tragen, ebensogut wie irgendein Heer, welches das Land verteidigt, an der Ostgrenze des Deutschtums auf der Warte gestanden zu haben. Aber freilich, meine Herren, wir stellen höhere Ansprüche an die Zukunft, wir glauben, daß sie die Wechsel, welche wir auf sie ziehen, einlösen wird, wir hoffen, daß uns dereinst am Abend unserer Tage vergönnt sein wird, was uns die Jugend versagte: mit ruhigem Blick in die Zukunft der Nation auf Grundlage einer gefestigten sozialen Organisation des Staates und des Volkes an die Lösung der Kulturaufgaben, welche uns alsdann gestellt werden, gehen zu können. Wir hoffen, dereinst rückblickend sagen zu können: an diesem Punkt hat der preußische Staat seinen sozialen Beruf rechtzeitig erkannt; er hat eingegriffen in die Speichen des Rades der sozialen Entwicklung aus eigener Initiative und mit Erfolg, und er hat diesen Eingriff gewagt zum erstenmal z u r r e c h t e n Z e i t!

Entwickelungstendenzen in der Lage der ostelbischen Landarbeiter*).

Der »Verein für Sozialpolitik« hat eine Erhebung über die Verhältnisse der Landarbeiter veranstaltet, deren Ereignisse seit 1½ Jahren in 3 starken Bänden vorliegen. Die darin niedergelegten Angaben sind durch Nachfrage bei den Grundbesitzern gewonnen, eine Befragung der Arbeiter (wie sie seither der Evangelisch-soziale Kongreß durch Vermittlung der Landgeistlichen unternommen hat) mußte damals des Kostenpunktes wegen unterbleiben. Das gewaltige Material an Tatsachen, welches die Enquete ergab, ist also gewiß ein einseitiges und läßt einen ganz einwandfreien Schluß auf die tatsächliche Lage der Landarbeiter nicht zu. Allein da im Jahre 1849 und wieder 1873 Erhebungen in gleicher Weise ins Werk gesetzt worden sind, so ist etwas sozialpolitisch Wichtigeres möglich: durch Vergleichung der Ergebnisse der drei Erhebungen, welche alle dieselbe Fehlerwahrscheinlichkeit an sich tragen, über die Tendenzen der Entwicklung in den Landarbeiterverhältnissen Auskunft zu erlangen. Nicht die Frage: haben die jetzigen Arbeiter einen auskömmlichen Lohn, gute Wohnungen oder nicht, ist die wichtigste, sondern die: wohin geht die Gesamtentwicklung ihrer Stellung innerhalb der Nation, was ist ihre Zukunft?

Für die Beurteilung dieser Frage bietet uns die Publikation eine Grundlage, welche gewiß nicht einen endgültigen, aber doch einen in hohem Grade wahrscheinlichen Schluß gestattet. Sie zeigt uns gewisse elementare Wandlungen innerhalb der sozialen Struktur, der Arbeitsverfassung der großen Gutsbetriebe des Ostens, deren Wirkung, ähnlich der von Verschiebungen in der Molekülagerung der Körper, deshalb nur um so unwiderstehlicher eintritt, weil sie sich langsam und dem an die großen Ziffern der Statistik gewöhnten Auge fast unmerklich vollzieht.

*) 1894 publiziert.

— Die Umgestaltung der Arbeitsverfassung und ihre Wirkung, um die es sich für uns hier handelt, kann aber nicht isoliert betrachtet werden. Sie hängt mit dem Schicksal der Landwirtschaft im Osten überhaupt und speziell der landwirtschaftlichen Großbetriebe daselbst zusammen. Gewiß ist es nun völlig unberechtigt, diese dem Osten charakteristischen Großbetriebe unter Ignorierung der ungeheuren Differenzen ihrer natürlichen Bedingungen als eine wesentlich gleichartige Masse zu betrachten, ganz allgemein das Vorhandensein einer »Notlage« zu behaupten, oder sie ebenso allgemein zu bestreiten, oder doch, soweit sie zugestanden wird, mit mangelndem Kapital oder mangelnder Intelligenz des Leiters zu motivieren. Trotzdem trifft doch ein für die Bedeutung .der gegenwärtigen Lage entscheidendes Moment bei allen in gleicher Weise zu. Die ostelbischen großen Güter sind keineswegs nur Wirtschaftseinheiten, sondern lokale politische Herrschaftszentren. Sie waren nach den Traditionen Preußens bestimmt, die materielle Unterlage für die Existenz einer Bevölkerungsschicht zu bilden, in deren Hände der Staat die Handhabung der politischen Herrschaft, die Vertretung der militärischen und politischen Macht der Staatsgewalt zu legen gewohnt war. Die Angehörigen des Landadels qualifizierten sich, vom Standpunkt des Staatsinteresses aus, wie es die preußische Tradition verstand und nach ihrer Geschichte verstehen mußte, zu dieser Vertrauensstellung deshalb, weil sie wirtschaftlich »satte Existenzen« waren, mit relativ unentwickeltem Erwerbstrieb und demgemäß unterdurchschnittlicher wirtschaftlicher Intelligenz, deshalb zu einer rein geschäftlichen Ausbeutung ihrer Machtstellung regelmäßig nicht geneigt und jedenfalls nicht darauf angewiesen. Die Beherrschung der wirtschaftlich und sozial unentwickelten und politisch wichtigsten Osthälfte des Staats ließ sich, auf diesen Stand gestützt, billig und doch ohne Gefahr der Korruption durchführen. Mit einem Wort, die Gutshöfe des Ostens bedeuteten eine Dislokation einer politisch herrschenden Klasse über das Land. Sie bilden als die Stützpunkte, bei welchen die Garnisonen und das Beamtentum der Kreis- und selbst Regierungshauptstädte adäquaten gesellschaftlichen Anschluß finden, noch jetzt ein ungemein wirksames — tatsächlich das ausschlaggebende — Gegengewicht gegen die Monopolisierung der politischen Intelligenz durch das städtische Großbürgertum.

Allein mit dieser Stellung sind bestimmte Ansprüche an die Lebenshaltung von selbst gegeben, Ansprüche an die Kindererziehung, die Form der Geselligkeit und in zahlreichen anderen Dingen, welche hauptsächlich die eigentümliche Erscheinung bewirken, daß, während die Kosten der meisten Massenartikel stetig fallen, doch unser Leben stetig teurer wird. Der Gutsbesitzer muß in seiner Lebenshaltung auf der Stufe stehen, welche das städtische »höhere« Bürgertum im Durchschnitt einnimmt, oder: er wird zum Bauern. — Nun heben sich aber seit 50 Jahren Lebenshaltung und Lebensansprüche der städtischen bürgerlichen Bevölkerung stetig in eminentem Maße, am meisten gerade diejenigen des Großbürgertums, also des bisherigen Hauptkonkurrenten der ländlichen Aristokratie um die politische Herrschaft. Der unter den heutigen gesellschaftlichen Verhältnissen selbstverständliche, ja unumgängliche Versuch, mit dieser Lebenshaltung gleichen Schritt zu halten, bildet für die breite Masse der östlichen Grundaristokratie ein Verhängnis, welches auch ohne alle Einflüsse der ausländischen Konkurrenz ihre wirtschaftliche Grundlage gefährden muß. Die Ansprüche an die Lebenshaltung, welche heute ein preußischer Rittergutsbesitzer — alle Extravaganzen ausgeschlossen — stellen muß, wenn er sich auf dem standard of life eines Mitgliedes der »herrschenden Klassen« erhalten will, vermögen die typischen östlichen Rittergüter, welche bekanntlich das Gegenteil von »Latifundien« sind, schlechterdings nicht zu bieten. Ein Areal von ca. 500 Hektar bei durchschnittlichem (und noch erheblich mehr bei unterdurchschnittlichem) östlichem Boden, wie es mehr als ⅓ aller Rittergüter im Osten nur besitzen, trägt hier, trotz der gesteigerten Erträge, keine »Herrschaft« mehr. Denn diese Steigerung ist durchschnittlich eine außerordentlich viel langsamere gewesen, als die Steigerung der durchschnittlichen Lebenshaltung der herrschenden Klassen, und dieser relative Maßstab ist ausschlaggebend. Das wird oft verkannt, weil es den Anschein hat, als seien die Erfordernisse des Gutshaushalts im wesentlichen naturalwirtschaftlich zu bestreiten und deshalb keine erhebliche Belastung des Budgets, allein dabei liegen optische Täuschungen vor, denn die moderne Lebensführung fordert stetig wachsende Barausgaben. Das veränderte soziale Ensemble, innerhalb dessen er seine Rolle zu spielen hat, erdrückt denjenigen Rittergutsbesitzer, der ein

Areal zur Verfügung hat, welches nicht wiederum so groß ist, daß es eine wirkliche Selbstbewirtschaftung überhaupt ausschließt. Die politische Macht, statt sich auf die gesicherte materielle Unterlage stützen zu können, muß nun umgekehrt in den Dienst der wirtschaftlichen Interessen gestellt werden. Es ist darum nur natürlich, daß das Verlangen nach Schutz bereits leicht die Tonart des unbefriedigten Almosenempfängers annimmt. Auf dem Lande tritt uns statt der wirtschaftlich »satten Existenzen« der bekannte Typus des »notleidenden Landwirtes« entgegen. Das würde — in beschränktem Maße — auch ohne alle internationale Konkurrenz der Fall sein. Es liegt auf der Hand, daß die politische Machtstellung auf dieser Grundlage dauernd nicht aufrecht zu erhalten ist; ein bedeutendes relatives Herabsteigen auf der politischen und gesellschaftlichen Stufenleiter ist unter allen Umständen, sofern nicht die fortschreitende industrielle Entwicklung geradezu unterbunden wird, die unumgängliche Folge.

Allein nicht nur der Ertrag des Bodens läßt den Rittergutsbesitzer bei dem Streben nach Aufrechterhaltung seiner politischen Machtstellung im Stich, sondern auch die sozialen Gruppen, die er beherrschte und auf welche er sich stützte. Die Organisation der großen Güter, wie wir sie aus den Regulierungen überkommen hatten, trug die Eierschalen der isolierten Hauswirtschaft noch an sich. Der aus der Wirtschaft ausgeführte Bruchteil des Produkts war allerdings ein wesentlich größerer geworden, als im Mittelalter, allein die beginnende Verflechtung in die Weltwirtschaft, wurde nicht und konnte auch nicht bewußt und planvoll vollzogen werden. Sie wurde den Betrieben teils halb widerwillig durch die Verhältnisse aufgezwungen, teils andauernd von ihnen ignoriert. Der typische Rittergutsbesitzer wirtschaftete in traditioneller Weise weiter, als ob er für Lokalmärkte produzierte. Die alte Arbeitsverfassung und soziale Schichtung blieb in dem Inst- und Gutstagelöhnerverhältnis des Ostens erhalten. Der ländliche Arbeiter war und blieb Kleinwirt, beliehen mit Land als Entgelt für die Unterwerfung unter die Herrschaft des Herrn und als Genosse beteiligt an dem Ertrage der Wirtschaft. Erst im Laufe dieses Jahrhunderts drang die Gewährung nennenswerter Geldlöhne neben und schließlich teilweise an Stelle der Land- und der Ertragsanteile in diese Arbeitsverfassung ein. Auch dann noch war die Gutswirtschaft überwiegend eine Form der patriarchalisch geleiteten und beherrschten Gemeinwirtschaft. Der Gutsherr war nicht ein gewöhnlicher Arbeitgeber, sondern ein politischer Autokrat, der die Arbeiter persönlich beherrschte, im übrigen einen so erheblichen Bruchteil der unmittelbaren materiellen Interessen mit ihnen gemeinsam hatte, wie dies bei keinem modernen Unternehmer sonst im Verhältnis zu seinen Arbeitern der Fall ist. Schlechter Ernteausfall, niedrige Getreide- und Viehpreise belasten das Budget eines auf Land- und Rohertragsanteil gestellten Instmannes, der Getreide und selbst gezogene Schweine verkauft, ebenso schwer oder schwerer als das des Herrn. Daß diese Sachlage die Arbeiter um so unbedingter der Disposition des Herrn auslieferte, liegt auf der Hand. Wichtiger aber war für die Grundlagen der Machtstellung des Gutsherrn jenes starke materielle Interessenband, welches die Landarbeiter — oder doch deren im Osten weitaus wichtigste Schicht: die »Instleute« — von dem gewerblichen Proletariat scharf trennte. Ein gegen die Herrn gerichtetes Klassenbewußtsein des ländlichen Proletariats konnte, außer in Zeiten hochgradiger politischer Erregung, sich nur rein individuell gegenüber dem e i n z e l n e n Herrn, soweit er hinter der durchschnittlichen Mischung naiver Brutalität mit Menschenfreundlichkeit zurückstand, entwickeln. Dem entsprach es auf der anderen Seite, daß die Landarbeiter normalerweise nicht dem Druck einer rein geschäftlichen Ausbeutung ausgesetzt waren. Ihnen stand eben nicht ein »Unternehmer«, sondern ein Territorialherr en miniature gegenüber. Der mangelnde spezifisch geschäftliche Erwerbssinn der Herren und die stumpfe Resignation der Arbeiter ergänzten einander und waren die psychologische Stütze der traditionellen Betriebsweise wie der traditionellen politischen Herrscherstellung der Grundaristokratie.

Die Dekadenz dieser politischen Machtstellung aber in Verbindung mit der teils eingetretenen, teils drohenden Depossedierung durch das kapitalkräftigere Bürgertum — sei es in Form des Kaufes, sei es der Verpachtung der Güter — führen mit zwingender Gewalt die Herren der landwirtschaftlichen Großbetriebe, wenn sie dies bleiben wollen, dazu, zu werden, was sie früher nicht — wenigstens nicht in erster Linie — waren: Unternehmer, die unter rein g e s c h ä f t l i c h e n Gesichtspunkten wirtschaften. Entweder dies geschieht, oder der Großbetrieb zerfällt im Wege der völligen oder teilweisen Zerschlagung in

Kleinbetriebe. Im ersteren Fall »bewegt sich der Boden« zwar keineswegs, wie behauptet wird »in der Richtung zum besten«, wohl aber zum kapitalkräftigsten Wirt; und dieser müßte seine Natur verleugnen, wollte er nicht das, was der Grundaristokratie in zweiter Linie stand, in die erste stellen: den geschäftlichen Erwerb. Damit aber wird der isolierten Gutswirtschaft der letzte Stoß versetzt.

Mit der Beseitigung der Isolierung der Gutswirtschaften tritt die Notwendigkeit eines relativ weit größeren Gehorsams gegenüber den weltwirtschaftlichen Produktionsbedingungen gebieterisch an diese Betriebe heran. Die notwendigen Konsequenzen dessen für den Wirtschaftsbetrieb sind je nach der Gunst oder Ungunst der Boden- und klimatischen Verhältnisse, verschieden. Ein Teil des von der Natur in beiden Beziehungen besonders begünstigten Areals ist zweifellos in der Lage, im Wege eines hochintensiven Betriebes bei starkem Kapitalaufwand die internationale Konkurrenz aufzunehmen. Diese der intensiveren Kultur zugeführten Betriebe haben alsdann nach bekannten allgemeinen Gesetzen das Streben, speziell kapitalintensiv zu werden. Sie folgen eben deshalb der von Sering zutreffend nachgewiesenen Tendenz der Verkleinerung des von einem Zentrum aus bewirtschafteten Areals unter konzentrierter Kapitalinvestition. Schon daraus folgt vom Standpunkte des politischen Herrschaftsinteresses aus eine Schwächung der Machtstellung des Gutsbesitzers: das beherrschte Areal wird kleiner. Sie werden freilich keine bäuerlichen, aber bürgerlich-kapitalistische Großbetriebe und verschmelzen — eine in den Rübendistrikten zu beobachtende Erscheinung — mit den aufsteigenden großbäuerlichen Betrieben zu einer einheitlichen Masse von Unternehmungen mit bürgerlich-gewerblichem Typus. Ein anderer und zwar der am ungünstigsten ausgestattete Teil des Areals ist weltwirtschaftlich wertlos und kann im Großbetriebe nur als Weiderevier für sehr extensive Viehzucht benutzt werden. Zwischen beiden liegen zahlreiche Kategorien von Boden mittlerer Qualität in den verschiedensten Abstufungen, dessen Ueberführung zur intensiveren Kultur mit abnehmender Güte zunehmende Kapitalaufwendungen erfordert. Werden diese nicht gemacht, so wird er durch die Weltmarktskonjunkturen von der Fähigkeit, durch Produktion für den Markt eine Rente abzuwerfen, mehr und mehr ausgeschlossen und damit, wenn er weiter im kapitalschwachen Großbetriebe genutzt wird, in die gleiche Lage wie der schlechteste Boden gebracht, — d. h. er kann erfolgreich mit Feldfrüchten nicht bestellt werden. Dieser Bruchteil dürfte der umfangreichste sein. Die Getreidezölle vergrößern auf seine Kosten das Areal, welches intensiv mit Getreide bebaut werden kann, die bisherige Begünstigung der Rübenkultur und die noch bestehende der Kartoffelsprit-Brennerei ermöglichen seine Bebauung mit den betreffenden Hackfrüchten. Weit unerheblicher sind dagegen für den Osten diejenigen Bruchteile, welche der reinen oder überwiegenden intensiven Viehzucht und der Gartenkultur vom weltwirtschaftlichen Standpunkte aus zuzuweisen sind. Der letztere ist klein, weil eine Verschiebung zu seinen Gunsten um wenige Prozente des Areals eine völlige Umwälzung des Konsums voraussetzte, und der erstere deshalb, weil die in England zugunsten der intensiven Viehzucht bestehenden klimatischen und sonstigen Vorbedingungen im Osten mit Ausnahme der Küstenstriche Ostpreußens und einiger anderer relativ beschränkter Bezirke weder vorhanden sind, noch in absehbarer Zeit eintreten werden[1]). — In den Fällen, nun wo die Großbetriebe, den Postulaten der internationalen Produktionsteilung gehorchend, unter Ersparnis von Kapital und Arbeit zur Weidewirtschaft übergehen, entgleitet der Beherrschung des Grundherrn zwar nicht das A r e a l — dies zeigt im Gegenteil die Tendenz zu starker Ausdehnung, — wohl aber verlieren sie die Hintersassen, die sie beherrschten, da sie nur ein Minimum an Arbeitskräften halten, und auch die Zahl der Unternehmer verringert sich im Wege der Latifundienbildung. Auch hier also büßt der Stand als solcher an seiner politischen Machtstellung ein.

Ueberall aber finden wir e i n e gemeinschaftliche Erscheinung als Ergebnis der Situation: wo nicht auf die Dauer Zerschlagung in Kleinbetriebe oder Verödung als Weiderevier eintreten soll, da besteht die Notwendigkeit umfassender Steigerung der Kapitalintensität und eines Wirtschaftens unter kaufmännischen Gesichtspunkten, wie sie der traditionelle Grundherr im Osten nicht kannte. Mit anderen Worten: an die Stelle der Grundaristokratie tritt — mit oder ohne Personenwechsel — mit

---

[1]) Ein erheblicher Teil der Fälle, in denen der Uebergang zur reinen oder fast reinen Viehzucht auf gutem Boden sich vollzogen hat, hat nicht in wirtschaftlichen Momenten, sondern in dem Mangel an Arbeitskräften seinen Grund, auch wo der Betrieb ein kapitalintensiver ist.

Notwendigkeit eine landwirtschaftliche Unternehmerklasse, die sich in ihren sozialen Charakterzügen von den gewerblichen Unternehmern prinzipiell nicht unterscheidet.

Diese Umwandlung in den allgemeinen Typus der ländlichen Arbeitgeber hat auf die Stellung der Arbeiter zu ihnen die bedeutendsten Rückwirkungen. Bei allem Durchgehen typischer Züge ist die Mannigfaltigkeit der Arbeitsverfassung und die rein individuelle Gestaltung der Lage der einzelnen Arbeiter eine Begleiterscheinung der patriarchalischen Gutswirtschaft noch jetzt in ähnlicher Weise wie in der Gutsverfassung des Feudalzeitalters. Denn die Arbeitsverfassung der Güter war nicht nach geschäftlichen Gesichtspunkten und unter dem Einfluß des Strebens nach möglichst hohem Unternehmergewinn gestaltet, sondern historisch entwickelt für den Zweck, dem Gutsherrn eine standesgemäße Existenz zu ermöglichen; sie streifte deshalb so wenig als eben möglich von ihrer überkommenen natural- und gemeinwirtschaftlichen Grundlage ab. Eine ländliche Arbeiterklasse mit unter sich gleichartigen wirtschaftlichen Interessen existierte und existiert deshalb in der überwiegenden Hälfte des Ostens noch nicht. — Die moderne Entwicklung sucht zunächst innerhalb dieses naturalwirtschaftlichen Rahmens das Prinzip der Wirtschaftlichkeit in der Lohngestaltung entschiedener zur Geltung zu bringen. Sie beseitigt demgemäß zunächst die gemeinwirtschaftlichen Reste (Landanteil, Dreschanteil, Weideanteil). Diese Anteilsrechte am Ertrage fallen schon deshalb auf die Dauer notwendig fort, weil die gemeinwirtschaftliche Arbeitsverfassung mit ihren Anteilslöhnen die Isolierung des einzelnen Gutsbetriebes in wirtschaftlicher Beziehung voraussetzt. Von dem Ertrage eines Gutes, das nach alter Art ohne besondere Aufwendungen für Maschinen, Kunstdünger, Drainage usw. bewirtschaftet wurde, konnte der Herr mit seinen Arbeitern annähernd behaupten: dieser Ertrag sei das Ergebnis ihrer Arbeit und nur dieser. Mit jeder Kapitalinvestierung schwindet dies Moment: der Ernteertrag des in die Volkswirtschaft verflochtenen Gutes ist nicht mehr das Arbeitsprodukt lediglich der Wirtschaftsgemeinschaft der Gutsinsassen, und der Entgelt für die Verwendung der Produkte fremder Arbeit in das Gut erscheint, der kapitalistischen Organisation entsprechend, als (latente oder offene) Kapitalrente, welche aus den Erträgen vorweg bestritten werden muß. Damit verschwinden die auf dem Anteilsprinzip beruhenden Lohnformen, und zwar um so mehr als ihr Bestand in der Hauptsache die Folge mangelnden Betriebskapitals des Unternehmers und seiner darauf beruhenden Unfähigkeit, Geldlöhne zu zahlen, war. Gerade der Geldlohn ist aber das auf die Dauer unentbehrliche Korrelat jeder auf rein geschäftlicher Grundlage ruhenden Wirtschaftsverfassung und wird auch den landwirtschaftlichen Betrieben, zumal in Gestalt des nach der Leistung bemessenen Geldakkordlohnsystems, aufgezwungen.

Wir müssen, um die volle Bedeutung dieser langsamen, aber unvermeidlichen Umwandlung zu verstehen, näher auf die charakteristischen Eigentümlichkeiten der ländlichen Arbeitsverfassung im Osten eingehen. Diese beruhen, wie bei jeder Arbeitsverfassung größerer Güter, auf der Art, in der sie das wichtigste Problem der Organisation der Arbeit im landwirtschaftlichen Betriebe zu lösen sucht. Dies Problem besteht darin, daß bei jeder Art des Ackerbaues — weit weniger bei der reinen Viehzucht — der Bedarf an Arbeitskräften während der verschiedenen Jahreszeiten ein sehr stark schwankender ist. Darauf beruht die typische Unterscheidung von ständigen und Saisonarbeitern in der Landwirtschaft. Von jeher sind die ersteren überwiegend in Naturalien gelohnt, kontraktlich gebunden und wohnen meist auf dem Gute. Die letzteren werden überwiegend in Geld — Tagelohn oder Akkord — gelohnt, regelmäßig von auswärts als »fremde« Arbeiter zeitenweise herangezogen und wieder abgestoßen. Nur bei sehr extensivem Betrieb kann die gesamte Erntearbeit mit den Kräften der eigenen Arbeiter unter Zuziehung ihrer Frauen usw. bewältigt werden. Es existiert kein Mittel, namentlich auch kein maschinelles, um diese Differenz auszugleichen; gerade die am allgemeinsten anwendbaren Maschinen, speziell die Dreschmaschine, steigern dieselbe vielmehr, und insbesondere wird sie durch jede Steigerung der Intensität des Betriebes, am meisten durch den Hackfruchtbau, sehr stark vergrößert.

Die Veränderung der Arbeitsverfassung, welche durch die moderne Umgestaltung der Betriebsweise herbeigeführt wird, betrifft nun sowohl die Zusammensetzung der Arbeiterschaft als Ganzes, wie den Typus jeder Kategorie für sich. Es ändert sich einmal das Zahlenverhältnis der ständigen zu den unständigen Arbeitskräften, und es verwandelt sich ferner sowohl die Physiognomie der ständigen Arbeiterschaft, für sich betrachtet, wie die der unständigen.

Nach der normalen traditionellen Einrichtung des Betriebes wird das Vieh von ledigem Gesinde gewartet, welches auch die Feldbestellung wenigstens zum Teil besorgt. Den Bedarf an ständigen Feldarbeitern im übrigen decken die Instleute. Sie erhalten als Lohn die erwähnten Anteilsrechte an Mahd und Erdrusch (Mandel und Dreschmaß), Landzuweisung, bestehend in festem Gartenland und mit den Gutsschlägen rotierenden »Morgen«, und Viehweide. Sie stehen nicht in einem individuellen Kontraktsverhältnis zum Herrn, sondern die Arbeiter-F a m i l i e ist der Herrschaft des Herrn unterworfen und deshalb zur Arbeit nach seiner Willkür mit allen verfügbaren Kräften verpflichtet, — mindestens sind zwei Arbeitskräfte zu stellen, so daß der Instmann eventuell, mangels erwachsener Kinder, einen »Scharwerker« mieten und dem Herrn vorhalten muß. Schriftliche Kontrakte und ein Recht auf Arbeitsgewährung bestanden ursprünglich nicht, ebenso wurde Geldlohn nur außerhalb der Ernte- und Dreschzeit und mehr nach Art eines Taschengeldes gezahlt. Es war also ein rein einseitiges Unterwerfungsverhältnis, welches die Arbeiterfamilien, die der Herr in seinen Gutswohnungen unterhielt, ihm auch formell zur unbedingten Disposition stellte. Nach einigen Provinzialrechten ist auf die Instleute die Gesindeordnung anwendbar, so daß in Beschränkung der Freizügigkeit auch Zwangsrückführung bei vorzeitigem Abzug stattfindet, — Koalitionsrecht besteht durchweg nicht. Dies die ständigen Arbeitskräfte. Die unständigen dagegen wurden, soweit nicht die Erntearbeit der Instfrauen ausreichte, aus den benachbarten Bauerndörfern ohne festen Kontrakt herangezogen und gegen Geldlohn, früher gelegentlich auch — die »Schnitter« — gegen Anteilsakkord, beschäftigt. Sie wohnten regelmäßig nicht auf dem Gut, und ihre Rechtsstellung näherte sich schon damals der der Industriearbeiter an. Alle anderen, sehr mannigfaltigen Kategorien von Arbeitern auf den Gütern waren in den Nordprovinzen (anders schon früher in Schlesien), lokale Spezialitäten oder durch Umgestaltung und Kombination entstanden.

Diese Form der Arbeitsverfassung ist aber heute im Abnehmen begriffen. Sie herrscht in der geschilderten Art — mit der eigenartigen Anteils-Lohnform — überhaupt auch für die in Naturalien gelohnten Arbeiter nur noch in der Nordhälfte des Ostens:

— Preußen, Pommern, Mecklenburg, das nördliche Brandenburg und Posen — und geht auch dort zurück. Derjenige Typus von ständigen Kontraktsarbeitern, dessen Weiterverbreitung auf den großen Gütern im Osten durch die gegenwärtige Entwicklung, wie es scheint, am meisten begünstigt wird, ist vielmehr der »Deputant«. Er ist ein Arbeiter, welcher zur Arbeit das ganze Jahr verpflichtet ist, regelmäßig in Guts-Wohnungen umsonst oder gegen niedrige Miete wohnt und neben einem niedrigen Barlohn, der entweder als Tagelohn je nach Zahl der Arbeitstage oder wie die Gesindelöhnung als fester Jahreslohn gezahlt wird, ein sogenanntes »Deputat«, d. h. statt der dem ledigen Gesinde zubereitet gereichten Beköstigung die entsprechenden Naturalien geliefert erhält. Diese Naturalien sind ihrem Betrage nach im allgemeinen berechnet auf die Deckung des Bedarfs an Nahrungsmitteln für den Arbeiter selbst und seine Familie, deren Mitarbeit demgemäß in Gestalt der Stellung einer zweiten Arbeitskraft regelmäßig in Anspruch genommen wird.

Der Gegensatz gegen das Instverhältnis im engeren Sinne besteht also in dem Wegfall der Anteilrechte und ihrem Ersatz durch feste Bezüge — ganz wie es den obenerwähnten allgemeinen Grundzügen der Entwicklung entspricht. Das Deputantenverhältnis gewinnt sowohl auf Kosten des alten Instverhältnisses als auf Kosten der Haltung des — stets schwieriger zu erlangenden — ledigen Gesindes an Boden.

Aber über das Deputantenverhältnis hinaus führt die Entwicklung zu einer stetigen Zunahme der nur oder fast nur in Geld gelohnten Arbeiter. Zu Anfang des Jahrhunderts waren sie in nennenswertem Maße nicht vorhanden. Schon 1849 stand fest, daß sie diejenige Schicht von Arbeitern waren, die sich am schnellsten vermehrt hatte: das ist auch weiter so geblieben. Den Mehrbedarf von Arbeitskräften bei intensiverer Kultur durch Ansetzung neuer Instleute zu beschaffen, suchte der Grundbesitzer zu vermeiden: er hätte Teile seines Landes in demselben Augenblick an Arbeiter abgeben müssen, wo der Ertragswert dieses Landes für ihn stark stieg und wo infolge des Prosperierens der Landwirtschaft bis zum Beginn der 70 er Jahre die Zahlung von Geldlöhnen für ihn erleichtert worden war. Heutzutage wiederum fehlt ihm das Kapital, Arbeiterhäuser in einer den fortgeschrittenen Anforderungen entsprechenden Weise zu bauen. So führte, auch von den später zu erwähnenden Einflüssen der

Verschiebung des Arbeitsbedarfs abgesehen, die Entwicklung zu einem allmählichen Zurücktreten der relativen Bedeutung der in Naturalien gelohnten Arbeiter.

Der »freie Arbeitsvertrag« mit in Geld gelohnten, auf eigenem Grund und Boden oder als Mieter ansässigen Arbeitern hielt seinen Einzug in das Land. — Betrachten wir die Konsequenzen.

Die große Praktikabilität des Verhältnisses der auf vorwiegenden Guts-Naturallohn gesetzten, verheirateten Deputatknechte und -tagelöhner lag darin, daß aus dem einzelnen Haushalt des Tagelöhners mehrere Arbeitskräfte gestellt werden. Sie können auf diese Art so billig wie möglich, bei Ausnutzung einerseits aller Vorzüge des Großbetriebes für die Beschaffung der Bedarfsgegenstände unter Ausschaltung aller Zwischenglieder, andrerseits unter Verwertung der Vorzüge der Familienwirtschaft als Konsumtionsgemeinschaft, ernährt werden. Allein die Vorzüge der Naturallöhnung gehen teilweise, und zwar in den Nordprovinzen, noch weiter. Die Gewährung der Deputate an die Arbeiterfamilien erfolgt nämlich in verschiedener Art. In Teilen von Schlesien erhalten die Deputatknechte feste wöchentliche bzw. monatliche Fleisch-, Kartoffel-, Brot-, Salz-, Milch- und Leinwandbezüge, — sie erhalten hier also die Bedarfsgegenstände, wenn der Ausdruck erlaubt ist, im Zustande von Ganz- bzw. Halb-Fabrikaten, als ganz oder fast ganz konsumreife Produkte; ihr eigenes Verhalten dazu ist ein fast nur konsumtives, der Unterschied von der einfachen Gesindebeköstigung nicht bedeutend. Der Grund liegt darin, daß in Schlesien die Tendenz zur Bodenkonzentration die eigene Wirtschaft der früher unfreien Untertanen gänzlich absorbierte bzw. nicht aufkommen ließ. In den nördlichen Provinzen ist das regelmäßig anders. Die Zerealien werden als Deputat unvermahlen und unverbacken gegeben, die Kartoffeln meist nur zum Teil, den andern Teil baut der Deputant selbst und erhält zu diesem Behufe Land angewiesen; teilweise wird ihm auch das Saatgut gestellt, regelmäßig hat er dies selbst zu ersparen, auch den Dünger selbst zu produzieren. Ebenso steht es mit dem Flachs; er säet und erntet ihn, wo noch die alten Verhältnisse bestehen, selbst, er gewinnt ferner die Wolle vom eigenen Schaf, für welches ihm Weide gestellt wird, Milch und Butter von der eigenen Kuh, welche ihm von der Herrschaft geweidet und gefüttert wird, das Fleisch vom eigenen Schwein, welches er aus seinen Naturalien füttert, die Gespinste und Gewebe stellt die Familie im Winter selbst her. Mit anderen Worten, es ist dort auch ein wesentlicher Teil des Produktionsprozesses seines Bedarfs vom Herrn auf ihn abgewälzt, es werden seine freie Zeit, die späten Abendstunden, die freien Sonntage und die arbeitsstille Winterzeit, und es werden seine nicht mitarbeitenden Familienmitglieder mit ausgenutzt. So werden die Arbeiterfamilien selbst für die Erzeugung des zur Reproduktion der Arbeitskräfte Unentbehrlichen verwendet und dadurch die wirtschaftlichen Vorzüge der Familienwirtschaft nicht nur als Konsumtions-, sondern auch als Produktionsgemeinschaft den Interessen des Herrn nutzbar gemacht. Fragen wir unter Beiseitesetzung der sozialen Seite der Sache zunächst nur, wie sich der Grundsatz der Wirtschaftlichkeit hier: der kleinstmöglichen Unterhaltungs- und Reproduktionskosten der Arbeitskraft, dazu stellt, so ist das Ergebnis für den Herrn offenbar ein notwendig günstigeres als in Schlesien. Um den gleichen Nahrungsstand wie dort zu erzielen, hat er hier erheblich geringere Opfer zu bringen, da er (außer der Wohnung) fast ausschließlich Rohstoffe und Naturkräfte zur Verfügung stellt und die Produktion und Verarbeitung genußreifer Bedarfsmittel daraus auf die Arbeiter überwälzt [1]). Oder umgekehrt gesagt: mit den gleichen oder geringeren Aufwendungen ermöglicht er der Arbeiterfamilie einen relativ erheblich höheren Nahrungsstand. Er spannt dabei allerdings ihre Arbeitskraft bis auf den letzten überhaupt denkbaren Grad an, und dies geschieht freilich in Schlesien ceteris paribus nicht in gleicher Art; das hat aber bei dem sklavenartigen Kulturniveau der dortigen polnischen Arbeiterschaft nicht etwa deren Hebung, sondern begreiflicherweise nur das Brachliegen des Eigeninteresses an der Güterproduktion in den hier notwendig rein konsumtiven Familienwirtschaften zur Folge.

Freilich ist diese abweichende Gestaltung der Lage der nordöstlichen Gutsarbeiter gegenüber den schlesischen nicht etwa aus diesen Erwägungen der Wirtschaftlichkeit heraus entstanden. Die Differenz hat vielmehr historische Gründe.

---

[1]) Selbst die scheinbar anachronistische Produktionsform der Hausspinnerei und -weberei besteht hier vor dem Grundsatz der Wirtschaftlichkeit. Die darauf verwendete Arbeitskraft übersteigt zwar die zur Produktion der erzeugten Bekleidungsgegenstände »gesellschaftlich notwendige« weit, sie muß aber andernfalls während der betreffenden Wintermonate völlig brach liegen.

Der schlesische Deputatknecht verleugnet seinen Ursprung nicht. Er befindet sich in einer nur wenig modifizierten Hausgesindestellung. Sein Haushalt ist kaum merklich vom Gutshaushalt abgegliedert, seine Situation gleicht der eines beköstigten Knechtes sehr. Das kommt auch darin zum Ausdruck, daß mit dem Deputatknecht und seiner Ehefrau meist je besondere Kontrakte geschlossen, für beide Lohn und Naturalien je besonders, aber dennoch so ausgeworfen werden, daß die Bezüge von Mann und Frau zusammengenommen sich zu dem dort typischen Bedarf einer Arbeiterfamilie nebst Kindern ergänzen. Der schlesische Deputant ist ein Produkt beginnender Emanzipation des Hausgesindes aus dem herrschaftlichen Haushalt.

Anders im Norden. Das Deputantenverhältnis als normale Lohnform ständiger Kontraktarbeiter hat sich dort überhaupt erst teilweise durchgesetzt, es bildet noch nicht die Regel, andererseits ist es im hohen Grade wahrscheinlich, daß die ihm jetzt günstige Entwicklung der Arbeitsverfassung künftig darüber hinaus zu einer rein geldwirtschaftlichen Gestaltung des Lohnes führen wird. Der nördliche Deputant ist historisch keineswegs ein von der Gutsküche sich allmählich emanzipierender Knecht. Die Form der Entlohnung ist allerdings von den Gutsbeamten her übernommen: Vögte, Kämmerer, Oberknechte usw. wurden von jeher in dieser Weise ausgestattet. Allein die große Masse der Deputanten hat eine andere Geschichte hinter sich, ihre historischen Vorfahren im Norden waren fronpflichtige Eigenwirte. Der moderne Deputant steht nur am (vorläufigen) Schlußpunkt einer Entwicklung, welche weit in die Vorzeit der modernen landwirtschaftlichen Großbetriebe hinaufreicht. Sie beginnt mit dem (allerdings nur lokal nachweisbaren) Zustande, daß dem Grundherrn nicht Arbeiten geleistet, sondern Naturalien zur Bestreitung seines Haushaltes geliefert wurden. Der Grundherrschaft entsprach ein grundherrlicher Haushalt, aber keine Gutswirtschaft, der Herr bezog, kraft seiner politischen Herrschaft, als Zivilliste könnte man sagen, seinen Unterhalt von den abhängigen Wirtschaften; nicht er, sondern nur diese waren landwirtschaftliche Produzenten. Auf diesen Zustand folgte in England wie bei uns der andere, welcher den bekannten Typus der patriarchalischen Gemeinwirtschaft bildet: beide, Herr wie Hintersassen, wirtschaften, die abhängigen Wirtschaften der Bauern stellen zugleich die Arbeitskräfte für die Gutswirtschaft. In England blieb dies ein Intermezzo: der Grundherr zog sich im Verlauf der Entwicklung wieder auf die Benutzung der Hintersassen als tributpflichtiger, aber selbständiger Kleinproduzenten, zurück. Nur daß er jetzt statt der Naturalien Geldrente bezog. Im deutschen Osten dagegen steigerte sich zufolge der Rückständigkeit der geldwirtschaftlichen Entwicklung die naturalwirtschaftliche Unternehmerstellung des Grundherrn auf Kosten der Hintersassen weiter, und nur ein Teil der letzteren mit einem Teil ihres Areals vermochte sich bei Gelegenheit der Regulierungen aus der erdrückenden Umarmung freizumachen; im übrigen kehrte sich der frühere Zustand um, der Gutsherr wurde der einzige Unternehmer: nicht, wie einst, er, sondern die Hintersassen beziehen jetzt das feste Deputat aus den Produkten des Gutes.

Diese Entwicklung ist, wie gesagt, im Norden bisher unvollendet, und zwar wesentlich dank der wirtschaftlichen Schwäche der Gutsherren: es war nicht zuletzt der Mangel an Betriebskapital auf seiten dieser, welcher den in der Regulierung begriffenen Bauern die Existenz als solche rettete. Es würde sonst, wenn die Gutsherren zur Bewirtschaftung größerer Flächen das Kapital besessen hätten, alsbald ein weit bedeutenderer Teil der Bauernwirtschaften durch Ankauf verschwunden sein. Mangel an Betriebskapital und damit die Unmöglichkeit, Barlöhne zu zahlen, hinderte ebenso die vollständige Proletarisierung der von der Regulierung ausgeschlossenen und allmählich depossedierten kleinen Bauern und Landarbeiter. Der Gutsherr mußte die Entlohnung in Gestalt von Ertragsanteilen, Landbeleihung und Weiderechten bestehen lassen, weil er zufolge seiner wirtschaftlichen Schwäche nur naturalwirtschaftlich löhnen *konnte*. Damit war zunächst die Weiterexistenz mehrerer Hunderttausend eigentümlich zwitterhafter Kleinwirtschaften im Osten — der Instwirtschaften (im engeren Sinne des Wortes, in welchem es die Deputanten ausschließt) — gefristet. — Die eigentümliche Doppelstellung dieser mit Land beliehenen und am Ertrag beteiligten Arbeiter, teils als Kleinunternehmer, teils als Teilhaber an der Wirtschaft des Herrn, wurde schon oben erörtert. Die vollständige Unterwerfung unter die Disposition des Herrn, aber verbunden mit wirtschaftlicher Interessengemeinschaft, ist das dem Verhältnis Charakteristische. Das Deputantenverhältnis, welches bei steigendem Wert des Bodens und

Uebergang zur intensiveren Wirtschaft neben und an die Stelle des alten Instverhältnisses zu treten pflegt, enthält in Gestalt der Einziehung eines Teiles des Landes und der Ersetzung der Anteile am Rohertrag durch feste Deputate, eine Beschränkung des bis dahin die Arbeiter treffenden Risikos und insoweit unbedenklich eine Besserstellung. Zugleich entzieht es sein Budget der Verflechtung in die Wirtschaft des Herrn und stellt ihn damit in höherem Maße auf eigene Füße. Jede weitere Beschneidung der Kleinunternehmerstellung des Instmannes und jedes Steigen der relativen Bedeutung des Goldlohnes wirkt in gleichem Sinne und kann also als eine Besserstellung der Arbeiter erscheinen gegenüber der absoluten Unterwerfung des alten Instmannes. Dieser Rückgang der Kleinunternehmerstellung macht beim Deputanten nicht Halt. Das wesentliche Moment der Stärke der überkommenen Naturallöhnung war — sahen wir — daß der einzelne Haushalt dem Gut mehrere Arbeitskräfte stellte, neben dem Instmann resp. Deputanten den Scharwerker. Zu dieser Gestellung mehrerer Arbeitskräfte sind die Arbeiter mehr und mehr außerstande. Die eigenen Kinder bleiben nach der Militärzeit spätestens fort, und außer dem übelst berufenen Gesindel verdingt sich heute niemand mehr leicht dem Instmann zum Scharwerker — dem niedersten Grade des ländlichen Gesindes. Es steht fest, daß die Tage des Scharwerkerverhältnisses gezählt sind. Dann aber entfallen die Vorzüge der Naturallöhnung für den Gutsherrn; die Naturalien, welche für den Bedarf einer Familie berechnet waren, kann er für die halbe Arbeitsleistung nicht gewähren, und kürzt es sie, so reichen sie zur Ernährung der Familie nicht mehr. Beide Teile werden so zum Geldlohn gedrängt. Der Geldlohn hat ja augenscheinlich am unbedingtesten den Vorzug, daß der Arbeiter weiß, was er erhält, Der Wert der Leistung des Gutsherrn, welcher bei Naturallöhnung höchst problematisch ist, ist hier rechtlich sichergestellt.

Aber nicht immer bedingt die rechtliche formale Fixierung eine Besserung der wirtschaftlichen Lage der Arbeiterschaft. Das zeigt deutlich der Gang, den die Entwicklung in Schlesien genommen hat.

In Schlesien nämlich — es handelt sich namentlich um Mittel- und Niederschlesien — hatte die Art der Wirtschaftsbetriebe früher als im Norden einen geschäftlich-kapitalistischen Charakter angenommen und war gleichzeitig das Verhältnis der Arbeiter zum Gut rechtlichformal in höherem Maße festgelegt als im Norden. Wir finden hier noch in der ersten Hälfte des Jahrhunderts in den Dreschgärtnern eine Kategorie von Arbeitern, deren wirtschaftliche Stellung völlig derjenigen der Instleute entspricht. Der Unterschied ihrer Lage war ein doppelter. Einmal wurde ihnen (im Gegensatz zu den »Robotgärtnern« Oberschlesiens) ein erbliches Besitzrecht zugestanden und die gegenseitigen Rechte und Pflichten als Reallasten behandelt, der Disposition des Herrn über sie also eine rechtliche Schranke gezogen. Andererseits aber war die wirtschaftliche Uebermacht der sehr reichen schlesischen Magnaten eine ungleich größere als die der nordischen Gutsherren. Beides vereint, wurde den Arbeitern verhängnisvoll. Das Verhältnis war nicht so elastisch wie das Instverhältnis, und die Umgestaltung der Gutswirtschaften im Sinne umfassenderer und rationellerer Eigenwirtschaft des Herrn sprengte es deshalb auseinander. Die Gutsherren erzwangen die Ablösung der Arbeitspflichten, aber auch der Anteilrechte, und die Dreschgärtner wurden zu formal freien Kleinstellenbesitzern, welche zur Arbeit auf dem Gute nicht mehr verpflichtet, aber auch nicht mehr anteilsberechtigt, dabei aber auf die Arbeit auf den Gütern angewiesen blieben. Den vermehrten Bedarf an Arbeitskräften deckten die Gutsherren, indem sie neben den früheren Dreschgärtnern in neu errichteten Familienhäusern sogenannte »Lohngärtner« mit kleiner Landanweisung ansetzten, eine Parallelerscheinung zu den Instleuten. Der größeren Kapitalkraft der Unternehmer entsprechend wurde das Arbeitsverhältnis sowohl der früheren Dreschgärtner als der Lohngärtner auf geldwirtschaftlicher Grundlage geregelt, der Kleinstellenbesitzer erhielt von Anfang an meist nur Geldlohn, der Lohngärtner daneben Land und Weide, beides in ungleich geringerem Umfange als der nördliche Instmann. Nun ist es charakteristisch für die traditionelle ländliche Lohnbildung, daß der Kleinstellenbesitzer zur Zeit nach der Ablösung an Geldlohn nicht erheblich mehr erhielt, als der Instmann neben seinen Naturalien, und daß er ebenso heute regelmäßig an Geldlohn nur das Nämliche erhält, was die Lohngärtner oder sonstige besitzlose Arbeiter neben der ihnen gewährten Wohnung und der Landanweisung beziehen. Die Gutsherren pflegen sich dieserhalb in der Vorstellung zu gefallen, sie gewährten den besitzlosen Arbeitern Wohnung und Land »gratis«. Historisch und wirtschaftlich ist nur die umgekehrte Ausdrucksweise korrekt: sie rechnen dem Kleinstellenbesitzer das Areal und die Wohnung, welche sie ihm nicht gewähren, sondern welche er selbst besitzt, auf seinen Lohn an. Es entspricht das auch in Wahrheit der Art, wie die Grundbesitzer die Lohnfrage anzusehen pflegen. Wenn man im Gespräche mit Grundbesitzern z. B. aus Sachsen, wo die Verwendung von grundbesitzenden Arbeitern aus den Dörfern gleichfalls mehrfach vorkommt, den dort früher typischen Lohnsatz von 1 Mk. kritisierte, so bezogen sich die Betreffenden stets darauf, daß die Arbeiter, da sie eigenen Besitz haben, für die Bestreitung ihrer Existenz auf diesen Lohn nicht angewiesen seien: es zeigt sich, wie irrelevant die Rechtsformen gegenüber der übermächtigen Gewalt der traditionellen wirtschaftlichen Verhältnisse sind. Nicht die Arbeitsleistung ist auf dem Lande der Maßstab des Lohnes, sondern das Mindestmaß der Bedürfnisse der Arbeiter nach ihrer traditionellen Lebenshaltung. Das gilt für den Deputanten so gut wie für die sonstigen reinen Lohnarbeiter: die Höhe der gewährten Deputate ist in den einzelnen Gegenden sehr stark verschieden und richtet sich lediglich nach dem historisch überkommenen und auf dieser Grundlage sich langsam fortentwickelnden Nahrungszustand, dieser bestimmt den Lohn, nicht umgekehrt. Angesichts dessen war es vom Standpunkt der Arbeiter ein bedeutungsvoller Vorzug der nördlichen patriarchalischen Arbeitsverfassung mit ihrer Behandlung der Instleute nicht als reiner Lohnarbeiter, sondern als unfreier Wirtschaftsgenossen, daß trotz, ja man kann sagen: gerade wegen der formell schrankenlosen Verfügungsgewalt des Herrn vermöge der Stetigkeit der traditionellen Kompetenzen der Arbeiter ihre materielle Lage, was den Nahrungsstand anlangt, mit der allmählichen Steigerung der Roherträge sich stetig hob. In stark abgeschwächtem Maße kann das gleiche auch die Begleiterscheinung der Deputatlöhnung sein. Ganz anders beim Geldlohnsystem. Die Naturallöhne der Instleute und in geringerem Maße auch der Deputanten werden aus den steigenden Roherträgen unter Abwälzung eines entsprechenden Teils des Risikos und, wie oben ausgeführt, des Produktionsprozesses auf den Arbeiter bestritten, die Geldlöhne aus den sinkenden Reinerträgen ohne eine entsprechende Ueberwälzung. Das bedingt den Fortfall der oben erörterten rein wirtschaftlichen Vorzüge. Der Umstand, daß ein Teil der Arbeiter eigenen Grundbesitz hat, wirkt dabei fast ausschließlich ungünstig, denn ihre Schollenfestigkeit und die eben besprochene Wirkung auf die Lohnbemessung drückt auf das Lohnniveau im allgemeinen. Der Kleinstellenbesitzer ist aus der Wirtschaftsgemeinschaft des Gutes ausgeschaltet. Er befindet sich nicht, wie der Getreide verkaufende Instmann, in Interessengemeinschaft, sondern, da er Brot zukauft, im Interessengegensatz zum Gutsherrn. Es entspricht aber, wo die Machtverhältnisse zwischen Unternehmer und Arbeiter für den letzteren so ungünstige sind wie auf dem Lande, dessen materiellen Interessen nicht, daß eine formale rechtliche Schranke, welche die wirtschaftliche Machtlage doch nicht zu alterieren vermag, in Gestalt der Verleihung des Eigentums an der Arbeiterstelle errichtet wird. Es wird dadurch das die volle, formale Dispositionsgewalt des Herrn voraussetzende patriarchalische Herrschaftsverhältnis in ein geschäftliches verwandelt. Damit wird für den Arbeiter an Stelle der Eventualität einer brutalen, persönlichen Beherrschung, der er sich durch Wegzug entziehen kann, die andere der geschäftlichen Ausbeutung gesetzt, der er, weil sie äußerlich unmerklicher eintritt, sich tatsächlich schwerer entzieht und als Kleineigentümer sich auch gar nicht zu entziehen in der Lage ist. Man zwingt ihn durch die formale rechtliche Gleichstellung in einen Interessenkampf, den eine weithin über das Land dislozierte, der Organisation unfähige Arbeiterschaft durchzufechten nicht die Macht hat.

Wenn hier das traditionelle Instverhältnis als ein »patriarchalisches« bezeichnet und als ihm charakteristisch die »Interessengemeinschaft« des Arbeiters mit dem Herrn hingestellt worden ist, so sollte dieser Ausdruck billigerweise von dem Mißverständnis verschont bleiben, als ob damit irgendeine persönliche Vertrauensbeziehung zwischen Herrn und Arbeiter als notwendige Folge dieser Arbeitsverfassung behauptet werden sollte. Behauptet werden soll nur, daß sie ein festes gemeinschaftliches Interessenband um Herrn und Arbeiter schlingt und die patriarchalische Leitung der Wirtschaftsgemeinschaft durch den Herrn dieser Sachlage ebenso adäquat ist wie sie mit dem Geldlohnsystem in Widerspruch steht, weil das materielle Interessenband fehlt. Die patriarchalische Arbeitsverfassung bringt ehrlich zum Ausdruck, daß auf dem Lande der Arbeiter nicht in einem Vertrags-, sondern in einem persönlichen Unterwerfungsverhältnis zum Herrn steht und diese Ehrlichkeit ist ihre Stärke. Sie setzt aber eben deshalb jene resignierte, in die Tradition der Unfreiheit gebannte Arbeiterbevölkerung voraus, welche die östlichen Instleute repräsentierten, und diese Voraussetzung wird mehr und mehr zuschanden. Nicht nur die Unternehmer, sondern ebenso auch die Arbeiter sind es, welche das Deputanten- statt des Instverhältnisses, den Geldlohn statt des Naturallohns, die rechtliche Ungebundenheit statt des Kontrakts bevorzugen, das scheint jetzt im allgemeinen völlig sichergestellt. Wie dem aber sei, jedenfalls zerfällt mit dieser Umwandlung eine notwendige Voraussetzung der patriarchalischen Herrschaft: die Interessenbeziehung zum einzelnen Gut. Die Unterschiede in der Stellung der einzelnen Kategorien von Arbeitern nivellieren sich, und die Person des Unternehmers wird für die ländlichen Arbeiter in ähnlicher Art »fungibel«, wie sie es für die gewerblichen regelmäßig schon ist. Mit andern Worten, die Entwicklung führt zur stetigen Annäherung der ländlichen Arbeiterschaft an den Charakter einer in ihren wesentlichen Lebensbedingungen einheitlichen Klasse mit proletarischem Typus, wie die Industriearbeiterschaft sie bereits darstellt. Die kapitalistische Unternehmung strebt aus den oben angedeuteten Gründen aus dem Naturallohnsystem trotz seiner wirtschaftlichen Vorzüge heraus, — die Arbeiter suchen den Geldlohn, weil er sie am meisten von der Abhängigkeit von der Wirtschaft und dem guten Willen des Herrn befreit, trotzdem sie sich dabei wirtschaftlich schlechter stehen. Wie der Geldzins des Bauern im Mittelalter als das wichtigste Symptom seiner persönlichen Freiheit erscheint, so der Geldlohn des Arbeiters heute. Die Landarbeiterschaft opfert ihre materiell oft günstigere, immer aber gesichertere, abhängige Lage dem Streben nach persönlicher Ungebundenheit. Daß diese entscheidende psychologische Seite des Vorgangs den Beteiligten wesentlich unbewußt sich vollzieht, steigert nur die Wucht ihrer Wirksamkeit. Für eine Arbeiterschaft aber, welche ebensowenig wie die Industriearbeiter normalerweise die geringste Aussicht hat, in die Schicht der selbständigen Unternehmer aufzusteigen, hat diese Umwandlung nur einen Sinn als vorbereitendes Stadium für einen Klassenkampf. Es zeigte sich schon, daß auch die Grundherren der Umwandlung in eine unter sich wesentlich gleichartige Klasse mit geschäftlichem Unternehmertypus zu verfallen begonnen haben. Auch hier setzt die moderne Entwicklung an Stelle der persönlichen Herrschaftsverhältnisse die unpersönliche Klassenherrschaft mit ihren psychologischen Konsequenzen

Es fragt sich nun: was wird weiter daraus werden? Wird der Kampf einen ähnlichen Verlauf nehmen wie in der Industrie? Ist es wahrscheinlich, daß im Laufe der Zeit im Wege der Arbeiterorganisation daraus eine ländliche Arbeiter-Aristokratie ersteht, wie wir sie in manchen Großindustrien Englands finden, wo gerade die volle Proletarisierung den Durchgangspunkt für eine aufstrebende Bewegung der höchsten Schichten der Arbeiterschaft bildete? —

So günstig steht leider die Prognose des ländlichen Klassenkampfs nicht.

Versuchen wir uns die Wirkungen zu verdeutlichen, welche die Umgestaltung der Betriebsweise gemäß den Anforderungen der internationalen Konkurrenzlage für die Gesamtlage der Landarbeiterschaft mit sich bringt, so müssen wir von einem Durchschnittszustande der landwirtschaftlichen Betriebe ausgehen, wie er vor 40 bis 50 Jahren auf mittlerem Sandboden im Osten bei Gütern von 500 und etwas mehr Hektar noch als Regel gelten konnte, heute natürlich nicht mehr ist: Ausschluß des Maschinenbetriebs, intensiver Viehzucht und starken Hackfruchtbaus einerseits, Emanzipation von der Dreifelder- und extensiven Feldgraswirtschaft andererseits. Nicht intensiver Getreidebau bei mäßiger Viehhaltung beherrschen den Wirtschaftsbetrieb. Wir suchen nun zu ermitteln, welchen Einfluß eine Umgestaltung des Betriebs unter geschäftlichen Gesichtspunkten in den uns interessierenden Punkten ausüben mußte.

Einfach liegt diese Frage, wenn es sich um Uebergang zu reiner oder annähernd reiner Viehzucht handelt. Hier ist eine starke Verminderung der Arbeitskräfte die Folge. Dies um so mehr, als bei uns allgemein nicht die englische, intensive, sondern eine ziemlich extensive Weidewirtschaft in Frage käme, welche eines Minimums von Arbeitskräften bedarf. In besonders starkem Maße werden die unständigen Arbeitskräfte, deren der Getreidebau für Sommer und Ernte bedarf, davon betroffen.

Nicht so einfach dagegen ist die hier mehr interessierende Wirkung des intensiveren Ackerbaus (Drillen und Hacken der Zerealien, starke Kunstdüngung, Dreschmaschinen,

Maschinenbetrieb überhaupt, intensive Hackfruchtkultur usw.) im Vergleich mit der traditionellen Wirtschaftsweise. Zunächst sind die einzelnen Formen, in welchen sich der Uebergang zur intensiven Ackerbaukultur vollzieht, selbstverständlich nicht untereinander von gleicher Wirkung. Aber in einem Punkt kommen sie im Ergebnis dennoch alle überein: In der starken relativen Steigerung des Bedarfs an Sommer- im Verhältnis zu den Winterarbeitskräften bei absoluter Steigerung des Arbeitsbedarfs im Ganzen. Das letztere Moment wird regelmäßig zuerst, das erstgenannte im weiteren Verlauf der Entwicklung wirksam. Demgemäß steigt bei langsamer Zunahme der Intensität, und in den Anfangsstadien des Ueberganges die Zahl der ständigen Arbeitskräfte im Verhältnis zur Bodenfläche langsam; die der nichtständigen schneller; im weiteren Verlauf oder bei schnellerem Uebergang zu Intensität die nichtständigen fast ausschließlich, und es findet sogar bei hohen Intensitätsgraden eine relative und schließlich absolute Abnahme der ständigen Arbeitskräfte statt. Der letzte Punkt, die — nicht überall, aber anscheinend überwiegend, in den Gegenden mit starkem Wanderarbeiterzuzug fast ganz regelmäßig, — eintretende absolute Abnahme der ständigen Arbeiter, könnte überraschen. Die Gründe der Erscheinung liegen auch — wie nachher zu erörtern — nicht nur, aber doch immerhin auch in der Art der Betriebseinrichtung. Die Kunst der traditionellen Betriebsweise in der Verteilung der Arbeiten über die Jahreszeiten bestand nämlich in der möglichsten Verminderung der Saisondifferenzen und der Sorge dafür, daß die verfügbaren Arbeitskräfte auch ständig beschäftigt seien, also in der möglichsten Abschwächung des Charakters der Landwirtschaft als eines Saisonbetriebes. Man verteilte — mit anderen Worten — die notwendige Arbeit möglichst über das ganze Jahr. Verhältnismäßig ebenso leicht aber läßt sich eine Verschiebung in der Disposition im umgekehrten Sinne vornehmen, also ein Teil der Arbeiten, die normalerweise im Winter vorgenommen werden, den Sommer- und Herbst-Saison-Arbeitern übertragen und dadurch der Charakter als Saisonbetrieb verstärken, der Bedarf an Dauerarbeitern auch absolut nicht unbeträchtlich vermindern. Die Vorfrage, ob das möglich und zweckmäßig ist, hängt davon ab, ob gerade Saisonarbeiter mit besonderer Leichtigkeit zu erlangen sind. Das war unter den alten stabilen

Verhältnissen und bei der traditionellen Wirtschaftsweise nicht der Fall. Anders mit Umsichgreifen der intensiven Kultur. Sie bedarf verstärkter Saisonarbeit und schafft sie sich durch Steigerung der Saison-Geldlöhne. Es entsteht und wächst dadurch mit den modernen Verkehrsmitteln eine Klasse von Arbeitern, die überhaupt nur landwirtschaftliche Saisonarbeiter sind, die Wanderarbeiter. Es wandert zunächst der Bevölkerungsüberschuß übervölkerter oder extensiv bewirtschafteter Gegenden. Aber auf die Dauer ergreift die Wanderbewegung stetig größere Bruchteile der Landarbeiterschaft überhaupt. Das so geschaffene Material von Saisonarbeitern nützt nun der intensive Betrieb bis aufs äußerste aus. Die Akkordlöhne steigern die Leistung; aber der Wanderarbeiter ist auch an sich arbeitswilliger. Polnische Mädchen, welche in der Heimat kein noch so hoher Lohn zu energischer Arbeit anspornt, leisten auswärts Außergewöhnliches. Der Wanderarbeiter ist eben aus dem gesamten Ensemble seiner Familie und gewohnten Umgebung gerissen, er ist nur Arbeitskraft für den Gutsherrn wie in seinen eigenen Augen. Die Wanderarbeiterkaserne ist in ihrer Funktion das geldwirtschaftliche Analogon der antiken Sklavenkaserne. Der Gutsbesitzer spart Arbeiterwohnungen, denn die Unterbringung der Wanderarbeiter macht wenig oder keine Kosten. Er spart ferner die Landanweisung, endlich aber und vor allem jegliche verwaltungs- und armenrechtliche Verantwortung. Dagegen zahlt er in Gestalt der höheren Saisonlöhne im ganzen regelmäßig nicht mehr, oft weniger, als wenn er den traditionellen Entgelt das ganze Jahr hindurch an einheimische Arbeiter zahlen würde. Die Nachteile des Geldlohns unter dem Gesichtspunkt der Wirtschaftlichkeit gleichen sich für ihn in dieser Form mehr als aus. In einzelnen Teilen Schlesiens betrachtet man die Wanderarbeiter schon als »Stamm« der Arbeiterschaft. — Welcher Grund aber veranlaßt, vom Interessenstandpunkt der Arbeiter aus, die Wanderbewegung? Differenzen des Lohnniveaus scheinen das Nächstliegende und bilden einen erheblich mitwirkenden Faktor. Aber die Erhebungen des Vereins für Sozialpolitik sowohl als die des evangelisch-sozialen Kongresses bestätigen, daß auch, wo solche absolut nicht vorliegen und auch alle in den Bevölkerungsverhältnissen möglicherweise liegenden Umstände fehlen, gewandert wird, ja daß benachbarte Gebiete ihre Arbeitskräfte direkt oder auf Umwegen geradezu austauschen.

Der Grund ist eine Kombination wirtschaftlicher und psychologischer Momente. Der Wanderarbeiter würde eine allgemeine Lebenshaltung — es handelt sich nicht allein, nicht einmal hauptsächlich, um die Nahrung [1]) — und ein solches Ensemble, wie es ihn auf der fremden Arbeitsstelle umgibt, in der Heimat sich nicht bieten lassen. Auf Grund eben dieser erniedrigten Lebenshaltung aber und der durch die Aufgabe der gewohnten heimatlichen Umgebung vermehrten Arbeitsenergie erspart er, auch wenn die Lohnsätze in der Fremde nicht höher sind, als in der Heimat, relativ erhebliche Beträge, wie er sie im heimatlichen Arbeitsverhältnis nicht zu ersparen vermöchte, und kann — ein begreifliches Verlangen — in der ohnehin arbeitslosen Winterzeit »Ferien« machen. Aber ferner und namentlich: die Abwanderung entzieht ihn der Notwendigkeit, bei den benachbarten heimatlichen Gutsherren Arbeit zu suchen. Gerade die Arbeit in der Heimat aber ist mit dem traditionellen Herrschaftsverhältnis historisch und gedankenmäßig verknüpft: es ist der dunkle Drang nach persönlicher Freiheit, welcher die Arbeiter zur Arbeit in die Fremde treibt. Sie opfern ihre gewohnten Lebensverhältnisse dem Streben nach Emanzipation aus der Unfreiheit: ihre stumpfe Resignation wird durchbrochen. Die vielbeklagte »Mobilisierung« der Landarbeiter ist zugleich der erste Anfang der Mobilmachung zum Klassenkampf.

Wir sehen: die Konsequenzen planmäßiger »Verflechtung in die Weltwirtschaft« für die landwirtschaftlichen Betriebe des Ostens auf demjenigen Areal — dem unzweifelhaft größten —, welches zu intensiver Viehzucht nicht überzugehen vermag, sind, wenn sie Großbetriebe bleiben wollen, schon unter dem Gesichtspunkt der Bevölkerungs*schichtung* schwerwiegender Art. Gehen sie in Unterordnung unter die Gebote der internationalen Produktionsteilung zur extensiven Weidewirtschaft über, so sinkt der Nahrungswert der Bodenprodukte und die Bevölkerungsziffer. Gehen sie unter Steigerung der Bodenkultur zum intensiven Ackerbau über, so schränken sie die relative Bedeutung, teilweise auch die absolute Zahl der ständigen Arbeiter ein, be-

---

[1]) Auch bei dieser darf man nicht an Fälle denken, wie die Zuwanderung aus halbbarbarischen Gegenden (Oberschlesien) nach Gegenden mit einem Maximum von Kultur (Sachsen). Bei den Wanderungen *innerhalb* des Ostens ist nach den Zeugnissen der Berichte die Nahrung der Wanderarbeiter ganz überwiegend — Ausnahmen kommen vor — die schlechteste von allen.

fördern dagegen die Fluktuation der Arbeiterschaft und gefährden damit die Stabilität der Gruppierung der Bevölkerung durch Entstehung eines modernen Nomadentums. Es kommt darin nur zu deutlich zum Ausdruck, daß die Konkurrenzfähigkeit der ausländischen Produzenten eben in dem niedrigeren Kulturniveau beruht, auf den ungeschwächten Naturkräften des Bodens und dem Fehlen der mittelbaren Belastung durch das soziale Ensemble, welches die Bevölkerungsdichtigkeit und die Lebensansprüche einer Bevölkerung mit älterer Kultur schaffen. Die landwirtschaftlichen Großbetriebe auf dem nicht besonders begünstigten Boden des Ostens müßten in der Bodenkultur und in dem sozialen Niveau der Arbeiter wie der Unternehmer eine Kulturstufe heruntersteigen können, um als Großbetriebe konkurrenzfähig zu bleiben.

Diese verhängnisvolle Situation ist auch für die rein materielle Lage der Landarbeiterschaft — ihren Nahrungsstand — von maßgebender Bedeutung in einem Augenblick, wo zum erstenmal die freie Konkurrenz auf dem Arbeitsmarkt als organisatorisches Prinzip auch auf dem Lande erscheint. Die an die Tradition gebundene Art der Lohnbemessung, welche dem platten Lande eignete, brachte es mit sich, daß die Einkommens- und Ernährungsverhältnisse der Arbeiter durch rein ökonomische Momente nur teilweise und indirekt, unmittelbar dagegen durch solche Umstände bestimmt werden, welche jenen festen Halt, den die Tradition einer festgefügten typischen Arbeitsverfassung bot, erschüttern. Das ist aber gerade bei denjenigen Veränderungen der Fall, welche die moderne Betriebseinrichtung mit sich bringt.

Sehen wir uns die wichtigsten derjenigen Faktoren an, welche einen Einfluß auf die Lage der Arbeiter möglicherweise ausüben können: Es sind: 1. die verschiedene Größe der einzelnen Betriebe; 2. die verschiedene Güte des Bodens; 3. die verschiedene Intensität der Bodenbewirtschaftung; 4. die Grundbesitzverteilung. Was zunächst die Wirkung der Größe der Betriebe auf die Lage der Arbeiter anlangt, so scheint der Satz ziemlich allgemein aufgestellt werden zu dürfen: je größer der Betrieb, desto weniger ständige Arbeiter bedarf er im Verhältnis zur bebauten Fläche. Eine Abnahme der ständigen Arbeiter im Verhältnis zur bebauten Fläche bei untereinander gleichen Verhältnissen der Bodenqualität und Intensität scheint nun ferner regelmäßig mit einer Hebung ihrer Lage verbunden zu sein[1]). Das entspricht bekannten Analogien in der Industrie und ist natürlich, da es sich in diesem Falle lediglich um eine rationellere Disposition über die vorhandenen Arbeitskräfte unter Ersparung unnützer Mitesser handelt. Daraus ergibt sich — und das entspricht der Erfahrung —, daß ceteris paribus, d. h. bei gleicher Bodenqualität und Wirtschaftsintensität, die Arbeiter größerer Großbetriebe besser gestellt sein werden als die kleinerer. Dieser Satz hört aber sofort auf richtig zu sein, sobald man verschieden intensive Betriebsformen und namentlich, wenn man Güter aus verschiedenen nicht unmittelbar benachbarten Gegenden mit verschiedener Arbeitsverfassung und Kulturstufe der Arbeiter miteinander vergleichen wollte, wie etwa Oberschlesien und Ostpreußen. Die Vergleichbarkeit besteht nur für lokale Bezirke mit traditionell gleichartigen Verhältnissen. Ebenso ist es eine ganz andere Frage, wie sich die Lage der Arbeiter bäuerlicher Betriebe zu der in Großbetrieben verhält. Unter einander vergleichbar sind nur Betriebe des gleichen sozialen Gesamtcharakters.

Aehnlich liegt die Sache mit der Wirkung der Bodenqualität. Die bessere Qualität des Bodens erfordert in der Ernte einen größeren Arbeitsaufwand, im übrigen steigt mit zunehmender Qualität der Bedarf an ständigen Arbeitskräften

---

[1]) Beispiel: Nach einem sehr sorgfältigen, aus Angaben der Arbeiter und Wirtschaftsbüchern der Güter zusammengestellten Bericht auf die Enquête des ev.-soz. Kongr. aus dem Kreise Königsberg (Land) stellt sich innerhalb eines Bezirkes, der so eng ist, daß die Bodenverhältnisse schwerlich Einfluß haben, bei anscheinend auch etwa gleicher Intensität des Anbaues, und wenn man gleichmäßig dieselben Geldumrechnungsfaktoren anwendet, das Reineinkommen der Instfamilien, abzüglich Kosten für Scharwerke, auf mehreren benachbarten Gütern wie folgt:

1. für	1	Instmann der auf je	35	ha Fläche	kommt,	auf	525,35 Mk.
2. „	1	„ „ „ „	40	„	„	„ „	742,50 „
3. „	1	„ „ „ „	43	„	„	„ „	752,50 „
4. „	1	„ „ „ „	53	„	„	„ „	803,63 „

Also ein völliger Parallelismus. In einem fünften Fall stellt sich das Einkommen:

5. für 1 Instmann der auf je 57 ha Fläche kommt, auf 645,00 Mk.

Hier wird teilweiser Dreschmaschinenbetrieb gemeldet. Der Abstand von Fall 1 zu Fall 2 ist auffallend groß, auch hier wird für Fall 1 teilweiser Dreschmaschinenbetrieb gemeldet. Fall 1 und 5 untereinander folgen wieder der Regel. Es zeigt sich, daß nur unter sich annähernd gleiche Betriebsformen vergleichbares Material ergeben. (In diesem Falle hängt übrigens die Verschiedenheit der Arbeitsintensität mit der Betriebsgröße nicht zusammen.)

langsamer als die Ertragsfähigkeit. Sie wirkt deshalb bei den auf Anteil gesetzten Instleuten unter sonst gleichen Verhältnissen naturgemäß steigernd auf das Einkommen; in einem gewissen, aber erheblich geringeren Maße wirkt das auch auf die Deputanten zurück. Was die Geldlöhne anlangt, so ist eine Abhängigkeit von der Bodengüte (Grundsteuerreinertrag) in unmittelbar benachbarten Bezirken selten sicher zu konstatieren. Hier überwiegen die rein individuellen Umstände (Weite der Wege, Isoliertheit des Gutes usw.). Faßt man Bezirke von etwa vier bis fünf Kreisen von in sich etwa gleichen Boden- und Bewirtschaftungsverhältnissen zusammen, so findet regelmäßig ein deutlicher Parallelismus der Lohnhöhe mit der Bodengüte statt[1]). Sobald man aber große Gebiete — Provinzen — zusammenfaßt, hört dieser Parallelismus auf, ja, er hört nicht nur auf, sondern kehrt sich um, wenn man die Reinertragsziffern Schlesiens mit denen des Nordens vergleicht. Der Grund liegt wiederum in der Differenz der Arbeitsverfassung.

Beide bisher erörterten Faktoren also stehen an Bedeutung hinter einem anderen: — der Art der Arbeitsverfassung und der Nationalität der Arbeiter — zurück. Sehen wir nun zu, welcher Einfluß dem dritten oben aufgeführten Faktor: der zu- oder abnehmenden Intensität des Betriebes, zukommt. Eine Ab-

[1]) Beispiele: Die Lohnverhältnisse Ostpreußens, wo eine hochintensive Feldbebauung (Rübenkultur usw.) im allgemeinen auch auf den besten Bodenklassen 1891 nicht in großem Umfange bestand, die verschiedene Intensität durchschnittlich vielmehr der verschiedenen Bodengüte etwa entsprechen dürfte. Nach den allerdings sehr rohen, hier aber doch vorläufig genügenden Zusammenstellungen in der Enquête zeigt sich folgender Parallelismus:

1. Regierungsbezirk Königsberg	Durchschnitt des Grundsteuerreinertrages pro Hektar Mk.	Durchschnitt des Mannstagelohnes im Jahre Mk.	2. Regierungsbezirk Gumbinnen	Durchschnitt des Grundsteuerreinertrages pro Hektar Mk.	Durchschnitt des Mannstagelohnes im Jahre Mk.
Kreis Ortelsburg, Neidenburg	4,31	1,10	Südwestliches Masuren	5,49	1,10
Ermland.	8,71	1,21	Masurische Höhenkreise	6,25	1,11
Kreis Mohrungen, Pr. Holland, Osterode	9,92	1,32	Südliches Littauen .	9,40	1,25
Samland und Natangen	13,12	1,50	Oestliches und nördliches Littauen . .	10,83	1,28

nahme der Betriebsintensität — sei es nun der Arbeits- oder der Kapitalintensität — wird bei fortbestehendem Großbetrieb im Osten regelmäßig mit Verdrängung der Feldarbeit durch extensive Viehzucht identisch sein, eine Steigerung der Intensität gegenüber der traditionellen Betriebsweise kann in Form intensiverer Viehzucht erfolgen, — dann handelt es sich um Zunahme der »Kapitalintensität« des Betriebes — oder in Gestalt intensiverer Ackerbaukultur — dann nimmt der Betrieb an Intensität des Kapital- sowie des Arbeits-Aufwandes zu.

Der Uebergang zur reinen oder fast reinen Viehwirtschaft im Großbetriebe scheint bei starkem Rückgang der Zahl der Arbeiter deren Lage da, aber auch nur da günstig zu beeinflussen, wo die klimatischen Verhältnisse diesen Uebergang entschieden provozieren[1]). Das Material ist hier sehr unzulänglich, die Frage ist aber auch nicht von hervorragender Bedeutung für uns; als erkennbare und uns interessierende Wirkung bleibt für uns nur bestehen, daß eine auf Kosten des Feldanbaues zunehmende Viehzucht die Zahl der Arbeitskräfte und hiermit die Volkszahl des platten Landes überhaupt stark vermindert.

Der intensive Ackerbau nun, der uns hier speziell interessiert, führt zu einer solchen Verminderung der benötigten Arbeitskräfte nicht, da der Ersatz der menschlichen durch maschinelle Arbeitskraft in der Landwirtschaft eine im Verhältnis zur Industrie weit untergeordnete Rolle spielt. Er führt vielmehr zunächst — wie schon oben konstatiert ,— zu einer Verschiebung nur innerhalb der Arbeiterschaft: der Anteil der ständigen Arbeitskräfte im Verhältnis zu den überhaupt verwendeten Arbeitskräften sinkt. Zu erörtern bleibt, wie die materielle und soziale Lage der ständigen sowohl als der unständigen Arbeiter beeinflußt wird.

Die intensivere Bodenkultur trägt an sich selbstverständlich die Tendenz zur Steigerung des Kulturniveaus und der Lebenshaltung der Bevölkerung überhaupt in sich. Da, wo eine große Zahl von ansässigen Eigenwirten die gesteigerten Erträge voll perzipieren, muß die Folge eine anhaltende Steigerung der Lebensansprüche aller Schichten der Bevölkerung, auch der Arbeiter,

---

[1]) In den relativ intensiven Weidewirtschaften im Kreise Fischhausen, wo das Klima die intensive Viehzucht entschieden begünstigt, sind die Arbeiter nach den Berichten besser gestellt, als in den Körnerbau treibenden Wirtschaften; das Umgekehrte ist nach den Berichten aus dem Kreise Filehne daselbst der Fall, wo der klimatische Vorzug wegfällt.

sein. Problematisch dagegen liegt die Frage für die letzteren unter der Vorherrschaft des Großgrundbesitzes. Wo eine festgefügte Arbeitsverfassung Arbeitern, welche von jeher an hohe Nahrungsansprüche gewöhnt sind, die volle Teilnahme an der Steigerung der Erträge sichert, tritt derselbe Erfolg ein. So tatsächlich in Mecklenburg, Ostholstein und Neuvorpommern. Daß das Gegenteil mindestens möglich ist, zeigt die traurige Lage der Arbeiter in den am intensivsten bewirtschafteten Teilen Schlesiens, wo die Arbeitsverfassung, wie oben ausgeführt, und ebenso zum Teil die Nationalität der Arbeiter eine andere ist. Damit scheint also auch die größere oder geringere Intensität der Kultur ebenso wie die Bodenqualität ein an sich stets günstig wirkendes, nur eventuell durch die Einflüsse der sozialen Schichtung der Arbeiterschaft und ihrer Rassengewohnheiten an Bedeutung überwogenes Moment zu sein. Allein es scheint nur so. Denn wenn, wie wir immer wieder sehen, in der Tat die Art der Arbeitsverfassung, also der sozialen Schichtung und Gruppierung der Landarbeiterschaft, für ihre materielle Lage entscheidend ist, und wenn sich ferner zeigte, daß unter den gegenwärtigen Machtverhältnissen auf dem Lande die geldwirtschaftliche Gestaltung der Arbeitsverfassung die materielle Lage der Arbeiter schwer gefährdet, so muß eine Umwandlung der Betriebsweise, welche diese geldwirtschaftliche Verfassung mehr oder weniger vollständig herbeizuführen die Tendenz hat, die gleichen Gefahren in sich tragen. Das aber ist bei der intensiven Betriebsweise der Fall.

Es wurde oben hervorgehoben, daß der intensive Ackerbau zunächst, solange nämlich die Arbeitsverfassung in der Hauptsache unverändert bleibt, die Relativzahl der ständigen Arbeitskräfte zur Bodenfläche regelmäßig erhöhe. Ebenso erhöht er ihre Bezüge unter der gleichen Voraussetzung. Da der alte Instmann durch Anteile gelohnt wird, steigert sich bei gleichbleibenden Verhältnissen sein Verdienst[1]; — das ändert sich nicht notwendig dadurch, daß regelmäßig auf besserem Boden und mit steigender Bodenkultur das Anteilsverhältnis herabgesetzt

---

[1]) Wo die Anteilsverhältnisse auch nur annähernd konstant geblieben sind, kommen in fruchtbaren Gegenden sehr hohe Dreschereinnahmen vor, im Kreise Königsberg Land bis zu 120 Neuscheffel Getreide verschiedener Art das Jahr durchschnittlich nach Angaben von Berichten der Enquête des ev.-soz. Kongresses.

wird, und daß dies immer bei Einführung des Maschinendrusches der Fall ist[1]).

Im weiteren Verlauf der Entwicklung pflegt aber — sahen wir — das Anteilverhältnis gänzlich beseitigt und durch festes Deputat ersetzt zu werden. Damit ist jedenfalls der Teilnahme der Arbeiter an der Steigerung der Erträge ein Ende gemacht. Es bedeutet dies nun nicht an sich eine Verschlechterung sei es der Gesamtlage, sei es speziell des Nahrungsstandes. Im Gegenteil bringt es ihnen zunächst sehr oft eine Besserung durch Sicherstellung und Regulierung ihres Verbrauchsquantums. Aber es bedeutet, da die hohen Dreschlohneinkünfte in Getreide wegfallen eine Verschiebung nach Seite des Kartoffel- zuungunsten des Zerealienfaktors im Budget, wie sich auch aus den Berichten deutlich ergibt. Und Hand in Hand damit geht regelmäßig ein Rückgang der Naturalienlöhnung überhaupt zugunsten der Geldlöhnung, ein Schritt also auf dem Wege zur Proletarisierung. Die Proletarisierung bedeutet aber vor allem auch einen Bruch der festen Traditionen in bezug auf die Ernährung. Die typische Nahrung der Landarbeiter bestand bis vor 100 Jahren aus Zerealien und Milch mit relativ seltenem Fleischgenuß. Im Laufe der Zeit hat die Kartoffel zunehmend die Bedeutung des »täglichen Brotes« erlangt. Das ist nicht so unbedenklich, wie es scheint. Nicht als ob die relativ steigende Bedeutung der Kartoffel in der Volksernährung an sich ein Nachteil wäre. Im Gegenteil, die Notwendigkeit der Ernährung größerer Massen auf der gleichen Fläche postuliert dies Nahrungsmittel. Aber von entsprechend steigender Wichtigkeit für den Gesamtnahrungsstand ist dann die Frage, was neben den Kartoffeln konsumiert wird, denn die Kartoffel hat die Eigenart, den Magen stark zu füllen und so das Gefühl physischer Sättigung zu erzeugen, ohne doch die physiologisch erforderlichen Eiweißstoffe dem Körper entsprechend zuzuführen. — Wir haben seit dem Mittelalter zunächst einen Umschwung in der Volksernährung zuungunsten der Fleischnahrung und zugunsten der Zerealiennahrung als Begleiterscheinung der steigenden Kultur erlebt. Die annähernde Ausschließlichkeit

[1]) In Ostpreußen ist noch jetzt vielfach der 10. bis 11. Scheffel üblich, weiter westlich war der 15. bis 18. lange Zeit typisch, auf besserem Boden und bei Dampfmaschinendrusch geht der Anteil, wo er bestehen bleibt, jetzt bis zum 33. Scheffel herab und hat dann nur noch den Charakter einer Tantième. Der Ernteanteil ist jetzt wohl überall beseitigt. Er betrug stellenweise die 5. (!) Mandel.

der Zerealiennahrung bei der Landbevölkerung bildete vielleicht nicht am wenigsten die physiologische Unterlage ihrer psychischen Eigentümlichkeiten: stumpfer Resignation und Lenksamkeit. In diesem Jahrhundert beginnt dann die Fleischnahrung wieder den Gradmesser der Kultur zu bilden, und der typische Konsum des modernen, aufstrebenden Proletariats setzt sich mehr und mehr aus Kartoffeln und Fleisch oder — Schnaps zusammen. Der letztere ersetzt nur zu leicht scheinbar das, was die Kartoffel dem Körper nicht zugeführt hat. Entscheidend ist also für die Volkesernährung im ganzen, ob eine entsprechende Eiweiß- (Fleisch- oder Milch-) Zufuhr dem vermehrten Kartoffelkonsum die Wage hält. Und von völlig entscheidender Bedeutung für die Lage der Landarbeiter, ihre soziale Position wie die Gewährleistung eines relativ zulänglichen Nahrungsstandes, ist unter diesen Umständen das Schicksal ihrer Viehhaltung. Objektiv wie subjektiv bildet sie den Mittelpunkt ihres Haushalts, die Grundlage auch für eine angemessene Verwendung der Arbeit der Frau und der jüngeren Kinder innerhalb des Haushalts im gemeinsamen Interesse der Familie. Gerade sie aber ist den schärfsten Angriffen von seiten der intensiven Bodenkultur ausgesetzt, da die Steigerung des Bodenwertes die Beseitigung der Weiden fordert.

Wir finden denn auch, nicht überall, wohl aber als Begleiterscheinung speziell des Hackfruchtbaus, aber auch — und das ist charakteristisch — der intensiven Viehwirtschaft, zunächst die Einschränkung, dann die Beseitigung der Gänse-, Schaf- und Kuhhaltung. Nur das Schwein bleibt. Dieser Schritt wirft auch die ganze alte Bedeutung der Deputate über den Haufen, sie dienen nun wesentlich nur konsumtiven, nicht produktiven Zwecken in der Familienwirtschaft des Arbeiters. Er ist damit Proletarier geworden, und sein Freiheitsinteresse fordert auf die Dauer den Geldlohn. Auch deshalb führt die Entwicklung mit Notwendigkeit über den jetzt herrschenden Zustand hinaus, zu Verhältnissen, wie sie in Schlesien bei den »Lohngärtnern« bestehen, schon darum, weil ein proletarisierter, besitzloser Arbeiter eine Inststelle gar nicht annehmen kann. Die Größe des eignen Besitzes (Möbel usw., Vieh) und die Bedeutung der eigenen Wirtschaft stehen in Wechselwirkung, wie ein Blick auf die Versicherungsziffern der mecklenburgischen Tagelöhner im Gegensatz zu den schlesischen zeigt. Auch aus diesem Grunde ist die Zahl der »freien« nur in Geld gelohnten Arbeiter, welche an Stelle der Instleute als ständige Arbeitskräfte treten, im stetigen Zunehmen begriffen. Bei ihnen steht die Kartoffel als Nahrungsmittel herrschend da, ihr Zerealien- und Fleischkonsum ist problematisch. Ganz überwiegend wird berichtet, daß die materielle Lebenshaltung der freien Arbeiter eine schlechtere sei, als die der Instleute, ebenso fest aber steht, daß sie einen stetig wachsenden Bruchteil auch der ständigen Arbeitskräfte bilden. Gerade die Nachfrage nach freien Arbeitern hat sich aus den schon wiederholt hervorgehobenen Gründen seit Jahrzehnten am stärksten vermehrt und ihre Löhne — die Geldlöhne — gesteigert, während die Bezüge der in Naturalien abgelohnten Kontraktsarbeiter relativ stabil blieben. Diese »freien« Arbeiter waren früher Angehörige der Dörfer, die gelegentlich einige Groschen nebenher verdienten, sonst nur eine zahlenmäßig wenig erhebliche unterste Schicht der Landbevölkerung, die noch 1849 abwechselnd der Armenpflege anheim fiel, in- und außerhalb der Landwirtschaft Arbeit fand. Jetzt sind sie eine Gruppe von stets steigender relativer Bedeutung. Ihr Lohnniveau zeigt die Tendenz, sich innerhalb der einzelnen, größeren Bezirke mit annähernd gleicher Arbeitsverfassung auszugleichen. Und zwar auf einem Niveau, welches dem 1873 in den reicheren Gegenden erreichten nahe kommt, also eine oft erhebliche Erhöhung der Löhne in den ärmeren Gegenden bedeutet. Dagegen gleicht die Umwandlung der alten Instleute in Deputanten das Lohnniveau der Kontraktarbeiter regelmäßig auf einem Niveau aus, welches um etwas, aber nicht erheblich über demjenigen der weniger günstigen Gegenden (nicht gerade der allerschlechtesten) liegt und durch die Beseitigung der Viehhaltung häufig darunter gedrückt wird. Der erhöhte Geldlohn der freien Arbeiter bedeutet aber für die materielle Lage nur in den günstigsten Fällen das gleiche, wie die Gesamteinkünfte der Deputanten, auf deren Kosten sie zunehmen. Wir haben als Gesamtergebnis in den Gegenden mit noch vorwiegender patriarchalischer Arbeitsverfassung Nivellierung der Lebenshaltung der Landarbeiter auf einem gegen die frühere Lage ihrer unteren Schichten gehobenen allgemeinen proletarischen Niveau, verbunden mit einer sozialen Deklassierung ihrer obersten Schichten und zunehmender Abschneidung der Verbindungsglieder zum Kleinunternehmertum; wir finden ferner ein konstantes Vordringen der kapitalistischen Arbeitsverfassung; wo aber diese letztere bereits seit langer Zeit besteht (Schlesien), da finden wir minimales Lohnniveau und minimale soziale und materielle Lebenshaltung, beide durch die Entwicklung nur etwa soweit gehoben, daß die Resignation diesem Zustande gegenüber aufhört. Gerade entgegen also der Tendenz zur Entwicklung einer Arbeiteraristokratie wie sie in den kapitalstarken, englischen Industrien entsteht, führt hier die kapitalistische Umgestaltung bei den ständigen Arbeitern zur Entwicklung einer unter sich gleichartigen proletarischen Masse. Es wäre auch seltsam, wenn die Entwicklung anders verliefe, da gerade die hochintensiven Kulturen (Rüben) eines Maximums an Arbeitskräften ohne jede Qualifikation bedürfen und der Bedarf nach einer den »gelernten« Arbeitern der Industrie ähnlichen Kategorie von Arbeitskräften zwar durchaus nicht völlig fehlt, ihm aber für den hochintensiven Landwirtschaftsbetrieb auch nicht in irgend vergleichbarem Maße eine ähnliche Bedeutung zukommt, wie in technisch hochentwickelten Industrien.

Weit einschneidender noch gestaltet sich nun aber diese Erscheinung angesichts des stetigen Umsichgreifens des Wanderarbeitertums. Denn hier kommen die nationalen Gegensätze im Osten zur Geltung. Seit Aufhebung der Polensperre (1890) haben wir im Osten eine Sachsengängerei nicht nur von dort nach Sachsen, sondern auch von Russisch-Polen und Galizien nach den östlichen Provinzen und sehr viel weiter — vereinzelt bis in die Wetterau! Die Zahl dieser fremden Nomaden betrug zeitweise — neueste Zahlen liegen nicht vor — allein in den 4 Grenzprovinzen ca. 30 000 im Jahre. Gerade die hochintensive (Rüben-)Kultur, welche die niedrigsten Ansprüche an die Qualität der Arbeiter stellt, zieht sie herbei. Nicht die Arbeiter mit höchster, sondern die mit niedrigster Lebenshaltung werden bevorzugt und behalten das Feld. Auch hier entscheidet nicht das rein wirtschaftliche Interesse der Gutsherren allein, sondern ihr damit nur indirekt verknüpftes Machtinteresse. Die Disposition über den Polen ist schrankenlos: ein Wink, und der benachbarte Amtsvorsteher — auch ein Gutsbesitzer — spediert ihn über die Grenze zurück. Die Herbeiziehung der Polen ist im eigentlichsten Sinne Kampfmittel in dem hier schon antizipierten Klassenkampf, gerichtet gegen das erwachende Selbstbewußtsein der Arbeiter, und triumphierend melden die Berichte, daß sie in dieser Beziehung auch wirksam gewesen sei. Niemals wird der Streit verstummen, ob die Abwanderung der Zuwanderung, oder diese jene veranlaßt habe; für die Würdigung ihrer Bedeutung ist er ganz müßig; beide steigern sich gegenseitig, weil sie, wie gesagt, Kampfmaßregeln in einem latenten Kampfe zwischen Besitz und Arbeit darstellen. Die Fortwanderung ist latenter Streik, die Poleneinfuhr das entsprechende Kampfmittel dagegen.

In diesem Kampf kommt nun endlich auch der Grundbesitzverteilung im Osten eine verhängnisvolle Rolle zu[1]). Von dem Arbeitermangel betroffen, werden naturgemäß diejenigen Besitzkategorien, welche fremde Arbeitskräfte gebrauchen, zum Teil schon die Großbauern, besonders aber, in mit der Größe sich steigerndem Maß, die Rittergüter. Der Bauer ist gar nicht in der Lage, einen Polenimport planmäßig ins Werk zu setzen. Das kann nur der Ritterhutsbesitzer. Er ist zur Zeit, wenn er intensiv wirtschaften will, geradezu darauf angewiesen. Schon den gewöhnlichen Bedarf an Erntearbeitskräften kann er heute nicht mehr aus der Nachbarschaft decken. Warum nicht? Weil ein großer Teil dieser Nachbarschaft ebenfalls aus Rittergütern besteht, die ebenfalls nicht »Produzenten«, sondern »Konsumenten« von Arbeitskräften sind; — mit anderen Worten: wegen Mangels an Dörfern. Die durchschnittliche Dichtigkeit der Bevölkerung der Gutsbezirke beträgt nur einen Bruchteil derjenigen der Landgemeinden: natürlich, denn erstere ernähren nicht in erster Linie die ansässige Bevölkerung an Ort und Stelle, sondern senden ihre Produkte auf den fremden Markt. Wo, wie in Mecklenburg auf den Domänen, durch einsichtige Kolonisation ein starker Bauernstand geschaffen ist, hat man wenig über Arbeitermangel zu klagen und ist die Abwanderung gering. In den Bezirken der Ritterschaft, welche die Bauern gelegt hat, rächt sich dieser Raub, — denn das ist er teils ökonomisch, teils auch formaljuristisch — durch Blutleere an Arbeitskräften. Es ist doch kein Zufall, daß gerade der Osten mit vorherrschen-

[1]) Das Vorherrschen des Großbesitzes an sich steigert nur die sozialen Klassenunterschiede. Die materielle Lage der Arbeiter kann dadurch, wenn und solange eine festgefügte typische Arbeitsverfassung besteht, durch den starken Arbeitsbedarf größerer Güter gehoben werden. So war es bisher in Neuvorpommern zufolge der hohen, aus der Vergangenheit übernommenen Lebenshaltung der Arbeiterschaft. Umgekehrt in Oberschlesien, wo der polnischen Arbeiterschaft übermächtige Magnaten gegenüberstehen.

dem Großbesitz die höchsten Verschuldungsziffern und den stärksten Arbeitermangel aufweist. Die »Sünden der Väter« kommen über die heutigen Gutsbesitzer und bedrohen uns mit einer slavischen Ueberflutung, die einen Kulturrückschritt von mehreren Menschenaltern bedeuten würde. — Es zeigt sich aber dabei zugleich die Aussichtslosigkeit des Kampfes für beide Teile. Der Klassenkampf in der östlichen Landwirtschaft wäre ein Ringen auf einem versinkenden Kahne: Beide Teile würden zugrunde gehen. Dies um so sicherer, als der Kampf auf seiten der Arbeiter auch nach Aufhebung des Koalitionsverbots notgedrungen ein unorganisierter bleiben würde. Die Koalitionsfreiheit, welche den Landarbeitern zu gewähren lediglich ein Gebot der formalen Gerechtigkeit ist, wird ihnen als Kampfmittel, von lokalen Streitfällen abgesehen, nichts nutzen, weil die Art ihrer Dislokation deren zielbewußten Gebrauch dauernd hindert. Dies auch, nachdem die fortschreitende Proletarisierung sie einander unter sich gleichartiger gemacht haben wird, — zur Zeit kommt die Unmöglichkeit einer Vereinigung ihrer in ihren Interessen weit auseinanderstrebenden Gruppen dazu.

Mit dem Troste, daß auf dem Lande das Einkommen der Arbeiter vielfach, teilweise beträchtlich, gestiegen ist, werden gegenüber diesen ernsten Erscheinungen nur die landläufigen Wohlfahrtspolitiker oder Interessenvertreter der Unternehmer sich zufrieden geben. Tatsächlich wird die Lage auf dem Gebiete, auch was die Verschärfung der Klassengegensätze anlangt, auf die Dauer mindestens so ernst werden, wie auf diesem der Industrie, und die erwachsenden Probleme erschöpfen sich wahrlich nicht im »Arbeitermangel«. Es findet eine überaus tiefgreifende Umwandlung des Charakters der Bodenbesitzer sowohl, als ihrer Arbeiter statt, welche die Stellung des Staates zu beiden wesentlich verschieben, die ersteren ihrer Qualifikation zu politischen Vertrauenspersonen des Staates entkleiden muß. Und diese Umwandlung hat eine gewaltige Verschiebung der Bevölkerung, Kulturgefahren sowohl für die Produktion als für die Arbeiterschaft im Gefolge, welche auch rein politisch nicht gleichgültig sind. —

Die Feststellung dieser unerfreulichen Zustände hätte nun lediglich die Bedeutung einer der heute so in Mode befindlichen sozialpolitischen Jeremiaden, wenn die hier herausgehobene Entwicklungstendenz den Charakter eines allein herrschenden

Naturgesetzes trüge. Allein das ist nicht der Fall; sie kann vielmehr ihre Wirkung nur entfalten unter den eigenartigen Bedingungen, welche die Besitzverteilung auf dem Lande im Osten in Verbindung mit den Herrschaftsansprüchen einer sinkenden Klasse mit sich bringt. Andernfalls müßte sie auch im Westen unter gleichen Bodenverhältnissen in gleicher Stärke eintreten, und das ist nicht der Fall, — womit nicht gesagt sein soll, daß etwa der Westen und Süden auf dem gleichen Gebiete keine Probleme aufzuweisen hätten. Aber für die hier geschilderten wirtschaftlichen Umwälzungen ist es nicht ungefähr dasselbe, oder lediglich ein quantitativer Unterschied, ob der Großbesitz und -betrieb 20 oder ob er 50 % der Fläche okkupiert, sondern es ist das Gegenteil voneinander. Hunderttausend Bauern verhalten sich zum heimatlichen Boden auch in den Stunden der Not, wie sie die heutigen Konkurrenzverhältnisse über die Landwirtschaft bringen, anders als hunderttausend Landarbeiter.

Vorbedingung eines erfolgreichen Eingreifens des Staates in die große Kulturfrage, die sich hier erhebt — ich glaube die Bedeutung der Landarbeiterverhältnisse und ihrer Entwicklung durch diese Bezeichnung nicht zu überschätzen —, ist eben, daß man die jetzige Grundbesitzverteilung im Osten nicht als eine unantastbare Grundlage der bestehenden politischen und sozialen Organisation betrachtet, in welche ein radikaler Eingriff jedenfalls nicht geplant werden dürfe. Die Gefahren der intensiven Kultur sowohl, als der Weltmarktskonjunkturen überhaupt, auch soweit sie die intensive Kultur nicht begünstigen, bestehen für unsere Kultur im Osten in der Hauptsache im Zusammenhang mit der bestehenden Grundbesitzverteilung: vielleicht nicht der günstigste Boden (z. B. Reg.-Bez. Stralsund), oder andrerseits der allerschlechteste Boden, wohl aber der typische »mittlere Sandboden«, das charakteristische überwiegende Areal des Ostens, befindet sich zum Schaden der Bodenkultur und des Kulturniveaus der Landarbeiter in dieser Besitzverteilung festgelegt und durch die goldenen Klammern der Hypothekenverschuldung zusammengehalten.

Und auch die Arbeitsverfassung kann nicht ohne gleichzeitige Aenderung der Besitzverteilung umgeschaffen werden. Wir finden, wie Kaerger überzeugend nachgewiesen hat, die günstigsten Arbeiterverhältnisse zur Zeit einerseits bei den Heuerlingen Westfalens, andererseits bei den Pachtarbeitern Ostholsteins. In beiden Fällen ist das Charakteristische der Verhältnisse eine Verbindung von Kleinpacht- mit Arbeitskontrakten. Die Arbeiter erhalten Land und Viehweide verpachtet und gegen berechnetes Entgelt vom Gut bestellt und leisten dem Gut Arbeit gegen Tagelohn, und Forderungen sowie Schulden beider Teile werden gegeneinander gerechnet. Es ist das Instverhältnis, aber unter Gewährung festen abgegrenzten Landes und unter Beseitigung des Moments von Unfreiheit, welches im Instverhältnis noch immer steckt, — freier Arbeitsvertrag und doch eigner Kleinbetrieb der Arbeiter. Allein: es mag lokal vorkommen, im ganzen aber ist es schlechterdings Illusion, zu glauben, daß bei der jetzigen Besitzverteilung im Osten die Arbeiter sich zur Uebernahme von Heuerlingsstellen entschließen werden. Mit Recht hob Knapp hervor, daß die Entwicklung im allgemeinen den umgekehrten Verlauf nimmt. Es ist das auch vom Standpunkt der Arbeiter selbstverständlich. Denn einen Erfolg hat die intensivere Kultur bei ihnen gehabt, und zwar einen Kulturerfolg, aber er liegt nicht auf materiellem Gebiet: sie lernten die Freiheit kennen und dem dumpfen Streben darnach sind sie, das zeigt sich, in steigendem Maße geneigt, anderes, selbst ihr materielles Wohlbefinden zu opfern. Es kann für sie bei der jetzigen Grundbesitzverteilung die Vorstellung — diese, nicht die objektive Möglichkeit ist entscheidend — eines Weges nach oben innerhalb der Heimat nicht erwachsen. Und unter diesen Umständen ziehen sie unbewußt, aber sicher, den zutreffenden Schluß: daß unter der vorwiegenden Herrschaft des Großbesitzes und Großbetriebes auf dem Lande Heimatlosigkeit und Freiheit ein und dasselbe ist.

Das wichtigste Problem bleibt deshalb die innere Kolonisation, auch unter dem Gesichtspunkte der ländlichen Arbeiterfrage.

Sie liegt heute in den Händen der Ansiedlungskommission einerseits und wird hier vom Staat durchgeführt, und der Generalkommissionen andererseits, welche auf Antrag privater Großgrundbesitzer die Abzweigung von Rittergütern vermitteln. Die Ansiedlungskommission hat bereits ca. 1500, die Generalkommission ca. 6000 Bauern eingesetzt. Die quantitative Ueberlegenheit der privaten Besiedlung hat aber zwei Schattenseiten: sie schafft 1. zu einem sehr großen Teil kleine Zwergbauern. Denn gerade diese können heute am ehesten den Preisdruck auf die

Produkte ertragen, da sie dieselben überwiegend selbst verzehren, und leiden nicht unter dem Arbeitermangel, weil sie keine Lohnarbeit verwenden. Es besteht aber eben deshalb die Gefahr, daß gerade diejenige Schicht der Bevölkerung auf diese Weise ansässig wird, welche mit den geringsten Kulturansprüchen sich begnügen kann, also ein Grundbesitzer-Proletariat — der schrecklichste der Schrecken — entsteht. Das um so mehr als 2. die Generalkommissionen es nicht in der Hand haben, für Ausstattung der neu entstehenden Gemeinden mit Allmenden genügend zu sorgen. Gerade für die kleinen Leute sind diese aber eine Lebensfrage.

Deshalb ist es unentbehrlich, daß eine groß angelegte staatliche, also eine Domänenkolonisation — in Anknüpfung an den bald wieder aufgegebenen Versuch in den 70er Jahren — daneben tritt.

Kein Verständiger kann andererseits wünschen, daß der Domänenbestand des Staates eine starke Verminderung erleide und der Staat einer seiner wichtigsten Regulatoren auf agrarischem Gebiet beraubt werde.

Nur die törichte Angst vor dem Gedanken einer »Expropriation« ist es, die weite Kreise verhindert zu sagen, was im Stillen doch jeder denkt: Ein großer Teil des Großbesitzes im Osten ist in privaten Händen nicht haltbar. Man möge, nicht überstürzt, aber systematisch und allmählich, aus dafür zu gewährenden Etatsmitteln diesen Teil aufkaufen und in Domänen verwandeln, welche an kapitalkräftige Domänenpächter unter Gewährung von staatlichen Meliorationsdarlehen verpachtet werden. So wird dem Domänenbestand auf der einen Seite hinzugefügt, was ihm auf der andern genommen wird, und auf die Dauer werden sich die finanziellen Interessen des Staats dabei günstig stehen. Es handelt sich dabei freilich um eine große Aufgabe, welche in dieser Form wohl noch nirgends gelöst ist. Nicht zu jeder Domänenverwaltung könnte man das Zutrauen haben, daß sie Derartiges zu bewältigen bereit und imstande sein würde. Ich glaube aber: man kommt nicht in den Verdacht der Schmeichelei, wenn man anerkannt, daß gerade die deutschen Domänenverwaltungen — nicht nur Preußens, sondern z. B. auch Mecklenburgs und Badens, sich bisher den Aufgaben gewachsen zeigten, welche im Lebensinteresse der Nation an sie gestellt wurden. Möge die Zukunft halten, was die Vergangenheit versprach.

Der Streit um den Charakter der altgermanischen Sozialverfassung in der deutschen Literatur des letzten Jahrzehnts[1].

Diejenige Erscheinung, deren sozialhistorische Bedeutung im Laufe der letzten Jahrzehnte eine sich stetig steigernde Einschätzung erfahren hat, ist die »Grundherrschaft«. Eine Zeitlang schien es geradezu, als ob wenigstens für Deutschland nicht viel weniger als alle Erscheinungen des staatlichen und Wirtschaftslebens aus ihren Organisationsformen und deren geschichtlichen Abwandlungen heraus erklärt werden sollten. Die Entstehung der Landeshoheit ebenso wie die Entstehung des städtischen Patriziates, die Anfänge des Handwerks ebenso wie diejenigen der ländlichen Hausindustrie, die Anfänge der Verkehrsorganisation, des Nachrichtendienstes, des Maß- und Gewichtswesens und schließlich auch der Beginn der modernen Kapitalakkumulation und also der kapitalistischen Entwicklung überhaupt, sind von deutschen Gelehrten auf grundherrschaftliche Anfänge zurückgeführt worden. Obwohl nun der Ertrag dieser Arbeiten für die wissenschaftliche Erkenntnis sehr hoch anzuschlagen ist, läßt sich doch nicht verkennen, daß die Schätzung der sozialgeschichtlichen Bedeutung der Grundherrschaft neuerdings manches von dem Terrain, welches sie erobert hatte, wieder verloren hat [2]) und es scheint, daß dieses allmähliche Zu-

---

[1]) (1905 publiziert). Die nachstehenden Ausführungen sollten ursprünglich einen Teil der Unterlage zu einem Referat über den Stand der wesentlichsten agrarhistorischen Kontroversen in der deutschen Literatur für den Kongreß in St. Louis bilden. Daher die umfängliche — und doch notwendig unvollständige — Rekapitulation gerade der bekannteren Literatur Deutschlands am Anfang. — Ich habe hier mich auf die Erörterung der »grundherrlichen Theorie« für die Zeit des Cäsar und Tacitus und auf einige kurze Andeutungen bezüglich einer anderen, S. 510 f. gestreiften Frage beschränkt welche ich in St. Louis vorwiegend behandelt habe.

[2]) Dies ist namentlich das Ergebnis der Arbeiten v. Belows, deren wichtigste in »Territorium und Stadt« (Historische Bibliothek, Bd. 11) 1900 gesammelt herausgegeben sind.

rückweichen noch keineswegs zu Ende gekommen ist. Auch auf dem speziellen Gebiet der Agrargeschichte selbst scheint der gleiche Prozeß im Gange [1]). Hier haben die Arbeiten von G. F. Knapp und seinen Schülern für Zentraleuropa den gesamten Verlauf der agrarischen Entwicklung mit glänzendem Erfolg in eine innere Umwandlung der rechtlichen und wirtschaftlichen Verfassung der Grundherrschaften aufzulösen versucht. Sie gingen aus von der Frage: wie die heutige Agrarverfassung Deutschlands und seiner unmittelbaren Nachbargebiete in ihren so überaus scharfen und charakteristischen Unterschieden geschichtlich zu erklären sei. Das grundlegende Werk von Knapp [2]) leitete die Entstehung der heutigen ostelbischen, vom Großgrundbesitz und Großbetrieb beherrschten, ländlichen Sozialverfassung aus der Art der Auflösung des Verbandes der Gutsherrschaften des 18. Jahrhunderts durch die preußische Reformgesetzgebung nach dem Tilsiter Frieden ab. Für ein Teilgebiet — Vorpommern — bot die Arbeit von C. J. Fuchs [3]) eine wichtige Ergänzung. Für den deutschen Nordwesten, heute das Land des »Großbauerntums«, leistete die ausgezeichnete Arbeit von Wittich [4]) das Gleiche. Der kleinbäuerliche deutsche Südwesten ist von Th. Ludwig [5]), Teile Oesterreichs durch Grünberg [6]), andere östlich und westlich angrenzende Gebiete durch andere Schüler Knapps oder durch von ihm wissenschaftlich beeinflußte Gelehrte [7]) bearbeitet worden. Durch diese Arbeiten ist nun unwiderleglich aus den Akten erwiesen, daß für die Art der heutigen Agrarverfassung aller dieser Gebiete entscheidend war die Frage: welches Schicksal bei der Auflösung der Grundherrschaften der Grund und Boden erfuhr, das heißt, wie er unter die an seinem Ertrag

[1]) S. darüber jetzt namentlich auch Seeliger, Die soziale und politische Bedeutung der Grundherrschaft im früheren Mittelalter (in den Abh. der Sächs. Akademie, Bd. 22, Nr. 1, 1903).

[2]) G. F. Knapp, Die Bauernbefreiung und der Ursprung der Landarbeiter in den älteren Teilen Preußens, 1887.

[3]) C. J. Fuchs, Der Untergang des Bauernstandes und das Aufkommen der Gutsherrschaften. Nach archivalischen Quellen aus Neuvorpommern und Rügen, 1888.

[4]) W. Wittich, Die Grundherrschaft in Nordwestdeutschland, 1896.

[5]) Th. Ludwig, Der badische Bauer im 18. Jahrhundert, Straßburg 1896.

[6]) K. Grünberg, Die Bauernbefreiung und die des gutsherrlich-bäuerlichen Verhältnisses in Böhmen, Mähren und Schlesien, 1894.

[7]) Dahin gehören wesentlich die Arbeiten von Th. Knapp über Württemberg.

beteiligten Personenklassen: Grundherren und Bauern, verteilt wurde. In welcher Art aber dies geschah, das hing wiederum davon ab, welche innere Verfassung die Grundherrschaft sich in den einzelnen großen Gebieten im Laufe einer Entwicklung, die etwa im 17. Jahrhundert ihren Abschluß fand, gegeben hatte, und zwar insbesondere davon, ob der Grundherr den Bauer vorwiegend als Arbeitskraft in seinem landwirtschaftlichen Großbetrieb, oder vorwiegend als Rentenfonds ausnutzte. Da nun feststeht, daß diese letztere Form: abgabepflichtige Bauern neben Grundherren, die keine erhebliche eigene Wirtschaft — jedenfalls keinen »Großbetrieb« — führten, überall die ältere und auf der Höhe des Mittelalters die im ganzen Bereich der europäischen Feudalverfassung allein herrschende und in allen wesentlichen Zügen gleichartige Form der Grundherrschaft gewesen ist — so ist heute die weitaus wichtigste Frage der neueren deutschen Agrargeschichte: Wie kam es, daß von jener Gleichartigkeit aus eine so verschiedenartige Entwicklung eintrat? Wir können dieser wichtigen Frage im Rahmen dieser Ausführungen nicht näher treten, denn sie ist nur durch eine ganz wesentliche Erweiterung unseres Quellenmaterials über den Punkt hinaus, auf dem sie sich zur Zeit befindet, zu fördern [1]. Es fehlt in den agrarhistorischen Erörterungen in der deutschen Literatur regelmäßig vor allem die Erörterung einer sehr wichtigen Frage: welche Verwendung der Grundherr den Naturalien, die ihm die Dienste und Abgaben seiner Bauern einbrachten, und welche Verwendung die Bauern ihren eigenen Produkten geben konnten und gegeben haben. Denn die Frage war, ob der Grundherr, dessen Bedürfnis nach erhöhter Lebenshaltung erwachte, auf seine Rechnung zu kommen vermochte, indem er wesentlich den Bauern selbst wirtschaften ließ und sich begnügte, durch Besitzwechselabgaben, höhere Natural- oder auch Geldpachten an dem Ertrag der Bauernwirtschaft zu partizipieren, oder ob er seinen Zweck nur erreichen konnte, indem er den Bauern als Arbeitskraft in einem eigenen Großbetrieb verwendete. Diese Frage hing aber neben vielen anderen Momenten auch ganz wesentlich von dem Maße

---

[1] Eine vorzügliche Darstellung des heutigen Standes unseres Wissens, verbunden mit urteilsvoller Abwägung aller einzelnen in Betracht kommenden Momente, findet sich bei: v. Below, Territorium und Stadt, 1900, S. 1 ff. Vgl. ferner: C. J. Fuchs, Die Epochen der deutschen Agrarpolitik, 1898.

der »wirtschaftlichen Erziehung« der Bauern und — was damit aufs engste zusammenhing — von dem Grade der Entwicklung des lokalen Verkehrs, des selbständigen Gewerbes und städtischen Erwerbslebens überhaupt und der dadurch gegebenen lokalen Absatzchancen bäuerlicher Produkte ab. Die Chancen der bäuerlichen Kleinbetriebe sind je nach der Gestaltung dieser Verhältnisse auch heute ungemein verschieden. Wir wissen zur Zeit von der Lage dieser Verhältnisse noch viel zu wenig, und die agrargeschichtliche deutsche Literatur hat das Problem zu sehr nur unter rechts- und sozialgeschichtlichen Gesichtspunkten betrachtet, um schon ein Urteil abgeben zu können. Es muß genügen, hier darauf hinzuweisen, daß die eigentlich wirtschaftsgeschichtliche Arbeit an dieser Aufgabe noch nicht voll geleistet ist.

Die Arbeiten der Knappschen Schule haben nun aber bei der Feststellung und Analyse der neueren Grundherrschaft nicht Halt gemacht. Schon in dem Buche von Wittich begann der Regressus in die weitere Vergangenheit, die karolingische und schließlich die taciteische Zeit. Das Ergebnis war die Behauptung der Alleinherrschaft der Grundherrschaft in allen Perioden der deutschen Agrargeschichte, soweit zurück man von einer solchen überhaupt sprechen kann. Ueberall erschien in den mittelalterlichen Quellen, im Sachsenspiegel ebensowohl wie in den Traditionen der fränkischen Zeit, die Grundherrschaft als allein greifbar vorhandenes Element der ländlichen Verfassung. Nirgends ließ sich ein Zustand vorherrschenden freien Bauerntums in diesen Quellen feststellen, und da Tacitus in der Germania die Verwendung der Sklaven als abgabepflichtiger Bauern nach Art der römischen Kolonen erwähnt [1], so wurde daraus geschlossen, daß es einen breiten Stand freier deutscher Bauern in Wahrheit niemals gegeben habe, daß vielmehr der Bauer des Mittelalters der geschichtliche Nachfahre jenes taciteischen Sklaven sei. Der bis dahin herrschenden Ansicht: daß die Grundherrschaft auf dem Kontinent das Ergebnis der fränkischen Zeit sei, entstanden aus der Umgestaltung des fränkischen Heeres aus einem Volksheer in ein Heer berittener Va-

---

[1] German. 25: »Ceteris servis (nämlich mit Ausnahme der im Spiel gewonnenen) non in nostrum morem discriptis per familiam ministeriis utuntur: suam quisque sedem, suos penates regit. Frumenti modum dominus aut pecoris aut vestis ut colono injungit, et servus hactenus paret«.

sallen, welche die lehnsrechtliche Umgestaltung des ganzen Staatswesens und damit die allmähliche, auch die privatrechtliche Unterwerfung der freien Bauern herbeigeführt habe — dieser Auffassung schwand damit der Boden unter den Füßen. Der Bauer war von jeher unfrei, der freie Germane der Urzeit ein kleiner Grundherr, der von Sklavenabgaben lebte [1]). Bei dieser Hypothese über die Verhältnisse der germanischen Urzeit stieß nun die Knappsche Schule mit dem inzwischen erschienenen großen Werke von Meitzen [2]) zusammen, welches die agrarischen Zustände der Urzeit auf Grund der Flurkarten der deutschen Dörfer umfassend untersuchte und die seit Justus Möser für Westfalen, seit Olufsen für Dänemark, seit Hanßen für Schleswig-Holstein bekannte Theorie von der Entstehung der deutschen Hufenverfassung aus dem vorherrschenden Gedanken der bäuerlichen Gleichheit freier Flurgenossen erneut und entschieden vertrat. Jenes charakteristische in allen Gebieten deutscher Siedelung auftretende System der Ackerverteilung, welches in England »open field system« genannt wird: die Verteilung der Flur in eine größere Anzahl von »Gewannen«, an deren jedem jeder einzelne Dorfgenosse einen gleichen Anteil zugewiesen erhält, galt auch Meitzen als ein Ausdruck jenes Gleichheitsstrebens, welches nur in dieser Form habe befriedigt werden können, und überall, wo die Siedlung von Anfang an eine freie und rein deutsche gewesen sei, auch nur so befriedigt worden sei. Alle Abweichungen davon seien entweder dem Hineinspielen fremder Siedlungen zuzuschreiben [3]) oder daraus erklärlich, daß die betreffende Siedelung keine freie, sondern von einem den Boden nach Ermessen austeilenden Grundherrn ins Leben gerufen sei [4]). Diese Meitzensche Hypothese von der ausschließlichen »Volkstümlichkeit« der Siedelung in Dörfern mit einer derartigen Gewannverfassung wurde nun unter den germanischen Kulturhistorikern namentlich von Henning [5]) angefochten, da der grundherrliche Ursprung

[1]) Wittich, Grundherrschaft, Anhang S. 108 ff.

[2]) A. Meitzen, Siedelung und Agrarwesen von Westgermanen und Ostgermanen, von Kelten, Römern und Slaven, Berlin 1895.

[3]) So die Einzelhofsiedelung im Westen den Kelten, die unregelmäßige »blockförmige« Aufteilung des Landes im Osten der Slaven.

[4]) So die im Westen auch auf rein deutschem Boden nicht seltene gänzlich unregelmäßige Verteilung von Germanen bei äußerlicher Aehnlichkeit mit der deutschen Aufteilungsweise.

[5]) Anzeiger f. deutsches Altertum u. deutsche Literatur, Bd. 25, 1899, S. 225 ff.

der unregelmäßigen Fluren nicht nachweisbar sei, gerade auf den ältesten Fluren die größte Unregelmäßigkeit der Aufteilung herrsche und Meitzens Hypothese speziell für Skandinavien nicht passe. Ebenso aber trat ihr naturgemäß G. F. Knapp in einer geistvollen Besprechung des Meitzenschen Werkes [1]) entgegen. Und Meitzen selbst hatte, indem er die Hundertschaftseinteilung der Germanen und die Berichte Cäsars über die Sueven auf einen zu Cäsars Zeit noch bestehenden Nomadenzustand der Germanen deutete, direkten Anlaß zu einer Festigung und Fortentwicklung der Hypothese von der Ursprünglichkeit der bäuerlichen Unfreiheit bei den Deutschen gegeben. Er selbst war der Ansicht, der Uebergang der Germanen von der nach seiner Ansicht zu Cäsars Zeit noch herrschenden nomadisierenden Viehzucht zum Ackerbau sei ein Akt der Emanzipation der Arbeit vom Besitz gewesen: Die Siedelung sei hervorgegangen aus dem Streben der viehlosen, und das heißt von den Viehbesitzern abhängigen, Massen nach ökonomischer Selbständigkeit. Dem wurde nun aber von seiten der Knappschen Schule die umgekehrte Hypothese gegenübergestellt: Der freie Germane sei zu Cäsars Zeit ein nomadisierender großer Viehbesitzer gewesen, welcher den damals eben neu aufkommenden Ackerbau, den er, wie alle Nomaden, verachtet habe, durch Unfreie für seine Rechnung habe besorgen lassen. Diese Abhängigkeit der ackerbauenden Unterschicht der Bevölkerung von den großen Herdenbesitzern nun sei gerade die geschichtliche Quelle der grundherrlichen Abhängigkeit, in welcher sich diese Unterschicht später — zu Tacitus' Zeit und weiterhin im Mittelalter — von der ehemals herdenbesitzenden, nunmehr grundherrlichen, Oberschicht befunden habe. Wittich, welcher diese Meinung eingehender begründete [2]), stützte sich für sie auf eine kulturhistorische Theorie, welche Richard Hildebrand [3]) kurz vorher über die Perioden der gesamten Rechts- und Kulturentwicklung aufgestellt hatte [4]). Diese Theorie war einer der neuerdings so zahlreichen Versuche, die Kulturentwicklung nach Art biologischer Prozesse als ein gesetzliches Nacheinander verschiedener, überall sich

[1]) Beilage zur »Allgemeinen Zeitung« vom 27. Oktober 1896.

[2]) Historische Zeitschrift, Bd. 79, 1897, S. 45 ff.

[3]) R. Hildebrand, Recht und Sitte auf den verschiedenen wirtschaftlichen Kulturstufen, 1. Teil, 1896.

[4]) Wittich hat seine Aufstellungen in manchen einzelnen Punkten kritisiert, ihre entscheidenden Thesen aber sich dennoch zu eigen gemacht.

wiederholender »Kulturstufen« zu begreifen. Als eine solche gesetzlich bei allen Völkern auftretende Stufe galt ihr auch das Nomadentum: es ging überall — wenigstens im Okzident — dem Ackerbau voran, und es erfolgte der Uebergang zum Ackerbau mit enger werdendem Nahrungsspielraum bei allen Völkern in gleicher Weise, so daß z. B. aus der Analogie der Zustände bei den Kirgisen und den Arabern erschlossen werden kann, was uns die Quellen der germanischen Vorzeit unvollständig oder gar nicht berichtet haben. Nach Analogie der Stellung nun, welche der Ackerbau und die Ackerbauer bei den noch heute nomadisierenden Völkern einnehmen, wurde die Stellung des Ackerbaues bei den Germanen zu Cäsars Zeit rekonstruiert. Aus der Verachtung des Ackerbaues bei den Nomadenvölkern wurde demgemäß auf die Verachtung der Acker*bauern* bei den — angeblich damals noch halbnomadischen — Germanen und auf ihre Unfreiheit und Abhängigkeit von den großen Herdenbesitzern geschlossen. — Es kam Wittichs Konstruktion der bäuerlichen Unfreiheit des ackerbauenden Germanen aber außerdem zugute, daß gleichzeitig auf dem Boden der *Rechtsgeschichte* ein umfassender Angriff gegen die bisher geltenden Anschauungen über die *ständische Gliederung* der germanischen Stämme erfolgte. Man war bis dahin auf Grund der Ueberlieferung der Chronisten und der Bestimmungen der germanischen Volksrechte gewohnt, einen Unterschied anzunehmen zwischen den sozialen Verhältnissen der Franken (seit der Zeit ihres erobernden Vordringens auf römischem Boden) einerseits und denjenigen der innerdeutschen Stämme, speziell der Sachsen, andererseits. Der altgermanische Volksadel, die »nobiles« des Tacitus, seien, so sagte man, bei den *Franken* in der Eroberungsepoche *verschwunden* und ein neuer Adel sei bei ihnen erst im Gefolge der feudalen Entwicklung entstanden. Dagegen sei der alte »Volksadel« jedenfalls bei den *Sachsen* in Gestalt der »nobiles« der lex Saxonum *erhalten geblieben*, und seine Rechtsstellung sei in der Karolingerzeit bis zur sozialen Deklassierung der alten Gemeinfreien, der liberi, gesteigert worden. Man nahm also an, daß die germanische Urzeit neben dem bäuerlichen Gemeinfreien (liber) einen durch soziale Schätzung ausgezeichneten »Uradel« gekannt habe. Die Völkerwanderung habe ihn bei den wandernden, von Königen und Herzögen beherrschten Stämmen überall in seiner Stellung erschüttert, bei den Franken ganz beseitigt. Demgegenüber entwickelte nun Ph. Heck[1]) in mehreren Arbeiten die Auffassung, daß ein solcher Unterschied nicht bestanden habe, vielmehr der nobilis (Edeling) in den innerdeutschen Volksrechten der Karolingerzeit in seiner Rechtsstellung und seinem ständischen, namentlich im Wergeld ausgedrückten Range identisch sei mit dem homo francus oder ingenuus der lex Salica, daß also ebenso in Sachsen wie in Franken und wie überall sonst ein »Volksadel« von jeher gefehlt, die gesamte Bevölkerung unterhalb der mit den »Gemeinfreien« identischen »nobiles« zu den sozial und politisch Abhängigen gehört habe und insbesondere die »Frilinge« Sachsens freigelassene oder nicht vollbürtige Leute gewesen seien. Diese rechtshistorischen Thesen waren nun offenbar eine willkommene Stütze der von der Knappschen Schule entwickelten wirtschaftsgeschichtlichen Hypothese von der Ursprünglichkeit der Grundherrlichkeit des gemeinfreien Deutschen. Zwar trat Heck seinerseits entschieden der Verwertung seiner Ansicht zugunsten der grundherrlichen Hypothese Wittichs entgegen: Er selbst hielt seine Edelinge nicht für »Grundherren«, sondern lediglich für gemeinfreie Bauern mit einem Besitz von nur wenigen, mindestens zu einem Teil selbst bewirtschafteten Hufen. Allein naturgemäß ließ Wittich[2]) sich dadurch nicht hindern, in dem Heckschen nobilis seinen gemeinfreien Grundherren zu finden, von dem er zugab, daß er neben der Ausnutzung abhängiger Bauern wohl oft oder vielleicht selbst regelmäßig auch eine kleine eigene Wirtschaft auf dem »mansus indominicatus« geführt haben möge. Die führenden deutschen Germanisten Brunner[3]), R. Schröder[4]), ferner aber auch so ausgezeichnete Agrarhistoriker wie Vinogradoff[5]) und andere[6]) sind der Heckschen ebenso wie der Hildebrand-Wittichschen Hypothese scharf entgegengetreten, nicht minder natürlich Meitzen. Andrerseits

[1]) Ph. Heck, Die altfriesische Gerichtsverfassung. Weimar 1894. — Die Gemeinfreien des karolingischen Volksrechts. Halle 1900.

[2]) Zeitschrift der Savigny-Stiftung für Rechtsgeschichte, Germanistische Abteilung, Bd. 22, 1901, S. 245.

[3]) Zeitschrift für Rechtsgeschichte, German. Abt., Bd. 23, 1902, S. 193.

[4]) Zeitschrift für Rechtsgeschichte, German. Abt., Bd. 24, 1903, S. 347.

[5]) Zeitschrift für Rechtsgeschichte, German. Abt., Bd. 23, 1902, S. 123.

[6]) Vgl. gegen Hildebrand insbesondere die vortrefflichen Ausführungen von Kötzschke, Deutsche Zeitschrift für Geschichtswissenschaft, N. F. 1897/8 II, S. 269—316, gegen Wittich: A. Köcher in der Zeitschrift des Histor. Ver. für Niedersachsen, S. 1 ff.

erfuhren dessen Anschauungen von dem ursprünglichen Nomadentum der Deutschen — der Punkt, in welchem er mit Wittich übereinstimmte — namentlich durch Rachfahl [1]) eine lebhafte Kritik. Wie man sich zu jener »grundherrlichen Hypothese« zu stellen hat, ist zur Zeit die wichtigste Frage der ältesten deutschen Agrargeschichte. Zu ihr soll, da es sich hier lediglich um eine Interpretation von Quellen handelt, die schwerlich je eine Vermehrung erfahren werden, im folgenden Stellung genommen werden. Dabei können naturgemäß nur diejenigen Gebiete Berücksichtigung finden, welche seit den Zeiten Cäsars ununterbrochen deutsch besiedelt gewesen sind, also die Länder zwischen Rhein und Elbe, die Sitze der Sachsen, Thüringer und (teilweise) Franken. Von ihnen sprechen Cäsar und Tacitus bei ihren Angaben über germanisches Leben, sie sind das größte zusammenhängende Gebiet, in dem die von Meitzen als spezifisch deutsch bezeichnete Siedelungsform herrschte, auf sie vornehmlich bezieht auch Wittich seine Hypothese. Es ist ja a priori durchaus nicht abzusehen, warum in bezug auf die soziale Gliederung nicht zwischen den deutschen Stämmen die größten Verschiedenheiten geherrscht haben sollten. Daß die Einzelhofgebiete ganz die gleiche Agrarverfassung gehabt haben sollen, wie die Gegenden mit dorfweiser Siedelung, die östlichen Kriegervölker, wie Goten und Vandalen mit ihrem großen Sklaven- und Herdenbesitz dieselbe, wie die schon zu Cäsars Zeit seßhaften und kultivierten Völker am Rhein, ist an und für sich und — wie wir gleich sehen werden — auch nach den Quellen ganz unwahrscheinlich. Schon das bedingt jene Beschränkung. —

Die Anschauung von dem urgermanischen Nomadentum beruft sich in weitgehendem Maße auf Analogien anderer Nomadenvölker. Wittich insbesondere stützt sich für die Heranziehung von solchen zur Erklärung des deutschen Altertums auf den Satz: »Sobald die gleiche wirtschaftliche Kulturstufe erreicht ist, sind eben die durch wirtschaftliche Umstände wesentlich bedingten Institutionen einander gleich und es kommt dann wenig darauf an, ob diese wirtschaftliche Kulturstufe unter gleichen oder verschiedenartigen natürlichen Voraussetzungen erreicht worden ist.« Er deduziert demgemäß aus dem generellen Charakter der Kulturstufe

[1]) Jahrbücher für Nationalökonomie, Bd. 74, 1900, S. 1 ff., 161 ff.

des »Halbnomadentums« heraus, welcherlei soziale Bedingungen der Siedelung der Germanen zugrunde gelegen haben müssen. Meines Erachtens ist dieses Verfahren des auch von mir sehr hoch geachteten Gelehrten ein gutes Beispiel dafür, wie man den Begriff einer »Kulturstufe« wissenschaftlich nicht verwerten darf. Begriffe von der Art, wie »Nomadentum«, »Halbnomadentum« usw. werden wir für die Darstellung nie entbehren können. Und für die Forschung ist der fortwährende Vergleich der Entwicklungsstadien der einzelnen Völker untereinander und die Aufsuchung von Analogien ein heuristisches Mittel, welches bei vorsichtiger Verwendung in hohem Maße geeignet ist, die historische Eigenart jeder einzelnen Entwicklung in ihrer ursächlichen Bedingtheit zum Bewußtsein zu bringen. Aber ein schweres Mißverständnis des Forschungszieles der Kulturgeschichte ist es, wenn man die Konstruktion von »Kulturstufen« für mehr hält, als ein Darstellungsmittel, und die Einordnung des Historischen in solche begrifflichen Abstraktionen als Zweck der kulturgeschichtlichen Arbeit behandelt — wie Hildebrand es tut —; und ein Verstoß gegen die Forschungsmethode ist es, wenn wir eine »Kulturstufe« als etwas anderes als einen Begriff ansehen, sie wie ein reales Wesen nach der Art der Organismen, mit denen die Biologie zu tun hat, oder wie eine Hegelsche »Idee« behandeln, welche ihre einzelnen Bestandteile aus sich »emanieren« läßt, und sie also zur Konstruktion von Analogieschlüssen verwenden: weil auf die historische Erscheinung x die andere historische Erscheinung y zu folgen pflegt oder weil beide koexistent zu sein pflegen, deshalb muß auf x_1 — y_1 folgen oder mit ihm koexistent sein, denn x und x_1 sind begriffliche Bestandteile »analoger« Kulturstufen.

Wenn wir eine »Kulturstufe« konstruieren, so bedeutet dieses Gedankengebilde, in Urteile aufgelöst, lediglich, daß die einzelnen Erscheinungen, die wir dabei begrifflich zusammenfassen, einander »adäquat« sind, ein gewisses Maß innerer »Verwandtschaft« — so können wir es ausdrücken — miteinander besitzen, niemals aber daß sie mit irgendeiner Gesetzmäßigkeit auseinander folgen. Mit anderen Worten: sie sind begriffliche Darstellungsmittel, aber nicht Grundlagen für ein Schlußverfahren nach dem berüchtigten Schema: »Alle Menschen sind sterblich, Cajus ist ein Mensch, also ist er sterblich«.

Verfolgen wir nun Wittichs Analyse der Nachrichten bei Cäsar und Tacitus über die sozialen Verhältnisse der Germanen im einzelnen.

Wittich hat zweierlei miteinander nicht zu vereinigende Hypothesen aufgestellt. Nach der einen — in seinem Aufsatz in der Historischen Zeitschrift — sind die »magistratus ac principes« Cäsars — das wäre also die »nobilitas« des Tacitus — die Träger der Grundherrschaft; nach der anderen — in seinem Buch über die Grundherrschaft in Nordwestdeutschland und in seinem Aufsatz in der Zeitschrift für Rechtsgeschichte — ist es die Schicht der Gemeinfreien (liberi) des Tacitus, das wäre also die »plebs« Cäsars. Wir prüfen zunächst die erste dieser Möglichkeiten.

»Die von Cäsar als magistratus ac principes bezeichneten Personen waren«, meint Wittich, »gewöhnlich keine mit einem Imperium ausgestatteten Beamten, sondern die angesehensten und reichsten Mitglieder der einzelnen Sippe .... Von ihnen waren auch die verarmten Geschlechtsgenossen sozial und wirtschaftlich abhängig, da gerade diese neben Unfreien den Ackerbau in ihrem Auftrag und mit ihrer Unterstützung betrieben.« Er denkt sich mithin die Grundherrschaft entstanden aus der sozialen Uebermacht der großen Herdenbesitzer über die Besitzlosen, indem nämlich mit allmählicher Ausbreitung des Anbaues die großen Unternehmer, welche die »Bannerträger« jedes »wirtschaftlichen Fortschrittes« gewesen seien — beiläufig bemerkt, eine sehr moderne Vorstellung — zu Grundherren sich entwickelt hätten. Er nimmt dabei für die wirtschaftlichen Zustände der Germanen zu Cäsars Zeit an, daß eben damals der Uebergang von nomadisierender Viehzucht zum Ackerbau sich vollzogen habe.

Für das Verständnis von Cäsars Nachrichten [1]) über die Germanen muß man sich nun vor allem gegenwärtig halten, daß ein Teil seiner Angaben sich speziell auf die Verhältnisse eines gerade damals im kriegerischen Vordringen gegen den Rhein befindlichen Volksstammes: der Sueven, bezieht, andere

[1]) Hier, wie in den meisten anderen Punkten, die nachstehend erörtert werden, freue ich mich, wie eine gelegentliche Aussprache mit meinem Kollegen Hoops ergab, mit dessen zur Zeit (Juli 1904) im Druck befindlichen Werk: »Waldbäume und Kulturpflanzen im germanischen Altertum« durchweg, und zwar ohne jede gegenseitige Beeinflussung, zu demselben Resultat gekommen zu sein.

dagegen Völker betreffen, welche ansässig und durch die Berührung mit der Kultur des Westens, namentlich mit dem Handel, dessen Bedeutung Cäsar (Comm. 4, 3) stark betont, erheblich beeinflußt waren. Die Nachrichten bezüglich beider Kategorien gehen mehrfach durcheinander, und es muß in jedem Falle geprüft werden, ob Cäsar die wandernden Germanenstämme, mit denen er militärisch zu tun hatte, oder die Westgermanen im Auge hat. Der Gegensatz tritt aufs deutlichste hervor bei Gegenüberstellung der ohne Sattel reitenden Sueven, welche wesentlich von Milch und Fleisch ihres Viehes, von Jagd und Krieg leben, den Weinimport bei sich verboten haben, Kaufleute überhaupt nur zum Vertreiben der Kriegsbeute zulassen, einerseits — und andererseits der Ubier, Usipeten, Tenkterer und Sigambrer, überhaupt der Rheinufergermanen, welche umgekehrt durch den starken Verkehr fremder Kaufleute bei sich »ceteris humaniores« geworden sind und nach einer wichtigen, bisher in diesen Erörterungen ganz unbeachtet gebliebenen Nachricht Cäsars Arbeitsvieh importierten, während die Sueven, wie Cäsar berichtet, mit ihrem eigenen unscheinbaren, aber höchst leistungsfähigen Vieh auskamen (4, 2) [1]. Aus diesen Notizen, welche, weil offenbar auf die Angaben von Kaufleuten zurückgehend, zu den sichersten und unzweideutigsten gehören, die wir besitzen, ergibt sich zunächst, daß die Rheinufergermanen, um — wie Cäsar sagt — zu hohem Preise (»impenso pretio«) kaufen zu können, in der Lage sein mußten, ihrerseits Wirtschaftsüberschüsse irgendwelcher Art zu verkaufen. Dies stimmt durchaus mit den Berichten von Dio, Vellejus Paterculus und Florus über die Verhältnisse, wie sie 4½ Jahrzehnte später, vor der Varusschlacht, in Westfalen bestanden. Wenn die dortigen Germanen damals die Märkte, welche die Römer angelegt hatten, besuchten, vor dem römischen Gericht ihre Prozesse führten und nach dem Siege

---

[1] Die Stelle ist freilich in der Lesung und Interpunktion nicht ganz sicher: ». . . . etiam jumentis quibus maxime Gallia delectatur (alias: Galli delectantur) quaeque impenso parant pretio Germani importatis hi (alias: his) non utuntur sed quae sunt apud eos nata parva atque deformia haec quotidiana exercitatione summi ut sint laboris efficiunt«. Da ausdrücklich nur von den Sueven die Rede ist — vgl. die Stelle von den Kaufleuten unmittelbar vorher mit dem, was cap. 3 gesagt wird, — so ist meines Erachtens ganz zweifellos das Komma nach »Germani« zu setzen, und »hi« sind die Sueven im Gegensatz zu den anderen Germanen. Es handelt sich in c. 1 und 2 gerade um Eigentümlichkeiten der Sueven im Gegensatz zu den übrigen Germanen.

speziell an den römischen Sachwaltern Rache genommen haben sollen, so läßt sich daraus natürlich auf die »Kulturstufe« direkt nichts schließen, es paßt aber jedenfalls nicht zu gänzlich primitiven, »halbnomadischen« Zuständen. Insbesondere aber ergibt der bei Cäsar berichtete Import von Arbeitsvieh — denn nur das heißt »jumenta« — mit Sicherheit eine relativ erhebliche Entwicklung der Ackerbaukunst, speziell des Pflügens. Die Ackerbautechnik speziell der Ubier wird denn auch schon 1½ Jahrhunderte später von römischen Schriftstellern als vorgeschritten behandelt: speziell das Mergeln wird als ihnen eigentümlich erwähnt, wie denn überhaupt für »Dünger« gemeingermanische Bezeichnungen existieren. Ich bin sogar — obwohl dies reine Hypothese bleibt — geradezu geneigt, anzunehmen, daß die Verwendung des spezifisch westgermanischen Pfluges mit jenem von Cäsar erwähnten starken Bedarf an Spannvieh zusammenhängt. Darüber einige Worte.

Es gehört zu den glänzendsten Verdiensten des Meitzenschen Werkes, den Zusammenhang der Fluraufteilung der Germanen mit der Eigenart des Ackerinstrumentes, welches sie gebrauchten, aufgezeigt zu haben. Im Gegensatz zu den Mittelmeervölkern, ebenso wie zu den Slaven [1]), gebrauchten wenigstens die Westgermanen — denn mindestens bei den Goten hat es offenbar anders gelegen — die gleiche Form des Pfluges, welche noch seiner heutigen Gestalt zugrunde liegt und sich durch die Möglichkeit auszeichnete, den Boden durch Ziehen paralleler Furchen vollständig für die Aufnahme der Saat vorzubereiten, während die Römer und Slaven mit ihrem Hakenpfluge, der den Boden nicht wendete, sondern nur aufwühlte, zum Kreuz- und Querpflügen genötigt waren. Daher die für die germanische Agrarverfassung grundlegende Verteilung des germanischen Ackers in schmalen Streifen, des römischen in Quadraten oder breiten Rechtecken, des slavischen — nach Meitzens Terminologie — in »Blöcken«. Dieses deutsche Ackerinstrument nun ist es, welches im Gegensatz zu allen nur hakenförmigen Werkzeugen den ursprünglich nicht gemeingermanischen, sondern nur westgermanischen Namen »Pflug«, sprachlich zusammengehörig wahrschein-

---

[1]) Auch bezüglich der Kelten ist vorläufig die Wahrscheinlichkeit noch eine sehr hohe, daß sie (etwa zu Cäsars Zeit) nicht mit »Pflügen«, sondern mit »Haken« den Acker bestellten.

lich mit »pflegen«, führte [1]). Plinius (Hist. nat. XVIII, 18) berichtet: »latior haec (scil. cuspis) quarto generi et acutior in mucronem fastigata eodemque gladio scindens solum et acie laterum radices herbarum secans. Non pridem inventum in Raetia Galliae ut duas adderent tali rotulas quod genus vocant plaumorati«. Statt »plaumorati« ist nach Baists [2]) überzeugender Konjektur »ploum Raeti« zu lesen, und das »ploum« entspricht offenbar dem »plovum« oder »plovium« der longobardischen Quellen und dem westgermanischen »Pflug«, — so daß also zu Plinius Zeit jenes mit einem später spezifisch westgermanischen Ausdruck [3]) bezeichneten Instrument an der deutschen Grenze bereits mit dem sicher auf Bespannung durch Zugvieh deutenden Radgestell versehen war. Und zwar ist natürlich die Bespannung des Pfluges der Zufügung der Räder vermutlich lange vorangegangen. Das Herrschen bespannter schwerer Pflüge bei den Rheinufergermanen schon im ersten Jahrhundert unserer Zeitrechnung ist also nicht fraglich und geht vielleicht schon auf Cäsars Zeit zurück [4]). Eine besonders niedrige Technik der Feldbestellung bei den ansässigen westdeutschen Völkern zu Cäsars Zeit anzunehmen, liegt schon aus diesem Grunde keinerlei Anlaß vor. Aber auch Cäsars Nachrichten begründen eine solche Annahme nicht. Den Vormarsch gegen die Sueven nach dem zweiten Rheinübergange (6, 29) stellt Cäsar allerdings wegen befürchteten Getreidemangels ein, weil minime omnes — zu übersetzen: »keineswegs alle« — Germani agriculturae student: nämlich eben die Sueven nicht. Da an dieser Stelle ausdrücklich auf die Bemerkung Kapitel 22 zurückverwiesen wird, wo es von den Germanen im allgemeinen heißt: agriculturae non student, so ist sicherlich auch diese Bemerkung — die wohl nur besagt: daß sie nicht mehr als den unentbehrlichen Eigenbedarf, keine Ueberschüsse, bauen — als wesentlich nur für die

---

[1]) Auch das Wort »pflegen« ist ursprünglich nur westgermanisch. Beide, »Pflug« wie »pflegen«, sind, wie alle Worte mit p, in bezug auf ihren germanischen Ursprung verdächtig.

[2]) Wölfflins Archiv, Bd. 3, S. 285.

[3]) Siehe die vorigen Noten. Man wird danach nicht sagen dürfen, daß die Germanen den Pflug erfunden haben, sondern nur: daß er, soweit ersichtlich, in der Gegend des Oberrheins zuerst auch bei ihnen auftaucht.

[4]) Sicheres können natürlich nur weitere eingehendere Arbeiten der vergleichenden Sprachwissenschaft und der Altertümerkunde ergeben.

Zustände der Sueven geltend zu verstehen. Das gleiche gilt von der daran anschließenden Angabe über die vorwiegende Milch-, Fleisch- und Käsenahrung, welche gleichfalls mit dem, was Comm. 4, 1 als eine Eigentümlichkeit speziell der Sueven dargestellt wird, fast wörtlich übereinstimmt. Die Usipeten und Tenkterer dagegen gehen über den Rhein, weil sie durch die fortwährenden Angriffe der Sueven in der »agricultura«, was hier nur »Ackerbau« heißen kann, gestört werden (4, 1). Die germanischen Stämme, mit denen Cäsar als Feldherr zu schaffen hat, im Kampfe mit Ariovist sowohl wie später, sind eben nicht die relativ gesitteten (»humaniores«) Rheinuferstämme, sondern jene wandernden Kriegervölker, die damals aus dem Osten vordrangen. Aber auch die Behauptung, daß diese Völker den Ackerbau noch nicht kannten oder eben erst kennen gelernt hätten, ist natürlich aus Cäsars Angaben nicht zu erweisen. Unbekanntschaft mit dem Ackerbau — und zwar mit dem Anbau irgendeiner der noch heute gebauten Feldfrüchte — tritt uns weder in historischer noch in prähistorischer Zeit bei irgendeinem indogermanischen Volke sicher nachweisbar entgegen. Mit Recht weist Henning darauf hin, daß es schon zu Tacitus Zeit in Deutschland »prähistorische« Ackerbauzeitalter gegeben hatte. Aber natürlich waren die sozialen und wirtschaftlichen Zustände der Sueven dem chronischen Kriegsleben des ganzen Stammes angepaßt, und brauchten deshalb mit den Zuständen der Westgermanen zu Cäsars Zeit keineswegs identisch zu sein, ja sie konnten nach Cäsars ausdrücklichen Angaben in verschiedenen wichtigen Beziehungen damit gar nicht übereinstimmen. Das berühmte Kapitel 22 des 6. Buches der Kommentarien macht über den Ackerbau der »Germanen« (d. h. der Sueven, gegen die er ins Feld zu ziehen im Begriffe steht) Angaben, die mit den Verhältnissen von Stämmen, welche zu hohem Preise Arbeitstiere importieren und Handel treiben, zum mindesten sehr schwer vereinbar sind. Dagegen stimmen die künstliche Verhinderung der Ansässigkeit, die Vermeidung festen Hausbaues, die Beschränkung des Handels auf Beutehandel, der Ausschluß alles Importhandels, speziell des Weinhandels und das Mißtrauen gegen das Geld und den Erwerbssinn, wie sie dort und C 1 und 2 des 4. Buches berichtet werden, auf das beste mit der für die Sueven berichteten Organisation jährlicher Raubzüge einer bestimmten Quote des Volkes und mit Ariovists stolzem Hinweis darauf, daß seine Leute seit 14 Jahren kein Dach über sich gesehen haben (1, 36). So sicher gerade diese Aeußerung ergibt, daß dies eben nur Folge des chronischen Kriegszustandes war, wie er auch in dem von Cäsar (VI, 1) geschilderten »training« des Volkes für kriegerische Strapazen zum Ausdruck kommt, so sicher darf gerade aus der Motivierung der übrigen suevischen Institutionen (VI, 22) geschlossen werden, daß auch die Sueven seßhaften Ackerbau, Importhandel, Weinkonsum und Geld sehr wohl gekannt haben, daß also die Zustände, die Cäsar für die Sueven schildert, keineswegs Ausfluß irgendeiner »Kulturstufe«, sei es der Sueven, sei es gar der Germanen überhaupt, sind. Daß Cäsars Schilderung des Suevenstaates als eines typischen Raubstaates in der Hauptsache nichts Falsches berichtet, zeigt die Nachricht des Tacitus (Annal. 2, 62) über den Zug des Germanicus gegen die Markomannen, bei welchem etwa 80 Jahre später noch aufgehäufte Beutemassen der Sueven und auch die Nachfahren der alten Beutehändler, die im Suevenland geblieben waren, angetroffen wurden. Man wird sich also sehr davor zu hüten haben, die dürftigen Nachrichten Cäsars über die suevischen Zustände als Norm für die Lebensweise der Germanen überhaupt anzusehen. Und will man einmal nach Analogien so fernliegender Art suchen, wie sie die Kirgissen und Beduinen bilden könnten, so erinnern jene Züge eines »geschlossenen Handelsstaates« bei den Sueven weit eher an den Räuberkommunismus, der im Altertum auf den liparischen Inseln bestand, oder an den »Kasinokommunismus« (s. v. v.!) der alten Spartiaten, oder etwa an den grandiosen Beutekommunismus des Kalifen Omar. Sie sind mit einem Wort Ausflüsse des »Kriegerkommunismus«. Sie sind, darin stimme ich Erhardts [1]) kurzen Andeutungen durchaus bei [2]), vortrefflich zu erklären aus den rein militärischen Interessen eines Volkes, welches unter der Führung eines großen Heerkönigs sich zu einer Gemeinschaft von Berufskriegern entwickelt hat und diesen seinen Charakter ganz bewußt und absichtsvoll aufrechterhalten will. Dagegen wären sie sehr schlecht vereinbar mit den Lebensbedingungen eines auf der Stufe des Nomadentums stehen gebliebenen, von großen Herdenbesitzern patriarchalisch beherrschten Hirten-

---

[1]) Hist. Zeitschrift, Bd. 79, 1897, S. 292 f.

[2]) Auch Kötzschke a. a. O. S. 287 deutet Aehnliches an.

stammes. Es ist meines Erachtens sicher, daß dieser chronische Kriegszustand der Sueven (und vielleicht auch anderer Stämme) nicht bei sämtlichen germanischen Völkerschaften das Normale war: Schon die Bemerkungen über die Kriegsvorbereitungen der germanischen Stämme in Kapitel 23 des 6. Buches stimmen mit der für die Sueven berichteten festen Organisation abwechselnd in den Krieg ziehender Teile des Gesamtvolkes ganz und gar nicht zusammen. Ich bin nach alledem geneigt, den Gewährsmännern Cäsars durchaus zu glauben, daß diejenigen Germanen, an welche er in Kapitel 22 dachte, den Ackerbau nicht deshalb vernachlässigten, weil sie ihn noch nicht betreiben konnten, sondern weil sie ihn nicht oder wenigstens nicht über das vom Standpunkt steter Kriegsbereitschaft aus unbedenkliche Maß hinaus betreiben wollten.

Der Glaube an eine allgemeine, bei allen Völkern vorhanden gewesene »Kulturstufe« des Nomadentums, aus der heraus dann die feste Ansiedelung sich entwickelt habe, ist nach unserer Kenntnis der Entwicklung asiatischer Völker und nach den Untersuchungen von Hahn [1]) überhaupt nicht mehr aufrecht zu erhalten. Die Kenntnis eines durchaus nicht mehr »primitiven« Ackerbaues reicht jedenfalls bei den indogermanischen Völkern bis in die graueste Vergangenheit zurück.

Mit diesen Ausführungen soll nun natürlich nicht die ganz hervorragende Bedeutung des Viehbesitzes bei den Germanen in der Zeit des Cäsar und noch des Tacitus geleugnet werden. Wittichs Annahme allerdings, daß die Germanen, als »Nomaden«, wesentlich von Milch und Käse, dagegen wenig von Fleisch gelebt hätten, widerspricht den ausdrücklichen Angaben Cäsars und ebenso des Pomponius Mela (3, 3). Und das Vorwiegen der Fleisch-, Milch- und Käsenahrung gilt für die Rheinufergermanen jedenfalls nur sehr bedingt: die Niederlage der Usipeten und Tenkterer z. B. wird ganz wesentlich dadurch verschuldet, daß sie fast ihre gesamte Reiterei »frumentandi causa« fortgeschickt haben. Ebenso zeigt die in den Germanenkriegen so häufig erwähnte Verwüstung — oder auch die ausdrückliche Er-

[1]) Die Haustiere. Leipzig 1896. So wenig das Buch strengeren wissenschaftlichen Anforderungen genügt, so entschieden muß ihm das große Verdienst vindiziert werden, den überlieferten Vorstellungen über die »Wirtschaftsstufen« zuerst einen eingehender begründeten Widerspruch entgegengesetzt zu haben.

wähnung (Histor. V, 23) einer Schonung — der »agri« germanischer Völker durch die Römer, daß der Anbau des Landes doch, selbst in dem zur Viehzucht prädestinierten Bataverland, immerhin ins Gewicht gefallen sein muß: Weidereviere »verwüstet« man nicht. — Allein immerhin wird man keinen Zweifel darüber hegen dürfen, daß mindestens für die weiter östlich sitzenden Stämme die Viehhaltung in taciteischer Zeit und später durchaus im Vordergrund des Interesses stand. Das wird bestätigt durch die kurze, aber gewichtige Andeutung, welche in dem »numero gaudent« der Germania, Kapitel 5, liegt. Sie zeigt wohl unzweifelhaft, daß die Zahl des besessenen Viehes noch damals auf die soziale Schätzung stark einwirkte[1]) — wie dies im extremen Maße heute noch z. B. bei den Herero der Fall ist. Nicht jeder Viehbesitzer aber ist ein Nomade, und wenn von ostgermanischen Häuptlingen gelegentlich berichtet wird, daß sie ihren Nachbarn zu sehen nicht ertragen könnten, so gilt für den heutigen Buren, der doch kein Nomade ist, bekanntlich das Gleiche. Schon der Umstand, daß man in Rom (wie in Germanien) das Vermögen mit einem von »Vieh« abgeleiteten Wort bezeichnete und die Bußen in Vieh bestimmte noch zu einer Zeit, wo dort bereits voll entwickelte städtische Institutionen bestanden, sollte davor warnen, in jener zweifellos vorwiegenden Bedeutung und Schätzung des Viehbesitzes den Ausdruck einer allgemeinen »Kulturstufe« des »Halbnomadentums« zu finden. Auch steht seit den frühesten Zeiten neben dem Rindvieh das Schwein, das spezifische Haustier ansässiger Bauern, im Mittelpunkte der deutschen Wirtschaft: zu Martials Zeit (epigr. 13, 54) liefert Westfalen schon seinen Schinken nach Rom — und die Bienenzucht muß zu Plinius' Zeit (Hist. nat. XI, 14) weit intensiver betrieben worden sein, als irgendein erst vor einigen Generationen zur Ansässigkeit gelangter Hirtenstamm das vermocht hätte. Wie dem nun auch sei, zu bestreiten ist, worauf es uns hier vor allem ankommt, unter allen Umständen zweierlei: Erstens daß der Wechsel der Aecker, von dem bei Cäsar berichtet wird, als durch

[1]) Wenn in einer Notiz des Plinius der Genuß der Butter bei den nördlichen Stämmen Europas als Vorrecht der Vornehmen hingestellt ist (Hist. nat. XXVIII, 35), so heißt das freilich nicht, daß nur die Vornehmen Viehherden halten. Die Butter ist auch im Mittelalter Herrenspeise, die plebejische Nahrung der Käse, den nach Plinius (l. c. XI, 41) die Barbaren — wohl: die Vornehmen unter ihnen — verschmähen.

die Notwendigkeit des Wechsels der Weideflächen bedingt zu denken sei, wie Wittich annimmt. Eine so überaus einfache Erklärung wäre Cäsar, welcher den Eratosthenes zitiert und mit den ethnographischen Verhältnissen von Nomadenvölkern sicherlich ebensogut vertraut war, wie das Altertum überhaupt, gewiß nicht entgangen und seinen Gewährsmännern erst recht nicht. Vor allem aber pflegt, wie schon Kötzschke und Rachfahl hervorgehoben haben, normalerweise und insbesondere unter Verhältnissen, wie sie die Berg- und Hügelgebiete Westdeutschlands geboten haben würden, der Weidewechsel innerhalb des Jahres je nach den Jahreszeiten zu verlaufen, nicht aber von einem Jahre zum anderen zum Wohnungswechsel zu führen. Einen Wechsel des Wohnortes pflegt vielmehr gerade der ambulante Ackerbau, den die viehlosen Völker Indiens, Afrikas, Südamerikas und Oceaniens, z. B. bei Reisbau auf unbewässertem Lande, kennen, zu bedingen; — daß aber Weidereviere infolge Erschöpfung jährlich gewechselt werden müssen, wäre für unser Klima jedenfalls eine abnorme Erscheinung. Daran endlich, daß »agricultura« in Kapitel 22 nicht »Ackerbau«, sondern »Landwirtschaft« im allgemeinen und »ager« nicht »Acker«, sondern »Land«, im vorliegenden Falle speziell »Weiderevier« bedeutet hätte, wie Wittich will[1]), ist meines Erachtens gar nicht zu denken. Denn »agricultura« erscheint in Kapitel 22 zweimal dicht nacheinander, und das zweite Mal, wo von ihrer Pflege eine Verminderung der Kriegsbereitschaft gefürchtet wird, muß es auf alle Fälle im Sinne von »Bodenanbau« gemeint sein. —

Zweitens aber, und noch entschiedener, muß die Annahme abgelehnt werden, daß in der Stellung der magistratus ac principes Cäsars die Abhängigkeit der viehlosen von der viehbesitzenden Klasse zum Ausdrucke gelangte, und daß ferner, wie Wittich annimmt, der (angeblich) »neu aufkommende Ackerbau« nur von verarmten Geschlechtsgenossen, Unfreien und Sklaven für Rechnung der reichen Vieh- und Menschenbesitzer betrieben worden sei, welche sich dadurch allmählich in Grundherren verwandelt hätten. Die Wohlhabenden hätten — so meint Wittich — keinen Anlaß, und die Aermeren ohne fremde Beihilfe keine Möglichkeit gehabt, den Ackerbau selbst zu betreiben. Die deutsche Sozialgeschichte beginne also mit der ökonomischen Abhängigkeit

[1]) Ueber die sprachlichen Mißverständnisse, die dabei mitspielen, vgl. Kötzschke a. a. O., S. 278.

der »plebs« von dem als »magistratus ac principes« oder auch als »nobiles« bezeichneten Herdenadel. Nun ist das Eine sicher, daß für eine solche Deutung der Angaben in Buch 6, Kapitel 22 der Kommentare Cäsars der ganze Zusammenhang, in dem die Stelle sich befindet, schlechterdings keinen Raum gewährt. Da dies in den bisherigen Erörterungen nicht überall beachtet worden ist [1]), mag darauf etwas näher eingegangen werden. Im 11. Kapitel desselben Buches erklärt Cäsar, die Schilderung seines zweiten Rheinüberganges scheine ihm eine passende Gelegenheit, einiges zu sagen »quo differant eae nationes (Gallier und Germanen nämlich) inter sese«. In der Tat werden nun zunächst für Gallien die alles beherrschende Stellung der Druiden (Kap. 13, 14) dann (Kap. 15) diejenige der Ritter geschildert mit dem Bemerken (Kap. 13), daß sie die einzigen beiden Gesellschaftsklassen seien, »qui aliquo sunt numero atque honore«. Die ärmeren Volksgenossen (»plebs«) seien dort teils infolge von Schulden, teils infolge der Höhe der Abgaben, teils durch Vergewaltigung seitens der »potentiores« dazu gebracht worden, daß sie sich den beiden herrschenden Klassen in Knechtschaft ergeben (»in servitutem dicant«) — also derselbe Prozeß, der in Neustrien gegenüber Klöstern und Senioren in der fränkischen Zeit so bald wieder in Gang kam. Die Ritter umgeben sich je nach Vermögen mit einer Schar von »ambacti« und »clientes«. Sie leben jahraus jahrein in Fehde untereinander, und es wird Kapitel 11 anschaulich jener für die politische und soziale Herrschaft einer Ritterkaste charakteristische Zustand des interlokalen Fraktionswesens geschildert, der noch in den mittelalterlichen »Parteien« Italiens wieder auflebte. Der völlige Ausschluß der Plebs von der Politik äußert sich (Kapitel 20) u. a. in der strikten Geheimhaltung aller politischen Nachrichten seitens der herrschenden Aristokratie. Auf diese Notizen folgt nun die Bemerkung: Germani multum ab hac consuetudine differunt, und es wird alsdann zunächst Kapitel 21 ausgeführt, daß sie keine Priesterherrschaft kennen, worauf alsbald im Kapitel 22 jene Bemerkungen über die Agrarverfassung folgen, zu deren Motivierung Cäsars Gewährsmänner neben den schon oben erwähnten Gründen insbesondere auch anführten: »ne latos fines parare studeant potentioresque humiliores possessioni-

---

[1]) Nur Kötzschke a. a. O., S. 276, Anm. 1 weist darauf hin.

bus expellant, ... ut animi aequitate plebem contineant, cum suos quisque opes cum potentissimis aequari videat. Im Gegensatz zu der verbreiteten Manier, die Begründungen, die Cäsar seinen Notizen in Kapitel 22 beifügt, als gewissermaßen aus den Fingern gesogen zu behandeln, bin ich der Meinung, daß gerade sie weit authentischer und zuverlässiger sind, als irgendeine der sehr vagen und generalisierenden Notizen, die Cäsar über die faktischen Zustände des Ackerbaues macht. Wie man nun auch sich dazu stellen mag, darüber besteht jedenfalls nicht der mindeste Zweifel, daß für Cäsar die sozialen Zustände der Germanen in diesen Punkten im Gegensatz standen zu der feudal-grundherrschaftlichen Organisation der Gallier.

Der Zustand Galliens zu Cäsars Zeit ist aber bei den Germanen auch in der Zeit des Tacitus noch nicht erreicht, obwohl damals die inneren Fehden der principes, wie sie zahlreiche bekannte Stellen der Annalen schildern, schon an die gallischen Verhältnisse erinnern. Allein auch damals heißt es zwar Annal. 2, 55: »nihil ausuram plebem principibus remotis«, — aber daß das keineswegs die gallische Verknechtung der Masse der ärmeren Volksgenossen bedeutet, tritt bei zahlreichen Gelegenheiten deutlich hervor. Segestes wird »consensu gentis« zur Teilnahme am Kriege gegen Rom gezwungen — wobei »gens« nach taciteischem Sprachgebrauch mit »Stamm«, nicht mit »Geschlecht« zu übersetzen ist. Als der Stamm der Cherusker seine gesamte nobilitas durch innere Fehden verloren hat, wendet sich die »plebs« nach Rom um Rückgabe des einzig Ueberlebenden aus der Sippe Armins. Arminius selbst hatte die »libertas popularium« gegen sich gehabt, als er nach der Königswürde strebte. Und vor allem erfolgten nach Tacitus alle politischen Verhandlungen öffentlich unter Mitwirkung aller Freien und unter Beteiligung, aber keineswegs — wie in Gallien — ausschließlicher Beschlußfassung der principes. Erst die Zustände der Karolingerzeit in Sachsen zeigen eine an Cäsars Schilderung Galliens wenigstens erinnernde wirkliche Deklassierung der Gemeinfreien.

Speziell aber das von Cäsar ausdrücklich angeführte Motiv der suevischen Lebensführung: Aufrechterhaltung eines gewissen Maßes sozialer Gleichheit innerhalb des Volkes, ist weder mit dem Nomadenpatriarchalismus auf der Basis des Herdenbesitzes, noch mit feudaler Organisation auf der Basis der Grundherrschaft irgendwie vereinbar. Dies um so weniger, als in der Darstellung Cäsars auch das bereits ständisch entwickelte Gefolgschaftswesen Galliens sich sehr deutlich und absichtsvoll abhebt sowohl von der organisierten Teilnahme des ganzen Volkes an den Kriegszügen bei den Sueven (4, 1) als von der im einzelnen Fall sich bildenden Gefolgschaft bei den übrigen Germanen (6, 23: ». . . . ubi quis ex principibus in concilio dixit se ducem fore, qui sequi velint, profiteantur . . . .«). Als soziale Institution ist die germanische Gefolgschaft erst in den Schilderungen des Tacitus, Germania c. 13, 14 enthalten. Aber auch aus dieser größeren Annäherung der germanischen Gefolgschaftsverhältnisse im Zeitalter des Tacitus an die gallischen der cäsarianischen Zeit folgt nun natürlich nicht etwa, daß deshalb zu Tacitus Zeit auch die übrigen Eigentümlichkeiten des von Cäsar geschilderten Galliens, insbesondere die Unfreiheit der »plebs«, ebenfalls nach Germanien importiert sein müßten. Das Gefolgschaftswesen ist mit verschiedenen Sozialverfassungen vereinbar und war bekanntlich schon ein Jahrhundert nach Tacitus selbst in die römische Kriegsverfassung eingedrungen.

Wenn man schließlich speziell den ziemlich vagen Bemerkungen sich zuwendet, mit denen Cäsar in Kapitel 22 des 6. Buches die Agrarverfassung berührt, so sind sie namentlich infolge der Motivierung »ne assidua consuetudine capti studium belli gerundi agricultura commutent« unzweifelhaft am besten mit dem unsteten Gelegenheitsanbau eines auf dem chronischen Kriegspfad befindlichen Volkes zu vereinbaren. Man hat sich dabei eben immer wieder gegenwärtig zu halten, daß auch diese Schilderung anläßlich eines gegen die Sueven gerichteten Kriegszuges gemacht wird, von denen schon Komm. 4, 1 das Verbot, länger als ein Jahr incolendi causa an einem Orte zu verweilen, als ihnen eigentümlich berichtet war. Dem würde es auch entsprechen, wenn die Worte: »neque quisquam agri modum certum aut fines habet proprios, sed magistratus ac principes in annos singulos gentibus cognationibusque hominum, qui una coierint, quantum et quo loco visum est agri attribunt atque anno post alio transire cogunt« auf »strenge Feldgemeinschaft« mit kommunistischem Anbau zu deuten sein sollten. Immerhin mag doch bemerkt werden, daß die

Deutung auf Agrarkommunismus keine absolut gebotene ist. Trotz des nach Cäsars Bericht jährlich wechselnden Standortes des Ackerbaues könnte derselbe nach dem Wortlaut der Stelle auch als Sonderanbau und Sondernutzung gedacht werden[1]). Die Ausdrücke »modus« und »finis« haben in der technischen Sprache der römischen Feldmesser ganz spezifische, mit der alten Art der Aufteilung des römischen ager privatus zusammenhängende Bedeutungen, über welche Rudorff im 2. Bande der Lachmannschen Ausgabe der römischen Feldmesser und ich in meiner römischen Agrargeschichte gehandelt haben. Für Cäsar hätte eine Art der Fluraufteilung und Flurbenutzung, wie sie die spätere mit Flurzwang verbundene Gemengelage der spezifisch deutschen Hufendörfer darstellt, vermutlich zu ganz der gleichen Schilderung und ebenso zu der Aeußerung (4, 1) Anlaß gegeben: privati ac separati agri apud eos (bei den Sueven) nihil est. Nur die Unstetheit der Wohnsitze, nicht Cäsars Angaben über das Fehlen von ager privatus im römischen Sinn, zwingen uns auch zu der Annahme, daß bei den damaligen Sueven kein Teil des Bodens dem Rechte nach den Einzelfamilien appropriiert war und machen es wenigstens wahrscheinlich — wenn auch durchaus nicht sicher —, daß nicht nur Bestellung und Ernte, sondern auch die Verteilung des Produktes Sache derjenigen Gemeinschaften war, die Cäsar als gentes und cognationes hominum bezeichnet, und die wir mit »Sippe« zu übersetzen pflegen[2]). Daß bei den Westgermanen, z. B. den Ubiern, von einem Wechsel der Wohnsitze nicht die Rede sein kann, ergibt sich aus dem, was Cäsar über ihren Kultur-

[1]) Denn soweit wir den Ackerbau der »Naturvölker« kennen, bedingt Unstetheit der Wohnsitze keineswegs notwendig eine rückständige Technik oder Oekonomik des Anbaues. Siehe z. B. darüber jetzt R. Lasch in der Zeitschr. f. Sozialwissenschaft, 1904, Heft 4.

[2]) Es muß hier darauf verzichtet werden, zu erörtern, inwieweit sie mit dem, was man später »genealogia« nannte, identisch sind, und ferner, wie sich beide zu den Siedelungseinheiten (Dörfern) und den militärischen Einheiten (Hundertschaften) verhalten. Nur das sei bemerkt, daß eine Identifikation von Dorf und Hundertschaft, wie sie Hans Delbrück gelegentlich noch für weit später liegende Zeiten vertreten hat, grundstürzende Aenderungen in den germanischen Siedelungsweisen in historischer Zeit voraussetzen würde und mit den Nachrichten des Tacitus, wenigstens für die Westgermanen nicht vereinbar wäre. Die oppida, welche Cäsar (VI, 14) für die Sueven erwähnt, würden dagegen mit jener Hypothese eher zusammenstimmen. Wir scheiden hier absichtlich den ganzen Komplex von Fragen, der sich um die Hundertschaft gruppiert, aus.

zustand sagt, deutlich genug. Es folgt aber auch mit hoher Wahrscheinlichkeit schon daraus, daß ihnen von den Sueven die Leistung eines jährlichen »stipendium« auferlegt war, das heißt nach technischem römischen Sprachgebrauch eine feste, gleichmäßige Kontribution, ganz in der Art, wie Völker, die vom Kriege leben, fest ansässige Ackerbauer auszubeuten pflegen.

Alles in allem werden wir wohl oder übel uns damit abfinden müssen, daß Cäsar, der ja nicht Wirtschaftsgeschichte schrieb, sondern nur seine zu militärischen Zwecken gemachten Notizen verwendete, über die Agrarverhältnisse der Rheinufergermanen überhaupt nichts Bestimmtes und auch über die Einzelheiten der suevischen sozialen Verhältnisse, z. B. darüber, welches die Beziehungen der »gentes cognationesque« zu den Einzelfamilien waren, nichts Näheres festzustellen sich veranlaßt gesehen hat. Was aus seinen Schilderungen zu entnehmen ist, ist wesentlich nur der Gegensatz der deutschen sozialen Zustände gegen die gallischen, das heißt aber das Fehlen nicht nur des Nomadenpatriarchalismus, sondern auch der Grundherrschaft und überhaupt ökonomischer Abhängigkeitsverhältnisse freier Leute[1]). Auf das deutlichste zeigt namentlich die Bemerkung Kapitel 22: »in pace nullus communis est magistratus, sed principes regionum atque pagorum inter suos[2]) jus dicunt controversiasque minuunt« — in Verbindung mit der Schilderung des Vorganges bei der Aufforderung zu Heerfahrten, daß die nur auf freiwilliger Anerkennung beruhende und begrenzte Autorität dieser kleinen Gaufürsten, der Vorfahren jener »satrapae«, welche bei den Sachsen im 8. Jahrhundert erwähnt sind, mit ökonomischer Beherrschung der Massen durch sie gar nichts zu schaffen hat. Ihre Stellung ist vielmehr aus der hier wie so oft in bestimmten Familien erblich gewordenen Schätzung der Tugenden ihrer Ahnen herausgewachsen, die als Heerführer und Rechtsfinder sich auszuzeichnen und als Lieblinge der Götter zu erweisen Gelegenheit gehabt hatten. Der dux selbst kann ein Parvenü

---

[1]) D. h. natürlich nur: Der Masse der Freien als solcher.

[2]) Daß in diesem Ausdruck kein persönliches oder ökonomisches Abhängigkeitsverhältnis ausgedrückt liegt, darüber siehe Kötzschke a. a. O. S. 280. Der lateinische Sprachgebrauch gibt zu dieser Annahme in der Tat in keiner Weise Anlaß.

sein[1]). Arminius gehörte zwar der nobilitas und einer bemittelten Familie an, wie schon die Verleihung der römischen Ritterwürde an ihn zeigt. Aber sein Bruder diente um Lohn im römischen Heer (Annal. 2, 9). Erst die Nachfahren empfingen, der allgemeinen Regel der Adelsbildung [2]) entsprechend, die Weihe des Blutes. Das Geschlecht des Arminius wird so schon nach einer Generation »stirps regia« genannt (Annal. XI, 16), während er selbst noch, weil er nach der Königswürde trachtete, ermordet worden war. Daß den Heerführern bei der Verteilung der Beute, der Aufteilung des eroberten Landes usw. ein mehrfaches Los zugewiesen wurde, wie dies aus der bekannten vieldeutigen Notiz des Tacitus, daß der Acker »secundum dignationem« verteilt werde, geschlossen worden ist, daß ihre Familien jedenfalls durch Schatz-, Waffen- und Viehbesitz hervorgeragt haben werden — und daß andererseits ein gewisses Maß von Besitz unentbehrlich war, um einer Familie die erbliche Erhaltung einer solchen Stellung zu ermöglichen, liegt in den Verhältnissen. Aber nach der ausdrücklichen Bemerkung bei Cäsar, Buch 6, Kapitel 22, am Schlusse: »cum suas quisque opes cum potentissimis aequari videat« dürfen wir uns diese ökonomische Differenzierung wenigstens damals schwerlich als sehr erheblich vorstellen. Dagegen wird sie allerdings sicherlich die Tendenz gehabt haben, sich teils infolge der Fehden, teils wohl auch unter dem Einfluß des Handels zu steigern. In der Darstellung des Tacitus erscheint denn auch die Autorität der duces und principes zwar noch immer recht gering; selbst von den Heerführern heißt es Kapitel 7: »exemplo potius quam imperio praesunt«. Aber durch die inzwischen erfolgte Entwicklung des Gefolgschaftswesens ist offenbar die Position des princeps, der seine »Degen« in eigenem Hause um sich versammelt hält und beköstigt, sie mit Pferden und Waffen versieht, sozial bedeutend gestiegen[3]). Ihre Behauptung ist, wie schon diese Schilderung ergibt, faktisch an die Verfügung über einen jetzt schon recht erheblichen Besitz geknüpft, wenn schon die, vermutlich pari passu mit dem Gefolgschaftswesen üblich gewordenen Vieh-, Gewebe- und

---

[1]) So genügt es für die Königswahl bekanntlich nach dem Sachsenspiegel, daß der Kandidat »vrî und echt geborn« sei (III, 54, § 3).

[2]) Der spanische Hidalgo (in den älteren Quellen hijo oder fijo d'algo = »filius alicujus«) bringt dies am deutlichsten sprachlich zum Ausdruck.

[3]) Ueber die Frage, ob der Begriff »princeps« bei Tacitus in einem doppelten Sinne — 1) Gaufürst, 2) Gefolgschaftsführer — gebraucht wurde, s. u. A.

Fruchtabgaben (Kapitel 15) und die Anteile an den Bußen dem jeweils regierenden princeps und damit indirekt auch seiner Sippe, aus der sich die comites naturgemäß vorzugsweise rekrutierten, ökonomisch einigermaßen unter die Arme griffen. Davon aber, daß etwa damals die Autorität der Familien, aus welchen ursprünglich üblicher- und schließlich wohl rechtsnotwendigerweise die Gaufürsten gewählt wurden, gegenüber den übrigen Volksgenossen auf einer grundherrlichen Ueberordnung und der Abhängigkeit der plebs als Grundholden beruht hätte, ist auch bei Tacitus gar keine Rede: schon der oben erwähnte Bericht über die Abgaben der Gemeinfreien an den Häuptling schließt das aus. Aber auch die Darstellung Kapitel 7 wäre damit nicht vereinbar. Die Wehrhaftmachung durch Speerreichung, ein nach seiner Natur und auch nach Tacitus Bericht öffentlichrechtlicher Akt, wird durch die civitas entweder auf Antrag des princeps oder der Anverwandten vorgenommen. Die Bußen fallen ebenfalls dem König — bei kleineren Objekten vermutlich dem princeps — oder der civitas zu. »Insignis nobilitas« (der Abstammung) oder »patris merita« nicht aber, wie es bei grundherrlicher Entwicklung doch unbedingt der Fall sein müßte, großer Besitz werden als Qualifikation für die Stellung des princeps erwähnt. Nicht weil jemand Grundherr ist, ist er princeps oder nobilis, sondern weil den ursprünglich gewählten, später faktisch erblichen principes oder nobiles größere Beute und (vielleicht!) auch Ackeranteile zugewiesen wurden, können sich in ihrer Hand mit Herausbildung erblichen Bodenbesitzes allmählich größere Bestände von Hufen, die durch abhängige Leute bewirtschaftet werden, ansammeln, wie dies z. B. bei dem Bataverfürsten Civilis[1]), dessen »agri« und »villae« die Römer klüglich schonten, der Fall war. Daß dies dann bei Völkern, welche, wie die Sachsen, an den großen demokratisierenden Umwandlungen des erobernden Volkskrieges be-

---

Wießner, D. Z. f. Geschichts. Bd. 12, 1894/5, S. 333 f. Ich halte seine Argumente für die doppelte Bedeutung nicht für überzeugend und es scheint mir wenig wahrscheinlich, daß Gefolgschaften außerhalb des Kreises rechtlich bevorzugter Personen — nicht notwendig nur der fungierenden Gaufürsten — vorgekommen sein sollten. Beweisen läßt sich darüber aus Kap. 13 der Germania freilich gar nichts und auch das Gegenteil würde die hier gemachten Ausführungen nicht berühren, da jedenfalls als Regel die Koinzidenz von Adel — d. h. Zugehörigkeit zu einer fürstlichen Sippe — und Gefolgsführerschaft außer Zweifel stehen dürfte.

[1]) Tacitus Histor. V, 23. Der Wortlaut läßt auf Streubesitz schließen.

sonders wenig teilgenommen hatten, tatsächlich zu einem erheblichen Maße grundherrlicher Entwicklung geführt hat, zeigen die Nachrichten aus der Frankenzeit. Wir finden da — in Bedas angelsächsischer Kirchengeschichte 5, 10 (vgl. 4, 24) — den »villicus« eines »satrapa« in einem im übrigen von — offenbar freien — »vicani« bewohnten Dorfe, welches vom Sitz jenes satrapa abliegt. Der villicus, über dessen Stellung sonst nichts ersichtlich ist, mag außer der Bewirtschaftung der einen oder mehreren Hufen, die seinem Herrn dort gehörten, wohl auch die öffentlich-rechtlichen und etwaige privatrechtlichen Abgaben für Rechnung seines Herrn einzusammeln gehabt haben. Das wäre dann ein Stück »Villikationsverfassung« und zwar — darauf kommt es hier allein an — in der Hand eines »satrapa«, eines Nachfahren des alten taciteischen princeps. Mit der allmählichen Beschränkung der Heiraten auf den eigenen Stand — deren Endergebnis bei den Sachsen schließlich der strenge Ausschluß des connubium zwischen Edelingen und Freien in der Karolingerzeit war — mußten sich die Chancen des Zusammenerbens und — bei Aussterben einer Familie — Zusammenheiratens verstreut liegender Hufen in der Hand dieser bevorrechtigten Schicht steigern, und dies bietet denn auch die ungezwungenste Erklärung jener Streugrundherrschaften, welche uns alsbald, nachdem die Traditionenregister zu sprechen beginnen, gerade auch in Sachsen als Normalform der alten Grundherrschaft entgegentreten. Daß diese wirtschaftlich so höchst irrationelle Form der Bodenanhäufung, dies Durcheinandergreifen weithin verstreuter Besitzungen der einzelnen Grundherrschaften innerhalb der einzelnen Dorffluren, das Ergebnis einer von den Grundherren resp. ihren Vorfahren absichtsvoll geleiteten unfreien Siedelung gewesen seien, widerspricht aller und jeder inneren Wahrscheinlichkeit. Sie kann in Sachsen nur als das Ergebnis eines jahrhundertelang fortgesetzten Prozesses verstanden werden, der sich aus lauter zufälligen, durch Heirat mit Erbtöchtern, Gelegenheitskäufen, gelegentlicher Ergebung eines Freien[1]) usw. entstandenen Erwerbungen zusammensetzt. Daß dieser Bodenanhäufungsprozeß anscheinend ziemlich langsam verlief und noch in der Karolingerzeit auf deutschem Boden kaum so weit vorgeschritten war wie in Gallien

[1]) Denn niemand wird glauben, daß eine solche zu Tacitus Zeit nur im Fall des Verspielens der Freiheit vorgekommen sei.

zu Cäsars Zeit, dafür hatte wohl besonders das Beispruchsrecht der Erben gesorgt, solange es die Kirche noch nicht, eben zu dem Zweck, um die Bodenanhäufung möglich zu machen, abgeschwächt hatte.

Die Ansicht, die Grundherrschaft sei gewissermaßen der auf den Boden projizierte Viehbesitz der nobiles eines germanischen Nomadenzeitalters, findet also in den Quellen der vorfränkischen Zeit keine Stütze. Nicht deshalb war jemand nobilis, weil er Grundherr oder (früher) Viehbesitzer war, sondern umgekehrt: wenn es einmal eine Familie dazu gebracht hatte, daß üblicherweise aus ihren Reihen die principes gewählt wurden, daß schließlich diese ihre Stellung als erblich galt, so führte dies auf die Bahn eines sozialen Emporsteigens dieser Sippe und gab ihr gewisse ökonomische Chancen des Reichtumserwerbs und der Bodenanhäufung, welche im Laufe längerer Zeiträume zur Bildung von Grundherrschaften in ihrer Hand führen konnten und sicher vielfach geführt haben.

Die Annahme also, daß die principes und nobiles der taciteischen Schilderungen sich gegenüber der Masse der als »plebs« bezeichneten Volksgenossen in der Stellung von Grundherren befunden hätten, ist abzulehnen. — Prüfen wir die zweite Möglichkeit: daß eben jene plebs selbst, die Masse der Gemeinfreien, »Grundherren« gewesen seien.

Dem steht nun — nach dem Sprachgebrauch der römischen Kaiserzeit — schon die Bezeichnung der Gemeinfreien als »plebs« entgegen, ein Ausdruck, den schon Cäsar sowohl auf die nach seiner Darstellung versklavte Unterschicht der Gallier wie auf die Germanen mit Ausschluß der magistratus ac principes anwendet, und der bei Tacitus ständig gebraucht wird. Ein Besitz von Sklaven, zumal von Sklavenfamilien von mehr als dem 4fachen Umfang der Freien — weit stärker als in Athen in der Zeit seiner Blüte oder irgendwo im Altertum — müßte ferner doch auch politisch bedeutsam gewesen sein. Wir hören davon nie etwas.

Aber auch die Nachrichten über die Lebensführung der gemeinfreien Germanen stimmen dazu nicht. Wenn freilich die Vertreter der herrschenden Meinung auf der einen Seite und Wittich auf der anderen Seite sich darum streiten, ob der freie Germane des Tacitus ein »Grundherr« oder ein »Bauer« gewesen sei, so wäre diese Unterscheidung jenem Germanen selbst jedenfalls unverständlich geblieben. Er hätte sich weder in einem Seigneur des Mittelalters noch in einem heutigen freien Bauern wiedererkannt. Er war zwar — im Gegensatz zu den Gefolgsleuten der Fürsten — kein geschulter Berufskrieger, aber doch ein Mann, für den nach Tacitus' Schilderung eine Abwechslung von Krieg, Jagd-, Trink- und Spielgelagen, Beteiligung an den öffentlichen Angelegenheiten seines Gaues und träger Muße den eigentlichen »Lebensinhalt« ausmachten. Daß der freie Mann die Feldarbeit als »schmutziges Geschäft« geradezu habe verachten müssen, ist allerdings eine Vorstellung, die den Verhältnissen nomadisierenden Reitervölker oder des vollentwickelten Rittertums oder der antibanausischen Hochblüte der antiken Kultur entnommen ist. Sie trifft z. B. auf die homerische Zeit oder auf die Zeit des römischen Städtestaates (Cincinnatus-Legende!) so wenig zu, wie auf das germanische Altertum[1]). Sie widerspricht geradezu der Bemerkung des Tacitus Kapitel 14 am Ende: »nec arare terram .... tam facile persuaseris quam vocare hostem«. Aber daß die Arbeit tunlichst gemieden wurde, und zwar in einem den Römern auffallenden Maße, ist nach den Bemerkungen des Tacitus über die erstaunliche Trägheit des Deutschen denn doch auch nicht zu bezweifeln. Daraus nun aber auf die Notwendigkeit einer breiten Unterlage unfreier Arbeit, auf »grundherrliche« Existenz und dergleichen, zu schließen, liegt bei dem Bedürfnisstande der taciteischen Germanen und bei der geringen Intensität des damaligen Ackerbaues keinerlei Anlaß vor. Denn mit einziger Ausnahme etwa des Pflügens — und auch dieses nur, solange keine halb erwachsenen Söhne

---

[1]) Damit ist natürlich nicht gesagt, daß der freie Mann jede Arbeit persönlich zu tun bereit gewesen wäre. Die Arbeitsteilung der Geschlechter ist uralt, spezifische Weiberarbeit zu tun verschmäht der Mann regelmäßig. Die Besorgung der Pferde und der Rinder, der Bau- und Einzäunungsarbeiten aber gilt wohl überall, weil sie die physische Kraft des Mannes fordert, als spezifisch männlich und manneswürdig. Innerhalb des Viehes scheidet sich wieder das Pferd — als das Tier des Kriegers — nach oben, das Schwein nach unten, vom Rinde. Diese Differenzierung ist uns mehrfach, und auch für den europäischen Norden gelegentlich, bezeugt und liegt in der Natur der Dinge. Aber ständisches Merkmal ist sie, soviel wir sehen können, nicht. Vgl. über die Arbeit der Freien jetzt die soeben erschienene Leipziger Dissertation von O. Siebeck: Das Arbeitssystem der Grundherrschaften im Mittelalter. Tübingen 1904.

vorhanden waren — konnten alle Feldbestellungsarbeiten der taciteischen Zeit durch die Frauen und die noch nicht oder nicht mehr Kriegstüchtigen [1]), wie Tacitus es berichtet, besorgt werden. Daß die Hausarbeit der Frau sich auf bloße Besorgung einer grundherrlichen Konsumtionswirtschaft beschränkt habe, ist eine Uebertragung heutiger Verhältnisse auf das deutsche Altertum und schon dadurch ausgeschlossen, daß ausdrücklich auch die Mitarbeit der liberi und senes berichtet wird. Und vollends wird durch das, was Tacitus und schon Cäsar von der abergläubischen Schätzung weiblicher Propheten und Zauberkünstler berichtet, auch die rücksichtsloseste Ausnutzung der Frau [2]) als Arbeitskraft nicht etwa ausgeschlossen. Daß man Weiber, denen man solche übernatürlichen Fähigkeiten zutraute, mit scheuem Respekt behandelte, beweist so wenig eine privilegierte Stellung des weiblichen Geschlechtes bei den alten Germanen, wohl gar nach Art der heutigen angelsächsischen Frau — wie man etwa aus der Verehrung des Apis in Aegypten auf eine Exemtion des Rindviehes von der Arbeit schließen wird. Für die w i r k l i c h e Stellung der germanischen Ehefrau in späterer Zeit gibt die Behandlung des Ehebruchs nach den Regeln der Sachbeschädigung im angelsächsischen Recht wesentlich deutlichere Anhaltspunkte, als die pointierte, auf ganz bestimmte Probleme der kaiserlichen Sittenpolitik hinausgespielte Darstellung des Tacitus über die germanische Ehe. Die germanische Frau wird sicherlich nicht weniger hart haben arbeiten müssen, als eine heutige deutsche Kleinbäuerin. Dagegen kam die Zeit der anhaltenden Arbeit für den M a n n erst, als der Viehstand abnahm, der Boden knapp, die Siedelung dichter, der Hausbau

---

[1]) Daß, wer nicht mehr in den Krieg zieht, nicht mehr Hausherr ist, gilt bei den meisten spezifischen Kriegervölkern. Odysseus ist König, Laërtes baut den Acker. In Japan beruhte das Institut des »Inkyo« darauf. A n d e r s war die Familie in Rom organisiert, wo der Sohn lebenslänglich Haussohn blieb. Aber bei den Germanen bedeutet W e h r h a f t m a c h u n g ursprünglich auch privatrechtliche Emanzipation. Aus dem Bericht des Tacitus, wonach bei den Tenkterern das Pferd dem kriegstüchtigsten Sohn, dagegen die sonstige »familia et penates« dem ältesten »übergeben« (traduntur) zu werden pflegten (Germ. 32), könnte man, da nach dem Wortlaut von Beerbung nach dem Tode hier nicht die Rede ist — diese wird Kap. 20 für die Germanen allgemein erörtert — darauf schließen, daß das Ende der Wehrfähigkeit bei diesem Stamm den Verzicht auf die Hausherrschaft nach sich zu ziehen pflegte.

[2]) Die deshalb noch nicht ein »nach Indianerart geschundenes Weib« zu sein brauchte, wie Wittich es ausdrückt.

fester wurden. Und als dann auch die Gelegenheit zum Erwerb durch Reislaufen, deren Bedeutung für die Entwicklung der materiellen Kultur sehr hoch anzuschlagen ist, versiegte, da erst wurde der einfache Gemeinfreie des inneren Deutschland wirklich ein »Bauer«, in politisch ohnmächtiger, ökonomisch zunehmend gedrückter Lage. Denn es lag in der Natur der Dinge, daß nunmehr der Differenzierungsprozeß zwischen denjenigen Geschlechtern, die einmal ein gewisses Maß von Bodenbesitz in Verbindung mit dem politischen Einfluß der nobilitas erreicht hatten, und den übrigen Gemeinfreien sich mit zunehmender Intensität des Bodenanbaues im allgemeinen verschärfen mußte. Für den Edeling, der einmal in den Besitz einer zureichenden Zahl von Hufen gelangt war, bedeutete die steigende Produktivität der Arbeit die Möglichkeit steigender Renten. Für die Masse der Gemeinfreien aber bedeutete die steigende Intensität der Arbeit steigende Bindung an wirtschaftliche Tätigkeit. Mit steigender Kultur der Vornehmen stieg naturgemäß auch der Bedürfnisstand der Massen. Mag man sich die Lebenshaltung etwa der Sachsen im 8. Jahrhundert als eine für unsere Begriffe noch so niedrige vorstellen, gegenüber den Zuständen von Wohnung, Hausgerät und — namentlich — Kleidung, welche Tacitus teils schildert, teils andeutet, war sie doch sicherlich ungemein gestiegen. Dagegen waren mit der dichteren Siedelung die durchschnittlich mögliche Viehhaltung sowohl als der Ertrag der Jagd sicher sehr stark zusammengeschrumpft. Je unentbehrlicher die ständige persönliche Mitarbeit des Mannes in der Wirtschaft geworden war, desto weniger war er für Kriegs- und Beutezüge abkömmlich, desto seltener für ihn also die Gelegenheit für derartigen Erwerb, desto mehr saugte er sich gewissermaßen am Boden fest, wurde im wirtschaftlichen Sinne »schollenfest« und — natürlich nur relativ gesprochen — unkriegerisch. Die ständische Differenzierung in Krieger und Ackerbauer ist nicht der Anfang, sondern ein Produkt einer Entwicklung, die mit der bloß faktischen Differenzierung beginnt. Die Vogtei (tutela) eines nobilis, in der sich nach lex Saxonum, cap. 64, wenn nicht alle, so doch offenbar eine breite Schicht sächsischer Frilinge — das heißt, wie die Erwähnung der proximi zeigt, freier Grundbesitzer — zur Karolingerzeit befanden, wird — wenn sie nicht doch Produkt der fränkischen Gesetzgebung ist — mit dem Wunsche nach persönlichem Schutz gegenüber dem erst im Jahre 797 beseitigten Fehderecht zusammenhängen, also Ergebnis jener Entwicklung sein.

Wenden wir uns zu Tacitus zurück, so sprechen auch außer den erwähnten noch mancherlei Gründe gegen die Wahrscheinlichkeit eines allgemein verbreiteten erheblichen Sklavenbesitzes der Gemeinfreien in damaliger Zeit. Es wird bei den verschiedensten Volkskriegen der Germanen mit den Galliern und untereinander nirgends von erheblichen Versklavungen berichtet [1]. Die Besiegten werden entweder, wie beim Angriff der Hermunduren auf die Chatten, vor der Schlacht den Göttern geweiht und dann alles Lebende vertilgt, oder sie werden aus ihrem Gebiet vertrieben. Bei den Sueven, von deren Sonderstellung schon früher gesprochen wurde, kommt Auferlegung einer festen Kontribution vor. Erst die Nachrichten über die Behandlung der Thüringer durch die Sachsen zeigen die massenhafte Begründung individueller grundherrlicher Abhängigkeit der Besiegten auch auf rein deutschem Boden [2]. Natürlich wird die Versklavung von Kriegsgefangenen auch früher und auch in der »Urzeit« häufig gewesen sein, die Fürstenfamilien werden sie als »Laten« auf ihrem Land angesiedelt haben, aber ein ganzes Volk von Grundherren bei Ueberfluß von Land hätte offenbar überhaupt nichts eifriger als eben die Vermehrung seines Sklavenbesitzes erstreben müssen, da ja dann für die ganze Masse des Volkes mehr Sklaven mehr Rente bedeutet haben würden. Und davon erfahren wir eben gar nichts. Bei dem Bedürfnisstande der Gemeinfreien war ein ökonomisches Motiv zum Streben nach ausgedehnterem Sklavenbesitz eben wohl nur bei den principes, welche comites, und zwar möglichst viele comites, zu unterhalten hatten, generell vorhanden. Die Ausnutzung von Sklavenarbeit war ferner zweifellos eine sehr extensive [3], ihre Produktivität aus klimatischen Gründen

---

[1] Die in der Varusschlacht gefangenen Abkömmlinge von Senatorenfamilien taten (nach Seneca) als Portiers oder Hirten, also doch bei deutschen nobiles, Dienst.

[2] Rudolf von Fulda Mn. Germ. hist. Script. II, S. 675 »cum ... tota (terra) et eis occupari non potuit, partem .... colonis tradebant singuli pro sorte sua, sub tributo exercendam. Cetera loca ipsi possiderunt«. Also die Begründung grundherrlicher Abhängigkeit wird als der speziellen Motivierung bedürftig erachtet.

[3] Dies bestätigt die zitierte Arbeit von Siebeck z. B. für die Sklavenbenutzung durch die isländischen Bonden: die Arbeit der Sklaven glich wesentlich der nachbarlichen Bittarbeit bei der Ernte.

gering. Die Zufuhr von Sklaven war unstet und unsicher. Solange er mit der Kleidung und Nahrung und der Hauseinrichtung zufrieden war, die Tacitus schildert, bestand für den Gemeinfreien ein Anlaß zum Sklavenerwerb kaum. Die gemachten Kriegsgefangenen werden daher im ganzen wohl öfter durch Beutehändler für den römischen Sklavenmarkt exportiert worden sein [1]).

Gewiß schränkt Tacitus in der von Wittich seiner Behauptung zugrunde gelegten Stelle in Kapitel 25 der Germania [2]) den Sklavenbesitz nicht auf die nobiles ein, er ist vielleicht auch bei den Gemeinfreien nicht selten gewesen [3]), denn auch bei ihnen mögen durch Erbschaft und Heirat gelegentlich mehrere Ackeranteile in einer Hand vereinigt und dann durch Sklaven bewirtschaftet worden sein. Aber auf das entschiedenste muß bezweifelt werden, daß der Besitz von abgabepflichtigen Sklaven oder von Sklaven überhaupt in irgendeinem Sinne als etwas die Lebenshaltung des Gemeinfreien charakterisierendes oder wohl gar nach Recht oder Sitte Bedingendes zu denken wäre. Und hierauf allein kommt es an, wenn man die Frage nach dem »grundherrlichen Charakter der germanischen Gemeinfreien stellt. Was Tacitus Kapitel 25 der Germania schildern will, ist, wie die Stelle bei unbefangener Betrachtung aufs deutlichste ergibt, nicht etwa, daß die Germanen generell von den Abgaben ihrer unfreien Colonen leben, sondern vielmehr die Art, wie diejenigen von ihnen, welche über größeren Land- oder Sklavenbesitz verfügten — also nach aller Wahrscheinlichkeit im wesentlichen die principes — beides ausnutzen. Diese Art fiel ihm (oder seinen Gewährsmännern) um deswillen auf, weil die Wirtschaftsverfassung der römischen größeren Landbesitzungen davon sehr augenfällig abstach. Die letztere beruhte bekanntlich auf dem Nebeneinander unfreier, eheloser, kasernierter Sklaven, die zur Plantagenarbeit im Großbetrieb

---

[1]) Die Nachricht von der Sitte, den im Spiel erbeuteten Volksgenossen ins Ausland zu verkaufen, wird mit Rücksicht z. B. auf den analogen römischen Verkauf des Schuldners trans Tiberim als durchaus glaubhaft zu gelten haben, — entgegen gelegentlicher Anzweiflung — beweist aber für unsere Frage allerdings nicht viel.

[2]) S. dieselbe oben S. 511, Anmerk.

[3]) Aber die Verhältnisse der wandernden Kriegervölker mit ihrem Bedarf an Sklaven für Viehwartung, Besorgung des (unsteten) Anbaus und zahlreiche andere persönliche und militärische Leistungen gelten für die seßhaften Stämme keineswegs.

militärisch diszipliniert und organisiert (»discriptis per familiam ministeriis«) verwendet wurden, mit freien, Rente zahlenden und eben damals in wachsendem Maße allmählich auch zur Erntearbeit herangezogenen Parzellenpächtern (coloni). Bei den germanischen Grundherren nun fehlte einerseits der Großbetrieb, und waren andererseits die abgabepflichtigen Kleinwirte nicht freie Pächter, sondern Sklaven, welche aber — und auch das mußte ihm als von den damaligen römischen Verhältnissen abweichend auffallen — eine zwar nicht rechtlich, aber nach faktischer Uebung feste Abgabe (»customary rent« im Gegensatz zu »rack rent«) in Naturalien leisteten. Wie weit nun solche größere Grundbesitzungen damals im inneren Germanien in den Händen fürstlicher Geschlechter überhaupt vorhanden gewesen sein mögen, bleibt bei Tacitus durchaus problematisch. Was von ihnen in der ersten Kaiserzeit erwähnt wird, findet sich, wie früher ausgeführt, in der Hand von principes unmittelbar an der römischen Grenze. Und die unterirdischen ergastula mit darin arbeitenden Sklavinnen, welche später gelegentlich erwähnt werden, sind solche, die nach mittelländischem Vorbild in der Provinz Germanien geschaffen waren. Für den mit Fellen bekleideten Germanen der taciteischen Zeit hätten sie wenig Sinn gehabt.

Daß der germanische Gemeinfreie auch, vielleicht oft, unfreies Gesinde beschäftigte, ist wohl selbstverständlich. Daß er, im Gegensatz zu dem Bauern des Hesiod und dem Bürger der frührömischen Zeit, die Hand grundsätzlich nicht selbst an den Pflug gelegt habe, ist äußerst unwahrscheinlich. Zahlreiche Bestimmungen der lex Salica setzen das Gegenteil voraus, wie denn dieses Gesetzbuch — was hier nicht weiter ausgeführt werden soll — teilweise geradezu unverständlich würde, wenn man mit der »grundherrlichen Theorie« Ernst machen wollte.

Das Vorhandensein breiter Schichten kleiner Grundherren kann endlich natürlich auch nicht aus der Bedeutung der germanischen Reiterei, wie sie in allen Feldzügen hervortritt, gefolgert werwerden. Um von den Kosaken zu schweigen, so hat z. B. auch der galizische Bauer bis in die Gegenwart hinein seine Berittenheit bewahrt: Manche bäuerlichen Feste sind dort noch immer Reiterfeste. Zwar war der einfache Gemeinfreie nach Tacitus vorwiegend Fußkämpfer, aber Reiter- und Fußkampf schieden sich nach allen Nachrichten über die Kriegführung der Germanen in keiner Weise scharf, und daß die Berittenheit und der Reiterdienst als etwas sozial Auszeichnendes galten, daß schließlich die Reiterei zum Kampf gegen die Araber künstlich durch massenhafte Vergebung von Lehen vermehrt wurde und die Lehensreiterei das Volksaufgebot völlig verdrängte, das alles ist Ausdruck späterer Zustände und einer anderen militärischen Technik. Dies mußte hier um deswillen ausdrücklich hervorgehoben werden, weil Sohm in einem geistvollen Aufsatz über die liberti der altgermanischen Zeit[1]) den Reiterdienst als ein schon zu Tacitus' Zeit klassenbildendes Element angesprochen hat. Das halte ich für sehr unwahrscheinlich.

Dagegen wird Sohm darin durchaus zuzustimmen sein, daß die liberti des Tacitus wohl durchweg als Freigelassene eines Fürsten zu denken sind. Ein allgemeinwirkendes Motiv zur Freilassung eines Sklaven ist nur bei ihnen erkennbar: Schaffung einer persönlichen waffenberechtigten Anhängerschaft. Auch die deutlichen Anspielungen des Tacitus in Kapitel 25 beziehen sich ersichtlich auf die Rolle, welche die Freigelassenen des Kaisers in der römischen staatlichen (in civitate) und höfischen (in domo) Verwaltung seit Claudius zu spielen begonnen hatten, nicht auf Klienten Privater. —

Daß die späteren Abhängigkeitsverhältnisse und Grundherrschaften auf die grundherrliche Stellung der taciteischen gemeinfreien Germanen zurückgehen sollten, ist nach dem allen ganz außerordentlich unwahrscheinlich[2]). Wenn also die-

[1]) Zeitschr. f. Rechtsgesch., German. Abt., Bd. 21, S. 20 ff.

[2]) Für die Völkerwanderungszeit könnte die »grundherrliche« Theorie ihre stärksten Argumente der Art entnehmen, wie die germanischen Völker auf römischem Boden — insbesondere die Burgunder — bei der Landteilung verfuhren. Daß diese z. B. im Burgunderreich wesentlich eine Landabtretung von seiten der possessores, d. h. der römischen Grundherren, und mindestens zum Teil an germanische Sklavenbesitzer war, ist nicht wohl zu bezweifeln. (Siehe außer den älteren Arbeiten von Gaupp, Binding, Kaufmann die Erörterungen Delbrücks, Geschichte der Kriegskunst, Bd. 2, S. 347 ff.) Aber um so mehr fällt es auf, daß im Gegensatz zu diesen erobernden Heerhaufen, welche das römische Einquartierunssystem zugrunde legten und das römische Eigentum bestehen ließen, bei den Franken von solcher Landteilung nicht die Rede ist, obwohl die Landschaften an der Rheingrenze zu den in hoher landwirtschaftlicher Kultur stehenden Teilen des Römerreichs gehört hatten. Hier handelt es sich aber eben — wenigstens an der Grenze — um eine Okkupation durch selbstwirtschaftende gemeinfreie »Bauern«, die, soweit sie reichte, durch keinerlei Respekt vor dem bestehenden Landbesitz gehemmt war. — Ob wirklich, wie neustens behauptet wird, der Name »Salier« von sala = Herrenhof kommt, die Salfranken, also die Herren-

jenige spätere Agrarverfassung, welche wir als die spezifisch deutsche — sei es mit Recht oder Unrecht — zu betrachten uns gewöhnt haben: die dorfweise Ansiedelung mit strenger Gleichheit der Hufenanteile an den einzelnen Flurabschnitten — schon in der taciteischen Zeit ihre Wurzeln haben sollte, dann ist es äußerst unwahrscheinlich, daß die Hufen den Volksgenossen, wie Wittich meint, nach der Zahl ihrer Sklaven zugeteilt, mit diesen besetzt und von ihnen bewirtschaftet worden seien, daß also jene Gleichheit der Fluranteile auf der Gleichheit der üblichen Arbeitsleistung der Sklaven und nicht auf der Gleichheit der Bodenbesitzansprüche der Freien beruht haben sollte. Ob nun freilich jene auf der Hufe als einer ideellen Quote der Flur ruhende Art der Ackerverteilung in die taciteische Zeit zurückreicht, ist eine andere, nach den Quellen mit Sicherheit schlechterdings nicht zu beantwortende Frage. Denn die berühmte Stelle der Germania, Kapitel 26, gibt darauf ganz zweifellos keine hinreichend deutliche Antwort. Versuchen wir immerhin, sie auf ihren Sinn zu prüfen, freilich ohne jede Hoffnung, hier irgend etwas sagen zu können, was nicht schon Dutzende von Malen von anderen gesagt wäre. Es empfiehlt sich dabei, von dem letzten, wenigstens in seiner Lesung nicht bestrittenen Teile auszugehen: »arva per annos mutant et superest ager. nec enim cum ubertate et amplitudine soli labore contendunt, ut pomaria conserant et prata separent et hortos irrigent: sola terrae seges imperatur«. Das »enim« zeigt unzweifelhaft, daß hier der Wechsel der arva als durch extensive und einförmige Benutzung: nur zum Getreidebau, bedingt hingestellt werden sollte. Weiter aber zeigt die Verwendung des Ausdruckes »arva« im Gegensatz zu den vorher verwendeten Worten »agri« und »campi« ganz zweifellos, daß Tacitus den Wechsel des unter den Pflug genommenen Landes als nicht mit einem Wechsel der Wohnsitze verbunden bezeichnen wollte. »Arvum« hat in der technischen römischen Sprache durchaus die Bedeutung der konkreten Bodenparzelle. Es wird in diesem Sinn speziell für die einzelnen zur Umlegung von Steuerleistungen

franken sind (Dippe in der Zeitschr. f. Geschichtsw. N. F. II, S. 153 ff.), mag dahingestellt bleiben: Die Grenzlande würden auf jeden Fall Beute der Massenokkupation. — Es liegt in der Natur der Sache, daß der Sklavenbesitz der aus dem ferneren Osten vordrängenden Generationen lang auf der Wanderschaft befindlichen Kriegervölker immer ein wesentlich größerer war, als derjenige der Rheinuferstämme.

bonitierten Parzellen gebraucht. Namentlich in Verbindung mit der durchaus glaubhaften Motivierung, die Tacitus gibt, ist also in diesem Satz eine Nachricht enthalten, die gegenüber Cäsars Angaben selbständig dasteht, und es ist schon aus diesem Grunde ganz und gar unzulässig, mit Rachfahl die Darstellung des Tacitus lediglich als einen mehr oder minder konfusen Auszug aus Cäsar hinzustellen und ihr deshalb den selbständigen Quellenwert zu bestreiten. Cäsar spricht ebenso unzweideutig von dem Wechsel des Siedelungsplatzes wie Tacitus von dem Wechsel der unter Kultur genommenen Flurteile. Auch was Tacitus von den Wohnungen der Germanen im Gegensatz zu Cäsar berichtet, stimmt damit. Zwar nicht die Existenz unterirdischer Winter- und Vorratskammern[1]: denn hier handelt es sich wohl nicht um Keller, sondern nach dem Wortlaut (»specus aperire«) um die Bloßlegung und Benutzung natürlicher Erdhöhlen, wie sie ja auch in der römischen Campagna bis heute benutzt werden; wohl aber läßt das, was Tacitus über den Verputz der Häuser unmittelbar vorher berichtet, und manches andere einen Wohnbau vermuten, der jedenfalls nicht, wie die Wagenburgen der östlichen Kriegervölker, auf jährlichen Wechsel eingerichtet war, sei es daß man bei einem solchen Wechsel an ein jährliches Abbrechen und Neuaufbauen denken wollte, sei es daß man, wie Rachfahl, die für die Germanen meines Erachtens durchaus unmögliche Vorstellung hegt, es könnte dasselbe Haus jährlich von anderen bewohnt worden sein. Sicherlich war das germanische lehmverschmierte Blockhaus ein primitives Bauwerk und wenig widerstandsfähig. Noch zu Zeiten der lex Salica konnte ein starker Mann so daran rütteln, daß es einstürzte. Und ganz zweifellos fühlte sich die Dorfschaft nicht so sehr mit ihrer Flur verwachsen, daß sie nicht, sobald die Möglichkeit gegeben war, sie mit einer benachbarten, offensichtlich besseren zu vertauschen, sich ohne Zögern dazu entschlossen hätte. Der fruchtbare, sonnige, in älterer Kultur befindliche und deshalb weniger sumpfige Boden Galliens ist es, der nach Tacitus (Hist. 4, 73) schon zur Zeit des Bataverkrieges die Germanen zu ihren wiederholten Angriffen auf die Rheingrenze bestimmt. Aber eben dies muß uns doch auch davor warnen, zu glauben, daß eine germanische Dorfschaft oder auch eine Einzelfamilie gutes Ackerland, welches sie einmal besaß und bewirtschaftet hatte,

[1]) Germ. c. 16.

leichten Mutes zum Zweck eines Wohnungswechsels aufgegeben hätte, wenn nicht der Zwang einer halb kommunistischen Kriegsverfassung auf ihr lag. Die Stelle des Tacitus ist so unzweideutig wie möglich auf eine nicht im einzelnen bestimmbare Feldgraswirtschaft zu deuten und auch fast immer so gedeutet worden.

Was nun weiter die in Kapitel 26 der Germania vorangehenden vielumstrittenen Sätze anlangt: »agri pro numero cultorum ab universis in vices occupantur, quos mox inter se secundum dignationem partiuntur; facilitatem partiendi camporum spatia praebent« —, so ist aus ihnen, so wie sie sind, gar nichts weiter von irgend welchem Wert zu entnehmen, als daß die Aecker zunächst ab universis in Besitz genommen und dann geteilt werden, richtiger wohl: daß diese Entstehung des Bodenbesitzes der einzelnen ganz ebenso als die eigentlich ordnungsgemäße angesehen und eventuell fingiert wurde, wie etwa die staatliche »divisio et assignatio« des römischen ager privatus. Mit den Worten »in vices« ist, wie jetzt wohl[1]) zunehmend zugestanden wird, schlechterdings nichts anzufangen. Wenn man nicht, was sprachlich seine Bedenken hat, mit manchen Ausgaben[2]) ab universis vicis lesen will, so handelt es sich vermutlich um ein Glossem eines Lesers, der entweder das nachher folgende »arva mutant« oder aber Cäsars Schilderung vor Augen hatte. Das ganze Kapitel 26 aber wegen dieses einen unsicher gelesenen Wortes als ein Plagiat aus Cäsar anzusprechen, wäre meines Erachtens auch dann unzulässig, wenn nicht die schon früher gemachten Bemerkungen die Selbständigkeit des Tacitus erweisen würden. Das »pro numero cultorum« besagt jedenfalls nicht mehr, als daß die Größe der einzelnen Feldfluren sich nach der Zahl der cultores richtete[3]). Was endlich das »secundum dignationem« anlangt, so liegt meines Erachtens die Deutung dahin, daß bei Neusiedelung auf erobertem Lande die duces und principes bevorzugt wurden, immerhin am nächsten, zumal Tacitus von den römischen Aufteilungen eroberten Landes aus Livius gewußt haben wird, daß dabei von alters her der Anteil der Chargierten größer war, als derjenige

---

1) Außer von Rachfahl a. a. O.

2) Z. B. der Furneauxschen.

3) Denn von diesen, nicht aber von dem Besitz der Einzelnen ist gesagt, daß sie sich nach dem »numerus cultorum« richteten.

der gemeinen Soldaten. Sollte man es aber nicht so deuten wollen, dann müßte wohl die ganz farblose Uebersetzung: »nach Ermessen« bevorzugt werden, schon deshalb, weil die folgende Motivierung mit der »facilitas partiendi« weitaus am besten zu ihr paßt. Selbst wenn aber Tacitus die dignatio agri — die Bonität des Landes — gemeint haben sollte, so könnte daraus natürlich dennoch kein irgend sicherer Anhalt für das Vorhandensein der späteren Gewannverteilung, auf die man es gelegentlich bezogen hat, gewonnen werden. Denn nicht nur ist es bei vorhandenem Landüberfluß an sich ziemlich unwahrscheinlich und auch später gerade bei den älteren Fluren keineswegs als Regel nachweisbar, daß eine Zerlegung des Bodens in Gewanne nach Bonitätsklassen zu den unbedingten Erfordernissen der germanischen Ackeraufteilung gehörte, sondern man müßte im Fall einer unbedingten Durchführung des gleichen Gewannverteilungsprinzips schon in dieser Zeit auch erwarten, daß ein gemeingermanisches Wort sowohl für das Gewann, wie für den Anteil daran oder doch für eines von beiden feststellbar wäre, und das ist nicht der Fall. Wenn es deshalb auch nicht möglich ist, aus Tacitus irgend etwas zu entnehmen, was dem Bestehen der späteren, von Meitzen als »volkstümlich« herausgehobenen Fluraufteilung direkt widerspräche, so ist doch ebensowenig etwas zu ihren Gunsten aus ihm abzuleiten.

Wie alt die Durchführung des strikten Gewannprinzipes d. h. die Fluraufteilung mit gleicher Anteilnahme an jedem Gewann ist, wissen wir also nicht und werden es schwerlich jemals mit Sicherheit wissen. Aber das entbindet uns nicht von einer Stellungnahme zu der Frage, wie wir uns den Ursprung dieses Fluraufteilungsprinzipes prinzipiell zu denken haben, d. h. ob wir dasselbe uns als Produkt autonomer Regelung der Fluranteilsverhältnisse oder als Produkt grundherrlicher Organisation derselben vorstellen sollen.

Gegenüber der Annahme Meitzens, daß die regelmäßige Gewannaufteilung altgermanischen Ursprungs und Ausdruck des planmäßigen Strebens einer Gemeinschaft freier Bauern nach »streitfreier« Gleichstellung untereinander sei, hat Knapp in seiner Rezension die Vermutung aufgestellt, daß jene Gewannaufteilung unreflektierte und ganz natürliche Folge der allmählichen Erweiterung des Anbaues durch Einbeziehung immer weiterer Teile des bisherigen Weide- und Waldgebietes in die Ackerflur sei. Die Annahme besticht auf den ersten Blick; — in Wahrheit aber erhöht sie die Schwierigkeit des Problems. Das, was zu erklären ist, ist ja die gleiche Teilung der einzelnen Gewanne unter die einzelnen Bauernwirtschaften. Diese ist nun aber nicht etwa das, wirtschaftlich betrachtet, Natürliche und Zweckmäßige, sondern im Gegenteil etwas höchst Auffälliges und wirtschaftlich Irrationales, und zwar ganz besonders gerade dann, wenn man an eine allmählich fortschreitende Siedelung mit immer wieder erneuter gleicher Verteilung unter die schon vorhandenen Hufen denkt. Denn die Zahl der Hände und Mägen mußte ja notwendig, je länger je mehr, in den einzelnen Familien sich überaus verschieden entwickelt haben. Wenn trotzdem die Verteilung der neuen Stücke nach dem alten, vielleicht viele Generationen zurückliegenden Maßstabe erfolgt wäre, dann wäre gerade damit so schlagend wie möglich dargetan, daß nicht die wirtschaftliche ratio, sondern ein rechtlicher Gesichtspunkt: die Vorstellung gleicher Anteilsrechte der Genossen an der Flur, das maßgebende war. Gerade da, wo die Aufteilung der Dorffluren nach dem Maßstabe der Arbeitskräfte, des Bedarfs und der Leistungsfähigkeit, also nach rein ökonomischen Gesichtspunkten erfolgt — wie beim russischen Mir — findet ungleiche Teilung der einzelnen Flurabschnitte statt. Die gleiche Verteilung dagegen ist ein rein formales Prinzip. Die Form aber »ist die Feindin der Willkür, die Zwillingsschwester der Freiheit«. Der Umstand, daß bei der Teilung deutscher Fluren ein solcher sachlich irrationeller und formaler Gesichtspunkt zugrunde gelegt wurde, ist meines Erachtens geradezu eines der sichersten Anzeichen dafür, daß dieser Fluraufteilung die Auffassung des Dorfes als einer geschlossenen Korporation zugrunde liegt, und daß sie Produkt der Autonomie, nicht grundherrlicher Oktroyierung ist[1]). Es wird bei Meitzens Ansicht sein Bewenden haben müssen, daß diese Fluraufteilung zum min-

[1]) Wäre die Verwendung von »Analogien« heute nicht in so hohem Grade diskreditiert, so ließen sich für den Zusammenhang zwischen formaler Ordnung der Anteilsrechte, Geschlossenheit der Dorfkorporationen und bäuerlichen Freiheit namentlich aus Java solche beibringen. Doch verzichte ich hier auf ein Eingehen darauf.

desten mit einem sehr hohen Maße von Wahrscheinlichkeit dafür spricht, daß es sich bei ihr ursprünglich[1]) um autonome Landverteilung zwischen unter sich gleichen bäuerlichen Flurgenossen handelt.

Mit alledem ist nun aber nicht gesagt, daß jenes Streben nach Erhaltung der sozialen Gleichheit, dessen Bedeutung schon Cäsar von seinen Gewährsmännern berichtet worden war, nur in den Formen jener streng regelmäßigen Gewannverteilung oder überhaupt irgendeiner Gewannverteilung sich habe äußern können, und daß es von Anfang an sich so geäußert habe. Im Gegenteil ist gerade für die ältere Zeit nach der Natur der Sache und nach allen Analogien etwas anderes als jene strenge Regelmäßigkeit anzunehmen.

Zunächst kreuzt sich mit dem Gedanken der gleichen Rechte aller an der Flur das bei allen Völkern, deren »Urgeschichte« uns zugänglich ist, wiederkehrende Recht des einzelnen auf Besitz desjenigen Bodens, den er selbst durch Rodung produziert. Wo aber anbaufähiger Boden noch im Ueberschuß zur Verfügung stand, da darf man überhaupt annehmen, daß die Gleichheit aller zunächst in dem Recht jeder Familie, nach ihrem Bedarf Land unter den Pflug zu nehmen, ganz ebenso ihren Ausdruck finden konnte, wie später, als der Boden knapp geworden war, in ihrem Anspruch darauf, gerade so viel zu erhalten, wie jeder andere. Ja, die streng gleiche Verteilung des Landes, welche die Geschlossenheit des Dorfes zu ihrer Voraussetzung hat, muß der unbefangenen Betrachtung a priori ganz ebenso als Ausdruck des Umstandes erscheinen, daß das Land knapp geworden war, wie die Kontingentierung der Märkerrechte in der geschlossenen Mark, die Stuhlung der Alpenweiden, die genossenschaftliche Regelung der Fischerei und wie endlich auch die Schließung der Zünfte Ergebnisse ganz analoger Umstände: des Knappwerdens des Er-

---

[1]) Denn daß die einmal bestehende Flurgewohnheit dann bestehen bleibt, wenn später das Dorf in grundherrliche Abhängigkeit gerät, ist sehr natürlich. Ja, die Grundherrschaft kann hier wie sonst oft das Mittel gewesen sein, diese Form der Fluraufteilung, infolge der größeren Unbeweglichkeit des abhängigen Landes, zu konservieren, um so mehr als die Beibehaltung der gleichen Aufteilung des Landes da, wo das ganze Dorf einem Grundherrn gehorchte, für die Lastenumlegung sehr bequem war. Aber das gerade Gegenteil — Streubesitz der Grundherren durch die einzelnen Dörfer hindurch — ist im Westen, speziell in Sachsen, die Regel.

werbsspielraums gewesen sind. Mit vollem Recht bezweifelt daher Knapp, daß man in den Zeiten, wo Tacitus von »superest ager« sprechen konnte, überall und unbedingt eine so ängstliche Wahrung der gleichen Bodenverteilung durchgeführt habe, wie später in den Gewannfluren. Nur freilich darf man sich andererseits nicht etwa in der Vorstellung gefallen und durch die Aeußerungen des Tacitus darin bestärken lassen, daß jemals der als Weide oder Pflugland nutzbare Boden in dem Sinne »frei« gewesen wäre, wie die Luft oder auch nur wie der Urwald. Als aus den unermeßlichen Ebenen des Ostens Godegisel mit einem Teil des Vandalenvolkes auf Eroberungen auszog, ließen sich die Teilnehmer am Zuge den Fortbestand ihrer Bodenanteilrechte ausdrücklich gewährleisten, und nach Ablauf eines immerhin recht langen Zeitraums noch galt dieses Recht so sehr als weiter bestehend, daß die zurückgebliebenen Vandalen eine Gesandtschaft bis nach Afrika schickten, um eine Ablösung desselben zu erwirken[1]. Aehnliches muß natürlich erst recht für die Verhältnisse innerhalb der einzelnen Fluren gegolten haben. Daß also jener »ältere« Zustand, den auch wir hier voraussetzen, nicht etwa in einem wilden Durcheinander von Okkupation des Ackers ganz nach Belieben der einzelnen seinen Ausdruck gefunden haben kann, versteht sich in der Tat von selbst. Man hat darüber gespottet, daß Meitzen so viel Gewicht auf die »Streitfreiheit« bei der Regelung derartiger primitiver Agrarverhältnisse gelegt habe. Aber gerade darin hat er meines Erachtens sicher recht: in einer gemütlichen »Entwicklung« ganz von selbst vollziehen sich solche Appropriationen nicht. Stets muß eine Vereinbarung der Dorfinsassen dem Aufbruch neuen Landes vorausgegangen sein, wenn dieses Land bis dahin als Weiderevier benutzt war, und die Gemeinde also an seiner Erhaltung in diesem Zustand interessiert war. Nur hat man sich eben die Schwierigkeit der Verständigung als sehr gering zu denken, so lange der Satz »superest ager« galt. Niemals ferner kann es sich um ein ganz individuelles Vorgehen gehandelt haben. Schon die Notwendigkeit der Umzäunung des neuen Landes machte Gemeinsamkeit des Vorgehens bei Neuumbruch notwendig. Wenn nun ein Teil der Gemeindemitglieder infolge der größeren Stärke ihrer Familie

[1] Prokop, De bello Vandal. I, 22.

Neuland unter den Pflug nehmen wollte, so wird der Rest der Gemeinde, solange Land in genügendem Maße zur Verfügung stand, dem schwerlich grundsätzlichen Widerstand entgegengesetzt haben und so konnten Flurbilder mit Gewannen entstehen, an denen nur ein Teil der Familien und diese in verschieden starkem Maße je nach dem Grade ihres Bedürfnisses beteiligt waren. Dieser Situation mögen die unregelmäßigen Fluren, die Henning in seiner schon früher zitierten gehaltvollen Besprechung Meitzens als gerade für die Rheingegend charakteristisch bezeichnet, entstammen. Wurde später der Boden knapp, so wird es dann Frage des Einzelfalles gewesen sein, ob der alte Gleichheitsgedanke noch die Macht besaß, die vielleicht durch lange Zeit hindurch mit zunehmender Intensität bewirtschafteten Parzellen den Einzelfamilien wieder zum Zweck einer Neuaufteilung der Flur nach dem Prinzip der genau gleichen Gewannteilung zu entreißen. Er wird sie da am wenigsten gehabt haben, wo, wie am Rhein, am frühesten die in der Berührung mit der römischen Kultur sich entwickelnde intensivere Ausnutzung der einmal bebauten Scholle das Interesse an dem Besitz der konkreten Parzelle stärker entwickelt hatte. Der spätere Uebergang zum strengen Gleichheitsprinzip bei der Fluraufteilung steht technisch natürlich auch im Zusammenhang mit dem Vordringen des am Oberrhein heimischen westgermanischen Pfluges, der die Streifenlage bedingte und den »Gewann«-Gedanken nahelegte; daneben wirkte vielleicht die Art der Regelung der öffentlichen Pflichten mit. Das letztere Moment scheint auch in Skandinavien bei dem Uebergang zur Solskipt-Verfassung mitgespielt zu haben. Die Uebergangsstufe zu der »volkstümlichen« rein mechanischen Aufteilung der Flur in Gewanne, und der Gewanne wieder in unter sich gleiche, in Streifen ausgewiesene Anteile, bildete in Deutschland offenbar jenes System der Aufteilung nach »Lagemorgen«, welches Meitzen eingehend, aber in etwas undeutlicher Ausdrucksweise beschrieben hat[1]). Etwas Sicheres über die Prinzipien der älte-

---

[1]) Bd. 1, S. 101 f. Vgl. dazu die Rezension von U. Stutz in der Zeitschr. f. Rechtsgesch., German. Abt., 1896, die Meitzens Ansicht darüber zutreffend, aber leichter verständlich wiedergibt. — Das entscheidende Merkmal besteht darin, daß hier nicht das Gewann, sondern der Anteil des einzelnen das prius ist, das Gewann sich aus lauter gerade eine Vormittags-Spannarbeit in Anspruch nehmenden Stücken zusammensetzt, also wohl in der Art entstanden

ren Fluraufteilung könnte nur die weitere Durchforschung der älteren nordischen Flurverfassung, der »Fornskipt« oder »Hamarskipt«, auf welche auch Henning verweist, ergeben, wenn nämlich, was doch recht zweifelhaft ist, es gelingen sollte, darüber noch zuverlässiges Kartenmaterial beizubringen. Wie das Material heute liegt, scheint mir zwar Henning gegen Meitzen insoweit recht zu haben, als die deutschen Fluren, je älter die Zeit der Aufteilung anzusetzen ist, desto weniger die später vorherrschende strenge Regelmäßigkeit zeigen. Aber damit ist Meitzens These, daß der Gedanke der Gleichheit des Fluranteiles der Einzelnen der Agrarverfassung zugrunde gelegen habe, nicht etwa widerlegt. Denn es wäre meines Erachtens Meitzen durch seine These von der Bedeutung der Gleichheit freier Flurgenossen für die technische Gestaltung der deutschen Fluraufteilung nicht genötigt gewesen, schlechterdings alle nicht regelmäßig aufgeteilten Fluren des innerdeutschen Siedelungsgebietes als grundherrlichen Ursprungs und alle regelmäßig aufgeteilten als »volkstümlichen« Ursprungs anzusprechen — eine Annahme, die in dieser Allgemeinheit sicherlich nicht beweisbar und auch sachlich keineswegs wahrscheinlich ist. Wie weit insbesondere die praktische Durchführung der Geschlossenheit der Dorfkorporation zurückreicht, welche die Voraussetzung jener Agrarverfassung der streng gleichen Fluraufteilung ist, können wir nicht wissen. Wie das Kapitel der lex Salica »de migrantibus« zeigt, zog man zu ihrer Zeit bei den Salfranken bereits die Konsequenzen, waren diese aber andererseits noch nichts Selbstverständliches. Daß der spätere Begriff der »Hufe« in die Zeit vor der Völkerwanderung zurückreicht, ist ebenfalls nicht fraglich. Das Nachbarnerbrecht, welches die lex Salica ohne alle weiteren Angaben über den Verteilungsmodus als bestehend voraussetzt, zeigt, daß der letztere sich für den einzelnen Fall je nach den Hufenanteilen von selbst verstand. Und daß Angelsachsen und Franken die Dorfsiedelung und Gewannaufteilung aus dem inneren Deutschland mitgebracht haben[1]), wird ebenfalls nicht zu be-

---

zu denken ist, wie Knapp (a. a. O.) es voraussetzt, aber unter Wahrung der Gleichheit.

[1]) Womit natürlich sehr wohl eine ganz abweichende soziale Gliederung der Angelsachsen vereinbar ist. Eine Auseinandersetzung mit Seebohms Ansicht — insbesondere seinem neuesten Werk: Tribal custom in Anglo-Saxon law,

zweifeln sein und wohl auch tatsächlich nicht bezweifelt. Das Zurückreichen der wesentlichen Züge in das 4. Jahrhundert ist also wohl nicht fraglich. Wenn es also auch zweifellos wahr ist, wie Knapp hervorhebt, daß uns die Art der Fluraufteilung nichts Unzweideutiges über die Rechtsstellung der Flurgenossen sagt, so spricht doch auch sie, soweit wir sie zu deuten vermögen, gegen die »grundherrliche« Theorie.

Sicherlich läßt sich die Behauptung in keiner Weise widerlegen, daß schon lange vor den Einwirkungen der fränkischen Herrschaft die Agrarverfassung in den Gebieten zwischen Rhein, Elbe und Main mit Grundherrschaften durchsetzt war. Aber die Träger dieser grundherrlichen Entwicklung, soweit eine solche etwa stattgefunden hat, sind nach aller inneren Wahrscheinlichkeit und auch nach den spärlichen Quellenzeugnissen wenn nicht nur, so doch wesentlich nobiles gewesen, deren Familien vermöge ihrer politischen Machtstellung auch ökonomisch in die Höhe gekommen waren. Wie und warum die fränkischen Eroberungen dann diesen Prozeß weiter gefördert haben, ist bekannt und soll hier nicht weiter ausgeführt werden. Wenn wir in den urkundlichen Quellen und zwar, wie Wittich ganz zutreffend hervorhebt, sowohl innerhalb wie außerhalb Sachsens, so selten von »Autotraditionen« freier Leute lesen, die Mehrzahl

---

1902 — ist hier nicht möglich und überstiege überdies auch meine Kompetenz. Sicher ist das eine: daß wir wenigstens zunächst versuchen müssen, die Frage auf dem Boden rein germanischer Siedelung so weit zu lösen, wie möglich. Die Ergebnisse der nordischen Forschung werden daher für uns vorerst wichtiger sein müssen, als die der keltisch-britischen, da hier die durch die überseeische Eroberung bedingte soziale Sonderentwicklung zusammentrifft mit einer Mischung und gegenseitigen Beeinflussung germanischer und keltischer Institutionen, welch letztere in manchen Hauptpunkten ganz und gar keine Verwandtschaft mit germanischen Institutionen zeigen. — Uebrigens läßt Seebohm (a. a. O. S. 513 f.) die Art der Entstehung der Gemengelage selbst offen und lehnt ihre Zurückführung auf grundherrliche Ursprünge ab. Nur die Gleichheit der Aufteilung hält er für Folge der manor-Organisation. Das ist seine alte, schon in der »Village Community« aufgestellte These, die nach Lage unseres Quellenmaterials ebensowenig strikt widerlegbar ist, als die gerade entgegengesetzte Meitzensche beweisbar, aber doch sehr viel unwahrscheinlicher, da sich die strenge Gleichheit der Anteile auch ohne Abhängigkeit des ganzen Dorfes von einem Herrn findet. — Ueber die durch Einzelvergebung an Bauern entstandenen Streugrundherrschaften der Zeit vor der normannischen Eroberung im Gegensatz zu dem über geschlossene Dörfer sich erstreckenden normannischen manor s. W. Maitlands »Domesday survey and beyond«, ebenso dessen freilich nur kurze Bemerkungen in den ersten Kapiteln der von ihm und F. Pollock verfaßten History of English Law, Bd. 1.

der Landschenkungen vielmehr von Besitzern herrührt, welche nach dem erkennbaren Ausmaß ihres Grundbesitzes als »Grundherren« bezeichnet werden können oder auch müssen, so liegt der Grund dafür zunächst ganz allgemein darin, daß für jene Rechtsgeschäfte die Beurkundung bekanntlich rechtlich ganz unwesentlich war. Sie kam wesentlich da vor, wo die schreibkundige und schreibselige Klostergeistlichkeit die Erwerberin war. Die Klöster aber hatten ein Bedürfnis nach der Verbriefung ihres Besitzes naturgemäß gerade den mächtigen weltlichen Großbesitzern gegenüber. Diesen selbst fiel es im allgemeinen wohl kaum ein, eine schriftliche Beurkundung von bäuerlichen Autotraditionen für nötig zu halten. Für Sachsen speziell aber dürfte bei der Seltenheit der Autotraditionen an Klöster eben jenes oben erwähnte Institut der »tutela« der Edelinge gegenüber den Gemeinfreien mit im Spiel gewesen sein, welches ja dem tutor das Vorkaufsrecht gab oder, richtiger wohl, bestätigte. Es könnte sogar der oder doch einer der Zwecke der Bestimmung lex Saxonum Kap. 64 darin zu suchen sein, daß die weltlichen nobiles gegenüber dem Umsichgreifen der geistlichen Bodenakkumulation ihre Vorhand auch für den Fall besonderer Schwierigkeiten ihrer Geltendmachung[1]) wahren und außer Zweifel gestellt sehen wollten.

Das Verschwinden des alten Volksadels bei den Franken und sein relatives Zurücktreten auch bei anderen (nicht in gleichem Grade bei allen) erobernd auf römisches Gebiet übergetretenen Stämmen ist ein durchaus verständliches Produkt des Volkskrieges und der erobernden Landnahme durch breite Massen, wie sie an der Grenze erfolgte. Es bedurfte dabei gar nicht einmal einer planvollen, auf Ausrottung des alten Adels gerichteten Politik der Merowinger, wie man sie vorauszusetzen pflegt. Eine massenhafte kriegerische Umsiedlung seßhaft gewesener Völker, wie sie an der Römergrenze stattfand, bedeutet eine derartige soziale Revolution im demokratischen Sinne, und die vernichtende Wildheit des Volkskrieges, in welchem der einzelne waffentüchtige Mann so viel gilt und gelten will, wie jeder andere, ist nach aller geschichtlichen Erfahrung so sehr geeignet, den Respekt vor dem Geburtsadel als solchem zu

---

[1]) Die Stelle spricht bekanntlich von Fällen, in denen einer der Beteiligten in die Verbannung geschickt ist.

schwächen[1]), daß das Verschwinden der alten nobiles bei den Franken nicht im mindesten überraschen kann.

Die Grundherrschaft an die Spitze der sozialen Entwicklungsgeschichte als deren Ausgangspunkt zu stellen, ist für die Germanen ebenso bedenklich, wie für die Völker des Altertums. Denn auch auf diese hat die grundherrliche Theorie übergegriffen. Für Rom beispielsweise hat unter Berufung auf Knapps Methode C. J. Neumann in einer geistreichen Abhandlung[2]) den grundherrlichen Charakter der durch die Zwölftafelgesetzgebung — welche er als »Bauernbefreiung« auffaßt — beseitigten älteren Agrarverfassung behauptet. Die plebs habe vorher aus Grundholden der Patrizier bestanden. Eine Auseinandersetzung mit dieser meines Erachtens so nicht haltbaren Ansicht kann hier nicht versucht werden[3]). Nur das eine sei dazu bemerkt, weil es auch für die Germanen gilt: Die älteste soziale Differenzierung der germanischen wie der mittelländischen Vorzeit ist, soviel wir sehen können, vorzugsweise politisch und teilweise religiös, nicht aber vorzugsweise ökonomisch bedingt. Die ökonomische Differenzierung muß jedenfalls eher als Folge und Begleiterscheinung, oder wenn man sich hochmodern ausdrücken will, als »Funktion« der ersteren verstanden werden, als umgekehrt. Daß die Führung im Kriege und weiterhin die ständige Uebung der Kriegskunst überhaupt, verbunden mit der Rechtsfindung, in der Hand der seit alters darin bewährten Heldengeschlechter

[1]) Es ist eben — wie ja wohl von niemand bezweifelt wird — etwas qualitativ anderes, ob ein Volk wie die Franken in ein Gebiet einrückt, nach dessen fetteren Boden seine Bauern von jenseits der Grenze seit Jahrhunderten begierig hinübergeblickt haben, oder ob ein Stamm, wie die Goten und Vandalen, sich aufs Ungewisse auf kriegerische Wanderschaft begibt. Zwischen beiden Extremen gibt es natürlich die mannigfachsten Uebergänge. Immer aber bedingt das eine eine ganz andere soziale Struktur und ein anderes Ergebnis bei der Landnahme, als das andere. Siehe über diese Unterschiede die Ausführungen von Kötzschke a. a. O. S. 308 f.

[2]) Die Grundherrschaft der römischen Republik, die Bauernbefreiung und die Entstehung der servianischen Verfassung. (Rektoratsrede, Straßburg 1900.) Der sonstige Inhalt der Abhandlung stimmt bis in Einzelheiten mit dem zusammen, was ich schon in meiner römischen Agrargeschichte über den gleichen Gegenstand gesagt hatte.

[3]) Meines Erachtens ist es nach der Lage der Quellen nicht fraglich, daß die Plebejer — um eine natürlich nur sehr beschränkt zutreffende Analogie heranzuziehen — nicht den Heloten, sondern den Periöken in ihrer Gesamtlage näherstanden. Ausschluß der Bauern von der aktiven Teilnahme an Priestertum, Gericht, Ratsfähigkeit und Gemeindeversammlung, verbunden mit »patrimonialen« Vorrechten der gentes bedingen, wie Hesiod zeigt, keineswegs irgendeine Grundholdenschaft der ersteren.

liegt, daß die vaterrechtliche Sippe bei ihnen zwar nicht etwa allein besteht, wohl aber bei ihnen (zuweilen unter Mitwirkung religiöser Motive) so sehr viel fester zusammenhält, als bei der Masse der freien Leute, dies ist es, was ihre allmählich sich verstärkende soziale Sonderstellung begründet, ihre auf Sklaven- und Herdenbesitz ruhende ökonomische Uebermacht bedingt und sie in ihrer Stellung, nachdem sie einmal errungen ist, erhält. Die — wenn man den Ausdruck für die »Urzeit« anwenden darf — »ritterliche« Lebensführung zeichnet sie aus. Damit ist ohne Zweifel sehr oft, ja bei voller Entwicklung des erblichen privaten Bodenbesitzes regelmäßig eine grundherrliche Position verbunden, oder sie kann daraus erwachsen. Aber keineswegs regelmäßig entsteht daraus oder ist damit verbunden eine grundherrliche Ueberordnung gegenüber den übrigen freien Standesgenossen — im Zeitalter Homers und Hesiods so wenig, wie im Zeitalter der deutschen Heldensage. Und die spätere Grundherrlichkeit nicht als Folge- und Begeiterscheinung, sondern vielmehr als den ursprünglichen Grund der bevorzugten Stellung der »Geschlechter« anzusehen, heißt, zum mindesten das normale Kausalverhältnis umkehren. Eine solche historische Stellung der Grundherrschaft ist ja schon deshalb so ganz unwahrscheinlich, weil in einer Zeit des Bodenüberflusses jedenfalls der bloße Bodenbesitz als solcher nicht wohl Grundlage ökonomischer Macht gewesen sein könnte.

Es muß nun hier unterlassen werden, auf die rechtsgeschichtliche Kontroverse über die ständische Stellung der »nobiles« in der Karolingerzeit, welche durch Hecks ungemein scharfsinnig entwickelte und unter allen Umständen für die Forschung hervorragend fruchtbar gewordenen Theorie entstanden ist, näher einzugehen. Für Sachsen und Thüringen, scheint mir, geht aus dem Gesagten in Verbindung mit den Argumenten der Germanisten mit hoher Wahrscheinlichkeit hervor, daß die »nobiles« der Karolingerzeit als Nachfahren der principes und nobiles der taciteischen Zeit, also als ein Stand über den Gemeinfreien, zu betrachten sind. Um die Frage aber für die Gesamtheit der germanischen Völker erörtern zu können, dazu gehört eine umfassendere Beherrschung speziell der nordischen und angelsächsischen Quellen, als ich für mich in Anspruch nehmen kann.

Das Ergebnis der jetzt schwebenden Auseinandersetzungen wird also vermutlich im wesentlichen auf eine Bestätigung der als herrschend überkommenen Meinung gegenüber den modernen Anfechtungen derselben hinauslaufen. Das mag trivial erscheinen. Aber triviale Ergebnisse sind nun einmal leider recht oft eben dieses ihres Charakters wegen die zutreffenden.

Alphabetisches Verzeichnis der Gesammelten Aufsätze von Max Weber

RS I/II/III = Gesammelte Aufsätze zur Religionssoziologie I/II/III
GPS = Gesammelte Politische Schriften
WL = Gesammelte Aufsätze zur Wissenschaftslehre
SWG = Gesammelte Aufsätze zur Sozial- und Wirtschaftsgeschichte
SSP = Gesammelte Aufsätze zur Soziologie und Sozialpolitik

Wilhelm Hennis

Max Webers Fragestellung

Studien zur Biographie des Werkes

Worum geht es in Max Webers gewaltigem Werk? Das Buch des Freiburger Politikwissenschaftlers Wilhelm Hennis legt die ganz aus der Problematik der Zeit herauswachsende grundlegende Fragestellung Webers frei. Als „Wissenschaft vom Menschen“ bezeichnete Weber die Nationalökonomie, um nichts anderes geht es in seiner „verstehenden Soziologie“. Jenseits aller modischen „Anknüpfungen“ und „Rekonstruktionen“ eröffnet dieses Buch einen neuen Zugang zu Webers Werk.

1987. VII, 242 Seiten. Broschur und Leinen.

ARTIBUS INGENUIS J·C·B·M· 1·8·0·1

J.C.B. Mohr (Paul Siebeck)
Tübingen

Wolfgang Schluchter

Wertfreiheit und Verantwortungsethik

Der Autor versucht, aus Max Webers berühmten Reden „Wissenschaft als Beruf" und „Politik als Beruf" das Verhältnis von Wissenschaft und Politik systematisch zu bestimmen. Er interpretiert mit den Begriffen „Wertfreiheit" und „Verantwortungsethik" nicht nur die in Webers Methodologie enthaltenen Wertentscheidungen, sondern auch die Wertsysteme, aus denen sich die Institutionen Wissenschaft und Politik nach Weber begründen sollten.

1971. 60 Seiten. Broschur.

ARTIBUS INGENUIS J·C·B·M· 1·8·0·1

J.C.B. Mohr (Paul Siebeck)
Tübingen

Max Weber

Wirtschaft und Gesellschaft

Grundriß der verstehenden Soziologie.
5., revidierte Auflage mit textkritischen Erläuterungen
herausgegeben von Johannes Winckelmann

Diese dreiteilige Ausgabe ist durch die Erläuterungen von Johannes Winckelmann zu einem unentbehrlichen Lehrkommentar zu Max Webers großer Soziologie geworden. Der Erläuterungsband gewährt dem Leser einen Einblick in die außerordentliche Vertrautheit Max Webers mit der von ihm behandelten Materie. Er läßt auch erkennen, wie Max Weber die ihm seinerzeit zu Gebote stehende Literatur verarbeitet hat. Die Entstehungsgeschichte des Werkes wird von einer Wirkungsgeschichte nicht getrennt, auch die nach Max Webers Ableben erschienene Literatur wird mit einbezogen. Um dieses „opus magnum postumum" Max Webers auch allgemein zugänglich zu machen, erschien eine preiswerte Studienausgabe, die mit dieser Ausgabe textgleich ist – ohne die Erläuterungen Johannes Winckelmanns und in einem Band.

5. Auflage 1976. 1: XXXIII, 385 Seiten,
2: VIII, S. 387–944, 3: V, 303 Seiten. Leinen.
Studienausgabe: 5. Auflage 1980.
XXXIII, 944 Seiten. Broschur.

J.C.B. Mohr (Paul Siebeck)
Tübingen

Heinrich Popitz

Die normative Konstruktion von Gesellschaft

Eine Analyse der Struktur sozialer Normen. Ausgehend von dieser Analyse werden Themen über universale Kennzeichen der normativen Konstruktion von Gesellschaft formuliert – Kennzeichen, die sich in allen bekannten Gesellschaften nachweisen lassen.

1980. VI, 92 Seiten. Broschur.

J.C.B. Mohr (Paul Siebeck)
Tübingen

Heinrich Popitz

Phänomene der Macht

In diesem Buch untersucht der Autor Soziologie und Anthropologie der Macht aus vier verschiedenen Blickrichtungen: Die Autoritäts-Bindung – Macht und Herrschaft: Stufen der Institutionalisierung von Macht – Gewalt – Technisches Handeln.

1986. 129 Seiten. Pappband.

J.C.B. Mohr (Paul Siebeck)
Tübingen